Programmieren mit Modula-3

Springer-Verlag Berlin Heidelberg GmbH

László Böszörményi
Carsten Weich

Programmieren mit Modula-3

Eine Einführung in stilvolle Programmierung

Geleitwort von Joseph Weizenbaum

Springer

László Böszörményi
Carsten Weich

Universität Klagenfurt
Institut für Informatik
Universitätsstr. 65-67
A-9022 Klagenfurt, Österreich

Mit 48 Abbildungen

Die Software-Umgebung entstand mit freundlicher Unterstützung des Springer-Verlags, der Firma Digital Equipment Corporation und des Raiffeisenverbands Kärnten.

Die Deutsche Bibliothek - CIP-Einheitsaufnahme
Böszörményi, László: Programmieren mit Modula-3. Eine Einführung László Böszörményi; Carsten Weich. - Berlin; Heidelberg; New York; Barcelona; Budapest; Hong Kong; London; Mailand; Paris; Tokyo: Springer, 1995
NE: Weich, Carsten:

ISBN 978-3-662-09486-0 ISBN 978-3-662-09485-3 (eBook)
DOI 10.1007/978-3-662-09485-3

Ursprünglich erschienen bei Springer-Verlag Berlin Heidelberg New York 1995.
Softcover reprint of the hardcover 1st edition 1995

Umschlagabbildung: Hegedüs Miklos
Umschlaggestaltung: Künkel + Lopka Werbeagentur, Ilvesheim
Satz: Reproduktionsfähige Vorlage der Autoren
SPIN 10131447 33/3142 - 5 4 3 2 1 0 - Gedruckt auf säurefreiem Papier

László Böszörményi
Carsten Weich

Programmieren mit Modula-3

Eine Einführung in stilvolle Programmierung

Geleitwort von Joseph Weizenbaum

László Böszörményi
Carsten Weich

Universität Klagenfurt
Institut für Informatik
Universitätsstr. 65-67
A-9022 Klagenfurt, Österreich

Mit 48 Abbildungen

Die Software-Umgebung entstand mit freundlicher Unterstützung des Springer-Verlags, der Firma Digital Equipment Corporation und des Raiffeisenverbands Kärnten.

Die Deutsche Bibliothek - CIP-Einheitsaufnahme
Böszörményi, László: Programmieren mit Modula-3. Eine Einführung László Böszörményi; Carsten Weich. - Berlin; Heidelberg; New York; Barcelona; Budapest; Hong Kong; London; Mailand; Paris; Tokyo: Springer, 1995
NE: Weich, Carsten:

ISBN 978-3-662-09486-0 ISBN 978-3-662-09485-3 (eBook)
DOI 10.1007/978-3-662-09485-3

Ursprünglich erschienen bei Springer-Verlag Berlin Heidelberg New York 1995.
Softcover reprint of the hardcover 1st edition 1995

Umschlagabbildung: Hegedüs Miklos
Umschlaggestaltung: Künkel + Lopka Werbeagentur, Ilvesheim
Satz: Reproduktionsfähige Vorlage der Autoren
SPIN 10131447 33/3142 - 5 4 3 2 1 0 - Gedruckt auf säurefreiem Papier

Joseph Weizenbaum gewidmet

Geleitwort von Joseph Weizenbaum

Fast seit dem Anfang der Zeit der allgemeinen Computeranwendung haben Menschen die Schwierigkeit des Programmierens verflucht. Immer wieder taucht der Rat auf, dem Computer die Aufgaben, die er bewältigen soll, in natürlicher Sprache beizubringen. Leider beruht ein solcher Rat auf einer Fehleinschätzung sowohl des Computers als auch seiner Aufgabe. Der Computer ist – vielleicht nicht gerade dumm – aber zumindest sehr stur. D. h., der Computer tut genau das, was jede Einzelheit seines Programms ihm befiehlt, also was ihm der Programmierer „gesagt" hat. Und das kann etwas ganz anderes sein, als der Programmierer gemeint hat. Das Mißverständnis in Bezug auf Aufgaben, die Computern gestellt werden, besteht in dem Fehler nicht zu erkennen, daß solche Aufgaben schwer, meistens sogar überhaupt nicht, in natürlicher Sprache aussprechbar sind. Können wir z. B. Musik oder Chemie oder Mathematik ohne ihre besondere Symbolsprache ausüben?

Bücher über Computer und Computersprachen können hingegen mehr oder weniger vernünftig geschrieben werden, wenn auch nicht gerade poetisch oder lyrisch. Dieses Buch ist ein Beispiel dieser Kunst und soll als Vorbild für alle dienen, die versuchen, anderen Menschen inhärent schwierige Sachen beizubringen.

Klagenfurt, April 1995

Vorwort

Dieses Buch wendet sich an erster Stelle an Anfänger eines Informatikstudiums und hat als Ziel, das Erlernen des Programmierens zu erleichtern. Für die Darstellung der Programmbeispiele wird eine neue, elegante Programmiersprache – Modula-3 – herangezogen. Die meisten eingeführten Konzepte sind aber auch unabhängig von der konkreten Programmiersprache gültig und relevant.

Das Buch kann sowohl als Begleitbuch für eine Vorlesung über Programmierung als auch für das Selbststudium verwendet werden. In beiden Fällen ist es unerläßlich, daß wir neben dem Lesen des Buches das Programmieren auch praktisch üben. Ein Buch über die Programmierung zu lesen, ohne das Programmieren dabei selbst zu praktizieren, wäre so etwas, wie ein Buch über das Geigespielen zu lesen, ohne dabei das Spielen selbst zu üben. Programmieren lernen bedeutet das Erlangen einer Theorie und einer Praxis – und das möglichst zugleich.

Die Anfänger eines Informatikstudiums bringen heutzutage sehr unterschiedliche Voraussetzungen mit. Einige haben bis dahin praktisch nichts mit einem Computer zu tun gehabt. Andere können gewisse Computeranwendungen, wie z. B. einen Textprozessor oder vielleicht ein Tabellenkalkulationsprogramm, problemlos verwenden. Wieder andere können sogar programmieren, wobei die Tiefe und Breite dieses Könnens sehr unterschiedlich sein kann. Wir haben in diesem Buch keine besonderen Voraussetzungen angenommen. Wenn der Leser[1] die gewöhnliche Mittelschulmathematik kennt und vom Computer nicht mehr weiß, als heute zur Allgemeinbildung gerechnet werden kann, dann sollte er in der Lage sein, dieses Buch zu verstehen. Wir fangen bei den grundlegenden Konzepten an. Die darauf aufbauenden höheren und schwierigeren Konzepte werden nur schrittweise eingeführt. Diese Vorgehensweise kann natürlich für diejenigen Leser, die schon gewisse Programmiererfahrung haben, mitunter etwas langweilig werden. Solche Leser sollten sich frei fühlen, langatmige Erklärungen durchzublättern.

[1]Mit der Bezeichnung „Leser“ meinen wir auch alle Leserinnen.

Aufteilung des Buches

Das Buch besteht aus fünf Teilen.

1. *Einleitung*
   Im ersten Kapitel versuchen wir, den Begriff der Programmierung von verschiedenen Standpunkten aus zu beleuchten und ihren Stellenwert innerhalb der Informatik aufzuzeigen. Im zweiten Kapitel stellen wir eine formale Notation vor, mit der die Syntax von Programmiersprachen genau spezifiziert werden kann.

2. *Einführung in die Programmierung*
   In den Kapiteln 3 bis 10 werden die klassischen Programmierungskonzepte vorgestellt. Wir lernen eine Reihe von Anweisungen sowie viele einfache und zusammengesetzte statische Datentypen kennen. Mit der Einführung von Prozeduren, Funktionen und Modulen sind wir imstande, auch komplexe Probleme richtig zu strukturieren. Nach dem zehnten Kapitel können wir schon viele, sehr anspruchsvolle Programme schreiben.

3. *Fortgeschrittene Programmierung*
   Hier werden eine Reihe von Konzepten eingeführt, die für Programmsysteme, die auf ständig sich ändernde Datenmengen reagieren müssen, von großer Relevanz sind. Dynamische Datenstrukturen, Rekursion auf der Ebene der Algorithmen und der Datenstrukturen werden präsentiert. Wir lernen die Behandlung persistenter Daten sowie von Ausnahmesituationen kennen. Im Kapitel 13 wird die objektorientierte Programmierung eingeführt, die immer größere Bereiche der Entwicklung von Softwaresystemen beherrscht. Kapitel 16 beschäftigt sich mit paralleler Programmierung, einem Gebiet, dessen Bedeutung auch ständig zunimmt.

4. *Anhänge*
   Diese versuchen, die Arbeit des Modula-3-Programmierers zu erleichtern. Es gibt einen Anhang, der die Syntax der Sprache beschreibt. Ein weiterer Anhang enthält eine vollständige, ganz dichte Beschreibung der Semantik der Programmiersprache Modula-3. Dieser sollte als Nachschlagwerk für den „Profi“ dienen. Weitere Anhänge enthalten die wichtigsten Schnittstellen der Modula-3-Sprachumgebung, sowie die Kurzbeschreibung der verschiedenen Modula-3-Sprachumgebungen. Genaue Hinweise, wie der Leser bei sich eine Modula-3-Sprachumgebung und die zum Buch gehörende Software installieren kann, befinden sich ebenfalls im Anhang.

5. *Programme*
   Alle Beispiele im Buch sind getestet und lauffähig (oder Teile eines lauffähigen Programms). Sie werden den Lesern des Buches gratis zur Verfügung gestellt. Alle Modula-3-Programme (inkl. des Modula-3-Übersetzers) können aus einer integrierten, interaktiven, studentenfreundlichen Umgebung gestartet werden.

Danksagungen

An erster Stelle möchten wir Roland Mittermeir danken. Er hat an der Gestaltung des ganzen Buches sehr stark mitgewirkt. Wesentliche Texte und Beispiele der Kapitel 10 bis 12 stammen von ihm. Er ist eigentlich ein Mitautor des Buches.

Wir sind Hans-Peter Mössenböck, Peter Rechenberg, Johann Eder und Karl-Heinz Eder zu einem besonderen Dank verpflichtet. Sie haben die ungeheuer aufwendige und undankbare Aufgabe auf sich genommen, das Manuskript gründlich durchzulesen. Michael Dobrovnik danken wir für seine Kommentare zum Beispielprogramm im Anhang. Von ihren Kritiken und Bemerkungen haben wir sehr viel gelernt und ohne ihre Beiträge wäre es gar nicht möglich gewesen, dieses Buch fertigzustellen. Für Fehler und Irrtümer in dem Buch sind natürlich einzig und allein die Autoren verantwortlich.

Wir danken den Forschern bei Digital Systems Research Center, Palo Alto, die Modula-3 entwickelt und zur Verfügung gestellt haben. Insbesondere danken wir Marc Najork, er hat in mühevoller Arbeit den Anhang mit der Sprachbeschreibung korrekturgelesen. Weiters bedanken wir uns bei Greg Nelson und Bill Kalsow für ihre Unterstützung.

Wir danken dem Springer-Verlag, der Firma Digital Equipment Corporation und dem Raiffeisenverband Kärnten für die freundliche Unterstützung der Entwicklung unserer studentenfreundlichen Modula-3-Umgebung. Miklós Szabó danken wir für Erstellung der Umgebung.

Wir danken ganz herzlich Silvia Nedizavec für die sorgfältige Aufbereitung der Abbildungen des Buches und der Durchführung zahlloser Korrekturen.

Und letztlich (aber nicht an der letzten Stelle) danken wir unseren geduldigen Familien, die während der zwei Jahre, in denen das Buch fertig geschrieben wurde, an vielen Feierabenden, an vielen Wochenenden auf uns verzichten mußten.

Die Frucht dieser Anstrengung, dieses Buch, überreichen wir nun dem Leser, mit der Hoffnung, daß es für ihn ein brauchbares Hilfsmittel wird und ihm manchmal auch ein wenig Spaß und Freude bereitet.

Inhaltsverzeichnis

Kapitel 1

Was ist Programmierung?

1.1 Eine informelle Einleitung

Die Frage erscheint unnötig: Programmierung heißt, Programme zu schreiben, nicht wahr? Was aber sind *Programme*? Programme enthalten im wesentlichen eine Reihe von Befehlen, die einen Computer (auch Rechner oder Digitalrechner genannt) zum gewünschten Verhalten zwingen. Das klingt noch immer ganz einfach. Heißt das, daß Programmieren auch ganz einfach ist? Wir können diese Frage leider nicht so ohne weiteres bejahen.

Worin liegt nun die Schwierigkeit der Programmierung? Am einfachsten könnte man das so formulieren: Programmieren ist deswegen nicht leicht, weil Menschen so intelligent und Computer so unintelligent sind.

Es scheint allerdings eine generelle Schwierigkeit beim Erteilen von Befehlen zu geben: Wenn wir einem intelligenten Wesen einen Befehl erteilen wollen, haben wir möglicherweise das Problem, daß das betroffene Wesen mit unserem Vorhaben nicht einverstanden ist – eben weil es intelligent ist. Erteilen wir Befehle einem unintelligenten Wesen (wie einem Computer), dann müssen wir damit rechnen, daß es unsere Befehle gar nicht versteht. Wenn wir also sicher sein wollen, daß unsere Befehle tatsächlich und restlos durchgeführt werden, dann müssen wir uns auf das Niveau des unintelligenten Wesens herabbegeben. Anders ausgedrückt: Wir müssen unsere Wünsche ganz präzis, bis ins kleinste Detail *spezifizieren*. Und genau darin liegt die Schwierigkeit der Programmierung: Der Mensch muß seine Ideen in eine ungewöhnlich präzise Form bringen, was der Natur der meisten Menschen mehr oder weniger widerspricht.

Ist also Programmierung hoffnungslos schwierig? Das ist auch nicht der Fall. Wie wir sehen werden, kann man lernen, Programme so systematisch aufzubauen, daß auch ganz komplexe Befehlsmengen eine übersichtliche Struktur erlangen können. Dadurch kann man seine Programme in entsprechend kleine und überschaubare Einheiten aufteilen, und sich dabei immer auf das Wesentlichste konzentrieren. Eine besondere Bedeutung bekommt dabei die Notation, die man verwendet. Es ist bekannt, daß die Griechen unsere heutige mathematische Notation noch nicht besaßen [Col69]. Sie haben zwar die mathematische Kunst auf sehr hohem Niveau ausgeübt, im Rechnen waren sie aber keineswegs so effizient wie wir heute (vielleicht haben sie das gar nicht angestrebt, aber das ist eine andere Geschichte). Sie haben noch – mangels einer entsprechenden Notation – etwa so gerechnet, wie wir das heute tun, wenn wir im Kopf rechnen. Das halbautomatische (und deswegen auch nur halbbewußte) Rechnen, mit dem wir heute mit Papier und Bleistift z. B. zwei größere Zahlen multiplizieren, wurde nur durch die Einführung der modernen Notation möglich.

1.1.1 Algorithmen

Die Art, wie wir heute, unter Beachtung einer Reihe von genauen Regeln, etwa größere Zahlen multiplizieren, könnten wir auch *algorithmisches Rechnen* nennen.

Ein Algorithmus ist eine präzise, eindeutige Angabe eines endlichen, effektiven Verfahrens.

Was bedeutet nun dieser Satz? Versuchen wir einige der Begriffe etwas zu klären.

- Das Wesen eines „Verfahrens" (auch *Prozedur* genannt) ist, daß es Schritt für Schritt *ausgeführt* werden kann – ausgeführt durch einen Menschen oder gar durch eine Maschine.

- „Endlich" hat einen doppelten Sinn: Einerseits muß die *Beschreibung* des Algorithmus endlich sein, zweitens muß die Ausführung endlich sein – d. h. sie muß irgendwann *terminieren.*

  Man könnte fragen: Wieso ist das notwendig zu verlangen, daß eine Beschreibung endlich sein soll? Eine unendliche Beschreibung ist sowieso nicht möglich zu erstellen, dazu brauchte man doch ein unendlich langes Papier! Das ist aber nicht so. Eine Beschreibung kann z. B. einen solchen Kreis erhalten, aus dem es keinen Ausweg gibt.

  Ein Student hatte sich einmal bei einer schriftlichen Prüfung sehr auffällig benommen, so daß die Prüfungsaufsicht hinging und einen „verdächtigen" Zettel auf seinem Pult fand. Auf dem Zettel stand: „Perpetuum mobile, Beschreibung auf der anderen Seite". Die Prüfungsaufsicht drehte den Zettel um, auf der anderen Seite stand: „Perpetuum mobile, Beschreibung auf der anderen Seite". Das ist eben *kein* Algorithmus (leider, sonst hätten wir endlich das Perpetuum mobile). Weder die Beschreibung noch das Verfahren ist endlich.

Im nächsten Beispiel ist die Beschreibung endlich, das Verfahren aber nicht immer. Wir geben jemandem eine Vorschrift, wie er aus einem systematisch aufgebauten Labyrinth herausfindet:

> „Du gehst bis zur ersten möglichen Abzweigung. Geht sie nach links, dann folge ihr, sonst gehe gerade aus weiter. Nun gehst du so lange geradeaus, bis du zu einer T-Kreuzung kommst, bei der du dann rechts abbiegst.
> Das Ganze mußt du so lange wiederholen, bis du das Licht erblickst. Wenn du irgendwo in eine Sackgasse gerätst, dann dreh' dich einfach um und mach' weiter, als hätte es diese Unterbrechung nicht gegeben."

Ob dieses Verfahren terminiert oder nicht, hängt vom Labyrinth ab. Hat es keinen Ausweg, so terminiert die Prozedur nicht. Sie ist also kein Algorithmus. Da uns in der Informatik unermüdlich kreisende Prozeduren auch sehr wichtig sind, nennen wir solche oft *nichtterminierende Algorithmen*.

- „effektiv" bedeutet, daß der Algorithmus tatsächlich eine Wirkung hat, ein Ergebnis liefert. Ein guter Freund von einem der Autoren hatte vor ca. zwanzig Jahren – als Computerzeit noch sehr teuer war – ein hervorragendes Programm geschrieben, das sehr wichtige Berechnungen mit höchster Genauigkeit ausführte. Das Programm war über das ganze Wochenende rund um die Uhr gelaufen. Allein, die Ausgabebefehle, die die Ergebnisse ausdrucken sollten, hatte der Programmierer vergessen hinzuschreiben. Das war nicht gerade effektiv – desto mehr die Vorwürfe seines Chefs.

  Effektivität hängt mit Endlichkeit stark zusammen – eine unendliche Funktion liefert bestimmt kein Ergebnis. Sie kann allerdings trotzdem eine Wirkung, einen sogenannten *Seiteneffekt* haben.

  Hätte der Autor des vorherigen Programms nicht die Ausgabebefehle, wohl aber die Befehle, die das Programm zur Terminierung bringen, vergessen, so wäre das Programm sehr effektiv gewesen – alles Papier des Druckers aufgebraucht – aber trotzdem ohne Ergebnis. Die Begeisterung des Chefs hätte sich in diesem Fall auch in Grenzen gehalten.

- „Eindeutig" bedeutet, daß der Ausführende in jedem Schritt genau weiß, was zu tun ist, d. h. immer genau einen nächsten Schritt zu durchlaufen hat. Wenn mir die Weissagerin von Delphi sagt: „Erkenne Dich selbst!" – so ist das bestimmt eine große Weisheit, aber nicht eindeutig und somit kein Algorithmus. Es gibt dafür kein eindeutiges Verfahren. Wahrscheinlich kann es das auch gar nicht sein, weil während ich versuche, mich zu erkennen, verändere ich mich dadurch selber – vielleicht ist das gerade der Sinn dieser Anweisung.

- Die Bedeutung von „präzis" hängt natürlich davon ab, an wen wir die Angabe richten. Wenn wir z. B. einen Abiturienten auffordern: „Sag' mir bitte wieviele Monate Du schon gelebt hast?", dann haben wir zwar die Aufgabe präzis genug formuliert, über das Verfahren haben wir jedoch nichts gesagt. Wir haben in diesem Fall nur die *Funktion* spezifiziert, nicht aber den Algorithmus. Wenn wir hingegen sagen: „Multipliziere bitte die Anzahl Deiner Lebensjahre mit der Anzahl der Monate im Jahr und addiere dann die seit Deinem Geburtstag vergangenen Monate", dann haben wir auch das Verfahren (den Algorithmus), wie er vorgehen soll, präzise formuliert. Stehen wir nun einem Computer gegenüber, so wird der wahrscheinlich mit einer solchen umgangssprachlichen Formulierung kaum etwas anfangen können. Für ihn wird das nicht präzis genug sein.

  Es gibt zwar Bemühungen im Bereich der *Künstlichen Intelligenz* Computer so „intelligent" zu machen, daß sie auch solche sprachlich formulierten Befehle durchführen können, diese werden wir hier aber nicht näher verfolgen.

Damit kommen wir zum Punkt, wo wir unweigerlich ein bißchen über Computer reden müssen. Wir haben gleich am Anfang Computer als „unintelligente Wesen" diffamiert. Wieso das? Man preist sie gerade, die intelligentesten Maschinen zu sein! Computer haben tatsächlich einen besonderen Stellenwert unter den Maschinen. Sie besitzen eine ungeheure Flexibilität. Denken wir z. B. an eine der wunderbarsten „Maschinen", an die Uhr. Die Uhr hat eine wohlbestimmte Funktion, für die sie verwendet werden kann. Sie kann uns die Zeit angeben – sonst aber nichts.

Es gibt etwas flexiblere Geräte. Auf einem Tisch können wir z. B. die unterschiedlichsten Dinge (wenn auch nicht alles) lagern. So unendlich unterschiedlich man Tische auch einsetzen kann, sie sind doch in ihrer Funktion wohl bestimmt.

1.1.2 Schalter und Symbole

Die Flexibilität des Computers können wir vielleicht am besten mit dem folgenden Vergleich klarstellen. Nehmen wir einen einfachen Lichtschalter. Die Funktion eines Lichtschalters ist sehr stark eingeschränkt: Man kann damit Licht ein- und ausschalten. Stellen wir uns nun einen Lichtschalter vor, der an gar keine Lampe angeschlossen ist. Wenn man den Zuständen *auf* und *ab* eine beliebige Interpretation verleiht, dann könnte man ihn für verschiedene Funktionen einsetzen. Man könnte z. B. mit seinen Kindern eine Vereinbarung treffen: „Ist der Schalter *auf*, dann laßt mich bitte in Ruhe. Ist der *ab*, so gehen wir spielen." Wir können unbeschränkt viele solcher Interpretationen erfinden. Und wenn ein Schalter nicht reicht, so können wir auch mehrere einsetzen.

Wir haben eine enorme Flexibilität also dadurch gewonnen, daß wir die Schaltfunktion für eine beliebige Interpretation freigemacht haben. Beim angeschlossenen Lichtschalter ist die *Interpretation* miteingebaut: *auf* heißt helles Zimmer, *ab* heißt dunkles Zimmer. Beim nicht angeschlossenen Schalter können die zwei Zustände Beliebiges bedeuten.

Tatsächlich besteht ein Computer eigentlich aus nichts anderem als einem riesigen Meer von (sehr schnellen und sehr kleinen) Schaltelementen. Der eine Teil dieser Schalter bildet das *Rechenwerk*, der andere den *Speicher*.

Die Schaltelemente des Rechenwerks haben vorbestimmte Funktionen: Das Rechenwerk kann eine Menge festgelegter primitiver Befehle (wie etwa die Addition von zwei Zahlen nach einem vorgegebenen Algorithmus) ausführen. Das Rechenwerk ist das aktive Element, sozusagen der „Motor" eines Computers.

Die Schaltelemente des Speichers können wir wiederum in zwei Teile aufteilen: In *Programmbereich* und in *Datenbereich*.

Die Programme verwenden die Befehle des Rechenwerks, um eine bestimmte Verhaltensweise zu beschreiben. Ist das Rechenwerk wie der Motor eines Autos, so ist das Programm der Plan, wonach ich etwa zu verschieden Zielen fahren kann. Der *Ablauf* eines Programms entspricht einer konkreten Fahrt. Um diese durchführen zu können, muß der Fahrer den Plan *interpretieren*. Ähnlicherweise interpretiert das Rechenwerk die Befehle eines Programms (abgesehen davon, daß der Mensch im allgemeinen viel intelligenter interpretiert als der Computer: Für den Menschen genügt oft ein Blick in den Plan, das Rechenwerk hingegen muß die Befehle einzeln, der Reihe nach „anschauen").

Der Motor (das Rechenwerk) bleibt für ein bestimmtes Auto (Computer) immer derselbe. Der Plan (das Programm) kann sich schon öfters ändern; für verschiedene Zielorte kann ich verschiedene Pläne verwenden. Und eine konkrete Route kann ich beliebig oft fahren (Programmabläufe).

Die Befehle eines Programms beziehen sich auf die Daten, die sich im *gleichen* Speicher (oft Arbeitsspeicher oder Hauptspeicher genannt) befinden. So kann ein jeder Ablauf eines Programms mit unterschiedlichen Daten etwas unterschiedlich sein. Wenn ich etwa ein Programm schreibe, das das arithmetische Mittel zweier Zahlen bestimmt, so wird das Programm für 2 und 4 das Ergebnis 3 und für 10 und 20 das Ergebnis 15 berechnen. Oder, um wieder das Auto-Gleichnis zu verwenden, wir könnten die Zustände der Verkehrsampeln, die anderen Autos, und die Straßen, die befahren werden, als unsere Daten auffassen. Die jeweilige Verkehrssituation wird bei jeder Fahrt etwas anders sein.

Die Menge unserer Daten bildet eine Menge von möglichen Zuständen: den sogenannten *Zustandsraum*. Den Zustandsraum stellen wir uns meistens aus kleineren Zustandseinheiten – *Zustandsvariablen* – zusammengesetzt vor. Eine jede solche Einheit ist eine „Dimension" in diesem hypothetischen Raum. Etwa eine jede Ampel hat ihre möglichen Zustände (rot, gelb, rotgelb und grün), und zehn Ampeln bilden einen 10-dimensionalen Zustandsraum.

Der Zustandsraum hat in jedem Moment eine bestimmte Konfiguration (die aktuelle Stellung aller Ampeln), das ist der *aktuelle Zustand*. Wenn z. B. unser Datenbereich aus zwei Schaltern besteht, dann enthält der gesamte Zustandsraum 4 mögliche Konfigurationen: beide ab, beide auf, erster ab und zweiter auf, zweiter ab und erster auf.

Man könnte jetzt fragen: Was ist der aktuelle Zustand, während wir einen Schalter gerade umschalten? Wir müßten offensichtlich unendlich viele „Zwischenzustände" einführen, um dem Prozeß des Umschaltens gerecht werden zu können. Um das zu vermeiden, verfeinern wir lieber die Aussage, daß der Zustandsraum in jedem Moment eine bestimmte Konfiguration hat. Jedes Moment soll nur heißen, in jedem Moment, wo die Schaltelemente ihren Zustand verfestigt haben. In der Zwischenzeit, wo sich der Zustandsraum gerade von einem aktuellen Zustand in den anderen bewegt „schauen wir gar nicht zu".

Die Zustandsvariablen werden per *Namen* oder per *Adressen* identifiziert. Den Inhalt der Zustandsvariablen (also eine konkrete Konfiguration einer kleineren Zustandseinheit) nennen wir deren *Wert*. Die Werte können – wie schon angedeutet – für Beliebiges stehen, können Beliebiges *symbolisieren*. Computer werden deshalb oft auch als *Symbolmanipulierende Maschinen* bezeichnet.

Wenn wir den ganzen Speicher als eine Einheit betrachten, so können wir auch sagen, daß Computer, während der Ausführung eines Programms, ihren eigenen Zustandsraum *automatisch* abändern können – entweder in einer unendlichen Schleife oder bis ein Punkt erreicht wird, der als *Endzustand* oder *Haltezustand* betrachtet wird. Deshalb nennen wir sie oft auch *Automaten*. Der Name „Auto" spielt auf die Tatsache an, daß das Auto sich von selbst bewegt – nämlich ohne Pferd. Der Computer steuert sich selbst: Computer ähneln Autos, die selber die Pläne lesen, die Route auswählen und befahren sowie eventuell sogar die Ampeln selber steuern. Vielleicht werden wir einmal solche Autos haben, wer weiß?

Bevor wir die Architektur der heutigen Computer näher anschauen, stellen wir uns die Frage: Was alles kann mit einem Computer berechnet werden?

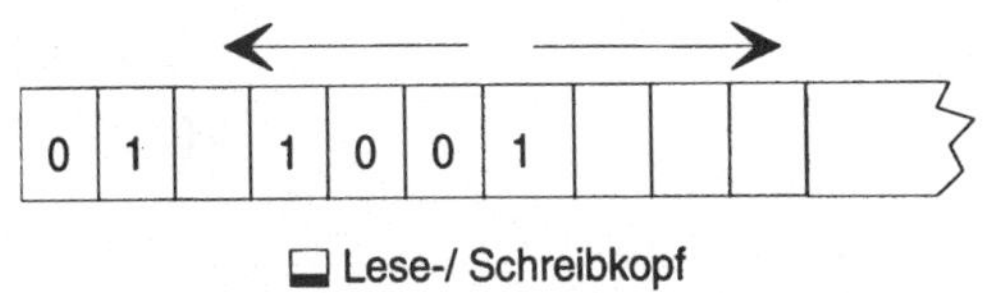

Abb. 1.1: *Turingmaschine*

1.1.3 Turingmaschine

Alan Turing hat in seinem berühmt gewordenen Aufsatz [Tur36] eine *hypothetische* Maschine entwickelt, die im wesentlichen folgendes kann (siehe Abb. 1.1):

- Von einem (auf einer Seite unendlichen) Band Symbole lesen (mindestens zwei verschiedene Symbolwerte – z. B. 0 und 1 – sind notwendig)
- den alten Wert durch einen neuen ersetzen,
- das Band links oder rechts weiterbewegen und,
- vom gelesenen Wert abhängig, einen neuen Zustand einnehmen.

Die Maschine beginnt mit einem Band, das die Eingabe enthält, an einer bestimmten Stelle. Die jeweilige Aktion hängt vom Eingabesymbol an dieser Stelle und vom aktuellen Zustand der Maschine ab. Die Maschine hat nur eine feste Anzahl von Zuständen, zwischen denen sie (je nach Bandinhalt und vorigem Zustand) hin- und herwechselt. Bei jedem Zustandswechsel (also in jedem Abarbeitungsschritt) wird ein neues Symbol auf das Band geschrieben und das Band weiterbewegt. Die Aktion kann auch darin bestehen, das Band und damit die Maschine anzuhalten – der Bandinhalt zu diesem Zeitpunkt stellt das Ergebnis dar.

Die *Interpretation*, also die Angabe, bei welchem Symbol welches neue Symbol hinzuschreiben und welche Bewegung zu unternehmen ist, kann man am gleichen Band (mit Hilfe ähnlicher Symbole ausgedrückt) speichern, indem man etwa Zustandsnummern speichert. So kann das eine Band (wir könnten es auch Programm nennen) die gleiche Maschine zu einer Addiermaschine, ein anderes zu einem Primzahlgenerator usw. machen.

Die Turingmaschine ist natürlich keine „echte“ Maschine, sie ist eine mathematische Abstraktion, deren volles Verständnis eingehender Studien bedarf [Tur36, HU90]. Sie ist der erste erfolgreiche Versuch, den Begriff der *Berechenbarkeit* zu formalisieren.

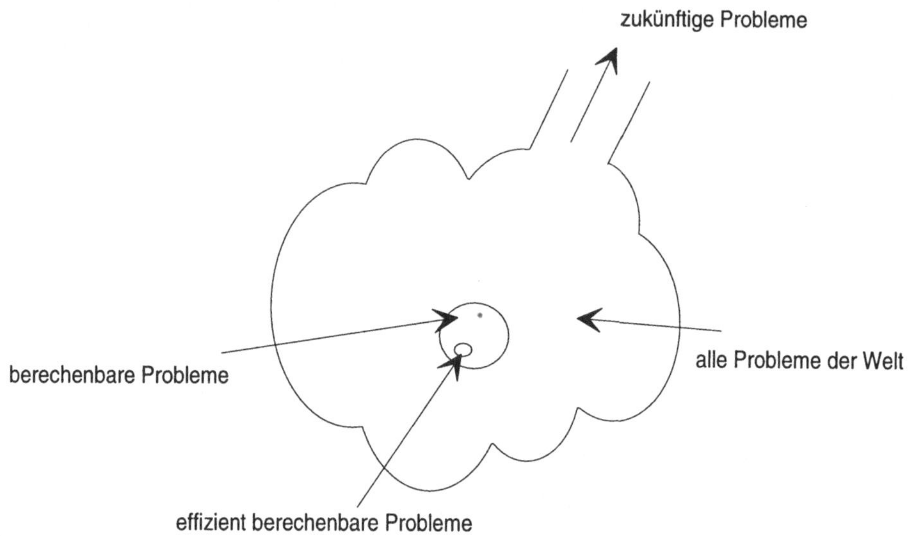

Abb. 1.2: *Berechenbarkeit*

1.1.4 Berechenbarkeit

So unwahrscheinlich das zunächst klingen mag, diese scheinbar einfache Maschine kann – aller Wahrscheinlichkeit nach – alles berechnen, was berechenbar ist. „Aller Wahrscheinlichkeit nach" deshalb, weil diese Hypothese (aufgestellt von Alonzo *Church*) bis jetzt niemand beweisen oder widerlegen konnte. Die Einschränkung „was berechenbar ist" zielt daraufhin, daß keineswegs alles berechenbar ist. Das gilt selbst in der Mathematik, wo wir es eigentlich nicht erwarten würden. Mehrere Wissenschaftler, als erster Kurt *Gödel*, haben das bewiesen. Man kann sogar sagen, daß viel mehr nicht berechenbar ist als berechenbar.

Schon so eine „einfache" Funktion wie die folgende läßt sich nicht berechnen, die über *beliebige* Funktionen entscheiden könnte, ob sie *immer* terminieren oder nicht. Wenn wir nämlich eine solche Funktion f_1 hätten, dann könnten wir eine andere Funktion f_2 schreiben, die genau dann terminiert, wenn f_1 von einer Funktion behauptet, daß sie nicht terminiert, und sonst nicht. Wenn wir nun f_1 fragen, ob f_2 terminiert, dann antwortet sie entweder mit ja – dann terminiert aber f_2 eben nicht, oder mit nein, dann würde f_1 terminieren. Etwas verrückt, nicht wahr?

Die Anzahl der unberechenbaren Funktionen ist überabzählbar unendlich, die Anzahl der berechenbaren Funktionen hingegen „nur" abzählbar unendlich [HU90].

Und wir haben noch gar nicht darüber gesprochen, was alles außerhalb der Mathematik nicht berechenbar ist.

Darüber hinaus gibt es unter den berechenbaren Funktionen viele, die nur sehr ineffizient auszurechnen sind. Der Zeitaufwand der Berechnung vieler Funktionen wächst exponentiell (z. B. als Zweierpotenz) mit der Größe des Problems. Müssen wir eine Funktion für 2 verschiedene Datenwerte lösen, so brauchen wir dazu beispielsweise 4 Zeiteinheiten, bei 3 Datenwerten wären das schon 8, bei 4 Werten 16. Bei 10 verschiedenen Datenwerten benötigen wir schon über 1000 Zeiteinheiten. Solche Funktionen können zwar theoretisch berechenbar sein, praktisch sind sie aber bei größerem Problemumfang nicht abzuarbeiten. Die Funktionen, die wir als Programmierer bearbeiten, müssen also nicht nur endlich, sondern auch *effizient berechenbar* sein (Abb. 1.2).

Das weist darauf hin, daß der Gültigkeitsbereich der Programmierung durchaus eingeschränkt ist. Wir glauben, es schadet nicht, so etwas gleich am Anfang eines Lehrbuches über Programmierung auszusprechen. Hoffentlich nimmt diese Feststellung niemandem die Lust programmieren zu lernen. Durch den Einsatz von Computern kann man sehr viel Vernünftiges herstellen, womit man sich und anderen das Leben erleichtern kann. Sobald aber der Computer auf Bereiche angewendet wird, die aus prinzipiellen Gründen nicht berechenbar sind, wird sein Einsatz unsinnig und oft schädlich. Die meisten Bereiche des menschlichen Lebens sind nicht berechenbar – und sie sollten auch nicht mit Gewalt berechenbar gemacht werden. Nichts ist langweiliger, als ein Gespräch, wo ich schon immer im voraus weiß, was mein Partner sagen wird. Auf der anderen Seite, nichts ist schöner, als ein Gespräch, wo die Teilnehmer einander mit neuen, unerwarteten Ideen „beschenken". Am schönsten ist es, wenn dabei wir selber solche Gedanken haben, die wir früher nicht hatten. Die Würde des menschlichen Lebens liegt gerade in der Unberechenbarkeit (damit ist nicht etwa die Hysterie gemeint).

Auch der Unterschied zwischen Gift und Medikament liegt oft nur an der Dosierung, das gleiche gilt für die Anwendung der Computer. Leute, die Informatik studieren, sollten sich dieser Tatsache bewußt sein, um die vernünftige Verwendung von Computern zu fördern und den unsinnigen Einsatz verhindern zu können.

„Eine Maschine ist erst dann brauchbar, wenn sie von der Erkenntnis unabhängig geworden ist, die zu ihrer Erfindung führte" – sagt ironisch *Dürrenmatt* in seinem Drama *Die Physiker*. „So vermag heute jeder Esel eine Glühbirne zum Leuchten bringen – oder eine Atombombe zur Explosion" – zieht er die Konsequenz. Wir hoffen, daß die Leser dieses Buches in die Lage versetzt werden, sowohl die Macht wie auch die Grenzen der Programmierung zu verstehen.

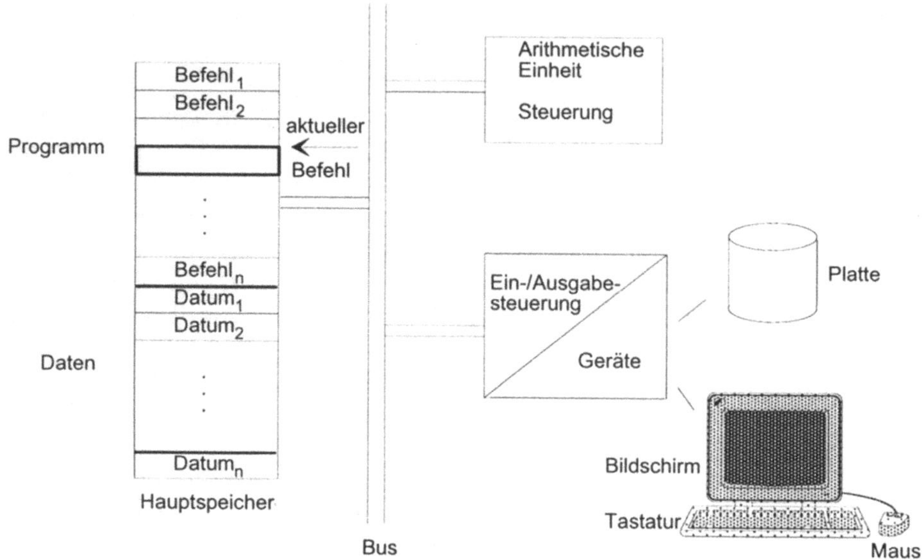

Abb. 1.3: *Aufbau eines Computers*

1.2 Der Von-Neumann-Rechner

Alan Turings Computer wurde in der vorhin (S. 7) beschriebenen Form niemals gebaut (schon deswegen nicht, weil sich das auf der einen Seite unendliche Band etwas schwierig realisieren läßt). Die ersten modernen Computer, die Ende der vierziger Jahren entstanden sind, haben eine etwas andere Architektur. Der klassische *Von-Neumann*-Rechner (benannt nach dem ungarisch-amerikanischen Mathematiker John von Neumann) besteht aus folgenden Teilen (siehe Abb. 1.3[1]):

- Speicher
- Rechenwerk
- Ein- und Ausgabeeinheiten

Der Speicher kann einen beliebigen Zustandsraum darstellen, der auch beliebig verändert werden kann. Dieser Speicher ist in *Speicherzellen* (oft auch Speicherwörter genannt) aufgeteilt, die alle einzeln *adressierbar* sind.

Die Speicherzellen bestehen aus noch kleineren Einheiten. Das *Atom* der Speicherung ist das *Bit*. Ein Bit entspricht einem einzigen Schalter; es

[1]Die ursprüngliche Von-Neumann-Architektur enthält keinen Bus, alle heutigen Rechner haben aber ein Bussystem.

kann zwei Zustände haben, die mit 0 und 1 bezeichnet werden. Das Bit ist die kleinste Darstellungseinheit in der *binären Zahlendarstellung* [Rec91]. Die Zusammenfassung von acht Bits heißt *Byte*. Die meisten heutigen Rechner enthalten Speicherwörter, die aus 32 oder aus 64 Bits (also 4 bzw. 8 Bytes) bestehen.

Dieser in Abb. 1.3 dargestellte Rechner funktioniert folgendermaßen: Wir laden von einer Eingabeeinheit einen anfänglichen Zustand in den Speicher. Ein Teil dieses Zustands (das *Programm*) bleibt für die ganze Zeit, in der die dort festgelegten Befehle durchgeführt werden, unverändert. Ein anderer Teil (die *Daten*) können verändert werden. Der Ablauf wird durch das Rechenwerk gesteuert: Das Rechenwerk interpretiert der Reihe nach die Befehle des Programms. Findet es z. B. einen Befehl, der besagt, daß die Daten die sich auf der Adresse 100 bzw. 200 befinden, addiert werden sollten, so lädt es die Operanden in die internen *Register* des Rechenwerks, führt die Addition aus und speichert das Ergebnis in einem internen *Register* ab. Danach nimmt es den nächsten Befehl. Der könnte z. B. verordnen, daß das Ergebnis der vorherigen Addition auf der Adresse 300 des Arbeitsspeichers abgespeichert werden soll. Die Befehle werden so lange ausgeführt, bis ein Haltebefehl erreicht wird. Das Spannende daran ist, daß das Programm und seine Daten im selben Speicher untergebracht sind. Man kann sich auch Programme vorstellen, die andere Programme (oder sogar sich selbst) als Daten bearbeiten. Man kann hier eine schwindelerregende Flexibilität spüren...

„Die Idee von Programmen, die auf sich selbst einwirken können, war mir anfangs offen gestanden ziemlich unheimlich“ – sagte Konrad Zuse [Zus92], der Konstrukteur eines der ersten – wenn nicht des allerersten – modernen Rechners. „Denn bis dahin konnte man die von mir entwickelten Geräte Z1-Z4 ziemlich gut überblicken... In dem Augenblick, in dem ich den Einfluß der errechneten Daten auf das Programm selbst zulasse – dazu gehört nur ein kleiner Draht, der vom Rechenwerk rückwirkend auf das Programmwerk wirkt – ist diese Kontrolle nicht mehr gegeben. Vor diesem kleinen Draht hatte ich viel Respekt, weil ich ahnte, daß, sobald dieser Draht gelegt ist, Mephisto hinter mir steht... Damit kann man nämlich die tollsten Sachen machen.“

> Man muß hier bemerken, daß Zuse in diesem Zusammenhang unter „Rechenwerk“ und „Programmwerk“ nicht genau das meint, was wir heute darunter verstehen. Er hat damit insbesondere die Möglichkeit gemeint, *Adressen* (oder *Indizes*) der Daten immer wieder neuberechnen zu können, was er eben als Programmänderung aufgefaßt hat.

Die Programme eines Von-Neumann-Rechners sind aus Grundbefehlen des Rechners zusammengesetzt. Die wichtigsten Grundbefehle sind:

- einfache arithmetische Operationen (wie Addition und Multiplikation)
- logische Operationen (etwa Vergleiche)
- die Wertzuweisung (eine Speicherzelle übernimmt den Zustandswert einer anderen)
- der bedingte und der unbedingte Sprung (die „Bedingung“ in einem bedingten Sprung ist meistens das Ergebnis der vorherigen Operation)

Die Architektur der Von-Neumann-Rechner ist sehr mächtig nahezu gleich mächtig wie die Turingmaschine. Es gibt aber sehr wichtige Unterschiede:

1. Der Speicher ist endlich.
2. Der Von-Neumann-Rechner hat ein allgemeines Konzept von Ein- und Ausgabe, wodurch er mit dem Benutzer beliebig *kommunizieren* kann.
3. Von-Neumann-Rechner lassen sich physisch relativ einfach und effizient realisieren.
4. Noch wichtiger ist (jedenfalls vom Standpunkt des Programmierers), daß Von-Neumann-Rechner relativ leicht programmiert werden können – obwohl die Programmierung in den Anfangszeiten der Computer (den fünfziger Jahren) aus heutiger Sicht unglaublich schwierig, ineffizient und insbesondere fehleranfällig erscheint.

Wenn man mit Hilfe der Turingmaschine versucht, auch nur einfache mathematische Funktionen zu programmieren (d. h. in die Grundbefehle der Turingmaschine umzusetzen), wird man feststellen, daß das rasch sehr umständlich und unhandlich wird.

1.3 Erstarrte Gedankenstrukturen

Die Befehle der Von-Neumann-Maschine sind dagegen dem Denken gar nicht so fremd. Kein Wunder, sie sind eigentlich aus Gedankenstrukturen abgeleitet worden. Einen Von-Neumann-Rechner kann man mit solchen Befehlen programmieren, wie:

Befehl b1:
  nimm ein Symbol x und vergleiche es mit dem Symbol y.
  Sind sie gleich, so springe auf Befehl b2, sonst springe auf Befehl b3
  ⋮
Befehl b2:

⋮

Befehl b3:

⋮

Die Notation, die man dabei verwenden muß, ist natürlich nicht so locker. Wie ein solches Programm tatsächlich aussieht, zeigen wir später.

Die grundsätzlichen arithmetischen Operationen (Addition, Multiplikation) sowie die der Prädikatenlogik (Negation, UND-, ODER-Beziehungen) gehören zu den Grundbausteinen des Befehlssatzes. Die Grundstruktur der Programme ruht im wesentlichen auf solche Konstruktionen, wie: „wenn ... dann ...“ oder „so lange ... bis ...“. Diese stellen gewisse Denkmuster dar.

Besonders bemerkenswert ist, daß diese erstarrten Gedankenstrukturen vom jeweiligen Inhalt unabhängig im Computer festgehalten werden. Es ist wichtig zu betonen, daß es keineswegs so selbstverständlich ist, Gedankenstrukturen festhalten zu können, wie es vielleicht erscheint. Dazu ist es nämlich notwendig, daß der Mensch diese Strukturen abstrakt und unabhängig vom Inhalt erfaßt. Das wiederum ist nur möglich, wenn der Mensch sein Denken – im gewissen Sinne – beobachten kann. Diese Gebärde enthält aber einen grundsätzlichen Widerspruch [Küh90]. Wir können nämlich unser Denken nur mit dem Denken selbst beobachten – kein anderes Werkzeug steht zur Verfügung. Wie kann das Denken sich selbst beobachten? Wenn wir das versuchen, dann merken wir, daß dieses beobachtende Denken immer zu spät kommt – der Gedanke, das Gedachte ist schon immer da. Den *Prozeß* des Denkens kann das Denken nicht erfassen. Es kann aber offensichtlich seine *Vergangenheit* beobachten. Ist der Gedanke schon da, so können wir ihn sehr wohl betrachten – und zwar nicht nur seinen Inhalt, sondern auch seine Struktur. Das Denken scheint sich also mindestens auf zwei Ebenen abzuspielen: Auf der Ebene der Gegenwart, wo es gerade tätig ist, und auf der Ebene der Vergangenheit, wo das Gedachte bewußt und beobachtbar wird.

Es bleibt allerdings die Frage: Wieso entschlüpft die Ebene der Gegenwart der Beobachtung? Zu sagen, eine solche Beobachtung sei prinzipiell unmöglich, wäre ein Widerspruch. Erstens können wir die Existenz der Gegenwart nicht bezweifeln, weil eine Vergangenheit unmöglich ohne eine entsprechende, vorhergehende Gegenwart existieren kann. Zweitens können wir nicht die Möglichkeit prinzipiell ausschließen, etwas zu beobachten, das sicher existiert – für eine sichere Aussage darüber hätten wir es eben schon beobachten müssen. Wir stehen hier also vor einem *praktischen* Hindernis: Unsere Aufmerksamkeit reicht nicht aus, um die Gegenwart des Denkens – eigentlich unsere eigene Gegenwart – bewußt zu erfassen. Sie bleibt zunächst dunkel, das Licht des Bewußtseins kommt immer zu spät, es wird auf das schon Erstarrte geworfen. Viele Denker bezweifeln deshalb die Existenz dieser Gegenwart und versuchen den Ursprung des

Denkens aus etwas abzuleiten, was außerhalb desselben liegt, wie etwa aus der philosophischen „Materie“ oder aus dem „kollektiven Unbewußten“. Man bedenke aber, daß die prozessuale, gegenwärtige Form des Denkens nicht dunkler sein kann als das Bewußtseinslicht – es könnte viel mehr so sein, daß uns dieses zu helle Licht zuerst blendet. Die Ergebnisse des Denkens – unsere eigenen Gedanken – sind uns klar – das ist das einzige was uns wirklich klar ist. Dann kann aber der Ursprung, die Quelle des Denkens, auch nicht *prinzipiell* unklar, unzugänglich oder unverständlich sein. Wir können es nicht auf etwas prinzipiell Unverständliches zurückführen. Die „Dunkelheit“ der philosophischen Materie oder des kollektiven Unbewußten sind prinzipieller Art (sie sind gerade so definiert), hingegen die Dunkelheit des gegenwärtigen Denkens ist nur praktisch vorhanden. Niemand kann etwas denken, was er selber nicht versteht (sagen sehr wohl, aber das ist etwas anderes). Um das Entstehungsmoment des Verständnisses selbst durchzuleuchten, müßten wir praktische Hindernisse abtragen.

Diese praktischen Hindernisse bestehen in der Schwäche der Aufmerksamkeit. Das können wir schon daran sehen, daß die Aufmerksamkeit zu schwach, zu zerstreut ist, um beliebig lang bei einem beliebig gewählten Thema zu bleiben. Normalerweise kann sie das nicht einmal kurz, sie wird rasch abgelenkt. Um die eigene Gegenwart in ihrem *lebendigen*, prozessualen Charakter zu ertragen, müßte sie viel stärker werden. Die Aufmerksamkeit zu stärken, und sie dadurch zu ihrer eigenen Gegenwart – zu unserer Gegenwart – zu führen, könnte heute ein jeder halbwegs gesunde Mensch *erüben*. Ob wir das tun oder nicht, bleibt unsere freie Entscheidung. *E. F. Schumacher* schreibt in seinem *A Guide for the Perplexed* [Sch79], daß der moderne Mensch und die moderne Wissenschaft ihre „vertikale Komponente“ verloren haben. Sie zu suchen steht in unserer freien Wahl.

Die uns heute gängige Form des Denkens ist also möglicherweise nicht seine letzte Form – wahrscheinlich auch nicht die erste. Kleine Kinder haben offensichtlich ein ganz anderes Bewußtsein als die Erwachsenen. Die frühere Menschheit hatte auch allem Anschein nach ein anderes, mehr „archaisches“ Bewußtsein, das aus ganz anderen Fähigkeiten, anderen *Qualitäten* bestand [Küh90]. Die Griechen waren hervorragende Mathematiker, sie haben den Computer aber nicht erfunden. Sie haben auch nicht so effizient gerechnet wie wir. Dafür haben sie die Qualitäten der Zahlen miterleben können, Mathematik hatte z. B. bei *Pythagoras* einen kultisch-religiösen Charakter. Die Geschichte der Mathematik zeugt von einer immer mehr steigenden Abstraktionsfähigkeit [Col69], immer verbunden mit dem Verlust gewisser anderer Qualitäten. Der Computer erscheint bei einer spezifischen Entwicklungsphase: Wo die Abstraktionsfähigkeit ihre höchsten Stufen erreicht, und wo sie auch allgemein zugänglich wird.

Computer können erstarrte Gedankenstrukturen speichern und dadurch intelligentes Verhalten simulieren. Sie können die Vergangenheit der Intelligenz, ihre selbständig gewordene Mechanik hervorragend nachahmen. Intelligenz ist das allerdings nicht, denn sie besitzen mindestens zwei sehr wichtige Merkmale der Intelligenz nicht:

1. Die Fähigkeit, neue Ideen zu produzieren

2. Freie Entscheidungen zu treffen

Die „Intelligenz" eines Computers stammt letztlich immer von der menschlichen Intelligenz und kann sich nicht selbst erneuern [Bös89]. Auf die oft gestellte Frage, ob Computer in der Lage sind, menschliches Verhalten, etwa das menschliche Denken, simulieren zu können, können wir antworten: In seinen höchsten Formen, nämlich wenn wir gerade etwas Neues denken, bestimmt nicht. Wir selbst können aber in unserem Denken, in unserem Verhalten sehr wohl so mechanisch, so schematisch werden, daß der Unterschied zu einem Computer wenig auffällt. Doch auch zu unseren schlechtesten Zeiten haben wir immer das Potential, uns von unseren eigenen Automatismen zu befreien und unseren Geist auf ganz neue Wege zu lenken.

1.4 Programmierung im Kleinen

Für den Programmierer ist nun die wichtigste Konsequenz aus den vorhergehenden Überlegungen, daß Programmierung, ganz allgemein aufgefaßt, nichts anderes ist, als die Umsetzung von Ideen in eine formal präzise Form. Der Programmierer muß seine Konzepte in die Strukturen des Computers hineingießen.

Diese allgemeine Definition von Programmierung erscheint in unterschiedlichsten konkreten Formen. In der Informatik wurden sehr viele Anstrengungen gemacht, diese Umsetzung zu erleichtern, einerseits durch die Entwicklung einer Reihe von *Methoden* und andererseits durch die Entwicklung einer Reihe von *Programmiersprachen*.

1.4.1 Methoden der Software-Erstellung

Versuchen wir nun den Begriff der Programmierung besser einzuschränken, insbesondere die Art, wie sie in diesem Buch vorgestellt wird. Welche Phasen müssen wir durchlaufen, bis aus einer Idee ein Programm, ja ein *Programmsystem* oder allgemein *Software* wird?

Auftauchen einer Idee

Zuerst taucht eine Idee auf – in uns oder in unseren Kunden. Erstens einmal müssen wir prüfen, ob es sich um ein Problem handelt, das mit einem Computer lösbar ist. Ist es ein prinzipiell „unberechenbares“ Problem, dann verzichten wir auf die Computerlösung. Eine prinzipielle Unlösbarkeit kann sich natürlich auch noch später herausstellen. Eine weitere Möglichkeit ist, daß zwar das Problem mit Computer lösbar ist, wir finden aber, daß es besser ist, es nicht zu lösen – z. B. weil man dadurch anderen Menschen Leid zutragen könnte. In diesem Fall ist auch der Verzicht vorzuziehen.

Diesen Aspekt hat *J. Weizenbaum* in einem Vortrag in Budapest folgendermaßen angesprochen: Wenn Sie zu einem Arzt gehen, mit dem Wunsch: Schneiden Sie mir bitte diese Finger ab, so wird er Sie bestimmt fragen: Warum? Wenn Sie nun antworten, weil mir der Kopf oft weh tut, dann wird er eben sagen: Na Halt, dann möchte ich Sie zuerst untersuchen, warum Sie Kopfweh haben. Hingegen wenn jemand an einen Informatiker mit dem Wunsch herantritt: Erstellen Sie mir eine Software, womit die ballistische Laufbahn von Gegenständen mit großer Präzision berechnet werden kann, dann fragt der Informatiker meistens: Bis wann brauchen Sie das, und wieviel zahlen Sie dafür? Es wäre aber besser, wenn auch der Informatiker zuerst fragen würde: Warum? Wenn nun die Antwort ist: Weil ich mein Waffensystem verbessern will, um das Nachbarland endlich von der Erdoberfläche verschwinden zu lassen, dann ... dann wird aus dem technischen Problem ein komplexes gesellschaftliches und moralisches Problem, das auf der Ebene der Technik nicht lösbar ist.

Sind diese Art Hindernisse nicht vorhanden, dann können wir in die nächste Phase treten.

Analyse

Die Grundfrage ist hier: Was ist wirklich der Bedarf? Es kommt sehr häufig vor, daß ein Kunde z. B. seine Wünsche sehr vage formuliert. Er möchte etwa, daß seine Buchhaltung besser wird. Oder er möchte die Produktivität der Produktion in seiner Firma steigern. Das sind alles schöne Wünsche, aber davon kann man noch kein Programm ableiten. Wir müssen den ganzen Produktionsprozeß genau studieren, den groben Grundbedarf als eine Reihe von konkreten Teilproblemen formulieren. Wir müssen versuchen, die Engpässe zu finden, für die wir mit automatischen Steuerungen Verbesserungen erhoffen können. Wir müssen aber dabei beachten, daß eine lokale Optimierung unerwartete negative Auswirkungen auf das Gesamtsystem haben kann: Der Kunde der verbesserten Produktionstelle wird z. B. überfordert usw.

Es kann auch passieren, daß der Kunde mit einem ganz konkreten Wunsch an den Informatiker herantritt: Erstellen Sie mir eine Software, die das und das tut. In einem solchen Fall ist es auch ratsam, die Frage zu stellen: Warum? Einer der Autoren dieses Buches wurde einmal beauftragt, eine Software zu erstellen, die ein gewisses Kommunikationsprotokoll realisieren sollte. Die Arbeit hätte mindestens ein Jahr gedauert. Er hat aber zuerst den eigentlichen Bedarf hinter diesem Wunsch ermittelt: Das Ergebnis war, daß man die Software gar nicht brauchte und den wirklichen Bedarf mit einer leichten Adaptation einer bestehenden Software (innerhalb zwei Tage) erfüllen konnte.

Alles zusammen: In dieser Phase analysieren wir das zu lösende Problem, zunächst ganz unabhängig davon, wie die Lösung letztlich ausschauen wird.

Spezifikation

Haben wir nun das Problem detailliert verstanden, leiten wir davon eine Reihe von konkreten Anforderungen ab. Wir sind jetzt in der Lage, genau zu sagen, *was* wir erreichen wollen. Wir formulieren unsere Problemlösung als eine (möglicherweise sehr große) Menge von Teilfunktionen. Die Teilfunktionen beschreiben wir meistens, indem wir mögliche Eingabedaten (*Parameter*) der Funktion festlegen und sagen, zu welchen Ergebnissen (*Ausgaben*) die Funktion damit kommt. Ferner formulieren wir Bedingungen, die die Eingaben und Ausgaben erfüllen müssen. Ausgaben von Teilfunktionen sind wiederum Eingaben für andere Funktionen. Nachdem es nicht ganz einfach ist, dafür zu sorgen, daß die Ergebnismengen der einen Funktion auch auf die Eingabemengen der nächsten passen, können wir dazu schon computergestützte Werkzeuge und eigene *Spezifikationssprachen* verwenden [PST91].

Dieser Schritt wird meist zeitlich verzahnt mit vorherigen Schritten ablaufen; als Ergebnis entsteht ein Dokument, das nun alle Teile enthalten soll, die realisiert werden müssen.

Entwurf

Hier wird der detaillierte Plan der *Lösung* des spezifizierten Problems angegeben. Erst jetzt wird also überlegt, *wie* wir das Problem lösen. Der Plan sollte noch immer soweit wie möglich unabhängig von konkreten Realisierungsdetails sein. Die Anforderungen an das Computersystem müssen wir aber schon berücksichtigen. Aus der Menge der Daten, der Funktionen, der Art der Verwendung (z. B. rund um die Uhr, einmal pro Tag, einmal im Jahr, von einem bestimmten Kunden, von vielen Kunden usw.) können wir an die notwendige Kapazität, Leistung und Sicherheit des Computersystems konkrete Aussagen machen. Welcher Rechnertyp uns diese Leistungsmerkmale anbietet, sollte uns aber bei dem Entwurf noch möglichst nicht beeinflussen. Die Kosten der Lösung und die Möglichkeiten des Kunden müssen natürlich vereinbar sein.

Implementierungsphase

Jetzt wird der Entwurf in eine Form, die vom Computer bearbeitet werden kann, umgesetzt. Hier schauen wir zuerst, welche Softwarekomponenten vielleicht schon vorhanden sind (beim Kunden, oder bei einem externen Anbieter). Diese können wir dann – vielleicht etwas modifiziert – wiederverwenden. *Wiederverwendung* ist auch schon bei der Spezifikation oder beim Entwurf möglich, sie wird noch selten, aber zunehmend praktiziert.

Die Komponenten, die fehlen, müssen programmiert werden. Die eigentliche Programmierung kommt also im ganzen *Lebenszyklus* von Software [Som92] eher spät und ist oft auch zeitlich ein kleinerer Teil. Das ist eine allgemeine Regel, die – wie alle Regeln – nicht immer gilt. Die einzelnen Komponenten müssen *validiert* werden: Wir müssen uns von ihrer Richtigkeit überzeugen. Dies kann entweder durch formale Methoden geschehen (wir beweisen die Richtigkeit einer Softwarekomponente ähnlich einem mathematischen Satz) oder durch ausgiebiges Testen (wir prüfen, wie unsere Software auf verschiedene typische und untypische Eingaben reagiert). Am besten verwenden wir eine vernünftige Kombination beider Methoden.

Integration und Testen

Die einzelnen Komponenten müssen zusammengeführt werden, und das ganze System muß getestet werden. Ein wichtiges Qualitätsmerkmal des Entwurfs, aber auch der verwendeten Softwarewerkzeuge ist, ob dieser Schritt leicht ist oder – wie das manchmal passiert – hoffnungslos kompliziert wird. In diesem Fall müßte man beim Entwurf wieder anfangen. Oder man geht mit schlechter Software auf den Markt – das kommt auch vor.

Einführung und Wartung

Letztlich (aber nicht an letzter Stelle) wird die Software eingeführt, d.h. beim Kunden eingesetzt. Sie fängt jetzt ein „zweites Leben“ an: Sie muß oft Jahre oder gar Jahrzehnte hindurch *gewartet* werden. Bei schlecht geplanten Projekten tauchen Fehler erst jetzt auf. Entweder funktioniert irgendein Detail einfach nicht – was wir bei der Implementierung nicht entdeckt haben –, oder wir haben etwas vergessen. Jetzt hängt es von der

Natur des Fehlers ab, was für Konsequenzen das hat: Haben wir bei der Analyse schlampig gearbeitet, so kann es durchaus passieren, daß sich jetzt herausstellt, daß große Teile des Softwaresystems neu überdacht und entwickelt werden müssen. Es gilt, je weiter zurück im Entwicklungsprozeß Fehler entstehen, desto schwieriger und teuerer werden deren Behebungen.

Auftauchende Fehler und neue Wünsche müssen fortlaufend berücksichtigt werden. Programme werden praktisch niemals einmal geschrieben und dann unverändert eingesetzt. Vor allem beim Entwurf des Systems muß man deshalb auch darauf achten, daß sich das ganze auch *ändern* läßt. Typische Änderungen sind Erweiterungen oder neu gekaufte Hardware.

Top-down und Bottom-up

Die Trennung zwischen den aufgezählten Phasen ist nicht immer ganz scharf, und wir müssen manchmal gewisse Phasen mehrmals durchgehen. Die hier skizzierte Methode ist nur eine von vielen Möglichkeiten, wie wir ein Softwareprojekt abwickeln können. Sie entspricht im wesentlichen dem *Top-down*-Ansatz: Wir sehen zuerst das Ganze, zerteilen und zergliedern es und lösen der Reihe nach einfachere Teilprobleme. Der umgekehrte Weg ist der *Bottom-up*-Ansatz, bei dem zuerst funktionsfähige Teile gefertigt werden, von denen man dann hofft, sie zu einem sinnvollen Ganzen zusammensetzen zu können. Das ist bei bestimmten Problemen gar nicht so dumm: Wenn wir schon viele fertige Teile zur Verfügung haben, ist es manchmal möglich, sie einfach neu zusammenzubauen. Das setzt allerdings voraus, daß wir das zu lösende Problem leicht adaptieren können, damit es auf unsere Teile paßt... (Über den Software-Entwicklungsprozeß siehe mehr in [Som92]).

Man darf vielleicht sagen, bei der *Top-down*-Methode sind Analytiker und Designer eher auf einem „göttlichen“ Standpunkt: Sie versuchen eine Welt vom oben her zu schaffen. Der gegensätzliche Ansatz (*bottom-up*) wäre in Extremform, daß wir aus einer Krötenperspektive nur auf die Details schauen und hoffen, daß sie sich zu einem Ganzen zusammenschließen. Wie etwa in dem indischen Spruch, wo verschiedene Leute verschiedene Körperteile eines Elephanten vor sich haben: Der eine hält den Schwanz, der andere den Rüssel, der dritte ein Bein usw. und alle überzeugt sind, daß Elephanten eben so aussehen, wie sie das sehen.

1.4.2 Erstellung einfacher Programme

Wir konzentrieren uns in diesem Buch vorwiegend auf die Herstellung von zumeist einfachen Programmen, bei denen zumindest die Spezifikation schon vorliegt. Entwurf und Validierung wird auch meistens ziemlich einfach sein. In diesem Buch beschränken wir uns auf das *Programmieren im Kleinen*. Unser Hauptanliegen wird im folgenden sein, Probleme in Algorithmen und in entsprechende Datenstrukturen umzusetzen. Damit schränken wir die bisher noch immer viel zu allgemeine Definition der Programmierung weiter ein. Wir können Programme nach N. Wirth so definieren:

> Programme bestehen aus Datenstrukturen und den auf ihnen operierenden Algorithmen.

Die Einschränkung aufs Programmieren im Kleinen bedeutet allerdings nicht, daß wir unsere Programme etwa „ad hoc" entwickeln wollen. Ganz im Gegenteil:

> Wir wollen schon im Kleinen üben, wie wir unsere Programme systematisch und in einem schönen Stil gestalten.

Der schöne Stil hat in diesem Zusammenhang weniger eine ästhetische Bedeutung, sondern ist ein begrifflich kaum zu definierendes *Qualitätsmerkmal*. „Schön" ist ein Programm, wenn es verständlich und ökonomisch aufgebaut ist. Man zitiert gerne E. F. *Schumacher*: „Small is beautiful" (klein ist wunderbar) [Sch77]. Das ist auch dann war, wenn der Gesamtumfang unseres Problems groß ist: Dann müssen wir besonders darauf achten, daß das große Problem in viele kleine Teilprobleme aufgeteilt wird und daß die Gesamtstruktur der ganzen Lösung übersichtlich bleibt. Wir adaptieren obigen Spruch in diesem Buch für uns so: „Clear is beautiful" – Klarheit ist wunderbar. Dieses Prinzip wird uns bei der Entwicklung von großen Programmen reichlich belohnen!

1.5 Ebenen der Programmierung

1.5.1 Formale Sprachen, menschliche Sprachen

Heute programmiert man ganz anders als in der Anfangszeit der Computer, in den fünfziger Jahren. Man hat inzwischen verschiedene *formale Sprachen* eingeführt. Formale Sprachen, die zur Programmierung verwendet werden, nennen wir *Programmiersprachen*. Ihr Sinn ist es, das Programmieren leichter, effizienter und insbesondere sicherer, also fehlerfreier zu machen.

Wir bemerken nebenbei, daß der Ausdruck *formale Sprache* (und der daraus abgeleitete Ausdruck *Programmiersprache*) oft irreführend ist, weil er den Eindruck suggeriert, daß die formalen Sprachen viel mit menschlichen Sprachen zu tun hätten. Sie sind tatsächlich zum Teil aus der Beobachtung der menschlichen Sprachen (durch Forscher wie z. B. *N. Chom-*

sky) abgeleitet worden. Sie haben auch ein *Alphabet* (die Menge der Zeichen, die überhaupt vorkommen können), eine *Syntax* (eine Menge von Regeln, die die korrekte Satzbildung bestimmen) und eine *Semantik* (die Regeln, die sinnlose von sinnvollen Sätzen zu unterscheiden versuchen). Es gibt aber trotzdem grundsätzliche Unterschiede.

Die Regeln der formalen Sprachen – ähnlich wie die eines Spiels – werden *im voraus* bestimmt. Um Schach zu spielen, muß man die Regeln *vorher* genau studieren. Am unendlich viel komplizierteren „Sprachspiel" – wie Ludwig *Wittgenstein* das nennt – nehmen wir teil, bevor wir irgendwelche Regeln kennenlernen. Die Regeln der menschlichen Sprachen werden erst *nachträglich* festgestellt. Bei keiner einzigen Sprache ist die Grammatik vollständig erforscht, und die Verwendung der Grammatik ist meistens unbewußt (in [Küh90] überbewußt genannt). Ein kleines (etwa fünfjähriges) Kind kann meistens die Muttersprache(n) perfekt sprechen (ist darin *kompetent*, wie Chomsky sagt). Es hat aber keine Ahnung von der Grammatik, ja es weiß nicht einmal, daß es so etwas gibt. Bei den *formalen Sprachen* ist es gerade umgekehrt. Da werden Alphabet, Syntax und Semantik, alle Regeln im voraus bestimmt. Bei der Verwendung müssen diese Regeln (insbesondere am Anfang, ähnlich wie beim Lernen einer Fremdsprache) ganz *bewußt* angewendet werden.

Darüber hinaus sind menschliche Sprachen inhärent *mehrdeutig* – sonst gäbe es keine Dichtung, nicht einmal Witze. Der Sinn der formalen Sprachen – und so auch der Programmiersprachen – liegt gerade darin, daß ihre „Grammatik" *eindeutig* spezifiziert ist. Diese Bedingung ist zwar auch bei formalen Sprachen oft nicht voll erfüllt – das betrachten wir aber nicht als Bereicherung, sondern als Mangel. Der Bedarf an Eindeutigkeit zeigt wieder die Grundschwierigkeit der Programmierung: In der menschlichen Kommunikation ist Mehrdeutigkeit oft gerade der wertvollste Teil (stellen wir uns vor, wie unerträglich arm das Leben ohne Dichtung und ohne Humor wäre). Hingegen wird in der Kommunikation mit dem Computer Eindeutigkeit verlangt. Eindeutigkeit ist zwar im menschlichen Bereich auch oft notwendig – restlos wird es aber dort nie verwirklicht – nicht einmal beim Militär.

Es gibt allerdings auch eine wesentliche Gemeinsamkeit zwischen guten Programmiersprachen und menschlichen Sprachen. Eines der Wunder der Sprachwissenschaft ist, daß die Kinder die Muttersprache aus erstaunlich wenig Daten erlernen. Sehr vieles können sie einfach erraten – auch wenn sie dabei manchmal Fehler machen. Das ist deswegen möglich, weil die menschlichen Sprachen – trotz aller Ausnahmen – konsistent sind, wie aus einem Guß. Gute Programmiersprachen sind auch konsistent im obigen Sinne – wenn man eine gegebene Eigenschaft sieht, so kann man – mit entsprechender Erfahrung – eine andere erraten. Für das Erlernen der Programmiersprachen wird von dieser Methode trotzdem stark abgeraten: Hier ist viel mehr eine systematische Methode angebracht, wobei die theoretischen Überlegungen dem Ausprobieren immer vorangehen sollten! Beim Schachspiel ist es auch besser zuerst die Regeln zu lernen, dann vielleicht einige Methoden der großen Meister – erst nachher wird man ein echter Spieler. Wenn jemand nur herumprobiert, wird er bald die Geduld seiner Partner verlieren. Der Computer ist zwar diesbezüglich geduldiger, man bedenke aber, daß wir die Programme auch immer für Menschen – meistens für andere Menschen schreiben.

In bezug auf die menschlichen Sprachen vermeiden wir den verbreiteten Ausdruck *natürliche Sprache* absichtlich. Menschliche Sprachen sind nämlich alles andere als natürlich. Das sieht man schon daran, daß sie nicht im geringsten vererbbar sind. Ein Baby kann eine beliebige Sprache als Muttersprache erlernen. Wenn ein Kind ohne sprechende Umgebung aufwächst, lernt es nicht sprechen – es richtet sich nicht einmal auf [Küh90]. Ein tauber Hund bellt ganz genau so, wie die anderen. Ein taubes Kind hingegen lernt die Sprache nicht ohne weiteres. Man könnte jetzt natürlich die Frage stellen: Wenn menschliche Sprachen weder künstlich (wie die formalen Sprachen) noch natürlich (wie das Hundegebell) sind, woher kommen sie dann? Diese Frage sei dahingestellt und offengelassen, vielleicht kann sie als Anregung dienen.

1.5.2 Assembler

Wir haben vorher kurz den Programmierstil der Pionierzeit (der fünfziger Jahre) angesprochen. Diesen Stil nennt man heute oft *low-level programming*, also Programmierung auf einer niedrigen Stufe. Bei der niedrigsten Stufe der Programmierung werden die Grundbefehle des Rechners sowie die Adressen der Dateneinheiten direkt auf die internen Schaltelemente des Rechners abgebildet oder *codiert*. Solche Programme sind nur Reihen von Zahlen (von *Codes*). Das ist die Stufe der Maschinensprache oder des *Maschinencodes*.

Der nächste Schritt ist die sogenannte *Assembler*-Stufe, wo die Grundbefehle in Form von kurzen erinnerbaren Namen angegeben werden können. Die Adressen der Dateneinheiten müssen auch nicht direkt hingeschrieben werden. Statt dessen verwendet der Programmierer kurze symbolische Namen (wie in der Mathematik üblich), die vom *Programmübersetzer* (vom *Assembler*) auf konkrete Adressen automatisch abgebildet werden. Dieser Programmierstil hat die Programmierszene jahrzehntelang beherrscht, seine Bedeutung nimmt aber mit der Zeit ab – obwohl er für gewisse Zwecke immer nötig sein wird.

Hier zeigen wir den vorher (S. 12) frei formulierten, kurzen Programmteil in einer typischen Assembler-Notation:

```
b1: LOAD x
    CMP y
    BEQ b2
    BRA b3
    ⋮
b2:
    ⋮
b3:
```

Der erste Befehl lädt die Speicherzelle an der Adresse x in das *Akkumulatorregister* des Rechenwerks. Der zweite Befehl (CMP steht für *compare*, vergleiche) vergleicht den Inhalt der Speicherzelle an der Adresse y mit dem vorher geladenen Wert. Ist das Ergebnis des Vergleiches Gleichheit, so soll auf b2 gesprungen werden (BEQ steht für *branch on equal*, verzweige wenn gleich). Ansonsten soll die Verarbeitung bei b3 weitergehen (BRA steht für *branch*, verzweige). Im Maschinencode sieht es natürlich noch ärmlicher aus: da haben wir einfach eine Reihe von Zahlen vor uns (Binärzahlen oktal oder hexadezimal codiert – wirklich „unmenschlich").

1.5.3 Höhere Programmiersprachen

Programmiersprachen, die auf einer höheren Ebene stehen (die *High-level*-Programmiersprachen), bieten komplexere Befehls- und Datenstrukturen an.

> Man kann unter den High-level-Programmiersprachen auch verschieden Einteilungen vornehmen, manchmal werden z. B. unterschiedliche Generationen von Sprachen unterschieden. Darauf gehen wir hier aber nicht ein.

Die Programmierung in diesem Buch wird mit Hilfe einer neuen, modernen Programmiersprache, mit der High-level-Programmiersprache *Modula-3* [Nel91, Har92] erklärt. Sie wurde im *Systems Research Center* (SRC) der Firma *Digital Equipment Corporation* (DEC) in Palo Alto entwickelt. Verglichen mit anderen Programmiersprachen sind die wichtigsten Merkmale von Modula-3:

- Sie ist eine *imperative* Programmiersprache,
- verfügt über ein sicheres *Typsystem*,
- sie ist eine *strukturierte* Programmiersprache,
- und sie ist *objektorientiert*.

Imperative Programmiersprachen

Bei den imperativen Programmiersprachen steht der Algorithmus im Mittelpunkt. Der Programmierer muß den Algorithmus ganz genau spezifizieren (wie beim Abiturientenbeispiel, als wir das Verfahren angegeben haben – „multipliziere Deine Jahre mit der Anzahl der Monate im Jahr ...“). Die Programmiersprache bietet zwar viele Hilfen an, um einen Algorithmus auszudrücken, für die Richtigkeit des Algorithmus ist aber der Programmierer alleine verantwortlich.

Eine über 20 Jahre alte Geschichte erzählt über einen frischgebackenen Computeranwender, der sich bei der Systemprogrammierungsgruppe seines Rechenzentrums empört beschwert hat: Er hätte keine Fehlermeldung vom Computer erhalten, obwohl er in einer Formel irrtümlicherweise statt der Sinus- die Cosinus-Funktion angegeben hatte! Ja, solche Fehler sind bis heute selten automatisch entdeckbar: der Computer kann wohl kontrollieren, ob Sinus richtig geschrieben ist oder ob der Parameterwert im erlaubten Bereich ist – nicht aber, ob tatsächlich Sinus gemeint war.

Ein grundsätzlich anderer Ansatz (oder *Paradigma*, wie man das gerne nennt) ist es, nur *Funktionen* zu verwenden. Man will über Speicher und Befehle weder auf niedriger noch auf hoher Ebene sprechen, man will einfach mathematische Funktionen angeben, wie das in der Mathematik seit langem üblich ist. Mit einem genügend mächtigen Funktionskonzept, das insbesondere auf der *Rekursion* (siehe u. a. Kap. 2) aufbaut, kann man diesen Ansatz tatsächlich verwirklichen. Dies ist der Ansatz der sogenannten *Funktionalen Programmiersprachen*.

Wieder ganz anders sind die *Logischen Programmiersprachen*. Bei ihnen müssen eine Reihe von Anfangsaussagen und Folgerungsregeln angegeben werden, so daß der Computer die richtigen Konsequenzen automatisch daraus ableiten kann. Wir gehen in diesem Buch auf das *funktionale* und das *logische* Paradigma nicht näher ein, interessierte Leser mögen sich an die Literatur wenden [WH83, CM81].

Die imperativen Programmiersprachen (oft auch *prozedural* genannt) sind jedenfalls die ältesten und sind für eine Einführung gerade deswegen besonders nützlich, weil sie vom Programmierer verlangen, die Algorithmen explizit auszudrücken. Die funktionalen und die logischen Programmiersprachen „verstecken“ zum Teil das innere Verhalten des Computers. Das kann oft sehr nützlich sein, gerade für einen Anfänger ist es aber wichtig, zunächst die Einzelheiten kennenzulernen.

Innerhalb der imperativen Programmiersprachen kann man eine sehr interessante Entwicklung bemerken. Die erste solche Programmiersprache, *Fortran*, (der Name entstand aus *For*mula *Tran*slator) hat am Ende der fünfziger Jahre einen bedeutenden Durchbruch gebracht. Das war der erste Fall, bei dem es wirklich gelungen ist, eine formale Notation, die den gewohnten mathematischen Formeln sehr ähnlich war, automatisch (also durch den Computer selbst) und effizient in die Maschinensprache zu übersetzen. Dadurch hat die Programmierung eine neue Dimension gewonnen, weil der Programmierer zum erstenmal von vielen Einzelheiten der Maschinensprache befreit war und sich viel besser auf den Inhalt des Algorithmus konzentrieren konnte.

Eine andere Entwicklung hat die Programmiersprache *Cobol* gebracht, in der nicht so sehr die mathematischen Formeln, als vielmehr kommerzielle Anwendungen leichter ausdrückbar sind. In Cobol hat man z. B. sehr viel Wert darauf gelegt, daß man formatierte Tabellen leicht generieren kann.

Nach der ersten Euphorie haben sich bald Schwierigkeiten mit diesen Sprachen gezeigt. Sie waren nicht präzis genug definiert. Darüber hinaus enthalten sie eine Reihe von Eigenschaften, die gewisse Programmierfehler begünstigen und schwer aufdeckbar machen. Sobald man größere Softwaresysteme baut, kommen diese Nachteile zum Vorschein.

Daß diese beiden Programmiersprachen bis heute sehr weit verbreitet sind, ist um so erstaunlicher. Stellen sie doch nicht einmal die Technologie von gestern, vielmehr die von vorgestern dar. Die Verbesserungen, die man an diesen Sprachen mittlerweile durchgeführt hat, ähneln eher einem Schönheitspflaster, das die Fehler zum Teil versteckt, ohne sie zu beheben. Der wichtigste Grund für diesen Umstand ist zweifelsohne darin zu suchen, daß eine enorme Anzahl von Anwendungen in diesen Programmiersprachen vorliegt (schätzungsweise geht es um Hunderttausende von Programmen, bestehend aus insgesamt mehreren Milliarden Programmzeilen). Die Universitäten tragen jedenfalls die Verantwortung dafür, daß die Entwicklung nicht stehen bleibt und die neueren und besseren Programmiersprachen immer mehr Fuß fassen.

Formal definierte Sprachen

Aufgrund solcher Erfahrungen fing man an, sich Gedanken über die genaue Spezifikation der Programmiersprachen zu machen. So entstand die *Backus-Naur*-Notation (die wir im Kap. 2 genau kennenlernen), die eine *Metasprache* (selbst eine formale Sprache) ist, mit deren Hilfe weitere formale Sprachen spezifiziert werden. Das hat natürlich nur dann einen Sinn, wenn die Metasprache wesentlich einfacher ist, als die zu beschreibenden formalen Sprachen. Die Backus-Naur-Notation kann zwar (ohne extrem komplex zu werden) nur die Syntax einer Programmiersprache beschreiben, sie hat trotzdem eine wichtige Qualitätssteigerung bei den Programmiersprachen gebracht.

So entstand die Sprache *Algol-60* als erste Programmiersprache, deren Syntax formal spezifiziert war, und deren Definition dadurch kurz und eindeutig war. Algol-60 ist bis heute in vieler Hinsicht beispielhaft. Sie hat auch lange als Publikationssprache in der wissenschaftlichen Literatur gedient, um neue Algorithmen genau anzugeben. Viele weitere Sprachen haben auf Algol-60 aufgebaut (die *Algol-Familie*), wie z.B. Algol-68 und insbesondere Pascal.

Der wesentliche Unterschied von Pascal gegenüber Algol-68 liegt nicht so sehr an neuen Konzepten, sondern eher im Gegenteil: An Bescheidenheit in der Verwendung von neuen Konzepten, wodurch die Realisierung von automatischen Übersetzern von Pascal-Programmen mit vergleichsweise geringem Aufwand möglich wurde. Viel wichtiger noch: Wodurch es für den Programmierer leichter wurde, solche Sprachen zu erlernen und sie vollständig und fehlerfrei zu beherrschen.

Strenges Typsystem: Die „Pascal-Familie"

Pascal seinerseits [Wir71] ist auch Stammvater einer Reihe von anderen Sprachen (der *Pascal-Familie*) geworden, wie u. a. *Modula-2* [Wir82], *Oberon* [WG92, RW92], *Oberon-2* [Mös93] und *Modula-3*, die wir in diesem Buch verwenden. Die wesentliche Erneuerung von Pascal gegenüber Algol-60 lag darin, daß neben den Kontrollstrukturen auch auf die Gestaltung der Datenstrukturen großer Wert gelegt wurde.

Pascal ist die erste weitverbreitete Sprache, die ein strenges Typsystem besitzt. Dies bedeutet einerseits (kurz und vereinfacht), daß der Programmierer für alle Daten den Typ – den erlaubten Wertebereich und die erlaubten Operationen – im voraus angeben, *deklarieren* muß. Dadurch kann der Übersetzer die richtige Verwendung der Daten auch kontrollieren. Es ist nicht mehr möglich Äpfel mit Birnen zusammenzuzählen wie bei den früheren Programmiersprachen. Das ist ein wichtiges Beispiel, wie durch Einschränkung erhöhte Sicherheit entstehen kann. Andererseits wird diese Strenge durch eine Flexibilität in der *Konstruktion* von neuen Typen „gutgemacht". In Pascal kann der Programmierer über die *vordefinierten* Typen hinaus verschiedenste neue Typen selber konstruieren.

Strukturierte Programmierung

Modula-3 ist eine *strukturierte* Programmiersprache.

Die Theorie der strukturierten Programmierung geht vor allem auf die Arbeiten von Dijkstra und Dahl zurück [Dij68a, DDH72]. Wir gehen auf diese Theorie nicht ein, machen aber darauf aufmerksam, daß alle Sprachen der „Pascal-Familie" auf dieser Theorie aufbauen. Die Essenz dieser

Theorie können wir vielleicht so zusammenfassen, daß wir uns bei der Erstellung von Programmen auf solche Konstrukte beschränken, die an sich geschlossene und wohlverstandene Einheiten bilden. Der Vorteil dieses Ansatzes besteht darin, daß wir die Richtigkeit kleinerer Komponenten einzeln überprüfen und ein großes System aus solchen überprüften Komponenten zusammenbauen können. Dazu müssen wir solche „Kompositionsregeln" haben, die sicherstellen, daß wir beim Zusammenbauen die schon überprüften Komponenten nicht wieder zerstören.

Strukturierte Programmiersprachen bieten dazu geeignete Konstrukte, *Strukturen*, an. In Modula-3 haben die klassischen Konzepte der strukturierten Programmierung einen sehr hohen Reifegrad erreicht.

Objektorientierung

Die neuesten Mitglieder der „Pascal-Familie" – wie auch Modula-3 – sind *objektorientiert*. In Pascal wurde die Wichtigkeit der Datenstrukturen erkannt und die Gestaltung von Daten- und Kontrollstrukturen wurde „gleichberechtigt". Objektorientierte Programmiersprachen gehen noch weiter: Sie fügen zusammengehörende Datenstrukturen und Operationen in eine syntaktische und semantische Einheit zusammen. Die Einzelheiten der objektorientierten Programmierung werden wir im Kap. 13 behandeln.

Hier sei noch bemerkt, daß in den objektorientierten Programmiersprachen ein sehr wichtiger Aspekt der Programmierung zum Vorschein kommt: das Modellieren. Die Computer, wie der Name auch verrät, wurden ursprünglich als Rechner, d. h. als rechnende Maschinen, konzipiert (um ganz konkret zu sein; man wollte zuerst im zweiten Weltkrieg verschlüsselte Meldungen des Gegners entschlüsseln). Durch ihre Flexibilität sind sie aber fähig, daß sie abstrakte *Modelle* von ganz verschiedenen Systemen darstellen. Sowohl die Struktur als auch das Verhalten von Systemen kann mit Hilfe von Computern modelliert werden. Das Modell muß natürlich vom Menschen konzipiert werden, aber genauso, wie man aus Holz oder Gips ein Modell bauen kann, ist das auch „aus Software" möglich. Die objektorientierten Programmiersprachen bieten besonders ausdrucksfähige Konzepte, um Struktur und Verhalten von Systemen zu modellieren.

1.6 Programmieren und Informatik

Innerhalb der Informatik bildet die Programmierung (wie vorher eingeschränkt) nur einen bescheidenen Teil. Informatik wurde früher im deutschen Sprachraum „Computerwissenschaft" (nach dem englischen Ausdruck *computer science*) genannt. Dieser Ausdruck wird nun kaum mehr verwendet, nicht nur weil er nicht besonders schön klingt, vielmehr weil man mit dem Wort „Informatik" zum Ausdruck bringen will, daß es sich um eine Wissenschaft handelt, die ein viel breiteres Spektrum hat als der Computer selbst. Während auf der einen Seite immer mehr Menschen immer mehr Zeit direkt am Computer verbringen, verschiebt sich die Aktivität von vielen Informatikern immer mehr zu Fragestellungen (z. B. in der Analyse, in der Spezifikation usw.) die den Computer nur indirekt betreffen. Viele Teile der Informatik kann man studieren, ohne je einen Computer gesehen zu haben.

1.6.1 Verantwortung der Informatiker

Sogar Programmieren kann man ohne Computer lernen. Einer der bedeutendsten Informatiker, Edsger W. *Dijkstra*, schlägt z. B. eine Methode vor [DF85], wonach Programmieren als eine reine mathematische Disziplin zunächst nur mit Hilfe von Papier und Bleistift (und natürlich Denken) erlernt werden soll. Die Richtigkeit eines Programms wird nicht am Computer getestet, sondern muß rein mathematisch bewiesen werden. Die Idee dahinter ist, daß der Programmierer lernt, volle Verantwortung für die Richtigkeit seiner Programme zu tragen. Die Verfügbarkeit der (immer schneller werdenden) Computer ist eine allzu große Versuchung, die Programme – anstatt sie bis ins letzte Detail durchzudenken – gleich am Computer auszuprobieren. Wir können aber ein Programm nie erschöpfend austesten. Wir können durch Testen bestimmt einige Fehler finden. Aber wir können nie sicher sein, daß nicht noch Fehler versteckt sind, die bei gegebenem Testverfahren nicht aufgetaucht sind. Eine Sicherheit kann uns nur das Denken vermitteln. Wir können bei einem Gedankengang freilich Fehler machen: „Irren ist menschlich". Trotzdem: Wenn nicht einmal wir selber, Autoren eines Programms das Programm gedanklich überblicken, aus welchem Grund erwarten wir dann, daß es – wie durch ein Wunder – doch richtig funktioniert?

Eine solche Haltung ist auch moralisch fragwürdig. Dijkstra sagte in einem Vortrag in Zürich: „Ein Erwachsener mit gesunder Hand ist für die eigene Schrift verantwortlich." Genauso ist er für die eigenen Programme verantwortlich und sollte nicht versuchen, diese Verantwortung an den Computer abzuschieben.

Wir übernehmen in diesem Buch den „computerlosen" Ansatz von Dijkstra nicht. Wir möchten aber sehr wohl seine moralische Haltung übernehmen.

Kapitel 2

Metasprachen

Wie schon in der Einleitung erwähnt, sollten wir die Syntax formaler Sprachen mit Hilfe einer einfachen *Metasprache* definieren. Die Syntax gibt die Regeln der richtigen Satzbildung an. In der menschlichen Kommunikation ist da viel Freiheit erlaubt. In der Kommunikation mit dem Computer müssen wir die Regeln sehr genau befolgen. Sind aber die Regeln selbst ungenau definiert, so ist ihre genaue Befolgung fast unmöglich.

Der Mangel an formaler Definition der Syntax von Fortran hat beim Bauen des ersten Fortran-Übersetzers tatsächlich unwahrscheinlich viele Schwierigkeiten verursacht.

2.1 Definition formaler Sprachen

Um gleich ein Beispiel zu haben, nehmen wir eine „formale Sprache", also eine Notation, die jeder kennt: Die Notation der Schularithmetik. Uns ist allen bekannt, daß wir in der Arithmetik Zahlen und Symbole, die für Zahlen stehen, verwenden können. Darüber hinaus können wir mit Hilfe von Operatoren auch arithmetische Ausdrücke bilden. Wir wissen, daß a + b oder (a + b) * (c - 2) legale Ausdrücke sind[1]. Ausdrücke, wie a + b * c, oder a * b / c sind ebenfalls legal, wobei nicht unbedingt klar ist,

- ob a + b * c als $(a + b)c$ oder als $a + (bc)$ zu verstehen ist – also ob die Multiplikation einen höheren Rang, höhere *Präzedenz*, als die Addition hat oder umgekehrt, oder ob sie gleichrangig sind.
- ob a * b / c als $\frac{ab}{c}$ oder als $a\frac{b}{c}$ zu verstehen ist, also – angenommen die Multiplikation und die Division haben wie üblich die gleiche Präzedenz –, ob sie von links nach rechts (*linksassoziativ*) oder von rechts nach links (*rechtsassoziativ*) auszuwerten sind. Ist b durch c nicht restlos teilbar, so ist das ein großer Unterschied!

[1]Das * Zeichen wird in der Informatik für die Multiplikation verwendet.

Uns ist auch klar, daß Ausdrücke, wie a + * + b), oder a + $% unrichtig sind. Die Regeln, die wir bei der Beurteilung der Richtigkeit solcher Ausdrücke verwenden, sind meistens ziemlich unbewußt und nicht vollständig ausformuliert in uns. Können wir nun diese Regeln explizit formulieren, und zwar kurz und eindeutig?

Dazu führen wir eine weitere *formale Sprache* – eine *Metasprache* – ein, die dazu dient, andere formale Sprachen zu definieren. Sie muß selbstverständlich einfacher (möglicherweise wesentlich einfacher) sein, als die mit ihrer Hilfe zu definierenden formalen Sprachen, sonst haben wir mehr verloren als gewonnen.

Der erste solche Formalismus, der für die Definition von Programmiersprachen verwendet wurde (für Algol-60 im Jahre 1960), ist die *Backus-Naur-Form* (BNF). Sie wurde später oftmals erweitert (*Erweiterte Ba"ckus-Naur-Form* – EBNF). Wir führen zunächst nur den Sprachumfang der originalen BNF ein, allerdings mit der Notation der neueren und weiter verbreiteten EBNF. Wir stützen uns in dieser Einführung der BNF auf *Methodik des Programmierens* [DF85] von Dijkstra und *Feijen*.

In einer BNF-Definition kommen folgende Symbole vor:

- Symbole der BNF selbst – wir nennen sie *Metasymbole*
- Symbole, die der zu definierenden Sprache angehören. Diese müssen zwischen Anführungszeichen (") stehen. Sie stehen „für sich selbst", d. h., sie werden in genau der gleichen Form verwendet, wie sie in der Definition vorkommen.
- Namen von syntaktischen Einheiten, die selbst wieder durch BNF-Regeln beschrieben werden.

Eine BNF-Definition ähnelt einer mathematischen Gleichung. Links vom Gleichheitszeichen = steht der Name der zu definierenden syntaktischen Einheit (im ursprünglichen BNF-Vorschlag hat man statt des Gleichheitszeichen das Symbol ::= verwendet, um den Unterschied vom normalen Gleichheitszeichen zu betonen). Rechts stehen jene Symbole, die die linksstehende syntaktische Einheit definieren. Diese können beliebige BNF-Symbole sein. Dabei gelten folgende Regeln:

1. Werden zwei oder mehrere Symbole hintereinander geschrieben (z. B. x y z), so bilden sie eine *Folge* - sie müssen bei der Verwendung der Definition genau in dieser Reihenfolge vorkommen (x vor y vor z ohne eines auszulassen).

2. Werden zwei Symbole durch das Metasymbol | getrennt, so können wir bei der Verwendung der Definition eine der beiden Alternativen wählen (die Definition sagt nicht welche). Die Folge ist stärker als die

Alternative, also x y | z bedeutet, daß xy oder z nicht aber xyz oder xz möglich sind.

3. Die Definitionen werden mit einem Punkt abgeschlossen.

Das genügt zunächst, die Syntax von recht komplexen formalen Sprachen exakt zu beschreiben.

2.2 Ziffern und Zahlen

Nehmen wir als erstes Bespiel die Definition der Ziffer:

Ziffer = "0" | "1" | "2" | "3" | "4" | "5" | "6" | "7" | "8" | "9" .

Diese Definition sagt aus, daß eine Ziffer entweder aus einer 0 oder aus einer 1, 2 usw. besteht.

Soweit ging es recht einfach. Wie können wir nun die Syntax einer natürlichen (also nicht negativen) Zahl definieren? Eine Zahl besteht aus einer beliebigen Anzahl von Ziffern. Können wir das in der BNF ausdrücken?

Schreiben wir:

natürliche-Zahl = Ziffer | Ziffer Ziffer | Ziffer Ziffer Ziffer .

dann haben wir wohl Zahlen unter Tausend präzis definiert. Aber wie geht das weiter? Da wir auch unendlich lange Zahlen haben können, müßten wir ihre Definition auf ein unendlich langes Papier unendlich lange schreiben. Wir können aber auch neue Symbole benutzen. Wir führen die geschweiften Klammern { und } als Wiederholungssymbol ein, mit der Bedeutung, daß alles, was zwischen { und } steht, beliebig oft (inklusive niemals) verwendet werden kann.

Somit können wir schreiben:

natürliche-Zahl = Ziffer {Ziffer} .

Damit sagen wir aus, daß eine Zahl aus mindestens einer Ziffer besteht, auf die beliebig viele weitere Ziffern folgen können. Man beachte, daß

natürliche-Zahl = {Ziffer} .

falsch wäre, weil dann eine natürliche Zahl auch aus gar keinen Ziffern bestehen könnte.

Die Einführung der geschweiften Klammern ist zwar praktisch, aber nicht unbedingt notwendig, um die obige Schwierigkeit zu überwinden. Dazu reicht auch folgende Definition aus:

natürliche-Zahl = Ziffer | Ziffer natürliche-Zahl .

Das sieht zunächst eigenartig aus. Auf beiden Seiten kommt jetzt die gleiche syntaktische Einheit (natürliche-Zahl) vor. Solche Definitionen, bei denen eine Einheit unter anderem durch sich selbst definiert wird, nennen wir *rekursiv*. Kann man etwas durch sich selbst definieren? Sicher nicht *nur* durch sich selbst! Eine Definition wie etwa:

natürliche-Zahl = natürliche-Zahl .

ist sinnlos. Wir können aber die zu definierende Einheit in die eigene Definition durchaus einbeziehen. Dadurch können wir in endlicher (und meistens sogar in ganz kurzer) Form unendliche Definitionen ausdrücken. Wie lesen wir also die obige rekursive Definition? Sie sagt aus, daß eine natürliche Zahl entweder aus einer einzigen Ziffer besteht, oder aus einer Ziffer gefolgt von einer natürlichen Zahl. Jene natürliche Zahl besteht wiederum entweder aus einer einzigen Ziffer oder aus einer Ziffer gefolgt von einer natürlichen Zahl, und so geht es beliebig lange weiter. Schließlich muß aber die erste Alternative (natürliche-Zahl = Ziffer) zur Anwendung kommen, damit das Ziffern-Generieren ein Ende hat.

Die Ziffern von 0 bis 9 bilden also eine natürliche Zahl (2 ist z. B. eine natürliche Zahl). Schreiben wir eine Ziffer davor, ist es noch immer eine natürliche Zahl (62 ist eine weitere natürliche Zahl). Setzen wir wieder eine Ziffer davor, ist es noch immer eine natürliche Zahl (z. B. 862) und so weiter und so fort.

Es sollte klar sein, daß es egal ist, ob wir die Zahlen erzeugen, indem wir Ziffern „vorne dazuschreiben“, oder indem wir sie „hinten anhängen“. Die Definition

natürliche-Zahl = Ziffer | natürliche-Zahl Ziffer .

paßt genausogut.

2.3 Namen

Wenden wir uns nun der Aufgabe zu, die Syntax der arithmetischen Ausdrücke genau zu definieren. Um statt Zahlen auch symbolische Namen (für mathematische Variable) verwenden zu können, müssen wir Buchstaben und Namen definieren.

Buchstabe = "a" | "b" | ··· | "z" | "A"| "B" | ··· | "Z" .

Die Verwendung von „··· “ ist nur eine Verkürzung für einen offensichtlichen Fall. Wollten wir ganz präzis sein, so hätten wir alle Buchstaben hinschreiben müssen (da ihre Anzahl endlich ist, ist das auch kein Problem).

Die drei Punkte sparen also nur ein wenig Schreibarbeit, sie gehören weder zur BNF, noch zu der zu definierenden Notation.

Diese Definition sagt aus, daß ein Buchstabe ein beliebiger Klein- oder Großbuchstabe aus dem Alphabet ist.

> Unter Alphabet versteht man in der Informatik meistens das *englische* Alphabet, weil das Latein der Programmierung - überhaupt der Informatik - das Englische ist. Dementsprechend verwenden alle Programmiersprachen englische Bezeichner. Es gibt natürlich Ausnahmen, die die Regel bestätigen – etwa im französischen Sprachraum.

Einen Namen (oder Bezeichner) können wir nach dem Muster der Zahlen leicht definieren. Machen wir einen ersten Versuch:

    Name = Ziffer | Name Ziffer | Buchstabe | Name Buchstabe .

Diese Definition sagt aus, daß ein Name aus einer beliebigen Reihenfolge von Buchstaben und Ziffern besteht. Danach sind a1, 1a, x, xyz und 1 oder 625 alles gültige Namen. Das ist jedoch ungünstig, weil wir nun Zahlen von Namen nicht mehr unterscheiden können.

> Exakte Definition allein schützt uns noch nicht vor Fehler: Wir haben zwar mit dieser Definition eine Syntax ganz präzis spezifiziert, sie ist aber semantisch falsch. Sie ist nicht einmal falsch an sich, sondern nur dann, wenn wir sie mit der Definition der Zahlen zusammen verwenden wollen.

Meistens fordert man deshalb, daß Namen mit einem Buchstaben anfangen müssen. Daran anschließend, sind auch Ziffern erlaubt. Demnach soll a1 ein gültiger, 1a aber ein ungültiger Name sein.

Wir müssen also unsere Definition leicht ändern:

    Name = Buchstabe | Name Buchstabe | Name Ziffer .

Diese Definition besagt, daß ein Name entweder aus einem einzigen Buchstaben besteht oder aus einer Folge von Buchstaben und/oder Ziffern, der ein Buchstabe vorangestellt ist. Ein Name muß also immer mit einem Buchstaben beginnen.

Wir könnten die Definition der Namen mit Hilfe der geschweiften Klammer auch ohne Rekursion leicht ausdrücken:

    Name = Buchstabe { Buchstabe | Ziffer }.

2.4 Arithmetische Ausdrücke

Wir sind nun in der Lage, die Syntax der arithmetischen Ausdrücke zu definieren. Arithmetische Ausdrücke bestehen aus Termen, die durch additive Operatoren verknüpft werden können. Die Terme wiederum enthalten Faktoren, die durch multiplikative Operatoren verknüpft werden können. Ein Faktor schließlich kann eine Zahl, ein Bezeichner oder ein geklammerter Ausdruck sein. Die Definition in BNF:

```
1  addop      = "+" | "–" .
2  mulop      = "*" | "/" .
3  Ausdruck   = Term | Ausdruck addop Term .
4  Term       = Faktor | Term mulop Faktor .
5  Faktor     = natürliche-Zahl | Name | "(" Ausdruck ")" .
```

Untersuchen wir nun die am Anfang dieses Kapitels gezeigten Beispiele falscher Ausdrücke: Der Ausdruck a + * + b) ist falsch, weil ein Term nicht mit * anfangen kann. Hinter einem +, einem addop also, muß aber immer ein Term kommen – siehe Regel 3. Der Ausdruck a + $% ist noch leichter abzuweisen, weil die Zeichen $ und % überhaupt nicht vorkommen dürfen.

Wie ist es mit der Frage der Interpretation von a + b * c? Kann unsere Syntax diese Frage auch beantworten? Drückt sie auch die Präzedenz (den Vorrang) der Operatoren aus? Ist die Interpretation $(a + b)c$ oder $a + (bc)$ richtig? Prüfen wir es dadurch, daß wir den Ausdruck entsprechend beider Interpretationen aus den Regeln ableiten. Bei der Ableitung nehmen wir zunächst an, daß wir einen gültigen Ausdruck vor uns haben, und versuchen nun die Namen der syntaktischen Einheiten mit Hilfe der Regeln so lange zu ersetzen, bis wir zu der Zeichenkette kommen, die wir interpretieren wollen, oder scheitern. Falls mehrere Namen zu ersetzen sind, nehmen wir immer denjenigen, der am weitesten links steht.

Im ersten Fall könnten wir unseren Ausdruck aus der Definition folgendermaßen ableiten:

Ausdruck → *Term* → *Term mulop Faktor* → *?*

Wir haben zuerst die 1. Alternative der Regel 3 angewendet (da wir die Interpretation $(a + b)c$ anstreben, paßt die 2. Alternative nicht). Danach wählen wir die 2. Alternative der Regel 4, um unseren Ausdruck als Produkt darzustellen. Hier geht es aber nicht mehr weiter, weil a + b kein Term sein kann.

Versuchen wir es nun mit der Ableitung nach der Interpretation $a + (bc)$:

Ausdruck → *Ausdruck addop Term* → *Term addop Term* → *Faktor addop Term* → *Name addop Term* → a *addop Term* → a + *Term* → a + *Term mulop Faktor* → a + *Faktor mulop Faktor* → a + *Name mulop Faktor* → a + b *mulop Faktor* → a + b * *Faktor* → a + b * *Name* → a + b * c.

Es ist also mit der zweiten Interpretation gelungen, eine entsprechende Alternative einer Definition zu finden, um aus der Definition den Ausdruck a + b * c abzuleiten. Nach diesem Beispiel sieht es so aus, als ob unsere formale Definition auch die Präzedenz der Operatoren ausdrückt: Die Präzedenz der multiplikativen Operatoren ist höher als die der additiven Operatoren.

Wenn wir unsere *Ausdruck*-Syntax genauer anschauen, dann wird auch klar, warum: In der 2. Alternative der Regel 3 sehen wir, daß die additiven Operatoren nur ganze Ausdrücke und Terme verbinden können. Die multiplikativen Operationen müssen schon als Term zusammengefaßt sein.

Wie ist es nun mit dem Ausdruck a * b / c? Wird er als $a\frac{b}{c}$ oder als $\frac{ab}{c}$ interpretiert? Die 2. Alternative von Regel 4 sagt aus, daß bei multiplikativen Operatoren immer links der Term und rechts der Faktor steht. Ebenso besagt die 2. Alternative der Regel 3, daß bei additiven Operatoren links der Ausdruck, rechts der Term kommt. Die Operatoren sind also bei gleicher Präzedenz linksassoziativ (sie „ballen sich" links zu einem Operanden zusammen). In unserem Beispiel wäre der erste Fall rechtsassoziativ, darum entspricht der zweite Fall der Definition. Wir können nun folgendermaßen ableiten:

> *Ausdruck* → *Term* → *Term mulop Faktor* → *Term mulop Faktor mulop Faktor* → *Faktor mulop Faktor mulop Faktor* → *Name mulop Faktor mulop Faktor* → a *mulop Faktor mulop Faktor* → a * *Faktor mulop Faktor* → a * *Name mulop Faktor* → a * b *mulop Faktor* → a * b / *Faktor* → a * b / *Name* → a * b / c.

Unsere Syntaxdefinition drückt also auch die Regel aus, daß Operatoren mit gleicher Präzedenz linksassoziativ angewendet werden.

Wir machen darauf aufmerksam, daß in diesem Fall die rekursive Definition durch die Verwendung des Wiederholungssymbols nicht ersetzt werden kann. Der Fall, daß vor und nach einem Symbol jeweils beliebig viele Klammern stehen können – z. B. (X))) –, ist leicht zu beschreiben. Soll es aber, wie in mathematischen Ausdrücken, zu jeder öffnenden auch eine schließende Klammer geben – z. B. (((a + b) * c) + 1) -, dann können wir das mit Hilfe von Wiederholungssymbolen allein nicht darstellen.

2.5 Erweiterung für Modula-3 Syntax

Es folgt noch eine BNF-Erweiterung, die wir später bei der Einführung von Modula-3 verwenden werden. Wir stützen uns dabei auf [Har92, Nel91]. Tab. 2.1 zeigt die Definition, wobei x und y jeweils für eine beliebige syntaktische Einheit stehen. In dieser Definition gibt es einige Redundanz. Der Vorteil dieser Erweiterung ist (wie das später ersichtlich sein wird), daß

Schreibweise	*Bedeutung*
x y	*Folge* (y folgt x)
x | y	*Alternative* (entweder x oder y)
[x]	*Option* (x gar nicht oder einmal)
{x}	*Wiederholung* (x gar nicht oder beliebig oft)
(x)	*Gruppe* (faßt eine Menge von Symbolen zusammen)
"abc"	*Terminal* (abc ist ein Symbol der zu definierenden Grammatik)

Tab. 2.1: EBNF-*Definition*

die zu definierende Syntax (in unserem Fall, die von Modula-3) dadurch oft kürzer und lesbarer wird.

Kapitel 3

Struktur von Programmen

Dieses Kapitel soll eine Übersicht über die Teile schaffen, die in den folgenden Kapiteln genau erläutert werden. Wir werden den Aufbau von Computerprogrammen und die wichtigsten Strukturierungskonzepte im allgemeinen und speziell in Modula-3 kennenlernen. Im letzten Teil des Kapitels werden wir unsere ersten Modula-3-Programme entwickeln. Hier wird sehr vieles angesprochen, aber fast nichts zu Ende erklärt. Die unklaren Punkte sollte der Leser als Fragen an die nächsten Kapitel mitnehmen – und nach dem Durchlesen des Buches in der Lage sein, diese zu beantworten.

3.1 Strukturierung

Die Programme der fünfziger Jahre (der Anfangszeit der Computer) bestanden aus einem einzigen Stück, sie waren „Monolithe". Solange ein Programm aus nicht mehr als hundert Zeilen besteht und eine einzige – wenn auch möglicherweise komplexe – Berechnung durchführt, kann das auch ganz gut funktionieren. Werden aber die Programme größer, muß man die Programme strukturieren. Wir haben es heute mit Softwaresystemen zu tun, die aus Zehntausenden, ja oft Hunderttausenden oder Millionen von Programmzeilen bestehen. In dieser Situation ist die Strukturierung der Programme ein ganz zentraler Punkt, sie ist entscheidend für die Qualität nichttrivialer Software. Anfänger verstehen oft nicht, warum bei einer Übung oder Prüfung ein Programm zurückgewiesen wird, obwohl es doch „läuft" – es wäre nur etwas „unschön". „Unschöne", d. h. schlecht strukturierte Programme schaffen Chaos und verursachen viel Schaden, sobald sie mit anderen Teilen eines größeren Systems zusammenspielen sollen. Diese Erkenntnisse gelangen seit Ende der sechziger Jahre immer mehr in das Bewußtsein der Informatiker und bilden die Grundlage jeder universitären Programmierausbildung.

Die Grundidee der strukturierten Programmierung besteht darin, unsere Programme aus Bausteinen aufzubauen, deren Korrektheit unabhängig von anderen geprüft werden kann. Ein „richtig funktionierender" Baustein darf andere nicht stören, d. h. deren Korrektheit nicht beeinflussen.

Es gibt kleinere und größere Bausteine, und alle müssen diesem Prinzip entsprechen. Damit schaffen wir Arbeitsteilung und können ein komplexes Problem in kleinere, leichter zu bewältigende unterteilen. Ganz kleine Bausteine sind Variablen und einfache Typen, größere sind Prozeduren, Objekte und Module. Wir werden sie in diesem Kapitel teilweise kennenlernen und uns dann im ganzen Rest des Buches genau mit ihnen auseinandersetzen. Zunächst schauen wir uns aber noch den Weg an, den ein Programm von der Erstellung bis zur Ausführung auf einem Rechner durchläuft.

3.2 Sprachumgebungen

Programmiersprachen sind – wie schon gesagt – *formale* Sprachen, die es uns erlauben, komplexe Probleme präzise auszudrücken. Die Programmiersprachen haben eine weitere, wichtige Eigenschaft: Sie können automatisch und effizient in eine Form gebracht werden, die von einem Digitalrechner direkt ausgeführt werden kann. Sie sind übersetzbar und ausführbar.

Diese Eigenschaft ist grundlegend für Programmiersprachen. Formale Sprachen, die diese Eigenschaft nicht besitzen, sind im engeren Sinne keine Programmiersprachen. Wenn wir im folgenden über Programmiersprachen reden, so meinen wir damit effizient und automatisch übersetzbare formale Sprachen. Die automatische Übersetzung von Programmen nennt man aus historischen Gründen oft (englisch) *Compilation* und den Übersetzer *Compiler*. Compilation bedeutet das Zusammenstellen verschiedener Teile. Der Ausdruck stammt aus Zeiten, in denen Programme nicht übersetzt, sondern nur gewisse Teilfunktionen automatisch eingebunden wurden. Die Compilertechnologie hat in den letzten drei Jahrzehnten eine unglaubliche Entwicklung durchgemacht und gehört auch zu den theoretisch bestfundiertesten Gebieten der Informatik. Hier werden wir nur auf einige ganz elementare Punkte eingehen. Der interessierte Leser möge sich an die Literatur wenden [AU77].

Nicht immer ist der Sinn der Übersetzung einer formalen Sprache die Erzeugung eines lauffähigen Computerprogramms. Man verwendet sie auch zur exakten Spezifikation von Problemen. Auch etwa – wie im Kap. 2 erläutert – zur Darstellung anderer formaler Sprachen. Der Sinn der automatischen Übersetzung dort (wenn sie überhaupt

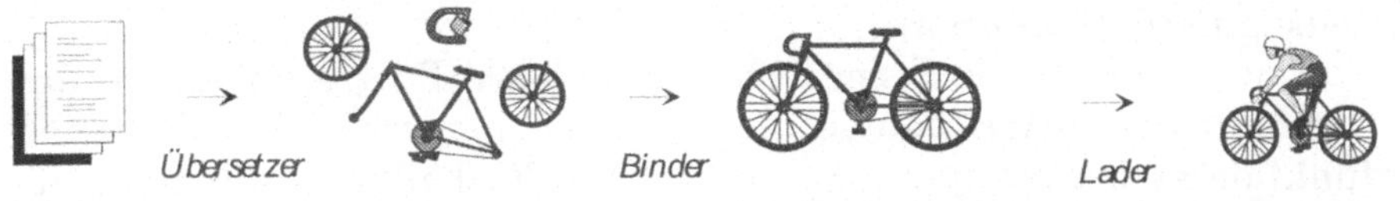

Abb. 3.1: *Erscheinungsformen von Programmen*

gemacht wird) ist die Überprüfung auf Vollständigkeit und Konsistenz der Spezifikation.

Systeme, die in einer bestimmten Programmiersprache geschriebene Programmtexte in lauffähige Programme umsetzen, nennen wir *Sprachumgebungen*. Die Aufgabe einer Sprachumgebung ist, Programme aus der Form, in der sie entstanden sind – die den Bedürfnissen des Menschen angepaßt ist –, in eine Form umzusetzen, die vom Computer verarbeitet werden kann. Programme haben demnach verschiedene Erscheinungsformen.

1. *Der Programmtext oder Quellcode*
   Den Text, geschrieben in einer Programmiersprache – wie z. B. in Modula-3 –, nennen wir Programmtext oder Quellcode. Der Quellcode wird normalerweise vom Programmierer erstellt.

   Es gibt Systeme, die Quellcode einer High-level-Programmiersprache – ausgehend von einer formalen Sprache auf einer höheren Ebene als der hier besprochenen Programmiersprachen – automatisch generieren können. Auf solche Systeme gehen wir im folgenden nicht ein. Darüber hinaus gibt es sogar Systeme – die sogenannten Compiler-Compiler –, die den Quellcode eines Übersetzerprogramms für weitere Programmiersprachen generieren können [RM88].

   Große Programme werden normalerweise nicht in einem einzigen Stück übersetzt, sondern in kleinere Übersetzungseinheiten (*compilation units*) aufgeteilt. Wie die Aufteilung konkret aussieht, hängt von der verwendeten Programmiersprache ab.

2. *Das übersetzte Programm*
   Der Übersetzer (Compiler) bringt den Quellcode in eine interne Form, die der Maschinensprache sehr nahe kommt, und für Menschen praktisch nicht lesbar ist (abgesehen von besonders entschlossenen Computerhackern und den Compiler-Entwicklern). Sie ist mit zusätzlichen Steuerinformationen versehen, die z. B. nötig sind, um Programme, die in mehreren Teilen übersetzt worden sind, zu einem einzigen Programm zusammenzuführen. Weitere Steuerinformationen bieten dem Programmlader Hilfe an.

3. *Das ladbare Programm*
   Aus der übersetzten Form wird das ladbare Programm durch den sogenannten *Linker* (deutsch auch *Binder*) generiert, dessen Hauptfunktion es ist, die getrennt übersetzten Einheiten zusammenzufügen. Im ladbaren Programm sind die Übersetzungseinheiten schon zusammengefaßt.

4. *Das lauffähige Programm*
   Die lauffähige Form eines Programms entsteht meistens erst durch das *Laden* in den Arbeitsspeicher. Das Programm muß von der Sprachumgebung gestartet werden. Während der Ausführung nimmt ein laufendes Programm Laufzeitdienste (*run-time support*) der Umgebung in Anspruch.

Entsprechend dieser Formen, hat die Umsetzung eines Programmtextes in ein lauffähiges Programm meistens vier Hauptschritte:

1. *Übersetzen* (Englisch: compile)

2. *Binden* (link)

3. *Laden* (load)

4. *Ausführen* (execute)

In verschiedenen Sprachumgebungen können diese Funktionen auf unterschiedliche Art implementiert werden. Oft werden einige Funktionen zusammengeschmolzen. Es gibt Systeme, in denen das Binden im Lader eingebettet ist, also erst zur Ladezeit gebunden wird. Damit kann man den expliziten Binde-Schritt sparen und gewinnt Flexibilität. Einige ganz neue Systeme können sogar einen Teil der Übersetzung in den Binder-Lader aufnehmen [Fra94], wodurch weitere Flexibilität gewonnen werden kann.

Bei den meisten Systemen werden diese vier Schritte intern zwar unterschieden, der Benutzer bekommt aber interaktive Hilfe, um einige Schritte zu einer Folge zu verknüpfen. Das Übersetzen und Binden sowie das Laden und Ausführen wird mit je einem einzigen Befehl gesteuert[1].

3.3 Statik und Dynamik eines Programms

Im vorigen Abschnitt haben wir gesehen, daß ein Programm einerseits ein Text ist, andererseits nach entsprechender Umsetzung von einem Computer ausgeführt werden kann. Die Strukturierung eines Programms hat

[1]In unserer Sprachumgebung z. B. stehen Kommandos zur Verfügung, die das Übersetzen mehrerer Bauteile und das Binden automatisieren, siehe im Anh. D.

demnach zwei Aspekte: den statischen und den dynamischen Aspekt. Der statische Aspekt bezieht sich auf die Strukturierung des Textes, der dynamische auf die Programmausführung.

Diese Aspekte kann man vielleicht mit dem folgenden Beispiel beleuchten: Ein Unternehmen hat eine statische Struktur, die die Gliederung in Direktion, in Abteilungen, in Gruppen etc. bestimmt. Diese Struktur ändert sich nur relativ selten, sie ist auf die globalen Zielsetzungen eines Unternehmens abgestimmt. Die verschiedenen Einheiten müssen aber auch miteinander kooperieren, und der Ablauf dieser Kooperation ist durch die statische Grundstruktur noch keineswegs bestimmt. Es hängt von den jeweiligen Aufträgen ab, welche Abteilungen mit welchen anderen in Verbindung stehen, wer wann Anwender bzw. Anbieter von Diensten ist, wie die Informationen, wie die verschiedenen Stoffe zwischen den einzelnen Bereichen fließen etc. Die statischen Strukturen sind meistens (wenigstens bei gesunden Betrieben) viel einfacher als die Regeln der Dynamik, die sich, abhängig vom jeweiligen Bedarf, laufend ändern.

Dementsprechend haben Programme auch eine statische Struktur, die den grundsätzlichen Zielsetzungen entspricht, und die sich – bei einem richtig entworfenen Programm – nur selten ändert. Auf diese statische Struktur stützt sich die Dynamik eines Programms, die sich durch die jeweiligen Eingabedaten (die den Bedarf darstellen) ergibt.

3.3.1 Daten und Datentypen

Wir haben im Kap. 1.1 gesehen: Programme enthalten Befehle, die Daten manipulieren. Wir haben auch gesehen, daß ein Computer die Daten in Form eines Zustandsraumes speichern kann, wobei die Interpretation der einzelnen Zustände einem freisteht. Diese Flexibilität ist uns aber viel zu groß, um damit wirklich vernünftig umgehen zu können. Wir wollen die Interpretationsmöglichkeiten einschränken. Wir kategorisieren die Daten und legen damit *Datentypen* fest. Es gibt Programmiersprachen, die in dieser Hinsicht sehr locker sind. Sie bieten mehr Flexibilität auf Kosten der Sicherheit an. Wir ziehen hier Sprachen – wie Modula-3 – vor, die in dieser Hinsicht streng sind und nur typisierte Daten zulassen. Jede Programmiersprache hat einige vordefinierte Typen, und die meisten erlauben dem Programmierer, mit Hilfe von *Typkonstruktoren* weitere Typen zu erzeugen.

Datentypen

- Ein Datentyp definiert eine *Menge von zugelassenen Werten.*
- Er legt die *Menge der Operationen* auf diesen Werten fest.

So spezifiziert z. B. ein Datentyp, der praktisch in jeder Programmiersprache vorkommt, die Menge der ganzen Zahlen. Dieser Typ heißt meistens *Integer* und ist in der Regel vordefiniert. Die Zahlen 0, 1, 625, -2300 gehören alle zu diesem Typ, reelle Zahlen, wie etwa 2,5 aber nicht. Die Menge der *Integer*-Zahlen ist immer endlich (im Gegensatz zu der Menge der ganzen Zahlen in der Mathematik), weil ein Computer nur endliche Größen speichern kann. Die meisten Programmiersprachen spezifizieren einen generellen Typ *Integer* und überlassen es der jeweiligen Sprachumgebung, die Grenzwerte dieser Menge festzusetzen. Diese Vorgehensweise kann zu Schwierigkeiten führen, wenn die gleiche Programmiersprache von verschiedenen Umgebungen mit verschiedenen Grenzwerten angeboten wird. Dann kann es passieren, daß eine Zahl in der einen Umgebung legal, in der anderen aber zu groß ist. Wollen wir Software erstellen, die wir von einer beliebigen Umgebung in andere, beliebige Umgebungen (der gleichen Programmiersprache) übertragen – *portieren* – können, so müssen wir diesem Aspekt besonderes Interesse schenken.

Neben ganzen Zahlen befinden sich in den meisten Programmiersprachen weitere vordefinierte Typen, wie etwa:

- reelle Zahlen
- lesbare Texte
- Einzelzeichen eines Textes
- logische Werte entsprechend der Aussagenlogik

Datentypen definieren über die Menge der zugelassenen Werte hinaus auch die *Operationen*, die auf Daten eines Datentyps erlaubt sind.

Auch wenn wir wissen, daß die *Integer*-Zahlen ganze Zahlen zwischen gewissen Grenzen sind, ist es nicht eindeutig abgegrenzt, welche Operationen erlaubt sind und welche nicht. Wir werden es als selbstverständlich ansehen, daß Addition und Subtraktion auf ganzen Zahlen erlaubt sind. Es bleibt allerdings zu klären, was passiert, wenn wir zwei so große Zahlen addieren, daß das Ergebnis außerhalb des Wertebereiches fällt (nicht mehr *darstellbar* ist). Eine weitere Frage ist, ob z. B. die Multiplikation für *Integer*-Zahlen im voraus spezifiziert ist, oder ob sie durch wiederholte Addition realisiert werden muß. Noch komplizierter ist es mit der Division. Wie dividieren wir Zahlen, die nicht ohne Rest teilbar sind? Wie erhalten wir den Rest? Was ist der Rest, wenn wir eine positive Zahl durch eine negative Zahl dividieren?

Ein anderes Beispiel ist der logische Typ (meistens *Boolescher Typ* genannt, nach dem englischen Mathematiker George Boole). Hier besteht die Wertemenge einfach aus zwei Werten: *wahr* und *falsch* (englisch *true* und

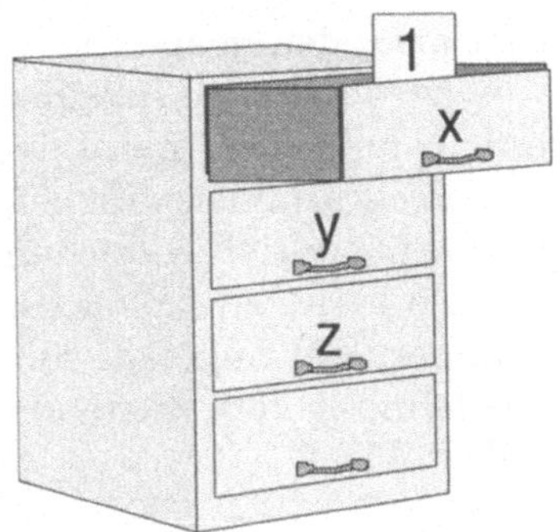

Abb. 3.2: *Variablen in der Informatik*

false). Wofür das überhaupt nützlich ist, erkennen wir erst, wenn wir die Operationen (wie z. B. logische UND- bzw. ODER-Verknüpfung) spezifizieren.

Aus all dem folgt: Ein Typ ist erst dann wirklich definiert, wenn wir neben der gültigen Wertemenge auch die Menge und Semantik der gültigen Operationen angeben. Die Definition solcher Typen nennt man oft *abstrakte Datentypen* (siehe Kap. 11.4).

Datentypen dienen der Kategorisierung der Daten. Sie definieren ein allgemeines *Muster*, den Typ. Wir müssen noch die konkreten Daten selbst, d. h. die *Exemplare* die zum Typ gehören, *anlegen*.

Variablen

Der Variablenbegriff der Programmierung ist ziemlich unterschiedlich von dem der Mathematik. In der Mathematik steht eine Variable x für einen *Wert*. Wenn wir über die Seiten eines rechtwinkligen Dreiecks die Aussage machen, $a^2 + b^2 = c^2$, so meinen wir damit, daß falls a, b bzw. c die Werte der Längen von Katheten, bzw. der Hypotenuse eines rechtwinkligen Dreiecks sind, so gilt die obige Gleichung. Eine Gleichung wie etwa $x = x + 1$ ist für keinen reellen Wert gültig.

In der Informatik sind Variablen *Behälter* von Werten [Rec91]. Sie haben einen Namen, einen Typ und einen gespeicherten Wert (siehe Abb. 3.2). Der Name x steht also für einen Behälter *und* einen Wert. Die Semantik einer Programmiersprache definiert immer klar, was von beiden jeweils gemeint ist.

Alle Programmiersprachen enthalten eine sogenannte *Wertzuweisung*, die einer Gleichung ähnlich sieht, die aber die Bedeutung hat, daß der *Wert* der rechten Seite der durch die linke Seite bezeichneten Variable zugewiesen wird. Eine Wertzuweisung der Form x = 1 bedeutet also, daß im *Behälter* x der *Wert* 1 gespeichert werden soll. Bei der Wertzuweisung x = x + 1 wird 1 zum *Wert* von x addiert und das Ergebnis im *Behälter* x gespeichert. Der Sinn ist also, den gespeicherten Wert in x um eins zu erhöhen. Das hat mit der mathematischen Interpretation gar nichts zu tun. Um den Unterschied dieser beiden Interpretationen zu betonen, ersetzen in der Wertzuweisung viele Programmiersprachen – wie auch Modula-3 – das Gleichheitszeichen durch ein spezielles Zeichen (:=) – siehe Punkt 3.4.4.

Alle Variablen zusammen bilden den *Zustandsraum* eines Programms. Die „Variablenbehälter“ können fest angelegt sein oder erst zur Laufzeit generiert werden (die Ausdehnung des Zustandsraumes kann sich also dynamisch ändern, siehe Kap. 11).

Konstanten

Konstanten sind Werte, die bei der Erstellung eines Programms festgelegt werden und die sich – wenn das Programm läuft – nicht mehr ändern. Alle direkt in den Programmtext geschriebenen Werte (wie Zahlen oder Texte) sind Konstanten. Solche Konstanten nennen wir *Literale*. Wir können Konstanten aber auch Namen geben und den konstanten Wert über diesen Namen ansprechen – solche Konstanten werden oft *symbolische Konstanten* genannt. Ebenso wie Variablen haben Konstanten einen Typ.

3.3.2 Algorithmen und Prozeduren

Wir haben in der Einleitung über Algorithmen gesprochen, die ein endliches, effektives Verfahren (Prozedur) präzise und eindeutig ausdrücken. Die Programmiersprachen bieten Konstrukte an, um Verfahren bzw. Prozeduren auszudrücken. Ob sie nun tatsächlich endlich, effektiv, eindeutig usw. sind, das liegt meistens beim Programmierer.

Der grundsätzliche Baustein, um Verfahren zu formulieren, ist in den meisten Programmiersprachen die *Prozedur* oder die *Funktion*. Prozeduren definieren mit Hilfe ihrer eigenen Daten und Anweisungen einen Algorithmus (oder Teilalgorithmus). Prozeduren und Funktionen können wir mit Namen versehen und *parametrisieren*, um den Algorithmus mehrmals verwenden zu können. Die Parameterwerte können bei jeder Ausführung der Funktion mit neuen Werten belegt werden, wodurch der gleiche Algorithmus auf verschiedenste Daten des gleichen Typs angewendet werden kann. Die mathematische Formel $y = f(x)$ drückt aus, daß f für verschiedene x-Werte einen y-Wert definiert. $f(a)$ steht für den Wert von $f(x)$ für ein gegebenes a. In einer imperativen Programmiersprache bedeutet f(a), daß an der Stelle, an der f(a) in einem Programm auftritt, der Algorithmus f mit dem aktuellen Wert von a gestartet wird, abläuft und den Funktionswert zur Verfügung stellt („zurückliefert“).

Nehmen wir als Beispiel das arithmetische Mittel von zwei Zahlen. Der Algorithmus ist ganz einfach: Addiere die zwei Zahlen und dividiere die

Summe durch zwei. Funktionen erlauben uns, diesen Algorithmus mit einem Namen zu versehen, etwa „Mittel". Die Funktion braucht zwei Parameter für die Zahlen, deren Mittel berechnet werden soll. Die Anweisung

```
z := Mittel(x, y)
```

startet die Berechnung und weist, nachdem der Algorithmus abgelaufen ist, das Ergebnis der Variable z zu.

Prozeduren können noch für viel mehr eingesetzt werden, als nur für Berechnungen, wie sie hier gezeigt werden. Sie müssen auch nicht unbedingt einen Wert zurückliefern. „Funktionen" oder *Funktionsprozeduren* nennen wir Prozeduren, die einen Wert liefern – sie stehen für einen Wert. Prozeduren, die keinen Wert zurückliefern (wir nennen sie manchmal *reine Prozeduren*), stehen für eine Anweisung. Wir werden beide Varianten erst etwas später, im Kap. 9, genauer beleuchten.

3.4 Aufbau von Modula-3-Programmen

Um diese Überlegungen konkret zu machen, sehen wir uns nun ganz grob die wichtigsten Strukturierungselemente in Modula-3 an. Wir versuchen dabei unsere ersten Modula-3-Programme zu entwickeln. Diese werden nicht viel Sinnvolles machen können, das ist aber zunächst auch nicht das Ziel. Wir wollen uns zuerst rüsten – die Jagd auf größeres Wild kommt erst später.

Ein bißchen vorgreifend, zählen wir die wichtigsten Strukturierungselemente auf:

- *Modul:* ein Programm enthält Module
- *Block:* ein Modul enthält Blöcke
- *Deklarationen:* Ein Block enthält Deklarationen (Definitionen) ...
- *Anweisungen:* ... und Anweisungen (Befehle an den Computer)

3.4.1 Das Modul

Ein Modula-3-Programm besteht aus einer Anzahl von Modulen. Das Modul ist die kleinste übersetzbare Einheit (*compilation unit*) in Modula-3.

Es gibt viele Programmiersprachen, die das Konzept des Moduls unterstützen, wie z. B. Modula-2, Oberon-2 oder Ada. In Ada heißen sie allerdings *packages*. Der Name der Programmiersprache Modula ist übrigens ein Kürzel für *Modular Language*.

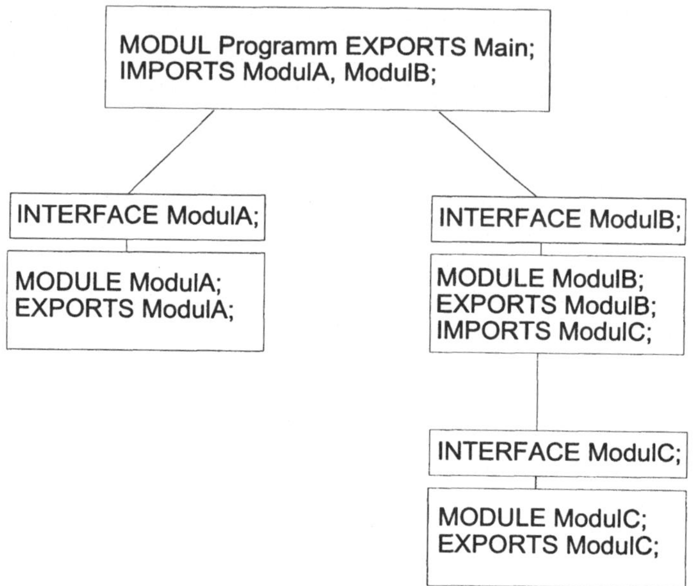

Abb. 3.3: *Eine Modulhierarchie*

Ein Programm ist ein *Hauptmodul*, das sich auf die Dienste anderer Module stützt. Jene können wieder Dienste von weiteren Modulen in Anspruch nehmen, usw. So entsteht eine Modulhierarchie. Auf der obersten Stufe dieser Hierarchie steht immer das Hauptmodul. Im Prinzip könnten Module ihre Dienste gegenseitig in Anspruch nehmen (also Modul A benützt Dienste von Modul B und B solche von A), das kommt aber in einem guten Entwurf äußerst selten vor.

Theoretisch könnte ein Modula-3-Programm aus einem einzigen Modul (aus dem Hauptmodul) bestehen, wie wir aber bald sehen werden, besteht das kleinste sinnvolle Programm schon aus zwei Modulen. Mit den Aufgaben, die ein Programm erfüllen soll, wächst die Anzahl seiner Module rasch.

Ein Modul wird normalerweise in zwei Teile gegliedert, in eine Schnittstelle (englisch *interface*) und eine Implementierung. Sie sind in getrennten Dateien abgelegt. In der Schnittstelle werden die Elemente angegeben, die anderen Modulen zur Verfügung gestellt (*exportiert*) werden, also die Dienste, die das Modul anbietet. Diese können durch andere Module *importiert* und verwendet werden. Die Implementierung enthält die Realisierung der exportierten Elemente. Die internen Angelegenheiten der Implementierung sind vor der Umgebung versteckt (*Information-Hiding*, oder *Geheimnisprinzip*). Die anderen Module können nur das Interface eines Moduls ansprechen, nicht aber dessen Implementierung. Dies entspricht der Forderung der strukturierten Programmierung: Es darf nicht möglich sein, daß funktionierende Bausteine „von außen" gestört werden können.

Wenn wir hier von „Störung" sprechen, so meinen wir Störung durch Programmierfehler und nicht durch irgendwelche Böswilligkeit. Genauso verstehen wir unter Geheimnis nicht etwa Staatsgeheimnisse oder dergleichen. Gemeint ist eine Spracheigenschaft, die die internen Angelegenheiten eines Moduls für andere Module *syntaktisch* unerreichbar macht. Das Geheimnisprinzip ist also durchaus auch dann sinnvoll, wenn jemand alle Module alleine entwickelt. Da kennt der Programmierer natürlich alle Einzelheiten der Implementierungen, die Fehleranfälligkeit des Programms kann durch die Anwendung des Geheimnisprinzips trotzdem erheblich reduziert werden.

Wir lernen das allerdings meistens erst dann zu schätzen, wenn wir einmal ein größeres Softwareprojekt ohne dieses Konzept durchführen müssen.

Im folgenden werden wir uns – bis wir im Kap. 10 die Technik der Modularisierung genau kennenlernen – darauf beschränken, Hauptmodule zu entwerfen. Wir werden allerdings die Dienste einiger vorhandener Module (z. B. Modul SIO) in Anspruch nehmen.

3.4.2 Hello World

Es ist üblich beim Vorstellen einer Programmiersprache zuerst das *Hello-World*-Programm zu zeigen, also ein Programm, das einen Grußtext (etwa „Hello world!") am Bildschirm ausgibt:

Bsp. 3.4: *Hello-World-Programm*

```
MODULE Hello EXPORTS Main;
  IMPORT SIO;
BEGIN
  SIO.PutText("Hello world!\n")
END Hello.
```

Das Programm zeigt auf die einfachste Weise die Verwendung der Modulbausteine. Wir haben ein Modul namens Hello entwickelt. Es exportiert die vordefinierte, leere Schnittstelle Main, dadurch wird es als Hauptmodul gekennzeichnet. Mit der *Import*-Anweisung erklären wir, daß wir die Dienste des Moduls SIO in Anspruch nehmen wollen. Der Name SIO bedeutet „simple in/output", also „einfache Ein-/Ausgabe". Das Modul stellt uns Dienste zur Ein-/Ausgabe von Daten zur Verfügung. Unter anderem bietet es uns die Prozedur PutText an, mit der wir einen Text ausgeben können. Der Text ist der Parameter der Prozedur und wird hier als Konstante angegeben. Zeichenketten zwischen doppelten Anführungszeichen sind Textkonstanten. Die Zeichenfolge „\n“ hat eine spezielle Bedeutung: Sie sorgt dafür, daß der Bildschirmzeiger (englisch *cursor*) an den Anfang der nächsten Zeile gerückt wird (diese Funktion ähnelt der Funktion „neue Zeile“ einer elektrischen Schreibmaschine). Das Modul Hello können wir übersetzen (SIO brauchen wir nicht mehr zu übersetzen, es ist Teil der Sprachumgebung und schon zur Verwendung vorbereitet), binden, laden und ausführen. Das Resultat ist die Ausgabe am Bildschirm:

```
Hello world!
```

Mit diesen Erläuterungen ist es wahrscheinlich recht einfach zu verstehen, wie das Hello-Modul funktioniert. Woher aber wissen wir, daß wir „IMPORT SIO“ schreiben müssen, wenn wir SIO importierten wollen? „Use module SIO“ wäre doch genauso schön! Dazu gibt es zuallererst die Syntax, d. h. die Regeln, wie ein Modula-3-Programmtext geschrieben werden muß. Um die Syntax festzulegen, verwenden wir die EBNF, wie im Kap. 2 beschrieben:

Vereinfachte Syntax von Modulen[2]

$$\text{Module}_3 = \text{"MODULE" Ident}_{89} \text{ ["EXPORTS" IDList}_{87} \text{] ";"}$$
$$\{ \text{Import}_{10} \} \text{ Block}_{12} \text{ Ident}_{89} \text{ ".".}$$

Die Bezeichner MODULE und EXPORTS sind Symbole der Programmiersprache, d. h. sie treten so, wie sie in der Syntax zwischen den Hochkommas stehen im Programmtext auf. Die Zeichenketten MODULE und EXPORTS bilden sogenannte *Schlüsselwörter*, sie sind reserviert und dürfen nur für den für sie bestimmten Zweck verwendet werden (z. B. MODULE um eine Moduldefinition einzuleiten). Die meisten Programmiersprachen haben einige solche Schlüsselwörter, deren Anzahl normalerweise nicht allzu groß ist. Nach ein paar Programmen weiß man sie einfach auswendig, ohne sie direkt lernen zu müssen. In Modula-3 werden alle Schlüsselwörter nur mit Großbuchstaben geschrieben („Module“ ist *kein* Schlüsselwort).

Die syntaktische Einheit Ident_{89} steht für einen beliebigen, vom Programmierer spezifizierten Namen (vergleiche Kap. 2.3) – Schlüsselwörter sind natürlich nicht erlaubt. Er bezeichnet den Namen des Moduls. Am Ende des Moduls muß der gleiche Name wiederholt werden. Die Forderung, daß der Name am Anfang und der am Ende gleich sein müssen, ist aus der Syntax *nicht* sichtbar (weil Ident_{89} in der Syntax für einen beliebigen Namen steht). Deswegen müssen wir diese Forderung verbal beschreiben.

[2] Die syntaktischen Konstrukte sind mit Indizes versehen, die die Orientierung in der kompletten Syntaxbeschreibung der Sprache erleichtern, siehe Anh. E.

Namen, die wir selber wählen, dürfen sowohl Groß- als auch Kleinbuchstaben enthalten. Namen die ausschließlich aus Großbuchstaben bestehen, sollten wir eher vermeiden, um die Schlüsselwörter optisch leicht unterscheiden zu können.[3] In unserem Buch fangen Modulnamen immer mit einem Großbuchstaben an.

Solche Regeln sind nützliche *Konventionen*, die dazu dienen, Programmtexte lesbarer zu machen – der Compiler verarbeitet alle Namen gleich. Das gleiche gilt für das textliche Einrücken der Anweisungen nach dem BEGIN und das wieder herausrücken des abschließenden END eines Blockes. Damit wird der Block optisch (also für menschliche Leser) leichter zu überblicken.

Ein Modul hat nach dem Namen eine optionale Liste der exportierten Schnittstellen, danach eine Reihe von optionalen Importen und schließlich einen Block. Wir haben schon erwähnt, daß ein Modul mindestens eine Schnittstelle, ein *Interface* besitzen, d. h. exportieren muß. Wenn ein Modul die Liste der exportierten Schnittstellen nicht angibt, dann wird angenommen, daß es eine Schnittstelle exportiert, dessen Name gleich dem Modulnamen ist.

Die Syntax eines Blockes ist sehr einfach:

Syntax des Blockes

Block_{12} = { Declaration_{13} }"BEGIN" Stmts_{23} "END".
Stmts_{23} = [Stmt_{24} { ";" Stmt_{24} } [";"]].

Stmt_{24} steht für eine Anweisung (siehe auf S. 52), Stmts_{23} für eine Folge von Anweisungen. Als Anweisung verwenden wir den Aufruf der Prozedur PutText aus dem Modul SIO.

Auf die Syntax der Importliste und des Prozeduraufrufes gehen wir zunächst nicht ein. Soweit sei aber gesagt, daß hinter dem Schlüsselwort IMPORT eine Liste von (durch Beistriche getrennte) Modulnamen und ein Strichpunkt folgen kann. Da wir in unserem ersten Beispiel nicht eine einzelne Prozedur, sondern die ganze Schnittstelle von SIO importiert haben, müssen wir dem Namen der Prozedur PutText den Namen des Moduls, aus der sie stammt, voranstellen. Wir sagen, wir *qualifizieren* den Namen der Prozedur durch den Namen des Moduls. Den Parameter der Prozedur (den Grußtext) müssen wir zwischen Klammern nach dem Prozedurnamen schreiben.

> Interessierte Leser mögen versuchen, sich anhand der Syntax im Anh. E davon zu überzeugen, daß die *Import*-Anweisung und der Prozeduraufruf im Beispiel der Syntax entspricht!

[3] Das erste Modul, das wir kennenlernten, SIO ist gleich die erste Ausnahme von der Regel. Wir verwenden das Modul so, als wäre es Teil des Systems, und wählen deshalb die Großbuchstaben im Namen.

3.4.3 Programmtext

Der Quellcode (der Text) eines Programms muß Menschen und der Maschine (genauer: dem Übersetzungsprogramm) gleichermaßen dienen. Das ganze Buch handelt davon, wie wir Programme richtig so formulieren, daß nach der maschinellen Übersetzung das gewünschte Ergebnis herauskommt. Um den Text für menschliche Leser übersichtlich zu gestalten, können Leerzeichen, Leerzeilen und Tabulatoren (man nennt alle zusammen auch oft Leerzeichen oder englisch *blanks* bzw. *white-spaces*) verwendet werden. Damit rücken wir bestimmte Teile optisch ein oder gruppieren zusammengehörenden Programmtext (siehe im Bsp. 3.5). Beliebig viele Leerzeichen können wir immer *zwischen* syntaktischen Einheiten einfügen.

Für Erläuterungen können wir direkt in den Programmtext Bemerkungen einfügen. Die Symbolpaare (* und *) sind eine Art spezielle Klammer, die einen sogenannten *Kommentar* umschließen. Sie können immer dort stehen, wo auch Leerzeichen erlaubt sind. Kommentare dienen dazu, den Leser des Programmtextes zu informieren. Sie gehören im engeren Sinne nicht zum Programm (der Compiler überliest einfach alles, was zwischen den Kommentarklammern steht). Kommentare können die Lesbarkeit eines Programms deutlich erhöhen. Im Beispiel verwenden wir sie, um zu jeder Zeile des Programms dazuzuschreiben, welchen Sinn sie hat.

Kommentare können auf vielerlei Arten verwendet werden. Wenn mehrere Programmierer an einem Projekt arbeiten, dann gehören sie zu den wichtigsten Hilfsmitteln, den Programmtext, den andere erstellt haben, lesen zu können. Jeder Programmtext sollte den Namen des Programmierers und das Erstellungsdatum sowie eine kurze Beschreibung, welchem Zweck der folgende Quellcode dient, enthalten. Was darüber hinaus kommentiert wird, machen die Mitarbeiter eines Projektes untereinander aus – oder es wird durch Unternehmensregeln vorgeschrieben. Meist kommentiert man den Zweck von Variablen und Prozeduren sowie schwierige Algorithmen.

Wir können das Kommentieren auch übertreiben. Kommentare machen den Programmtext auch länger und können – wenn sie ohnehin Offensichtliches noch einmal erläutern – die Lesbarkeit des Textes auch erschweren.

Hier im Buch dienen die Kommentare eher dazu, die Erklärungen im Text zu unterstützen. Kommentare wie „hier fängt der Anweisungsteil an“ haben in realen Programmen sicher nichts verloren!

3.4.4 Arithmetisches Mittel berechnen

Als nächstes untersuchen wir, wie Variablen und Zuweisungen in Modula-3 verwendet werden. Dazu schreiben wir ein Programm, das das arithmeti-

```
MODULE Mittel EXPORTS Main;                (*Autor: L. Böszörmenyi, 15. Oktober 1994 *)
(*Das Programm berechnet das arithmetische Mittel von drei Zahlen. *)

  IMPORT SIO;                        (*Die Dienste von Simple I/O werden importiert *)

  VAR
    x, y, z: INTEGER;             (*x,y,z enthalten die Werte, deren Mittel gesucht wird*)
    mittel: INTEGER;                          (*In mittel wird das Ergebnis abgespeichert*)

BEGIN                                                 (*Hier fängt der Anweisungsteil an.*)
  SIO.PutText("Arithmetisches Mittel von drei Zahlen\n");
  SIO.PutText("Tippen Sie bitte drei Zahlen ein: ");

  x:= SIO.GetInt();                                               (*Liest eine Zahl in x*)
  y:= SIO.GetInt();                                               (*Liest eine Zahl in y*)
  z:= SIO.GetInt();                                               (*Liest eine Zahl in z*)

  mittel:= (x + y + z) DIV 3;                 (*Berechnet das Mittel und speichert in mittel*)

  SIO.PutText("Arithmetisches Mittel = ");
  SIO.PutInt(mittel);                                  (*Gibt das arithmetische Mittel aus*)
  SIO.PutText("\n");              (*Geht am Bildschirm auf den Anfang der nächsten Zeile*)
END Mittel.
```

Bsp. 3.5: *Arithmetisches Mittel von drei Zahlen*

sche Mittel von drei Zahlen berechnet. Wieder geben wir gleich die Lösung an (Bsp. 3.5), die wir im folgenden Abschnitt untersuchen werden.

Deklarationen

Das Bsp. 3.5 zeigt die Verwendung von Variablen in Modula-3. Wie wir im vorigen Abschnitt gesehen haben, enthält ein Modul einen *Block*, der wiederum aus *Deklarationen* und *Anweisungen* besteht. Die Idee der Deklaration ist, die spätere Verwendung von Namen (*Bezeichnern*) zu vereinbaren. Mit den Zeilen

```
VAR
  x, y, z: INTEGER;
```

werden drei Namen x, y und z als Variablen vom Typ *Integer* deklariert. Durch die Deklaration werden für die deklarierten Namen auch Behälter angelegt, deren Wert zunächst *undefiniert* ist.

Jede Variable muß vom Programmierer *initialisiert*, d. h. mit einem Anfangswert versehen werden.

Im Beispiel erfolgt die Initialisierung durch das Einlesen der Werte mittels SIO.GetInt().

(Vereinfachte) Syntax der Variablendeklaration

Declaration$_{13}$ = ··· | "VAR" VariableDecl$_{17}$ ";" | ···
VariableDecl$_{17}$= IDList$_{87}$ (":" Type$_{48}$ | ···) .
IDList$_{87}$ = Ident$_{89}$ { "," Ident$_{89}$ }.

Aus diesem Ausschnitt der Syntax der Deklarationen ist ersichtlich, daß nach dem Schlüsselwort VAR die Deklaration von Variablen erfolgt. Diese wiederum sieht (vereinfacht) so aus, daß nach einer Liste von (Variablen-) Namen ein Doppelpunkt und ein Typ folgen muß. Auf die Syntax von Typen gehen wir zunächst nicht ein. Jedenfalls kann hier der Name eines Typs (im Beispiel der vordefinierte Typ *Integer*) stehen.

In Modula-3 müssen alle Variablen, die im Anweisungsteil eines Blocks verwendet werden, deklariert werden. Das ist nicht in jeder Programmiersprache so (z. B. Fortran oder PL/1). Die Pflicht, alle Variablen deklarieren zu müssen, hat aber große Vorteile:

1. Der Compiler kann prüfen, daß wir nur Variablen verwenden, die wir haben wollten (nicht durch Tippfehler entstandene Artefakte).

   Es ist eine bekannte Geschichte, daß eine Venus-Rakete im Weltall verschwunden ist, weil im Fortran-Programm, das die Steuerung besorgte, durch einen Tippfehler eine „Phantomvariable" entstanden war, die den Wert der eigentlich gemeinten Variable „stahl". So ein Fehler ist in Sprachen wie Modula-3 nicht möglich.

2. Der Compiler kann auch prüfen, daß eine Variable nur ihrem Typ gemäß verwendet wird. Es gibt Programmiersprachen, in denen man einen Text mit einer Zahl „addieren" kann. Das Ergebnis ist natürlich selten sinnvoll.

3. Der Compiler „weiß", wie er für die Variablen Speicherplatz reservieren soll.

„Deklariert" werden nicht nur Variablen, sondern auch Konstanten, Typen und Prozeduren. Mit Deklarationen verbinden wir – allgemein gesprochen – einen Namen (der nur innerhalb des Blockes gültig ist, zu dem die Deklaration gehört) mit einer Definition.

Anweisungen

Mit den Anweisungen haben wir die wichtigsten Bausteine von Modula-3-Programmen beieinander: Wir haben ein Modul, das einen Block enthält. Der Block besteht aus Deklarationen und einer Anweisungsfolge (siehe S. 49):

(Vereinfachte) Syntax von Anweisungen

Stmt_{24} = AssignStmt_{25} | CallStmt_{26} | ⋯
AssignStmt_{25} = Expr_{66} ":=" Expr_{66}.

Eine Anweisung (Stmt_{24}) kann eine Wertzuweisung (AssignStmt_{25}), der Aufruf einer Prozedur (CallStmt_{26}), oder eine von weiteren, zunächst noch nicht angeführten Anweisungen sein. Wir haben schon gesehen, daß im Anweisungsteil eine Folge von Anweisungen durch ";" getrennt angegeben werden können. Die Anweisungen einer Anweisungsfolge werden der Reihe nach ausgeführt. Die Ausgabe der zwei Texte, mit denen unser Bsp. 3.5 beginnt, ist also eine Anweisungsfolge, die aus zwei Prozeduraufrufen (SIO.PutText) besteht:

```
SIO.PutText("Arithmetisches Mittel von drei Zahlen\n");
SIO.PutText("Tippen Sie bitte drei Zahlen ein: ");
```

Die folgende Anweisung ist eine Zuweisung (AssignStmt_{25}):

```
x:= SIO.GetInt();
```

Der Ausdruck (Expr_{66}), links vom := Zeichen, muß einen Variablenbehälter bestimmen, dem der Wert des Ausdrucks auf der rechten Seite zugewiesen wird. Zunächst nehmen wir an, daß der linke Ausdruck einfach der Name einer Variable ist. Auf der rechten Seite steht ein Ausdruck, der einen Wert bestimmt. In diesem Fall ist es ein *Funktionsaufruf*. SIO.GetInt() liest eine Zahl von der Tastatur und gibt ihren Wert zurück. Die Wirkung der Anweisung ist also, daß die vom Benutzer eingetippte Zahl der Variablen x zugewiesen wird.

Die Anweisung

```
mittel:= (x+y+z) DIV 3
```

ist auch eine Wertzuweisung. Diesmal ist der Ausdruck auf der rechten Seite ein arithmetischer Ausdruck (vergleiche Kap. 2.4), ganz ähnlich denen, die wir aus der Mathematik kennen. Das einzige ungewöhnliche ist das Schlüsselwort DIV, das für ganzzahlige Division steht. DIV dividiert den ersten Operanden (x + y + z) durch den zweiten (3). Das Ergebnis wird in der Variable mittel gespeichert.

Das Programm endet mit der Ausgabe des Ergebnisses. SIO.PutInt gibt eine ganze Zahl aus. Ein möglicher Ablauf dieses Programms ist[4]:

```
Arithmetisches Mittel von drei Zahlen
Tippen Sie bitte drei Zahlen ein:  -4 9 28
Arithmetisches Mittel = 11
```

[4] Was der Benutzer eingibt, ist kursiv gedruckt

```
INTERFACE SIO;                              (*Simple Input / Output 13.04.94. LB*)
  ⋮
PROCEDURE GetText(): TEXT;
(*Liest eine Sequenz von Zeichen, die keine Leerzeichen sind,
  und gibt sie zurück. *)

PROCEDURE PutText(t: TEXT);
(*Schreibt die Zeichen aus t auf den Ausgabestrom. *)

PROCEDURE GetInt(): INTEGER;
(*Liest alle zusammenhängenden Ziffern vom Eingabestrom und gibt das Ergebnis
  als Integer zurück. *)

PROCEDURE PutInt(i: INTEGER; length := 3);
(*Gibt i als Sequenz von Ziffern auf den Ausgabestrom aus.
  Wenn die Anzahl der Ziffern von i kleiner als length ist, dann werden vorher
  Leerzeichen ausgegeben um auf length ausgegebene Zeichen zu kommen. *)

PROCEDURE Nl();
(*Gibt ein Zeilenvorschubszeichen aus.*)
  ⋮
END SIO.
```

Bsp. 3.6: *Vereinfachter Ausschnitt aus der SIO-Schnittstelle*

3.4.5 SIO-Schnittstelle

Warum konnten wir im Bsp. 3.5 eigentlich den Namen SIO.PutText und noch andere verwenden, ohne sie zu deklarieren? Offensichtlich dient dazu die Angabe der Importsliste:

```
IMPORT SIO
```

Damit holen wir eine Reihe von Deklarationen in unser Modul herein, machen sie im Modul sichtbar. Diese Deklarationen definieren die Dienste des Moduls, in unserem Fall Ein-/Ausgabeprozeduren. Der Teil des Moduls SIO, der „öffentlich" (d. h., für andere Module) sichtbar ist – seine Schnittstelle –, wird in einer eigenen Programmtextdatei abgelegt. In Abb. 3.6 sehen wir einen (vereinfachten) Ausschnitt aus der SIO-Schnittstelle.

Kommentare sind in Schnittstellen absolut unerläßlich, um den Verwendern des Moduls die angebotenen Dienste genau zu erläutern. Die Schnittstelle exportiert die angeführten Prozeduren. Die Get-Prozeduren lesen von der Tastatur und geben einen entsprechenden Funktionswert zurück. Die Put-Prozeduren geben den Wert ihres Parameters am Bildschirm aus (wir werden im Kap. 14.2.3 sehen, daß die gleichen Prozeduren auch von *Dateien* lesen, bzw. dorthin schreiben können). Die komplette Schnittstelle ist im Anh. C.3.3 abgedruckt.

Kapitel 4

Vordefinierte Datentypen

Wir haben im Kap. 3.3.1 einige vordefinierte Datentypen eingeführt und werden jetzt alle in Modula-3 vordefinierten Datentypen im einzelnen behandeln.

4.1 Ganze Zahlen

Zweifellos ist der grundlegendste und am meisten verwendete Datentyp derjenige der ganzen Zahlen. Der Typname für ganze Zahlen heißt in Modula-3 – wie in den meisten Programmiersprachen – *Integer*. Modula-3 definiert einen eigenen Typ für nicht-negative ganze Zahlen, und zwar *Cardinal*. *Integer*-Zahlen können einen beliebigen ganzzahligen Wert innerhalb der durch die jeweilige Sprachumgebung festgesetzten Unter- und Obergrenzen belegen. *Cardinal*-Zahlen können einen beliebigen ganzzahligen Wert zwischen 0 und der durch die jeweilige Sprachumgebung vorgegebenen Obergrenze annehmen.

Ordinaltypen

Die ganzen Zahlen bilden einen *Ordinaltyp*, sie sind geordnet: jeder ganzen Zahl – ausgenommen der Grenzwerte – folgt genau eine nächste (um eins kleinere oder größere). Wir werden noch eine Reihe weiterer Ordinaltypen kennenlernen. Es gibt aber sehr wohl Datentypen, die diese Eigenschaft nicht besitzen (z. B. die in diesem Kapitel vorgestellten Texte und Gleitkommazahlen).

4.1.1 Wertebereich

Den Wertebereich von ganzen Zahlen geben wir in eckigen Klammern in der Form: [Untere-Grenze .. Obere-Grenze] an, wobei die zwei Grenzwerte inklusive zu verstehen sind.

In der PC-Umgebung von Modula-3 ist der Wertebereich für die *Integer*-Zahlen: [-2147483648 .. 2147483647], für *Cardinal*-Zahlen: [0 .. 2147483647]. Der Wert dieser – beachtlich großen – Zahlen erscheint vielleicht vollkommen willkürlich. Wenn jemand die Feinheiten der Binärdarstellung [Rec91] kennt, so wird er bald bemerken, daß diese Werte als Zweierpotenzen ausgedrückt schon viel runder aussehen: $[-2^{31} .. 2^{31} - 1]$, bzw. $[0 .. 2^{31} - 1]$. Der Wertebereich der ganzen Zahlen ergibt sich so, daß 1 Bit eines Speicherworts fürs Vorzeichen, die übrigen Bits für den Zahlenwert aufgewendet werden. Die neuesten (64-Bit) Rechner bieten einen Wertebereich von $[-2^{63} .. 2^{63} - 1]$ an.

Der Modula-3-Programmierer braucht von den Feinheiten der internen Darstellung im Prinzip nichts zu wissen (natürlich schadet es nicht, sie zu kennen). Er muß nur wissen, daß *Integer*-Zahlen ganze Zahlen zwischen vorgegebenen Grenzen sind. Wenn er eine Berechnung braucht, mit der er in die Nähe der Grenzwerte kommen könnte, so kann er die Grenzwerte innerhalb des Programms mittels vordefinierter (eingebauter) Funktionen abfragen.

4.1.2 Operationen

Wie bereits erwähnt, müssen wir für jeden Datentyp neben seinem Wertebereich auch die auf ihn verwendbaren Operationen angeben. Modula-3 bietet für ganze Zahlen eine Gruppe von arithmetischen und eine Gruppe von Vergleichsoperationen an. Darüber hinaus gibt es eine Reihe vordefinierter Funktionen, die sich auf ganze Zahlen beziehen.

Die meisten dieser Operationen (wie Addition, oder auf Gleichheit prüfen etc.) sind für andere Datentypen (wie für Gleitkommazahlen) ebenfalls definiert, dort haben sie aber eine andere Semantik.

Vordefinierte Funktionen

Den niedrigsten Wert eines Ordinaltyps gibt die vordefinierte Funktion FIRST, den höchsten die Funktion LAST an. Diese Werte können wir als gewöhnliche *Integer*-Werte in unserer Berechnung abfragen, und dafür sorgen, daß sie nicht überschritten werden. Mit Hilfe der Funktion LAST können wir den Typ *Cardinal* auch präziser definieren: Dessen Wertebereich ist [0 .. LAST(INTEGER)].

Da die ganzen Zahlen einen Ordinaltyp bilden, ist es sinnvoll, einfach die *nächste* oder *vorherige* Zahl für ein beliebiges x angeben zu können. Dazu dienen die vordefinierten Prozeduren INC und DEC.

INC(x) ist äquivalent zu x:= x + 1,
DEC(x) ist äquivalent zu x:= x – 1,

```
MODULE MinMax EXPORTS Main;                    (*Grenzwerte. 20.10.94. LB*)
  IMPORT SIO;

  CONST MaxStellen = 11;                 (*Maximale Anzahl der Dezimalstellen*)

BEGIN
  SIO.PutText("Min–Integer = ");
  SIO.PutInt(FIRST(INTEGER), MaxStellen); SIO.Nl();

  SIO.PutText("Max–Integer = ");
  SIO.PutInt(LAST(INTEGER), MaxStellen); SIO.Nl();
END MinMax.
```

Bsp. 4.1: *Ausgabe der Grenzwerte des Typs Integer*

INC(x, y) ist äquivalent zu x:= x + y,
DEC(x, y) ist äquivalent zu x:= x – y.

Das erscheint vielleicht phantasielos: Warum brauchen wir eine vordefinierte Prozedur für Operationen, die so leicht auf schon vorhandene Operationen zurückführbar sind? Die Bedeutung von INC und DEC liegt darin, daß sie auf alle Ordinaltypen anwendbar sind (siehe auch in den Kapiteln 6.1 und 6.2).

> Darüber hinaus sind sie meistens effizienter als ein arithmetischer Ausdruck, weil auf die Variable nur einmal zugegriffen werden muß. Im Ausdruck x:= x+1 wird die Variable zweimal angesprochen: Um ihren Wert zu lesen und um den neuen wieder hineinzuschreiben.

Den absoluten Wert einer *Integer*-Zahl erhalten wir mit Hilfe der vordefinierten Funktion ABS.

> Bemerkenswert ist, daß ABS(FIRST(INTEGER)) wegen der Asymetrie der unteren und oberen Grenzen von *Integer*-Zahlen nicht darstellbar ist. Die Erklärung dafür liegt in der Codierung von *Integer*n in Zweierkomplement-Darstellung [Rec91].

Das Beispielprogramm 4.1 gibt die Grenzwerte des Typs *Integer* auf dem Bildschirm aus. Die Ausgabe erfolgt rechtsbündig, dazu setzen wir den zweiten Parameter von PutInt entsprechend.

Das Beispiel zeigt auch die Vorteile der Verwendung symbolischer Konstanten. Der Wert von MaxStellen ist die maximale Anzahl der Dezimalstellen plus eine Stelle für das eventuelle Vorzeichen. Dieser Wert hängt von der jeweiligen Sprachumgebung (letztlich vom darunterliegenden Rechner) ab. Auf einem 32-Bit-Rechner ist die maximale Anzahl der Dezimalstellen 10, auf einem 64-Bit-Rechner ist sie 19. Wollten wir das Programm auf einem Rechner verwenden, der eine andere Anzahl von maximalen Stellen hat, so genügt es, wenn wir den Wert dieser Konstante abändern (z. B. MaxStellen = 20 für einen 64-Bit-Rechner), und das Modul neu übersetzen. Alles anderes bleibt unverändert.

Am Bildschirm erscheint (auf einem 32-Bit Rechner):

```
Min-Integer =  -2147483648
Max-Integer =   2147483647
```

Arithmetische Operationen

Für ganze Zahlen sind in Modula-3 die folgenden arithmetischen Operationen vordefiniert (in Klammern geben wir immer die durch die Sprache vorgeschriebene Notation):

- Addition (+)
- Subtraktion (–)
- Multiplikation (*)
- Ganzzahlige Division (DIV)
- Rest einer ganzzahligen Division (MOD)

Das Ergebnis eines ganzzahligen Ausdruckes ist immer auch ganzzahlig. Die + und – Zeichen können auch als unäre Operatoren, also als Vorzeichen, verwendet werden. Das + Vorzeichen können wir aber weglassen (+x ist gleich x).

Die Präzedenzregeln (vergleiche Kap. 2.4, siehe auch später im Kap. 7.1) sind wie üblich definiert: Addition und Subtraktion haben die kleinste, *, DIV und MOD die mittlere und das Vorzeichen die größte Bindungsstärke.

Ist x durch y restlos dividierbar, so ergibt x DIV y genau den Quotienten. Wenn nicht, dann liefert x DIV y die dem Quotient am nächsten liegende, kleinere ganze Zahl.

MOD berechnet den Rest einer ganzzahligen Division. Die Semantik von MOD ist so definiert, daß die Gleichung

x MOD y = x – y * (x DIV y)

immer gilt.

Ist y > 0, dann liefert x MOD y ein Ergebnis im Bereich [0 .. y – 1], für y < 0 ist das Ergebnis im Bereich [y + 1 .. 0].

MOD wir oft verwendet um festzustellen, ob eine Zahl gerade oder ungerade ist. x MOD 2 ergibt immer 0 für geradzahlige und 1 für ungeradzahlige x – auch wenn x negativ ist.

Die folgende Tabelle gibt einen Überblick, wie sich DIV und MOD für positive und negative Operanden verhalten:

x	y	x DIV y	x MOD y
9	4	2	1
–9	–4	2	–1
9	–4	–3	–3
–9	4	–3	3

Es ist sehr wichtig zu beachten, daß die Semantik der arithmetischen Operationen von der in der Mathematik bekannten Bedeutung oft abweicht. Der Grund dafür liegt in der Tatsache, daß der Computer nur endlich große Zahlen speichern kann.

So ist z. B. das assoziative Gesetz der Addition

$$(x + y) + z = x + (y + z)$$

nicht immer gültig. Nehmen wir etwa die folgenden Anweisungen:

```
VAR
  x, y, z, w: INTEGER;

  x:= LAST(INTEGER);
  y:= 1;
  z:= -2;

  a) w:= x + (y + z);          b) w:= (x + y) + z;
```

Im Fall a) wird zuerst y + z berechnet (ergibt –1), was problemlos zum maximalen *Integer*-Wert addiert werden kann (Ergebnis: LAST(INTEGER) – 1). Im Fall b) wird aber zuerst x + y berechnet, es wird also versucht, zum maximalen *Integer*-Wert noch eins zu addieren. Dadurch entsteht ein Zwischenergebnis, das im gegebenen System gar nicht darstellbar ist. Was geschieht in diesem Fall? Die Sprachdefinition von Modula-3 (und der meisten Programmiersprachen) läßt diese Frage offen, die Entscheidung wird der Sprachumgebung überlassen. Entweder könnte das Programm in einem solchen Fall mit einem sogenannten *Überlauf* (*overflow*) abgebrochen werden, oder es rechnet einfach weiter. Die Sprachumgebungen wählen aus Effizienzgründen meistens die zweite Variante.

Beim obigen Beispiel funktioniert übrigens die zweite Variante tadellos, w erhält in beiden Fällen den gleichen Wert. Der Grund dafür liegt in der Zweierkomplement-Darstellung [Rec91]. Die Essenz dieser Darstellungsart ist, daß die Zahlengerade an beiden Enden zusammengeschlossen wird, also eigentlich einen Kreis bildet. Daraus folgt:

```
LAST(INTEGER) + 1  = FIRST(INTEGER)
FIRST(INTEGER) – 1 = LAST(INTEGER)
```

```
MODULE Integers EXPORTS Main;                (*Integer Operationen, 12.09.93. LB*)
  IMPORT SIO;
  VAR
    i, j: INTEGER;
BEGIN                                                        (*Anweisungsteil*)
  SIO.PutText("Arithmetische Grundfunktionen\n");
  SIO.PutText("Tippen Sie bitte zwei Zahlen ein: ");
  i:= SIO.GetInt();                         (*Weist die eingetippte Zahl i zu*)
  j:= SIO.GetInt();                         (*Weist die eingetippte Zahl j zu*)
  SIO.PutInt(i); SIO.PutText(" + "); SIO.PutInt(j); SIO.PutText(" = ");
  SIO.PutInt(i + j); SIO.Nl();
  SIO.PutInt(i); SIO.PutText(" – "); SIO.PutInt(j); SIO.PutText(" = ");
  SIO.PutInt(i – j); SIO.Nl();
  SIO.PutInt(i); SIO.PutText(" * "); SIO.PutInt(j); SIO.PutText(" = ");
  SIO.PutInt(i * j); SIO.Nl();
  SIO.PutInt(i); SIO.PutText(" DIV "); SIO.PutInt(j); SIO.PutText(" = ");
  SIO.PutInt(i DIV j); SIO.Nl();
  SIO.PutInt(i); SIO.PutText(" MOD "); SIO.PutInt(j); SIO.PutText(" = ");
  SIO.PutInt(i MOD j); SIO.Nl();
END Integers.
```

Bsp. 4.2: *Integer-Operationen*

Somit ergibt Fall b):

(x + y) + z = FIRST(INTEGER) – 2 = LAST(INTEGER) – 1

Diese schöne Eigenschaft wirkt sich aber nur auf die additiven Operationen aus. (x + y) * z würde z. B. mit den ursprünglichen Wertebelegungen zu einem sinnlosen Ergebnis (0) führen. In diesem Fall wäre also ein Abbruch des Programmes wegen Überlauf bestimmt viel adäquater, als das Weiterrechnen.

Ein weiteres Beispiel zeigt, daß wir auch bei der ganzzahligen Division vorsichtig vorgehen müssen.

(x * y) DIV y = (x DIV y) * y = x

gilt nur dann, wenn x durch y restlos teilbar ist. Sehen wir uns folgende Wertebelegung an:

x:= 11; y:= 4;
a) z:= (x * y) DIV y; *b)* z:= (x DIV y) * y;

Im Fall a) erhalten wir als Ergebnis z = 11 (also z = x), im Fall b) z = 8. Wäre am Anfang x = 8, so wäre das Ergebnis in beiden Fällen gleich (z = 8). Hätte am Anfang x den Wert LAST(INTEGER), so würde Fall a) zum Fehlverhalten führen, weil dann x*y offensichtlich nicht darstellbar ist. (Auch in diesem Fall ist ein Überlauffehler eindeutig besser als ein falsches Ergebnis.)

Das Beispielprogramm 4.2 erlaubt dem Benutzer mit den Grundoperationen herumzuspielen. Ein möglicher Ablauf sieht folgendermaßen aus:

```
Arithmetische Grundfunktionen
Tippen Sie bitte zwei Zahlen ein:  12 -5
 12   +   -5  =   7
 12   -   -5  =  17
 12   *   -5  = -60
 12  DIV  -5  =  -3
 12  MOD  -5  =  -3
```

Vergleichsoperationen

Modula-3 spezifiziert auch eine Gruppe von Vergleichsoperationen für ganze Zahlen.

- Gleich (=)
- Ungleich (#)
- Größer (>)
- Kleiner (<)
- Größer oder gleich (>=)
- Kleiner oder gleich (<=)

Viele dieser Operatoren sind für mehrere Typen definiert. Die Operatoren = und # sind für alle Typen anwendbar. Die Semantik der Operationen hängt aber vom Typ ab, wir werden sie jedesmal eigens erklären.

Das Ergebnis eines Vergleiches kann immer nur entweder *wahr* oder *falsch* sein, eine dritte Möglichkeit gibt es nicht. Darum bietet sich der logische oder Boolesche Datentyp als Ergebnistyp an (siehe Abschn. 4.2). Der Ergebnistyp eines Vergleiches ist also immer ein logischer Typ.

Die Vergleichsoperationen sind für *Integers* wie gewohnt definiert (siehe Tab. 4.3) x <= y ist mit y >= x äquivalent. Wenn sowohl x < y als auch x > y *falsch* sind, dann ist x = y *wahr*. Daraus folgt, falls x = y *wahr* ist, muß x # y *falsch* sein und umgekehrt.

Da die ganze Zahlen einen Ordinaltyp bilden, sind alle Vergleiche immer eindeutig.

x = y	ist *wahr*, falls x und y den gleichen Wert besitzen, sonst *falsch*.
x # y	ist *wahr*, falls x und y nicht den gleichen Wert besitzen, sonst *falsch*.
x < y	ist *wahr*, falls der Wert von x kleiner ist als der von y, sonst *falsch*.
x > y	ist *wahr*, falls der Wert von x größer ist als der von y, sonst *falsch*.
x >= y	ist *wahr*, falls x = y oder x > y, sonst *falsch*.
x <= y	ist *wahr*, falls x = y oder x < y, sonst *falsch*.

Tab. 4.3: *Vergleichsoperatoren*

Bei Gleitkommazahlen, wie wir in Abschn. 4.5 sehen werden, ist das nicht immer so einfach.

Beispiele für Vergleiche werden wir erst etwas später betrachten, und zwar im Zusammenhang mit dem logischen Datentyp und insbesondere mit Anweisungen, die eine Bedingung enthalten.

4.2 Logischer Typ

4.2.1 Wertebereich

Der Typname für logische Werte in Modula-3 ist *Boolean*. Logische Daten können nur zwei im voraus definierte Werte, *wahr* und *falsch* (*true* und *false*), belegen. Für logische Werte sind die Konstantenwerte TRUE und FALSE (mit der Bedeutung *wahr* bzw. *falsch*) vordefiniert.

Der logische Datentyp fehlt in vielen Programmiersprachen (etwa in Fortran, Algol-60 oder C). Der Wertebereich ist so winzig, daß man der Meinung sein könnte, logische Werte könnten sehr leicht durch ganze Zahlen „simuliert" werden. Wir könnten z. B. den Wert 0 als *falsch* und den Wert 1 als *wahr* interpretieren, und der logische Datentyp wäre dadurch „erledigt". Hinter dem logischen Datentyp liegt aber viel mehr Semantik verborgen.

Das Vorhandensein eines expliziten logischen Typs hat folgende Vorteile:

1. Logische Werte können von den arithmetischen Werten explizit unterschieden werden. Dadurch werden die Programme lesbarer und weniger fehleranfällig. Es kann nicht zufällig vorkommen, daß ein und dieselbe Variable einmal als ein logischer Wert und ein anderes Mal als Zahl interpretiert wird.

2. Die Operationen der Booleschen Algebra können für logische Daten definiert werden.

4.2.2 Operationen

Die folgenden logischen Operationen sind definiert (in Klammern steht die Modula-3-Notation):

- Komplement (NOT)
- Oder (OR)
- Und (AND)

Die Bedeutung dieser Operationen können wir am einfachsten mit sogenannten *Wahrheitstabellen* angeben (Seien p und q vom Typ *Boolean*):

p	q	NOT q	p OR q	p AND q
wahr	*wahr*	*falsch*	*wahr*	*wahr*
wahr	*falsch*	*wahr*	*wahr*	*falsch*
falsch	*wahr*	*falsch*	*wahr*	*falsch*
falsch	*falsch*	*wahr*	*falsch*	*falsch*

In Worten ausgedrückt (wobei $x \Leftrightarrow$ *Bedingung* eine Abkürzung ist von :„x ist genau dann *wahr*, wenn die *Bedingung* gilt, sonst ist x *falsch*"):

NOT q ⇔ q *falsch*
p OR q ⇔ p oder q oder beide *wahr*
p AND q ⇔ sowohl p als auch q *wahr*

Nach den Präzedenzregeln (siehe auch Kap. 7.1) hat innerhalb der Booleschen Operatoren OR die kleinste, AND die mittlere und NOT die größte Bindungsstärke. So gilt z. B.:

p OR NOT q AND r = p OR ((NOT q) AND r)

Die Vergleichsoperationen sind auch für Boolesche Werte anwendbar, weil per definitionem *wahr* > *falsch* gilt. Die Operatoren >, <, >= und <= wenden wir aber auf Boolesche Werte nur in Ausnahmefällen an.

Mit logischen Werten können wir im Moment noch nicht sehr viel anfangen, sie werden bei Anweisungen, die eine Bedingung enthalten, besonders wichtig. Um ein lauffähiges Programm schreiben zu können, stellen wir zwei weitere Prozeduren aus unserer SIO-Schnittstelle vor, die logische Werte (also TRUE oder FALSE) einlesen bzw. anzeigen können:

```
PROCEDURE GetBool(): BOOLEAN;            (*Liest einen Boolean*)
PROCEDURE PutBool(b: BOOLEAN);       (*Schreibt TRUE oder FALSE*)
```

```
MODULE Booleans EXPORTS Main;                (*Logische Operationen, 14.09.93. LB*)
  IMPORT SIO;

  VAR
    p, q: BOOLEAN;

BEGIN                                                          (*Anweisungsteil*)
  SIO.PutText("Logische Grundfunktionen\n");
  SIO.PutText("Tippen Sie bitte zwei logische Werte: ");

  p:= SIO.GetBool();
  q:= SIO.GetBool();

  SIO.PutBool(p); SIO.PutText(" OR "); SIO.PutBool(q); SIO.PutText(" = ");
  SIO.PutBool(p OR q); SIO.Nl();

  SIO.PutBool(p); SIO.PutText(" AND "); SIO.PutBool(q); SIO.PutText(" = ");
  SIO.PutBool(p AND q); SIO.Nl();

  SIO.PutText("NOT "); SIO.PutBool(p); SIO.PutText(" = ");
  SIO.PutBool(NOT p); SIO.Nl();
END Booleans.
```

Bsp. 4.4: *Boolesche Operationen*

GetBool und PutBool funktionieren wie GetInt und PutInt, der einzige Unterschied liegt darin, daß sie logische statt numerische Werte behandeln. Mit Hilfe dieser Erweiterung können wir eine Variante des Beispiels 4.2 entwickeln (Bsp. 4.4).

Bsp. 4.5 zeigt, wie wir Ergebnisse von Vergleichen logischen Variablen zuweisen können. Es ist aber nicht notwendig, das Ergebnis eines Vergleiches immer einer Variablen zuzuweisen. Das obige Programm läßt sich leicht verkürzen, wenn wir die Vergleiche direkt als Parameter von PutBool angeben (da Vergleiche Boolesche Werte liefern, können sie überall vorkommen, wo Boolesche Werte oder Ausdrücke verlangt sind). So könnten wir statt SIO.PutBool(groesser) ebenso gut SIO.PutBool(i > j) schreiben. Ein möglicher Ablauf des Programms kann folgendermaßen aussehen:

```
Vergleiche
Tippen Sie bitte zwei Zahlen ein:  23 -5
23 > -5 ist TRUE
23 < -5 ist FALSE
23 = -5 ist FALSE
```

Im Bsp. 4.5 haben wir sowohl *Integer* als auch Boolesche Variablen deklariert. Die Booleschen Variablen haben wir dazu verwendet, Ergebnisse von

```
MODULE Vergleiche EXPORTS Main;                          (*Vergleiche, 12.09.93. LB*)

  IMPORT SIO;

  VAR
    i, j: INTEGER;
    groesser, kleiner, gleich: BOOLEAN;

BEGIN                                                            (*Anweisungsteil*)
  SIO.PutText("Vergleiche\nTippen Sie bitte zwei Zahlen ein: ");

  i:= SIO.GetInt();
  j:= SIO.GetInt();

  groesser:= i > j;                           (*groesser wird wahr, falls i > j*)
  kleiner:= i < j;                             (*kleiner wird wahr, falls i < j*)
  gleich:= i = j;                               (*gleich wird wahr, falls i = j*)

  SIO.PutInt(i); SIO.PutText(" > "); SIO.PutInt(j); SIO.PutText(" ist ");
  SIO.PutBool(groesser); SIO.Nl();

  SIO.PutInt(i); SIO.PutText(" < "); SIO.PutInt(j); SIO.PutText(" ist ");
  SIO.PutBool(kleiner); SIO.Nl();

  SIO.PutInt(i); SIO.PutText(" = "); SIO.PutInt(j); SIO.PutText(" ist ");
  SIO.PutBool(gleich); SIO.Nl();
END Vergleiche.
```

Bsp. 4.5: *Vergleiche*

Vergleichen zu speichern. Die verschiedenen Typen dürfen nicht beliebig gemischt werden. Anweisungen, wie etwa:

```
i:= j + groesser;  gleich:= i;
```

wären sinnlos, weil wir eine Zahl nicht zu einem Booleschen Wert addieren und eine Zahl nicht einer Booleschen Variable zuweisen können etc. In Programmiersprachen mit einem strengen Typsystem können solche Anweisungen vom Compiler automatisch als sinnlos (als semantische Fehler) erkannt werden.

> Ein Gegenbeispiel ist die Programmiersprache C, die keinen Booleschen Typ kennt, aber logische Operationen mit Integers gestattet. Die Semantik ist also nur im Geist des Programmierers „gespeichert", und wenn er irrtümlicherweise die gleiche Variable mit verschiedener Semantik belegt, so kann der Compiler das nicht bemerken (weil die logischen Variablen formal auch Integers sind). Es gibt zwar keine Programmiersprache, die jede Sinnlosigkeit erkennt (das wäre zu schön), aber zumindest einige Fehler können wir verhindern.

4.3 Zeichen

Programme verarbeiten nicht nur Zahlen und logische Werte, sondern auch Texte. Modula-3 bietet dafür zwei vordefinierte Datentypen an: *Text* und *Char*. Beginnen wir mit dem Datentyp für Einzelzeichen, dem Typ *Char*.

4.3.1 Wertebereich

Der Typ *Char* bezeichnet eine endliche, geordnete Menge von Zeichen. Diese Menge ist in vieler Hinsicht ähnlich jener der ganzen Zahlen. Auch *Char* bildet einen Ordinaltyp (vergleiche Abschn. 4.1).

Ein Unterschied ist, daß die Anzahl der möglichen Zeichenwerte meistens viel kleiner ist als die der möglichen *Integer*-Werte.

> Üblicherweise gibt es 256 verschiedene Zeichenwerte. Kenner der binären Darstellung von Zeichen werden es sofort erraten, daß diese Zahl die Anzahl der in einem *Byte*, also auf 8 *Bits*, darstellbaren verschiedenen Werte ist, weil $2^8 = 256$.

Der andere, wichtigere Unterschied ist, daß wir diese Werte nicht als Zahlen interpretieren. Der Großteil dieser Zeichen entspricht lesbaren Zeichen, wie die Groß- und Kleinbuchstaben des Alphabets, die Ziffern und die auf den Tastaturen eines Rechners befindlichen Sonderzeichen, wie etwa . , ; ! usw. Weitere, unsichtbare Zeichen dienen für die Steuerung von Ein- und Ausgabegeräten, wie z. B. ein Spezialzeichen für Zeilenvorschub etc.

> Wir haben vorher bereits den Zeilenvorschub als Text eingeführt, alle Einzelzeichen können ebenfalls als – ganz kurzer – Text angegeben werden, siehe auch Abschn. 4.4.

Welcher *Char*-Wert welchem Zeichen entspricht, hängt vom Codesystem des jeweiligen Rechners ab. Die meisten Rechner (abgesehen von IBM-Großrechnern) verwenden heute das ASCII-Codesystem [Rec91]. In Modula-3 ist definiert, daß die Codierung dem ISO-Latin-1-Code (eine Erweiterung des ASCII-Codes) entspricht. Normalerweise braucht ein Programmierer das nicht zu wissen. Die internen Einzelheiten der Zeichencodierung übernimmt das Sprachsystem.

Zeichenliterale können wir mit Hilfe des Apostrophzeichens ' definieren. Beliebige Zeichen (ausgenommen das Apostrophzeichen selbst) können zwischen Apostrophzeichen angegeben werden.

> 'A' steht für den Großbuchstaben A,
> 'z' für den Kleinbuchstaben z,
> 'ä' für ä und
> '1' für das *Zeichen* 1.

\n	Zeilenvorschub	\f	Seitenumbruch
\t	Tabulator	\r	Wagenrücklauf
\'	Apostroph	\"	Anführungszeichen
\\	Backslash		

Tab. 4.6: *Escape-Sequenzen für Spezialzeichen*

Der Unterschied zwischen dem Zeichen '1' und der Zahl 1 ist wichtig: Die Zahl 1 ist vom Typ *Integer* und kann in Ausdrücken der Integer-Arithmetik vorkommen. Das Zeichen '1' ist vom Typ *Char* und kann nur als Zeichen verwendet werden.

Die obige Notation für Zeichenliterale funktioniert offensichtlich nur für die sichtbaren Zeichen. Wir können das Apostrophzeichen selbst nicht angeben. Unsichtbare und andere Spezialzeichen müssen auf einem Umweg angegeben werden. Dazu dienen die sogenannten *Escape-Sequenzen*. Eine Escape-Sequenz wird durch ein \ (*backslash*)-Zeichen eingeleitet. Dem \-Zeichen können entweder ein Spezialzeichen oder eine dreistellige Zahl folgen. Die Spezialzeichen und ihre Bedeutung sind in Tab. 4.6 angeführt.

Das Wagenrücklaufzeichen bewirkt, daß die Anfangsposition der *aktuellen* Zeile am Bildschirm oder am Drucker eingestellt wird. Die Bezeichnung stammt aus Zeiten, wo Computer noch nicht mit Hilfe von Bildschirmen, sondern mit angeschlossenen elektrischen Schreibmaschinen bedient wurden.

Um beliebige Sonderzeichen angeben zu können, kann dem \-Zeichen auch eine genau dreistellige oktale Zahl [Rec91] folgen, die dem Codewert des gewünschten Zeichens entspricht (aus der ISO-Codetabelle). So steht beispielsweise '\012' für Zeilenvorschub (weil der Codewert vom Zeilenvorschub $= 10_{\text{dezimal}} = 12_{\text{oktal}}$ ist), '\061' bedeutet '1' (da der Codewert von '1' $= 49_{\text{dezimal}} = 61_{\text{oktal}}$ beträgt).

4.3.2 Operationen

Auf Zeichen sind die üblichen arithmetischen Operationen nicht erlaubt.

Da die Zeichen, ähnlich der ganzen Zahlen, einen *Ordinaltyp* bilden, sind die Vergleichsoperationen – mit der gleichen Syntax und Semantik wie bei ganzen Zahlen – auch auf Zeichen definiert.

Es gibt hier allerdings eine Schwierigkeit: Es ist nicht so ohne weiteres klar, welches Zeichen größer und welches kleiner ist. Ist 'A' größer als ';' oder kleiner? Oder ist 'z' > 'Z', oder umgekehrt? Das könnte vom darunterliegenden Codesystem abhängen, obwohl wir gerade behauptet haben, daß man es nicht kennen muß. Deswegen ist es vernünftig, in Programmen solche Vergleiche nicht unbeschränkt zu verwenden. Wir können aber sicher sein, daß folgende Bedingungen immer gelten:

```
  ⋮
  VAR i, j: INTEGER; ch: CHAR; b: BOOLEAN;
BEGIN
  i:= ORD('1');            (*i wird der Ordinalwert von '1' (49) zugewiesen*)
  ch:= VAL(66, CHAR);      (*ch wird das Zeichen mit Ordinalwert 66 ('B')*)
  j:= ORD(TRUE);           (*j wird der Ordinalwert vom TRUE (1) zugewiesen*)
  b:= VAL(0, BOOLEAN);     (*b wird der Boolean mit Ordinalwert 0 (FALSE)*)
  ⋮
```

Bsp. 4.7: *Die ORD- und VAL-Standardfunktionen*

'A' < 'B' < 'C' < ··· 'X' < 'Y' < 'Z'
'a' < 'b' < 'c' < ··· 'x' < 'y' < 'z'
'0' < '1' < '2' < ··· '7' < '8' < '9'

Weitere Ordungsverhältnisse können wir aus der ISO-Latin-1-Codetabelle herauslesen, wir sollten aber davon lieber keinen Gebrauch machen. Am besten sehen wir in allen anderen Fällen von der Ordnung der Charakterwerte ab und vergleichen sie höchstens auf Gleichheit bzw. Ungleichheit.

Wie wir später sehen werden, können wir (ungeordnete) Mengen von Zeichen definieren, die uns die Bildung von Gruppen oder Klassen von Zeichen erleichtern (wie die Menge der Steuerzeichen, die Menge der Zeichen mit Umlauten usw.), siehe Kap. 8.3.

Vordefinierte Funktionen

Die vordefinierten Funktionen FIRST und LAST sind auch für den Typ *Char* definiert, sie geben das Zeichen mit der kleinsten und größten möglichen Codezahl zurück (normalerweise sind das vom Programmierer selten benötigte Sonderzeichen).

Ebenso können die vordefinierten Funktionen INC und DEC wie bei den Zahlen verwendet werden, um den Nachfolger und den Vorgänger eines Zeichens zu berechnen. INC('B') liefert 'C', DEC('B') ist 'A'. Was DEC('A') liefert, hängt von der Zeichencodierung ab. Programme, die davon abhängen, welches Zeichen genau der Vorgänger von 'A', 'a' oder '0' ist, sollten wir nicht schreiben (das gleiche gilt für den Nachfolger von 'Z' usw.). INC(LAST(CHAR)) und DEC(FIRST(CHAR)) verursachen einen Laufzeitfehler.

Darüber hinaus gibt es zwei vordefinierte Funktionen, die die Konvertierung zwischen ganzen Zahlen und Zeichen erlauben. Die Funktion ORD verlangt einen Parameter von einem beliebigen Ordinaltyp (für unseren Fall jetzt Typ *Char*) und gibt den *Codewert* – die *Ordinalzahl* – eines Zeichens als *Integer*-Zahl zurück. Z. B. ORD('1') = 49.

```
  ⋮
  CONST
    Konv = ORD('A') - ORD('a');        (*Differenz der Ordinalwerte von 'A' und 'a'*)
  VAR
    ch: CHAR;

BEGIN
  ch:= SIO.GetChar();                  (*Liest ein Zeichen ein und weist ch zu*)
  ch:= VAL(ORD(ch) + Konv, CHAR);      (*Wandelt ch in Großbuchstaben um*)
  SIO.PutChar(ch);                     (*Gibt ch aus*)
  ⋮
```

Bsp. 4.8: *Konvertierung eines Kleinbuchstaben*

Die Funktion VAL ist die Umkehrfunktion von ORD. Sie nimmt als Parameter eine *Integer*-Zahl und einen beliebigen Ordinaltyp (für unseren Fall jetzt Typ *Char*). Die *Integer*-Zahl soll als Codewert des angegebenen Typs interpretiert werden. Das Resultat ist der entsprechende Wert des angegebenen Typs. Z. B. VAL(49, CHAR) = '1'.

Es gilt immer, daß (i sei vom Typ *Integer*, ch vom Typ *Char*):

```
ORD(VAL(i, CHAR))    = i
VAL(ORD(ch), CHAR)) = ch.
```

Im Bsp. 4.7 wird der Wert von i auf den Ordinalwert vom '1' gesetzt (dieser ist in ASCII-Codierung 49, also keineswegs 1). Der Wert von ch wird auf das Zeichen mit dem Ordinalwert 66 gesetzt (der entspricht in ASCII-Codierung dem Buchstaben B). Das Beispiel zeigt auch, wie ORD und VAL für einen anderen Ordinaltyp (*Boolean*) verwendet werden können.

Für die Ein-/Ausgabe von Einzelzeichen führen wir zwei weitere Prozeduren der Schnittstelle SIO ein:

```
PROCEDURE GetChar(): CHAR;              (*Liest ein Zeichen*)
PROCEDURE PutChar(ch: CHAR);            (*Gibt ein Zeichen aus*)
```

GetChar liest ein Zeichen und gibt es als Funktionswert zurück. PutChar gibt das Zeichen in ch aus. Programmbeispiel 4.8 wandelt einen Kleinbuchstaben in einen Großbuchstaben um. (Der Programmausschnitt prüft nicht, ob tatsächlich ein Kleinbuchstabe eingelesen wurde.)

4.4 Texte

Texte sind eine Folge von Zeichen. Deswegen existiert in vielen Programmiersprachen kein vordefinierter Typ *Text*, weil man mit den entsprechenden Typkonstruktoren auch aus Einzelzeichen eine Zeichenfolge spezifizieren kann. In Modula-3 gibt es aber einen vordefinierten Texttyp *Text*.

4.4.1 Wertebereich

Ein Text besteht aus einer beliebigen Anzahl (inklusive Null) von Zeichen. Das Maximum der „beliebigen" Anzahl wird von der jeweiligen Sprachumgebung eingeschränkt, dieses ist aber typischerweise so groß, daß diese Einschränkung vernachlässigbar ist.

Textliterale können zwischen Anführungszeichen " angegeben werden. In einem Textliteral können außer dem " Zeichen alle Zeichen vorkommen, auch Escape-Sequenzen. Ein Textliteral kann keinen Zeilenvorschub enthalten (die Escape-Sequenz für Zeilenvorschub aber sehr wohl, siehe Tab. 4.6).

Beispiele für gültige Textliterale:

```
"Das ist ein Modula-3-Text"
"\n"
"Dieser Text endet mit Zeilenvorschub\n"
"\"Alles Vergängliche ist nur ein Gleichnis\"\n"
"Das obige Zitat ist aus Goethes Faust\n"
```

Wenn wir diese Textliterale mit SIO.PutText auf dem Bildschirm anzeigen, so erhalten wir:

```
Das ist ein Modula-3-Text
Dieser Text endet mit Zeilenvorschub
"Alles Vergängliche ist nur ein Gleichnis"
Das obige Zitat ist aus Goethes Faust
```

Ungültig sind dagegen die folgenden Textliterale:

```
"Das ist ein Modula-3-Text
Und das wäre sein Fortsetzung"
""Zitat""
```

Es ist wichtig, den Unterschied zwischen Textkonstanten (also vom Typ *Text*) und Zeichenkonstanten (vom Typ *Char*) zu beachten:

```
CONST
  CharConst = 'A';
  TextConst  = "A";
```

Beide Deklarationen sind legal, TextConst deklariert einen Text (der Länge 1), CharConst deklariert ein Zeichen. Beide sind von unterschiedlichem Typ, es dürfen immer nur die jeweils erlaubten Operationen angewendet werden. Wir können allerdings zwischen den beiden Typen leicht konvertieren (siehe folgender Abschnitt).

```
MODULE Texte EXPORTS Main;                    (*Konkatenation, 15.09.93. LB*)
  IMPORT SIO;

  CONST
    LF = "\n";                   (*LF steht für "line feed", also Zeilenumbruch*)
    T1 = "Das ist ein Modula-3-Text";
    T2 = "Das ist seine Fortsetzung";
    T3 = "Und das ist sein Ende.";
    T4 = T1 & LF & T2 & LF & LF & T3 & LF;

BEGIN                                                    (*Anweisungsteil*)
  SIO.PutText(T4);
END Texte.
```

Bsp. 4.9: *Programm mit Konkatenationsoperator*

```
INTERFACE Text;              (*Copyright Digital Equipment Corporation *)
  ⋮
PROCEDURE Equal(t, u: T): BOOLEAN;
(*Gibt TRUE zurück, wenn t und u die gleiche Länge und den gleichen Inhalt haben. *)

PROCEDURE Length(t: T): CARDINAL;
(*Gibt die Anzahl der Zeichen in t zurück. *)

PROCEDURE GetChar(t: T; i: CARDINAL): CHAR;
(*Gibt das Zeichen an der i-te Position (erstes Zeichen hat Pos. 0) in t zurück.
  Ist i >= Length(t), so führt das zu einem Laufzeitfehler. *)

PROCEDURE FromChar(ch: CHAR): T;
(*Gibt einen Text bestehend aus dem Zeichen ch zurück. *)
  ⋮
END Text.
```

Bsp. 4.10: *Ausschnitt aus der Text-Schnittstelle*

4.4.2 Operationen

Auf Modula-3-Texten ist ein *infix*-Operator (den wir direkt zwischen Texten hinschreiben können) und eine Reihe von Operationen in Form der vordefinierten Schnittstelle Text spezifiziert. Diese Schnittstelle gehört zwar nicht zur Sprache, sie muß aber in jeder Umgebung mit der gleichen Syntax und Semantik vorhanden sein.

Der Konkatenationsoperator: &

Konkatenation heißt zwei Zeichenketten aneinanderhängen. So können wir eine beliebige Anzahl von Texten zu einem Text zusammenfügen (siehe

```
MODULE TextVergleich EXPORTS Main;                    (*Textvergleiche, 11.05.94. LB*)
  IMPORT SIO, Text;

  CONST
    T1 = "Das ist ein Modula–3–Text";
    T2 = "as ist ein Modula–3–Text";
  VAR
    text1, text2: TEXT;

BEGIN                                                               (*Anweisungsteil*)
  text1:= "D";
  text2:= text1 & T2;                        (*Inhalt von text2: Das ist ein Modula-3-Text*)
  SIO.PutText(T1 & "\n");
  SIO.PutText(text2 & "\n");
  SIO.PutBool(T1 = text2); SIO.Nl();                                 (*Gibt FALSE aus*)
  SIO.PutBool(Text.Equal(T1, text2)); SIO.Nl();                      (*Gibt TRUE aus*)
END TextVergleich.
```

Bsp. 4.11: *Textvergleiche*

Bsp. 4.9). Führen wir dieses Programm aus, so erscheint am Bildschirm:

```
Das ist ein Modula-3-Text
Das ist seine Fortsetzung

Und das ist sein Ende.
```

Von den Operationen, die von der Standardschnittstelle Text angeboten werden, geben wir im Bsp. 4.10 zunächst nur die wichtigsten an. Die vollständige Schnittstelle ist im Anh. C.1.1 abgedruckt.

Equal liefert einen logischen *wahr*-Wert genau dann, wenn der Inhalt von zwei als Parameter angegebenen Texten gleich ist (Groß- und Kleinbuchstaben werden dabei als unterschiedlich betrachtet). Mit Length erhält man die Länge eines Textes (als Anzahl der darin enthaltenen Zeichen). Mit GetChar können wir aus dem Text t ein Zeichen an der Position i extrahieren (der gültige Bereich für i ist [0 .. Length(t)-1]). Mit FromChar wird ein Zeichen in einen Text umgewandelt.

Bevor wir ein Beispiel für die Verwendung dieser Funktionen anschauen, müssen wir noch eine wichtige Bemerkung machen. Von den Vergleichsoperationen sind Gleichheit (=) und Ungleichheit (#) auch für Texte erlaubt. Es kann aber unter Umständen vorkommen, daß der Ausdruck

text1 = text2 *bzw.* text1 # text2

(unter der Annahme text1 und text2 sind vom Typ *Text*) anders funktioniert, als wir es erwarten würden. Es ist möglich, daß text1 = text2 *falsch* (bzw. text1 # text2 *wahr*) ergibt, obwohl die beiden Zeichenketten gleich sind. Die

Equal-Funktion der Text-Schnittstelle funktioniert aber immer erwartungsgemäß, deswegen sollten wir für den Vergleich zweier Texte immer diese Funktion verwenden.

Der Grund für das eigenartige Verhalten der Textvergleiche kann an dieser Stelle noch nicht vollständig erklärt werden. Der Typ *Text* steht in Wirklichkeit nicht für Texte, sondern für Verweise (*Referenzen*, siehe Kap. 11.5) auf Texte. Die Vergleichsoperationen (= und #) vergleichen nur diese Verweise, die Equal-Funktion vergleicht aber den tatsächlichen *Inhalt* der Texte.

Bsp. 4.11 macht diesen Unterschied deutlich. Nach den Wertzuweisungen verweisen T1 bzw. text2 auf zwei Zeichenfolgen, die gleich aber nicht die selben sind. Der Ausdruck T1 = text2 ergibt *falsch*, wohingegen Text.Equal(T1, text2) den Wert *wahr* liefert:

```
Das ist ein Modula-3-Text
Das ist ein Modula-3-Text
FALSE
TRUE
```

Wir schreiben nun ein kleines Programm, in dem wir dem Benutzer drei Aufgaben stellen. Bei richtiger Lösung wird `TRUE` bei falscher `FALSE` ausgegeben.

Die Aufgaben sind:

- einen Text gegebener Länge eingeben;
- den ausgegebenen Text wieder eintippen;
- einen Text, der mit einem bestimmten Zeichen endet, eintippen.

Bsp. 4.12 zeigt das Programm. Bei der dritten Aufgabe ist zu beachten, daß EndChar mit Text.FromChar in einen *Text* umgewandelt werden muß, um mit dem Konkatenationsoperator in einen *Text* aufgenommen werden zu können. Der Ausdruck: T3 & EndChar & T4 wäre falsch, weil wir einen Wert vom Typ *Char* nicht direkt als Text verwenden können.

Einige Variablen und Programmzeilen hätten wir sparen können, wenn wir die verschiedenen Funktionen direkt als Parameterwerte angeben. Eine mögliche Verkürzung der 3. Aufgabe des Beispiels 4.12 ist im Bsp. 4.13 zu sehen.

Welche Lösung vorzuziehen ist, das ist oft Geschmacksache. Kürzere Programme sind meistens übersichtlicher, ob dies in diesem Fall zutrifft, ist schwierig zu sagen. Man beachte jedenfalls, daß wir die Variable text,

```
MODULE TextAufgabe EXPORTS Main;                  (*Aufgaben mit Texten, 15.09.93. LB*)

  IMPORT SIO, Text;

  CONST
    EndChar = '.';                                  (*Endzeichen der 3. Aufgabe*)
    Laenge  = 3;                                (*Länge des Textes der 1. Aufgabe*)
    T1      = "Bitte um einen Text der Länge";
    T2      = "Bitte␣den␣gleichen␣Text␣eintippen!";
    T3      = "Bitte einen Text, der mit "';
    T4      = "' endet, eintippen\n";

  VAR
    text: TEXT; b: BOOLEAN; ch: CHAR; length: INTEGER;

BEGIN                                                         (*Anweisungsteil*)
  SIO.PutText(T1);                               (*Verlangt einen Text der Länge ...*)
  SIO.PutInt(Laenge); SIO.Nl();                            (*"Laenge" (also 3)*)
  text:= SIO.GetText();
  b:= Text.Length(text) = Laenge;        (*b = TRUE, falls Länge des Textes stimmt*)
  SIO.PutBool(b); SIO.Nl();

  SIO.PutText(T2 & "\n");
  text:= SIO.GetText();
  b:= Text.Equal(text, T2);                           (*b = TRUE, falls text = T2*)
  SIO.PutBool(b); SIO.Nl();

  SIO.PutText(T3 & Text.FromChar(EndChar) & T4);
  text:= SIO.GetText();
  length:= Text.Length(text);
  ch:= Text.GetChar(text, length – 1);              (*ch wird das letzte Zeichen*)
  b:= ch = EndChar;                              (*b = TRUE, falls ch = EndChar*)
  SIO.PutBool(b); SIO.Nl();
END TextAufgabe.
```

Bsp. 4.12: Programm stellt dem Benutzer Aufgaben

```
  ⋮
  SIO.PutText(T3 & Text.FromChar(EndChar) & T4);
  text:= SIO.GetText();
  SIO.PutBool(Text.GetChar(text, Text.Length(text) – 1) = EndChar);
  SIO.Nl();
  ⋮
```

Bsp. 4.13: Verkürzung der 3. Aufgabe

die die eingetippte Eingabe speichert, keineswegs hätten sparen können. Eine Lösung, wie etwa

```
SIO.PutBool(Text.GetChar(SIO.GetText(),
    Text.Length(SIO.GetText()) -1) = EndChar);
```

ist falsch. Die Eingabe wird zweimal gefordert, obwohl wir sie nur einmal brauchen.

Hätte in diesem Fall der Benutzer beim zweitenmal einen längeren Text eingetippt, so würde das Programm sogar abstürzen, weil Text.GetChar von einer Position zu lesen versuchen würde, die es im ersten Text gar nicht gibt.

4.5 Gleitkommazahlen

Reelle Zahlen spielen in der Mathematik eine sehr wichtige Rolle. Deswegen sind sie in den meisten Programmiersprachen auch als vordefinierter Typ vorhanden. Ihre Darstellung in einem Computer bringt allerdings zusätzliche Schwierigkeiten.

Die ganzen Zahlen sind nur in der Größe unendlich: Für jede ganze Zahl gibt es eine, die um eins größer (oder kleiner) ist. Die reellen Zahlen sind – so könnte man sagen – auch in der Dichte unendlich. Die ganzen Zahlen bilden eine sogenannte *abzählbar unendliche* Menge, hingegen ist die Menge der reellen Zahlen *überabzählbar* [DP88]. Anders gesagt, sie bilden ein Kontinuum.

Eine reelle Zahl kann eine unendlich große Anzahl von Ziffern haben. Wenn wir eine reelle Zahl durch eine endliche Anzahl von Ziffern nach dem Dezimalkomma annähern, so müssen wir bei der Verwendung solcher Werte immer die Genauigkeit der Näherung beachten. Die näherungsweise Darstellung von reellen Zahlen im Computer heißt *Gleitkomma-Darstellung*.

Nehmen wir an, uns steht eine vierstellige, dezimale Gleitkomma-Arithmetik zur Verfügung. Das heißt, das Dezimalkomma (oder vielmehr der *Dezimalpunkt* in der Schreibweise der Informatiker) kann beliebig „gleiten", wir haben aber immer nur 4 Stellen. Die größte Zahl die wir darstellen können ist 9999, die kleinste Zahl ist 0.001. Die Zahlen 0.00011, 0.00012, 0.000111, 0.000112 usw. sind bei einer vierstelligen Arithmetik nicht zu unterscheiden. Nicht darstellbare Zahlen werden auf eine darstellbare Zahl *gerundet*. Damit ist praktisch jede Berechnung mit Gleitkommazahlen *Rundungsfehlern* ausgesetzt.

In der Gleitkommadarstellung wird eine reelle Zahl x mit zwei ganzen Zahlen, dem *Exponenten* und der *Mantisse*, beschrieben [Wir72]:

$$x$$

$= Mantisse * Basis^{Exponent}$ Die aktuellen Werte von Basis, Mantisse und Exponent hängen vom jeweiligen Rechnersystem ab. Die Basis ist entweder 10 oder eine kleine Potenz von 2. Die Größe der Mantisse und des Exponenten bestimmen den Wertebereich und die Genauigkeit der Darstellung. Für die Mantisse werden typischerweise viel mehr Stellen reserviert, als für den Exponenten.

Eine sogenannte Normalform ist definiert durch die Bedingung:

$$\frac{1}{Basis} \leq \frac{Mantisse}{Maximale\ Mantisse} < 1$$

Diese Bedingung stellt sicher, daß der „gleitende Punkt" immer links vor der ersten Ziffer ungleich Null in der Mantisse steht. Die Dichte der Repräsentanten von Abschnitten der reellen Zahlenachse nimmt in dieser Form mit wachsenden x exponentiell ab. Ist die Basis 10, so enthält z. B. der Abschnitt 0.1 – 1 gleichviele Repräsentanten wie der Abschnitt 1000 – 10000.

Ein Digitalrechner kann nur endliche Zahlen und nur mit endlicher Genauigkeit darstellen. Deswegen unterscheiden sich die Gleitkommazahlen in einem Computer stark von den reellen Zahlen der Mathematik. Mit dem Rechnen mit Gleitkommazahlen beschäftigt sich die *Numerik* [SB93]. Mit ungenauen Zahlen können wir nur rechnen, wenn wir die Ungenauigkeit in die Rechnung einbeziehen. Wir müssen genau wissen, innerhalb welcher Grenzen die Ergebnisse einer Berechnung vom theoretischen, genauen Wert abweichen können. (Wir könnten sagen: Wir müssen mit ungenauen Zahlen furchtbar genau rechnen.) Wir werden in diesem Buch auf die Numerik nicht genauer eingehen, sondern beschreiben nur, wie in Modula-3 Gleitkommazahlen deklariert und verwendet werden können.

4.5.1 Wertebereich

Der Wertebereich für reelle Zahlen ist sowohl größer als auch feiner eingeteilt als jener der ganzen Zahlen. Modula-3 bietet dafür drei vordefinierte Typen (*Real*, *Longreal* und *Extended*), die sich voneinander nur im Wertebereich und in der Genauigkeit unterscheiden. Den kleinsten Bereich bietet *Real*, den größten *Extended* an. Die charakteristischen Daten der einzelnen Typen, wie etwa der kleinste und größte positive darstellbare Wert, ist für jeden Typ in Standard-Schnittstellen abgelegt (siehe Anh. C.1.4). Die Grenzwerte sind symmetrisch zu 0 (im Gegensatz zu den ganzen Zahlen). Darum genügt es, den kleinsten und größten positiven Wert anzugeben. Unter kleinster positiver Zahl verstehen wir die kleinste Zahl x, so daß 0 und $0 + x$ voneinander unterschiedlich sind[1]. Die Grenzwerte sind von der

[1]Diesen Wert beziehen wir meistens auf die Normalform.

	MinPos	MaxPos
REAL	1.17549435E–38	3.40282347E +38
LONGREAL	2.2250738585072014D–308	1.7976931348623157D+308

Tab. 4.14: *Typischer Wertebereich von Real-Typen*

Sprachumgebung abhängig. In vielen Sprachumgebungen sind z. B. die Grenzwerte für *Longreal* und *Extended* gleich.

4.5.2 Gleitkommaliterale

Gleitkommaliterale können in Form von rationalen Zahlen mit Dezimalpunkt dargestellt werden. Ein optionaler Exponententeil kann folgen, der als 10er Potenz zu interpretieren ist.

Syntax der Gleitkommaliterale

Number$_{94}$ = · · · | Digit$_{98}$ { Digit$_{98}$ } "." Digit$_{98}$ { Digit$_{98}$ } [Exponent$_{95}$].
Exponent$_{95}$ = ("E" | "e" | "D" | "d" | "X" | "x") ["+" | "–"] Digit$_{98}$ { Digit$_{98}$ }.

Das eventuelle Vorzeichen der Zahl sehen wir hier nicht, weil es nicht zu der Syntax der Zahlen sondern der Ausdrücke gehört (siehe Kap. 7.1). Das Vorzeichen des Exponententeils gehört aber zur Zahl.

Der Exponententeil wird mit einem der Buchstaben E, D, oder X eingeleitet, die den Typ der Zahl bestimmen. E steht für den Typ *Real*, D für *Longreal* (double precision), X für *Extended*.

Beispiele für richtige Gleitkommazahlen sind:

1.1	ist vom Typ *Real*
1.1D0	der gleiche Wert mit Typ *Longreal*
1.1X0	der gleiche Wert mit Typ *Extended*
1.5e2	Typ ist *Real*, Wert = 150
–1.5x+2	Typ ist *Extended*, Wert = –150
1.5E–3	Typ ist *Real*, Wert = 0.0015

Beispiele für illegale Gleitkommaliterale:

1	Ist eine ganze Zahl
1.	Dem Dezimalpunkt muß ein Ziffer folgen
1.1D	Dem Exponentenzeichen muß ein Ziffer folgen
1.5 e2	Eine Zahl darf kein Leerzeichen enthalten
1.5e 2	Eine Zahl darf kein Leerzeichen enthalten

Typische Werte für die Grenzen der darstellbaren Werte sehen wir in Tab. 4.14.

4.5.3 Operationen

Arithmetische Operationen

Für Gleitkommazahlen sind die üblichen arithmetischen Operationen vordefiniert (in Klammern ist die durch die Sprache vorgeschriebene Notation angegeben):

- Addition (+)
- Subtraktion (–)
- Multiplikation (*)
- Division (/)

Das Ergebnis eines Gleitkomma-Ausdrucks ist immer auch ein Gleitkommawert. Die + und – Zeichen können auch als unäre Operatoren, also als Vorzeichen, verwendet werden. Das + Vorzeichen können wir aber weglassen (+x = x).

Die Präzedenzregeln (siehe auch in Kap. 7.1) sind wie üblich definiert, Addition und Subtraktion haben die kleinste, Multiplikation und Division die mittlere und das Vorzeichen die größte Bindungsstärke.

Die Semantik der Arithmetik weicht – wie zu erwarten – von der üblichen Semantik der Schularithmetik ab.

Ähnlich wie bei ganzen Zahlen kann ein *Überlauf* (*overflow*) auftreten, falls das Ergebnis einer Berechnung zu groß (oder in negativer Richtung zu klein) wird. Bei Gleitkommazahlen kann zusätzlich auch ein *Unterlauf* (*underflow*) auftreten, wenn der Absolutwert eines Ergebnisses so klein wird, daß es nicht mehr darstellbar ist.

Folgenden Gesetze der Grundoperationen gelten [Wir72]:

1. *Kommutativität der Addition und Multiplikation*

   ```
   x + y = y + x
   x * y = y * x
   ```

   und falls x >= y >= 0, dann (x – y) + y = x

2. *Symmetrie auf 0*

   ```
   x – y   = x + (–y)= –(y – x)
   (–x) * y = x * (–y) = –(x * y)
   (–x) / y = x / (–y) = –(x / y)
   ```

3. *Monotonie*
   falls 0 <= x <= a
   und 0 <= y <= b, dann gilt immer

```
x + y <= a + b
x * y <= a * b
x – b <= a – y
x / b <= a / y
```

Auf weitere Sätze, die davon abgeleitet werden können, gehen wir hier nicht ein [Wir72].

Wichtig ist zu wissen, daß die Gesetze der Assoziativität und der Distributivität nicht immer gelten. Besonders gefährlich sind die additiven Operationen. Wenn wir zwei fast gleich große Zahlen voneinander subtrahieren, so kann die Differenz so klein werden, daß sie nicht mehr darstellbar ist. Ähnliche Probleme treten auf, wenn wir z. B. zwei sehr unterschiedliche Zahlen addieren. Die kleinere Zahl kann unter die Genauigkeitsgrenze der größeren Zahl fallen und somit in der Addition ignoriert werden. Dieser Effekt heißt *Auslöschung*. Wenn wir die kleine Zahl zehnmal zu der großen addieren, kann es sein, daß die große Zahl unverändert bleibt. Hätten wir aber zuerst die kleine Zahl zehnmal zu sich selbst addiert, so könnte das Ergebnis groß genug sein, um die große Zahl auch ändern zu können.

Nehmen wir für das folgende Beispiel (nach [Wir72]) wieder eine vierstellige Gleitkomma-Arithmetik. Die Anfangswerte für die Gleitkommazahlen x, y und z seien: x = 8.800, y = 2.200 und z = -0.999. Dann erhalten wir:

```
(x + y) + z = 11.00 + (–0.999) = 10.01
x + (y + z) = 8.800 + 1.201    = 10.00
```

Beim Dividieren ist auch Vorsicht angebracht. Dividieren durch eine sehr kleine Zahl (auch als Zwischenergebnis in einem Ausdruck) kann einen Überlauf bewirken. Die Division durch 0 wird von der Sprachumgebung erkannt und führt zu einem Laufzeitfehler.

Vergleiche

Die Vergleiche sind für Gleitkommazahlen ähnlich wie für ganze Zahlen definiert. Mit der Semantik müssen wir hier jedoch aufpassen, insbesondere bei der Gleichheit (und Ungleichheit).

Eine Gleitkommazahl steht für eine unendliche Folge reeller Zahlen bis zur nächsten darstellbaren Zahl. Wenn zwei Gleitkommazahlen „gleich" sind, so bedeutet das nur, daß der Unterschied zwischen ihnen nicht größer ist als der kleinste darstellbare Wert. Deswegen sollten wir auf Überprüfung der Gleichheit am besten verzichten. Statt x = y ist es immer besser, Vergleiche der Form (x – y) $< \varepsilon$ zu verwenden, wobei ε die notwendige Genauigkeit darstellt.

Ein anderes – unerwartetes – Phänomen ist, daß x <= y nicht immer das gleiche ist wie NOT (x > y).

Vordef. Funkt.	*Richtung*	*Bemerkung*
FLOAT(i)	INTEGER → REAL	Wandelt eine ganze Zahl in eine Gleitkommazahl um. Der Wert der Zahl bleibt erhalten.
FLOAT(r, LONGREAL)	REAL → LONGREAL	Umwandlung einer Realzahl in eine Longrealzahl. Der Wert der Zahl bleibt erhalten.
ROUND(r)	REAL → INTEGER	Ergibt die r am nächsten liegende ganze Zahl.
TRUNC(r)	REAL → INTEGER	Schneidet die Ziffern nach dem Dezimalpunkt ab.
FLOOR(r)	REAL → INTEGER	Ergibt die größte ganze Zahl i, so daß i ≤ r.
CEILING(r)	REAL → INTEGER	Gibt die kleinste ganze Zahl i zurück, so daß i ≥ r.

Tab. 4.15: *Typkonversionen zwischen Real und Integer*

Diese und ähnliche Schwierigkeiten richtig zu behandeln, gehört zu den wichtigsten Aufgaben der Numerik. Sie bietet Algorithmen an, die diesen Einschränkungen des Computers gerecht werden. Wir wiederholen hier die Mahnung:

Berechnungen mit Gleitkommazahlen setzen Numerik-Kenntnisse voraus.

Konvertierungen

Vordefinierte Funktionen stehen zur Verfügung, die jeweils Gleitkommazahlen in ganze Zahlen und umgekehrt umwandeln. In der Tab. 4.15 ist die Richtung der Typumwandlung und die Art, wie die Umwandlung gemacht wird, angegeben (i sei eine ganze Zahl vom Type *Integer*, r eine Gleitkommazahl vom Typ *Real*). Die Funktion Float kann auch zwischen den verschiedenen Real-Typen (*Real*, *Longreal* und *Extended*) in beliebige Richtungen Umwandlungen durchführen (davon ist der Fall *Real* → *Longreal* als Beispiel in der Tab. 4.15 aufgeführt).

Es ist offensichtlich ein großer Unterschied, ob wir eine ganze Zahl in eine Gleitkommazahl oder umgekehrt konvertieren. Im ersten Fall bleibt der Wert erhalten, der zweite ist meistens mit Informationsverlust verbunden. Deswegen gibt es für diese zweite Umwandlungsrichtung eine Reihe von Funktionen, mit denen die Rundungseffekte gesteuert werden können. Ebenso ist es nicht gleich, ob wir eine weniger genaue Gleitkommadarstellung in eine genauere Gleitkommadarstellung umwandeln (was ohne Informationsverlust geht) oder umgekehrt (was mit Informationsverlust verbunden sein kann).

Es gilt, wenn r >= 0, dann TRUNC(r) = FLOOR(r), und wenn r < 0, dann TRUNC(r) = CEILING(r). Die Rundungsgrenze für ROUND ist genau in der Mitte, d. h. ROUND(0.5) = 1.

Die folgenden Beispiele geben einen Eindruck von den obigen Funktionen:

```
CEILING(1.499E2) = 150      CEILING(–1.519E2) = –151
ROUND(1.499E2)   = 150      ROUND(–1.519E2)   = –152
TRUNC(1.499E2)   = 149      TRUNC(–1.519E2)   = –151
FLOOR(1.499E2)   = 149      FLOOR(–1.519E2)   = –152
```

Weitere vordefinierte Funktionen, wie FIRST, LAST und ABS sind auch für reelle Zahlen definiert. LAST gibt den höchsten positiven Wert an, FIRST ist einfach –LAST.

ABS liefert den absoluten Wert einer Gleitkommazahl, ABS(r) = r, falls r >= 0, ABS(r) = –r, falls r < 0.

Mathematische Funktionen

Für Gleitkommazahlen bietet jede Sprachumgebung – in Form von vorgefertigten Schnittstellen – eine große Anzahl mathematischer Funktionen an. Sie enthalten häufig vorkommende Grundfunktionen, wie Quadratwurzel oder trigonometrische Funktionen. Viele Sprachumgebungen bieten aber noch viel mehr an, wie Hilfe für verschiedenste numerische Verfahren, für Statistik etc.

4.5.4 Ein- und Ausgabe von Gleitkommazahlen

Wenn wir mit Gleitkommazahlen Beispielprogramme schreiben wollen, so müssen wir Gleitkommazahlen einlesen und ausgeben können. Dazu können wir uns der folgenden Prozeduren aus der SIO-Schnittstelle bedienen:

```
PROCEDURE GetReal(): REAL;                        (*Liest eine Gleitkommazahl*)
PROCEDURE PutReal(r: REAL);                       (*Gibt eine Gleitkommazahl aus*)
PROCEDURE GetLongReal(): LONGREAL;                (*List eine lange Gleitkommazahl*)
PROCEDURE PutLongReal(r: LONGREAL); (*Gibt eine lange Gleitkommazahl aus *)
```

Die Syntax der *Real*-Zahl, die wir über die Tastatur eingeben, ist lockerer als die der Modula-3-Literale: Ganze Zahlen werden auch akzeptiert und in Gleitkommazahlen umgewandelt. Bsp. 4.16 zeigt ein Programm,

```
MODULE Reals EXPORTS Main;                    (*Real-Operationen, 15.09.93. LB*)
  IMPORT SIO;

  VAR
    real: REAL;

BEGIN
  SIO.PutText("Wertebereich und Konvertierung von Gleitkommazahlen\n");
  SIO.PutText("MaxReal = "); SIO.PutReal(LAST(REAL));
  SIO.PutText(" MaxLongReal = "); SIO.PutLongReal(LAST(LONGREAL));

  SIO.PutText("\nTippen Sie bitte eine Real–Zahl ein: ");
  real:= SIO.GetReal();                    (*Die eingelesene Zahl wird "real" zugewiesen*)

  SIO.PutText("ROUND("); SIO.PutReal(real); SIO.PutText(") = ");
  SIO.PutInt(ROUND(real)); SIO.Nl();

  SIO.PutText("TRUNC("); SIO.PutReal(real); SIO.PutText(") = ");
  SIO.PutInt(TRUNC(real)); SIO.Nl();

  SIO.PutText("FLOOR("); SIO.PutReal(real); SIO.PutText(") = ");
  SIO.PutInt(FLOOR(real)); SIO.Nl();

  SIO.PutText("CEIL ("); SIO.PutReal(real); SIO.PutText(") = ");
  SIO.PutInt(CEILING(real)); SIO.Nl();
END Reals.
```

Bsp. 4.16: *Ein-/Ausgabe und Konvertierung von Real-Zahlen*

das *Real*-Zahlen liest, schreibt und konvertiert. Ein möglicher Ablauf des Programms:

```
Wertebereich und Konvertierung von Gleitkommazahlen
MaxReal = 3.402823E38 MaxLongReal = 1.797693D308
Tippen Sie bitte eine Real-Zahl ein:  3.501e-1
 ROUND(3.501)  = 4
 TRUNC(3.501)  = 3
 FLOOR(3.501)  = 3
 CEIL (3.501)  = 4
```

Als zweites Beispiel für Gleitkommazahlen lösen wir die quadratische Gleichung [Wir72]. Dazu brauchen wir Funktionen zum Potenzieren und für die Quadratwurzel. Solche Funktionen bietet die Schnittstelle Math der Modula-3-Sprachumgebung an. Z. B. Math.pow(x, y) liefert x^y, Math.sqrt(x) liefert $\sqrt{x}$ für x > 0 (für x ≤ 0 ergibt Math.sqrt(x) immer 0).

Die Lösungen der quadratischen Gleichung

$$ax^2 + bx + c = 0$$

```
MODULE Quadrat EXPORTS Main;                          (*15.09.93. LB*)
  IMPORT SIO, Math;
  CONST
    Zwei = 2.0D0;                        (*2 als Longreal-Konstante*)
    Vier  = 4.0D0;                       (*4 als Longreal-Konstante*)
  VAR
    a, b, c, d, e, f, x1, x2: LONGREAL;
BEGIN
  SIO.PutText("Quadratische Gleichung\nBitte a, b, c eingeben: ");
  a:= SIO.GetLongReal();                             (*Eingabe von a*)
  b:= SIO.GetLongReal();                             (*Eingabe von b*)
  c:= SIO.GetLongReal();                             (*Eingabe von c*)
  e:= Math.pow(b, Zwei) – Vier*a*c;                     (*e:= b² – 4ac*)
  d:= Math.sqrt(e);                                 (*d:= √(b² – 4ac)*)
  f:= Zwei * a;                                            (*f:= 2a*)
  x1:= (–b + d) / f;
  x2:= (–b – d) / f;
  SIO.PutText("x1 = "); SIO.PutLongReal(x1); SIO.Nl();
  SIO.PutText("x2 = "); SIO.PutLongReal(x2); SIO.Nl();
END Quadrat.
```

Bsp. 4.17: *Lösung der quadratischen Gleichung*

können wir nach der bekannten Formel aufschreiben:

$$x_1 = \frac{-b + \sqrt{b^2 - 4ac}}{2a}, \quad x_2 = \frac{-b - \sqrt{b^2 - 4ac}}{2a}$$

Das Programmbeispiel 4.17 zeigt die Lösung. Interessant dabei sind die Variablen e, d und f, die dazu dienen, Zwischenergebnisse zu speichern. Das macht unser Programm nicht nur etwas übersichtlicher, sondern auch schneller, weil wir die (eventuell recht aufwendigen) Berechnungen, die in der Formel mehrmals vorkommen, nur einmal ausführen. Die Funktionen der Math-Schnittstelle verwenden Daten vom Typ *Longreal*, deswegen benutzen wir auch die entsprechenden *Longreal*-Prozeduren der SIO-Schnittstelle. Ein möglicher Ablauf des Beispiels 4.17:

```
Quadratische Gleichung
Bitte a, b, c eingeben:  2 10 3
x1 = -0.320550528229663
x2 = -4.6794494717703365
```

Die Lösung weist aber mehrere Schwächen auf: So erhält man mit Parameterwerten, bei denen b^2–4ac negativ wird, ein falsches Ergebnis anstatt einer Fehlermeldung. Außerdem prüft sie nicht auf a=0 und übernimmt kritiklos die Formel aus der Schulmathematik [Wir72]. Bei den Subtraktionen mit sehr verschiedenen, oder aber mit sehr nahe liegenden Werten kann der schon erwähnte Auslöschungseffekt eintreten und das Ergebnis unbrauchbar machen. Ist z. B. der Wert von b^2 und 4ac so unterschiedlich, daß innerhalb der darstellbaren Genauigkeit $\sqrt{b^2 - 4ac} = \sqrt{b^2}$, so ist das eine Ergebnis 0, das andere $-\frac{b}{a}$. Daraus folgt, daß wir mit anderen Algorithmen viel genauere Ergebnisse erzielen können.

Kapitel 5

Anweisungen

Wir haben im vorigen Kapitel eine Reihe von Datentypen kennengelernt. Im Bereich der Anweisungen sind wir im Rückstand, wir haben uns bisher nur die *Wertzuweisung*, den *Prozeduraufruf* und die *Anweisungsfolge* kurz angesehen (vergleiche Kap. 3.4.4). In diesem Kapitel wiederholen wir Zuweisungen und Sequenzen und beschreiben dann ausführlich die Anweisungen für Verzweigungen und Schleifen. Der Prozeduraufruf wird erst später zusammen mit der Deklaration von Prozeduren erklärt (siehe im Kap. 9.2).

Spezielle Anweisungen darüber hinaus werden wir in den späteren Kapiteln kennenlernen, sobald wir sie brauchen.

5.1 Die Wertzuweisung

Die Wertzuweisung dient dazu (wie schon im Kap. 3.4.4 erwähnt), einen Wert einer Variablen zuzuweisen. Wir wiederholen auch die Syntax:

Syntax der Wertzuweisung

AssignStmt$_{25}$ = Expr$_{66}$ ":=" Expr$_{66}$.

Zuerst wird der Ausdruck auf der linken Seite ausgewertet, der die Zieladresse (den „Behälter“ für den Wert) bestimmt. Im allerhäufigsten Fall ist das einfach der Name einer Variablen. Ist die Zieladresse jedoch nicht von vornherein bekannt, so kann sie auch erst zur Laufzeit des Programms bestimmt werden (siehe z. B. Arrays im Kap. 8.1 oder Referenzen im Kap. 11.5).

Anschließend wird der Ausdruck auf der rechten Seite ausgewertet und sein Wert der Zieladdresse zugewiesen. Der alte Wert der Variablen auf der linken Seite ist nach der Wertzuweisung verloren.

Für die Wertzuweisung haben wir im letzten Kapitel schon mehrere Beispiele gesehen. Hier zeigen wir, wie der Wert von zwei Variablen, x und y, vertauscht werden kann. Würden wir x:= y und y:= x schreiben, so würden wir einen der beiden ursprünglichen Werte (den Wert in x) verlieren. Deshalb müssen wir eine Hilfsvariable einführen, die einen der beiden Werte zwischenspeichert (man nennt das oft *Dreieckstausch*):

```
VAR
  x, y, hilfe: INTEGER;
BEGIN
:
  hilfe:= x;  x:= y;  y:= hilfe;
```

Die Bedeutung der Wertzuweisung könnten wir beim ersten Hinschauen leicht unterschätzen, dient sie doch lediglich dazu, einen Wert „von einem Ort zum anderen zu kopieren". Umso erstaunlicher ist die – durch großangelegte Messungen nachgewiesene – Tatsache, daß etwa die Hälfte aller ausgeführten Computerbefehle Wertzuweisungen sind [Tan90]. Sie hat also eine ganz grundsätzliche Bedeutung, ist allein aber natürlich nicht ausreichend, um komplexes Verhalten auszudrücken.

5.2 Strukturierte Anweisungen

Es stellt sich nun die Frage, welche Anweisungsarten brauchen wir, um komplexe Algorithmen auszudrücken? Nehmen wir das Beispiel des systematischen Ausbrechens aus einem Labyrinth (Kap. 1.1). Die Anweisungen waren:

> „Du gehst bis zur ersten möglichen Abzweigung. Geht sie nach links, dann folge ihr, sonst gehe geradeaus weiter. Nun gehst du solange geradeaus, bis du zu einer T-Kreuzung kommst, bei der du dann rechts abbiegst.
>
> Das ganze mußt du so lange wiederholen, bis du das Licht erblickst. Wenn du irgendwo in eine Sackgasse gerätst, dann dreh' dich einfach um und mach' weiter, als hätte es diese Unterbrechung nicht gegeben."

Welche Art Anweisungen enthält dieses Beispiel? Das Ganze bildet eine *Sequenz* von Anweisungen, d. h. wir müssen zunächst „zur ersten möglichen Abzweigung", erst danach machen wir den nächsten Schritt. Diese Abfolge genügt aber nicht, denn die Anweisungen sind manchmal an *Bedingungen* geknüpft; etwa „geht sie (die Kreuzung) nach links, dann folge ihr". Das Verfahren steht an gewissen Punkten vor *Alternativen* oder *Abzweigungen*: Habe ich schon eine „linke Abzweigung" erreicht oder nicht? Wenn ja, dann muß ich nach links gehen, sonst weiter geradeaus. Bedingungen steuern auch *Wiederholungen* im Algorithmus: „Gehe solange geradeaus,

```
WIEDERHOLE
  gehe_bis_Abzweigung
  WENN noch kein Licht DANN
    WENN Abzweigung nach links gefunden DANN
      gehe_nach_links
    SONST
      gehe_geradeaus
    ENDE
  ENDE
  SOLANGE noch kein Licht UND keine T-Kreuzung gefunden
    gehe_bis_Abzweigung
  ENDE
  WENN noch kein Licht DANN gehe_nach_rechts ENDE
BIS Licht erblickt
```

Bsp. 5.1: *Prozedur, um einem Labyrinth zu entkommen*

bis du zu einer T-Kreuzung kommst". Die Teilschritte müssen dann so oft wiederholt werden, bis eine *Endbedingung* – „du kommst zu einer T-Kreuzung" – erreicht wird.

Letztlich ist das ganze Verfahren eine Wiederholung. Alle Schritte müssen wiederholt werden, möglicherweise sogar endlos (mit diesem Verfahren werden wir aus vielen Labyrinthen überhaupt nie herauskommen!). Die Wiederholung wird erst beendet, wenn die Endbedingung – „du erblickst Licht" – auftritt.

Tatsächlich fallen die wichtigsten Anweisungsarten, die von den strukturierten imperativen Programmiersprachen angeboten werden, in diese drei Kategorien:

- Sequenz
- Wiederholung
- Verzweigung

Die Wiederholungen und Verzweigungen nennen wir zusammen *strukturierte Anweisungen*. Sie haben die Eigenschaft, daß sie weitere Anweisungen „umklammern", um sie entweder mehrmals ausführen zu lassen, oder aus ihnen eine gewisse Folge auszuwählen.

Diese Anweisungsarten können beliebig kombiniert vorkommen. Wiederholungen können z. B. weitere Wiederholungen enthalten, Verzweigungen Sequenzen, Sequenzen wiederum Wiederholungen usw. Wenn strukturierte Anweisungen andere Anweisungen enthalten, dann sprechen wir von einer *Schachtelung* von Anweisungen. Es ist ratsam, die Schachtelung beim Eintippen eines Programmes durch Einrückungen auch optisch darzustellen. Anweisungen einer Sequenz schreiben wir untereinander. Im Bsp. 5.1 haben wir den Algorithmus wie strukturierte Anweisungen aufgeschrieben und entsprechend eingerückt. Beachtenswert ist noch, daß die „globale Endebedingung" – höre auf, wenn du Licht erblickst – nach jedem Schritt abgefragt werden muß, weil sie nach jeder neuerlichen Bewegung zutreffen kann. Tritt sie beispielsweise nach der ersten Anweisung gehe_bis_Abzweigung auf, dann wird keine der weiteren „Bewegungsanweisungen" mehr ausgeführt. Denn bei allen weiteren wird vorher abgefragt, ob die Lichtbedingung schon erfüllt ist.

Sprünge

Die nichtstrukturierten imperativen Programmiersprachen bieten zumeist eine *Sprung-Anweisung* an, mit der sowohl Wiederholung als auch Verzweigung ausgedrückt werden können. Etwa in der Form: „Wenn a>b, dann springe auf Anweisung_1, sonst springe auf Anweisung_2" und dergleichen. Die bedingte Sprung-Anweisung ist also sehr mächtig, sie ist sogar zu mächtig. Sie ermöglicht einen Sprung an eine beliebige Stelle eines Programms, z. B. in die Mitte einer Wiederholung oder Verzweigung. Diese Eigenschaft ist sehr fehleranfällig, weil es sehr schwierig ist, aus SprungAnweisungen die – vom Programmierer eigentlich gewollten – Wiederholungen oder Abzweigungen „herauszulesen". Wenn wir eine Anweisungsfolge wiederholt ausführen, so ist es meistens sinnlos, von außen an eine beliebige Stelle innerhalb dieser Anweisungsfolge zu springen. Solche sinnlosen Sprünge kann zwar ein disziplinierter Programmierer vermeiden, es ist aber viel besser, wenn derartige Fehler von der Sprache gar nicht zugelassen werden. Die strukturierten Anweisungen ersetzen die Sprünge vollständig, indem sie sie sozusagen nur in geordneten Bahnen zulassen.

> Auf die Gefahr der uneingeschränkten Sprünge hat zuerst *E. W. Dijkstra* [Dij68a] hingewiesen. Er ist bei der Feststellung dieser Gefahr nicht stehengeblieben, sondern hat das Konzept der *strukturierten Programmierung* entwickelt, aus dem eine neue Epoche der Programmierung entstanden ist.

Die strukturierten Programmiersprachen beschränken sich also bewußt auf die oben genannten Konstrukte, weil wir mit ihnen sicherstellen können, daß die Anweisungen immer nur einen Eingang und einen Ausgang haben. Das gilt nicht nur für die einfachen Anweisungen, sondern auch für die zusammengebauten, komplexen Anweisungen. Wir können immer sicher sein, daß eine jede Anweisung einen wohldefinierten Start- und Endpunkt hat: Ein Sprung etwa in die Mitte ist nicht möglich.

Dadurch sind wir in der Lage, die Richtigkeit der einzelnen Anweisungen einzeln zu prüfen. Wir können für jede Anweisung sagen, welcher Zustand *vor* der Ausführung erwartet wird, oder anders gesagt, welche *Vorbedingungen* gelten müssen. Folglich können wir für jede Anweisung sagen, zu welchem Zustand die Ausführung der Anweisung führen muß – welche *Nachbedingung* gelten wird. Die Richtigkeit einer Anweisung kann für sich alleine überprüft werden. Beim Zusammenfügen von Anweisungen zu immer komplexeren Anweisungen müssen wir nur die Vor- und Nachbedingungen prüfen. Es besteht keine Gefahr, daß in eine Anweisung von außen „eingebrochen" werden kann.

Wir können uns vorstellen, welchen Unterschied es macht, ob wir die Richtigkeit eines Bausteins (bestehend aus 10-50 Zeilen) oder die eines Programmsystems (bestehend aus Hunderttausenden von Zeilen, in denen von beliebigen Stellen an beliebige Stellen verzweigt werden kann) überprüfen müssen.

Auf die Art und Weise des Überprüfens gehen wir nicht ein. Diese kann auf einem methodischen Testverfahren oder auf einer formalen Beweismethode beruhen. Wenn wir die Richtigkeit eines Programms mit rein formalen Methoden beweisen, dann sprechen wir von *Verifikation* [DF85].

Es sei noch hervorgehoben, daß die Einschränkung der Anweisungsformen alleine noch nicht genügt, um die Komplexität von größeren Programmen zu bewältigen. Solange alle Anweisungen eines Programms einen gemeinsamen (globalen) Zustandsraum haben, ist die genaue Überprüfung eines großen Programms praktisch hoffnungslos. Deswegen müssen wir – wie schon angesprochen – nicht nur die Anweisungen, sondern auch den Zustandsraum strukturieren. Das wichtigste Strukturierungswerkzeug des Zustandsraumes ist in Modula-3 das bereits eingeführte Modul (siehe Kap. 10). Wir bleiben aber jetzt bei den Anweisungen.

5.3 Sequenz

Anweisungen, die eine nach der anderen – *sequentiell* – ausgeführt werden müssen, bilden eine *Sequenz*. Die Syntax der Sequenz (oder Anweisungsfolge) haben wir schon bei der ersten Behandlung des Block-Begriffs gesehen:

Syntax der Anweisungsfolge

Stmts$_{23}$ = [Stmt$_{24}$ { ";" Stmt$_{24}$ } [";"]].

Modula-3 erlaubt also, daß beliebig viele Anweisungen – durch Strichpunkte getrennt – eine Anweisungsfolge bilden. Die Anweisungen einer

```
  :
  CONST
    Konv = ORD('A') - ORD('a');            (*Differenz der Ordinalwerte von 'A' und 'a'*)
  VAR
    ch: CHAR;

BEGIN
  ch:= SIO.GetChar();                      (*Liest ein Zeichen ein und weist ch zu*)
  IF (ch >= 'a') AND (ch <= 'z') THEN      (*Wert von ch ist Kleinbuchstabe*)
    ch:= VAL(ORD(ch) + Konv, CHAR);        (*Wandelt ch in Großbuchstaben um*)
  END;
  SIO.PutChar(ch);                         (*Gibt ch aus*)
  :
```

Bsp. 5.2: *Prüfen einer Bedingung mit einer If-Anweisung*

Folge werden der Reihe nach ausgeführt. Dafür brauchen wir kein Beispiel, die bisher vorgestellten Programme enthielten stets Anweisungsfolgen.

5.4 Verzweigungen

Verzweigungen (auch *Auswahl* genannt) klammern eine Menge von Anweisungsfolgen und wählen in Abhängigkeit bestimmter Bedingungen genau eine von diesen Folgen zur Ausführung aus. In Modula-3 gibt es zwei Verzweigungsarten, die *If*-Anweisung und die *Case*-Anweisung.

5.4.1 Die If-Anweisung

Mit der *If*-Anweisung (auch *Alternative* genannt) können wir eine Reihe von Bedingungen abfragen, deren Bewertung die richtige Anweisungsfolge (die richtige Alternative) auswählt.

Wollen wir eine Variable min auf den kleineren der beiden Werte x und y setzen (alle seien vom Typ *Integer*), dann drücken wir das in Modula-3 so aus:

```
IF x < y THEN min:= x ELSE min:= y END;
```

Die Anweisung hinter dem Schlüsselwort THEN wird ausgeführt, wenn die Auswertung der Bedingung x < y *wahr* ergibt. Wenn nicht (x < y ergibt *falsch*), dann wird die Anweisung hinter ELSE ausgeführt.

Syntax der If-Anweisung

$$\text{IfStmt}_{31} = \text{"IF" Expr}_{66} \text{ "THEN" Stmts}_{23}$$
$$\{ \text{"ELSIF" Expr}_{66} \text{ "THEN" Stmts}_{23} \} \text{ ["ELSE" Stmts}_{23} \text{] "END".}$$

Eine If-Anweisung sieht also im allgemeinen so aus:

IF b_1 THEN *Anweisungsfolge*$_1$
ELSIF b_2 THEN *Anweisungsfolge*$_2$
ELSIF b_3 THEN *Anweisungsfolge*$_3$
⋮
ELSIF b_n THEN *Anweisungsfolge*$_n$
ELSE *Anweisungsfolge*$_0$
END;

Die Bedingungen b_i sind Boolesche Ausdrücke (vergleiche Kap. 4.2). Sie werden der Reihe nach ausgewertet, bis eine den Wert *wahr* liefert. Wird eine solche Bedingung b_i gefunden, so wird entsprechend die *Anweisungsfolge*$_i$ ausgeführt, und damit ist die *If*-Anweisung beendet (das Programm läuft hinter dem END der *If*-Anweisung weiter). Wird keine *wahr*e Bedingung gefunden, und es gibt einen *Else*-Teil, so wird die *Anweisungsfolge*$_0$ nach dem Schlüsselwort ELSE ausgeführt. Wird keine *wahr*e Bedingung gefunden, und der *Else*-Teil fehlt, so wird keine der Anweisungsfolgen durchlaufen.

Dabei ist die Anweisung

IF b_1 THEN *A*1 ELSIF b_2 THEN *A*2 ELSE *A*0 END

einfach eine Abkürzung für

IF b_1 THEN *A*1 ELSE IF b_2 THEN *A*2 ELSE *A*0 END END

Da wir für jedes neue ELSE IF ein weiteres END benötigen, um die eingeschachtelte *If*-Anweisung abzuschließen, ist die kompaktere Form eindeutig vorzuziehen, wenn wir mehr als eine Bedingung abfragen müssen.

Aus dem Gesagten folgt, daß, falls eine *If*-Anweisung mehr als eine *wahr*e Bedingungen hat, die *erste* davon ausgewählt wird. Das ist nicht in jeder Programmiersprache so. Unter den Sprachen, die für parallele Verarbeitung konzipiert sind, gibt es auch solche, bei denen in diesem Fall eine *beliebige* aus den wahren Bedingungen gewählt wird (*guarded statements* von *Dijkstra* [Dij75] z. B. in SR [And91]). Damit führt man einen gewissen *Indeterminismus* in die Ausführung der Alternativanweisung ein, was bei nichtsequentiellen Programmen (siehe Kap. 16) nützlich sein kann.

Im Bsp. 4.8 haben wir gesehen, wie wir Kleinbuchstaben in Großbuchstaben umwandeln können. Erweitern wir dieses Beispiel mit einer Prüfung, die sicherstellt, daß die Umwandlung nur auf Kleinbuchstaben angewendet wird. Für alle anderen Zeichen soll sie wirkungslos sein (Bsp. 5.2). Dazu benutzen wir eine *If*-Anweisung mit einem leeren *Else*-Zweig: Für den Fall, daß der Buchstabe gar kein Kleinbuchstabe ist, entfällt die Umwandlung völlig.

```
MODULE Ifs1 EXPORTS Main;                                       (*20.09.93. LB*)

  IMPORT SIO;

  VAR i: INTEGER;

BEGIN                                                          (*Anweisungsteil*)
  SIO.PutText( "Test der Teilbarkeit durch 2 bis 5\n" &
               "Tippen Sie bitte eine Zahl ein: ");
  i:= SIO.GetInt();
  SIO.PutText("Die Zahl ist teilbar durch ");

  IF
    ((i MOD 2) = 0) OR ((i MOD 3) = 0) OR((i MOD 4) = 0) OR ((i MOD 4) = 0)
  THEN                                  (*Mindestens eine der Bedingungen ist wahr*)
    IF (i MOD 2) = 0 THEN SIO.PutInt(2) END;                  (*Teilbar durch 2*)
    IF (i MOD 3) = 0 THEN SIO.PutInt(3) END;                  (*Teilbar durch 3*)
    IF (i MOD 4) = 0 THEN SIO.PutInt(4) END;                  (*Teilbar durch 4*)
    IF (i MOD 5) = 0 THEN SIO.PutInt(5) END;                  (*Teilbar durch 5*)
  ELSE                                          (*Alle Bedingungen sind falsch*)
    SIO.PutText("keine der Zahlen")
  END; (*IF (i MOD 2) = 0 ...*)
  SIO.Nl();
END Ifs1.
```

Bsp. 5.3: *Einfach verschachtelte If-Anweisungen*

Nehmen wir an, wir wollen die Größenordnung der positiven Zahl x, bis zum Tausender Bereich feststellen:

```
IF x >= 0 THEN
  IF    x < 10   THEN SIO.PutText("einstellig")
  ELSIF x < 100  THEN SIO.PutText("zweistellig")
  ELSIF x < 1000 THEN SIO.PutText("dreistellig")
  ELSE                SIO.PutText("mindestens vierstellig")
  END; (*IF (x < 10)*)
ELSE
  SIO.PutText("negativ")
END; (*IF x > 0*)
```

Dieser Programmausschnitt nützt die Tatsache aus, daß die *Elsif*-Bedingungen der Reihe nach ausgewertet werden; die Abfragen sind nicht unabhängig voneinander. Würden wir etwa die *Elsif*-Zweige mit den Abfragen x < 100 bzw. x < 1000 vertauschen, so würde das Programm alle Zahlen zwischen 10 und 999 als dreistellig ausgeben. Dreistellig würde also in diesem Fall „höchstens dreistellig" und nicht genau dreistellig bedeuten. Wir können diese „Empfindlichkeit" auf die Reihenfolge ausschalten, indem wir immer den vollen Bereich abfragen, und dadurch die Abfragen disjunkt machen:

```
IF     (x > 0)    AND (x < 10)    THEN SIO.PutText("einstellig")
ELSIF (x >= 10)  AND (x < 100)   THEN SIO.PutText("zweistellig")
ELSIF (x >= 100) AND (x < 1000)  THEN SIO.PutText("dreistellig")
ELSIF (x >= 1000)                 THEN SIO.PutText("mindestens vierstellig")
ELSE                                    SIO.PutText("negativ")
END; (*IF (x > 0) ···*)
```

Bei dieser Variante können wir die *Elsif*-Zweige beliebig vertauschen. Der Preis dafür ist der Mehraufwand bei den Abfragen.

> In Modula-3 haben alle strukturierte Anweisungen einen leicht erkennbaren Anfang und ein Ende (in Form von Schlüsselwörtern). Das Ende einer strukturierten Anweisung ist nicht immer so leicht erkennbar, weil die meisten von ihnen das gleiche Schlüsselwort (END) dazu verwenden. Deshalb ist es höchst ratsam, das Ende einer strukturierten Anweisung zu kommentieren.

If-Elsif-Elsif-Anweisungen testen also alle Bedingungen nur so lange, bis eine davon *wahr* ist. Alle „dahinter" werden ignoriert. Das ist grundsätzlich anders, als wenn wir die Bedingungen in lauter einzelne *If-Then*-Anweisungen stellen. Um dies deutlich zu machen, schreiben wir ein Programm, das eine Zahl einliest, und feststellt, ob diese Zahl durch 2, 3, 4 bzw. 5 teilbar ist (Bsp. 5.3). Zuerst fragen wir ab, ob die Bedingungen überhaupt erfüllt werden. Falls nicht, dann geben wir eine entsprechende Meldung aus (im *Else*-Zweig). Falls ja, fragen wir alle Bedingungen einzeln ab. Die einfachen *If-Then*-Anweisungen sind in die äußere *If-Then-Else*-Anweisung eingeschachtelt. Ein möglicher Ablauf des Programms sieht folgendermaßen aus:

```
Test der Teilbarkeit durch 2 bis 5
Tippen Sie bitte eine Zahl ein:  30
Die Zahl ist teilbar durch 2 3 5
```

> Die Lösung vom Bsp. 5.3 ist zwar korrekt, aber nicht besonders schön, weil jede Bedingung doppelt abgefragt wird. Eine wirklich elegante Lösung für dieses Problem können wir an dieser Stelle noch gar nicht angeben, dazu würden wir Mengen (Kap. 8.3) und eventuell Prozeduren (Kap. 9) benötigen.

Ein wieder anderes Problem stellt sich, wenn eine Kette von Bedingungen so lange getestet werden soll, bis eine davon *falsch* ist. Die *If-Elsif-Elsif*-Anweisungen testen, bis eine Bedingungen *wahr* ist, beim Hintereinanderschreiben von einzelnen *If*-Anweisungen werden einfach alle getestet. Wir schreiben für dieses Problem ein weiteres Programm, das eine Zeichenkette einliest und prüft, ob sie mit „Haho" anfängt, wobei Klein- und

```
MODULE Haho EXPORTS Main;                                        (*20.09.93. LB*)
  IMPORT SIO;

  VAR
    ch: CHAR; i: CARDINAL;                              (*i: Zähler der Stellen*)

BEGIN                                                       (*Anweisungsteil*)
  SIO.PutText("Bitte eine Zeile die mit 'Haho' anfängt:\n");

  i:= 1;                                (*Der erste Buchstabe ist an der 1. Stelle*)
  ch:= SIO.GetChar();                        (*Einlesen des ersten Buchstaben*)

  IF (ch = 'H') OR (ch = 'h') THEN
    INC(i); ch:= SIO.GetChar();                     (*1. Buchstabe ist H oder h*)
    IF (ch = 'A') OR (ch = 'a') THEN
      INC(i); ch:= SIO.GetChar();                   (*2. Buchstabe ist A oder a*)
      IF (ch = 'H') OR (ch = 'h') THEN
        INC(i); ch:= SIO.GetChar();                 (*3. Buchstabe ist H oder h*)
        IF (ch = 'O') OR (ch = 'o') THEN
          INC(i); SIO.PutText("Richtig\n");         (*4. Buchstabe ist O oder o*)
        END; (*IF (ch = 'O')...*)
      END; (*IF (ch = 'H')...*)
    END; (*IF (ch = 'A')...*)
  END; (*IF (ch = 'H')...*)
  IF i < 5 THEN                                 (*Unterschied wurde festgestellt*)
    SIO.PutText("Stelle des ersten Unterschiedes ist");
    SIO.PutInt(i); SIO.Nl()
  END; (*IF i < 5*)

END Haho.
```

Bsp. 5.4: *Mehrfach verschachtelte If-Anweisungen*

Großbuchstaben gleichwertig sein sollen, also „Haho", „haho", „HAHO" etc. akzeptieren wir alle. Text.Equal können wir nicht verwenden, weil diese Prozedur Klein- und Großbuchstaben unterschiedlich betrachtet. Fängt die Zeichenkette nicht mit „Haho" an, so geben wir die Stelle aus, an der der erste Unterschied aufgetreten ist. Dazu müssen wir die einzelnen *If-Then*-Anweisungen ineinander schachteln (siehe Bsp. 5.4). Die Variable i enthält immer die Stelle des nächsten Buchstaben. Sie wird nach jedem erfolgreichen Test um 1 erhöht. Sie wird also bei richtigen Wörtern zu 5, bei unrichtigen Wörtern enthält sie die Stelle des Unterschieds. Das Programm kann z. B. folgenden Ablauf haben:

```
Bitte eine Zeile die mit 'Haho' anfängt
haha
Stelle des ersten Unterschiedes ist 4
```

5.4.2 Case-Anweisung

Die *Case*-Anweisung (auch *Auswahl* genannt) berechnet einen Ausdruck, dessen Wert eine Anweisungsfolge aus einer Menge von Anweisungsfolgen auswählt.

Eine für viele interaktive Programme typische „Menüeingabe“ könnte beispielsweise so aussehen:

```
SIO.PutText("Wählen Sie aus: (1) erster, (2) zweiter, (3) dritter Menüpunkt!");
CASE SIO.GetInt() OF
  1 => SIO.PutText("erster Menüpunkt")
 |2 => SIO.PutText("zweiter Menüpunkt")
 |3 => SIO.PutText("dritter Menüpunkt")
ELSE SIO.PutText("fehlerhafte Eingabe!")
END;
```

Der Ausdruck besteht in diesem Fall aus dem Rückgabewert der Funktion SIO.GetInt. Je nachdem, ob der Benutzer 1, 2 oder 3 eintippt, wird die entsprechende Anweisung ausgeführt. Tippt er eine andere Zahl ein, dann wird die Anweisung des *Else*-Zweiges ausgeführt.

Syntax der Case-Anweisung

CaseStmt_{27} = "CASE" Expr_{66} "OF" [Case_{42}] { "|" Case_{42} }
["ELSE" Stmts_{23}] "END".
Case_{42} = Labels_{43} { "," Labels_{43} } "=>" Stmts_{23}.
Labels_{43} = ConstExpr_{65} [".." ConstExpr_{65}].

Eine Case-Anweisungsfolge sieht also im allgemeinen so aus:

CASE Ausdruck OF
  | $\textit{Liste}_1$ => $\textit{Anweisungsfolge}_1$
  | $\textit{Liste}_2$ => $\textit{Anweisungsfolge}_2$
  ⋮
  | $\textit{Liste}_n$ => $\textit{Anweisungsfolge}_n$
ELSE $\textit{Anweisungsfolge}_0$
END (*CASE Ausdruck*)

Der Typ des Ausdrucks muß ein Ordinaltyp sein (also beispielsweise nicht *Real* oder *Text*). $\textit{Liste}_i$ steht für eine Liste von Einzelwerten (in Form von Konstantenausdrücken) oder Bereichen. Ein Bereich ist als Untergrenze .. Obergrenze zu verstehen, wobei die Grenzen zum Bereich gehören. Der *Else*-Zweig ist optional. Alle Werte, die in einer der *Case*-Listen einer bestimmten *Case*-Anweisung vorkommen, müssen disjunkt (also unterschiedlich) sein. Die Reihenfolge, mit der die Einzelwerte oder Bereiche angegeben werden, ist – im Gegensatz zur *If-Elsif-Elsif*-Anweisung – beliebig.

```
MODULE Case EXPORTS Main;                                        (*20.09.93. LB*)
  IMPORT SIO;

  VAR
    i, j, k: INTEGER;                    (*i und j sind die Operanden, k das Ergebnis*)
    operator: CHAR;                  (*enthält den eingetippten "Code" des Operators*)

BEGIN                                                             (*Anweisungsteil*)
  SIO.PutText( "Arithmetische Grundfunktionen\n" &
               "Tippen Sie zwei Zahlen und einen Operator ein\n");

  i:= SIO.GetInt();
  j:= SIO.GetInt();
  operator:= SIO.GetChar();

  CASE operator OF
    | '+'      => k:= i + j;
    | '–'      => k:= i – j;
    | '*'      => k:= i * j;
    | 'D', 'd' => k:= i DIV j;
    | 'M', 'm'=> k:= i MOD j;
  END; (*CASE operator*)

  SIO.PutText("Ergebnis = "); SIO.PutInt(k); SIO.Nl();

END Case.
```

Bsp. 5.5: *Case-Anweisung ohne Else-Zweig – Absturzgefahr!*

Bei der Ausführung wird zuerst der Ausdruck ausgewertet. Gibt es eine $Liste_i$, die den gleichen Wert enthält (es kann höchstens eine geben), dann wird die entsprechende $Anweisungsfolge_i$ ausgeführt. Gibt es keine solche Liste, und ein *Else*-Zweig wurde angegeben, so wird $Anweisungsfolge_0$ bearbeitet.

Gibt es aber keine Liste, die den Wert enthält und keinen *Else*-Zweig, dann ist das ein Laufzeitfehler. Das ist ein wesentlicher Unterschied im Vergleich zu der *If*-Anweisung. Finden wir bei einer *If*-Anweisung keine gültige Bedingung, dann ist sie, abgesehen von der Auswertung der Bedingung, wirkungslos. Bei der *Case*-Anweisung wird angenommen, daß es ein Fehler ist, wenn keine der Listen den Wert des *Case*-Ausdrucks enthält. In solchen Fällen ist es immer das beste, einen Laufzeitfehler zu generieren. Dadurch kann der Programmierer den Fehler leichter lokalisieren und korrigieren. Würde das Programm weiterlaufen und möglicherweise mit falschen Daten weiterrechnen, so würden wir den Fehler viel schwieriger (oder nie) finden.

Deswegen sollten wir die von der Sprachumgebung erzwungenen Laufzeitfehler nicht als eine Belästigung, sondern als eine Hilfe ansehen! Es ist natürlich verständlich, wenn man sich bei einem Programmabsturz ärgert – allerdings sind wir leider meistens selber schuld daran.

Als Beispiel für eine *Case*-Anweisung schreiben wir unser Programm, das die Grundoperationen der Integer-Arithmetik ausgeführt hat, so um, daß es nur eine durch den Benutzer spezifizierte Operation auswählt. DIV und MOD müssen durch ihren ersten Buchstaben angegeben werden (klein oder groß). Machen wir einen ersten Versuch (Bsp. 5.5).

Die Lösung stellt einen Fall dar, der leider manchmal auch in der Praxis vorkommt. Sie funktioniert nämlich für richtige Benutzereingaben korrekt, stürzt aber bei Benutzerfehlern ab, wenn nämlich ein falsches Operator-Zeichen eingetippt wird. Wir können generell festhalten, daß eine *Case*-Anweisung ohne *Else*-Zweig nur dann zu verwenden ist, wenn jeder mögliche Wert des *Case*-Ausdrucks in einer der *Case*-Listen vorkommt!

Der Compiler gibt eine Warnung bei der Übersetzung einer *Case*-Anweisung, die nicht alle mögliche Werte behandelt: `CASE statement does not handle all possible values.` Damit fällt es uns leicht, solche gefährlichen *Case*-Anweisungen zu finden.

Diesen Fehler können wir leicht beheben, indem wir einen *Else*-Zweig einfügen (Bsp. 5.6). Diese Lösung ist noch immer nicht korrekt, weil sie das Ergebnis k auch im Fall eines Benutzerfehlers ausgibt, obwohl der Wert vom k undefiniert ist. Eine bessere Lösung können wir mit eingeschachtelten *Case*-Anweisungen erzielen (Bsp. 5.7). Die äußere *Case*-Anweisung sondert den fehlerhaften Fall von den anderen Fällen ab. Die innere *Case*-Anweisung muß sich um Fehler nicht mehr kümmern, jetzt sind alle möglichen Werte des *Case*-Ausdrucks durch die *Case*-Listen abgedeckt.

Diese Lösung leidet durch die Verdoppelung der Auswertung von Ausdrücken unter einem ähnlichen Schönheitsfehler wie Bsp. 5.3. Es gelten auch ähnliche Überlegungen. Hier kommt noch zusätzlich dazu, daß *Case*-Anweisungen mit wenig Fällen – wie die äußere *Case*-Anweisung – eher zu vermeiden sind.

Zwei mögliche Abläufe des Beispiels 5.7 (den Grußtext lassen wir weg):

```
23 34 .
Ungültiger Operator
```

```
23 34 *
Ergebnis = 782
```

Im Programmausschnitt in Bsp. 5.9 klassifiziert die *Case*-Anweisung das eingetippte Zeichen in verschiedene Kategorien und gibt einen entsprechenden Text aus. Als *Case*-Ausdruck wird der Aufruf von SIO.GetChar direkt verwendet.

```
⋮
CASE operator OF
  | '+'      => k:= i + j;
  | '–'      => k:= i – j;
  | '*'      => k:= i * j;
  | 'D', 'd' => k:= i DIV j;
  | 'M', 'm'=> k:= i MOD j;
ELSE          SIO.PutText("Ungültig!\n");                    (*k bleibt undefiniert!*)
END; (*CASE operator*)
SIO.PutText("Ergebnis = "); SIO.PutInt(k); SIO.Nl();
```

Bsp. 5.6: Case-Anweisung mit Else-Zweig

```
⋮
CASE operator OF
  | '+', '–', '*' , 'D', 'd', 'M', 'm' =>                   (*Wenn der Operator stimmt*)
  CASE operator OF                         (*Die Listen enthalten jetzt alle möglichen Werte*)
    | '+'      => k:= i + j;
    | '–'      => k:= i – j;
    | '*'      => k:= i * j;
    | 'D', 'd' => k:= i DIV j;
    | 'M', 'm' => k:= i MOD j;
  END; (*CASE operator*)
  SIO.PutText("Ergebnis = "); SIO.PutInt(k); SIO.Nl();
ELSE                                 (*Wenn das Operator-Zeichen vertippt worden ist*)
  SIO.PutText("Ungültiger Operator\n");
END;
```

Bsp. 5.7: Case-Anweisungen mit Fehlerbehandlung

```
⋮
IF      operator = '+'   THEN k:= i + j;
ELSIF operator = '–'   THEN k:= i – j;
ELSIF operator = '*'   THEN k:= i * j;
ELSIF (operator = 'D') OR (operator = 'd') THEN k:= i DIV j;
ELSIF (operator = 'M') OR (operator = 'm') THEN k:= i MOD j;
ELSE SIO.PutText("Ungültig!\n");
END; (*IF operator*)
⋮
```

Bsp. 5.8: If statt Case

```
:
CASE SIO.GetChar() OF
  | 'A' .. 'Z' => SIO.PutText("Großbuchstabe\n");
  | 'a' .. 'z' => SIO.PutText("Kleinbuchstabe\n");
  | '0' .. '9' => SIO.PutText("Ziffer\n");
ELSE              SIO.PutText("Sonstiges\n");
END; (*CASE SIO.GetChar()*)
:
```

Bsp. 5.9: Case-Anweisung mit Bereichlisten

```
:
IF (SIO.GetChar() >= 'A') AND (SIO.GetChar() <= 'Z') THEN
  SIO.PutText("Großbuchstabe\n");
ELSIF (SIO.GetChar() >= 'a') AND (SIO.GetChar() <= 'z') THEN
(*Bei jeder Abfrage wird ein neues Zeichen gelesen - was wir gar nicht wollten!*)
:
```

Bsp. 5.10: Case falsch ersetzt durch If – Seiteneffekt!

```
:
ch:= SIO.GetChar();
IF (ch >= 'A') AND (ch <= 'Z') THEN
  SIO.PutText("Großbuchstabe\n");
ELSIF (ch >= 'a') AND (ch <= 'z') THEN
  SIO.PutText("Kleinbuchstabe\n");
ELSIF (ch >= '0') AND (ch <= '9') THEN
  SIO.PutText("Ziffer\n");
ELSE
  SIO.PutText("Sonstiges\n");
END; (*IF SIO.GetChar()*)
:
```

Bsp. 5.11: Case durch If ersetzt – Seiteneffekt ausgeschaltet

5.4.3 Äquivalenz von If und Case

If und *Case* lassen sich immer ineinander transformieren. Es gibt Fälle, in denen eindeutig *If*, bzw. *Case* vorzuziehen ist. In anderen Fällen ist das eine Geschmacksache.

Die *Case*-Anweisung des Beispiels 5.6 läßt sich durch ein *If* leicht ersetzen (Bsp. 5.8).

Welche Variante wir vorziehen, ist in diesem Fall eher eine Geschmacksache. Die entsprechende *Case*-Anweisung ist allerdings übersichtlicher. Ist der Ausdruck in der *Case*-Anweisung kompliziert und zeitaufwendig, dann ist *Case* effizienter, weil wir den Ausdruck nur einmal berechnen. Gibt es nur sehr wenig Fälle zu unterscheiden, dann ist meistens *If* vorzuziehen. Hat der *Case*-Ausdruck einen sogenannten *Seiteneffekt* (d. h., der Ausdruck liefert nicht nur einen Wert, sondern ändert auch den Zustandsraum – sozusagen nebenbei), dann ist die *Case*-Anweisung nicht ohne weiteres durch ein *If* ersetzbar. Wenn wir z. B. die *Case*-Anweisung in Bsp. 5.9 naiv, eins-zu-eins in ein *If* umschreiben, so ist das einfach falsch, weil wir dabei GetChar bei jeder Abfrage aufrufen würden (Bsp. 5.10). Ein Aufruf vom GetChar bewirkt einen typischen Seiteneffekt, die Prozedur liest bei jedem Aufruf ein neues Zeichen von der Tastatur. Dieses Programm tut einfach etwas anderes als Bsp. 5.9. Wir können den Seiteneffekt mit der Einführung einer Hilfsvariablen (ch) leicht ausschalten (Bsp. 5.11). Diese *If*-Version ist mit der *Case*-Version *äquivalent* (allerdings weniger effizient).

5.5 Schleifen

Schleifen (oder *Wiederholungsanweisungen*) wiederholen die umklammerten Anweisungen (den *Schleifenkörper* oder *Schleifenrumpf*). Eine Schleife ist entweder unendlich, oder sie wird durch eine Bedingung, der *Schleifenbedingung*, beendet. Die Rolle einer Schleifenbedingung können wir von zwei Seiten betrachten: Entweder ist sie die Bedingung, daß der Schleifenkörper weiter wiederholt wird, oder die Bedingung, um die Wiederholung abzubrechen. Im ersten Fall nennen wir die Schleifenbedingung auch *Wiederholungsbedingung*, im zweiten Fall *Abbruchbedingung*. Für eine bestimmte Schleife gilt immer: *Abbruchbedingung* = NOT *Wiederholungsbedingung*.

Es gibt Schleifen, die den Schleifenkörper mindestens einmal ausführen, und solche, bei denen der Schleifenkörper gegebenenfalls gar nicht ausgeführt wird.

In Modula-3 sind vier verschiedene Schleifenarten definiert, die sich vor allem durch die Angabe der Schleifenbedingung unterscheiden.

5.5.1 While-Schleife

Sie wertet die Schleifenbedingung *vor* dem Schleifenkörper aus. Betrachten wir dazu die ganzzahlige Division dividend durch divisor, beide vom Typ *Cardinal*. Ein naiver Algorithmus dafür ist, vom dividenden solange den divisor abzuziehen, bis das nicht mehr möglich ist, weil der divisor größer als der dividend wird. Die Anzahl der Schritte stellt das resultat der ganzzahligen Division dar:

```
resultat:= 0;
WHILE dividend > divisor DO
  INC(resultat); dividend:= dividend – divisor
END;
```

```
MODULE Weiter EXPORTS Main;                                    (*04.11.94. LB*)
(*Das Programm berechnet das arithmetische Mittel einer Zahlenreihe.*)

  IMPORT SIO, Text;

  CONST
    Stopp = '.';                          (*Bezeichnet das Ende des Eingabestroms*)
  VAR
    x, n: INTEGER;                        (*x: aktueller Wert, n: Anzahl der Werte*)
    summe: INTEGER;                    (*Speichert die Summe der eingelesenen Zahlen*)
    mittel: REAL;                   (*Das arithmetische Mittel wird als REAL dargestellt*)

BEGIN
  SIO.PutText( "Arithmetisches Mittel einer Zahlenreihe\n" &
               "Eingabe endet mit " & Text.FromChar(Stopp) & "\n");

  summe:= 0;                                      (*summe wird auf 0 initialisiert*)
  n:= 0;                                              (*n wird auf 0 initialisiert*)

  WHILE SIO.LookAhead() # Stopp DO          (*Abbruchbedingung: das Stoppzeichen*)
    x:= SIO.GetInt();                                       (*Liest eine Zahl in x*)
    INC(summe, x);                                          (*Erhöht summe um x*)
    INC(n);                                                       (*Erhöht n um 1*)
  END; (*WHILE x # Stopp*)

  IF n > 0 THEN
    mittel:= FLOAT(summe) / FLOAT(n);
    SIO.PutText("Arithmetisches Mittel = ");
    SIO.PutReal(mittel); SIO.Nl()
  ELSE
    SIO.PutText("Eingabestrom war leer\n")
  END; (*IF n > 0*)
END Weiter.
```

Bsp. 5.12: *Arithmetisches Mittel einer Zahlenreihe*

Solange die Bedingung dividend > divisor gilt, werden die Anweisungen hinter dem Schlüsselwort DO ausgeführt. Die Bedingung muß *vor* den Anweisungen geprüft werden, weil der divisor ja von vornherein größer als der dividend sein kann. Das Ergebnis solch einer ganzzahligen Division ist 0 und wird von der Schleife auch richtig „errechnet“ (indem eben gar nicht gerechnet wird). Den Rest der Division finden wir nach der Berechnung in der Variable dividend.

Syntax der While-Schleife

WhileStmt_{40} = "WHILE" Expr_{66} "DO" Stmts_{23} "END" .

Expr_{66} muß ein Boolescher Ausdruck sein. Die Ausführung der *While*-Schleife geschieht folgendermaßen: Zuerst wird Expr_{66} – die Schleifenbedingung – ausgewertet. Ist sie *wahr*, so wird der Schleifenkörper (Stmts_{23})

ausgeführt und danach die Bedingung neu ausgewertet. Das wird so lange wiederholt, bis die Bedingung *falsch* wird. Dann ist die While-Anweisung beendet, das Programm läuft an der Stelle nach dem END weiter. An dieser Stelle ist also die Schleifenbedingung bestimmt *falsch*. Ist die Bedingung schon beim erstenmal *falsch*, wird der Schleifenkörper gar nicht ausgeführt. Wird auf der anderen Seite die Bedingung nie *falsch*, so wird der Körper unendlich oft durchlaufen! Es liegt in der Verantwortung des Programmierers, daß im Schleifenkörper die Schleifenbedingung irgendwann auf *falsch* gesetzt wird. Die *While*-Anweisung prüft nur die Bedingung, setzt sie aber nicht.

Als erstes Beispiel für die *While*-Anweisung werden wir Bsp. 3.5 (auf S. 51) so verallgemeinern, daß das Programm das arithmetische Mittel einer beliebig langen Zahlenreihe berechnet (Bsp. 5.12). Wir wollen in einer Schleife beliebig viele Zahlen einlesen, das Eintippen eines Stoppzeichens sollte das Ende der Zahlenreihe bedeuten. Wir speichern die Summe der Zahlenreihe in der Variablen summe. In jedem Durchlauf lesen wir eine neue Zahl, erhöhen die Anzahl der eingelesenen Zahlen n um 1 und summe um den Wert der Zahl. Abbruchbedingung ist das Einlesen des Stoppzeichens. Man beachte die Initialisierungen vor der *While*-Schleife: Um einen Zähler in einer Schleife verwenden zu können, müssen wir den Zähler noch vor der Schleife auf einen Anfangswert setzen! Die Abfrage nach dem Stoppzeichen geschieht mit Hilfe von der Funktion SIO.LookAhead, die das nächste Zeichen im Eingabestrom zurückgibt, ohne es daraus zu entfernen. Ist also z. B. das nächste Zeichen eine Ziffer, so wird die Zahl mit GetInt eingelesen. Nach dem Ende der Schleife geben wir das arithmetische Mittel als *Real*-Zahl aus, da die Summe durch die Anzahl nicht unbedingt ohne Rest teilbar ist. Ein möglicher Ablauf des Programms (ohne Grußtext):

```
-100 8 50 50 16 4 .
Arithmetisches Mittel = 4.6666665
```

Algorithmus von Euklid

Als nächstes Beispiel betrachten wir den berühmten Algorithmus von *Euklid*, um den größten gemeinsamen Teiler zweier positiven Zahlen zu finden. Der Algorithmus lautet folgendermaßen:

1. Vergleiche die zwei Zahlen. Sind sie gleich, so hast du den größten gemeinsamen Teiler schon in der Hand.

2. Sind sie ungleich, so subtrahiere die Kleinere von der Größeren.

3. Fange wieder bei 1 an.

```
MODULE Euklid EXPORTS Main;                               (*20.09.93. LB*)
  IMPORT SIO;

  VAR
    a, b, x, y: CARDINAL;      (*a, b: Eingabewerte; x, y: Arbeitsvariablen*)

BEGIN                                                    (*Anweisungsteil*)
  SIO.PutText("Eukild Algorithmus\n Tippen Sie 2 positive Zahlen ein ");

  a:= SIO.GetInt();                            (*1. Zahl wird a zugewiesen*)
  b:= SIO.GetInt();                            (*2. Zahl wird b zugewiesen*)

  x:= a; y:= b;                (*x und y kann vom Algorithmus verändert werden*)

  WHILE x # y DO
    IF x > y THEN x:= x - y ELSE y:= y - x END;
  END; (*WHILE x # y*)

  SIO.PutText("Größter gemeinsamer Teiler von ");
  SIO.PutInt(a); SIO.PutText(" und "); SIO.PutInt(b);
  SIO.PutText(" = "); SIO.PutInt(x); SIO.Nl();
END Euklid.
```

Bsp. 5.13: *Der Algorithmus von Euklid – ungeprüfte Eingabe!*

Der Algorithmus hält beim Erreichen des größten gemeinsamen Teilers an – spätestens wenn beide Zahlen 1 werden.

Der Algorithmus ist nicht ohne Grund berühmt geworden, stellt er doch einen der ersten Algorithmen überhaupt dar. Die geometrische Inspiration ist ziemlich offensichtlich: Man kann den Algorithmus geometrisch relativ leicht ausführen.

Der Algorithmus läßt sich mit Hilfe der *While*-Schleife sehr einfach ausdrücken (es gelte x > 0 und y > 0):

```
WHILE x # y DO
  IF x > y THEN x:= x - y ELSE y:= y - x END;
END; (*WHILE x # y*)
```

In Bsp. 5.13 ist der Algorithmus in ein Programm eingebettet. Da wir wissen, daß der Algorithmus für positive Zahlen definiert ist, deklarieren wir die Variablen als Typ *Cardinal*.

Programm 5.13 hat einen Mangel: Tippt der Benutzer eine negative Zahl ein, so stürzt es ab (die Sprachumgebung merkt zur Laufzeit, daß wir einer Variablen vom Typ *Cardinal* einen negativen Wert zuweisen wollen). Noch schlimmer ist es, wenn eine der eingegebenen Zahlen Null ist. Dann gerät das Programm in eine *unendliche Schleife*. Wenn z. B. die zweite

```
MODULE Euklid2 EXPORTS Main;                                  (*17.05.94. LB*)
  IMPORT SIO;

  VAR
    a, b: INTEGER;                                            (*Eingabewerte *)
    x, y: CARDINAL;                                           (*Arbeitsvariablen *)

BEGIN                                                         (*Anweisungsteil*)
  SIO.PutText("Eukild Algorithmus\nBitte 2 positive Zahlen eingeben: ");

  a:= SIO.GetInt();
  WHILE a <= 0 DO
    SIO.PutText("Bitte eine positive Zahl, a:= "); a:= SIO.GetInt();
  END; (*WHILE a < 0*)

  b:= SIO.GetInt();
  WHILE b <= 0 DO
    SIO.PutText("Bitte eine positive Zahl, b:= "); b:= SIO.GetInt();
  END; (*WHILE b < 0*)

  x:= a; y:= b;               (*x und y kann vom Algorithmus verändert werden*)
  WHILE x # y DO
    IF x > y THEN x:= x - y ELSE y:= y - x END;
  END; (*WHILE x # y*)

  SIO.PutText("Größter gemeinsamer Teiler ="); SIO.PutInt(x); SIO.Nl();
END Euklid2.
```

Bsp. 5.14: *Euklid mit geprüfter Eingabe*

Eingabe 0 ist, dann wird x immer um 0 vermindert: Die Abbruchbedingung wird nie erfüllt. Negative Zahlen und Null sind zwar tatsächlich fehlerhafte Eingaben, die „Strafe" ist aber zu streng. Wir müssen immer davon ausgehen, daß sich der interaktive Benutzer irren kann. In solchen Fällen ist es viel besser, eine neue Eingabe zu fordern, als abzustürzen. Programmbeispiel 5.14 eliminiert diesen Mangel. Nach dem Einlesen einer jeden Zahl wird eine *While*-Schleife angehängt, die so lange eine neue Zahl verlangt, bis eine positive Zahl eingegeben wird. Ist die Zahl gleich richtig, so ist diese *While*-Schleife wirkungslos. Man beachte, daß der Typ der Eingabevariablen a und b auf *Integer* abgeändert werden mußte, sonst würde das Programm bei der Zuweisung einer eventuellen negativen Zahl noch immer abstürzen.

Der eigentliche Algorithmus im Bsp. 5.14 ist erstaunlicherweise der kleinste Teil des Programms. Das ist auch für größere Programmsysteme typisch: Die verschiedenen Verwaltungsaufgaben (Ein- und Ausgabe, Fehlerbehandlung usw.) machen oft einen viel größeren Teil des Codes aus als die eigentlichen Berechnungen.

```
erg:= 0;
schritt:= y;
WHILE schritt > 0 DO
  erg:= erg + x; schritt:= schritt - 1;
END; (*WHILE*)
:
```

Bsp. 5.15: *Multiplikation mit Hilfe von Addition und Subtraktion*

5.5.2 Schleifeninvarianten

Als weiteres Beispiel entwickeln wir einen Algorithmus, der zwei natürliche Zahlen nur mit Hilfe von Addition und Subtraktion multipliziert. Der Algorithmus ist an sich sehr einfach: x * y ist äquivalent zu x + x ⋯ + x (y-mal). Dazu führen wir zwei Hilfsvariable ein: erg, um das Ergebnis zu speichern, und schritt, um die Anzahl der Schritte zu zählen (Bsp. 5.15).

Wir könnten nun die Frage stellen: Ist es sicher, daß dieser Algorithmus korrekt ist? Und wie überzeugen wir uns davon? Wenn wir versuchen würden, den Algorithmus für alle möglichen Zahlen auszuprobieren, bräuchten wir selbst auf dem schnellsten Rechner der Welt Jahrhunderte. Ein erschöpfender Test ist nicht einmal bei einem so einfachen Fall möglich. Wir müssen uns also auf anderem Wege, d. h. mehr mathematisch, überzeugen. Auf die formale *Verifikation* [DF85] gehen wir weiterhin nicht ein, wir zeigen aber, wie wir „halb-formal" die Richtigkeit einer Schleife kontrollieren können. Die Idee ist folgende:

- Wir formulieren das gewünschte Ergebnis mit Hilfe der Aussagenlogik (nennen wir das Q).

- Wir suchen eine Bedingung, die während der ganzen Ausführung der Schleife gilt (*invariant* ist). Diese *Schleifeninvariante* (wir bezeichnen sie mit I) könnten wir für die *While*-Schleife folgendermaßen aufschreiben (die Invariante setzen wir zwischen das Klammerpaar $\{\}$, um anzudeuten, daß sie nicht direkt zum Algorithmus gehört):

  $\{I\}$ WHILE *Bedingung* DO *Anweisungen* $\{I\}$ END

- Wir suchen eine Abbruchbedingung B, so daß das Ergebnis Q aus $B \wedge I$ folgt ($B \wedge I \Rightarrow Q$). Man beachte, daß die Abbruchbedingung bei der *While*-Schleife die Negation der *While*-Bedingung ist. Die *While*-Schleife wird so lange ausgeführt, bis die *While*-Bedingung *falsch*, also die Abbruchbedingung *wahr* wird.

- Wir können nun sagen: Falls unsere Schleife irgendwann hält, dann muß sie das richtige Ergebnis liefern. I gilt nämlich bei jedem Durchlauf, B gilt hinter der Schleife, und aus $B \wedge I$ folgt das richtige Ergebnis. Ist das für einen gegebenen Algorithmus bewiesen, ist damit die sogenannte *partielle Korrektheit* (*partial correctness*) des Algorithmus bewiesen.

- Schließlich zeigen wir auch, daß der Algorithmus terminiert. Damit beweisen wir die sogenannte *totale Korrektheit* (*total correctness*)

Versuchen wir nun dieses Verfahren auf Bsp. 5.15 anzuwenden.

- Das gewünschte Ergebnis ist leicht zu formulieren:

$$Q : \text{erg} = \text{x} * \text{y}.$$

- Die Invariante finden wir folgendermaßen: Vor dem ersten Durchlauf ist erg = 0 und schritt = y. In jedem Durchlauf wird erg um x größer und schritt um 1 kleiner. Der Algorithmus ist für natürliche Zahlen definiert, d. h. x und y dürfen nicht negativ werden. Daraus können wir die zusätzliche Forderung ableiten, daß schritt nicht negativ werden darf (der Schleifenkörper wird nur bei schritt > 0 ausgeführt). Es gilt also immer die Bedingung:

$$I : (\text{erg} + (\text{schritt} * \text{x}) = \text{x} * \text{y}) \wedge (\text{schritt} >= 0)$$

- Ferner gilt: falls schritt = 0, dann erg = x * y. Daraus ergibt sich die Abbruchbedingung

$$B : \text{schritt} = 0 .$$

  Die *While*-Bedingung wäre demnach schritt # 0. Wir hätten also die Schleife auch in der Form WHILE schritt # 0 DO ··· END schreiben können. Die gewählte Variante ist aber robuster, da die Schleife einfach übersprungen wird, wenn schritt irrtümlicherweise einen negativen Wert erhalten hätte.

- Damit ist die partielle Korrektheit schon gezeigt. I ist eine gültige Invariante, und wenn B auch wahr ist, dann wird I zum Ergebnis. Ist z. B. y = 0, wird der Schleifenkörper gar nicht ausgeführt – erg = 0 ist auch richtig.

- Für die totale Korrektheit müssen wir noch beweisen, daß die Schleife wirklich anhält. Dazu müssen wir zeigen, daß „der Abstand zur Abbruchbedingung" bei jedem Schleifendurchlauf „kleiner" wird. In diesem Fall bedeutet das, daß schritt > 0 irgendwann *falsch* wird. Da

```
erg:= 0;
schritt:= y;
<* ASSERT (erg + (schritt * x) = x * y) *>
WHILE schritt > 0 DO
  erg:= erg + x; schritt:= schritt – 1;
  <* ASSERT (erg + (schritt * x) = x * y) *>
END; (*WHILE*)
```

Bsp. 5.16: *Multiplikationsalgorithmus mit Zusicherung*

schritt > 0 am Anfang des Schleifenkörpers immer gilt, und schritt in jedem Durchlauf um 1 vermindert wird, muß er notwendigerweise irgendwann 0 werden.

Es wäre jetzt auch möglich, weitere Algorithmen zu finden, die der gleichen Invariante und Abbruchbedingung entsprechen und trotzdem anders sind. In [WG92, RW92] ist tatsächlich ein solcher Algorithmus zu finden, der etwas komplizierter, aber trotzdem effizienter ist (braucht weniger Durchläufe) und den gleichen Bedingungen entspricht.

Zusicherungen

Modula-3 bietet die Möglichkeit *Zusicherungen* (*assertions*) an beliebiger Programmstelle anzugeben. Die Zusicherungen können wir u. a. für die Formulierung von Schleifeninvarianten einsetzen. Diese Möglichkeit gehört streng genommen nicht zu der Sprache, so wie die Invarianten selbst nicht zum Algorithmus gehören. In Modula-3-Programmen können wir Zusicherungen mit folgender Syntax einfügen:

```
Assertion = "<*" "ASSERT" Expr66 "*>" .
```

Expr$_{66}$ ist ein Boolescher Ausdruck. Ist er *wahr*, so läuft das Programm weiter. Ist er *falsch*, so wird ein Laufzeitfehler generiert, der das Programm mit einer Fehlermeldung abbrechen läßt.

Wir können den Programmausschnitt in Bsp. 5.15 so erweitern, daß wir die Schleifeninvariante direkt als Zusicherung hinschreiben (Bsp. 5.16).

Als Sprachelemente gehören die Zusicherungen zu den sogenannten *Pragmas*. Die Pragmas werden vorwiegend dazu verwendet, die Arbeitsweise des Übersetzers zu steuern. Pragmas werden immer zwischen den speziellen Symbolen <* und *> geschrieben. Es gibt z. B. ein Pragma, das ermöglicht Compiler-Warnungen auszuschalten, ein anderes, das erlaubt, Programmteile, die in einer anderen Programmiersprache geschrieben worden sind (z. B. in der Sprache C), einzubinden usw., siehe Anh. B.7.5.

```
erg:= 0;
schritt:= y;
WHILE schritt > 0 DO
  IF (erg + (schritt * x) = x * y) THEN
    erg:= erg + x; schritt:= schritt – 1;
  ELSE
    SIO.PutText("ZUSICHERUNGSFEHELR, ACHTUNG!");
  END (*IF*)
END; (*WHILE*)
```

Bsp. 5.17: *If-Anweisung statt Zusicherung – ungünstig!*

Der aufmerksame Leser überlegt vielleicht: Warum können wir die Zusicherung nicht mit einer *If*-Anweisung abfragen, wie in Bsp. 5.17? Das wäre tatsächlich möglich. Doch mit den Zusicherungen als Pragmas zeigen wir, daß das Testen der Bedingung nicht Teil des Algorithmus ist, sondern einer anderen Dimension angehört: Einerseits der Dokumentation und gleichzeitig auch der Verbesserung der Sicherheit. Ein weiterer Vorteil, Zusicherungen in der Form von Pragmas anzugeben, liegt darin, daß sie mit Hilfe einer Compiler-Option ignoriert werden können. Wir können dem Übersetzer beim Starten verordnen (mit der Option -A), daß er alle Zusicherungen außer Acht lassen soll (sie als Kommentare betrachten soll). Somit können wir ein Programm in der Entwicklungsphase ruhig mit vielen Zusicherungen versehen. Haben wir uns schon überzeugt, daß unser Programm richtig ist, so können wir die *Asserts* einfach „herauskompilieren", sie dienen noch als Kommentare, belasten aber die Größe und Geschwindigkeit des übersetzten Programms nicht mehr. Hätten wir die Lösung mit der *If-Anweisung* gewählt, so müßten wir die Zusicherungen in der letzten Phase manuell entfernen – was normalerweise dazu führt, daß die meisten Programmierer auf die Zusicherungen lieber verzichten. Damit sparen sie nicht nur Denkarbeit, sondern auch Speicher und Rechenleistung. Der Verlust ist aber bei ernsthaften Anwendungen natürlich viel größer: Es werden fehlerhafte Programme produziert!

5.5.3 Repeat-Schleife

In dieser Schleifenanweisung wird die Abbruchbedingung *nach* der Ausführung des Schleifenkörpers ausgewertet.

Der folgende Algorithmus entscheidet, ob die positive Zahl kandidat eine Primzahl ist oder nicht. Die Variable i wird am Anfang auf 1 gesetzt, und dann so lange in jedem Durchlauf um 1 erhöht, bis es entweder gelingt kandidat durch i ohne Rest zu dividieren (keine Primzahl) oder bis gilt:

$i^2 > \text{kandidat}$

```
MODULE Prim2 EXPORTS Main;                                          (*21.09.93. LB*)

  IMPORT SIO;

  VAR kandidat, i: INTEGER;

BEGIN
  SIO.PutText("Primzahl–Prüfung\n");
  REPEAT
    SIO.PutText("Bitte eine positive Zahl, oder 0 zum Anhalten ");
    kandidat:= SIO.GetInt();
    IF kandidat > 2 THEN
      i:= 1;
      REPEAT
        i:= i + 1
      UNTIL ((kandidat MOD i) = 0) OR (i * i > kandidat);
      IF (kandidat MOD i) = 0 THEN SIO.PutText("Keine Primzahl\n")
      ELSE SIO.PutText("Primzahl\n")
      END; (*IF (kandidat MOD i) = 0 ...*)
    ELSIF kandidat > 0 THEN
      SIO.PutText("Primzahl\n")                                 (*1 und 2 sind Primzahl*)
    END; (*IF kandidat > 2*)
  UNTIL kandidat <= 0;
END Prim2.
```

Bsp. 5.18: *Primzahlprüfung mit Repeat*

Die Variablen i und kandidat des Fragments sind vom Typ *Cardinal*:

```
i:= 1;
REPEAT
  i:= i + 1
UNTIL ((kandidat MOD i) = 0) OR (i * i > kandidat);
IF i * i > kandidat THEN
  SIO.PutText("Primzahl")
END;
```

Die Anweisung zwischen den Schlüsselwörtern REPEAT und UNTIL wird so lange ausgeführt, bis die Bedingung erfüllt ist. Eine interessante Eigenschaft dieses Beispiels ist, daß die eigentliche Arbeit bei der Bewertung der Abbruchbedingung getan wird, der Schleifenkörper selbst besteht nur aus einer einzigen Addition.

Syntax der Repeat-Schleife

RepeatStmt$_{35}$ = "REPEAT" Stmts$_{23}$ "UNTIL" Expr$_{66}$.

Expr$_{66}$ (die Bedingung) ist ein Boolescher Ausdruck. Zuerst wird der Schleifenkörper ausgeführt und nachher die Bedingung ausgewertet. Ist sie *falsch*, so wird der Körper so lange wiederholt, bis die Bedingung *wahr*

```
MODULE Mul EXPORTS Main;                                    (*21.09.93. LB*)
  IMPORT SIO;

  VAR
    x, y, erg, schritt: INTEGER;
    stop: CHAR;                                   (*Steuerung des Anhaltens*)
BEGIN
  REPEAT
    SIO.PutText("Multiplikation zweier positiver Zahlen: ");

    REPEAT
      x:= SIO.GetInt();
      IF x <= 0 THEN SIO.PutText("Bitte eine positive Zahl: ") END;
    UNTIL x > 0;                   (*Liest bis eine positive Zahl eingegeben wird*)
    REPEAT
      y:= SIO.GetInt();
      IF y <= 0 THEN SIO.PutText("Bitte eine positive Zahl: ") END;
    UNTIL y > 0;                   (*Liest bis eine positive Zahl eingegeben wird*)

    erg:= 0;
    schritt:= y;
    REPEAT
      erg:= erg + x; schritt:= schritt - 1;
      <* ASSERT (erg + (schritt * x) = x * y) *>
    UNTIL schritt = 0;

    SIO.PutText("x * y = "); SIO.PutInt(erg); SIO.Nl();
    SIO.PutText("Wollen Sie weitermachen ? j/n ");
    stop:= SIO.GetChar();
  UNTIL (stop = 'N') OR (stop = 'n');      (*Bei allen anderen Zeichen geht es weiter*)
END Mul.
```

Bsp. 5.19: *Multiplikation und Eingabeprüfung mit Repeat*

wird. Dann ist die *Repeat*-Anweisung beendet, die nächste Anweisung wird ausgeführt.

Im Gegensatz zum *While* wird der Körper der *Repeat*-Anweisung mindestens einmal ausgeführt (weil die Bedingung erst nach dem ersten Durchlauf geprüft wird). Überdies läuft *While*, solange die Bedingung *wahr* ist, wohingegen *Repeat* so lange läuft, wie die Bedingung *falsch* ist. Wird sie nie *wahr*, so wird der Körper unendlich oft wiederholt. Die *Repeat*-Anweisung – ähnlich der *While*-Anweisung – prüft nur die Schleifenbedingung, setzt sie aber nicht.

In Bsp. 5.18 ist der Primzahl-Algorithmus in ein Programm eingebettet, das es uns ermöglicht, den Algorithmus beliebig oft zu verwenden. Der Algorithmus ist in eine äußere *Repeat*-Schleife eingeschachtelt, die bei einer Eingabe ≤ 0 das Programm beendet.

Wir schreiben nun den Multiplikationsalgorithmus des Beispiels 5.15 mit Hilfe einer *Repeat*-Schleife um. Die Schleifeninvariante bleibt erhalten, nur die Abbruchbedingung ändert sich. Wir geben im Bsp. 5.19 den ganzen Programmtext an. Das Programm erlaubt, daß der Algorithmus mehrmals verwendet wird. Der Benutzer wird explizit gefragt, ob er den Algorithmus nochmals benutzen will. Der Algorithmus mit der *While*-Schleife hat auch für y = 0 richtig funktioniert. Die Variante mit *Repeat* funktioniert nur dann korrekt, wenn y > 0 ist. Bei y = 0 wäre nach dem ersten Durchlauf schritt = -1. Die Sicherstellung der Bedingung y > 0 haben wir jetzt bei der Eingabe eingebaut. In diesem Fall ist also die *While*-Variante besser.

Ein möglicher Ablauf:

```
Multiplikation zweier positiver Zahlen:  -3 2
Bitte eine positive Zahl:  3
x * y = 6
Wollen Sie weitermachen ?  j/n n
```

5.5.4 For-Schleife

Diese Schleifenart verwenden wir in solchen Fällen, wo die Anzahl der Durchläufe von vornherein bekannt ist.

Wollen wir alle Zahlen von 1 bis 100 auf den Bildschirm schreiben, dann können wir das einfach so ausdrücken:

```
FOR i:= 1 TO 100 DO SIO.PutInt(i) END;
```

Mit dieser Schleife wird automatisch eine (schreibgeschützte) Variable i deklariert und mit 1 initialisiert. Der Schleifenrumpf (die Anweisung hinter dem Schlüsselwort DO) wird dann ausgeführt, die Variable automatisch um 1 erhöht und der Rumpf erneut ausgeführt. Das wird so lange wiederholt, bis die Variable größer als 100 ist. Sehen wir uns das genauer an:

Syntax der For-Schleife

ForStmt_{30} = "FOR" Ident_{89} ":=" Expr_{66} "TO" Expr_{66}
["BY" Expr_{66}] "DO" Stmts_{23} "END".

Die allgemeine Form einer *For*-Anweisung lautet:

FOR id:= *Anfangswert* TO *Endwert* BY *Schrittweite* DO *Anweisungsfolge* END

Ident_{89} steht für die sogenannte *Laufvariable* (auch *Zählervariable*). Sie wird erst dadurch deklariert, daß sie in einer *For*-Anweisung vorkommt, und sie verschwindet nach der Anweisung wieder. Ihr *Gültigkeitsbereich* (siehe im Kap. 9.1) ist auf den Schleifenkörper der *For*-Anweisung beschränkt. Die drei Ausdrücke (Expr_{66}) müssen von einem ordinalen Typ (also z. B. *Integer* oder *Char*, nicht aber *Real* oder *Text*) sein.

Die *For*-Anweisung wird folgendermaßen ausgeführt: Zuerst – und nur einmal – werden die drei Ausdrücke ausgewertet. Der erste (nach dem := Symbol) ist der *Anfangswert* der Laufvariablen, der zweite (nach dem Schlüsselwort TO) der *Endwert* und der dritte (nach BY) die *Schrittweite* der Erhöhung der Laufvariablen. Wird der optionale BY-Teil weggelassen, so ist die *Schrittweite* 1.

Schrittweite ist immer vom Typ *Integer*, auch wenn die Laufvariable z. B. vom Typ *Char* ist. Die Laufvariable wird so erhöht, als stünde am Ende der Schleife die Anweisung INC(*Laufvariable*, *Schrittweite*).

Ist die Schrittweite positiv, so läuft die Schleife aufwärts, ist sie negativ, so läuft sie abwärts. Bei Schrittweite = 0 läuft die Schleife unendlich.

Der Wert der Laufvariablen wird auf den Anfangswert gesetzt. Bei aufwärts laufender Schleife wird geprüft, ob Laufvariable $\leq$ Endwert, bei abwärts laufender Schleife, ob Laufvariable $\geq$ Endwert ist. Wenn die entsprechende Bedingung *wahr* ist, so kann der Schleifenkörper ausgeführt werden. Danach wird die Laufvariable um die Schrittweite erhöht (was bei negativer Schrittweite eine Verminderung bedeutet) und das ganze wiederholt, solange der Endwert nicht überschritten wird. Wenn also gleich am Anfang bei einer aufwärts laufenden Schleife der Anfangswert größer ist als der Endwert (bzw. kleiner bei einer abwärts laufenden Schleife), dann wird der Körper gar nicht ausgeführt.

Die Laufvariable wird nur intern gesetzt, sie kann vom Programmierer nicht abgeändert werden (sie ist „schreibgeschützt", im Englischen umgekehrt ausgedrückt: „*read only*").

Die *For*-Schleife – im Gegensatz zu *While* und *Repeat* – sorgt dafür, daß die Schleife „in Richtung Abbruchbedingung" voranschreitet. Deswegen ist es einfach zu zeigen, daß eine *For*-Schleife terminiert: Ist Schritt # 0, so terminiert sie immer (vorausgesetzt alle Anweisungen im Schleifenrumpf terminieren...).

Es gibt Programmiersprachen (wie z. B. Modula-2), die den Schritt auf einen Konstantenausdruck einschränken. Der Compiler kann dadurch den Fall Schrittweite = 0 immer erkennen und zur Übersetzungszeit eine Fehlermeldung generieren. Somit kann man garantieren, daß eine *For*-Schleife immer terminiert. Der Nachteil dieser Lösung ist natürlich, daß die Schrittweite nicht zur Laufzeit berechnet werden kann.

In Modula-3 ist die *For*-Schleife besonders sauber definiert. In vielen anderen, sonst seriös definierten Programmiersprachen, hat die *For*-Schleife zwei Fallen, verursacht durch die Tatsache, daß die Laufvariable eine gewöhnliche Variable ist:

1. Es ist nicht verboten (es wird nur stark abgeraten), die Laufvariable innerhalb der Schleife zu verändern. Die Folgen sind unvorhersehbar. Denken wir an einen solchen Fall, wie:

   ```
   FOR i:= 1 TO N DO i:= i – 1; ··· END;
   ```

   Das wäre offensichtlich eine unendliche Schleife. In Modula-3 ist das aber – glücklicherweise – verboten.

2. Der Wert der Laufvariablen ist nach der Schleife undefiniert. Trifft der Programmierer trotzdem eine Annahme über deren Wert, so kann das vom Compiler nicht entdeckt werden. Besonders schlimm ist in diesem Fall, daß dieser Wert vom jeweiligen Compiler abhängig ist. Es könnte also vorkommen, daß das Programm in der einen Sprachumgebung richtig, in der anderen aber falsch läuft. Dieses Problem kann in Modula-3 gar nicht auftreten, weil die Laufvariable nach der Schleife nicht mehr existiert.

Als Beispiel für eine *For*-Schleife schreiben wir unsere Multiplikation noch einmal um:

```
erg:= 0;
FOR schritt:= y TO 1 BY –1 DO erg:= erg + x; END;
```

Wie zu erwarten war, ist dieser Algorithmus mit der *For*-Schleife am einfachsten zu beschreiben, weil wir im voraus wissen, daß wir x genau y-mal zu sich addieren wollen. Die Variable schritt müssen wir nicht mehr deklarieren, sie kann als Laufvariable dienen.

Wir könnten die abwärts laufende Schleife durch eine aufwärts laufende ersetzen:

```
erg:= 0;
FOR schritt:= 1 TO y DO erg:= erg + x; END;
```

Als nächstes Beispiel schreiben wir ein Programm, das jede fünfte Zahl bis 32 ausgibt. Die Lösung ist mit Hilfe einer *For*-Schleife eine einzige Zeile:

```
FOR i:= 1 TO 32 BY 5 DO SIO.PutInt(i) END;
```

Die Ausgabe lautet:

```
1 6 11 16 21 26 31
```

Weitere Beispiele für die *For*-Schleife werden wir uns nach der Behandlung der Arrays (Kap. 8.1) ansehen.

5.5.5 Loop-Anweisung

Die *Loop*-Anweisung ist eine unendliche Schleife, die allerdings an beliebiger Stelle mit Hilfe einer *Exit*-Anweisung verlassen werden kann.

Syntax der Loop-Anweisung

$LoopStmt_{33}$ = "LOOP" $Stmts_{23}$ "END".
$ExitStmt_{28}$ = "EXIT".

Die Anweisungen in *Loop* werden so lange wiederholt, bis eine *Exit*-Anweisung angetroffen wird. Ein *Exit* bewirkt, daß die Schleife sofort verlassen wird und das Program hinter dem Ende der Schleife weiterläuft. Bei verschachtelten Schleifen verläßt *Exit* die innerste Schleife.

Ganz genau betrachtet, bewirkt *Exit* die vordefinierte *Exit-Exception* (siehe Kap. 15).

Die *Exit*-Anweisung wird zwar im Zusammenhang mit *Loop* behandelt, kann aber innerhalb jeder Schleife vorkommen. Sie kann eine beliebige Schleife verlassen. *Exit* sollten wir eigentlich nur als Notausgang verwenden! Das gilt insbesondere für andere Schleifenarten als *Loop*. Wir könnten eine *For-*, *Repeat-* oder *While*-Schleife an beliebiger Stelle mit *Exit* verlassen. Die Verifikationsmethode mit Hilfe der Invarianten ist nur mit der Annahme gültig, daß die Schleifen nur einen Eingang und einen Ausgang haben.

Es ist sehr empfehlenswert, *Exit* nur im Zusammenhang mit *Loop* zu verwenden.

Die *Exit*-Anweisung verstößt gegen unsere Anfangsforderungen, weil durch sie die Schleife an beliebiger Stelle verlassen werden kann. Die *Loop*-Anweisung hat zwar noch immer nur einen Ausgang (beim END der Schleife), die *If*-Anweisung aber, die die *Exit*-Anweisung typischerweise enthält, hat mehrere Ausgänge.

```
LOOP
⋮
  IF x < 0 THEN EXIT ELSE DEC(x) END  (*Springt bei x < 0 aufs Ende*)
⋮
END (*LOOP*)
```

Eine *Loop*-Anweisung kann auch ohne Ausgang sein, also nicht terminieren.

Man könnte fragen, wozu es notwendig ist, Endlosschleifen programmieren zu können? In den meisten Fällen sind Endlosschleifen sinnlos und auf Programmierfehler zurückzuführen. Es gibt aber Ausnahmen – insbesondere auf dem Gebiet der *parallelen Programmierung* (siehe Kap. 16) – wo Endlosschleifen durchaus sinnvoll sind. Denken wir z. B. an unsere Sprachumgebung, die „unermüdlich“ auf unsere Befehle wartet. Oder an Programme, die in einem Kommunikationsnetzwerk rund um die Uhr Nachrichten empfangen und senden. Für solche Fälle ist es durchaus

```
MODULE Loop EXPORTS Main;                                          (*18.05.94. LB*)
  IMPORT SIO;
  VAR
    a, b, x, y: INTEGER;             (*a, b: Eingabewerte; x, y: Arbeitsvariablen*)
BEGIN                                                          (*Anweisungsteil*)
  SIO.PutText("Eukild–Algorithmus, bitte Zahlenpaare eingeben\n");
  LOOP
    a:= SIO.GetInt();
    IF a <= 0 THEN EXIT END;                (*Verläßt die große Loop-Schleife sofort*)
    b:= SIO.GetInt();
    IF b <= 0 THEN EXIT END;                (*Verläßt die große Loop-Schleife sofort*)
    x:= a; y:= b;                                    (*a und b sind bestimmt > 0*)
    LOOP
      IF x > y THEN x:= x – y ELSIF y > x THEN y:= y – x ELSE EXIT END
    END; (*Inneres LOOP*)
    SIO.PutText("Größter gemeinsamer Teiler ="); SIO.PutInt(x); SIO.Nl();
  END; (*Äußeres LOOP*)
  SIO.PutText("Euklid beendet\n");
END Loop.
```

Bsp. 5.20: *Eingabekontrolle und Euklid mit Loop und Exit*

angebracht ein eigenes Sprachkonstrukt zu haben, bei dem die Endlosschleife der Normalfall und das Terminieren (*Exit*) die Ausnahme ist. Für „gewöhnliche" sequentielle Programme ist aber die Verwendung der *Loop*-Anweisung nicht zu empfehlen!

Wir schreiben nun ein Programm, das den Euklid-Algorithmus für beliebig viel positive Zahlenpaare berechnen kann. Der Benutzer kann durch die Eingabe einer Zahl ≤ 0 das Programm beenden. Gibt er eine solche Zahl ein, so möchten wir, daß das Programm sofort terminiert und nicht zuerst die zweite Zahl des Zahlenpaars verlangt. Zu solchen Zwecken bietet die *Loop*-Anweisung eine etwas einfachere Ausdrucksmöglichkeit, als die anderen Schleifen (Bsp. 5.20). Wir schreiben dabei – der Vollständigkeit halber – den Euklid-Algorithmus auch auf *Loop* um. Ein möglicher Ablauf des Programms:

```
Euklid-Algorithmus, bitte Zahlenpaare eingeben
3 6 12 28 0
Größter gemeinsamer Teiler = 3
Größter gemeinsamer Teiler = 4
Euklid beendet
```

```
VAR k: INTEGER;
BEGIN
  k:= 3;                              (*Variable "k" außerhalb der For-Schleife*)
  FOR k:= 1 TO k * k BY k DO SIO.PutInt(k) END;
  SIO.PutInt(k);                      (*Das ist wieder die äußere, nicht die Laufvariable "k"!*)
  ⋮
```

Bsp. 5.21: *Exotische For-Schleife*

Es ist im allgemeinen so, daß *Loop*-Anweisungen, die am Anfang oder am Ende eine einzige *Exit*-Anweisung enthalten, immer leicht durch *While* oder *Repeat* ersetzt werden können. Das „Herausspringen" an verschiedenen Stellen aus der großen äußeren Schleife ist mit *Loop* zweifelsohne einfacher. Trotz dieser überzeugenden Mächtigkeit wiederholen wir die Mahnung, daß wir die *Loop*- und *Exit*-Anweisungen eher vermeiden sollen, um die Überprüfung unserer Programme nicht unnötig zu erschweren.

5.5.6 Äquivalenz der Wiederholungsanweisungen

Die mächtigste Wiederholungsanweisung ist offensichtlich *Loop*. Die *Loop*-Anweisung kann generell nicht so einfach mit Hilfe der anderen ausgedrückt werden (wie das im umgekehrten Fall möglich ist). *While*- und *Repeat*-Schleifen sind gleich flexibel, sie lassen sich immer leicht ineinander überführen. Die *For*-Schleife ist am wenigsten flexibel, dementsprechend kann sie immer leicht durch andere Schleifen ersetzt werden. Sie hat aber besondere Vorteile in der Bearbeitung von *Arrays* (Kap. 8.1).

Arrays sind aus ähnlichen Elementen zusammengesetzte Datenstrukturen, bei denen die Anzahl der Elemente vor der Erzeugung des Arrays bekannt sein muß. Darum sind die *For*-Schleifen – bei denen die Anzahl der Schritte von vornherein bestimmt ist – für die Bearbeitung von Arrays meistens ideale Werkzeuge.

Wir drücken nun *While* und *Repeat* mit Hilfe von *If* und der *Loop*-Schleife aus:

WHILE *B* DO *A* END ≡ LOOP IF *B* THEN *A* ELSE EXIT END END

REPEAT *A* UNTIL *B* ≡ LOOP *A*; IF *B* THEN EXIT END END

Wir sehen, daß die *Exit*-Anweisung in diesen Fällen immer nur einmal vorkommt. *While* und *Repeat* lassen sich auch mit Hilfe des jeweils anderen leicht ausdrücken:

WHILE *B* DO *A* END ≡ IF *B* THEN REPEAT *A* UNTIL NOT *B* END

REPEAT *A* UNTIL *B* ≡ *A*; WHILE NOT *B* DO *A* END

Die *For*-Schleife drücken wir mit Hilfe der *If*- und der *While*-Anweisungen aus (wir lassen die Ausnahmebehandlung zunächst weg, die vollständige Angabe ist in [Nel91] zu finden):

FOR id:= *Anfangswert* TO *Endwert* BY *Schrittweite* DO *A* END ≡

> *Anfangswert, Endwert und Schrittweite werden einmal berechnet und intern in "Pseudovariablen" (*E *und* S*) gespeichert. Die Variable* id *kann nur intern verändert werden.*
> id:= *Anfangswert*; E:= *Endwert*; S:= *Schrittweite*;
> IF S >= 0 THEN
>   WHILE id <= E DO *A*; INC(id, S) END (**id wird erhöht**)
> ELSE
>   WHILE id >= E DO *A*; DEC(id, S) END (**id wird verkleinert**)
> END (**IF S >= 0**)

Aufgrund dieser Definition können wir den etwas pathologischen Programmausschnitt in (Bsp. 5.21) richtig deuten. Die Variable k hat außerhalb der *For*-Schleife den Wert 3. Da vor Ausführung der Schleife zuerst die Ausdrücke ausgewertet werden, erhalten wir Anfangswert = 1, Endwert = 9 und Schrittweite = 3. Innerhalb des Schleifenkörpers ist das außen deklarierte k unsichtbar, das als Laufvariable verwendete k ist ein anderes! Nach der *For*-Schleife existiert die Laufvariable k nicht mehr. Der Programmausschnitt wird also am Schirm folgendes ausgeben:

```
1 4 7 3
```

Mit diesem Beispiel sollte nicht gesagt werden, daß die *For*-Schleife in dieser Weise verwendet werden soll. Es sollte vielmehr zeigen, daß das Verhalten der Schleife aus der Definition auch für diesen kuriosen Fall eindeutig ableitbar ist – eine Eigenschaft die nicht jede Sprachdefinition besitzt.

Kapitel 6

Benutzerdefinierte einfache Typen

Bis jetzt wurden nur vordefinierte Typen verwendet. Wir haben Konstanten und Variablen, aber keine Typen deklariert.

Wir haben gesehen, daß die Einteilung der Daten in Typen viele Vorteile bringt. Würden aber nur die vordefinierten Datentypen zur Verfügung stehen, so könnten wir damit nur relativ einfache Programme schreiben. Eine besondere Stärke vieler Programmiersprachen (insbesondere der Pascal-Familie) ist die – schon erwähnte – Möglichkeit, daß der Programmierer, ausgehend von den vordefinierten Typen, mit Hilfe der sogenannten *Typkonstruktoren* selber Typen definieren kann. Dieses Prinzip ist rekursiv anwendbar, d. h. er kann aus den selbst definierten Typen weitere ableiten.

Solche Typen werden normalerweise mit Hilfe der Typdeklarationen, unter einem vom Benutzer gegebenen Namen definiert. In der Variablendeklaration können wir dann diesen Namen als Typnamen verwenden. Wir können in Modula-3 einen Typ auch direkt in der Variablendeklaration angeben, wodurch ein namenloser Typ entsteht. Diese Art implizite Typdeklaration werden wir zunächst vermeiden und alle benutzerdefinierte Typen explizit deklarieren.

In diesem Kapitel führen wir zwei einfache benutzerdefinierte Typen ein: Den *Aufzählungstyp* (*enumeration*) und den *Unterbereichstyp* (*subrange*).

6.1 Aufzählungstyp

Es kommt in der Praxis oft vor, daß wir eine Liste von Namen (Bezeichnern) brauchen. Wir wollen z. B. ein Programm schreiben, das unsere Lehrveranstaltungen verwaltet. Um die Lehrveranstaltungen zu bezeichnen, könnten wir sie z. B. numerieren; etwa Mathematik = 1, Software_1 = 2

```
TYPE
  Abc1     = {a, b, c};
  Abc2     = {a, b, c, d, e, f, g, h, i, j, k, l, m};
  Abc3     = {n, o, p, q, r, s, t, u, v, w, x, y, z};
  Freunde  = {Eleonora, Peter, Robert, Albert};
  Faecher  = {Software_1, Mathematik, Englisch, Wirtschaftslehre};
  Leer     = {};
```

Bsp. 6.1: *Deklaration von Aufzählungstypen*

usw. Es wäre aber viel schöner, die Bezeichner Mathematik und Software_1 selbst im Programm verwenden zu können. Genau dazu können wir den Aufzählungstyp verwenden.

Einen Aufzählungstyp definieren wir durch die Auflistung einer Folge von Bezeichnern.

Syntax des Aufzählungstyps

EnumType_{51} = "{" [IDList_{87}] "}".
IDList_{87} = Ident_{89} { "," Ident_{89} }.

Ein Aufzählungstyp (EnumType_{51}) besteht also aus einer Liste (IDList_{87}) von durch Kommas getrennten Bezeichnern (Ident_{89}), die zwischen geschweiften Klammern stehen. Die Werte einer Aufzählung sind genau die aufgezählten Bezeichner. Diese Bezeichner bilden eine geordnete Menge; die Ordnung entspricht der Reihenfolge in der Liste. Aufzählungstypen sind *Ordinaltypen*. Haben wir also den Aufzählungstyp:

$$\text{T} = \{ \textit{Bezeichner}_1, \textit{Bezeichner}_2, \cdots, \textit{Bezeichner}_n \};$$

so gilt $\textit{Bezeichner}_i < \textit{Bezeichner}_{i+1}$ für alle $1 \leq i \leq n-1$. Bsp. 6.1 zeigt einige Aufzählungstypen. Eine Aufzählung kann auch leer sein (wie Leer im Beispiel).

Was kann man mit einer leeren Aufzählung anfangen? Sicher nicht viel, sie kann als eine „nullwertige“ Aufzählung verwendet werden. Die Existenz eines Nullwerts erleichtert oft die allgemeine Beschreibung eines Problems. Leer könnte z. B. die Liste der Lehrveranstaltungen eines (noch) nicht existierenden Studiums darstellen.

Auf die Elemente einer Aufzählung kann durch einen Ausdruck der Form *Typname.Bezeichner* Bezug genommen werden. Der Bezeichner wird durch den Typnamen *qualifiziert*. So sind z. B. Freunde.Eleonora, Abc1.a, Abc2.a, Abc3.n und Faecher.Mathematik alles gültige und unterschiedliche Bezeichner.

Es könnte jemandem lästig erscheinen, daß wir den Typnamen vor dem Bezeichner hinschreiben müssen, wie etwa wenn wir die Zahl 1 nur als INTEGER.1 angeben dürften. In vielen anderen Sprachen, wie Pascal, oder Modula-2, muß man tatsächlich die Bezeichner der Liste ohne jegliche Qualifizierung verwenden. Der Vorteil der Lösung von Modula-3 ist, daß *Namenskonflikte* vermieden werden. Mit Namenskonflikt bezeichnen wir den Fall, wo mehrere Bezeichner mit unterschiedlicher Bedeutung den gleichen Namen haben (wie Abc1.a und Abc2.a oder beide mit einer Variablen a). So ein Namenskonflikt tritt besonders leicht auf, wenn wir eine Aufzählung von einem anderen Modul importieren, deren Werte mit Bezeichnern des importierenden Moduls in Konflikt treten. In einem solchen Fall müßten wir die eigenen Bezeichner umbenennen. Diese unangenehme Situation kann in Modula-3 nicht auftreten.

Wozu werden Aufzählungen überhaupt benötigt? Eine geordnete Menge von Bezeichnern können wir doch mit der Deklaration von Konstanten leicht simulieren. Z. B.:

```
CONST
  a = 0; b = 1; c = 2; d = 3; ···
  Peter = 0; Robert = 1; Albert = 2; Eleonora = 3;
  Software_1 = 0; Mathematik = 1; Englisch = 2; Wirtschaftslehre = 3;
```

Es ist leicht ersichtlich, wie fehleranfällig diese Methode ist. Hätten wir fälschlicherweise statt Albert = 2, Albert = 1 geschrieben, so wären Albert und Robert „gleich". Dieser Fehler kann bei einer Aufzählung nicht vorkommen; die Bezeichner innerhalb einer Liste sind alle disjunkt. Noch wichtiger ist, daß bei der Konstantenlösung die Bezeichner für ganz normale *Integer*-Werte stehen. Der Vergleich Mathematik = Robert würde *wahr* ergeben, was in der Regel wohl unsinnig ist. Darüber hinaus könnten wir diese Zahlen in eine beliebige arithmetische Operation einbeziehen, der Compiler würde beispielsweise c * Eleonora + Englisch – Albert übersetzen, obwohl es keinen Sinn ergibt. Derartige Operationen sind mit Aufzählungen einfach nicht erlaubt.

Die wichtigste Anwendung von Aufzählungen ist die Darstellung der Zustände eines kleinen Zustandsraums. Sie dienen oft als Indexbereich eines Arrays (siehe Kap. 8.1). Sie haben eine inhärente Ähnlichkeit mit der *Case*-Anweisung (eine Aufzählung definiert eine endliche Wertesammlung, die Case-Anweisung wählt aus einer solchen). Deswegen können Aufzählungen oft ideal mit einer Case-Anweisung bearbeitet werden.

6.1.1 Vordefinierte Aufzählungen

In Modula-3 sind die Typen *Boolean* und *Char* als vordefinierte Aufzählungstypen deklariert. Das ist deswegen wichtig, weil daraus direkt folgt, daß auf beide Typen eine Ordnung spezifiziert ist. Der Typ *Boolean* ist als {FALSE, TRUE} definiert, also gilt FALSE < TRUE.

> Die reservierten Bezeichner TRUE und FALSE kann man als Synonym für BOOLEAN.TRUE und BOOLEAN.FALSE auffassen. Da die Bezeichner reserviert sind, ist ein Namenskonflikt ausgeschlossen.

Die Werte des Typs *Char* sind durch die Codierungstabelle definiert. Die Werte vom Typ *Char* werden auch nicht durch den Typnamen qualifiziert, sondern wir verwenden die schon eingeführte Schreibweise für Zeichenliterale (siehe Kap. 4.3).

6.1.2 Wertebereich

Der Wertebereich eines nicht vordefinierten Aufzählungstyps wird vom Programmierer festgelegt. Die möglichen Werte einer Variablen eines beliebigen Aufzählungstyps sind genau die in der Liste angegebenen Bezeichner.

6.1.3 Operationen

Vergleiche

Vergleiche werden in bezug auf die *Ordinalzahl* der Bezeichner durchgeführt. Diese Zahl steht für die Stelle eines Bezeichners in der Deklarationsliste, wobei der erste Bezeichner die Ordinalzahl 0 hat (vergleiche mit Typ *Char* im Kap. 4.3). Die Ordinalzahlen sind ganz gewöhnliche nichtnegative ganze Zahlen, die Syntax und Semantik der Vergleiche ist also mit denen der ganzen Zahlen identisch. Ist die Variable fach vom Typ Faecher (siehe Bsp. 6.1), dann ergibt die Abfrage fach < Faecher.Englisch für fach = Faecher.Software_1 oder fach = Faecher.Mathematik *wahr*, sonst *falsch*.

Im Bsp. 6.2 nehmen wir an, daß die Variablen tag und fach einen korrekten Wert erhalten haben, bevor sie abgefragt werden.

Vordefinierte Funktionen

Alle vordefinierten Funktionen, die auf Ordinaltypen angewendet werden können, funktionieren auch für Aufzählungstypen: Ist T ein Aufzählungstyp, so ist

FIRST(T)	Das kleinste Element des Typs T
LAST(T)	Das größte Element des Typs T
NUMBER(T)	Die Anzahl der Werte des Typs T

```
  TYPE
    Tage    = {Montag, Dienstag, Mittwoch, Donnerstag,
               Freitag, Samstag, Sonntag};
    Faecher = {Software_1, Mathematik, Englisch, Wirtschaftslehre};
  VAR
    tag: Tage;                                    (*speichert den aktuellen Tag*)
    fach: Faecher;                                (*speichert das aktuelle Fach*)

BEGIN                                                         (*Enumerations*)
  :
  IF (tag = Tage.Dienstag) AND (fach = Faecher.Mathematik) THEN
    SIO.PutText("Zirkel mitnehmen\n")          (*Dienstags haben wir Geometrie*)
  ELSIF (tag < Tage.Samstag) AND (fach = Faecher.Englisch) THEN
    SIO.PutText("Wörterbuch mitnehmen\n")
  ELSIF tag > Tage.Freitag THEN
    SIO.PutText("Freizeit genießen\n")
  END; (*IF tag ...*)
```

Bsp. 6.2: *Verwendung von Aufzählungstypen*

Mit den Deklarationen des Beispiels 6.2:

```
FIRST(Faecher)  = Software_1
LAST(Faecher)   = Wirtschaftslehre
NUMBER(Faecher) = 4
```

Da Aufzählungstypen Ordinaltypen sind, können ORD und VAL (siehe Punkt 4.3.2) ebenfalls verwendet werden. Ist e eine Variable oder Konstante eines Aufzählungstyps, so ist ORD(e) die Ordinalzahl des aktuellen Aufzählungswertes. Ist o eine Ordinalzahl eines Aufzählungswertes vom Aufzählungstyp T, so ist VAL(o, T) der entsprechende Aufzählungswert. Es gilt:

```
VAL(ORD(e), T) = e
```

Am Beispiel eines speziellen Wertes:

```
ORD(Faecher.Englisch) = 2, VAL(2, Faecher) = Faecher.Englisch
```

Die ORD- und VAL-Funktionen können also dazu verwendet werden, Aufzählungswerte in Ordinalzahlen und zurück zu konvertieren. In einem sorgfältig entworfenen Programm sind solche Konversionen nur selten notwendig, und wenn, dann vorwiegend bei der Ein- bzw. Ausgabe von Aufzählungswerten.

Um den Nachfolger und den Vorgänger eines Aufzählungswertes festzustellen, dienen:

```
INC(e), DEC(e)
```

```
MODULE Enumerations EXPORTS Main;

  IMPORT SIO;

  TYPE
    Tage = {Montag, Dienstag, Mittwoch, Donnerstag,
            Freitag, Samstag, Sonntag};
  VAR
    tag: Tage; ord: INTEGER;

BEGIN                                                    (*Enumerations*)
  REPEAT                      (*Liest bis eine gültige Ordinalzahl eingegeben wird*)
    SIO.PutText("Bitte eine Ordinalzahl für einen Wochentag eingeben ");
    ord:= SIO.GetInt();
  UNTIL (ord >= ORD(FIRST(Tage))) AND (ord <= ORD(LAST(Tage)));

  tag:= VAL(ord, Tage);                  (*Wandelt die Ordinalzahl in "Tag" um*)

  CASE tag OF
    | Tage.Montag      => SIO.PutText("Montag\n");
    | Tage.Dienstag    => SIO.PutText("Dienstag\n");
    | Tage.Mittwoch    => SIO.PutText("Mittwoch\n");
    | Tage.Donnerstag  => SIO.PutText("Donnerstag\n");
    | Tage.Freitag     => SIO.PutText("Freitag\n");
    | Tage.Samstag     => SIO.PutText("Samstag\n");
    | Tage.Sonntag     => SIO.PutText("Sonntag\n");
  END; (*CASE*)

END Enumerations.
```

Bsp. 6.3: *Ein- / Ausgabe mit Aufzählungstyp*

Sie setzen den Wert von e auf den nächsten bzw. vorherigen Bezeichner der Liste. Ist z. B. die Variable fach = Faecher.Englisch, so ist nach INC(fach) der Wert von fach auf Faecher.Wirtschaftslehre geändert, bzw. nach DEC(fach) ist fach = Faecher.Mathematik. Ist der Wert des Parameters von INC oder DEC der Wert von LAST bzw. FIRST des Aufzählungstyps, so generiert die Sprachumgebung – erwartungsgemäß – einen Laufzeitfehler.

Ein- und Ausgabe von Aufzählungswerten

Die Bezeichner einer Aufzählung sind nur innerhalb des Programms bekannt. Wir können sie nicht ohne weiteres einlesen oder ausgeben. Wir müssen entweder entsprechende Texte oder die Ordinalzahlen verwenden. Bsp. 6.3 zeigt ein Modul, das Ordinalzahlen in Aufzählungswerte, und nachher die Aufzählungswerte in Texte umsetzt. Aufzählungen können oft mit der *For*-Anweisung ideal bearbeitet werden, so könnten wir z. B. alle Ordinalwerte eines Aufzählungstyps ausgeben:

```
FOR tag:= FIRST(Tage) TO LAST(Tage) DO SIO.PutInt(ORD(tag)) END
```

6.2 Unterbereichstyp

Es kommt in vielen Anwendungen vor, daß sich die Werte gewisser Variablen nur innerhalb von a priori bekannten Grenzen bewegen können. Wollen wir z. B. die Tage der Monate darstellen, so ist es sicher, daß sie ausschließlich die Werte zwischen 1 und 31 annehmen können. Würde eine Variable, die einen Tag speichert, den Wert 35 erhalten, so könnten wir sicher sein, daß unser Programm einen Fehler enthält (den *35. Mai* von *Erich Kästner* lassen wir jetzt außer Acht). Es wäre schön, wenn ein solcher Fehler von der Sprachumgebung automatisch entdeckt werden könnte. Wir brauchen also eine Möglichkeit für die Angabe des eingeschränkten Wertebereichs. Dazu dienen die Unterbereiche (*subranges*). Mit Hilfe von Unterbereichen können wir den Wertebereich eines Ordinaltyps einschränken. Den ursprünglichen Typ – den wir einschränken wollen – nennen wir *Basistyp*.

Unterbereiche sind eigentlich keine selbständigen Typen. Sie sind *Subtypen* des Basistyps (siehe Kap. 7.4).

Syntax des Unterbereichstyps

SubrangeType$_{57}$ = "[" ConstExpr$_{65}$ ".." ConstExpr$_{65}$ "]".

Die zwei Konstantenausdrücke (ConstExpr$_{65}$) sind als untere und obere Grenze (inklusive) zu verstehen. Die zwei Grenzen müssen vom gleichen Basistyp sein. Falls die untere Grenze größer als die obere Grenze ist, haben wir einen leeren Unterbereich.

Für den leeren Bereich gilt Ähnliches wie für die leere Aufzählung. Er kann als *Nullwert* und, insbesondere in Verbindung mit *Arrays*, als *Indextyp* interessant werden (siehe Kap. 8.1).

Ein Unterbereich hat also die Form:

```
Unterbereich = [Untergrenze .. Obergrenze];
```

Bsp. 6.4 zeigt einige gültige Unterbereichsdeklarationen (sie nehmen zum Teil Bezug auf die Deklarationen in den Beispielen 6.1 und 6.2).

Der Typ Ub1 spezifiziert einen Unterbereich von *Integer*. Variablen vom Typ Ub1 können nur einen Wert zwischen –1 und 16 haben. Die Werte einer Variablen vom Typ Ub2 liegen zwischen Abc2.a und Abc2.f, die einer Variablen vom Typ Arbeitstage zwischen Tage.Montag und Tage.Samstag usw. Der Typ Wochentage umfaßt den ganzen Wertebereich des Typs Tage. So ein Unterbereich ist zwar selten sinnvoll, aber erlaubt. Dagegen ist es nicht erlaubt, einer Variablen eines Unterbereichstyps einen Wert außerhalb des spezifizierten Bereiches zuzuweisen. Ist der ungültige Wert ein

```
TYPE
  Ub1 = [–1..16];                              (*Basistyp: Integer *)
  Ub2 = [Abc2.a .. Abc2.f];                    (*Basistyp: Abc2 *)
  Ub3 = [Abc3.p .. Abc3.x];                    (*Basistyp: Abc3 *)
  Arbeitstage = [Tage.Montag .. Tage.Samstag]; (*Basistyp: Tage *)
  Feiertage = [Tage.Samstag .. Tage.Sonntag];  (*Basistyp: Tage *)
  Wochentage = [Tage.Montag .. Tage.Sonntag];  (*Basistyp: Tage *)
  Einzelwert = [1..1];                         (*Basistyp: Integer *)
  Leer = [1..0];                               (*Basistyp: Integer *)
```

Bsp. 6.4: *Deklaration von Unterbereichstypen*

Konstantenausdruck, so kann der Compiler den Fehler bereits zur Compilationszeit melden. Ist der ungültige Wert ein Variablenausdruck, so kann die Sprachumgebung den Fehler erst zur Laufzeit entdecken und einen entsprechenden *Laufzeitfehler* generieren.

Deklarieren wir die folgenden Variablen:

```
VAR
  tag: Tage;                    (*Aufzählungstyp*)
  arbeitsTag: Arbeitstage;      (*Unterbereichstyp*)
  feierTag: Feiertage;          (*Unterbereichstyp*)
```

Man beachte, daß sich die drei Typen Tage, Arbeitstage und Feiertage im Wert Tage.Samstag *überschneiden*. Alle folgenden Anweisungen sind richtig:

```
tag:= Tage.Samstag;
arbeitsTag:= tag;
feierTag:= tag;
feierTag:= arbeitsTag;
```

Wäre dagegen die erste Anweisung tag:= Tage.Freitag, so wären die beiden letzten Anweisungen unerlaubt (und würden zum Laufzeitfehler führen).

Sind Unterbereiche wirklich nützlich? Wir haben ja z. B. den Typ *Integer*, warum ist noch ein zusätzlicher Typ nötig, um einen Unterbereich desselben anzugeben? Wir könnten auch mit entsprechenden Anweisungen prüfen, ob der Wert im gewünschten Bereich liegt oder nicht. Das ist auch richtig, allerdings müßten wir gegebenenfalls diese Prüfung sehr oft durchführen, und insbesondere könnten wir sie vergessen. Ist aber der Unterbereich einmal bei der Deklaration festgesetzt, so wird die Prüfung immer und automatisch durchgeführt. Die Bedeutung der Unterbereiche liegt in der verbesserten Programmsicherheit.

Geht es aus der Anwendung selbst hervor, daß der Wert einer Variablen sich nur innerhalb eines gegebenen Bereiches bewegen kann, so ist es

```
  ⋮
  TYPE
    Stunden = [0 .. 24];                                  (*Stunden eines Tages*)
    Arbeit   = [8 .. 18];                                    (*Arbeitsstunden*)
  VAR
    stunden: Stunden;
    arbeit: Arbeit;

BEGIN
  FOR a:= FIRST(Arbeit) TO LAST(Arbeit) DO SIO.PutInt(a) END; (*Alle ausgeben*)
  stunden:= LAST(Arbeit);                                     (*stunden wird 18*)
  arbeit:= stunden;                                             (*arbeit wird 18*)
  INC(stunden);                                               (*stunden wird 19*)
  arbeit:= stunden;        (*Laufzeitfehler, weil 19 nicht im Bereich [8 .. 18] liegt*)
  ⋮
```

Bsp. 6.5: *Wertebereichskontrolle mit Unterbereichen*

sinnvoll die Variablen als Unterbereich zu deklarieren. Dann wird das Programm bei einer fehlerhaften Wertzuweisung sofort abgebrochen, es kann nicht mit irgendeinem falschen Wert weiterrechnen. Es gilt hier allerdings auch wieder, daß diese Art der Fehlerbehandlung nur für das Auffinden von Programmierfehlern brauchbar ist. Wird der Wert einer Variablen von einem Benutzer interaktiv bestimmt, so müssen wir die Eingabe explizit prüfen. Wenn wir z. B. ein Datum verlangen, so darf das Programm bei der Eingabe vom 35. Mai nicht abstürzen, sondern es muß (höflich) um eine andere Eingabe bitten.

In Bsp. 6.5 geben wir zuerst alle möglichen Werte des Typs Arbeit aus. Die letzte Wertzuweisung (arbeit:= stunden) erzeugt einen Laufzeitfehler, weil der Wert von stunden nicht im Bereich von Arbeit liegt (stunden = LAST(Arbeit) + 1). Die umgekehrte Wertzuweisung (stunden:= arbeit) kann nie schief gehen, weil der Bereich Arbeit im Bereich Stunden voll enthalten ist (siehe auch Kap. 7.4).

6.2.1 Operationen

Auf einen Unterbereich sind genau die gleichen Operationen definiert, wie auf seinen Basistyp.

> Diese Regel ergibt sich aus der Tatsache, daß Unterbereichstypen zu ihrem Basistyp in einer *Subtyp*-Relation stehen (siehe Kap. 7.4).

6.2.2 Vordefinierter Unterbereich

Vordefinierte Aufzählungen haben wir schon kennengelernt (Punkt 6.1.1). Es gibt auch einen vordefinierten Unterbereichstyp. Der Typ CARDINAL ist eigentlich definiert als

```
TYPE
  CARDINAL = [0 .. LAST(INTEGER)]
```

Modula-2, der Vorgänger von Modula-3, hat den Typ *Cardinal* nicht als Unterbereich vom *Integer* definiert, sondern so, daß der Wertebereich des Typs die ganze Wortbreite des Rechners zur Darstellung einer nicht-negativen Zahl belegt. Dadurch steht ein doppelt so großer Bereich zur Verfügung (das Vorzeichen-Bit wird nicht „verschwendet"), also auf einem 16-Bit-Rechner 2^{16} statt 2^{15}. Dieser Vorteil ist bei den immer größer werdenden Wortbreiten (32- und 64-Bit-Rechner) vernachlässigbar neben dem Nachteil, daß die Semantik vom *Cardinal* in Modula-2 nicht ganz klar definiert ist. Deswegen sind dort z. B. *Integer* und *Cardinal* zuweisungs- nicht aber ausdruckkompatibel (siehe Kap. 7.1).

Kapitel 7

Ausdrücke und Deklarationen

Ein großer Vorteil des Typkonzepts besteht darin, daß wir Daten, die unterschiedlichen Typs sind, nicht frei mischen können. Die Integrität der Semantik der Daten wird bewahrt (Zahlen können nicht zu Texten „addiert" werden, logische Werte können keine arithmetische Ausdrücke bilden usw.).

In diesem Kapitel werden wir die Regeln der Verträglichkeit (*Kompatibilität*) verschiedener Datentypen innerhalb eines Ausdrucks bzw. in einer Wertzuweisung genau angeben. Dazu müssen wir zuerst die Syntax und Semantik von Ausdrücken, Deklarationen und Zuweisungen präzisieren.

7.1 Ausdrücke

Bis jetzt haben wir Ausdrücke eher intuitiv verwendet. Wir kennen alle die Syntax und Semantik der Schularithmetik, und wir haben uns an diese Kenntnis angelehnt. Wir wissen z. B., daß Ausdrücke aus *Operanden* und *Operatoren* bestehen. Im Ausdruck a + b * c sind a, b und c die Operanden und + und * die Operatoren .

Wir haben jedoch bereits einige Beispiele dafür gesehen, daß sowohl Syntax als auch Semantik oft vom Gewohnten abweicht. Wir präzisieren jetzt die Syntax und Semantik der Ausdrücke in Modula-3, soweit wir Operandentypen und Operationen schon kennengelernt haben (siehe Abb. 7.1).

7.1.1 Syntax von Ausdrücken

Beim Lesen der Syntax von Ausdrücken müssen wir beachten, daß durch sie allein noch nicht die gültigen von nicht gültigen Ausdrücken zu unterscheiden sind: Ausdrücke für alle Typen sind in einer einzigen Syntax zusammengestellt und vermischt. Ob ein *syntaktisch richtiger* Ausdruck auch *gültig* ist, kann der Übersetzer teilweise in einem nächsten Schritt

```
ConstExpr65   = Expr66.
Expr66        = E167 { "OR" E167 }.
E167          = E268 { "AND" E268 }.
E268          = { "NOT" } E369.
E369          = E470 { ( "=" | "#" | "<" | "<=" | ">" | ">=" | "IN" ) E470 }.
E470          = E571 { ( "+" | "-" | "&" ) E571 }.
E571          = E672 { ( "*" | "/" | "DIV" | "MOD" ) E672 }.
E672          = {"+" | "-"} E773.
E773          = E874 { Selector78 }.
E874          = Ident89 | Number94 | CharLiteral91 | TextLiteral92
                | Constructor79 | "(" Expr66 ")".
Selector78    = "." Ident89 | "^" | "[" Expr66 { "," Expr66 } "]"
                        | "(" [ Actual47 { "," Actual47 } ")".
Constructor79 = Type48 "{" [ SetCons80 | RecordCons82 | ArrayCons84 ] "}".
:
Ident89       = Letter100 { Letter100 | Digit98 | "_" }.
Letter100     = "A" | "B" | .. | "Z" | "a" | "b" | .. | "z".
Digit98       = "0" | "1" | .. | "9".
```

Abb. 7.1: *Syntax von Ausdrücken*

erkennen, teilweise geht das sogar erst während der Laufzeit (siehe Abschn. 7.6). Der „Ausdruck" 3.1415 AND NUMBER("hallo") > LAST(14) ist z. B. syntaktisch richtig, obwohl es völliger Unsinn ist (die Parameter der vordefinierten Funktionen sind ungültig und AND kann nur Boolesche Ausdrücke verbinden). Das erfahren wir aber nicht durch die Syntax.

Das Grundelement der Syntax ist Ausdruck Operator Ausdruck. Die syntaktischen Einheiten $E1_{67}$ bis $E6_{72}$ dienen dazu, die Operatoren zu produzieren. Mit Hilfe von $E7_{73}$, $E8_{74}$, $Selector_{78}$ und $Constructor_{79}$ werden die „alleinstehenden" (Teil-)Ausdrücke gebildet.

Fangen wir „unten" bei $E8_{74}$ an. Ein Ausdruck kann ein Name (Bezeichner), ein Literal, ein $Constructor_{79}$ oder ein geklammerter Ausdruck sein. Ein Modula-3-*Bezeichner* ($Ident_{89}$) ist eine Folge von Buchstaben und Ziffern, die mit einem Buchstaben anfangen muß. Eine Neuigkeit ist, daß wir das „_" Zeichen innerhalb eines Bezeichners verwenden können. Damit können wir längere Bezeichner lesbar halten (z. B. das_ist_sehr_lang) – allerdings sollten wir Bezeichner generell sprechend aber kurz halten, und das „_" Zeichen eher kaum verwenden. Die Syntax der Zahlen, Charakter- und Textliterale haben wir bei der Einführung des jeweiligen Datentyps bereits kennengelernt.

Gehen wir in der Syntax weiter nach „oben". Ein $E7_{73}$ ist ein $E8_{74}$, eventuell gefolgt von einer Reihe von Selektoren. Damit können wir die Werte von Aufzählungstypen bilden: Wochentage.Freitag. Wir nennen das *qualifizierte Bezeichner*. Andere ähnlicher Art und weitere Selektoren lernen wir erst später kennen: Sie dienen für Arrayzugriffe, Prozeduraufrufe sowie zum Zugriff auf Record- und Objektfelder.

Ein $E6_{72}$ ist ein $E7_{73}$ mit optionalen Vorzeichen. Nur so können wir negative Zahlenliterale darstellen. In Modula-3 ist die Syntax hier sehr großzügig und erlaubt auch – mathematisch korrekt, sonst aber ein bißchen sinnlos – mehrere Vorzeichen zu verwenden. Der Ausdruck $E5_{71}$ besteht aus einem oder mehreren $E6_{72}$, die durch multiplikative Operatoren verknüpft sind. Daraus folgt, daß z. B. –a * –b + c oder –a * –b + + – + c gültige Ausdrücke sind.

Und so geht es weiter hinauf bis zu $Expr_{66}$, der aus einem $E1_{67}$ oder durch OR-Operatoren verknüpften $E1_{67}$-Ausdrücken besteht. Die Syntax eines Konstantenausdrucks ($ConstExpr_{65}$) ist gleich der von $Expr_{66}$. Die entsprechenden Operanden müssen aber alle zur Compilationszeit ausgewertet werden können. Deswegen kann ein Konstantenausdruck keine Variablen enthalten (außer als Parameter bestimmter vordefinierter Funktionen, wie FIRST, LAST, NUMBER und andere).

Die Syntax drückt auch die Präzedenzregeln aus (vergleiche Kap. 2.4). Die Reihenfolge der syntaktischen Regeln entspricht genau diesen Regeln, schwächster Operator ist OR (siehe $Expr_{66}$), stärkster ist das Vorzeichen ($E6_{72}$). Die *infix*-Operatoren (die zwischen zwei Operanden stehen) sind linksassoziativ, d. h., bei gleicher Stärke werden sie von links nach rechts ausgewertet. Also z. B. a * b * c wird als $(ab)c$ und nicht als $a(bc)$ interpretiert.

Allerhöchste Priorität hat die Klammerung (siehe $E8_{74}$). Wenn wir in bezug auf die Präzedenz unsicher sind, können wir ruhig Klammern einsetzen. Sie erhöhen oft die Lesbarkeit eines Programms (und kosten nichts). Statt a OR b < c OR d AND e schreibt man besser:

```
a OR (b < c) OR (d AND e)
```

7.1.2 Auswertung von Ausdrücken

Ein Ausdruck definiert eine Berechnung, die entweder einen Wert oder eine Variable ergibt. Bei einer Wertzuweisung z. B. muß der Ausdruck auf der linken Seite eine Variable, der auf der rechten Seite einen Wert ergeben (siehe Abschn. 7.5). Ein einfacher Ausdruck besteht aus einem Bezeichner oder aus einem Literal. Komplexere Ausdrücke werden durch die Anwendung der bei der Syntax angeführten Operatoren und Konstruktoren gebildet.

Die Auswertung eines Ausdruckes wird rekursiv durchgeführt. Nehmen wir z. B. den Ausdruck a + b. Die Operanden a und b sind wiederum Ausdrücke, z. B. a = x * y und b = z DIV w. x, y, z und w sind auch Ausdrücke, die ihrerseits wiederum Operatoren und Konstruktoren enthalten können.

So geht es weiter, bis wir zu einfachen Ausdrücken kommen, deren Wert unmittelbar zur Verfügung steht. Die Reihenfolge der Berechnung der Operanden einer Operation ist undefiniert, außer bei OR und AND (siehe nächsten Abschnitt).

Achtung, diese Bemerkung bezieht sich nicht auf die Präzedenz der Operationen, auch nicht darauf, ob sie links- oder rechtsassoziativ sind. Vielmehr geht es um die Reihenfolge, mit der eine einzelne Operation ausgewertet wird. Wenn etwa ein Ausdruck wie a + b berechnet werden soll, so können wir nicht wissen, ob zuerst a oder b ausgewertet wird. Man beachte dabei, daß a und b selbst Ausdrücke sind!

Die konkrete Semantik von Ausdrücken wird bei den jeweiligen Datentypen behandelt (wie z. B. die Semantik von arithmetischen und logischen Ausdrücken im Kap. 4 behandelt wurde). Die Beschreibung von logischen Ausdrücken im Kap. 4 ergänzen wir jetzt mit weiteren Regeln.

7.1.3 Auswertung von logischen Ausdrücken

Bei den OR- und AND-Operationen schreibt die Sprachdefinition vor, daß sie von links nach rechts und *verzögert* ausgewertet werden müssen (*lazy evaluation*). Das bedeutet, daß der zweite Operand nur dann ausgewertet wird, wenn das Ergebnis des Ausdrucks nach der Auswertung des ersten Operanden noch nicht feststeht. Wird bei einem ODER-Ausdruck der erste Operand als *wahr*, oder bei einem UND-Ausdruck der erste Operand als *falsch* gefunden, so ist der zweite nicht mehr relevant, die Bewertung kann beendet werden (und in Modula-3 *wird* sie beendet). Mit dem folgenden Pseudocode können wir das etwas formaler ausdrücken (p und q seien logische Ausdrücke):

p AND $q \equiv$ IF NOT p THEN FALSE ELSE q END
p OR $q \equiv$ IF p THEN TRUE ELSE q END

Das folgende Beispiel zeigt den Vorteil dieser Regel:

```
IF (x # 0) AND ((y DIV x) = 10) THEN S1 ELSE S2 END;
```

Ist x = 0, so ist der erste Operand falsch, und die Auswertung des UND-Ausdrucks hört sofort auf (das Ergebnis des gesamten Ausdrucks kann nur *falsch* sein). Deswegen wird der zweite Operand gar nicht berechnet und die Division durch 0 nicht ausgeführt.

Hätten wir diese Regel nicht – wie etwa in der Programmiersprache Pascal –, so könnte es sein, daß zuerst y DIV x berechnet wird, und die Division durch 0 einen Laufzeitfehler generiert.

Für die logischen Operationen gelten im allgemeinen die Gesetze der Aussagenlogik. Die Gültigkeit dieser Gesetze in Modula-3 ist durch die obigen

Regeln eingeschränkt. Im Prinzip gilt zwar z. B. das Gesetz der Kommutativität, wir haben aber gerade gesehen, daß (x # 0) AND ((y DIV x) = 10) nicht das gleiche, wie ((y DIV x) = 10) AND (x # 0) ist. Eine weitere Einschränkung kann sich ergeben, wenn die logischen Werte durch Funktionen berechnet werden, die einen Seiteneffekt haben. Folgender UND-Ausdruck ist alles andere als kommutativ:

```
SIO.GetChar()='A' AND SIO.GetChar()='B'
```

Je nachdem, was der Benutzer zuerst eintippt, muß er ein oder zwei Buchstaben eintippen. Drehen wir die beiden Vergleiche um, muß er mit einem „B" beginnen, statt mit einem „A" um den ganzen Ausdruck *wahr* werden zu lassen!

Folgende Gesetze gelten also nur, wenn die logischen Ausdrücke p, q und r in endlicher Zeit ohne Laufzeitfehler und ohne Seiteneffekt auswertbar sind:

1. *Kommutativität:*

   p OR *q* = *q* OR p
   p AND *q* = *q* AND *p*

2. *Assoziativität:*

   (*p* OR *q*) OR *r* = *p* OR (*q* OR *r*)
   (*p* AND *q*) AND *r* = *p* AND (*q* AND *r*)

3. *Distributivität:*

   (*p* AND *q*) OR *r* = (*p* OR *r*) AND (*q* OR *r*)
   (*p* OR *q*) AND *r* = (*p* AND *r*) OR (*q* AND *r*)

4. *Die Gesetze von de Morgan:*

   NOT (*p* OR *q*) = NOT *p* AND NOT *q*
   NOT (*p* AND *q*) = NOT *p* OR NOT *q*

7.2 Deklarationen

Deklarationen wurden im Kap. 3.4.4 schon kurz vorgestellt. In fast allen unseren Beispielen haben wir sie auch bereits verwendet: Sie dienen dazu, neue Namen für Konstanten, Variablen und Typen einzuführen. Diese drei Deklarationsarten behandeln wir jetzt genauer. Deklarationen für weitere Sprachelemente werden wir später noch kennenlernen.

Syntax der Deklarationen

$$\text{Declaration}_{13} = \text{"CONST" } \{ \text{ ConstDecl}_{14} \text{ ";" } \} \mid \text{"TYPE" } \{ \text{ TypeDecl}_{15} \text{ ";" } \} \mid \text{"VAR" } \{ \text{ VariableDecl}_{17} \text{ ";" } \}$$

7.2.1 Konstantendeklarationen

$$\text{ConstDecl}_{14} = \text{Ident}_{89} \text{ [":" Type}_{48} \text{] "=" ConstExpr}_{65}.$$

Eine Konstantendeklaration (ConstDecl_{14}) verbindet einen Bezeichner (auf der linken Seite vom Gleichheitszeichen) fest mit einem Wert (rechts vom Gleichheitszeichen). Dieser Bezeichner wirkt in anderen Teilen des Programms als ein Synonym für diesen Wert. Der Wert wird durch einen *Konstantenausdruck* gebildet. Beispiele dafür sind:

```
CONST
  A = 10;
  B = 2 * A;
  C = A + 5 * B;
  D = LAST(INTEGER) - C;
```

Nach diesen Deklarationen ist B = 20 und C = 110. Wir hätten natürlich C = 110 auch gleich hinschreiben können. Der Vorteil der Verwendung von Ausdrücken liegt hier darin, daß wenn sich A ändert, so ändern sich B und C mit. Den Wert einer Konstante können wir natürlich nur so ändern, daß wir den Programmtext editieren und neu übersetzen.

Bei D ist der Vorteil der Ausdrucksbildung sofort klar. Nehmen wir als nächstes Beispiel die folgenden Deklarationen:

```
TYPE
  Arbeitstage    = [Tage.Montag .. Tage.Samstag];
CONST
  Arbeitszeit    = 8;                          (*Arbeitsstunden am Tag*)
  WochenTage     = NUMBER(Arbeitstage);        (*Arbeitstage in der Woche*)
  WochenStunden = WochenTage * Arbeitszeit; (*Arbeitsstunden pro Woche*)
```

Der Wert von WochenStunden ist 48. Ändern wir die Typdeklaration von Arbeitstage auf

```
TYPE
  Arbeitstage = [Tage.Montag .. Tage.Freitag];
```

so ändert sich der Wert von WochenStunden (nach der Neuübersetzung) auf 40. Das nächste Beispiel zeigt weitere, nicht-arithmetische Ausdrücke:

```
CONST
  Ch1      = 'A';
  Ch2      = LAST(CHAR);
  B        = 'a' > 'A';
  Ext      = NUMBER(CHAR) > 256;
  Vorwahl  = "43-";
  Stadt    = "463-";
  Familie  = Vorwahl & Stadt & "310-658";
  Buero    = Vorwahl & Stadt & "2700-509";
```

Der Wert von Ch2 enthält das letzte Zeichen im Zeichensatz. B ist eine Boolesche Konstante, ihr Wert ist *wahr*, wenn das Zeichen 'a' mit einer höheren Ordinalzahl codiert ist, als 'A'. Ext ist auch eine Boolesche Konstante, ihr Wert ist *wahr*, wenn der Typ *Char* eine erweiterte Codierung hat (beansprucht mehr als 1 Byte). Familie bzw. Buero sind Textkonstanten, mit Wert "43-463-310-658", bzw. "43-463-2700-509".

Die Syntax der Konstantenausdrücke zeigt auch, daß wir nach dem Namen der Konstante einen Typ (durch Doppelpunkt getrennt) explizit angeben können. Wie wir gesehen haben, kann im großen und ganzen der Typ einer Konstante aus dem Ausdruck auf der rechten Seite des Gleichheitszeichens abgeleitet werden. Das stimmt aber nicht immer. Bei einer nicht-negativen ganzen Zahl z. B. können wir nicht wissen, ob sie vom Typ *Integer* oder *Cardinal* ist. Bei der folgenden Deklaration ist aber der Typ eindeutig:

```
CONST A : CARDINAL = 0;
```

In einem so einfachen Fall nützt diese Eindeutigkeit allerdings nicht viel, mit einer *Cardinal*-Null können wir genauso viel anfangen, wie mit einer *Integer*-Null.

Allerdings kann es von Vorteil sein, daß wir explizit sagen, daß diese Konstante einen Wert aus dem Wertebereich von *Cardinal* haben muß. Noch deutlicher sehen wir das am folgenden Beispiel:

```
CONST
  Urlaubsvorbereitung: [1..12] = 7;      (*dann planen wir den Urlaub*)
  ⋮
  Ferienmonat: [1..12] = Urlaubsvorbereitung + 1;
```

Beide Konstanten repräsentieren einen Monat als Zahl zwischen 1 und 12. Wir haben hier aber einen Fehler gemacht: Ändern wir Urlaubsvorbereitung auf 12, dann bekommt Ferienmonat einen ungültigen Wert. Der Übersetzer kann diesen Fehler aufdecken, weil wir den gültigen Bereich genau angegeben haben. Eine richtige Variante wäre:

```
Ferienmonat: [1..12] = Urlaubsvorbereitung MOD 12 + 1;
```

7.2.2 Typdeklarationen

TypeDecl$_{15}$ = Ident$_{89}$ ("=" | "<:") Type$_{48}$.

Die allgemeinen Formen einer Typdeklaration sind somit:

```
TYPE
  Bezeichner = Typ;
  Bezeichner <: Typ;
```

Dabei wird ein Bezeichner an einen Typ gebunden. Dieser Bezeichner kann jetzt überall dort im Programm verwendet werden, wo ein Typ vorkommen kann (beispielsweise im optionalen Teil der Konstantendeklaration). Wir werden später sehen, wie komplexere Typen vom Programmierer konstruiert werden können (Kapitel 8.1 und 8.2). Die zweite Form dient dazu, einen Typ nur partiell als Subtyp eines anderen Typs zu definieren (diese Art Typdeklaration benötigen wir vor allem in Schnittstellen, wir werden sie erst im Kap. 11.3 behandeln).

7.2.3 Variablendeklarationen

VariableDecl$_{17}$ = IDList$_{87}$ (":" Type$_{48}$ ":=" Expr$_{66}$ | ":" Type$_{48}$ |":=" Expr$_{66}$).
IDList$_{87}$ = Ident$_{89}$ { "," Ident$_{89}$}.

Bei näherem Betrachten der Syntax der Variablendeklarationen können wir auch hier Neuigkeiten entdecken. Folgende drei Varianten ergeben sich:

```
a, b, c: Typ;
a, b, c: Typ := Ausdruck;
a, b, c  := Ausdruck;
```

Wir verbinden eine Liste von Bezeichnern mit einem Typ und möglicherweise auch mit einem Anfangswert. Bis jetzt haben wir immer die erste Form verwendet. Die zwei letzteren Formen können wir dazu benutzen, eine Variable gleich bei der Deklaration zu *initialisieren*. Der Wert des Ausdruckes wird allen Variablen der Bezeichnerliste (links vom Doppelpunkt) zugewiesen. Die Initialisierung aller Variablen eines Blocks (siehe auch Kap. 9.1) wird – in der Reihenfolge der Deklarationen – *vor* der Ausführung der ersten Anweisung des Anweisungsteils durchgeführt.

Wir können uns die Initialisierungen so vorstellen, als wären sie in Form einer Reihe von Wertzuweisungen im Schlüsselwort BEGIN „verborgen“.

```
VAR
  i, j : INTEGER := 1;
  b  : BOOLEAN := FALSE;
  t  : TEXT := "Das ist ein Text";
BEGIN (*Anweisungsteil*)
```

Bei der ersten Anweisung nach BEGIN gilt i = 1, j = 1, b = FALSE und t = "Das ist ein Text".

Die Initialisierung einer Variablen wird nur einmal ausgeführt! Wird z. B. eine Variable in einer doppelt verschachtelten Schleife so verwendet, daß sie in der äußeren Schleife für die innere Schleife immer wieder initialisiert werden muß, so ist die Initialisierung bei der Deklaration nicht die richtige Lösung!

In der dritten Form der Variablendeklaration wird nur die Initialisierung angegeben, der Typ ist implizit durch den Anfangswert spezifiziert. Die implizite Typangabe kann dazu führen, daß der Programmierer in bezug auf den Typ einer Variable im Unklaren ist. Deswegen werden wir zunächst die dritte Form *nicht* verwenden.

Aus der Syntax ist auch ersichtlich, daß wir bei der Variablendeklaration den Typ auch „direkt" hinschreiben können. In diesem Fall hat der Typ keinen Namen. Das folgende Beispiel demonstriert das.

```
VAR a, b, c: [1 .. 16];
```

Diese Form empfehlen wir zunächst auch *nicht* zu verwenden.

Die folgende Deklaration wäre sogar fast sinnlos:

```
VAR e f, g: {Montag, Dienstag, Mittwoch};
```

Die Komponenten einer Aufzählung können wir ohne Typnamen gar nicht ansprechen. Die einzige Möglichkeit, um die Variablen e, f, g überhaupt verwenden zu können, ist, zusätzlich noch einen benannten Typ mit gleichen Komponenten zu deklarieren, etwa

```
TYPE Tage = {Montag, Dienstag, Mittwoch}
```

der dann auf Grund der strukturellen Äquivalenz (Abschn. 7.3) mit dem Typ von e, f und g äquivalent ist.

Es sei noch bemerkt, daß die Deklarationsarten von denen wir zunächst abgeraten haben, in gewissen Fällen durchaus ihre Berechtigung haben können. Gemeint sind solche Fälle, wo sie in einem eingeschränkten Kontext auftreten, und wo sich ihre Gültigkeit auf einen kleinen, überschaubaren Bereich erstreckt (Kap. 9.1).

```
CONST
  N = 10;
TYPE
  T1 = [1 .. 10];                (*Äquivalent zu T2, T3, T4*)
  T2 = [1 .. N];                 (*Äquivalent zu T1, T3, T4*)
  T3 = [1 .. 2 * 2 * 2 + 2];     (*Äquivalent zu T1, T2, T4*)
  T4 = T1;                       (*Äquivalent zu T1, T2, T3*)
  T5 = {a, b, c};                (*Äquivalent zu T6*)
  T6 = {a, b, c};                (*Äquivalent zu T5*)
  T7 = {a, b, d};                (*Nicht äquivalent zu den anderen Typen*)
```

Bsp. 7.2: *Äquivalente Typen*

7.3 Äquivalenz von Typen

Modula-3 verwendet die sogenannte *strukturelle* Äquivalenz von Typen. Zwei Typen sind äquivalent, wenn sie nach ihrer *Entfaltung* zum gleichen Typ führen. Entfaltung heißt, daß alle Konstantenausdrücke durch ihre Werte und alle Typnamen durch ihre Definition ersetzt werden. In Bsp. 7.2 sind die Typen T1, T2, T3 und T4 zueinander äquivalent. T5 ist auch äquivalent zu T6. T7 ist zu keinem der gegebenen Typen äquivalent.

Viele Programmiersprachen, wie z. B. Pascal und Modula-2, verwenden *Namensäquivalenz*. Danach werden Typen nur dann als äquivalent betrachtet, wenn sie explizit als gleich deklariert werden. Im Bsp. 7.2 wären also nur T1 und T4 äquivalent, alle anderen würden als unterschiedliche Typen betrachtet werden.

7.4 Subtypen

Modula-3 unterstützt ein generelles Konzept von *Subtypisierung*. Für die Subtypbeziehung wird das spezielle Symbol "<:" verwendet.

Wenn Sub und Super zwei Typen sind, und die Relation Sub <: Super besteht, so sind alle Werte von Sub auch Werte von Super.

Sub ist in diesem Fall ein *Subtyp* von Super, Super ist der *Supertyp* von Sub (die Ausdrücke *Unter-* und *Obertyp* werden auch verwendet). Ein Typ kann in Modula-3 beliebig viele Subtypen, aber nur einen Supertyp haben (es gibt Programmiersprachen, bei denen ein Typ mehrere Supertypen haben kann).

Die Subtypbeziehung nennen wir oft auch eine *Ist*-Beziehung: Ein Wert eines Subtyps *ist* ein Wert des Supertyps. Besteht z. B. die Beziehung Arbeitstage <: Wochentage, so folgt daraus, daß alle Arbeitstage Wochentage sind. Umgekehrt muß es natürlich nicht gelten, es sind – Gott sei Dank – nicht alle Wochentage auch Arbeitstage.

Im Moment können wir nur ein Beispiel für die Subtypbeziehung geben: Die Unterbereichstypen (Kap. 6.2) sind eigentlich keine selbständige Typen, sondern Subtypen ihrer Basistypen. Für Unterbereiche gelten die folgenden Regeln:

[u .. o] <: B	wobei B der gemeinsame Basistyp von u und o ist
[u .. o] <: [U .. O]	falls [u .. o] eine Untermenge von [U .. O] ist.

Z. B. beim Unterbereich

```
TYPE
  Ub1 = [3 .. 8];
  Ub2 = [0 .. 2];
```

bestehen die Relationen Ub1 <: *Integer* und Ub2 <: *Integer*. Tatsächlich sind alle Werte vom Ub1 und Ub2 auch Werte vom *Integer* (aber offensichtlich nicht umgekehrt). Wie ist die Beziehung zwischen Ub1 und Ub2? Keiner der Wertebereiche ist eine Untermenge des anderen (sie sind sogar disjunkt), es besteht also keine Subtypbeziehung zwischen den beiden Typen. Eine Wertzuweisung zwischen Variablen vom Typ Ub1 bzw. Ub2 ist nicht erlaubt (siehe Abschn. 7.5).

Nehmen wir ein Beispiel, bei dem sich die Wertebereiche überlappen, wie z.B. die Typen Arbeitstage und Feiertage aus Bsp. 6.4. Es gelten die folgenden Relationen:

```
Arbeitstage <: Tage
Feiertage   <: Tage
```

Arbeitstage und Feiertage sind Subtypen des gleichen Basistyps, sie sind aber untereinander nicht in einer Subtypbeziehung (keiner der Wertebereiche ist eine Untermenge des anderen). Wir dürfen trotzdem eine Wertzuweisung zwischen Variablen der beiden Typen ausführen, da die Wertebereiche sich überlappen. Diese Wertzuweisung kann aber zum Laufzeitfehler führen, wenn der zugewiesene Wert nicht in den Bereich der Zielvariablen fällt. Im allgemeinen gilt: Variablen von Ordinaltypen, deren Wertebereiche sich überlappen, dürfen einander zugewiesen werden (siehe Abschn. 7.5).

Reflexivität und Transitivität

Die Subtyp-Relation ist *reflexiv* und *transitiv*. Formal ausgedrückt:

$$T <: T$$
$$T <: U \wedge U <: V \Rightarrow T <: V$$

Mit Worten: Ein jeder Typ ist Sub- und Supertyp von sich selbst. Außerdem gilt, falls Typ T ein Subtyp von U ist und U wiederum ein Subtyp von V, so ist T auch ein Subtyp von V. Es sei z. B. T1 = [1 .. 100], T2 = [10 .. 80] und T3 = [30 .. 50]. Also T3 <: T2 und T2 <: T1. Daraus folgt, daß T3 <: T1 – was leicht ersichtlich ist.

Allerdings, aus T <: U und U <: T folgt nicht, daß U und T gleich sind (siehe Kap. 11.3).

Operationen auf Subtypen

Alle Operationen eines Supertyps sind auch für den Subtyp definiert. Daraus folgt, daß für Operanden von Unterbereichstypen alle Operationen der entsprechenden Basistypen benutzt werden können. Auf Operanden des Typs T1 = [1 .. 100] sind z. B. alle *Integer*-Operationen anwendbar.

Im allgemeinen ist es möglich, für Subtypen *zusätzliche* Operationen zu definieren. Von dieser Möglichkeit wird aber erst bei den *Objekttypen* Gebrauch gemacht (siehe im Kap. 13).

7.5 Zuweisungskompatibilität

Wir wiederholen die Syntax der Wertzuweisung:

AssignStmt$_{25}$ = Expr$_{66}$ ":=" Expr$_{66}$.

Der Ausdruck auf der linken Seite des Doppelpunkts (oft englisch mit *LHS* (*left-hand-side*)-Ausdruck bezeichnet) muß eine Variable ergeben. Der Ausdruck auf der rechten Seite (*RHS* (*right-hand-side*-Ausdruck) liefert einen Wert. Dieser muß der Variablen auf der linken Seite *zuweisbar* sein und in ihrem Wertbereich liegen.

Man könnte fragen: Warum steht in der Syntax auf der linken Seite ein Ausdruck und nicht einfach Ident$_{89}$? Die Bedeutung der allgemeineren Syntax werden wir erst schrittweise kennenlernen, wenn wir komplexere LHS-Ausdrücke (wie z. B. indizierte Arrayelemente, Kap. 8.1) kennenlernen.

Wann sind Zuweisungen legal? Ein Ausdruck A vom Typ R ist *zuweisbar* (oder *zuweisungskompatibel* mit) einer Variablen var vom Typ L (also var := A ist legal), wenn eine der folgenden Bedingungen gilt:

1. R und L sind äquivalent (siehe Abschn. 7.3), oder

2. R <: L oder

3. R und L sind Ordinaltypen, die sich in mindestens einem Wert überlappen, und der Wert von A ist im Wertebereich von R enthalten, oder

4. L <: R und R ist ein *Arraytyp* oder ein *Referenztyp*, für die bestimmte Bedingungen gelten (siehe in den Kapiteln 8.1, 10, und 11).

Die Regel 1 ist der simpelste Fall: Wenn der Typ gleich ist, dann ist trivialerweise jeder Wert des einen Ausdrucks auch ein möglicher Wert des anderen Ausdrucks. Regel 4 ist hier nur der Vollständigkeit halber erwähnt, diese erklären wir später.

Regel 2 drückt die Tatsache aus, daß bei der *Subtyprelation* alle Werte des Subtyps auch Werte des Supertyps sind (alle Arbeitstage sind Tage, aber nicht alle Tage sind Arbeitstage). Für die Regeln 2 und 3 haben wir im Zusammenhang mit Unterbereichen schon Beispiele gesehen (Kap. 6.2): Ist die Variable arbeitsTag vom Typ Arbeitstage und tag vom Typ Tage, so ist es klar, daß eine Wertzuweisung tag:= arbeitsTag nie schief gehen kann, weil alle möglichen Werte von arbeitsTag auch Werte von tag sein können.

Unzulässige Wertzuweisungen, die gegen die Regeln 1 und 2 verstoßen, können bereits während der Übersetzung als fehlerhaft erkannt werden. Die Nichteinhaltung der anderen Regeln kann nur teilweise zur Übersetzungszeit geprüft werden. Sonst können sie erst zur Laufzeit, wenn die aktuellen Werte bekannt sind, geprüft werden.

Um Fehler zur Laufzeit erkennen zu können, muß natürlich der Übersetzer die notwendigen Vorbereitungen treffen. Er generiert Kontrollanweisungen, die Regel 3 zur Laufzeit prüfen. Wenn wir z. B. einer Variablen vom Typ [1 .. 16] die Variable int vom Typ *Integer* zuweisen, so kann zur Übersetzungszeit noch nicht festgestellt werden, ob der Wert von int in den Unterbereich „hineinpaßt". Der Übersetzer kann aber einen zusätzlichen Befehl oder Befehle generieren, die diese Bedingung zur Laufzeit prüfen (z. B. genau vor der fraglichen Zuweisung). Solche Prüfungen bedeuten also eine gewisse Zusatzbelastung für die Länge und Geschwindigkeit der Programme, die aber bei den modernen Digitalrechnern in der Regel vernachlässigbar ist. Außerdem erlauben die meisten Übersetzer, die Prüfungen mit einer Übersetzer-Option zu entfernen. Im letzteren Fall wird also das übersetzte Programm kürzer und schneller, die Laufzeitprüfungen sind dann aber nicht mehr vorhanden. Wir raten vom Entfernen der Prüfungen generell ab. Es gibt allerdings Situationen, in denen man diese Effizienzsteigerung unbedingt benötigt und die Laufzeittests ausschalten muß – diese Programmteile müssen dann besonders sorgfältig überprüft werden.

7.6 Ausdruckskompatibilität

Bei Ausdrücken der Form *Operand*$_1$ *Operator Operand*$_2$ haben wir ein Problem, das ähnlich dem der Zuweisungskompatibilität ist: Welche zwei

Operanden dürfen wir mischen, bei welchen ist das nicht möglich. Dürfen wir z. B. *Integer*-Zahlen zu *Cardinal*-Zahlen addieren? Darüber geben die Regeln der Ausdruckskompatibilität Bescheid.

In Modula-3 müssen die Operanden solcher Ausdrücke einen gemeinsamen Supertyp haben (eine Ausnahme ist die IN-Operation, siehe Kap. 8.3). Die Operanden werden vor der Auswertung des Ausdrucks in diesen gemeinsamen Typ umgewandelt. Für Typen, die in keinerlei Subtypbeziehung zu anderen stehen (beispielsweise *Real*), bedeuted das, daß beide Operanden vom gleichen Typ sein müssen. Jedoch gilt CARDINAL <: INTEGER, daraus folgt, daß *Integer*-Zahlen zu *Cardinal*-Zahlen addiert werden dürfen.

Das folgende Beispiel ist korrekt, weil die Addition von s1 und s2 im *Integer*-Bereich ausgeführt wird:

```
VAR
  s1: [1 .. 2] := 1;
  s2: [3 .. 4] := 3;
  i:  INTEGER;
BEGIN
  i:= s1 + s2;          (*Typ des Ausdrucks s1+s2 ist Integer, Wert ist 4*)
```

Wollen wir Operanden von unterschiedlichen Typen in einem Ausdruck kombinieren (z. B. reelle Zahlen mit ganzen Zahlen mischen), so müssen wir die schon eingeführten Umwandlungsfunktionen anwenden (siehe Kap. 6). In Modula-3 gibt es also in Ausdrücken keine *implizite*, wohl aber eine *explizite* Typkonversion zwischen unterschiedlichen Typen. Die Abwesenheit von impliziten Typkonversionen hilft Programmierfehler zu minimieren.

Es gibt eine Reihe Programmiersprachen, die implizite Typkonversionen anbieten. Das eklatanteste Beispiel ist *PL/1*, wo ganz unterschiedliche Operanden in einem Ausdruck gemischt auftreten können. Zunächst sieht das sehr bequem aus, es kann aber zu höchst unerwarteten Fehlern führen.

Es gibt auch Sprachen – wie Oberon-2 [WG92, RW92, Mös93] –, die eine geregelte und sinnvoll eingeschränkte implizite Typkonversion definieren (*type inclusion*). In Oberon-2 bilden die numerischen Typen eine Hierarchie. Je größer und genauer der Darstellungsbereich eines numerischen Typs ist, desto höher steht er in der Hierarchie. Ausdrücke mit Operanden, die unterschiedlichen numerischen Typen angehören, werden im Darstellungsbereich des höher stehenden Operanden ausgewertet. Wollen wir z. B. eine *Integer* und eine *Real*-Zahl addieren, so wird die *Integer*-Zahl automatisch in *Real*-Form umgewandelt.

Ergebnistyp

Der Typ des Ergebnisses eines Ausdrucks (meist einfach Typ des Ausdruckes genannt) mit zwei Operanden ist nicht unbedingt der Typ seiner Operanden. Das Ergebnis hängt vom *Operator* ab. Die Addition bildet beispielsweise alle *Integer*-Unterbereiche auf ein Ergebnis vom Typ *Integer* ab (auch dann, wenn beide Operanden den gleichen Unterbereichstyp haben). Die Relationsoperatoren (größer, kleiner, etc.) bilden alle erlaubten Operandentypen auf den Ergebnistyp *Boolean* ab. Welchen Ergebnistyp ein Operator liefert, besprechen wir jeweils, wenn wir den Operator kennenlernen.

Die Regeln der Typäquivalenz bilden zusammen mit den Kompatibilitätsregeln die Rahmenbedingungen des Typsystems.

Sie regulieren, was ein zulässiger Ausdruck und was eine zulässige Wertzuweisung ist. Dieses Regelwerk ermöglicht dem Übersetzer, alle unzulässigen Ausdrücke und Zuweisungen zu melden. Dadurch ist eine Reihe von Programmierfehlern automatisch entdeckbar, so daß die Sicherheit der Programme wesentlich erhöht wird.

Kapitel 8

Zusammengesetzte statische Typen

Bis jetzt waren alle Daten (Konstanten oder Variablen) „persönliche Bekannte" von uns. Wir haben sie einzeln deklariert und ihnen einzelne Werte zugewiesen. Damit konnten wir manche Aufgaben erfüllen. Wir könnten bestimmt noch viel schwierigere Beispiele lösen, denn was die Anweisungen betrifft, steht uns schon ein ganz mächtiges Arsenal zur Verfügung. Mit Hilfe der Wiederholungsanweisungen können wir unbeschränkte (im Prinzip unendliche) Berechnungen durchführen. Im Datenbereich sind wir aber im Rückstand: Es ist uns bisher nicht möglich, *Datensammlungen* (oder *Datenaggregate*) zu definieren. Die bisherigen Datentypen waren alle *skalar*. Eine Variable von einem skalaren Typ kann zu einem Zeitpunkt nur einen einzelnen Wert enthalten.

Mit Hilfe von Typkonstruktoren können wir verschiedene Aggregate bilden. Ohne Computer verwenden wir eine Tabelle, eine Liste oder Karteiblätter, um Informationen zu verwalten. Eine Tabelle brauchen wir, wenn wir z. B. den Tagesumsatz eines Geschäftes für jeden Tag des Jahres vermerken wollen. Eine Liste würden wir verwenden, um beispielsweise den Inhalt des Lagers zu beschreiben. Karteiblätter benutzen wir, um ganz unterschiedliche Informationen z. B. Geburtsdatum, Adresse und Gehalt von Mitarbeitern zusammenzufassen. In Programmen können wir Tabellen in Form von Arrays, Karteiblätter als Records und Listen in Form von dynamischen Datenstrukturen (siehe im Kap. 11.5) speichern. Darüber hinaus stehen uns in Computerprogrammen noch Mengen zur Verfügung, die in der Mathematik eine größere Bedeutung haben. Auch das Array war ursprünglich in die Programmiersprachen gekommen, weil man mathematische Vektoren und Matrizen darstellen wollte.

In diesem Kapitel werden wir die *statischen* Typkonstruktoren, Arrays, Records und Mengen, kennenlernen. Statisch sind sie deshalb, weil ihre Größe bereits von vornherein bekannt ist. Das gilt für fast alle Tabellen

– wir wissen, für wieviele Tage des Jahres wir Platz reservieren müssen, um die Umsätze zu speichern – und für Karteiblätter. Für die Lagerlisten gilt das in der Regel nicht: Wir wissen wohl ungefähr, wieviele Einzelartikel Platz haben, doch die aktuelle Anzahl variiert stark und eine exakte Obergrenze können wir nicht angeben. Dafür benötigen wir *dynamische* Datenstrukturen, die wir erst später kennenlernen werden.

Computer werden heute an erster Stelle für die Speicherung und Verwaltung von großen Datenmengen verwendet. Häufig werden wir mit Anwendungen wie Banksystemen oder Platzreservierungssystemen konfrontiert. Sie verwalten eine enorme Menge von Daten in einer sogenannten *Datenbank*. Die Datenbanken werden in diesem Buch nicht behandelt, wir befassen uns hier nur mit den Grundkonzepten der Programmiersprachen, die zur Datenstrukturierung angeboten werden, und auf die sich auch die Datenbanktechnologie stützen kann.

Eine Erklärung der Grundlagen der Datenbanken finden wir z. B. in [Ull82, Dat90], darüber hinaus steht eine reiche Auswahl an Literatur zur Verfügung. Es ist interessant, daß in den letzten Jahren, durch die *Objektorientierten Datenbanken* [Heu92], die Konzepte der Programmiersprachen und die der Datenbanktechnologie sich etwas angenähert haben.

8.1 Arrays

Ein Array (deutsch auch *Feld* genannt) ist eine geordnete Sammlung von *Elementen* des selben Typs. Die einzelnen Elemente des Arrays werden aneinander gereiht und können zusammen als Ganzes angesprochen werden. Die Elemente werden „durchnumeriert" – nicht unbedingt mit Zahlen – und können über diese „Nummer" (dem *Index*) einzeln selektiert werden.

Ohne Arrays können wir viele Programmierprobleme nicht lösen. Die vorhin erwähnte Umsatztabelle können wir nicht speichern, indem wir etwa 365 Einzelvariablen (vom Typ *Real* z. B.) deklarieren. Vielmehr wollen wir 365 *Real*-Zahlen zusammen speichern und über die Nummer des Tages zugreifen. Wir schreiben:

```
TYPE
  Tage = [1..365];
  Umsatz = ARRAY Tage OF REAL;
VAR
  umsatz: Umsatz;
```

Damit können wir in der Variablen umsatz 365 Einzelwerte speichern. Tage ist der *Indextyp* und steht für die Spalten der Tabelle. Über diesen „Spaltentyp" können wir auf die einzelnen *Elemente* zugreifen. Wir schreiben:

```
umsatz[10]:= 105000.0;
```

Damit setzen wir den Wert des 10. Elements des Arrays.

Syntax des Arraytyps

$$\text{ArrayType}_{49} = \text{"ARRAY" [Type}_{48} \{ \text{","} \text{ Type}_{48} \} \text{] "OF" Type}_{48}.$$

Der Typ nach dem Schlüsselwort OF ist der *Elementtyp*, die anderen sind die *Indextypen*. Die Indextypen müssen immer Ordinaltypen (z. B. Unterbereich oder Aufzählung) sein. Bei statischen Arrays – deren Größe bei der Deklaration festgelegt wird – muß mindestens ein Indextyp spezifiziert werden. Die Anzahl der Indizes ist die Anzahl der *Dimensionen* des Arrays. Die Länge eines statischen Arrays kann zur Übersetzungszeit berechnet werden.

8.1.1 Eindimensionale Arrays

Angenommen IndexTyp ist ein Ordinaltyp (z. B. [1 .. 10]), und ElementTyp ist ein beliebiger Typ, so können wir ein *eindimensionales* Array in der Form:

```
TYPE A1 = ARRAY IndexTyp OF ElementTyp
```

schreiben. Eindimensionale Arrays werden oft nach ihren mathematischen Urbildern als *Vektoren* bezeichnet.

Ein Element eines Arrays kann durch *Indizierung* angesprochen werden. Der Indexausdruck wird in eckigen Klammern hinter dem Namen der Arrayvariablen geschrieben. Der Ausdruck muß zuweisungskompatibel zum Indextyp sein. Die Werte der Indexausdrücke bestimmen das auszuwählende Element. Auf diese Weise kann die Sprachumgebung auch prüfen, ob das Array mit einem sinnvollen Indexwert indiziert wurde: Würden wir versuchen, ein Array mit Indextyp [1..10] mit dem Wert 11 zu indizieren, dann führt das zu einem Laufzeitfehler, weil 11 nicht im Indextyp enthalten ist.

Diese Überprüfung (man nennt sie auch englisch *range check*) ist im Zusammenhang mit Arrayindizes noch wichtiger, als bei Variablen eines Unterbereichstyps. Hat eine Variable einen falschen Wert, so ist das schlimm genug. Ein falscher Index in einem Array führt darüberhinaus dazu, daß Speicherbereiche angesprochen werden, die nicht mehr zum Array gehören. Das bedeutet, daß ganz zufällig irgendwelche anderen Variablen überschrieben werden können – mit wahrscheinlich fatalen Folgen für den Programmlauf.

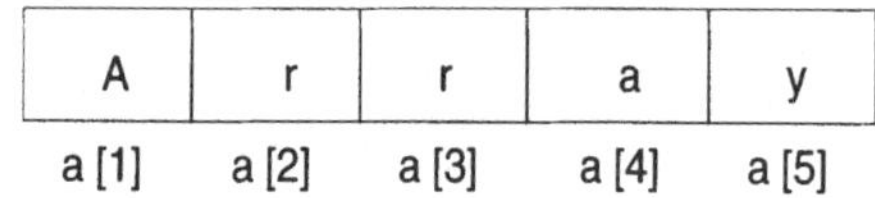

Abb. 8.1: *Eindimensionales Array von Zeichen*

```
  ⋮
TYPE
  Index = [1 .. 5];                                          (*Indextyp*)
  Array = ARRAY Index OF CHAR;                               (*Arraytyp*)
VAR
  a: Array;                                (*"a" kann 5 Zeichen speichern*)
BEGIN
  FOR i:= FIRST(Index) TO LAST(Index) DO a[i]:= SIO.GetChar() END;
  FOR i:= FIRST(Index) TO LAST(Index) DO SIO.PutChar(a[i]) END;
  ⋮
```

Bsp. 8.2: *Zugriff auf ein Array von Zeichen*

Der Typ Array im Bsp. 8.2 definiert ein Array, das aus fünf Elementen des Typs *Char* besteht. Die erste *For*-Schleife füllt die Elementen des Arrays mit beliebigen Zeichen, die zweite *For*-Schleife gibt den Inhalt des Arrays aus. Würden wir z. B. die Buchstaben des Wortes „Array" eintippen, so würde das Programm die Buchstabenreihe „Array" ausgeben (Abb. 8.1).

Das Beispiel zeigt auch, wie natürlich sich die *For*-Schleife für die Bearbeitung von Arrays eignet. Mit Hilfe der *First*- und *Last*-Funktionen können wir das Array ganz einfach durchlaufen.

Wir hätten die *For*-Schleife auch so schreiben können:

```
FOR i:= 1 TO 5 DO a[i]:= SIO.GetChar() END
```

Diese Lösung hat aber den Nachteil, daß bei Änderung des Index auch die Schleife geändert werden muß. Soll Index auf [1 .. 100] erweitert werden, dann müßten wir die Schleife auf FOR i:= 1 TO 100 DO ··· mitändern. Solche Anpassungen sind sehr unerwünscht. Sie sind nicht nur arbeitsintensiv, sondern auch fehleranfällig. Bei der Lösung des Beispiels 8.2 ist eine solche Anpassung nicht notwendig: *First* und *Last* geben immer die aktuellen Grenzwerte zurück, die Änderung ist nur an einer Stelle notwendig.

8.1.2 Mehrdimensionale Arrays

Arrays mit mehr als einem Index nennen wir *mehrdimensionale* Arrays. Zweidimensionale Arrays haben einen besonderen Stellenwert, weil sie für

	1	2	3		16
1	2 a[1,1]	3 a[1,2]	4 a[1,3]	...	17 a[1,16]
2	3 a[2,1]	4 a[2,2]	5 a[2,3]	...	18 a[2,16]
	⋮	⋮	⋮		⋮
32	33 a[32,1]	34 a[32,2]	35 a[32,3]	...	48 a[32,16]

Abb. 8.3: *Zweidimensionales Array von Integer-Zahlen*

```
  ⋮
TYPE
  Zeile   = [1 .. 32];                                    (*Zeilenindex*)
  Spalte  = [1 .. 16];                                   (*Spaltenindex*)
  Matrix  = ARRAY Zeile, Spalte OF INTEGER;                (*Arraytyp*)
VAR
  matrix: Matrix;                  (*"matrix" kann 32 × 16 Zahlen speichern*)
BEGIN
  FOR i:= FIRST(Zeile) TO LAST(Zeile) DO
    FOR j:= FIRST(Spalte) TO LAST(Spalte) DO
      matrix[i, j]:= i + j;
    END; (*FOR j*)
  END; (*FOR i*)
  ⋮
```

Bsp. 8.4: *Zweidimensionales Array von Integern*

die Darstellung von *Matrizen* besonders geeignet sind. Abb. 8.3 zeigt so ein zweidimensionales Array (in diesem Fall gefüllt mit Werten, die der Summe aus Zeilen- und Spaltenindizes entsprechen).

Einen zweidimensionalen Arraytyp können wir auf zwei Arten deklarieren:

1. TYPE A2 = ARRAY Index1 OF ARRAY Index2 OF Element

2. TYPE A2 = ARRAY Index1, Index2 OF Element

Die erste Schreibweise betont eher, daß der Elementtyp des ersten Arrays selbst ein Array ist, die zweite drückt direkter den zweidimensionalen Charakter aus. Wir verwenden meistens die zweite Schreibweise. Die erste ist dann notwendig, wenn ein zweidimensionales Array als ein eindimensionales Array von einem anderen – benannten – Array aufgebaut ist (wie der Typ Gerade im Bsp. 8.5). Beide Schreibweisen können wir – wie aus der Syntax auch ablesbar – für Arrays mit beliebig vielen Dimensionen verallgemeinern und die zwei Schreibweisen sogar mischen.

Bei mehrdimensionalen Arrays kann auf ein Element der n-ten Dimension in der Form

a[i_1] [i_2] $\cdots$ [i_n]

oder besser in der vereinfachten Form:

a[i_1, i_2, $\cdots$, i_n]

zugegriffen werden.

Die genaue Syntax von Indizierung ist in der Syntax für Ausdrücke (vergleiche Kap. 7.1.1) definiert. Wir zeigen hier den entsprechenden Ausschnitt aus der Ausdrucks-Syntax:

Syntax der Indizierung von Arrays

$E7_{73}$ = $E8_{74}$ { $Selector_{78}$ }.
⋮
$Selector_{78}$ = "[" $Expr_{66}$ { "," $Expr_{66}$ } "]" | $\cdots$

Im Bsp. 8.4 definiert Typ Matrix ein zweidimensionales Array. Der Typ Zeile definiert den Indextyp der Zeilen, Typ Spalte den der Spalten. Die Variable matrix speichert in jedem Element die Summe der Indexwerte (Abb. 8.3).

Gestalt

Nach dem Muster des zweidimensionalen Arrays können wir Arrays von einer beliebigen Dimension definieren. Den Elementtyp des „letzten" Arrays nennen wir *Basistyp* des Arrays. Die *Gestalt* (*shape*) eines mehrdimensionalen Arrays ist die Sequenz der Kardinalität seiner Dimensionen. Ein Typ, der kein Array ist, hat eine *leere* Gestalt. Im folgenden Beispiel haben A1, A2 und A3 die gleiche, A4 aber eine unterschiedliche Gestalt.

```
TYPE
  A1 = ARRAY [1 .. 2], [3 .. 5]     OF INTEGER;
  A2 = ARRAY [0 .. 1], [7 .. 9]     OF INTEGER;
  A3 = ARRAY ['A' .. 'B'], ['X .. 'Z'] OF INTEGER;
  A4 = ARRAY [0 .. 1], [6 .. 9]     OF INTEGER;
```

8.1.3 Arraykonstruktoren

Mit Hilfe von *Arraykonstruktoren* können wir Arraywerte definieren. Diese sind besonders nützlich, wenn wir ein Array gleich bei der Deklaration mit Anfangswerten versehen wollen.

Die genaue Syntax ist ein Teil der Ausdruck-Syntax (siehe Abb. 7.1, S. 130):

```
CONST
  N = 3;
TYPE
  Punkt   = ARRAY [1..N] OF REAL;              (*Punkt des N-dimensionalen Raumes*)
  Gerade = ARRAY [1..2] OF Punkt;
CONST
  Ursprung        = Punkt {0.0, ..};                    (*Alle Elemente auf 0.0 gesetzt*)
  XNorm           = Punkt {1.0, 0.0, ..};           (*Ab 2. Element alle auf 0.0 gesetzt*)
  YNorm           = Punkt {0.0, 1.0, 0.0, ..};           (*Ab 3. Element alle auf 0.0*)
  XNormGerade  = Gerade {Ursprung, XNorm};
VAR
  eineGerade:= Gerade {Punkt{-1.0, 1.0, 0.0, ..}, Punkt{1.0, 1.0, 0.0, ..} };
```

Bsp. 8.5: *Initialisierung eines zweidimensionalen Arrays*

Syntax von Arraykonstruktoren

$E8_{74}$ = $Ident_{89}$ | $Number_{94}$ | $CharLiteral_{91}$ | $TextLiteral_{92}$
| $Constructor_{79}$ | "(" $Expr_{66}$ ")".
$Constructor_{79}$ = $Type_{48}$ "{" [$ArrayCons_{84}$ | ···] "}".
$ArrayCons_{84}$ = $Expr_{66}$ {"," $Expr_{66}$ } ["," ".."].

In einem $ArrayCons_{84}$ können wir eine Liste von Ausdrücken angeben, die den Elementen des Arrays der Reihe nach zugewiesen werden. Die Angabe von ".." bewirkt, daß alle noch nicht initialisierten Elemente den Wert des letzten Ausdruckes erhalten (dieser wird nicht für jedes weitere Element neuberechnet, sondern nur einmal). Arraykonstruktoren können wir Arraykonstanten und Arrayvariablen zuweisen. Wird kein ".." angegeben, so muß der Konstruktor genauso viele Elemente enthalten wie das Array, dem der Konstruktor zugewiesen wird.

Im Bsp. 8.5 zeigen wir die Verwendung von mehrdimensionalen Arrays und Arraykonstruktoren. Ein Punkt im n-dimensionalen Raum kann in der Mathematik als Aneinanderreihung von Koordinaten dargestellt werden. In einem Programm verwenden wir dazu das Array. Wohlgemerkt: Die Dimension des Arrays ist dabei ganz etwas anderes als die Dimensionen des mathematischen Raumes. Die n Koordinaten eines Punktes können wir in *einer* Arraydimension speichern!

Im Bsp. 8.5 werden Arrays verwendet, um Punkte in einem n-dimensionalen Raum darzustellen. Der Ursprung dieses Raumes ist ein Punkt, dessen n Koordinaten alle 0 sind. Das Beispiel zeigt, wie wir die Konstante Ursprung vom Typ Punkt deklarieren. Sind nicht alle Elemente des Arrays gleich, dann kann die gleiche Notation verwendet werden, um anzugeben, daß die Elemente ab einer bestimmten Stelle alle gleich sind (siehe die Konstanten XNorm und YNorm im Bsp. 8.5).

Mit dieser Methode kann sogar die Dimension des Raumes offen gelassen werden: Wir können die Konstante N auf jeden Wert ≥ 3 setzen.

```
MODULE Array3 EXPORTS Main;
  IMPORT Math;                    (*Math exportiert mathematische Funktionen*)

  CONST
    N = 3; M = 100;
  TYPE
    Punkt = ARRAY [1..N] OF LONGREAL;            (*Punkt im N-Dimensionalem Raum*)
    Polygon = ARRAY [1..M] OF Punkt;          (*Polygon im N-Dimensionalem Raum*)
  VAR
    kreis: Polygon;              (*ein Kreis soll durch ein Polygon angenähert werden*)
    radius: LONGREAL := 10.0D0; alpha: LONGREAL:= 0.0D0;
    step: LONGREAL:= 6.28D0 / FLOAT(NUMBER(Polygon), LONGREAL);
BEGIN
  FOR i:= FIRST(kreis) TO LAST(kreis) DO
    kreis[i, 1]:= Math.sin(alpha)*radius;
    kreis[i, 2]:= Math.cos(alpha)*radius;
    FOR j:= 3 TO N DO kreis[i, j]:= 0.0D0 END;            (*Kreis liegt in x/y-Ebene *)
    alpha:= alpha+step;
  END;
  ⋮
```

Bsp. 8.6: *Kreis angenähert durch ein Polygon*

Nach der neuerlichen Übersetzung des Programms sind die Konstanten Ursprung, XNorm und YNorm für den neuen Raum wieder richtig deklariert!

Ein Polygon im n-dimensionalen Raum besteht aus einer festen Anzahl von Punkten, die wir als ein Array von Punkten darstellen können. Eine Gerade im Bsp. 8.5 ist ein zweidimensionales Array: Ein Punkt ist ein Array von Koordinaten, eine Gerade ein Array von Punkten.

Die Deklaration der Variablen eineGerade ist auch ein Beispiel für einen Fall, bei dem wir auf die explizite Angabe des Typs der Variablen verzichten können und ihn statt dessen implizit durch den Initialisierungswert festlegen (siehe Kap. 7.2.3). Aus dem Arraykonstruktor ist er ohnehin direkt ersichtlich. Die folgende Deklaration könnte man berechtigt als „pompös“[1] bezeichnen:

```
eineGerade: Gerade:= Gerade{Punkt{-1.0,1.0,0.0, ..}, Punkt{1.0,1.0,0.0, ..} };
```

Bsp. 8.6 definiert ein Polygon, das aus M Punkten besteht. Die Variable kreis wird so initialisiert, daß sie einen Kreis annähert. Wollen wir die „Feinheit“ der Annäherung erhöhen, so genügt es, M größer zu machen.

[1]Eine von Niklaus Wirth gerne verwendete Bezeichnung für übertriebenen Formalismus.

```
  CONST
    N = 2;
  TYPE
    Punkt       = ARRAY [1..N] OF REAL;
    Dreieck     = ARRAY [1..3] OF Punkt;
    Orte        = {Wien, Salzburg, Klagenfurt};
    OrtDreieck = ARRAY Orte OF Punkt;
  CONST
    RundKurs = OrtDreieck{Punkt{1.4, 2.5}, Punkt{4.5, 0.6}, Punkt{3.2, 3.2}};
  VAR
    dreieck: Dreieck;
BEGIN
  dreieck:= RundKurs;                                   (*Zuweisung von Arrays *)
  ⋮
  IF dreieck # RundKurs THEN                            (*Vergleich von Arrays *)
  ⋮
```

Bsp. 8.7: *Zuweisung und Vergleich von Arrays*

8.1.4 Operationen mit Arrays

Zuweisung

Arrays können dann einander zugewiesen werden, wenn sie den gleichen Basistyp und die gleiche Gestalt (gleiche Anzahl von Elementen in jeder Dimension, siehe oben, Abschn. 8.1.2) haben. Die Zuweisung des konstanten Arrays RundKurs zur Variablen dreieck im Bsp. 8.7 ist deshalb möglich.

Vergleich

Zuweisungskompatible Arrays können auf Gleichheit (bzw. Ungleichheit) verglichen werden. Zwei Arrays sind gleich, wenn die Anzahl der Elemente gleich ist und die Elemente alle paarweise gleich sind (siehe Bsp. 8.7). Andere Vergleiche sind auf Arrays nicht gestattet.

Vordefinierte Funktionen

Die *First*- und *Last*-Funktionen können wir sowohl auf Arraytypen als auch auf Variablen vom Typ Array anwenden. Sie liefern jeweils den ersten bzw. letzten Wert des Indextyps des Arrays. Bei mehrdimensionalen Arrays können wir diese Funktion auf jede Dimension einzeln anwenden. So hätten wir das Bsp. 8.4 auch in der noch allgemeineren Form des Beispiels 8.8 schreiben können. Der Ausdruck FIRST(matrix[FIRST(matrix)]) bestimmt das erste Element in der zweiten Dimension. Der Indexausdruck zwischen den eckigen Klammern dient dazu, die zweite Dimension auszuwählen; dazu können wir ein beliebiges Element der ersten Dimension

```
  ⋮
TYPE
  Zeile    = [1 .. 32];                                        (*Zeilenindex*)
  Spalte   = [1 .. 16];                                        (*Spaltenindex*)
  Matrix   = ARRAY Zeile, Spalte OF INTEGER;                   (*Arraytyp*)
VAR
  matrix: Matrix;                        (*"matrix" kann 32 × 16 Zahlen speichern*)
BEGIN
  FOR i:= FIRST(matrix) TO LAST(matrix) DO                     (*von 1 bis 32*)
    FOR j:= FIRST(matrix[FIRST(matrix)]) TO LAST(matrix[FIRST(matrix)]) DO
                                                               (*von 1 bis 16*)
      matrix[i, j]:= i + j;
    END; (*FOR j*)
  END; (*FOR i*)
  SIO.PutInt(NUMBER(matrix));            (*Anzahl der Elemente in 1. Dimension: 32*)
  SIO.PutInt(NUMBER(matrix[FIRST(matrix)]));    (*Elemente in 2. Dimension: 16*)
  ⋮
```

Bsp. 8.8: *Vordefinierte Funktionen für mehrdimensionale Arrays*

```
  ⋮
TYPE
  Array1 = ARRAY [1 .. 100] OF INTEGER;
  Array2 = ARRAY [1..10] OF INTEGER;
VAR
  a1:= Array1{0, ..};            (*"a1" kann 100 Zahlen speichern (anfangs alle 0) *)
  a2:= Array2{1, ..};                              (*"a2" speichert nur 10 Zahlen*)
BEGIN
(*ab Index 11 in "a1" "a2" hineinkopieren: *)
  SUBARRAY(a1, 10, NUMBER(a2)):= a2;
(*einen Teil aus "a1" dem Array "a2" zuweisen: *)
  a2:= SUBARRAY(a1, 0, NUMBER(a2));
(*Überschreibt a1_11..a1_15: *)
  FOR i:= 0 TO 4 DO SUBARRAY(a1, 10, 5)[i]:= 3 * i END;
(*verschiebt 5 Werte von Index 11 um ein Element: *)
  SUBARRAY(a1, 11, 5):= SUBARRAY(a1, 10, 5);
  ⋮
```

Bsp. 8.9: *Die Verwendung der Subarray-Funktion*

verwenden. Der Ausdruck FIRST(matrix[LAST(matrix)]) z. B. ist äquivalent zu dem vorherigen.

Die Funktion *Number* ist auf Arrays auch anwendbar und gibt die Anzahl der Elemente (der ersten Dimension des Arrays) zurück (Bsp. 8.8).

Die Funktion *Subarray* „schneidet" einen Teil aus einem Array heraus. Ihre allgemeine Form ist:

```
SUBARRAY(a: Array; ab, anzahl: CARDINAL)
```

Das Ergebnis vom *Subarray* ist eine *Variable* deren Typ der Elementtyp von a ist (falls a mehrdimensional ist, dann bezieht sich *Subarray* auf die erste Dimension). Wir können uns diese Variable so vorstellen, als wäre sie auf einen Teil von a darübergelegt. *Subarray* liefert also einen Teil des Arrays selbst zurück, nicht etwa eine Kopie davon.

Das Ergebnis enthält anzahl Elemente, wobei die ersten ab Elemente des originalen Arrays unberührt bleiben. Bei ab = 0 wird das Subarray ab FIRST(a) darübergelegt, bei ab = 1 ab dem zweiten Element usw. SUBARRAY(a, 0, NUMBER(a)) legt das Subarray über das ganze Array a. Der Indextyp des Ergebnisses ist: [0 .. anzahl-1]. Im Bsp. 8.9 zeigen wir verschiedene Verwendungen von *Subarray*: Zunächst können wir die Funktion benutzen, um Arrays unterschiedlicher Größe „zuzuweisen". Wir geben den Bereich, wohin wir das kleinere Array in das größere kopieren wollen mit *Subarray* an. Die folgende *For*-Schleife zeigt, daß wir *Subarray* wie eine Arrayvariable indizieren können. Wir können sogar überlappende Bereiche innerhalb eines Arrays einander zuweisen – die genaue Definition von *Subarray* erlaubt das (siehe Sprachbeschreibung B.5.1).

8.1.5 Beispiel Stundenplan

Im Bsp. 8.10 machen wir uns einen kleinen „Stundenplan" für Studenten. Wir definieren eine Matrix, deren Zeilen die Tage und deren Spalten die Stunden sind (wir gehen von der optimistischen Annahme aus, daß Lehrveranstaltungen nur von Montag bis Freitag und nur zwischen 7 und 20 Uhr stattfinden können). Die zwei Konstanten-Arrays TagNamen und FachNamen enthalten Textkonstanten. Wir initialisieren zunächst den stundenPlan auf den Wert Keine. Danach tragen wir einige Termine in den Stundenplan ein und geben ihn – für alle Vormittage – aus.

Beim Ausdruck des Namens eines Faches kommt eine eingeschachtelte Indizierung vor: FachNamen[stundenPlan[tag, stunde]]. Der Ausdruck stundenPlan[tag, stunde] – sein Typ ist Faecher – indiziert das Array FachNamen, das den entsprechenden Text enthält.

> Auf schöne Formate haben wir beim Ausdruck nicht geachtet. In einem Programm, das eine weitere Verbreitung haben sollte, ist aber dieser Punkt auch wichtig. Wir würden uns im konkreten Fall eine schöne Tabelle wünschen, mit Tagen als Spaltenüberschriften, und die Stunden zeilenweise aufgelistet. Dazu müßten wir dann beim Drucken die Reihenfolge der *For*-Schleifen tauschen, weil die Variable stundenPlan in der ersten Dimension die Tage und in der zweiten die Stunden enthält.
>
> Der Leser könnte nun meinen: So einen Stundenplan bringe ich viel schneller aufs Papier, dazu brauche ich doch keinen Computer. Das ist richtig. Bsp. 8.10 wollte vor allem die grundsätzlichen Datenstrukturen und einige ihrer elementaren Operationen zeigen. Für ein

```
MODULE StundenPlan EXPORTS Main;                                    (*27.05.94. LB*)

  IMPORT SIO;

  TYPE
    Tage        = {Montag, Dienstag, Mittwoch, Donnerstag, Freitag};
    Stunden     = [7..20];
    Vormittag   = [8..12];
    Faecher     = {Keine, Englisch, Software_1, Mathematik};
    Plan        = ARRAY Tage, Stunden OF Faecher;
  CONST
    TagNamen   = ARRAY Tage OF TEXT{
                 "Montag", "Dienstag", "Mittwoch", "Donnerstag", "Freitag"};
    FachNamen = ARRAY Faecher OF TEXT{
                 "Keine", "Englisch", "Software_1", "Mathematik"};

  VAR
    stundenPlan: Plan;                                  (*Speichert den Stundenplan*)

BEGIN
  FOR tag:= FIRST(Tage) TO LAST(Tage) DO
    FOR stunde:= FIRST(Stunden) TO LAST(Stunden) DO
      stundenPlan[tag, stunde]:= Faecher.Keine;        (*Initialisierung auf Keine*)
    END; (*FOR stunde*)
  END; (*FOR tag*)

  FOR stunde:= 8 TO 18 DO                       (*Fast den ganzen Montag Englisch*)
    stundenPlan[Tage.Montag, stunde]:= Faecher.Englisch;
  END; (*FOR stunde*)

(*Von Dienstag bis Freitag um 10 Uhr Software-1*)
  FOR tag:= Tage.Dienstag TO Tage.Freitag DO
    stundenPlan[tag, 10]:= Faecher.Software_1;
  END; (*FOR tag*)

  stundenPlan[Tage.Dienstag, 8]:= Faecher.Mathematik;
  stundenPlan[Tage.Freitag, 9]:= Faecher.Mathematik;

(*Ausdruck des Vormittagsplans *)
  FOR tag:= FIRST(Tage) TO LAST(Tage) DO
    SIO.PutText(TagNamen[tag] & "\n");
    FOR stunde:= FIRST(Vormittag) TO LAST(Vormittag) DO
      SIO.PutInt(stunde);
      SIO.PutText(":" & FachNamen[stundenPlan[tag, stunde]]);
    END; (*FOR stunde*)
    SIO.Nl();
  END; (*FOR tag*)
END StundenPlan.
```

Bsp. 8.10: Stundenplan als zweidimensionales Array

Programm, das einen Stundenplan in einer wirklich sinnvollen Weise verwaltet, fehlen uns noch zu viele Kenntnisse. Um nur einen Punkt zu nennen: Einen echten Stundenplan müßten wir natürlich *persistent* machen können, d. h., er dürfte nach dem Ablauf des Programms nicht wie im Beispiel 8.8 einfach verschwinden (siehe dazu Kap. 14).

8.1.6 Lineares Suchen in einem Array

Als nächstes lösen wir ein klassisches Problem der Informatik: Wir suchen ein Element in einem Array. Es ist leicht zu erraten, warum Suchen ein klassisches Problem ist. Wir speichern die Informationen in unseren Computern nicht ohne Zweck: Wir wollen die gespeicherte Information auch verwenden, und dazu müssen wir sie finden. Wir treffen zunächst die Annahme, daß die Daten ganz zufällig in einem Array abgespeichert sind (d. h., es besteht kein Zusammenhang zwischen Elementwert und Position im Array – im Gegensatz zu einem sortierten Array, wo „kleinere" Elemente vor den „größeren" gespeichert sind). Wenn wir also einen Wert finden wollen, müssen wir das Array, vom Anfang ausgehend, linear durchsuchen, und zwar ein Element nach dem anderen.

Formulieren wir zuerst die Aufgabe ganz präzis. Gegeben sei ein Array a von Integer-Zahlen, mit einem Indexbereich zwischen 1 und N. x ist der gesuchte Wert. Wir wollen das erste Vorkommen dieses Wertes in a finden. Anfangsbedingung ist:

$$N > 0 \land \ (\exists j : 1 \leq j \leq N : a[j] = x)$$

In Worten: N muß positiv sein, und der Wert x muß in a vorkommen. Zusätzlich nehmen wir implizit an, daß sich a, x und N während der Ausführung des Suchvorgangs nicht ändern.

Die Annahme, daß das gesuchte Element im Array auch vorkommt, ist nicht so unrealistisch: Wir könnten N um 1 erhöhen und x an die letzte Stelle kopieren. Dadurch finden wir x immer, und wir wissen, wenn x erst an der letzten Stelle erkannt wird, dann war es im ursprünglichen Array nicht enthalten. Diese Vorgehensweise nennt man die Technik der *Marke* (*sentinel*).

Das Programm muß die folgende Endbedingung erfüllen:

$$a[i] = x \land (\forall j : 1 \leq j < i : a[j] \neq x)$$

Der erste Ausdruck (vor dem $\land$) sagt aus, daß x an der Stelle i gefunden wurde, der zweite, daß x an keiner Stelle mit einem kleineren Index vorkommt. Versuchen wir nun aus dieser Endbedingung den Algorithmus „abzuleiten". Wir brauchen eine Schleife, die das ganze Array der Reihe

```
  ⋮
  CONST
    N = 10;                                        (*Anzahl der Elemente im Array*)
  TYPE
    Array = ARRAY [1..N+1] OF INTEGER;
                              (*Die N+1-te Position ist für die Marke reserviert*)
  VAR
    a: Array;                                   (*Das Array, in dem gesucht wird*)
    x, i: INTEGER;                          (*x enthält den Wert der gesucht wird*)
BEGIN                                                         (*Anweisungsteil*)
(*... a und x werden gesetzt ... *)
  a[LAST(a)]:= x;                            (*Marke an die die N+1-te Position*)
  i:= FIRST(a);
  WHILE x # a[i] DO INC(i) END;
  IF i = LAST(a) THEN SIO.PutText("NICHT gefunden");
  ELSE SIO.PutText("Gefunden auf Position: "); SIO.PutInt(i)
  END;
  ⋮
```

Bsp. 8.11: *Lineares Suchen mit Marke*

nach (linear) durchsucht, bis das gewünschte Element gefunden wird. Als Invariante dieser Schleife bietet sich der zweite Ausdruck der Endbedingung an, da diese Relation während des gesamten Suchvorgangs bestehen muß. Wir nehmen also die Invariante I:

$$I : (\forall j : 1 \leq j < i : a[j] \neq x)$$

Der erste Ausdruck der Endbedingung könnte als Abbruchbedingung der Schleife dienen. Wir nehmen eine *While*-Schleife, die die folgende Form hat (siehe Kap. 5.5):

$$\{I\} \text{ WHILE } \textit{Bedingung} \text{ DO } \textit{Anweisungen} \ \{I\} \text{ END}$$

Als *Bedingung* verwenden wir die Negation der Abbruchbedingung (also $a[i] \neq x$). Der Körper der While-Schleife ist nun ganz einfach zu finden: Wir wollen das ganze Array linear durchsuchen, also müssen wir den Index in jedem Durchlauf um 1 erhöhen. Der endgültige Algorithmus lautet demnach:

$\{\textit{Vorbedingung} \equiv N > 0 \wedge (\exists j : 1 \leq j \leq N : a[j] = x)\}$
$i := 1;$
$\{I\}$
WHILE $a[i] \neq x$ DO
  INC(i)
  $\{I\}$
END;
$\{I \wedge a[i] = x \equiv \textit{Endbedingung}\}$

```
MODULE LinearesSuchen EXPORTS Main;                              (*1.12.94. LB*)
  IMPORT SIO, Text;

  CONST
    N = 128;                         (*Maximale Anzahl der Elemente im Array*)
    Stopp = ".";                                   (*Ende des Eingabestroms*)
  TYPE
    Array = ARRAY [1..N] OF TEXT;
  VAR
    a: Array;                          (*Das Array, in dem gesucht werden soll*)
    x: TEXT; i, n: INTEGER;   (*x: aktueller- bzw. Suchtext, n: aktuelle Länge*)

BEGIN                                                      (*Anweisungsteil*)
  SIO.PutText("Bitte Texte eingeben, Eingabe endet mit " & Stopp & "\n");
  n:= FIRST(a) – 1; x:= SIO.GetText();
  WHILE NOT Text.Equal(x, Stopp) AND (n < LAST(a)) DO
    INC(n); a[n]:= x; x:= SIO.GetText();
  END; (*WHILE NOT Text.Equal ...*)

  SIO.PutText("Suchtext:= ");
  x:= SIO.GetText();                                (*x enthält den Suchtext*)

  i:= FIRST(a);
  WHILE (i <= n) AND NOT Text.Equal(a[i], x) DO INC(i) END;
  IF i > n THEN SIO.PutText("NICHT gefunden");
  ELSE SIO.PutText("Gefunden auf Position: "); SIO.PutInt(i)
  END;
  SIO.Nl();
END LinearesSuchen.
```

Bsp. 8.12: *Lineares Suchen ohne Marke*

Einen ausführlichen Beweis der partiellen Korrektheit des obigen Algorithmus finden wir u. a. in [DF85]. Die Terminierung (und damit die totale Korrektheit) zu zeigen ist einfach: Da wir $x \in a$ postuliert haben, und da i das Array vom Anfang an linear durchschreitet, kann $a[i] \neq x$ nicht ewig *wahr* bleiben, die *While*-Schleife muß also terminieren. Eine entsprechende Lösung in Modula-3 finden wir im Bsp. 8.11.

Im Bsp. 8.12 suchen wir zur Abwechslung in einem Text-Array. In der ersten *While*-Schleife lesen wir Texte in das Array a ein, in dem später gesucht werden soll. Da wir das Array nicht unbedingt voll „auffüllen“, verwenden wir die Variable n dazu, die aktuelle Länge zu speichern. Wird gleich zu Anfang das Stoppzeichen eingegeben, dann wird die Suche gar nicht ausgeführt (i <= n wird nie wahr). Bei der Suche verwenden wir keine Marke, wodurch die Abbruchbedingung komplizierter wird.

Bei der Abfrage der Abbruchbedingung wird die verzögerte Auswertung ausgenützt (Kap. 7.1.3). Vertauschten wir die zwei Bedingungen, dann könnten wir ein Element abfragen, das gar nicht existiert.

Ein möglicher Ablauf des Programms:

```
Bitte Texte eingeben, Eingabe endet mit .
Peter Paul Martha Julia Eleonore .
Suchtext:= Julia
Gefunden auf Position:  4
```

Lineares Suchen kann bei großen Datenmengen zu langwierig werden. Im Durchschnitt müssen wir immer die Hälfte des Arrays durchsuchen, im schlechtesten Fall das ganze. Wenn wir die Daten nach irgendeinem Prinzip ordnen, dann können wir viel schnellere Verfahren anwenden. Im Telephonbuch z. B. finden wir den entsprechenden Anfangsbuchstaben, dank der alphabetischen Ordnung, sehr schnell. Wenn wir etwa den Namen *Neumann* suchen, dann schlagen wir das Telephonbuch ungefähr in der Mitte auf. Öffnet es sich beim Buchstaben K, dann suchen wir in der ersten Hälfte gar nicht mehr, nur noch hinter K. Beim zweiten Blättern kommen wir vielleicht zum P, und aufs drittemal sind wir schon bei N. Das ist kein lineares Suchen. Unter den eventuellen Gleichnamigen müssen wir dann wieder linear suchen. Wir gehen auf die verbesserten Suchverfahren nicht näher ein, in der Literatur sind eine Reihe von solchen Algorithmen zu finden, z. B. in [Sed93, OW92] und [Wir75].

8.1.7 Sortieren eines Arrays

Wir haben gesehen, daß die Vorbedingung für schnelles Suchen eine gewisse Ordnung ist. Dazu müssen wir unsere Daten *sortieren*.

Wie sortieren wir ein Array von Texten? Wie würden wir das machen, wenn wir die Texte in einer Kartei auf kleinen Karten aufgeschrieben hätten? Das einfachste, was wir da tun können, ist folgendes: Wir suchen das (alphabetisch) kleinste Element und tauschen es mit dem ersten Element aus. Damit steht dieses Element richtig. Jetzt können wir den gleichen Vorgang ab dem zweiten, dritten usw. Element durchführen. So entsteht am Anfang des Arrays eine immer längere sortierte Teilsequenz. Nachdem das vorletzte Element auch geprüft worden ist, muß das letzte Element auch richtig, also das größte sein.

Diesen Algorithmus können wir mit einer doppelt geschachtelten *For*-Schleife leicht lösen (Bsp. 8.13). Für die Eingabe verwenden wir die gleichen Anweisungen, wie im Bsp. 8.12. Die äußere *For*-Schleife läuft das Array vom Anfang bis zum vorletzten Element durch. In der innere Schleife wird das kleinste Element innerhalb des noch nicht sortierten Rests gesucht. Der Variablen min weisen wir immer den Indexwert des kleinsten Elements zu (am Anfang machen wir die Hypothese, daß a_i das kleinste ist). Finden wir ein Element $a_j < a_{min}$, dann setzen wir min auf j. Nach jedem

```
  ⋮
  TYPE
    Array = ARRAY [1..N] OF TEXT;
  VAR
    a: Array;                                  (*Das Array, in dem gesucht werden soll*)
    x: TEXT;                                                     (*Arbeitsvariable*)
    n, min: INTEGER;                   (*n: aktuelle Länge, min: aktuelles Minimum*)
BEGIN
  ⋮
  FOR i:= FIRST(a) TO n - 1 DO
    min:= i;                                          (*Index des kleinsten Elements*)
    FOR j:= i + 1 TO n DO
      IF Text.Compare(a[j], a[min]) = -1 THEN min:= j END;           (*IF a_j < a_min*)
    END; (*FOR j*)
    x:= a[min]; a[min]:= a[i]; a[i]:= x;                  (*Vertausch von a_i und a_min*)
  END; (*FOR i*)
  FOR i:= FIRST(a) TO n DO
    SIO.PutText(a[i] & " ");                        (*Gibt das sortierte Array aus*)
  END; (*FOR i*)
  SIO.Nl();
  ⋮
```

Bsp. 8.13: *Sortieren durch Auswahl des kleinsten Elements*

Ablauf der inneren Schleife tauschen wir a_i mit a_{min}. Für den Vergleich von Texten verwenden wir die Compare-Prozedur der Text-Schnittstelle. Sind text1 und text2 vom Typ *Text*, dann ergibt Compare(text1, text2) 0, wenn der Inhalt von text1 gleich dem von text2 ist, –1, wenn text1 nach lexikalischer Ordnung vor text2 liegt („kleiner ist"), oder +1, wenn text1 hinter text2 liegt.

Ein möglicher Ablauf des Programms:

```
Bitte Texte eingeben, Eingabe endet mit .
Peter Paul Eli Martha Julia Alma .
Alma Eli Julia Martha Paul Peter
```

Dieser Sortieralgorithmus ist sehr einfach, aber nicht besonders effizient. Für n Elemente müssen wir das Array im Durchschnitt ungefähr $(\frac{n}{2})^2$-mal durchlaufen. Für effizientere Sortieralgorithmen verweisen wir den interessierten Leser an die Literatur [Sed93, OW92, Wir75].

8.2 Records

Ein Record (deutsch auch *Verbund* genannt) dient dazu, Komponenten von unterschiedlichen Typen zusammenzufassen. Sinnvoll ist eine solche Zusammenfassung, wenn die Komponenten logisch zusammenhängen. Die Komponenten erhalten einen symbolischen Namen und sind durch diesen Namen ansprechbar. Der Zugriff zu solchen Komponenten ist also statisch, d. h. schon zur Compilationszeit bekannt.

Wollen wir – wie auf einem Karteiblatt – Informationen über Mitarbeiter eines Betriebes zusammenfassen, so können wir schreiben:

```
TYPE
  AngDaten = RECORD
               name, vorname: TEXT;
               gehalt: REAL;
             END;
VAR
  mitarbeiter: AngDaten;
```

In der Variable mitarbeiter kann nun mehr als ein einzelner Wert gespeichert werden. Alle Informationen über den Mitarbeiter können zusammen über mitarbeiter angesprochen werden. Auf die einzelnen Komponenten greifen wir mit Selektoren zu. Um die Variable zu initialisieren, könnten wir schreiben:

```
mitarbeiter.name:= "Mayer";
mitarbeiter.vorname:= "Franz";
mitarbeiter.gehalt:= 20000;
```

Man könnte sagen, die Komponenten eines Records sind zwar in einen größeren Zusammenhang gestellt, verlieren aber dabei nicht ihre „individuelle“ Charakteristiken, wie Name und Typ. Die Komponenten eines Arrays sind dagegen eher „uniform“. Sie sind alle vom gleichen Typ und werden einfach durch Indizes (also eigentlich mit einer „Nummer“ oder Adresse) identifiziert. Dafür sind die Indizes dynamisch berechenbar, während die Namen der Komponenten des Records statisch sind.

Syntax von Recordtypen

```
RecordType54 = "RECORD" Fields59 "END".
Fields59     = [Field60 { ";" Field60 } [ ";" ] ] .
Field60      = IDList87 ( ":" Type48 | ":=" ConstExpr65
                        | ":" Type48 ":=" ConstExpr65 ).
```

	x	y	farbe [rot]	farbe [grün]	farbe [blau]
q:	10	10	100	100	100

Abb. 8.14: *Record mit einfachen und zusammengesetzten Feldern*

```
  :
  TYPE
    Farben     = {rot, gruen, blau};                              (*Grundfarben*)
    Intensitaet = [0 .. 100];                               (*Intensität in Prozent*)
    FarbWerte  = ARRAY Farben OF Intensitaet;
    Punkt      = RECORD
                   x, y: INTEGER := 0;
                   farbe := FarbWerte {0, ..};                         (*schwarz*)
                 END; (*Punkt*)
  VAR
    p: Punkt;                                  (*p.x = 0, p.y = 0, alle p.farbe_i = 0*)
    q: Punkt;                                  (*q.x = 0, q.y = 0, alle q.farbe_i = 0*)
BEGIN                                         (*q erhält neue Koordinaten und Farbe*)
  q.x:= 10; q.y:= 10;                       (*q wird um 10 in beide Richtungen verschoben*)
  FOR f:= FIRST(Farben) TO LAST(Farben) DO q.farbe[f]:= 100 END; (*q wird weiß*)
  :
```

Bsp. 8.15: *Recorddeklaration*

Die allgemeine Form eines Recordtyps ist also

TYPE T = RECORD *Feldliste* END

Die Liste von Feldern[2] ist einer Variablendeklaration sehr ähnlich. Das ist kein Zufall, sondern gerade das Ziel: Wir fassen in einem Record Deklarationen zusammen. Die Initialisierung der Felder bei der Deklaration ist eingeschränkt auf Konstantenausdrücke. Die Initialisierung wird ausgeführt, sobald eine Variable vom Typ Record angelegt wird. Im Bsp. 8.15 sehen wir, wie in einem Graphikprogramm Punkte für den (zweidimensionalen) Bildschirm dargestellt werden könnten. Ein Punkt hat in diesem Beispiel 2 Koordinaten und je einen Farbwert für die drei Grundfarben (rot, grün und blau). Die Koordinaten sind auf 0, die Farbe auf schwarz initialisiert.

> Der Leser sollte den Unterschied zwischen den Punkttypen in den Array-Beispielen (Bsp. 8.5) und dem Punkttyp, wie er im Bsp. 8.15 verwendet wird, beachten: Den Record verwenden wir hier, weil die Anzahl der Punktkoordinaten fix ist, und noch mehr an Information (nämlich die Farbe) zu jedem Punkt dazu gespeichert werden muß.

[2]Die „Felder" eines Records sind nicht mit der häufigen deutschen Bezeichnung „Feld" für Arrays zu verwechseln!

```
  ⋮
  TYPE
    Farben     = {rot, gruen, blau};                              (*Grundfarben*)
    Intensitaet= [0 .. 100];                             (*Intensität in Prozent*)
    FarbWerte= ARRAY Farben OF Intensitaet;
    Punkt      = RECORD
                   x, y: INTEGER ;
                   farbe: FarbWerte;
                 END; (*Punkt*)
  CONST
    Schwarz = FarbWerte {0, ..};            (*Intensitätswerte minimal => schwarz*)
    Weiss    = FarbWerte {100, ..};           (*Intensitätswerte maximal => weiß*)
    Gelb     = FarbWerte {100, 100, 0};                 (*rot und grün gibt gelb*)
    Ursprung= Punkt{x:= 0, y:= 0, farbe:= Schwarz};          (*Recordkonstruktor*)
  VAR
    p: Punkt := Ursprung;
    q:= Punkt {x:= 10, y:= 10, farbe:= Weiss};                (*Recordkonstruktor*)
BEGIN
  p.x:= p.x + 10;                        (*Verschiebung von p in Richtung x um 10*)
  p.y:= p.y + 15;                        (*Verschiebung von p in Richtung y um 15*)
  p.farbe:= Gelb;                               (*Farbe von p wird auf gelb gesetzt*)
  ⋮
```

Bsp. 8.16: *Recordtypen, -konstruktoren und -selektoren*

8.2.1 Recordselektoren

Der Zugriff zu den Elementen eines Records geschieht durch *qualifizierte Bezeichner*. Dem Feldnamen muß der Name der Variablen, der das Feld gehört – durch einen Punkt getrennt – vorangehen. Um die Koordinate x der Variablen q im Bsp. 8.15 und Abb. 8.14 zu initialisieren, schreiben wir

```
q.x:= 10
```

Im Fall von eingeschachtelten Records muß der ganze *Pfad* von Feldnamen angegeben werden – siehe z. B. den Ausdruck

```
poly[i].p2.x
```

im Bsp. 8.19. Die Syntax des Zugriffs auf Recordfelder wird (wie die Indizierung von Arrays) in der Ausdrucks-Syntax definiert (siehe Selector_{78} in Abb. 7.1, S. 130).

8.2.2 Recordkonstruktoren

Recordwerte können mit Hilfe von *Recordkonstruktoren* definiert werden. Für die genaue Syntax geben wir wieder den relevanten Teil der Syntax von Ausdrücken an:

Syntax

$$\text{Constructor}_{79} = \text{Type}_{48} \text{"\{" [RecordCons}_{82} \mid \cdots \text{] "\}"}.$$
$$\text{RecordCons}_{82} = \text{RecordElt}_{83} \{ \text{","} \text{ RecordElt}_{83} \}.$$
$$\text{RecordElt}_{83} = [\text{ Ident}_{89} \text{ ":=" }] \text{ Expr}_{66}.$$

Ein Recordkonstruktor definiert eine Liste von Werten, die den Recordfeldern zugewiesen werden. Mit Hilfe von Recordkonstruktoren können wir den Wert von Recordkonstanten und Recordvariablen bestimmen. Für Felder, für die in der Typdeklaration kein Wert definiert worden ist, muß im Konstruktor ein Wert angegeben werden. Felder, die bei der Typdeklaration einen Wert erhalten haben, müssen im Konstruktor nicht definiert werden. In diesem Fall wird der Wert der Typdeklaration verwendet. Nach der Zuweisung eines Konstruktors erhalten also alle Felder des Ziel-Records einen gültigen Wert. Die Werte des Konstruktors können *positionell* oder *per Namen* angegeben werden.

1. *Positionelle Angabe*
   Die Werte werden der Reihe nach den Recordfeldern zugewiesen. Erster Wert dem ersten Feld, zweiter Wert dem zweiten Feld usw. Ist die Liste der Werte kürzer als die Anzahl der Felder, dann gelten für die übrigen Felder die Angaben der Typdeklaration. Wenn z. B. der Typ Punkt wie im Bsp. 8.15 deklariert ist, dann definiert

   ```
   Punkt{20, 30}
   ```

   einen Punkt mit x = 20 und y = 30. Der Farbenwert bleibt, wie er bei der Typdeklaration angegeben wurde.

2. *Angabe per Namen*
   Diese Angabe ist syntaktisch einer Wertzuweisung ähnlich. Die Reihenfolge der Angaben ist in diesem Fall willkürlich. Die Felder, zu denen keine Angabe gemacht wurde, übernehmen ihre Werte aus der Typdeklaration. Der folgende Konstruktor definiert den gleichen Punkt wie oben:

   ```
   Punkt{y:= 30, x:= 20}
   ```

3. *Gemischte Angabe*
   Bei einer gemischten Angabe müssen zuerst die positionellen Angaben spezifiziert werden. Wir raten von der Benützung der gemischten Angabe ab, weil sie meist schwer lesbar ist.

Im Bsp. 8.16 sind Schwarz, Weiss und Gelb Arraykonstanten, deren Wert durch Arraykonstruktoren bestimmt wird. Ursprung ist eine Recordkonstante, deren Wert durch einen Recordkonstruktor definiert ist. Die Varia-

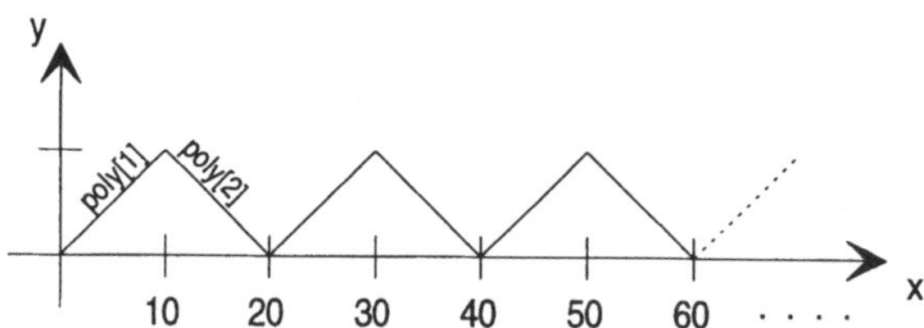

Abb. 8.17: *Zickzacklinie, gespeichert in der Variablen "poly"*

poly [1]

p1					p2					
x	y	farbe			x	y	farbe			. . .
0	0	100	0	0	10	10	100	0	0	

Abb. 8.18: *Array von Records mit verschiedenen Feldern*

blen p und q sind beide vom Typ Punkt. p ist auf den Wert Ursprung initialisiert, q wird durch einen Recordkonstruktor initialisiert. Im Anweisungsteil können die Attribute der deklarierten Punkte je nach Bedarf geändert werden. Bsp. 8.19 führt Linien und Liniengruppen im zweidimensionalen Raum ein. Eine Linie besteht aus zwei Punkten. Eine Gruppe definieren wir als ein Array von Linien. Die Variable poly stellt eine Zickzacklinie in roter Farbe dar (siehe Abb. 8.17 und 8.18).

8.2.3 Operationen mit Records

Wertzuweisung

Records können einander zugewiesen werden, wenn alle ihre Felder den gleichen Namen und Typ haben und in der gleichen Reihenfolge im Record deklariert sind (damit sind sie *strukturell äquivalent*, siehe auch Abschn. 7.3). Im folgenden Beispiel sind R1 und R2 äquivalent, aber unterschiedlich zu R3 (die Felder von R3 haben zwar auch den gleichen Typ, aber unterschiedliche Namen):

```
TYPE
  R1 = RECORD a: INTEGER; b: REAL END;
  R2 = RECORD a: INTEGER; b: REAL END;
  R3 = RECORD x: INTEGER; y: REAL END;
```

Die Initialisierungswerte gehören zum Recordtyp dazu. Folgende Typen sind deshalb unterschiedlich:

```
  ⋮
  CONST
    Rot          = FarbWerte {100, 0, 0};                                    (*Rote Farbe*)
    Schritt      = 10;
  TYPE
    Farben       = {rot, gruen, blau};                                       (*Grundfarben*)
    Intensitaet  = [0 .. 100];                                     (*Intensität in Prozent*)
    FarbWerte    = ARRAY Farben OF Intensitaet;
    Punkt        = RECORD
                      x, y: INTEGER;
                      farbe: FarbWerte := Rot;
                   END; (*Punkt*)
    Linie        = RECORD
                      p1, p2: Punkt;
                   END; (*Linie*)
    Gruppe       = ARRAY [1..16] OF Linie;
  VAR
    p := Punkt{x:= 0, y:= 0};
    linie := Linie{p1:= p, p2:= Punkt{x:= Schritt, y:= Schritt}};
                   (*linie verbindet Punkt(0,0) mit Punkt(10,10) mit einer roten Linie*)
    poly: Gruppe;                             (*poly besteht aus einer Anzahl von Linien*)
    wechsel: INTEGER := Schritt;              (*In y-Richtung wechseln wir die Richtung*)
BEGIN
  poly[FIRST(poly)]:= linie;                          (*poly[1] verbindet (0,0) mit (10,10)*)
  FOR i:= FIRST(poly) + 1 TO LAST(poly) DO
    poly[i].p1:= poly[i – 1].p2;                     (*poly[i].p1 übernimmt p2 vom Vorgänger*)
    poly[i].p2.x := poly[i – 1].p2.x + Schritt;              (*In der x-Richtung: vorwärts*)
    wechsel:= – wechsel;                      (*Wechselt die Richtung in jedem Durchlauf*)
    poly[i].p2.y := poly[i – 1].p2.y + wechsel;              (*In der y-Richtung: auf und ab*)
  END; (*FOR i*)
  ⋮
```

Bsp. 8.19: *Geschachtelte Records mit Konstruktoren*

```
R4 = RECORD a: CARDINAL:= 0 END;
R5 = RECORD a: CARDINAL END
```

Bei einer Zuweisung von Records werden alle Felder des *RHS*-Records (auf der rechten Seite der Zuweisung) in die entsprechenden Felder des *LHS*-Records (auf der linken Seite) kopiert.

Vergleich

Zuweisungskompatible Records können auf Gleichheit (bzw. Ungleichheit) verglichen werden. Andere Vergleiche sind auf Records nicht gestattet.

8.2.4 With-Anweisung

Bevor wir ein etwas größeres Beispiel anschauen, führen wir noch eine neue Anweisung ein, die uns erlaubt, für komplexe Selektoren, die wir mehr als einmal benötigen, Alias-Namen zu vergeben. Damit können wir oft den Code viel kompakter und lesbarer schreiben – und ersparen uns sogar etwas Tipparbeit. Und nicht zuletzt werden unsere Programme dadurch auch etwas effizienter, weil gewisse interne Zugriffsberechnungen, die mit der Selektion von Recordkomponenten und vor allem von Arrayindizierungen verbunden sind, nur einmal gemacht werden müssen.

Syntax der With-Anweisung

$WithStmt_{41}$ = "WITH" $Binding_{46}$ { "," $Binding_{46}$ } "DO" $Stmts_{23}$ "END".
$Binding_{46}$ = $Ident_{89}$ "=" $Expr_{66}$.

Die allgemeine Form einer *With*-Anweisung:

WITH *Bezeichner = Ausdruck* DO *Anweisungsfolge* END

Der Bezeichner ist durch die *With*-Anweisung deklariert, sein *Gültigkeitsbereich* (siehe auch Kap. 9) reicht bis zum END der Anweisung. Der Bezeichner wird als Verkürzung („Nickname") für den Ausdruck verwendet. Ergibt der Ausdruck einen Wert, so steht der Bezeichner innerhalb der *With*-Anweisung für diesen Wert, und dem Bezeichner kann kein neuer Wert zugewiesen werden (er ist schreibgeschützt). Ergibt der Ausdruck eine (schreibbare) Variable, dann ist der Bezeichner tatsächlich nur ein anderer (kürzerer) Name für die Variable.

8.2.5 Beispiel Studentenverwaltung

Entwickeln wir ein kleines Studentenverwaltungssystem: Wir wollen für jeden Studenten den Namen, Vornamen und die Matrikelnummer speichern. Für jede Lehrveranstaltung müssen die Studenten genau zwei Zwischenprüfungen ablegen (eine vielleicht etwas viel zu rigide Annahme). Die dabei jeweils erreichte Punktezahl soll gespeichert werden. Studenten ohne eine gültige (ungleich Null) Matrikelnummer werden bei der Bewertung außer acht gelassen.

Im Bsp. 8.20 nehmen wir an, daß die Studentendaten schon gesetzt sind. Bei einer größeren und komplexen Datenmenge lesen wir die Eingabedaten meistens nicht direkt von der Tastatur, sondern von einer Datei (siehe Kap. 14). Die einzulesenden Daten müssen sowohl auf Syntax (also auf das richtige Format) als auch auf Semantik geprüft werden. Die semantische Prüfung versucht sinnlose Werte zu erkennen und abzuweisen. Bei einer

```
MODULE Studenten EXPORTS Main;                                          (*5.11.93. LB*)
  IMPORT SIO;
  CONST
    FachNamen = ARRAY Faecher OF TEXT {"Englisch", "Software", "Mathematik"};
    MaxStudent = 300;                                (*Maximale Anzahl von Studenten*)
  TYPE
    Faecher    = {Englisch, Software, Mathematik};
    Tests      = RECORD t1, t2: CARDINAL := 0 END;
    Student    = RECORD
                   name, vorname: TEXT := "";
                   matrikelNummer: CARDINAL := 0;
                   tests: ARRAY Faecher OF Tests;
                 END; (*Student*)
    Studenten  = ARRAY [1 .. MaxStudent] OF Student;
    StatDaten  = RECORD anzahl, punkte: CARDINAL:= 0 END; (*Prüfungsstatistik*)
    Statistik  = ARRAY Faecher OF StatDaten;            (*Statistik für jedes Fach*)
  VAR
    studenten: Studenten;                            (*Speichert alle Studentendaten*)
    anzahl: CARDINAL := 0;                      (*Aktuelle Anzahl erfaßter Datensätze*)
    statistik:= Statistik{StatDaten{}, ..};       (*Statistik der Prüfungserg. pro Fach*)

BEGIN
  SIO.PutText("Studentenverwaltung\n");
                                   (*Setzen der Studentendaten und die Anzahl der Studenten*)
  ⋮
  FOR s:= 1 TO anzahl DO                                (*Obere Grenze = aktuelle Anzahl*)
    WITH st = studenten[s] DO                               (*st steht für studenten[s]*)
      IF st.matrikelNummer # 0 THEN                     (*Kein Test ohne Matrikelnummer*)
        FOR f:= FIRST(Faecher) TO LAST(Faecher) DO
          WITH stat = statistik[f], t = st.tests[f] DO       (*t=studenten[s].tests[f]*)
            INC(stat.anzahl, 2);                     (*Jedes Fach hat genau 2 Prüfungen*)
            INC(stat.punkte, t.t1);                                  (*1. Test addieren*)
            INC(stat.punkte, t.t2);                                  (*2. Test addieren*)
          END; (*WITH stat, t*)
        END; (*FOR f*)
      END; (*IF st.matrikelNummer # 0*)
    END; (*WITH st = studenten[s]*)
  END; (*FOR s*)
  FOR f:= FIRST(Faecher) TO LAST(Faecher) DO
    SIO.PutText("Durchschnitt für " & FachNamen[f] & " = ");
    SIO.PutReal(FLOAT(statistik[f].punkte) / FLOAT(statistik[f].anzahl));
    SIO.Nl();
  END; (*FOR f*)
END Studenten.
```

Bsp. 8.20: Ausgabe von Prüfungsstatistik

Matrikelnummer könnten wir z. B. verlangen, daß im Jahre 1995 alle Matrikelnummer mit 95 anfangen müssen. Diese Bedingung läßt sich einfach prüfen.

Unser Programm gibt den Durchschnitt der Prüfungsergebnisse innerhalb eines Faches aus. Die Initialisierung der Variablen statistik haben wir bei der Deklaration angegeben. Sie müßte aber in den Anweisungsteil verlegt werden, falls wir die Variable mehrmals verwenden wollten! Für die fachbezogene Statistik müssen wir alle erfaßten Studentendaten durchlaufen (die aktuelle Anzahl der Studenten wird bei der Eingabe in der Variablen anzahl abgespeichert). Für Studenten mit gültigen Matrikelnummern erhöhen wir die statistischen Zähler. Man beachte, daß wir im Feld anzahl des Records StatDaten die Anzahl der gültigen Prüfungen speichern, die mit der Variablen anzahl nicht zu verwechseln ist.

Bei der Bearbeitung des Arrays Studenten haben wir auf *First* und *Last* verzichtet, weil wir explizit annehmen, daß die untere Grenze des Arrays immer 1 ist (wir haben keinen Grund den Fall zu berücksichtigen, daß die Numerierung der Studenten etwa bei -5 oder 100 anfängt). Wenn unserem Programm etwa folgende Daten eingegeben worden sind:

Vorname	Name	MatrikelNr.	Englisch	Software	Mathematik
Amelia	Klein	9400	2 5	3 4	4 5
Oskar	Gross	9401	4 5	3 2	2 3
Julia	Mittel	9402	4 1	3 2	3 4
Peter	Winzig	0000	4 1	3 2	3 4

erhalten wir die folgende Ausgabe:

```
Durchschnitt für Englisch = 3.5
Durchschnitt für Software = 2.8333333
Durchschnitt für Mathematik = 3.5
```

8.3 Mengen

Mengen (englisch *set*) sind im allgemeinen sehr mächtige Sprachkonstrukte. In Modula-3 – wie in vielen anderen Programmiersprachen – sind sie auf Mengen *beschränkt*, die über Ordinaltypen gebildet werden. Wir werden uns im folgenden auch auf diese Sicht von Mengen beschränken.

Mengen bilden eine ungeordnete Sammlung von Elementen. Deswegen können wir die Elemente nicht „indizieren“ (es gibt kein i-tes Element). Ein Element einer Menge können wir also nur „durch sich selbst“ bezeichnen. Wollen wir aus einem Array ein Element herauslesen, so müssen wir seine Position (den Index) angeben. Bei einer Menge gehen wir anders vor: Wir fügen ein Element ein oder aber wir fragen, ob ein bestimmtes Element (das wir schon kennen) in der Menge *enthalten* ist. So erstaunlich das klingen mag, damit haben wir ein sehr mächtiges Werkzeug in der Hand.

Mengen sind dem menschlichen Gedächtnis in gewissem Sinne etwas näher als ein Arrayspeicher: Der Mensch sucht nämlich in seinem Gedächtnis nicht so, daß er die Stelle, die die Information enthält, schon kennt, aber den Inhalt nicht. Erinnert sich ein Mensch an etwas, dann hat er bereits die Information. Will ihm etwas nicht einfallen (etwa der Name des Medikaments gegen Vergeßlichkeit), so kann er nicht etwa „der Reihe nach“ sein Gedächtnis durchlaufen. Die Bemühungen, die er in einem solchen Fall durchmacht, sind höchst geheimnisvoll. Er scheint etwas zu wissen, was er aktuell doch nicht weiß – eine Situation, die mit der Speicherung von Informationen in einem Computer sehr wenig gemein hat.

Ein typisches Beispiel für die Verwendung von Mengen in Computerprogrammen ist die Speicherung von Schalterwerten. Wollen wir etwa in einer Variable die aktuelle Position der Maustasten unseres Rechners speichern, so könnten wir das so machen:

```
TYPE
  Tasten = {Rechts, Mitte, Links};
  Maus = SET OF Tasten;
VAR
  maus: Maus;
```

Die gedrückten Tasten sind in der Menge maus enthalten, die anderen eben nicht. Um die Variable maus mit „keine Taste gedrückt“ zu initialisieren, können wir schreiben:

```
maus:= Maus{};
```

Damit weisen wir der Variable eine leere Menge vom Typ Maus zu. Wollen wir die mittlere Maustaste (zusätzlich zu den im Moment gedrückten) hinzufügen, schreiben wir:

```
maus:= maus + Maus{Tasten.Mitte};
```

Damit vereinigen wir die aktuelle Menge der gedrückten Tasten mit der Menge, die nur das Element Tasten.Mitte enthält. Mit der Anweisung

```
IF Tasten.Mitte IN maus THEN (*mittlere Maustaste gedrückt*) END;
```

testen wir, ob eine Taste gedrückt ist.

Die Programmiersprache SETL [S+86] baut grundsätzlich auf Mengen auf. Viele Datenbanksprachen bieten auch Mengen als „first-class-citizens“, also als vollberechtigte, uneingeschränkte Sprachkonstrukte an. Das heißt, wir können Mengen von beliebigen Datentypen definieren. Man beachte, daß Mengen zu den grundlegendsten mathematischen Konstruktionen gehören – viele andere lassen sich als Spezialfälle von Mengen ausdrücken. Es ist aber schwierig, sie vollberechtigt und effizient zu implementieren.

Syntax von Mengen

SetType$_{56}$ = "SET" "OF" Type$_{48}$.

Type$_{48}$, der *Basistyp* der Menge, muß ein Ordinaltyp sein. Die Elemente, die in eine Menge eingefügt werden, müssen zuweisungskompatibel mit diesem Typ sein.

8.3.1 Wertebereich

Da der Basistyp selbst schon eine Wertemenge darstellt, ist der Wertebereich einer Menge eine *Potenzmenge* (also eine Menge von Mengen). Diese Potenzmenge stellt die Menge aller möglicher Mengen des Basistyps dar. Wenn wir eine Menge über den Wertebereich [0..1] bilden, so sind folgende Werte im Wertebereich der Potenzmenge enthalten:

{} {0} {1} {0,1}

In Worten: Die leere Menge, die Menge, die 0 bzw. 1 enthält, und die Menge die beides enthält.

Mengen sind ungeordnet, deswegen könnte die Menge {0,1} auch in der Form {1,0} geschrieben werden. Wir können in eine Menge ein Element nur einmal aufnehmen: {0,1,1} ist identisch mit {0,1}.

Ist die Kardinalität (Anzahl der möglichen Werte) des Basistyps N, so ist die Kardinalität der darüber gebildeten Menge 2^N. Das macht eine Einschränkung des Basistypbereiches nötig. Eine Menge über den Typ *Integer* z. B. kann bestimmt nicht vollständig dargestellt werden. Im allgemeinen ist es ratsam, Mengen über Basistypen mit bescheidener Kardinalität zu bilden.

Für die interne Darstellung von Mengen brauchen wir mindestens ein Bit pro Element, das sagt, ob das Element in der Menge enthalten ist oder nicht. Diese einfache Darstellung wäre nicht möglich, wenn die Mengen nicht so eingeschränkt wären. Wäre z. B. ein *Set of Record* ... möglich, so würde ein Bit pro Element nicht ausreichen, weil wir dann den Inhalt der einzelnen Felder (oder mindestens einen Verweis auf sie) speichern müßten. Es ist aber leicht möglich, mit Hilfe von Benutzermodulen allgemeine und mächtige Mengen zu konstruieren.

Auch bei dieser extrem sparsamen Darstellung brauchen wir 32 Bits für ein *SET OF [1 .. 32]*. Für die vollständige Darstellung von *SET OF INTEGER* auf einem 32-Bit-Rechner bräuchten wir 2^{32} Bits, also 512 MByte Arbeitsspeicher.

```
TYPE
  Bereich = [1..16];
  Menge   = SET OF Bereich;
CONST
  Alle   = Menge{1..16};                  (*Enthält alle Elemente von 1 bis 16*)
  Leer   = Menge{};                                                 (*Ist leer*)
  Einige = Menge{1, 3, 5..7, 14..16};     (*Enthält: 1, 3, 5, 6, 7, 14, 15, 16*)
VAR
  r1: Bereich := 10; r2: Bereich := 12;
  s := Menge{r1, 11, r2};                             (*s = Menge{10,11,12}*)
```

Bsp. 8.21: *Mengenkonstruktoren*

8.3.2 Mengenkonstruktoren

Mengenwerte können mit Hilfe von Mengekonstruktoren definiert werden.

Syntax

$$\begin{aligned}\text{Constructor}_{79} &= \text{Type}_{48}\ \text{"\{" [SetCons}_{80}\ | \cdots \text{] "\}".}\\ \text{SetCons}_{80} &= \text{SetElt}_{81}\ \{\ \text{"," SetElt}_{81}\ \}.\\ \text{SetElt}_{81} &= \text{Expr}_{66}\ [\ \text{".." Expr}_{66}\ ].\end{aligned}$$

Ein Mengenkonstruktor listet Werte, bzw. Wertebereiche auf, die in der Menge enthalten sein sollten. In Bsp. 8.21 sehen wir die Verwendung von Mengenkonstruktoren. Alle enthält alle Elemente aus dem Bereich [1..16], Leer ist eine leere Menge und Einige = {1,3,5,6,7,14,15,16}. Die Initialisierung der Variablen s (auf {r1,11,r2}) ist ein Beispiel dafür, daß ein Mengenkonstruktor auch Variablennamen enthalten kann.

8.3.3 Operationen mit Mengen

Auf Mengen sind (neben der Wertzuweisung) spezielle Mengenoperationen – analog zu den arithmetischen Operationen – und Relationen definiert.

Wertzuweisung

Ein Mengenwert kann einer Mengenvariablen genau dann zugewiesen werden, wenn ihre Basistypen äquivalent sind. Das bedeutet, nur äquivalente Mengentypen sind zuweisungskompatibel.

Im Bsp. 8.22 sind die Typen Menge1 und Menge2 *nicht* äquivalent (mögliche Werte von Menge1 sind {} {1} {2} {1, 2}, und von Menge2 sind es {} {2} {3} {2, 3}), deswegen können s1 und s2 einander *nicht* zugewiesen werden.

```
TYPE
  Menge1 = SET OF [1..2];
  Menge2 = SET OF [2..3];
VAR
  s1:= Menge1{2}; s2:= Menge2{2};
:
s1:= s2;                    (*Unzulässig, denn Menge1 ist nicht kompatibel mit Menge2*)
```

Bsp. 8.22: *Unterschiedliche Mengentypen*

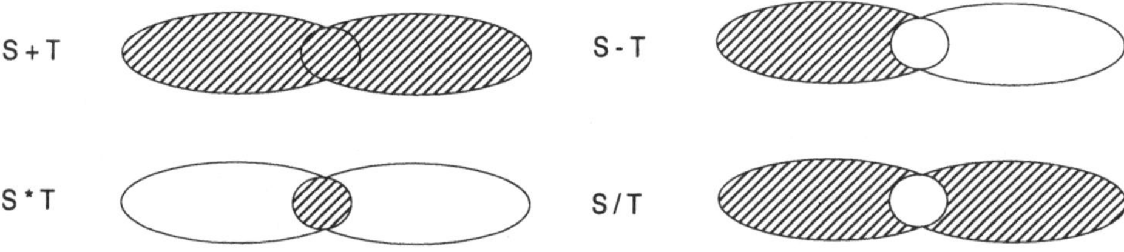

Abb. 8.23: *Mengenoperationen mit Venn-Diagrammen dargestellt*

Mengenoperationen

Für Mengen sind in Modula-3 die in Tab. 8.24 aufgezählten Mengenoperationen definiert (*S* und *T* sind Operanden des gleichen Mengentyps). In Klammern geben wir die von der Sprache vorgeschriebene Notation an. Abb. 8.23 visualisiert den Effekt der Mengenoperationen für nicht disjunkte Mengen mit Hilfe der sogenannten *Venn-Diagramme* [DP88]. In einem Venn-Diagramm sind die Mengen mit Ovalen dargestellt. Die Mengenoperationen werden durch Schraffierung ausgedrückt. Im Bild von S * T beispielsweise wird der gemeinsame Teil (die Menge aller Elemente die in beiden Mengen vorkommen) schraffiert.

Im Bsp. 8.25 sehen wir einige Mengenoperationen.

Relationen

Auf Mengen sind die üblichen Relationen mit der gewohnten Syntax und mit einer der Mengenlehre entsprechenden Semantik definiert (Tab. 8.26: *S* und *T* sind Operanden des gleichen Mengentyps). In Klammern geben wir immer die durch die Sprache vorgeschriebene Notation an.

In Bsp. 8.27 sehen wir, wie mit Hilfe der *In*-Relation der Inhalt einer Menge ausgegeben werden kann.

Vereinigung (+)	$S + T = \{x \mid (x \in S) \vee (x \in T)\}$ in Worten: $S + T$ ist die Menge aller Elemente, die in S oder in T oder in beiden Mengen enthalten sind.
Mengendifferenz (–)	$S - T = \{x \mid (x \in S) \wedge (x \notin T)\}$ in Worten: $S - T$ ist die Menge aller Elemente, die in S enthalten sind aber nicht in T.
Durchschnitt (*)	$S * T = \{x \mid (x \in S) \wedge (x \in T)\}$ in Worten: $S * T$ ist die Menge aller Elemente, die sowohl in S als auch in T enthalten sind.
Symmetrische Differenz (/)	$S/T = \{x \mid (x \in S \wedge x \notin T) \vee (x \in T \wedge x \notin S)\}$ in Worten: S/T ist die Menge aller Elemente die entweder in S oder in T, nicht aber in beiden enthalten sind

Tab. 8.24: *Mengenoperationen*

Gleichheit (=)	$S = T$ *wahr* *gdw*[3] S und T die gleichen Elemente enthalten.
Ungleichheit (#)	$S \neq T$ *gdw* NOT$(S = T)$
Teilmenge (<=)	$S <= T$ *gdw* $\forall s \in S : s \in T$ genau dann, wenn alle Elemente von S auch in T enthalten sind
echte Teilmenge (<)	$S < T$ *gdw* $(S <= T)$AND$(S\#T)$
Obermenge (>=)	$S >= T$ *gdw* $T <= S$
echte Obermenge (>)	$S > T$ *gdw* $T < S$
Enthalten (IN)	e IN S *gdw* $e \in S$ ergibt *wahr*, wenn das Element e in der Menge S enthalten ist. e muß mit dem Basistyp von S zuweisungskompatibel sein. Man beachte, daß die IN-Relation von den anderen Relationen abweicht, weil sie nicht zwei Operanden des gleichen Typs verbindet.

[3] *gdw* steht für „genau dann, wenn".

Tab. 8.26: *Mengenrelationen*

```
  TYPE
    Bereich = [1..16];
    Menge  = SET OF Bereich;
  CONST
    Halb =   Menge{FIRST(Bereich)..LAST(Bereich) DIV 2};           (*1,2,3,4,5,6,7,8*)
  VAR
    set1, set2, set3 := Menge{};
BEGIN
  FOR e:= FIRST(Bereich) TO LAST(Bereich) BY 2 DO
    set1:= set1 + Menge{e}
  END;                                                 (*set1 = 1,3,5,7,9,11,13,15*)
  set2:= Halb – set1;                                               (*set2 = 2,4,6,8*)
  set1:= set1 – Halb + set2;                           (*set1 = 2,4,6,8,9,11,13,15*)
  set3:= set1 * set2;                                               (*set3 = 2,4,6,8*)
  set3:= set1 + set2;                                  (*set3 = 2,4,6,8,9,11,13,15*)
  set3:= set1 / set2;                                          (*set3 = 9,11,13,15*)
  set3:= set1 – set2;                                          (*set3 = 9,11,13,15*)
```

Bsp. 8.25: *Mengenoperationen*

```
  FOR e:= FIRST(Bereich) TO LAST(Bereich) DO        (*über alle möglichen Elemente *)
    IF e IN set3 THEN SIO.PutInt(e) END;          (*wenn im Set vorhanden, ausgeben *)
  END; (*FOR e*)
```

Bsp. 8.27: *Ausgabe einer Menge*

8.3.4 Beispiel Zahleneingabe

Wir schreiben ein Programm, das eine *Integer*-Zahl einliest. Dabei wollen wir SIO.GetChar, nicht aber SIO.GetInt verwenden (Bsp. 8.28). Die Zahl ist eine Zifferfolge. Vor der Zifferfolge sind eventuelle Leerzeichen oder Tabulatoren (oft Trennzeichen oder *Blanks* genannt) erlaubt, sie werden einfach überlesen. Ein Vorzeichen kann auch eingegeben werden. Wird keine interpretierbare Zifferfolge eingetippt, sollte eine Fehlermeldung generiert werden. Über eventuelle Zeichen nach der Zifferfolge machen wir eine Statistik.

Das Programm in Bsp. 8.28 zeigt eine sehr nützliche Verwendung von Mengen. Wie in Kap. 4.3 schon erwähnt, ist zwar eine Ordnung auf dem Typ *Char* definiert, der aktuelle Ordinalwert eines Zeichens hängt jedoch von der verwendeten Codetabelle ab. (Die ist zwar in Modula-3 auch explizit genannt, es ist trotzdem besser, wenn wir unser Programm von Codetabellen unabhängig halten.)

```
MODULE Sets EXPORTS Main;                                      (*29.10.93. LB*)
  IMPORT SIO;
  TYPE
    ZeichenMenge = SET OF CHAR;              (*Menge aller möglichen Zeichen*)
  CONST
    Gross      = ZeichenMenge{'A' .. 'Z'};                  (*Großbuchstaben*)
    Klein      = ZeichenMenge{'a' .. 'z'};                 (*Kleinbuchstaben*)
    Umlaute    = ZeichenMenge{'ä', 'Ä', 'ö', 'Ö', 'ü', 'Ü', 'ß'};   (*Umlaute + ß*)
    Buchstaben= Gross + Klein + Umlaute;                   (*Alle Buchstaben*)
    Ziffern    = ZeichenMenge{'0' .. '9'};                          (*Ziffer*)
    Blanks     = ZeichenMenge{' ', '\t'};                     (*Trennzeichen*)
    Vorzeichen = ZeichenMenge{'–', '+'};                        (*Vorzeichen*)
    Stopp      = '\n';
  VAR
    ch: CHAR; negativ: BOOLEAN := FALSE;
    erg: INTEGER := 0;                                            (*Ergebnis*)
    buchstaben, ziffern, sonstige: CARDINAL := 0;      (*Zähler für Statistik*)

BEGIN
  SIO.PutText("Bitte eine Zahl eintippen\n");
  REPEAT ch:= SIO.GetChar() UNTIL NOT ch IN Blanks;          (*Filtert Blanks*)
  IF ch IN Vorzeichen THEN
    negativ:= ch = '–';                                      (*Minus Zeichen*)
    REPEAT ch:= SIO.GetChar() UNTIL NOT ch IN Blanks; (*Filtert Blanks wieder*)
  END; (*IF ch IN Vorzeichen*)
  IF ch IN Ziffern THEN
    WHILE ch IN Ziffern DO                        (*Liest die Ziffer der Zahl*)
      erg:= 10 * erg + (ORD(ch) – ORD('0'));  (*ch gibt die jeweils letzte Ziffer*)
      ch:= SIO.GetChar();                                 (*Nächstes Zeichen*)
    END;            (*erg enthält den Wert der eingetippten Zahl, ohne Vorzeichen*)
    IF negativ THEN erg:= –erg END;
    WHILE ch # Stopp DO              (*Liest bis das Stoppzeichen gelesen wird*)
      IF     ch IN Buchstaben THEN INC(buchstaben)
      ELSIF  ch IN Ziffern    THEN INC(ziffern)
      ELSE                         INC(sonstige)
      END; (*IF ch IN*)
      ch:= SIO.GetChar();                                 (*Nächstes Zeichen*)
    END;                                        (*Alle Zeichen sind verarbeitet*)
    SIO.PutText("Eingelesene Zahl = ");
    SIO.PutInt(erg);
    SIO.PutText("\nStatistik der Folgezeichen:\n");
    SIO.PutText("Buchstaben = "); SIO.PutInt(buchstaben);
    SIO.PutText(" Ziffer = "); SIO.PutInt(ziffern);
    SIO.PutText(" Sonstige = "); SIO.PutInt(sonstige);
    SIO.Nl();
  ELSE
    SIO.PutText("Keine interpretierbare Zahl\n")
  END; (*ch IN Ziffern*)
END Sets.
```

Bsp. 8.28: Einlesen einer Zahl mit Hilfe von GetChar

8.4 Vergleich Arrays, Records und Mengen

Wir haben nun alle Typkonstruktoren von Modula-3 zur Definition statischer, zusammengesetzter Typen kennengelernt. Die meisten imperativen Programmiersprachen bieten analoge Konstruktoren an. Stellen wir zusammenfassend nochmals ihre Eigenschaften einander gegenüber:

- *Größe*
  Alle Konstruktoren sind *statisch* in dem Sinn, daß ihre Größe bzw. die Anzahl der Elemente, die sie aufnehmen können, bereits von vornherein (zur Compilationszeit) feststeht. Den Sonderfall der dynamischen Arrays beachten wir dabei noch nicht (siehe Kap. 11.2.3).

- *Elementtypen*
  Arrays und Mengen sind *homogene* Strukturen. Die gespeicherten Werte müssen alle mit dem Elementtyp kompatibel sein. Records bilden *heterogene* Strukturen, sie fassen Elemente (Komponenten) unterschiedlicher Typen zusammen.

- *Zugriff auf die Elemente*
  Der Zugriff auf Recordkomponenten ist *statisch*, welche Komponente in einem Ausdruck selektiert wird, steht schon zur Übersetzungszeit fest. Es ist nicht möglich, während der Laufzeit „zu berechnen", auf welches Element zugegriffen werden soll.

  Arrays werden *dynamisch* indiziert: Wir können zur Laufzeit des Programms berechnen, welches Element wir selektieren wollen.

  Auf die Elemente einer Menge können wir nicht direkt zugreifen. Es ist nur möglich zu testen, ob ein Element in der Menge enthalten ist oder nicht.

- *Ordnung der Elemente*
  Die Reihenfolge der Komponenten eines Records und eines Arrays sind statisch festgelegt. Die Indexwerte eines Arrays sind geordnet, damit gibt es ein „erstes Element" und eine Folge von weiteren Elementen. Die Elemente können dynamisch umsortiert werden, indem ihre Werte getauscht werden. Die Elemente einer Menge sind nicht geordnet, es gibt kein „erstes Element" in einer Menge.

8.5 Gepackte Datentypen

Gepackte Datentypen (*packed types*) dienen dazu, die interne Darstellung eines Datentyps direkt zu beeinflussen. Der Übersetzer wendet von sich aus meistens eine interne Darstellung an, die an erster Stelle auf schnellen Zugriff optimiert ist (entsprechend der darunterliegenden Hardware-Architektur). Manchmal ist es uns aber wichtiger, daß der Speicherplatz optimal ausgenützt wird, vor allem wenn wir eine sehr große Datenmenge, z. B. ein sehr großes Array von Records, bearbeiten. Dann ist es natürlich nicht ganz gleichgültig, ob alle Bits ausgenützt werden oder nicht.

Gepackte Datentypen werden auch angewendet, wenn uns das Format der Daten extern vorgeschrieben ist (z. B. wie die von einem Kommunikationskanal ankommenden Daten aussehen sollen). In einem solchen Fall können wir die interne Darstellung unserer Datentypen direkt an die Vorschriften anpassen.

Eine dritte Anwendung könnte sein, einen Schwarzweiß-Graphikschirm direkt aus dem Hauptspeicher zu steuern. In diesem Fall müssen wir ein zweidimensionales Array von *Booleans* verwalten (z. B. *wahr* für schwarz und *falsch* für weiß), wobei wir aber sicher sein müssen, daß der Boolesche-Wert auf einem einzigen Bit dargestellt ist (was meistens nicht der Fall ist, weil die meisten Rechner Bit-Adressierung eher langsam ausführen.)

Syntax von gepackten Datentypen

PackedType_{50} = "BITS" ConstExpr_{65} "FOR" Type_{48}.

ConstExpr_{65} gibt die Anzahl der Bits an, die für Type_{48} reserviert werden sollte. Ein zweidimensionales Array von Bits könnte demnach folgendermaßen aussehen:

```
TYPE
  Bitmap = ARRAY Index, Index2 OF BITS 1 FOR BOOLEAN
```

Oder das Format eines Netzwerkpakets vielleicht so:

```
TYPE
  Paket = RECORD
    adr: BITS 8 FOR [0..255];                         (*eine 8-Bit-Adresse*)
    nummer1, nummer2: BITS 3 FOR [0..7];              (*zwei 3-Bit-Zähler*)
    steuerBits: ARRAY [0..1] OF BITS 1 FOR BOOLEAN;   (*2 Bits*)
    info: ARRAY [3..128] OF BITS 8 FOR [0..255];      (*125-Bytes-Info*)
  END; (*Paket*)
```

Dem Compiler ist es erlaubt, die Angabe der Bitanzahl einzuschränken. Es ist z. B. unwahrscheinlich, daß ein Compiler auf einem Rechner, dessen Maschinenworte 32 Bits belegen, einen Typ wie Int33 = BITS 33 FOR INTEGER zuläßt.

Für gepackte Typen und ihre ungepackte Version gilt:

BITS n FOR T $<:$ T $\wedge$ T $<:$ BITS n FOR T

Ein Typ und seine gepackte Version sind jeweils Subtypen voneinander, sie sind voll kompatibel – und trotzdem nicht gleich. Der Sinn dieser Regel ist leicht zu erkennen. Gepackte Datentypen sind im Speicher anders (normalerweise eben kompakter) dargestellt als gewöhnliche Typen. Sie können aber ineinander umgewandelt und somit einander zugewiesen werden. Formalen Variablenparameter von einem ungepackten Typ dürfen Variablen des gleichen Typs in einer gepackten Version nicht als aktueller Parameter übergeben werden – dort ist Typgleichheit verlangt, siehe Kap. 9.3.2.

Aus den Beispielen wird auch klar, daß gepackte Datentypen nur bei fortgeschrittenen und systemnahen Programmen – die nicht zum Thema dieses Buches gehören – eine Bedeutung haben und eine genaue Kenntnis der internen Darstellung verschiedener Datentypen erfordern. Wir erwähnen sie hier nur der Vollständigkeit halber und werden sie später nicht weiter verwenden.

Kapitel 9

Strukturierung von Algorithmen

Das vorherige Kapitel hat ein Defizit in bezug auf die Strukturierung der Daten behoben. Wir können nun mächtige Datenstrukturen, Datenaggregate, definieren. Mit Hilfe der strukturierten Anweisungen sind wir auch in der Lage, komplexe Berechnungen zu programmieren. Betrachten wir aber nun etwas kritisch die Gesamtstruktur unserer Programme.

Unsere bisherigen Programme bestehen aus einem Hauptmodul, das wiederum aus einem Block besteht. In diesem Block sind zuerst alle Deklarationen in beliebiger Reihenfolge aufgezählt. Nach dem Schlüsselwort BEGIN folgt dann eine beliebig lange Anweisungsfolge. Solange das ganze Programm einen einzigen Algorithmus ausdrückt, ist gegen diese Struktur nichts einzuwenden. Wenn wir aber – wie das in der Praxis fast immer der Fall ist – eine größere Anzahl von Algorithmen zu einem Programm zusammenbauen wollen, entsteht ein Bedarf, zusammengehörende Deklarationen und Anweisungen in eine syntaktische Einheit zusammenzufassen. Außerdem wollen wir Algorithmen mehrmals verwenden. Dazu ist es notwendig, sie als *benannte* Einheiten verwalten zu können.

Wir werden zuerst die *Blöcke* näher kennenlernen, die uns diese Probleme zunächst auch nicht lösen. Doch sie stellen einen wichtigen Schritt in Richtung *Prozeduren* dar, die als benannte Blöcke abrufbare Algorithmen darstellen, und die wir danach besprechen werden.

9.1 Blockstruktur

Ein Block ist der Gültigkeitsbereich einer Reihe von Deklarationen. Bisher hatten wir nur einen Block pro Hauptmodul und der Gültigkeitsbereich aller Namen war demententsprechend das ganze Modul. Viele Deklarationen (beispielsweise Variablen) haben nur „lokale Bedeutung“, d. h., sie werden

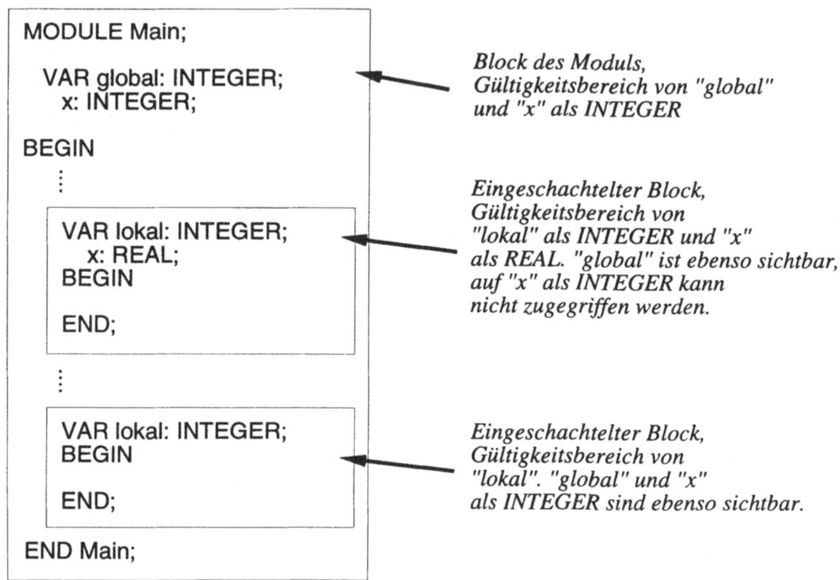

Abb. 9.1: *Blöcke*

nur für einige wenige Anweisungen benötigt. Mit Hilfe von eingeschachtelten Blöcken können wir die Gültigkeit solcher „lokalen Deklarationen" genau auf den notwendigen Bereich einschränken.

Syntaktisch ist ein Block ein Stmt_{24}. Blöcke können also überall auftauchen, wo Anweisungen stehen können. Ein Block in einer Anweisungsfolge wird ausgeführt, sobald die davor stehende Anweisung beendet ist (siehe Kap. 5.3). Blöcke verändern somit die Ablaufstruktur der Anweisungen nicht. Diese wird weiterhin durch den statischen Programmtext bestimmt: Der Anweisungsteil eines Blocks wird – wie eine Anweisung – an seiner Stelle im Programmtext ausgeführt.

Dieses Konzept geht auf die Sprache *Algol-60*, also in die sechziger Jahre zurück.

Gültigkeitsbereich von Bezeichnern

Ein Block ist ein *Gültigkeitsbereich* (oder englisch *scope*) für Bezeichner, d. h. für Namen. Blöcke können beliebig ineinander verschachtelt werden. Ein Bezeichner ist vom Anfang bis zum Ende des Blocks, in dem er deklariert ist, *gültig*. Das bezieht sich auch auf alle eingeschachtelten Blöcke – es sei denn, er wird im eingeschachtelten Block *redeklariert*. Sehen wir uns dazu folgenden Code für einen Dreieckstausch (vergleiche Kap. 5.1, S. 86) an:

```
VAR x, y: INTEGER;
BEGIN
  x:= 1; y:= 2;
  VAR hilfe:= x;          (*Hilfsvariable, nur für den Tausch nötig*)
  BEGIN
    x:= y; y:= hilfe;
  END (*Block-Innen*)
END; (*Block-Außen*)
```

Die Variablen x und y sind im äußeren und im inneren Block gültig. Die Variable hilfe, die ausschließlich für die Vertauschung benötigt wird, ist nur im inneren Block gültig.

In Abb. 9.1 sehen wir drei Blöcke. Im Block des Moduls (oft *globaler Block* genannt) sind zwei weitere Blöcke eingeschachtelt. Die Abbildung zeigt was passiert, wenn in einem inneren Block der gleiche Name verwendet wird, der im äußeren Block schon deklariert wurde (die Variable x). In diesem Fall überdeckt der redeklarierte Bezeichner denjenigen, der im umschließenden Block deklariert ist, und macht ihn innerhalb des Blocks *unsichtbar*. In Abb. 9.1 sind die beiden Bezeichner lokal nur in ihren eigenen Blöcken gültig (sie sind zu ihren Blöcken *lokal*). Außerhalb ihres Blocks sind sie unbekannt. Daraus folgt auch, daß die Variable lokal im ersten Block mit der im zweiten Block nichts zu tun hat; sie heißen nur zufällig gleich. So ähnlich wie zwei verschiedene Menschen, beide namens Müller, im gleichen Haus aber in verschiedenen Wohnungen wohnen. Die im globalen Block deklarierten Bezeichner global und x sind im ganzen Modul gültig. Im ersten Block wird jedoch der Bezeichner x redeklariert. Deswegen wird das globale x in diesem Block überdeckt. Wenn wir in einem Gespräch über Schach von „Turm“ und "König“ reden, dann haben diese Bezeichnungen eine ganz andere Bedeutung als sonst: Im lokalen *Kontext* des Schachspiels ist „Turm“ kein Bauwerk!

Lebensdauer von Variablen

Die Blöcke regeln nicht nur die Gültigkeit von Bezeichnern, sondern auch die *Lebensdauer* von Variablen. Variablen kommen „zum Leben“ wenn der Block, in dem sie deklariert sind, *aktiv* wird (sein *Begin* erreicht wird). Der Speicherplatz, den die lokalen Variablen benötigen, wird also zur Laufzeit erst angelegt, wenn der Block ausgeführt wird. Nach dem Ende des Blocks sind die Variablen einfach verschwunden – ihr Speicherplatz wird freigegeben. Die Lebensdauer der modul-globalen Variablen ist die Ablaufdauer des ganzen Programms. (Daten, die sogar die Ablaufdauer des Programms „überleben“, werden wir erst im Kap. 14 kennenlernen.)

Die Deklarationen von lokalen Blöcken können auch Typen und Konstanten umfassen. Hier sprechen wir aber nicht von „Lebensdauer“,

```
MODULE Ggt EXPORTS Main;                                        (*3.12.93. LB*)
  IMPORT SIO;

  VAR a, b, res: CARDINAL;

BEGIN
  a := SIO.GetInt();
  b := SIO.GetInt();

  VAR                                                          (*Blockanfang*)
    x: CARDINAL := a;             (*x „entsteht“ und erhält den Wert von "a"*)
    y: CARDINAL := b;               (*y „entsteht“ und erhält Wert von "b" *)
  BEGIN                       (*x und y darf vom Algorithmus verändert werden*)
    WHILE x # y DO
      IF x > y THEN x := x – y ELSE y := y – x END;
    END;
    res := x;                 (*kopiert Ergebnis in die globale Variable "res"*)
  END; (*Ende des eingeschachtelten Blockes, "x" und "y" verschwinden*)

  SIO.PutInt(res);
END Ggt.
```

Bsp. 9.2: *Eingeschachtelte Blöcke*

weil diese Konstrukte im Gegensatz zu Variablen statischer Natur sind und sich während des Programmlaufes nicht ändern.

Syntax von Blöcken

$Block_{12}$ = {$Declaration_{13}$ }"BEGIN" $Stmts_{23}$ "END".
$Stmt_{24}$ = $Block_{12}$ | ⋯ .

Ein Block besteht also aus Deklarationen und aus einer Anweisungsfolge. Eine Anweisung kann aber wieder ein Block sein. Diese Rekursion in der Syntax drückt aus, daß Blöcke verschachtelt werden können. Blöcke definieren die Regeln, die die *Sichtbarkeit* von Bezeichnern und die *Lebensdauer* von Variablen festlegen.

Als Beispiel implementieren wir den schon bekannten Algorithmus von Euklid (Bsp. 5.13 auf S. 103) nochmals. Wenn wir diesen Algorithmus in einem größeren Kontext ausführen wollen, so ist es angebracht, von den Variablen, deren größter gemeinsamer Teiler gesucht wird, eine Kopie zu machen. Damit vermeiden wir, daß der Algorithmus ihre ursprünglichen Werte, die vielleicht noch später gebraucht werden, zerstört. Dazu haben wir im Bsp. 5.13 zwei zusätzliche globale Variablen (x und y) deklariert, die dann im Algorithmus verändert werden durften. Die Variablen x und y haben aber nur eine *lokale* Bedeutung für die Berechnung. Deswegen wäre es viel überzeugender, wenn sie nur so lange Gültigkeit und Lebensdauer hätten, wie sie wirklich gebraucht werden. Genau das können wir

```
 VAR
   a, b, res: CARDINAL;
BEGIN
 :
 VAR                                                    (*Blockanfang*)
   x: CARDINAL := a; y: CARDINAL := b;
   res: CARDINAL;                   (*res irrtümlicherweise neu deklariert*)
 BEGIN
   WHILE x # y DO
     IF x > y THEN x:= x – y ELSE y:= y – x END;
   END;
     res:= x;                      (*Ergebnis in die lokale (!) Variable res*)
   END;                  (*Ende des Blockes: das lokale res verschwindet auch!*)
 :
```

Bsp. 9.3: *Fehler: Block schreibt Ergebnis in lokale Variable!*

mit Hilfe eines Blocks erreichen (Bsp. 9.2). Die Variablen x und y werden erst im inneren Block ins Leben gerufen. Beim Eintritt in den Block (beim Erreichen vom Block-*Begin*) wird Speicherplatz für sie angelegt, beim Austritt (beim Erreichen vom Block-*End*) wird er wieder freigegeben, beide Variablen sind damit verschwunden. Das Ergebnis speichern wir in der globalen Variablen res ab.

Blöcke verbergen auch eine Falle! Wenn wir im obigen Beispiel die Variable res versehentlich auch im eingeschachtelten Block deklarieren würden, so würde diese neue „Inkarnation" von res die globale Deklaration vorübergehend verdecken (Bsp. 9.3). Das Ergebnis wird also dem lokalen res zugewiesen, und die globale Variable res erhält nie den größten gemeinsamen Teiler. Die tiefere Ursache dieses Fehlers ist, daß unser Programm mit seiner Umgebung nur durch Zugriff auf globale Variablen kommunizieren kann. Es liest die Eingangsdaten aus globalen Variablen, und speichert das Ergebnis auch in eine globale Variable ab.

9.2 Prozeduren und Funktionen

Blöcke an sich reichen nicht aus, um unsere Programme aus Einzelbausteinen zusammenfügen zu können. Das Konzept muß noch ergänzt werden. Erstens wollen wir Blöcke *benennen* können, um sie an verschiedenen Stellen und möglicherweise mehrmals verwenden (*aktivieren*) zu können. Zweitens sollten die Ein- und Ausgangswerte nicht durch Ad-hoc-Kopieren von globalen Variablen in lokale und umgekehrt geschehen, sondern durch einen wohldefinierten Mechanismus – durch die *Parameterübergabe*. Diese Konzepte werden in Form von *Prozeduren* und *Funktionen* von den meisten imperativen Programmiersprachen angeboten, und sie sind so grundlegend, daß die imperativen Programmiersprachen oft auch *prozedurorientiert* genannt werden.

In der Programmierpraxis dienen Prozeduren dazu, eine Teilaufgabe eines Programms zu lösen und die Lösung dem Rest des Programms zur Verfügung zu stellen. Wir haben schon bisher einige eingebaute Prozeduren und Funktionen (wie etwa *Inc* oder *Round*) kennengelernt. Die Prozeduren des Moduls SIO haben wir ebenfalls des öfteren verwendet. In diesem Kapitel werden wir lernen, wie wir selbst Prozeduren und Funktionen definieren können.

Mathematische Funktionen

Wir haben bereits im Kap. 3.4 darauf hingewiesen, daß das Funktionskonzept der Informatik dem der Mathematik sehr nahe steht. In der Mathematik schreiben wir $y = f(x)$. D. h., y ist der Wert, den wir erhalten, wenn wir die Funktion f auf x anwenden. Wir sagen auch, f ist eine *Abbildung* des Wertbereichs von x auf den Wertbereich von y. Wenn es mehrere Parameter gibt, so müssen wir das Kartesische Produkt aller Parametertypen nehmen. Wenn $z = f(x, y)$, dann ist f die Abbildung aller Paare (x, y) (mit x und y aus den jeweiligen Wertebereichen) auf den Bereich von z. Die Definition von f wird natürlich nicht bei jeder Anwendung wiederholt, wir haben sie einmal festgelegt und „kennen" sie (denken wir an die Winkelfunktionen, die wir in der Geometrie häufig benötigen).

Funktionen werden in vielen Programmiersprachen durch das Konstrukt *Prozedur* oder *Funktion* angeboten. Sie haben einen Namen und können parametrisiert werden. Wir können sie ganz im Sinne der obigen mathematischen Definition auffassen. Sie bilden den Parametertyp (die Parametertypen) auf den Ergebnistyp ab. Wesentliche Unterschiede zwischen den theoretischen Funktionen und praktisch ausführbaren Prozeduren gibt es aber auch: Prozeduren brauchen Zeit, um abzulaufen, sie können sogar endlos laufen (wenn sie sich in einer endlosen Schleife verirren), oder sie können abstürzen und damit gar nicht ihr normales Ende erreichen. Außerdem können Prozeduren *Seiteneffekte* haben (vergleiche Kap. 9.3.4) und damit neben ihrer eigentlichen Berechnung noch andere Änderungen bewirken (wie die Tastatur zu lesen – im Fall von SIO.GetChar() – und dadurch den Zustand der Tastatur zu ändern; zwei „gleiche" Aufrufe von SIO.GetChar() liefern keineswegs das gleiche Ergebnis!).

Prozeduren und Funktionen in Modula-3

Prozeduren sind in Modula-3 *benannte und parametrisierte Blöcke*. Funktionen sind syntaktisch ein Spezialfall von Prozeduren, weshalb sie auch

```
VAR
  a, b: CARDINAL;                    (*"a" und "b" werden aktuelle Parameter*)
  res: CARDINAL;                     (*"res" wird das Ergebnis zugewiesen*)

PROCEDURE Euklid(x, y: CARDINAL): CARDINAL =              (*Prozedursignatur*)
BEGIN
  WHILE x # y DO
    IF x > y THEN x:= x – y ELSE y:= y – x END;
  END;
  RETURN x                           (*Ergebnis als Funktionswert zurück*)
END Euklid;
  ⋮
BEGIN        (*Anweisungsteil eines Blocks in dem die Deklaration gültig ist*)
  ⋮
                                               (*a und b werden gesetzt*)
res:= Euklid(a, b);   (*Funktionsaufruf, mit Aktualparametern "a" und "b"*)
  ⋮
```

Bsp. 9.4: *Funktionsprozedur*

oft *Funktionsprozeduren* genannt werden. Prozeduren, die als Ergebnis einen Wert „liefern“ (in dem Sinn, in dem $\sin(\pi)$ den Wert 0 liefert), nennen wir *Funktionen*. Wir werden im folgenden generell von Prozeduren sprechen, außer wenn gerade diese Unterscheidung betont werden muß. Den Ausdruck *reine Prozeduren* verwenden wir, wenn wir betonen wollen, daß eine Prozedur *keine* Funktion ist.

Formale und aktuelle Parameter

Schauen wir zunächst Bsp. 9.4 an. Der Euklid-Algorithmus ist jetzt als eine Funktionsprozedur unter dem Namen Euklid definiert. Die Prozedur muß zuerst *deklariert* werden, dabei werden Namen, die *formalen Parameter* und ein Block angegeben. Die formalen Parameter sind die Stellvertreter verschiedener Parameterwerte innerhalb des Blocks, der den Algorithmus definiert. Die Liste der formalen Parameter wird nach dem Prozedurnamen zwischen Klammern angegeben. Im Bsp. 9.4 sind x und y formale Parameter vom Typ *Cardinal*. Damit ist die Prozedur für beliebige *Cardinal*-Werte definiert. Der Typ des Ergebnisses (auch *Cardinal*) steht durch ein Doppelpunkt getrennt, hinter der Parameterliste. Der Wert des Ergebnisses wird mit Hilfe der *Return*-Anweisung bereitgestellt.

Eine Prozedurdeklaration ist, wie alle anderen Deklarationen, nur die statische „Erklärung“ einer Struktur: Die Anweisungen des Blocks werden dadurch nicht aktiviert. Sie werden erst durch einen *Prozeduraufruf* zum Ausführen gebracht. Die Wertzuweisung res:= Euklid(a, b) bewirkt, daß der Ausdruck auf der rechten Seite ausgewertet wird, also der Anweisungsteil des Euklid-Algorithmus ausgeführt wird. Die formalen Parameter x und y werden dabei durch den Wert der entsprechenden *aktuellen Parameter* a und b *ersetzt*. Zuletzt wird das Ergebnis in der Variablen res abgespeichert.

9.2.1 Prozedurdeklaration

Prozeduren werden einmal *deklariert*, dabei geben wir den genauen Algorithmus an, für den die Prozedur stehen soll. Das ist ähnlich wie in der Mathematik: Die Sinus-Funktion wurde nur einmal definiert, und das ermöglicht uns, sie beliebig oft zu verwenden.

Eine Prozedurdeklaration gleicht der einer Konstante: Hier wird statt eines Literals ein Block mit einem Namen fest verbunden. Wie wir bald sehen werden (Abschn. 9.7) können auch *Prozedurtypen* und somit Variablen von einem Prozedurtyp deklariert werden.

In vielen Programmiersprachen kann man nur Prozedurkonstanten definieren. Deswegen ist die Unterscheidung von Prozedurkonstanten, -typen und -variablen gar nicht vorhanden, man spricht nur von Prozeduren. Das Vorhandensein von Prozedurtypen und Prozedurvariablen erhöht die Ausdrucksstärke einer Programmiersprache beträchtlich.

Eine Prozedurdeklaration besteht aus einem *Prozedurkopf* und einem *Prozedurkörper*. Der Prozedurkopf setzt sich aus dem

Prozedurnamen und der *Signatur* zusammen. Die Signatur enthält die Liste der formalen Parameter, im Fall einer Funktion auch einen Rückgabetyp. Bei den formalen Parametern geben wir Name, Typ, *Übergabeart* und *Defaultwert* (siehe unten, Kapitel 9.3 und 9.5) an.

Der Gültigkeitsbereich der formalen Parameter ist der Block der Prozedur, in deren Signatur sie definiert sind. Außerhalb der Prozedur sind die Bezeichner der formalen Parameter ungültig.

Der Prozedurkörper besteht aus einem Block, der den eigentlichen Algorithmus der Prozedur definiert. Dieser Algorithmus wird erst ausgeführt, wenn die Prozedur *aufgerufen* wird.

Syntax von Prozedurdeklarationen

```
Declaration13    = ProcedureHead18 [ "=" Block12 Ident89 ] ";" | ··· .
ProcedureHead18  = "PROCEDURE" Ident89 Signature19.
Signature19      = "(" Formals20 ")" [ ":" Type48 ] [ "RAISES" Raises22 ].
Formals20        = [ Formal21 { ";" Formal21 } [ ";" ]].
Formal21         = [ "VALUE" | "VAR" | "READONLY" ]
                   IDList87 ":" Type48 | IDList87 ":=" ConstExpr65 |
                   IDList87 ":" Type48 ":=" ConstExpr65 .
```

Die Syntax der Deklaration von Prozedurkonstanten ist eine Verfeinerung der schon eingeführten Deklarations-Syntax (Kap. 3.4.4). Der Prozedurkörper darf auch fehlen – das ist aber ausschließlich in *Interfaces* (siehe Kap. 10) zugelassen.

Die allgemeine Form einer reinen Prozedurdeklaration sieht so aus (dabei steht *formaler Parameter*$_i$ für Namen, Typ, Übergabeart und Defaultwert – zusammengefaßt in der syntaktischen Einheit Formal$_{21}$ – eines Parameters):

PROCEDURE *Name(formaler Parameter*$_1$; ⋯ *formaler Parameter*$_n$) =
  lokale Deklarationen
BEGIN
  Anweisungsfolge
END *Name*;

Der Bezeichner nach dem Schlüsselwort PROCEDURE und nach dem abschließenden END des Prozedurblocks muß der gleiche sein und gilt als der Name der Prozedur.

Die allgemeine Form einer Funktionsprozedur ist:

PROCEDURE *Name(formaler Par*$_1$; ⋯ *formaler Par*$_n$): *Rückgabetyp* =
  lokale Deklarationen
BEGIN
  Anweisungsfolge;
  RETURN *Rückgabewert*
END *Name*;

Syntaktisch unterscheiden sich die Funktionen von reinen Prozeduren dadurch, daß in der Signatur ein *Rückgabetyp* angegeben wird. Dieser kann außer offene Arrays (siehe Kap. 11.2.3) ein beliebiger Typ sein. Er steht nach den geklammerten formalen Parametern, durch einen Doppelpunkt getrennt. Funktionen müssen mindestens eine *Return*-Anweisung haben, die das Ergebnis, d. h. den Rückgabewert der Funktion, angibt. Der *Rückgabewert* ist ein Ausdruck vom *Rückgabetyp*.

Aus der Syntax ist es ersichtlich, daß die Liste der formalen Parameter leer sein kann. Die Deklaration einer parameterlosen Prozedur hat die Form: PROCEDURE *Name*() = ⋯ END *Name*. Eine parameterlose Prozedur ist noch immer viel mächtiger als ein einfacher Block, weil sie *benannt* ist und mehrfach aufgerufen werden kann.

Man könnte fragen, ob das leere Klammerpaar nach dem Namen unbedingt notwendig ist? Es ist deshalb notwendig, weil wir eine Prozedurdeklaration (bzw. einen Prozeduraufruf) von einem Prozedurbezeichner unterscheiden müssen. Ein Prozedurbezeichner ohne Klammern danach steht für eine Prozedurkonstante oder für eine Prozedurvariable, ein Prozedurbezeichner mit anschließenden Klammern für eine Prozedurdeklaration oder für einen Aufruf.

Die *Raises*-Klausel in der Signatur wird erst im Kap. 15 behandelt. Alle andere Elemente der Signatur werden in den nachfolgenden Unterkapiteln ausführlich beschrieben.

9.2.2 Aufruf von Prozeduren

Der Aufruf geschieht einfach durch Angabe des Prozedurnamens. Die aktuellen Parameter geben wir hinter dem Namen zwischen Klammern an. Der Aufruf einer reinen Prozedur ist eine *Anweisung* (die Aufruf-Anweisung). Im Gegensatz dazu wird eine Funktion bei der Auswertung eines *Ausdrucks* (vergleiche Kap. 7.1.1) aufgerufen, dessen Operand sie ist.

Syntax von Prozeduraufrufen

CallStmt$_{26}$ = Expr$_{66}$ "(" [Actual$_{47}$ { "," Actual$_{47}$ }] ")".
⋮
E7$_{73}$ = E8$_{74}$ { Selector$_{78}$ }.
E8$_{74}$ = Ident$_{89}$ | ⋯
Selector$_{78}$ = "(" [Actual$_{47}$ { "," Actual$_{47}$ }] ")" | ⋯ .
Actual$_{47}$ = [Ident$_{89}$ ":="] Expr$_{66}$ | Type$_{48}$.

Die Expr$_{66}$ in der Aufruf-Anweisung (CallStmt$_{26}$) muß letztlich einen Bezeichner (den der aufzurufenden Prozedurkonstante oder -variablen) ergeben. Ein Funktionsaufruf ist immer ein Ausdruck; der Prozedurname entsteht als E8$_{74}$ und die Liste der aktuellen Parameter in diesem Fall als Selector$_{78}$. Bei beiden Aufrufsarten können die aktuellen Parameter gleicherweise angegeben werden.

Die allgemeine Form des Aufrufs:

Prozedurname(*aktueller Parameter*$_1$, ⋯ *aktueller Parameter*$_n$)

Der Aufruf bewirkt, daß der Block der aufgerufenen Prozedur *aktiviert* wird: Die formalen Parameter werden durch die entsprechenden aktuellen Parameter ersetzt (wie, das beschreiben wir genau, in den Abschnitten 9.3 und 9.5). Die lokalen Daten des Blocks der Prozedur werden angelegt, d. h. „ins Leben gerufen": Speicherplatz wird für sie reserviert. Danach wechselt der Programmablauf von der Stelle des Aufrufs auf den Anweisungsteil des aktivierten Blocks (nach dem *Begin* der aufgerufenen Prozedur).

Der Aufruf einer parameterlosen Prozedur hat die Form: *Prozedurname*() (wie z. B. SIO.GetChar()).

Das leere Klammerpaar ist hier aus dem gleichen Grund wie bei der Deklaration notwendig.

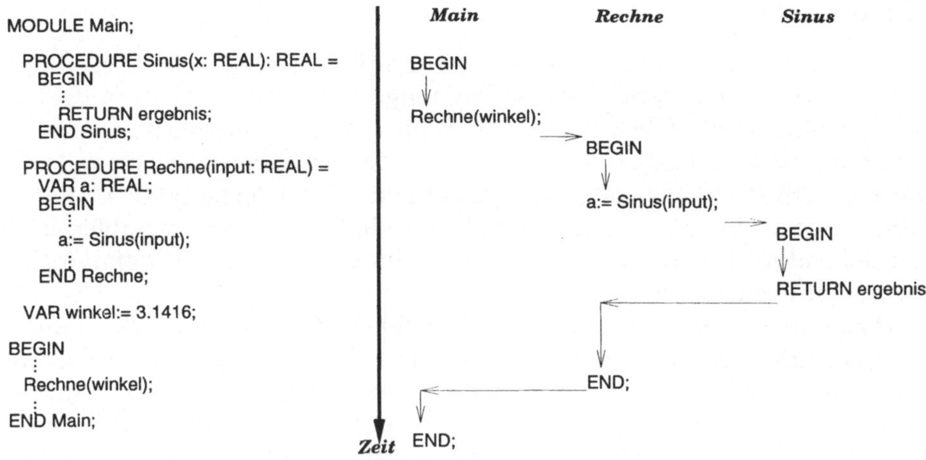

Abb. 9.5: *Programmverzweigung durch Prozeduraufrufe*

Ende eines Prozedurlaufes

Eine Prozedur wird beendet, wenn ihr Ablauf entweder das Ende (END) der Prozedur erreicht, oder eine *Return*-Anweisung ausgeführt wird. Eine *Return*-Anweisung beendet den Ablauf der Prozedur sofort. Nach Beendigung einer Prozedur sind alle ihre lokalen Variablen weg, und ihr Speicherplatz wird freigegeben.

Syntax der Return-Anweisung

ReturnStmt$_{36}$ = "RETURN" [Expr$_{66}$].

Funktionsprozeduren *müssen* mit einer *Return*-Anweisung beendet werden, weil darin der Rückgabewert angegeben wird. Reine Prozeduren dürfen zwar auch mit *Return* beendet werden, wir empfehlen aber, davon *keinen* Gebrauch zu machen! Dadurch wird nämlich die Prozedur zu einem Baustein, der mehrere Ausgänge hat. Die Überprüfung solcher Bausteine ist viel schwieriger, als die von solchen, die nur einen Ausgang haben. Bei einer Funktion ist es deshalb auch empfehlenswert, wenn nur *eine* *Return*-Anweisung vorkommt, und zwar als letzte Anweisung des Blocks. Rekursive Funktionen haben allerdings oft mehrere Ausgänge, da gilt diese Empfehlung nicht (siehe Kap. 12).

Nach Beendigung einer aufgerufenen Prozedur, läuft das Programm an der Stelle gleich nach dem Aufruf weiter.

Aufrufketten

Eine Prozedur kann eine weitere Prozedur aufrufen, die wieder Prozeduren aufruft usw. So entsteht eine beliebig lange Kette von Prozeduraufrufen. Das jeweilige letzte Glied der Kette ist die Prozedur, die aktiv läuft – die anderen sind *suspendiert*: siehe Abb. 9.5. Die suspendierten Prozeduren werden nach Rückkehr der aufgerufenen Prozeduren fortgesetzt, sie haben ihre Arbeit noch nicht beendet. Deswegen sind ihre lokale Variablen noch alle „lebendig": Der Block, der den Algorithmus der Prozedur definiert, ist noch nicht beendet worden.

Die lokalen Datenbereiche der aufgerufenen Prozeduren werden hintereinander angelegt, zugreifbar ist immer nur der letzte. Bei der Rückkehr von einer Prozedur wird immer der letzte Datenbereich freigegeben, und so wird der nächste darunter zugreifbar. Das entspricht etwa einem Schreibtisch, auf dem immer die zuletzt daraufgestellten Akten erledigt werden. Solche Speicher nennen wir *Stapel* (oder englisch: *stack*). Die lokalen Daten der Prozeduren (inkl. Parameter) werden normalerweise nach dem Stapelprinzip gespeichert – im sogenannten *Aufrufstapel*.

Es ist ersichtlich, daß Prozeduren (im Gegensatz zu einfachen Blöcken) auch die Ablaufstruktur verändern. Die Anweisungen einer Prozedur werden erst durch den Aufruf ausgeführt, und durch mehrmalige Aufrufe können sie mehrmals ausgeführt werden. Den ganzen dynamischen Ablauf eines Programms kann man kaum mehr verfolgen. Deswegen ist es wichtig, daß wir uns von der Richtigkeit der einzelnen Prozeduren überzeugen und daß ihre Semantik auch klar spezifiziert wird. Dann kann man einen Prozeduraufruf als eine einzige komplexe Anweisung auffassen, deren Richtigkeit schon bewiesen (oder mindestens geprüft) und deren Semantik bekannt ist.

9.3 Parameterübergabearten

Welche Parameterarten wünschen wir uns? Wir haben gesehen, daß wir zwischen Blöcken durch Variablen des umschließenden Blocks kommunizieren könnten. Wir haben aber auch gesehen, daß dies unübersichtlich und fehleranfällig ist. Das Konzept der Prozedur ermöglicht uns, daß wir diese Kommunikation viel besser regeln. Mit der Angabe der Parameter in der Signatur bauen wir Türen zur Prozedur, die die Kommunikation regeln. Der Parametertyp entspricht etwa der Größe der Türe: Eine Boolesche „Tür" ist winzig klein, wie ein Mausloch, sie läßt nur *wahr* und *falsch* als Werte durch. Eine Tür vom Typ *Integer* hat eine normale Größe, und für *Record-* oder *Arrayparameter* brauchen wir schon ein wahres „Tor". Mit der Angabe der Parameterarten regeln wir die Richtung der Kommunikation. Einige Türen können sich nur in eine Richtung öffnen, und zwar entweder

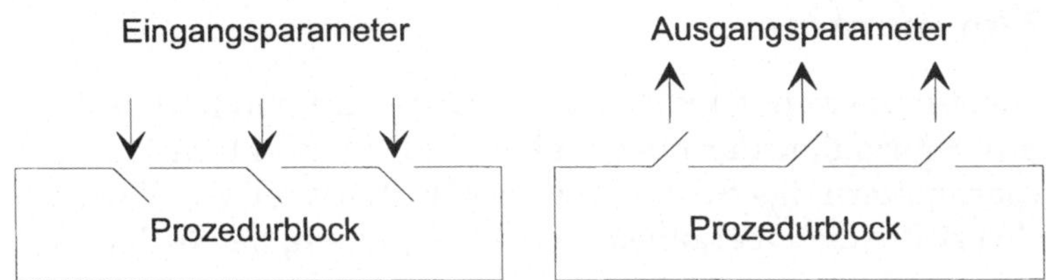

Abb. 9.6: *Wichtigste Parameterarten*

herein (Eingangstüren), oder hinaus (Ausgangstüren). Andere können sich in beide Richtungen öffnen (Ein- und Ausgangstüren). Die Parameterarten kategorisieren wir genau nach diesen Prinzipien (Abb. 9.6):

- *Eingangsparameter*
  Sie werden dazu verwendet, eine Prozedur mit Eingangswerten zu versorgen. Der aktuelle Parameter eines Eingangsparameters muß ein Ausdruck sein, der direkt vor dem Aufruf der Prozedur ausgewertet wird und als Anfangswert dem entsprechenden formalen Parameter zugewiesen wird. Bis jetzt haben wir in unseren Beispielen nur Parameter dieser Art verwendet.

- *Ausgangsparameter*
  Mit ihnen können Ergebnisse einer Prozedur an den Aufrufer zurückgeliefert werden. Ihr Wert ist zum Zeitpunkt des Aufrufs undefiniert, sie erhalten ihren Wert erst innerhalb der aufgerufenen Prozedur. Der in der aufgerufenen Prozedur dem Ausgangsparameter zugewiesene Wert wird im Kontext des Aufrufers auch zugreifbar.

- *Ein- / Ausgangsparameter*
  Solche Parameter vereinen beide obigen Eigenschaften: Sie erhalten vom Aufrufer einen wohldefinierten Eingangswert und vom Aufgerufenen einen wohldefinierten Ausgangswert. Ein-/Ausgangsparameter sind wie Werkstücke, die zu verschiedenen Stellen zur Bearbeitung übergeben werden: Jede Stelle übernimmt einen Zustand und ändert darauf aufbauend noch etwas daran.

Modula-3 bietet uns Parameterarten – wie die meisten prozeduralen Programmiersprachen – mit einer etwas anderen Kategorisierung (Abb. 9.7), die sich stark an der technischen Realisierung der Parameterübergabe anlehnen und die in den folgenden Abschnitten beschrieben werden.

Es gibt Programmiersprachen – wie Ada –, die die Art der Parameter genau den oben beschriebenen Kategorien entsprechend definieren.

9.3.1 Wertparameter

Wertparameter verwenden wir, um Eingangsparameter zu realisieren. In der Liste der formalen Parameter einer Prozedurdeklaration können wir vor Wertparametern das Schlüsselwort VALUE schreiben. Wir können das Schlüsselwort für die Übergabeart auch weglassen, das bedeutet das gleiche.

Einen Wertparameter betrachten wir am besten wie eine lokale Variable, die vor dem Aufruf vom Aufrufer einen Anfangswert erhält. Der aktuelle Parameter ist ein *Ausdruck*, dessen Typ mit dem formalen Parameter *zuweisungskompatibel* sein muß. Dieser Wert erscheint im formalen Parameter, sobald die Prozedur zu laufen anfängt. Die Prozedur darf nachher den formalen Parameter beliebig ändern, diese Änderungen bleiben lokal.

Bildlich können wir das so ausdrücken (Abb. 9.7): Ist der aktuelle Parameter für einen Wertparameter eine Variable, so wird eine Kopie des Inhalts des Behälters (der „Schublade") übergeben. Die aufgerufene Prozedur macht damit was sie will, der ursprüngliche Inhalt bleibt unberührt.

9.3.2 Variablenparameter

Mit Variablenparametern können Ein-/Ausgangsparameter realisiert werden. In der Prozedurdeklaration schreiben wir das Schlüsselwort VAR vor die formalen Variablenparameter.

Bei Variablenparametern muß der aktuelle Parameter eine (schreibbare) *Variable* des *gleichen* Typs sein. Beim Aufruf wird der formale Parameter durch einen Verweis (eine sogenannte *Referenz*) auf diese Variable ersetzt. So wird der aktuelle Parameter in der aufgerufenen Prozedur direkt zugreifbar. Jede Änderung des formalen Parameters ist sofort im entsprechenden aktuellen Parameter wirksam.

Bildlich ausgedrückt: Der Aufrufer erteilt der aufgerufenen Prozedur Zugriff zum Behälter, zur „Schublade" des aktuellen Parameters. Durch den formalen Parameter greift die aufgerufene Prozedur direkt in die Schublade des aktuellen Parameters. Darum ist jede Änderung sofort auch am aktuellen Parameter wirksam.

Ein reiner Ausgangsparameter würde heißen, daß der Aufrufer zwar den Zugriff zur Schublade erteilt, aus ihr aber vorher alle wertvollen Gegenstände entfernt (für die Prozedur ist der Inhalt undefiniert). Beim Anschauen einer Prozedursignatur kann nicht eindeutig festgestellt werden, ob ein Variablenparameter nur als Ausgangsparameter oder auch als Eingangsparameter verwendet wird. Das kann zu semantischen Fehlern führen, wenn z. B. der Aufrufer für einen Ein-/Ausgangsparameter keinen Anfangswert liefert. Diese Probleme

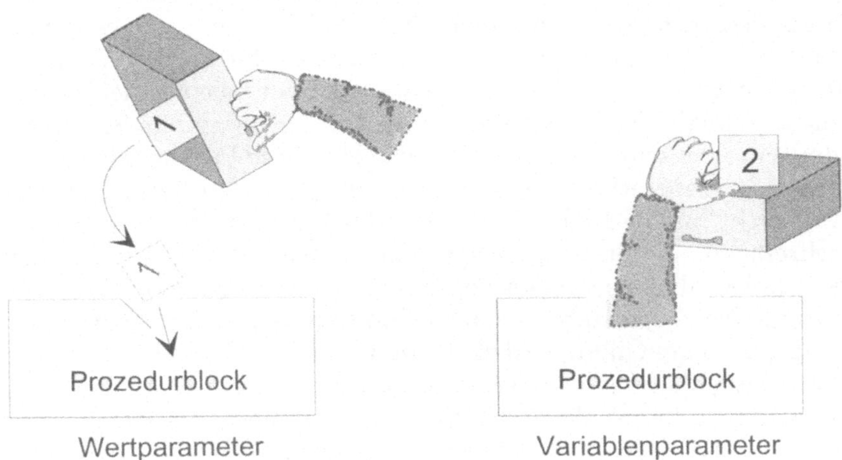

Abb. 9.7: *Wert- und Variablenparameter*

können durch gründliche Dokumentation (z. B. als Kommentar zu der Signatur) vermieden werden.

Wir sollten auch darauf achten, daß wir für reine Eingangsparameter nie Variablenparameter verwenden. Das würde etwa dem Fall entsprechen, wenn wir im Geschäft, anstatt den Preis selbst abzuzählen, die ganze Geldbörse dem Verkäufer geben würden. Haben wir viel Vertrauen, können wir das machen, es ist aber im allgemeinen doch besser, das nicht zu tun.

9.3.3 Schreibgeschützte Parameter

Schreibgeschützte Parameter verwenden wir für große Eingangsparameter. Wollen wir einen ganzen „Schrank" mit vielen „Schubladen" übergeben (also zusammengesetzte Parameter, wie Arrays und Records), dann ist das Kopieren des ganzen Inhalts sehr langwierig. Deswegen lassen wir lieber die aufgerufene Prozedur direkt in die Schublade hineinschauen – sie darf aber nichts ändern! Dazu schreiben wir das Schlüsselwort READONLY vor die entsprechenden formalen Parametern bei der Prozedurdeklaration.

Ein schreibgeschützter Parameter erhält beim Aufruf einen aktuellen Anfangswert – wie ein Wertparameter. Innerhalb der aufgerufenen Prozedur darf er nur gelesen werden. Ein schreibgeschützter Parameter wird meistens – ähnlich einem Variablenparameter – durch eine Referenz auf den aktuellen Parameter ersetzt. Da aber keine Änderungen darauf erlaubt sind, haben die Operationen innerhalb der Prozedur keine Auswirkung auf den aktuelle Parameter.

Ob die Ersetzung eines schreibgeschützten Parameters als Wert oder als Referenz geschieht, hängt vom aktuellen Parameter ab. Ist der aktuelle Parameter eine Variable, dann geschieht die Übergabe wie bei Variablenparametern durch Übergabe einer Referenz auf die Variable. Sonst verhält sich der schreibgeschützte Parameter wie ein *Value*-Parameter.

Diese Übergabetechnik müssen wir uns vor Augen halten, sonst tappen wir leicht in eine Falle: Eine Prozedur hat z. B. zwei Parameter, einen schreibgeschützten Eingangsparameter und einen Ausgangsparameter, der als Variablenparameter deklariert ist. Wenn wir dem Eingangsparameter die gleiche Variable als aktuellen Parameter übergeben, wie dem Ausgangsparameter, dann wird die Prozedur auf die Variable schreiben, die sie gleichzeitig als Eingabe liest – was zu einem höchst unvorhersehbaren Ergebnis führen kann. Wäre der Eingangsparameter als Wertparameter deklariert, dann ist es kein Problem, die gleiche Variable für beide Parameter zu übergeben – der Eingabeparameter wird nur als lokale Kopie gelesen. Siehe auch unten im Beispiel Matrixmultiplikation (9.3.5).

9.3.4 Informationsübertragung durch globale Variablen

Für die Blöcke von Prozedurdeklarationen gilt das gleiche wie für eingeschachtelte Blöcke im Anweisungsteil: Alle Bezeichner, die in den umschließenden Blöcken deklariert wurden, sind *sichtbar* (außer wir haben den Bezeichner redeklariert). Wir könnten in Prozeduren genauso auf Variablen von „außen" zugreifen wie in eingeschachtelten Blöcken. Im Bsp. 9.2 greift der eingeschachtelte Block auf die Variablen a, b und res des äußeren Blocks zu. Genauso könnte die Prozedur Euklid im Bsp. 9.4 auf diese Variablen zugreifen. Solche Zugriffe nennen wir *Zugriff auf globale Variablen.* Das Ändern einer globalen Variablen bewirkt einen *Seiteneffekt* – die Prozedur ändert nicht nur ihre Variablenparameter, sondern darüber hinaus („nebenbei") noch weitere Variablen.

Obwohl wir theoretisch häufig Ein-/Ausgangsparameter durch globalen Zugriff implementieren können, ist es doch meistens sehr schlecht, diese Möglichkeit zu benutzen:

- Unsere Prozeduren sind dann keine Bausteine mit festem Ein- und Ausgang mehr, weil sie nun zusätzlich zu ihren Parametern von weiteren Variablen abhängig sind. Es war eine der grundsätzlichen Forderungen der strukturierten Programmierung (Kap. 3.1), Einzelbausteine zu haben, deren Richtigkeit wir unabhängig von anderen überprüfen können.

  Prozeduren, die auf globale Daten zugreifen, können wir nirgendwo anders einsetzen, wie in dem Kontext in dem sie deklariert sind (denn nur dort gibt es diese globalen Variablen).

- Die Lesbarkeit des Programms wird stark vermindert, weil wir an der Prozedursignatur allein nicht mehr erkennen können, was in die Prozedur hinein und was heraus kommt.
- Zwei gleiche Aufrufe der gleichen Prozedur führen dann in der Regel zu unterschiedlichen Ergebnissen.

Aus diesen Gründen ist die Informationsübertragung über globale Variablen zwischen Aufrufer einer Prozedur und der Prozedur selbst abzulehnen. Warum ist es dann erlaubt? Es gibt durchaus Fälle, wo Zugriffe auf globale Variablen notwendig sind – gerade dann, wenn der Aufrufer der Prozedur diese Variablen gar nicht kennt. Wir werden Beispiele dazu im Kap. 10 kennenlernen.

9.3.5 Vergleich der Parameterarten

Algorithmus von Euklid mit Prozeduren

Im Bsp. 9.8 ist der Euklid-Algorithmus in ein Programm hineingestellt. Alle logisch unterschiedliche Teilaufgaben sind in getrennte Prozeduren abgelegt. Die schon bekannte Funktion Euklid hat zwei Wertparameter vom Typ *Cardinal*, und gibt einen *Cardinal*-Wert zurück. Die aktuellen Parameter müssen wir nicht mehr in lokalen Variablen abspeichern, um die ursprünglichen Werte vor der Zerstörung durch die Berechnung zu sichern – wie im Bsp. 9.2. Die Übergabe als Wertparameter hat den gleichen Effekt.

Funktionen können nur einen Wert zurückgeben. Deswegen haben wir die Prozedur Input, die ein Zahlenpaar einliest, nicht als Funktion definiert. Die zwei Zahlen geben wir als Variablenparameter zurück. Wir hätten natürlich eine Funktion definieren können, die eine Zahl zurückgibt, und die zweimal aufgerufen wird. Wir hätten auch ein Record als Funktionswert wählen können, etwa in der Form:

```
TYPE Ergebnis = RECORD x, y: INTEGER END;
PROCEDURE Input(): Ergebnis = ···
```

Diese Lösung wäre in diesem Fall jedoch bestimmt nicht gerechtfertigt gewesen, weil sie komplizierter ist und es keinen Grund gibt, die Variablen zu einem Record zusammenzufassen.

Wir hätten auch die folgende pathologische Lösung wählen können:

```
PROCEDURE Input(VAR x: CARDINAL): CARDINAL =
```

Hier wird die erste Zahl als Variablenparameter, die zweite als Funktionswert zurückgegeben. Die Untauglichkeit dieser asymmetrischen Lösung ist wahrscheinlich offensichtlich. Müssen wir mehr als einen Wert zurückgeben, dann ist es besser, alle Ergebniswerte als Variablenparameter zu definieren.

```
MODULE Prozeduren EXPORTS Main;                                        (*3.12.93. LB*)
  IMPORT SIO;

  PROCEDURE Euklid(x, y: CARDINAL): CARDINAL =          (*Funktion, Wertparameter*)
  BEGIN
    WHILE x # y DO
      IF x > y THEN x:= x - y ELSE y:= y - x END;
    END;
    RETURN x              (*Größter gemeinsamer Teiler als Funktionswert zurück*)
  END Euklid;

  PROCEDURE Input(VAR x, y: CARDINAL) =                (*Prozedur mit Var-Parametern*)
  BEGIN
    x:= SIO.GetInt(); y:= SIO.GetInt();                 (*In x und y Werte zurückgeben*)
  END Input;

  PROCEDURE Output(res: CARDINAL) =                    (*Prozedur mit Wertparameter*)
  BEGIN
    SIO.PutText("Groesster gemeinsamer Teiler = ");
    SIO.PutInt(res); SIO.Nl();                      (*Der Wert von res wird ausgegeben*)
  END Output;

  PROCEDURE Beenden(): BOOLEAN =                          (*Parameterlose Funktion*)
  CONST Ziffern = SET OF CHAR{'0' .. '9'};
  BEGIN
    RETURN NOT (SIO.LookAhead() IN Ziffern);       (*TRUE, wenn keine Ziffer kommt*)
  END Beenden;

  PROCEDURE Berechne() =                                   (*Parameterlose Prozedur*)
  VAR a, b: CARDINAL;                                     (*a und b für Eingabewerte*)
  BEGIN
    Input(a, b);              (*a und b enthält nach dem Aufruf die eingelesenen Zahlen*)
    Output(Euklid(a, b));             (*Wert von Euklid als Aktualparamter für Output*)
  END Berechne;

BEGIN                                               (*Anweisungsteil des Modul-Blocks*)
  SIO.PutText("Größter gemeinsamer Teiler nach Euklid\n" &
              "Geben Sie Zahlenpaare ein, oder sonstiges zum Halten\n");
  REPEAT Berechne() UNTIL Beenden()
END Prozeduren.
```

Bsp. 9.8: *Prozeduren und Funktionen mit verschiedenen Parametern*

Wir empfehlen generell, Funktionen nur mit Wertparametern zu versehen!

Die Prozedur Output sorgt für die Ausgabe des Ergebnisses, dessen Wert sie als Wertparameter übernimmt. Die parameterlose Funktion Beenden prüft die Bedingung, ob das Programm beendet werden soll – also ob ein Zeichen, das keine Ziffer ist, eingegeben wurde. Man beachte, daß SIO.LookAhead so lange wartet, bis irgendein Zeichen im Eingabestrom zur Verfügung steht.

Die parameterlose Prozedur Berechne faßt die Steuerung von Ein- und Ausgabe sowie die Berechnung des größten gemeinsamen Teilers zusammen. Man beachte, daß dank dieser Prozedur unser Modul jetzt gar keine globale Variablen enthält. Damit haben wir jegliche Kommunikation zwischen unseren Prozeduren durch Parameterübergabe gelöst. Die Gültigkeitsbereiche sind alle klein und getrennt. Der Anweisungsteil des Moduls ist sehr einfach geworden: Er enthält außer der Ausgabe des Grußtextes nur noch eine Schleife, die die Wiederholung der Berechnung steuert.

Matrixmultiplikation

Bsp. 9.9 implementiert die Initialisierung und Multiplikation von Matrizen. Die Prozedur Init gibt ein (mit etwas willkürlichen Werten) initialisiertes Array in einem Variablenparameter zurück. Es sieht in unserem Fall so aus:

$$\begin{pmatrix} 2 & 3 & 4 & 5 \\ 3 & 4 & 5 & 6 \\ 4 & 5 & 6 & 7 \\ 5 & 6 & 7 & 8 \end{pmatrix}$$

Die Prozedur init wird zweimal aufgerufen, um Array A bzw. B zu initialisieren. Wir hätten Init auch als Funktion definieren können, etwa mit der Signatur:

```
PROCEDURE Init(): Matrix =
```

In diesem Fall ist aber die Verwendung von einem Variablenparameter effizienter (mit der Funktionsvariante müßte die ganze Matrix aus dem lokalen Bereich vom Init zum Aufrufer kopiert werden).

Prozedur Mul übernimmt die zu multiplizierenden Arrays in den schreibgeschützten Parametern X und Y und gibt das Ergebnis im Variablenparameter Z zurück. Die Elemente von Z werden nach den üblichen Regeln der Matrixmultiplikation berechnet:

$$z_{i,j} = \sum_{k=1}^{N} x_{i,k}\, y_{k,j}$$

Die Prozedur ist durch die Verwendung von *First* und *Last* so allgemein gehalten, daß sie nicht nur für $N \times N$ Matrizen anwendbar ist. Sie prüft allerdings nicht, ob die Grundvoraussetzung für eine Matrixmultiplikation gegeben ist (Zeilen(X) = Zeilen(Z) $\wedge$ Spalten(X) = Zeilen(Y) $\wedge$ Spalten(Y) = Spalten(Z)). Der interessierte Leser möge die Prozedur Mul entsprechend erweitern. Das Ergebnis wird mit Hilfe der importierten MatrixIO.WriteMatrix(R) Prozedur ausgegeben:

```
MODULE MatrixMult EXPORTS Main;                                    (*27.10.93. LB*)
  IMPORT MatrixIO;

  CONST
    N     = 4;
  TYPE
    Matrix = ARRAY [1 .. N], [1 .. N] OF INTEGER;

  VAR
    A, B, R: Matrix;                      (*R: Ergebnis; A und B zu multiplizieren*)

  PROCEDURE Init(VAR X: Matrix) =                                (*Initialisiert X*)
  BEGIN
    FOR i:= FIRST(X) TO LAST(X) DO
      FOR j:= FIRST(X[FIRST(X)]) TO LAST(X[FIRST(X)]) DO
        X[i, j]:= i + j;                                         (*X_i,j = i + j*)
      END;
    END;
  END Init;

  PROCEDURE Mul (READONLY X, Y: Matrix; VAR Z: Matrix) =
  BEGIN
    FOR i:= FIRST(Z) TO LAST(Z) DO                                     (*Zeilen*)
      FOR j:= FIRST(Z[FIRST(Z)]) TO LAST(Z[FIRST(Z)]) DO              (*Spalten*)
        WITH sum = Z[i, j] DO                  (*sum ist die Verkürzung für Z[i, j]*)
          sum:= 0;
          FOR k:= FIRST(Y) TO LAST(Y) DO                     (*Zeile_i × Spalte_j*)
            INC(sum, X[i, k] * Y[k, j]);              (*Z_i,j = Σ_k X_i,k * Y_k,j*)
          END; (*FOR k*)
        END; (*WITH sum = Z[i, j]*)
      END; (*FOR i*)
    END; (*FOR j*)
  END Mul;

BEGIN                                                          (*Anweisungsteil*)
  Init(A); Init(B);
  Mul(A, B, R);                                                      (*R:= A * B*)
  MatrixIO.WriteMatrix(R);
END MatrixMult.
```

Bsp. 9.9: Prozeduren mit komplexen Parametern

```
54   68   82   96
68   86  104  122
82  104  126  148
96  122  148  174
```

Schreibgeschützte Parameter verbergen eine Falle! Wenn wir beim Aufruf einer Prozedur die gleiche Variable als aktuellen Parameter sowohl für einen schreibgeschützten als auch für einen Variablenparameter angeben, ist das Ergebnis unvorsehbar. Der Grund dafür liegt in der referenziellen Ersetzung. Das führt im Normalfall zu keinem Fehler, weil der Compiler sicherstellen kann, daß ein schreibgeschützter Parameter nicht geändert wird. Dient aber beim Aufrufer die gleiche Variable als aktueller Parameter für einen Variablenparameter, so ist der Compiler „ausgetrickst“: Die Prozedur sieht die gleiche Variable durch zwei „Fenster“: Durch das eine kann sie zwar nur lesen, durch das andere aber auch verändern. Wenn wir beim Aufruf einfach

```
Mul(A, B, B)
```

schreiben, so ist das ein Fehler, weil nun B sowohl als schreibgeschützter als auch als Variablenparameter funktionieren müßte.

Die Parameter X und Y könnten auch Wertparameter sein, das würde allerdings die Effizienz des Programms beeinträchtigen. Das ist aber notwendig, wenn wir das Ergebnis der Multiplikation im Array B (oder A) übernehmen möchten. Der Aufruf Mul(A, B, B)wäre nur dann korrekt, wenn wir auch die Signatur der Prozedur Mul entsprechend ändern würden:

```
PROCEDURE Mul (X, Y: Matrix; VAR Z: Matrix)
```

Ein anderer Programmierfehler entsteht, wenn wir auch die Eingangsparameter als Variablenparameter angeben:

```
PROCEDURE Mul (VAR X, Y, Z: Matrix)
```

In diesem Fall würde der Aufruf Mul(A, B, B) auch zu unvorsehbaren Ergebnissen führen. Der ursprüngliche Aufruf Mul(A, B, R) würde zwar noch immer funktionieren, diese Signatur müssen wir aber auf jeden Fall als falsch betrachten.

9.4 Bestimmung der Prozeduren

Es stellt sich nun die Frage: Wie entscheiden wir, welche Teilaufgabe eine eigene Prozedur „verdient“?

Ist es z. B. sinnvoll, so ganz kleine Prozeduren, wie Input oder Beenden im Bsp. 9.8 zu schreiben? Der Aufruf einer Prozedur ist natürlich nicht „gratis"; Parameterübergabe, Aufruf und Rückkehr kosten etwas Zeit und Speicher. Werden wir unser Programm mit vielen kleinen Prozeduren nicht wesentlich verlangsamen?

Unsere allgemeine Empfehlung lautet, daß die Entscheidung weniger von der absoluten Größe als von der logischen Aufgabe abhängen soll. Die Prozedur Input ist bestimmt ganz einfach, die zwei Anweisungen hätten wir im konkreten Fall auch direkt in die Prozedur Berechne hineinschreiben können. Es ist aber klar, daß Eingabe, Berechnung und Ausgabe ganz unterschiedliche Aufgaben sind. Deswegen ist es besser, sie auch syntaktisch zu trennen. Besonders deutlich wird das, wenn wir das Programm später ändern möchten. Wollten wir z. B. bei der Eingabe sicherstellen, daß Input nur positive Zahlen zurückgibt, dann könnten wir diese Änderung ganz *lokal* zu dieser Prozedur durchführen. Alle andere Teile des Programms, einschließlich alle Aufrufe von Input bleiben unberührt. Das ist ein ganz entscheidender Vorteil.

Wie alles, können wir die Aufteilung in Prozeduren auch übertreiben. Ein Programm, in dem die meisten Prozeduren aus 1-2 Zeilen bestehen, ist sicher extrem. Das frühzeitige Erkennen von logisch unterschiedlichen Teilaufgaben ist ein Merkmal eines guten Entwurfs. Sehr große Prozeduren sind auf jeden Fall ungünstig, allzu kleine Prozeduren sollten auch nicht die Regel sein. Entscheidend bleibt die innere Logik des Problems.

9.5 Name, Typ und Default von Parametern

Die Angabe von Namen und Typ von formalen Parametern ist der Angabe einer Variablendeklaration sehr ähnlich. Wie die Syntax zeigt, können formale Parameter schon bei der Deklaration „Anfangswerte" erhalten, die wir in diesem Kontext *Defaultwerte* (manchmal deutsch *Vorgabewerte*) nennen.

> Der Begriff von Defaults wird in und außerhalb der Informatik an verschiedensten Stellen verwendet. Die generelle Bedeutung können wir vielleicht am besten so erklären: Auf der Packung vieler Medikamente lesen wir: „Wenn der Arzt nicht anders verordnet, dann ..." Was nachher kommt, das ist der Default.

Die Defaultwerte der formalen Parameter kommen dann zur Geltung, wenn beim Aufruf einer Prozedur ein entsprechender aktueller Parameter nicht angegeben wird. In diesem Fall ersetzen sie einfach den Wert des fehlenden aktuellen Parameters. Sie sind wirkungslos, falls beim Aufruf der entsprechende aktuelle Parameter angegeben wird. Defaultwerte sind für Variablenparameter nicht gestattet.

> Diese Einschränkung leuchtet ein: Ein Variablenparameter „greift" in den Kontext des Aufrufers, und von dem können wir bei der Prozedurdeklaration keine generelle Annahme machen. Wie etwa bei Medikamenten, die erst vom Arzt eingespritzt werden müssen, ist der Satz „Wenn der Arzt nicht anders verordnet ..." einfach sinnlos.

Namen mit dem gleichen Typ (und mit gleichem Defaultwert) können – ähnlich wie bei der Variablendeklaration – auf einer Liste zusammengefaßt werden. Für Variablenparameter ist die Angabe eines Typs obligatorisch. Bei den anderen Parameterarten kann eine der beiden Angaben Typ und Default weggelassen werden, nicht aber beide. Wird Typ weggelassen, so wird der Typ des Parameters aus dem Defaultwert abgeleitet. Sind beide angegeben, muß der Defaultwert im Bereich des Typs enthalten sein. Wir raten von impliziter Typangabe (d. h., den Typ wegzulassen) hier genauso ab wie bei Variablendeklarationen!

Aktuelle Parameter

Die allgemeine Form eines Prozeduraufrufes ist:

P(*aktueller Parameter*$_1$, $\cdots$ *aktueller Parameter*$_n$)

P steht für einen Prozedurausdruck – normalerweise der Name einer Prozedurkonstanten oder einer Prozedurvariablen. Die aktuellen Parameter sind eine Liste von durch Kommas getrennten Ausdrücken (Absch. 9.2.2). Die Liste kann leer sein, die Klammern müssen aber immer angegeben werden. Die aktuellen Parameter können – einem Recordkonstruktor (siehe Kap. 8.2.2) ganz ähnlich – *positionell* oder *per Namen* angegeben werden.

- *Positionelle Angabe*
  Bei der positionellen Angabe ersetzen die aktuellen Parameter die formalen der Reihe nach: Erster aktueller Parameter ersetzt den ersten formalen Parameter, zweiter aktueller Parameter ersetzt den zweiten formalen Parameter usw. (bis jetzt haben wir immer diese Art der Übergabe von Parametern verwendet). Die Liste der aktuellen darf kürzer sein als die der formalen Parameter: In diesem Fall müssen die übriggebliebenen aktuellen Parameter einen entsprechenden Defaultwert haben.

- *Angabe per Namen*
  Die Angabe der aktuellen Parameter per Namen ist syntaktisch einer Wertzuweisung ähnlich. Die Reihenfolge der Angaben ist in diesem Fall willkürlich. Die formalen Parameter, zu denen keine Angabe gemacht wurde, müssen ein entsprechendes Default haben.

- *Gemischte Angabe*
  Bei einer gemischten Angabe müssen zuerst die positionellen Parameter angegeben werden. Wir raten von der Benützung der gemischten Angabe generell ab!

Das allgemeine Muster des Aufrufes ist:

Name(*aktuell*$_1$, *aktuell*$_2$, $\cdots$)

oder

Name(*formal*$_1$:= *aktuell*$_1$, *formal*$_2$:= *aktuell*$_2$, $\cdots$)

Mit der Signatur der Euklid-Prozedur des Beispiels 9.4 sind die folgenden Aufrufe äquivalent:

Euklid(a, b) $\equiv$ Euklid(x:= a, y:= b) $\equiv$ Euklid(y:= b, x:= a)

9.6 Eval-Anweisung

Bei Funktionen, die einen Seiteneffekt haben, kommt es vor, daß wir nur den Seiteneffekt hervorrufen wollen und am Ergebnis gar nicht interessiert sind. So können wir z. B. bei verschiedenen Systemen oft solche Ausgaben lesen: „Drücken Sie eine beliebige Taste“ (etwa beim Einlegen einer falschen Diskette wartet man damit ab, bis die Diskette ausgetauscht ist). Das Programm ist nicht daran interessiert, was der Benutzer eintippt, sondern nur an der Tatsache, ob er da ist und eine Taste gedrückt hat.

Für diesen gar nicht so seltenen Fall bietet Modula-3 die *Eval*-Anweisung an. Diese bewertet den nachfolgenden Ausdruck (normalerweise ein Funktionsaufruf) und wirft das Ergebnis weg.

Syntax der Eval-Anweisung

EvalStmt$_{29}$ = "EVAL" Expr$_{66}$.

Das obige Beispiel könnten wir in Modula-3 so implementieren:

```
⋮
SIO.PutText("Drücken Sie eine beliebige Taste, um weiterzugehen ");
EVAL SIO.GetChar();              (*Wartet, bis eine Taste gedrückt wird*)
⋮
```

Im Bsp. 9.10 ist das Programm 5.5 (auf S. 96), in dem über die Tastatur eingegebene primitive Taschenrechnerfunktionen berechnet werden können, mit Hilfe von Prozeduren neu implementiert. Die Eingabe der Operanden und des Operators wird durch die Prozedur GetOperation ausgeführt. Sie enthält zwei eingeschachtelte Prozeduren. Skip überliest eventuelle Leerräume. Op liest den Operator. Fängt die Eingabe mit einem beliebigen Zeichen außer einer Ziffer an, oder wird das Operatorzeichen vertippt, dann hält das Programm.

```
MODULE Operationen EXPORTS Main;                                      (*13.12.94. LB*)
  IMPORT SIO;
  TYPE Op = {Add, Sub, Mul, Div, Mod, Halt};               (*Arithm. Operationen + Halt*)

  PROCEDURE GetOperation(VAR x, y: INTEGER; VAR op: Op) =      (*Liest Operation*)
  CONST Ziffer = SET OF CHAR{'0' .. '9'};                        (*Menge der Ziffer*)

    PROCEDURE Skip() =                                        (*Überliest Leerräume*)
    CONST Blanks = SET OF CHAR{' ', '\t', '\n'};            (*Menge der Leerräume*)
    BEGIN
      WHILE SIO.LookAhead() IN Blanks DO EVAL SIO.GetChar() END
    END Skip;

    PROCEDURE GetOp(): Op =              (*Liest und konvertiert das Operator-Zeichen*)
    BEGIN
      Skip();
      CASE SIO.GetChar() OF
        | '+' => op:= Op.Add; | '–' => op:= Op.Sub; | '*' => op:= Op.Mul;
        | 'D', 'd' => op:= Op.Div; | 'M', 'm' => op:= Op.Mod;
      ELSE op:= Op.Halt;
      END; (*CASE operator*)
      RETURN op
    END GetOp;

  BEGIN                                                            (*GetOperation*)
    Skip();
    IF NOT (SIO.LookAhead() IN Ziffer) THEN
      op:= Op.Halt;                         (*Eingabe fängt nicht mit Zahl an => Halt*)
    ELSE
      x:= SIO.GetInt(); op:= GetOp(); y:= SIO.GetInt();            (*Operation lesen*)
    END; (*IF NOT ...*)
  END GetOperation;

  VAR x, y, z: INTEGER; op: Op;
BEGIN
  SIO.PutText("Arithmetische Operationen in der Form x op y\n");
  REPEAT
    GetOperation(x, y, op);
    IF op # Op.Halt THEN
      CASE op OF
        | Op.Add => z:= x + y; | Op.Sub => z:= x – y; | Op.Mul => z:= x * y;
        | Op.Div => z:= x DIV y; | Op.Mod => z:= x MOD y;
      END; (*CASE op*)
      SIO.PutText(" = "); SIO.PutInt(z, 1); SIO.Nl();
    END; (*IF op*)
  UNTIL op = Op.Halt;
END Operationen.
```

Bsp. 9.10: Einfache Taschenrechnerfunktionen

```
 ⋮
TYPE Proc = PROCEDURE (t: TEXT := "Ich bin gleicher\n");

  PROCEDURE P (t: TEXT := "Ich bin noch gleicher\n") =
  BEGIN
    SIO.PutText(t);
  END P;

VAR a: Proc;

BEGIN
  a:= P;                     (*"P" hat einen anderen Typ als "a", ist ihr aber zuweisbar*)
  IF a = P THEN SIO.PutText("Beide sind gleich\n") END;              (*a = P ist TRUE*)
  a();                                            (*gibt "Ich bin gleicher" aus*)
  P();                                       (*gibt "Ich bin noch gleicher" aus*)
  ⋮
```

Bsp. 9.11: *Zusammenhang vom Default, Typ und Wert*

9.7 Prozedurtypen

Prozeduren können auch als Typen definiert werden. Mit Hilfe von Prozedurtypen können wir Variablen eines Prozedurtyps deklarieren. Einer Prozedurvariablen können wir verschiedene aktuelle Prozeduren zuweisen. Wir können damit einen Algorithmus *dynamisch* an einen Namen binden. Besonders spannend wird das, wenn wir *Parameter* vom Prozedurtyp verwenden. Damit können wir einer Prozedur einen ganzen Algorithmus übergeben.

Prozedurtypen definieren wir durch eine Signatur:

Syntax von Prozedurtypen

Type_{48} = $\text{ProcedureType}_{53}$ | ⋯
$\text{ProcedureType}_{53}$ ="PROCEDURE" Signature_{19}.

9.7.1 Operationen mit Prozeduren

Wertzuweisung

Ein Ausdruck von einem Prozedurtyp kann – entsprechend der üblichen Regeln der Wertzuweisung – einer Prozedurvariablen zugewiesen werden, wenn der Wert des Ausdrucks im Typ der Variablen enthalten ist.

Vor der Angabe der Regeln der Zuweisungskompatibilität, führen wir die vordefinierte Konstante NIL ein, deren Typ mit jedem Prozedurtyp kompatibel ist und deren Wert die Bedeutung „keine Prozedur“ hat. NIL ist außer auf Prozeduren auch auf Referenztypen definiert (siehe Kap. 11).

Ein Ausdruck von einem Prozedurtyp PA kann einer Prozedurvariablen pv zugewiesen werden, wenn entweder PA = NIL ist, oder die folgenden Bedingungen zutreffen:

- Die Anzahl der Parameter vom PA und pv ist gleich, und die entsprechenden Parameter haben den gleichen Typ und die gleiche Art. Man beachte, daß Name und Defaultwert der Parameter nicht übereinstimmen müssen.
- Beide haben den gleichen Ergebnistyp oder beide haben keinen.
- Die Menge der Ausnahmen, generiert durch PA, ist eine Untermenge der Ausnahmenmenge von pv (siehe Kap. 15).

Sind diese Regeln erfüllt, so sagt man, der Typ PA wird vom Typ der Variablen pv *abgedeckt*. Noch einfacher ausgedrückt: Sind die Signaturen von zwei Prozedurtypen gleich, dann sind sie äquivalent und folglich zuweisungskompatibel. Enthalten sie unterschiedliche Parameternamen und/oder Defaultwerte, dann sind sie zwar nicht mehr äquivalent, aber noch immer zuweisungskompatibel. Auf den *Wert* einer Prozedur haben die Parameternamen und Defaultwerte keinen Einfluß. Im Bsp. 9.11 sind a und P nicht vom gleichen Typ, weil sie unterschiedliche Defaultwerte haben. Sie sind aber zuweisbar. Nach der Wertzuweisung a:= P sind sie gleich, die jeweiligen Defaultwerte sind aber durch die jeweilige Signatur bestimmt. Das Programm gibt folgenden Text aus:

```
Beide sind gleich
Ich bin gleicher
Ich bin noch gleicher
```

Prozedurkonstanten, die einer Prozedurvariablen zugewiesen werden, müssen global sein, d. h., sie dürfen in keinem Block verschachtelt sein. Der Grund, warum man eine lokale Prozedur nicht einer Prozedurvariablen zuweisen kann, ist prinzipieller Art: Könnte man eine eingeschachtelte Prozedur einer Variablen zuweisen, so könnte der Aufruf dieser Prozedur unter Umständen aus dem Gültigkeitsbereich „flüchten" (z. B. via einer globalen Variablen oder durch ein Variablenparameter der umschließenden Prozedur). Dadurch wäre es möglich eine lokale Prozedur außerhalb ihres Kontextes aufzurufen, was nicht erlaubt werden darf.

Vergleich

Zuweisungskompatible Prozeduren können auf Gleichheit (bzw. Ungleichheit) verglichen werden. Andere Vergleiche sind auf Prozeduren nicht gestattet.

```
MODULE ProcVar EXPORTS Main;                                  (*10.12.93. LB*)

  IMPORT SIO;

  TYPE
    Range      = [ -10..10 ];
    Set        = SET OF Range;
    Anwenden   = PROCEDURE (elem: Range);

  PROCEDURE Positiv(e: Range) =
  BEGIN                                        (*Bearbeitet positive Elemente*)
    IF e > 0 THEN SIO.PutInt(e) END;      (*Nicht positive Elemente unbeachtet*)
  END Positiv;

  PROCEDURE Negativ(e: Range) =
  BEGIN                                        (*Bearbeitet negative Elemente*)
    IF e < 0 THEN SIO.PutInt(e) END;      (*Nicht negative Elemente unbeachtet*)
  END Negativ;

  PROCEDURE Bearbeiten(s: Set; anwenden: Anwenden) =
  BEGIN                                        (*Durchläuft die ganze Menge*)
    IF anwenden # NIL THEN       (*Die Anwendung Nil-Prozedur bleibt wirkungslos*)
      FOR r:= FIRST(Range) TO LAST(Range) DO
        IF r IN s THEN anwenden(r) END     (*Ruft anwenden für jedes Element auf*)
      END; (*FOR r*)
      SIO.Nl();
    END; (*IF anwenden # NIL*)
  END Bearbeiten;

  PROCEDURE Init(VAR s: Set)=
  BEGIN                                   (*Füllt die Menge mit Anfangswert aus*)
    s:= Set{};
    FOR r:= FIRST(Range) TO LAST(Range) BY 2 DO
      s:= s + Set{r};                 (*s wird zu Set{-10,-8,-6,-4,-2,2 ,4 ,6 ,8,10}*)
    END; (*FOR r*)
  END Init;

  VAR
    s: Set;                          (*Die Menge die verschiedentlich bearbeitet wird*)
    p: Anwenden := Positiv;             (*Variable "p" auf Prozedur "Positiv" gesetzt*)

BEGIN
  Init(s);
  REPEAT
    Bearbeiten(s, p);               (*Im 1. Durchlauf ruft Positiv, im 2. Negativ auf*)
    IF p = Positiv THEN p:= Negativ ELSE p:= NIL END;
  UNTIL p = NIL;
END ProcVar.
```

Bsp. 9.12: Formale und aktuelle Prozedurparameter

Prozedurparameter

Als Beispiel nehmen wir an, daß wir verschiedene Prozeduren (oder Funktionen) auf jedes Element einer Menge anwenden wollen. Wir können eine ganz allgemeine Prozedur (Bearbeiten) schreiben, die alle Elemente der Menge durchläuft, und auf alle Elemente die als Parameter definierte Prozedur anwendet (Bsp. 9.12). Der formale Parameter von Bearbeiten ist vom Prozedurtyp. Wir bringen noch mehr Dynamik ins Spiel, wenn auch der aktuelle Parameter keine Prozedurkonstante, sondern eine Prozedurvariable ist. Wir können immer den gleichen Aufruf Bearbeiten(s, p) schreiben und in Abhängigkeit vom aktuellen Wert von p die verschiedensten Berechnungen ausführen lassen. Ausgabe des Programms:

```
   2   4   6   8  10
 -10  -8  -6  -4  -2
```

Kapitel 10

Module

Bevor wir mit dem Kapitel beginnen, machen wir einen Exkurs in die Welt der Heim-Stereoanlagen: In den 50er, 60er Jahren waren die besseren Hifi-Geräte meist in einen Schrank eingebaut: Von oben konnte man den Plattenspieler bedienen, vorne (oder ebenfalls oben) waren Regler für Radio sowie Lautstärke- und Klangsteuerung. Unten und auf der Seite waren die Lautsprecher eingebaut. Das Ganze bildete eine Einheit. Davon ist man mittlerweile praktisch gänzlich abgekommen. Gute Stereogeräte bestehen aus einer Reihe getrennter Geräte, CD-Laufwerk, Verstärker, Radio und Lautsprecherboxen haben alle ihr eigenes Gehäuse. Die Verbindung erfolgt über Kabel, die die Toninformation übertragen. Die Vorteile liegen auf der Hand: Der Käufer kann sich sein Gerät individuell – je nach Preis- und Qualitätswünschen – zusammenstellen. Wird ein Teil kaputt (etwa das Radio), kann es einzeln repariert werden und der Rest bleibt trotzdem funktionsfähig. Außerdem sind die Einzelgeräte besser, weil sich Spezialisten ganz auf die Lösung eines Teilproblems konzentrieren konnten.

Warum haben sich dann die Hersteller nicht immer schon auf die Produktion von Einzelkomponenten spezialisiert? Neben marktstrategischen Überlegungen gibt es da noch ein Problem: Die Komponenten müssen zueinander passen, müssen *kompatibel* sein. Die Stecker der Kabelverbindungen müssen in die Ein-/Ausgänge der Bauteile passen, die elektrischen Ströme, die eine Komponente produziert, müssen vom Verstärker verarbeitet werden können, usw. Um das alles zu ermöglichen, wurden mit der Zeit Normen entwickelt; normalerweise können wir heutzutage eine neu gekaufte Komponente problemlos in die existierende Anlage integrieren.

Diese Modularisierung setzt sich auch im Inneren der Geräte fort, und zwar nicht nur bei Hifi-Komponenten. Auch Hersteller anderer Produkte bauen diese immer mehr aus vorgefertigten, zugekauften Teilkomponenten zusammen. Solche Geräte werden, wenn sie kaputt gehen, nicht mehr „repariert“ – der Service-Techniker lokalisiert nur noch die fehlerhafte Teilkomponente und tauscht sie aus.

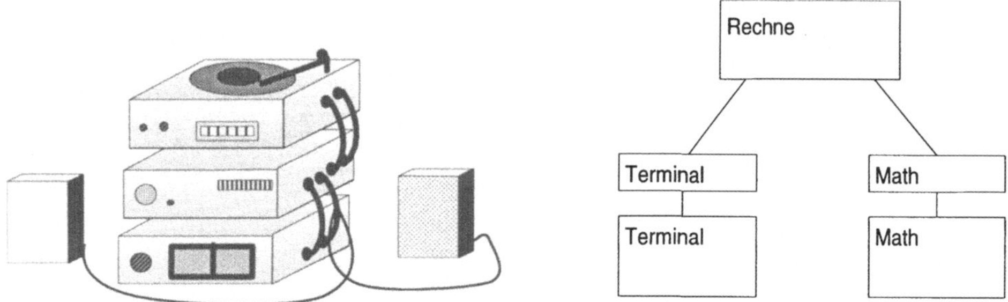

Abb. 10.1: *Komponenten einer Hifi-Anlage und Module*

Soweit sind wir in der Informatik noch nicht. Es gibt auch hier eine Fülle von Normen, vor allem im Bereich der Datenübertragung zwischen Rechnern (z. B. ISO/OSI) und der Programmiersprachen selbst (z. B. *Ansi*-Standard für Pascal, C und Cobol). Allerdings ist die innere Struktur von typischen Anwendungsprogrammen noch oft von außen nicht zugreifbar und so stark verwoben, daß wir gar keine Chance haben, Komponenten aus alten Programmen zu verwenden, um daraus neue zu machen (genauso, wie das bei alten, integrierten Stereoanlagen war). Doch wir arbeiten hart daran und eines der Ergebnisse ist das *Modulkonzept*. Ein Modul entspricht grob gesprochen einer solchen Hifi-Komponente. Es ist eine abgeschlossene Funktionseinheit, die einen Teil der Gesamtaufgabe löst. Um seine Funktionalität dem Rest des Systems zur Verfügung zu stellen, hat jedes Modul zumindest eine Schnittstelle nach „außen" – sie entspricht in etwa der Steckdosenleiste auf der Rückseite einer Hifi-Komponente.

Nachdem Computerprogramme meistens aus wesentlich mehr Teilen bestehen als Stereoanlagen, endet hier wohl die Analogie. Wir werden sehen, daß Programm-Module wesentlich mehr bieten, als eine bloße Aufteilung des zu lösenden Problems in Teilbereiche. Unsere Programme bestanden bisher immer nur aus einem einzigen Modul. Mit Modulen können wir größere Programme in Teile zerlegen, die für sich allein leichtere Probleme darstellen, und die wir, vom Übersetzer kontrolliert, zu einem Programm zusammenbauen können.

- *Module haben eine Schnittstelle.*
  Nur Dinge, die in der Schnittstelle (englisch *interface*) erscheinen, sind den Verwendern des Moduls (wir sagen „seinen *Klienten*") zugänglich. Alles andere ist für den Klienten „nicht sichtbar", d. h. syntaktisch nicht zugänglich.

- *Module haben ein Gedächtnis.*
  Im Gegensatz zu lokalen Variablen von Prozeduren verlieren die Variablen, die innerhalb eines Moduls deklariert sind, während der

ganzen Programmlaufzeit nicht ihren Wert. Wir können einfach „globale" Variablen verwenden, um Zustände zu speichern, beschränken aber die Schwierigkeiten mit globalen Variablen (siehe Kap. 9.3.4) auf einen kleinen Bereich, weil sie nach außen (außerhalb des Moduls) gar nicht zugreifbar sind.

- *Die Verwendung von Modulen kann kontrolliert werden.*
  Es ist nicht ganz leicht, mehrere Programmierer an einem Projekt zu beschäftigen. Ihre Teilarbeit muß immer wieder zusammengefaßt werden. Ein solches Zusammenmischen von Arbeiten bedarf einer schwierigen Koordinierung (Aufstellen und Einhalten von Bedingungen, die Voraussetzung für das Ändern gemeinsamer Datenstrukturen sind usw.). Der Übersetzer kann dabei aber helfen und sicherstellen, daß zumindest alle Variablen ihrem Typ entsprechend verwendet werden, die Parameter eines Prozeduraufrufes zur Prozedur passen und alles, was verwendet wird, auch definiert ist.

- *Modularisierung zeigt Abhängigkeit unter Programmteilen.*
  Die Schnittstelle eines Moduls muß von seinen Klienten explizit *importiert* werden. Dadurch können die statischen Abhängigkeiten zwischen den einzelnen Programmteilen sehr einfach nachvollzogen werden.

- *Module sind wiederverwendbar.*
  Bestimmte Teile von typischen Computerprogrammen ähneln einander wie ein Haar dem anderen. Das gilt z. B. für Prozeduren zur Bildschirmausgabe. Wir wollen solche Prozeduren nicht jedesmal neu entwickeln, sondern sie einmal – verallgemeinert – fertigstellen und dann immer wieder darauf zurückgreifen. In Modulen können wir solche „alleinstehenden" Prozeduren sammeln. Lösungen, die von mehr als einem Projekt benötigt werden, „verpackt" man in Modulsammlungen (den sogenannten *Bibliotheken* oder englisch *libraries*), und von dort können sie in unterschiedliche Programme eingebunden werden.

Wir haben solche Bibliotheken bereits verwendet: Die Module Math und Text sind Teil der Modula-3-Standardbibliothek[1], die die Sprachumgebung zur Verfügung stellt. Das Modul SIO wurde von den Autoren dieses Buches entwickelt, um eine simple Möglichkeit zur Ein-/Ausgabe zu haben.

Wir streben dabei das Ziel an, neue Programme so zu fertigen, daß wir eine Reihe von vorhandenen Modulen nehmen und zusammensetzen – wie Stereoanlagen. Außerdem wollen wir Teile eines Programms (ganz so wie Komponenten einer Stereoanlage) austauschen können, um das Programm an geänderte Anforderungen oder Umgebungen anzupassen.

[1] Diese Bibliothek stammt von den Entwicklern der Sprache Modula-3 [HKMN94, Nel91].

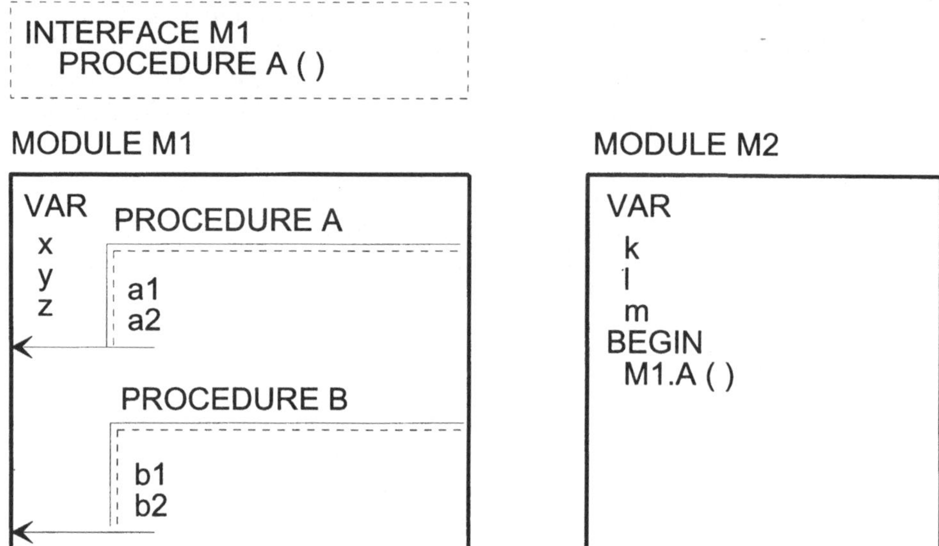

Abb. 10.2: *Sichtbarkeit in und über Modulgrenzen*

Geheimnisprinzip

Mit Typkonstruktoren strukturieren wir die Daten, die ein Programm bearbeitet. Mit Prozeduren können wir größere Algorithmen in kleinere, leichter beherrschbare aufteilen und Teile von Algorithmen, die mehrfach benötigt werden, abrufbar machen. Module sammeln zusammengehörende Algorithmen (also Prozeduren) *und* Datenstrukturen. Damit sind sie mehr als eine bloße Sammlung von Prozeduren, weil sie zusätzlich noch einen inneren Zustand haben, d. h., sie können sich zwischen Aufrufen von Prozeduren Dinge „merken". Die Schnittstelle des Moduls sorgt dafür, daß Klienten alle nötigen Informationen haben, um die Funktionalität des Moduls zu steuern – darüber hinaus haben die Klienten keinen direkten Zugriff auf den Zustand des Moduls. Das ist das *Geheimnisprinzip* (*Information-Hiding*). Sowohl Algorithmen als auch die Daten werden dem Klienten nicht direkt gegeben, sondern nur teilweise, soweit nötig, über die Schnittstelle bereitgestellt. Das hat nichts mit Geheimniskrämerei oder Datenschutz zu tun: Vielmehr macht es Fehler unmöglich, die entstehen, wenn ein Klient – bewußt oder unbewußt – Algorithmen schreibt, die von der inneren Struktur des importierten Moduls abhängig sind. Ändern wir später diese innere Struktur, dann hat das schwer abschätzbare Folgen für die Klienten und führt jedenfalls zu Problemen, die wir so vermeiden: Solange wir die Semantik der Schnittstelle unberührt lassen, können wir die Struktur unterhalb ändern, weiterentwickeln, verbessern usw.

Zustandsraum

Der aktuelle Wert einer Variablen nennen wir auch „Zustand der Variablen", alle Variablen zusammen bilden den *Zustandsraum* des Programms. Initialisierungen und Wertzuweisungen ändern den Zustandsraum. Variablen, die innerhalb einer Prozedur deklariert werden, also *lokale Variablen*, ändern den *globalen Zustandsraum* nicht. Der Zustandsraum der Prozedur besteht jedoch aus ihrem lokalen Zustandsraum *und* dem der Umgebung, in der sie definiert ist (das ist der Block, in dem sie deklariert wurde, siehe Kap. 9.1). Die Strukturierung des Zustandsraumes mit dem Prozedurkonzept gleicht dem Bau verspiegelter Glaswände; wir können zwar nicht in die Prozedur hineinsehen – außer durch die speziell dafür eingebaute Tür der Parameterübergabe –, aber wir können sehr wohl aus ihr heraussehen und die Umgebung betrachten. Mehr noch, wir können diese durch Veränderung globaler Variablen sogar verändern oder zerstören.

Das Modulkonzept ist demgegenüber stärker. Damit können wir den globalen Zustandsraum unterteilen. Die „Wände" der Module sind insofern „dicht", als nur jene Komponenten eines Moduls von seinen Klienten angesprochen werden können, die in der Schnittstelle genannt sind. Daten, die nicht exportiert werden, können nicht bewußt oder versehentlich vom Klienten geändert werden – sie sind nicht sichtbar (*Information-Hiding*). Abb. 10.2 zeigt diese Situation: Ein Modul *M2* muß eine von *M1* exportierte Prozedur verwenden, um den Zustand von *M1* zu ändern. Die Zustandsvariablen x, y, z selbst sind von *M2* aus *nicht* sichtbar. Zustandsveränderungen können nur über die gemeinsam vereinbarte Schnittstelle erfolgen.

Aufgabenaufteilung und Dienstmodule

Ein Programm hat praktisch immer eine ganze Reihe von Aufgaben zu lösen, die teilweise sehr wenig miteinander zu tun haben: Es muß deshalb eine Benutzerschnittstelle haben, die wie ein Filter dafür sorgt, daß das Programm nur Eingabedaten bekommt, die es auch verarbeiten kann. Es hat häufig einen Teil, der dafür sorgen muß, daß Ergebnisse auf einer Festplatte gespeichert werden, damit sie den Programmlauf überleben. Dann müssen Ergebnisse in eine menschenlesbare Form gebracht werden, die anschließend am Bildschirm oder Drucker ausgegeben wird. Und nicht zuletzt gibt es auch im Verarbeitungsteil selbst unterschiedliche Komponenten. Abb. 10.3 zeigt als Beispiel den Aufbau eines Programms für statistische Berechnungen. Es hat Teile zur Erfassung der auszuwertenden Daten, zur Steuerung der Berechnungen (Eingabe der Befehle für die Auswertung) sowie schließlich Teile für die Berechnung selbst und für die graphische Aufbereitung der Ergebnisse. Diese Teile können ganz für sich stehen und haben gar nichts miteinander zu tun (in dem Sinn, daß sie sich nicht gegenseitig verwenden – sie bearbeiten unabhängig vonein-

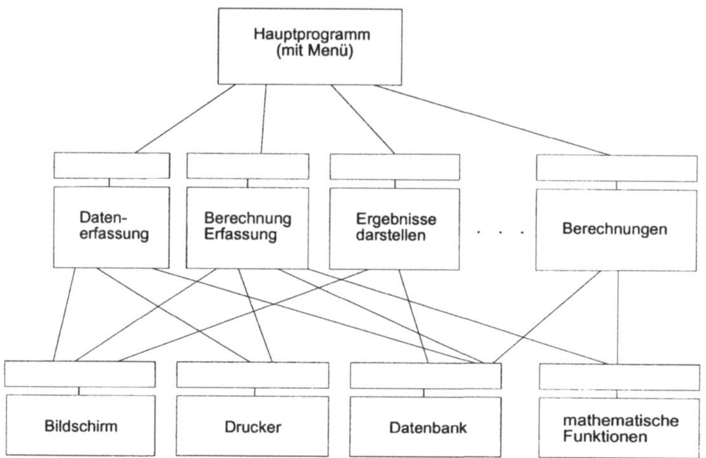

Abb. 10.3: *Die Teile eines Statistikprogramms*

ander eine gemeinsame Datenbasis). Hingegen sind Bildschirm, Drucker, Datenbank und Mathematik-Funktionen allgemeinere *Dienstmodule* (auch *Servermodule* oder einfach *Server* genannt), die sich um die Interaktion der Applikation mit Benutzer, Drucker und der Festplatte kümmern. Sie brauchen (und sollten) gar nichts über die Details der Applikation wissen. Diese Dienstmodule können auch in anderen Applikationen eingesetzt werden.

Es ist sehr wichtig, daß solche abgeschlossenen Teilprobleme in eigenen Modulen gelöst werden, denn Programme werden nicht einmal geschrieben und dann für alle Zeiten unverändert eingesetzt. Ein modulares Programm läßt sich leichter an geänderte Rahmenbedingungen anpassen. Angenommen unser Auftraggeber kauft einige Jahre später, nachdem er unser Programm übernommen hat, einen neuen Drucker. Er wird sich an uns wenden und um eine Anpassung des Programms an den neuen Drucker bitten. Wenn wir unser Programm gut strukturiert haben, dann brauchen wir dazu nur *ein* Modul auszutauschen. Im ganzen Programmsystem wird der Drucker nie direkt angesprochen. Auf den Drucker wird nur über Prozeduren der Schnittstelle des Druckermoduls zugegriffen. Ändert sich der Drucker, dann muß nur dieses Modul angepaßt oder getauscht werden. Änderungen bei den Programmen, die den Drucker nur verwenden, sind dann unnötig. Voraussetzung ist, unsere Druckerschnittstelle war gut und mußte für die Anpassung nicht geändert werden.

Haben wir unser System gut in Module strukturiert, dann lassen sich die Teile leichter warten, um Fehler zu beheben oder die Funktionalität zu ändern. Solche Teile können auch in anderen Projekten *wiederverwertet* werden. Ein schlecht modularisiertes System ist deshalb wesentlich teurer in der Entwicklung und Wartung als eines, das aus abgeschlossenen Bausteinen zusammengesetzt ist, deren gegenseitige Abhängigkeit so gering wie möglich ist. Wir werden im folgenden Module, wie sie in Modula-3 entwickelt werden können, genauer kennenlernen.

Das Modulkonzept wurde erst recht spät in Programmiersprachen integriert. Mit der Sprache Mesa [MMS79] und dann dem populäreren Modula-2 [Wir82] begann sich das auch von Modula-3 verwendete Konzept durchzusetzen. Die Programmiersprachen C und Fortran boten immer schon die Möglichkeit zur getrennten Compilation von Programmteilen an, doch der Programmierer muß selbst darauf achten, daß es zu keinen Namenskonflikten kommt und daß die getrennt übersetzten Teile richtig aufgerufen werden. Andere Sprachen, vor allem Cobol, bieten keine Strukturierungsmöglichkeiten von Algorithmen an und bauen ein Programm deshalb einfach aus mehreren, selbständig lauffähigen Teilprogrammen auf, die sich gegenseitig aufrufen. Modula-2 bietet eine Schnittstelle für jedes Modul an, das der Übersetzer überwacht. Die Namensbereiche im Modul selbst sind geschützt und getrennt von dem anderer Module.

10.1 Aufbau

Ein Modul besteht meistens aus einer Schnittstelle und einer Implementierung. In der Schnittstelle wird für die Klienten des Moduls alles sichtbar gemacht, was zur Verwendung des Moduls notwendig ist: Die Typdeklarationen, die Namen und Signaturen der Prozeduren, die das Modul zur Verfügung stellt. Wir sagen, diese Deklarationen werden *exportiert*. Alles andere, also der Code der Prozeduren, die notwendigen internen Variablen usw., steht in der *Implementierung*. Sie stellt die Realisierung der Schnittstelle dar und ist von Klientenmodulen aus nicht sichtbar.

10.1.1 Schnittstelle

Eine Schnittstelle sieht so ähnlich aus, wie die Module, die wir schon kennen. Statt mit dem Schlüsselwort MODULE beginnt sie mit INTERFACE. Danach folgt der Name und der Deklarationsteil. Die Schnittstelle muß mit END, dem Schnittstellennamen und einem Punkt beendet werden:

Syntax

Interface$_{2}$ = ["UNSAFE"] "INTERFACE" Ident$_{89}$ ";" { Import$_{10}$ }
{ Declaration$_{13}$ } "END" Ident$_{89}$ ".".

Im Unterschied zu Modulen enthält eine Schnittstelle keinen Block, also keinen Anweisungsteil. Sie kann Typ-, Konstanten-, Variablen- und Prozedurdeklarationen enthalten:

```
INTERFACE Schnittstelle;

  CONST
    Konstante = 1;                                    (*exportierte Konstante *)
  TYPE
    Typ = RECORD a, b: INTEGER END;                   (*exportierter Typ *)

PROCEDURE Prozedur(par1: INTEGER; VAR par2: Typ);
(*Exportierte Prozedur, verwendet den Typ, der ebenfalls exportiert wurde. *)

END Schnittstelle.
```

Bsp. 10.4: *Die Schnittstelle für ein Modul*

- *Typdeklarationen*
  Sie gestatten es dem Klienten eines Moduls, Variablen eines Typs zu deklarieren, den das Modul bearbeiten kann. So müssen die Typen der Parameter der exportierten Prozeduren auf alle Fälle ebenfalls exportiert werden.

- *Prozedurdeklarationen*
  Von Prozeduren können in Schnittstellen nur Namen und Signatur stehen. Das genügt, damit Klienten diese Prozedur aufrufen können. Sie kennen damit den Namen und die Liste der Parameter der Prozedur.

- *Konstanten- und Variablendeklarationen*
  Variablen, die in der Schnittstelle deklariert werden, können sowohl vom Implementierer der Schnittstelle als auch von den Klienten gelesen und beschrieben werden. Es sind also globale Variablen, deren Sichtbarkeitsbereich über ein Modul hinausgeht. Konstante können auf die gleiche Weise für Klienten sichtbar gemacht werden.

  Es ist sehr selten, daß Variablen exportiert werden. Fast immer ist es besser, je eine Prozedur zu exportieren, die den Wert der Variablen retourniert, und eine andere, mit der der Wert gesetzt werden kann. Die Variable selbst bleibt Teil des geschützten Zustandes des Moduls. Damit kann das Modul den Zugriff auf die Variablen viel besser steuern, um z. B. Bedingungen zu prüfen, ob die Variable zum richtigen Zeitpunkt und mit einem sinnvollen Wert gesetzt wurde.

Abbildung 10.4 zeigt ein Beispiel für eine Schnittstelle, die einen Typ Typ, eine Konstante Konstante und eine Prozedur Prozedur exportiert. Da die Prozedur einen Parameter von einem *Recordtyp* hat, *muß* dieser Typ ebenfalls exportiert werden – der Übersetzer verlangt es, und ein Klient könnte die Prozedur sonst auch nicht verwenden.

Das Schlüsselwort UNSAFE kennzeichnet sogenannte *kritische Schnittstellen*. In kritischen Schnittstellen und Modulen sind zusätzliche Sprachelemente erlaubt und gewisse Überprüfungen des Übersetzers und der Sprachumgebung aufgehoben. Das ist besonders im Bereich der Systemprogrammierung manchmal notwendig. Kritische Sprachelemente sind häufig sprachumgebungsabhängig, außerdem können sie zu Fehlern führen, die in „normalen" Modulen nicht vorkommen können. Deshalb müssen kritische Module und Schnittstellen besonders gekennzeichnet werden. In diesem Buch gehen wir zwar nicht darauf ein, im Anh. B.1.4 sind die zusätzlichen Möglichkeiten kritischer Module jedoch genau beschrieben.

10.1.2 Implementierung

Die meisten Teile der Syntax eines Implementierungsmoduls haben wir bereits kennengelernt:

Syntax

Module_3 = ["UNSAFE"] "MODULE" Ident_{89} ["EXPORTS" IDList_{87}]
";" { Import_{10} } Block_{12}
Ident_{89} ".".

Das Schlüsselwort UNSAFE kennzeichnet analog zu den kritischen Schnittstellen kritische Module (siehe Abschn. 10.1.1 und Anh. B.1.4).

Ein Implementierungsmodul einer Schnittstelle muß diese exportieren. Dazu dient die *Exports*-Anweisung gleich nach dem Namen des Moduls. Wir kannten diese Anweisung bisher nur als Spezialfall EXPORTS Main. Dasjenige Implementierungsmodul, das die Schnittstelle Main exportiert, ist das Hauptmodul und wird von keinem anderen Modul verwendet. Main wird von der Sprachumgebung zur Verfügung gestellt. Das Hauptmodul steht als einziges für sich allein und kann als Programm von der Sprachumgebung aus gestartet werden.

Die *Exports*-Anweisung kann entfallen. Das ist eine Abkürzung dafür, daß das Modul die Implementierung für die gleichnamige Schnittstelle ist.

Wir können mehrere Schnittstellen exportieren: Damit schaffen wir mehrere Eingänge in das Modul. So können wir beispielsweise datenverändernde Schreiboperationen von den Leseoperationen trennen. Die Schnittstelle für die Schreiboperationen stellen wir dann nur privilegierten Klienten zur Verfügung, während die Leseoperationen allgemein zugänglich sind. Alle in diesen mehrfachen Schnittstellen deklarierten Namen müssen unterschiedlich sein.

Zu dieser Regel gibt es eine Ausnahme: Prozedurennamen dürfen in mehreren Schnittstellen eines Moduls vorkommen. Damit können wir die

```
MODULE Implementierung EXPORTS Schnittstelle;

  VAR zustand: Typ;

  PROCEDURE Prozedur(par1: INTEGER; VAR par2: Typ) =
    BEGIN
      par2.a:= zustand.a;              (*liest versteckten inneren Zustand *)
      par2.b:= Konstante + par1;       (*Dekl. aus der Schnittstelle sind sichtbar! *)
    END Prozedur;

BEGIN                                  (*Anweisungsteil des Moduls *)
  zustand.a:= 0;
  zustand.b:= 0;
END Implementierung.
```

Bsp. 10.5: *Die Implementierung der Schnittstelle*

Defaultwerte der Parameter einer Prozedur in der „Leseschnittstelle“ anders setzen, als in der „Schreibschnittstelle“. Umgekehrt können auch mehrere Module dieselbe Schnittstelle exportieren. Damit kann die Implementierung eines komplexen Servers, der aber eine einfache Schnittstelle hat, auf mehrere Implementierungsmodule aufgeteilt werden. Übersetzer und Binder überprüfen, ob für jede exportierte Prozedur genau eine Implementierung (in einem der Implementierungsmodule) vorliegt.

In jedem Fall sind alle Deklarationen der Schnittstellen für die exportierenden Module sichtbar. Im Bsp. 10.5 zeigen wir eine Implementierung für die Schnittstelle aus dem Bsp. 10.4: Weil die Schnittstelle durch die *Exports*-Anweisung Teil des Moduls wird, kann der Typname Typ und die Konstante Konstante direkt verwendet werden. Die Implementierung von Prozedur ist hier nun angegeben. Der Anweisungsteil eines Implementierungsmoduls dient dazu, ihn zu initialisieren. Er wird nur einmal beim Start des Programms ausgeführt. Die Reihenfolge der Initialisierungen der Module ist immer: importierte Module vor dem importierenden Modul. Somit können bei der Initialisierung eines Moduls immer bereits die Dienste der importierten Module verwendet werden: Sie sind ihrerseits bereits initialisiert und damit funktionsfähig. *Zyklische Importe* (Modul *A* importiert eine Schnittstelle von Modul *B* und umgekehrt) führen dazu, daß wir uns auf keine Reihenfolge verlassen können (sie ist dann zufällig). Solche gegenseitigen Abhängigkeiten sind allerdings meistens ein Zeichen für eine schlechte Modulstruktur. Zyklisches Importierten von Schnittstellen ist verboten.

10.1.3 Übersetzungseinheiten

Sowohl Schnittstelle als auch Implementierung können über mehrere Programmtextdateien aufgeteilt werden. Es ist auch möglich, daß ein Modul überhaupt nur aus einer Schnittstelle besteht – wenn nur Typdeklarationen, aber keine Prozeduren exportiert werden sollen. Jede Programmtextdatei bildet eine *Übersetzungseinheit* (*compilation unit*), die für sich allein vom Übersetzer verarbeitet werden kann.

Da es Modula-3 erlaubt, mehrere Implementierungsmodule für eine Schnittstelle anzugeben, wird der Begriff „Modul" etwas unscharf: Es ist entweder eine Funktionseinheit eines Programms – mit Schnittstellen und Implementierungen zusammengenommen – oder ein Modula-3-*Module*, also eine Übersetzungseinheit. In Modula-2 heißen auch die Schnittstellen „Module" (*definition module*), so werden wir den Begriff aber nie verwenden. Wenn wir den Unterschied zwischen Funktionseinheit und der Übersetzungseinheit betonen wollen, dann sprechen wir vom „Implementierungsmodul".

10.2 Verwendung von Modulen

Ein Modul, das die Dienste eines anderen verwenden will, muß dessen Schnittstelle mit der *Import*-Anweisung explizit *importieren*. Damit holt es sich die Deklarationen, die es braucht, herein, bevor es eigene, lokale (und damit für Klienten nicht sichtbare) Namen deklariert. Der Übersetzer hat somit alle Informationen, um zu überprüfen, ob der Klient das importierte Modul richtig verwendet (z. B. ob die als Parameter einer importierten Prozedur übergebenen Variablen und Ausdrücke alle den richtigen Typ haben). Gemäß dem Prinzip des Information-Hidings prüft der Übersetzer nur die Schnittstelle des importierten Moduls. Die Implementierung braucht dazu noch gar nicht vorhanden zu sein!

Die *Import*-Anweisung listet entweder nur die Namen der importierten Module auf oder gibt alle Bezeichner der Prozeduren, Konstanten, Typen oder Variablen vollständig an, die wir von einem importierten Modul verwenden wollen.

Syntax

Import_{10} = "FROM" Ident_{89} "IMPORT" IDList_{87} ";"
| "IMPORT" ImportItem_{11} { "," ImportItem_{11} } ";".
ImportItem_{11} = Ident_{89} [AS Ident_{89}].

Normalerweise importieren wir eine Schnittstelle als Ganzes. Schon bisher schrieben wir:

```
IMPORT SIO;
```

Um dann einen Namen des importierten Moduls zu verwenden, schreiben wir den Schnittstellennamen als Qualifikation davor:

```
SIO.PutText("verwende importierte Prozedur!");
```

Wir können aber auch einzelne Namen einer Schnittstelle importieren, die wir dann ohne Qualifikation verwenden:

```
FROM SIO IMPORT PutText;
⋮
PutText("verwende importierte Prozedur!");
```

Diese Schreibweise ist kürzer und hat den Vorteil, daß wir ganz genau sehen, was jeder Klient von einem Server importiert. Sie hat aber auch Nachteile: Zunächst sehen wir aus dem Programmtext nicht, wo PutText definiert ist – importiert oder aus diesem Modul stammend. Außerdem kann es durchaus vorkommen, daß mehrere Module die gleichen Namen verwenden. Gerade PutText wird von einer ganzen Reihe von Modulen, die sich mit Ein-/Ausgabe beschäftigen, exportiert. Schreiben wir jedesmal den Namen der Schnittstelle, aus der die Prozedur stammt, davor, wird überall sofort klar, welches PutText jeweils gemeint ist. Damit können auch dann keine Konflikte entstehen, wenn ein Modul Prozeduren mit dem Namen PutText von mehreren Modulen gleichzeitig importieren muß.

Module können wir auch unter einem Alias-Namen importieren: Mit dieser Version der *Import*-Anweisung importieren wir das Modul immer als Ganzes und unter einem anderen Namen. Statt hinter dem Schlüsselwort IMPORT nur den Modulnamen anzuführen, schreiben wir nun *Modul* AS *Neuer-Name*.

```
IMPORT SIO AS Out;
⋮
Out.PutText("verwende importierte Prozedur!");
```

Damit können wir Namen von einer gewissen epischen Breite (wie beispielsweise IntegerToIntegerTable aus der Modula-3-Library) abkürzen, um den Programmtext kompakter zu machen (und nicht zuletzt uns selbst damit Tipparbeit zu sparen...). Auch für das rasche Austauschen von Modulen ist das Konstrukt geeignet: Wenn wir zu Testzwecken ein Modul durch ein anderes ersetzen wollen, das zusätzliche Informationen erzeugt, die nur für die Programmentwickler kurzzeitig von Bedeutung sind, so können wir das mit dieser Konstruktion mit einer einzigen Änderung tun – und auch wieder rückgängig machen.

Die verschiedenen Versionen der *Import*-Anweisung können wir auch miteinander mischen. Es ist möglich, ein Modul als Ganzes zu importieren und zusätzlich vom selben Modul auch explizit einzelne Teile.

Im Bsp. 10.6 zeigen wir, wie die Beispielschnittstelle importiert und ihre exportierten Elemente verwendet werden.

```
MODULE Klient EXPORTS Main;                                                (*CW*)
   IMPORT Schnittstelle;           (*Hereinholen der exportierten Deklarationen *)
VAR
   a: Schnittstelle.Typ;                     (*Verwendung des importierten Typs *)
BEGIN
(*Aufruf der importierten Prozedur *)
   Schnittstelle.Prozedur(Schnittstelle.Konstante, a);
END Klient.
```

Bsp. 10.6: *Verwendung von* Schnittstelle

Im restlichen Teil dieses Kapitels werden wir die Verwendung des Modulkonzeptes genauer betrachten. Die Möglichkeit, Softwaresysteme in unterschiedliche Module (mit entsprechenden Schnittstellen) zu gliedern, kann in unterschiedlicher Form zur Gestaltung von Softwaresystemen verwendet werden:

- zur Strukturierung des Datenraumes
- zur Typbildung
- zur Bildung von Werkzeugkästen

10.2.1 Strukturierung des Datenraumes

Module haben einen *Zustand*, sie können Daten halten, die während der ganzen Laufzeit des Programms „leben".

Datenkapseln

Erfolgt eine Gliederung des Zustandsraumes eines Softwaresystems in der Art, daß die Zustände eines Servermoduls nur durch die von diesem exportierten Funktionen und Prozeduren sichtbar werden, dieses jedoch nicht durch direktes Betrachten oder Verändern von Variablen möglich ist, so sprechen wir von *Datenkapseln*.

Ein Sparschwein[2] ist ein perfektes, sehr einfaches Beispiel der Trennung von Zustandsräumen durch Information-Hiding. Wir können Geld einwerfen, sehen aber nie, wieviel drin ist. Auch ist es uns nicht möglich, Geld aus dem Sparschwein herauszunehmen, Münzen zu tauschen oder sonstige Schwindeleien zu betreiben. Die einzige weitere zulässige Opera-

[2]Dieses Beispiel wurde von Prof. Rossak bei einer Einführungsvorlesung verwendet.

```
INTERFACE Sparschwein;                                    (*RM*)

PROCEDURE WirfEin(einzahlung: CARDINAL);
PROCEDURE Zerschlag(): CARDINAL;

END Sparschwein.
```

Bsp. 10.7: *Die Schnittstelle eines „Sparschweines“*

```
MODULE Sparen EXPORTS Main;                               (*RM*)

FROM Sparschwein IMPORT WirfEin, Zerschlag;
FROM SIO IMPORT GetInt, PutInt, PutText, Nl;

VAR spar : INTEGER;

BEGIN                                                     (*Sparen *)
  PutText("Sparbeträge (negativ zerschlägt das Sparschwein): \n");
  REPEAT
    spar := GetInt();
    IF spar >= 0 THEN
      WirfEin(spar)
    ELSE
      PutText("Im zerbrochenen Sparschwein waren S ");
      PutInt(Zerschlag());
      Nl()
    END;
  UNTIL spar < 0
END Sparen.
```

Bsp. 10.8: *Verwendung des Sparschweines*

tion ist das Zerschlagen des Sparschweins. Führen wir diese aus, haben wir zwar das Geld wieder, allerdings kein Sparschwein mehr.

Entsprechend dieser Beschreibung stellen wir die Schnittstelle Sparschwein in Bsp. 10.7 vor. Sie enthält lediglich die Prozedur WirfEin, die den eingeworfenen Betrag als Parameter nimmt, und die Funktionsprozedur Zerschlag, die den Inhalt des Sparschweins liefert.

Das Modul Sparen (Bsp. 10.8) kann diese Schnittstelle nun verwenden. Es erlaubt das Einwerfen beliebiger Sparbeträge. In einer Schleife werden Sparbeträge vom Benutzer abgefragt. Wenig elegant, aber um das Programm einfach zu halten, wird das Sparschwein durch das Eintippen eines negativen Sparbetrages zerschlagen. Man beachte, daß weder das Klientenmodul Sparen etwas darüber weiß, noch die Schnittstelle etwas darüber aussagt, wie das Sparschwein die eingeworfenen Beträge sammelt. Um dieses Geheimnis zu lüften, müssen wir uns das Implementierungsmodul des Sparschweins (im Bsp. 10.9) ansehen.

Im Implementierungsmodul finden wir die Rümpfe der beiden Prozeduren WirfEin und Zerschlag. Darüber hinaus hat das Implementierungsmo-

```
MODULE Sparschwein;                                                    (*RM/CW*)

VAR inhalt: INTEGER;                              (*„Zustand" des Sparschweins *)

PROCEDURE WirfEin(einzahlung: CARDINAL) =
(*ändert den Zustand des Sparschweins *)
  BEGIN
    <*ASSERT inhalt >= 0*>                        (*Sparschwein noch intakt? *)
    inhalt := inhalt + einzahlung
  END WirfEin;

PROCEDURE Zerschlag(): CARDINAL =
  VAR letzterInhalt: CARDINAL := inhalt;          (*Inhalt vor dem Zerschlagen *)
  BEGIN
    inhalt := -1;                                 (*Zerschlagen des Schweines *)
    RETURN letzterInhalt
  END Zerschlag;

BEGIN
  inhalt := 0                  (*Initialisierung der Zustandsvariablen im Rumpf *)
END Sparschwein.
```

Bsp. 10.9: *Die Implementierung des Sparschweines*

dul noch eine Variable inhalt. Diese repräsentiert den gekapselten Zustand des Sparschweins, der nach außen in dieser Form nicht sichtbar ist. Zerschlag setzt den Inhalt des Sparschweines auf einen negativen (und somit für ein Sparschwein sinnlosen) Wert. WirfEin prüft jedesmal, ob das Sparschwein intakt ist. Das *Assert*-Pragma (siehe Anh. B.7.5) sorgt dafür, daß die Bedingung „Sparschwein noch intakt" eingehalten wird (wenn nicht, dann hält *Assert* das Programm mit einem Laufzeitfehler an). Das Schwein ist nicht mehr zu retten, ist es einmal zerschlagen. Jedes weitere Aufrufen eines der beiden Prozeduren führt zu einem Programmabbruch. Was bei WirfEin das *Assert*-Pragma macht, ist bei Zerschlag die Initialisierung der lokalen Variablen letzterInhalt – sie geht schief, weil ihr als *Cardinal* nicht ein negativer Sparschweininhalt zugewiesen werden kann (auch das führt zu einem Laufzeitfehler).

WirfEin addiert stets nur zum Inhalt, Zerschlag geht davon aus, daß ein Inhalt existiert. Wo wird dieser Inhalt eigentlich definiert? Bei einfachen Zustandsräumen – wie dies beim Sparschwein der Fall ist – könnten wir die Initialisierung im Zuge der Variablendeklaration vornehmen. Also etwa

```
VAR inhalt: CARDINAL := 0;
```

schreiben. Allgemeiner erfolgen die Initialisierungen des lokalen Zustandsraumes im Anweisungsteil der Datenkapsel. Dieser Anweisungsteil wird bei Programmbeginn ausgeführt. Ist diese Initialisierung einmal vorgenommen, „lebt" das Modul nur mehr durch Ausführung einer seiner Prozeduren aus dem Klientenmodul heraus.

```
INTERFACE Bruch;                                                        (*RM*)
(*definiert den Datentyp rationaler Zahlen *)

  TYPE T = RECORD
              z : INTEGER;
              n : INTEGER;
           END;

  PROCEDURE Init    (VAR bruch: T; z: INTEGER; n: INTEGER := 1);
  PROCEDURE Plus    (x, y : T) : T;                                    (*x + y *)
  PROCEDURE Minus (x, y : T) : T;                                      (*x - y *)
  PROCEDURE Mal     (x, y : T) : T;                                    (*x * y *)
  PROCEDURE Durch (x, y : T) : T;                                      (*x / y *)

  PROCEDURE Zaehler (x : T): INTEGER;              (*retourniert den Zähler von x *)
  PROCEDURE Nenner (x : T): INTEGER;               (*retourniert den Nenner von x *)
END Bruch.
```

Bsp. 10.10: *Schnittstelle für Bruchrechnung*

Die Bedeutung der Strukturierung des Datenraumes durch Auftrennung in unterschiedliche Zustandsräume in mehreren Modulen liegt vor allem in der damit gebotenen Sicherheit bei Änderungen. Wir brauchen keine Angst zu haben, durch eine Unachtsamkeit eine Variable zu verändern, die eigentlich noch an anderer Stelle für andere Zwecke benötigt wird. Die Prüfung, welche Variablen denn in einer bestimmten Situation zugänglich sind und daher bei der Programmänderung beachtet werden müssen, kann dadurch drastisch reduziert werden.

10.2.2 Typbildung

Typen bestehen aus einer Datenrepräsentation und den darauf definierten Operationen. Im Kap. 8 haben wir schon verschiedene Möglichkeiten kennengelernt, „neue" Typen zu definieren. Was ist hier also neu?

Mit den von der Programmiersprache fest vorgegebenen Typkonstruktoren können wir uns jene Datentypen definieren, die von den Sprachdesignern für uns vorgesehen wurden. Wir können eine Handvoll vorgegebener eingebauter Typen in Arrays, Records und Mengen zu größeren Strukturen gruppieren. Die Zugriffsoperationen dieser Datentypen sind ebenfalls fest vorgegeben. Die Datentypen selbst sind „programmtechnische" Typen der Sprache, die noch keinerlei Anwendungssemantik tragen. Was jedoch, wenn wir in unserer Anwendung Linienzüge (Polygone), die graphische Objekte repräsentieren, Meßreihen von Temperaturen oder Informationen über die Wassertiefe eines Sees an unterschiedlichen Stellen haben? Die Daten aller drei Kategorien können wir durch Arrays und/oder Records verwalten, vielleicht sogar durch ein Array mit identischem Aufbau. Die

Verwendung innerhalb des Programms wird jedoch ganz unterschiedlich sein.

Temperaturen, Koordinaten und Wassertiefen werden alle als *Real*-Wert repräsentiert. Von einer Meßreihe von Temperaturen interessiert uns vielleicht der Mittelwert und die Streuung – eine ganz uninteressante Information für Koordinatenwerte. Wassertiefen sind eine Funktion des Ortes, Temperaturmeßreihen an einem Ort aber eine Funktion der Zeit. Die Datenrepräsentation kann (zufällig) sogar identisch sein, doch sind die Operationen ganz unterschiedlich, deshalb sind „Meßreihen" und „Polygone" unterschiedliche Typen. Somit wäre es sinnvoll, für jede dieser drei Kategorien einen eigenen anwendungsspezifischen Typ zu definieren. Dazu können wir das Modulkonzept verwenden.

Bruchrechnung

Als Beispiel für die Definition von Datentypen werden wir jetzt versuchen, einen Typ „rationale Zahlen" (wir nennen ihn einfach *Bruch*) zu definieren. Modula-3 stellt nur *Integer*- und *Real*-Zahlen zur Verfügung, doch wir können auch Brüche haben, wenn wir das wollen:

Betrachten wir die Darstellung von Brüchen einmal unabhängig von ihrer Implementierung, auf dem Papier: Ein waagrechter Strich in der Mitte der Zeile, über den eine Zahl, der Zähler, und unter dem eine andere Zahl, der Nenner, geschrieben wird.

$$\frac{\textit{Zähler}}{\textit{Nenner}}$$

Wir sehen, daß Brüche letztlich ein Zahlenpaar *(Zähler, Nenner)* sind, für das die arithmetischen Grundoperationen

Addition, Subtraktion, Multiplikation und Division

definiert sind. Weitere Operationen, wie etwa Kürzen, werden wir der Einfachheit halber außer Betracht lassen.

Der interessierte Leser sollte das Kürzen mit Hilfe des Algorithmus von Euklid implementieren (siehe Beispiel 9.4 auf Seite 187).

Um dies zu realisieren, benötigen wir eine Schnittstelle, die uns ein derartiges Zahlenpaar als Typ sowie die zugehörigen Operationen zur Verfügung stellt.

Exportiert wird von der Schnittstelle `Bruch` primär der Typ `T`, der das Zahlenpaar *(Zähler, Nenner)* als Record zur Verfügung stellt. Ferner werden Prozeduren zur Manipulation eines derartigen `T`-Records exportiert.

```
MODULE Brueche EXPORTS Main;                                        (*RM*)

IMPORT Bruch;
FROM SIO IMPORT PutInt, Nl;

VAR a, b, c, d: Bruch.T;         (*Deklaration von Variablen des Typs Bruch *)

BEGIN                                                          (*Brueche *)
(*Initialisierung der Bruch-Variablen *)
  Bruch.Init(a, 3, 4);                                             (*3/4*)
  Bruch.Init(b, 1, 4);                                             (*1/4*)
  Bruch.Init(c, 1);                                                  (*1*)

  d := Bruch.Plus(a, b);                                     (*3/4 + 1/4*)
  PutInt(Bruch.Zaehler(d)); PutInt(Bruch.Nenner(d)); Nl();

  d := Bruch.Plus(b, c);                                       (*1/4 + 1*)
  PutInt(Bruch.Zaehler(d)); PutInt(Bruch.Nenner(d)); Nl()
END Brueche.
```

Bsp. 10.11: *Bruchrechnung*

> Der Name eines von einem Modul definierten Typs wird in Modula-3-Programmen üblicherweise einfach T genannt. Programme, die diese Konvention einhalten, importieren dann das Modul als Ganzes (mit IMPORT Modul;) und sprechen dementsprechend den Typ als Modul.T an. Diese Konvention betont, daß ein Typ mit seiner Datenrepräsentation und der darauf definierten Operationen *zusammen* gesehen werden muß. Die gleiche Idee wird bei der Namensgebung der Operationsprozeduren verfolgt: Der Name Plus ist für sich allein nicht sehr aussagekräftig (was wird denn addiert?) – erst mit dem Modulnamen zusammen wird der Name sprechend (Bruch.Plus).

Wie kann aber ein Klient von Bruch Exemplare (*Instanzen*) von Bruchzahlen schaffen? Er kann Variablen vom Typ Bruch.T deklarieren. Allerdings müssen diese noch Ausgangswerte erhalten. Dazu dient die Prozedur Init. Außerdem müssen wir Brüche, wie immer sie in Bruch auch implementiert worden sein mögen, nach entsprechender Manipulation ausgeben können. Dies erreichen wir durch Angabe der Funktionsprozeduren Zaehler und Nenner, die den Zähler bzw. Nenner eines Bruches als *Integer* zurückgeben. Auf diese Weise brauchen wir keine Spezialprozeduren z. B. zur Ausgabe von Brüchen auf den Bildschirm; für die Standardtypen stehen uns ja Dienstmodule für die Bildschirmausgabe zur Verfügung.

Das Modul Brueche verwendet nun den in der Schnittstelle Bruch angegebenen Typ. Da wir Bruch als Ganzes importierten, müssen wir die Komponenten der Schnittstelle stets durch den Schnittstellennamen, also Bruch, qualifizieren. Um einfach zu bleiben, haben wir für die Brüche a, b, und c Konstante gewählt. Natürlich hätten wir dafür auch Leseoperationen verwenden können.

```
MODULE Bruch;                                                              (*RM*)

PROCEDURE Init (VAR bruch: T; z, n: INTEGER) =
  BEGIN                                          (*Initialisierung einer Bruchzahl *)
    bruch.z := z; bruch.n := n
  END Init;

PROCEDURE Plus (x, y: T) : T =                      (*addiert Brüche (ungekürzt) *)
  VAR sum : T;
  BEGIN
    IF x.n # y.n THEN
      x.z := x.z * y.n; y.z := y.z * x.n;
      sum.n := x.n * y.n
    ELSE sum.n := x.n
    END;
    sum.z := x.z + y.z;
    RETURN sum
  END Plus;

PROCEDURE Minus(x, y : T) : T =                                (*subtrahiert Brüche *)
  BEGIN                           (*verwendet intern bereits Dienste dieses Moduls *)
    y.z := – y.z;
    RETURN Plus(x, y)
  END Minus;

PROCEDURE Mal (x, y : T) : T =               (*multipliziert Brüche (ungekürzt) *)
  VAR prod : T;
  BEGIN
    prod.z := x.z * y.z; prod.n := x.n * y.n;
    RETURN prod
  END Mal;

PROCEDURE Durch(x, y : T) : T =                                  (*dividiert Brüche *)
  VAR inv: T;
  BEGIN
    inv.z := y.n; inv.n := y.z;
    RETURN Mal(x, inv)
  END Durch;

PROCEDURE Zaehler (x: T): INTEGER =         (*gibt den Zähler des Bruches zurück *)
  BEGIN
    RETURN x.z
  END Zaehler;

PROCEDURE Nenner (x: T): INTEGER =          (*gibt den Nenner des Bruches zurück *)
  BEGIN
    RETURN x.n
  END Nenner;

BEGIN                                                              (*leerer Rumpf*)
END Bruch.
```

Bsp. 10.12: Implementierung der Bruchrechnung

Wenden wir uns nun dem Implementierungsmodul des Datentyps Bruch zu (Bsp. 10.12) Die Implementierungen der einzelnen Operationen sind selbsterklärend. Das Implementierungsmodul kennt und verwendet die tatsächliche Implementierung des Typs T der Brüche, daher werden die jeweiligen Recordkomponenten der von den einzelnen Prozeduren gegebenen Parameter direkt angesprochen.

Tatsächlich kennt in dieser Version auch der Klient die Repräsentation als Record. Der Typ wurde ja samt seiner internen komponentenweisen Darstellung in der Schnittstelle exportiert. Die Felder des Records haben wir im Klientenmodul aber nicht angesprochen. Dadurch kann diese Repräsentation später geändert werden (schließlich braucht nur das Implementierungsmodul von Bruch diese Darstellung kennen, der Klient kann Brüche allein mit Hilfe der exportierten Prozeduren manipulieren). Durch die im Kap. 11.4.1 beschriebenen verdeckten Datentypen ist diese „Selbstbeschränkung" des Klienten nicht mehr erforderlich. Die Realisierung des Typs erscheint dann nicht mehr in der Schnittstelle.

Ferner ist anzumerken, daß in Modulen, die Datentypen implementieren, der Rumpf im Regelfall leer bleibt. Die Initialisierung der Exemplare des eben geschaffenen Datentyps bleibt ja dem Klienten vorbehalten.

10.2.3 Bildung von Werkzeugkästen

Die Zusammenfassung von sachlich selbständigen, semantisch jedoch zusammengehörigen Prozeduren, bezeichnen wir als *Werkzeugkasten* (englisch *toolbox*). Beispiele dafür sind eine Ansammlung unterschiedlicher Such- oder Sortierprozeduren oder Funktionen, die Ein-/Ausgabeoperationen steuern (wie das hier häufig verwendete Modul SIO) – sie werden als Werkzeugkasten zur Verfügung gestellt.

Werkzeugkästen nützen die Strukturierungmöglichkeiten des Modulkonzepts nur teilweise aus, da wir in Werkzeugkästen nur einen Satz von Prozeduren, aber keine Daten verwalten. Dennoch sind sie ein wichtiges Hilfsmittel, um innerhalb eines komplexen Softwaresystems „Ordnung" zu halten.

10.3 Ein Beispiel mit graphischen Elementen

Zum Abschluß dieses Kapitels versuchen wir an einem weiteren Beispiel, nochmals die verschiedenen Aspekte der Module zu beleuchten. Wir werden zwei kleine Teile eines Systems zur Manipulation von graphischen Elementen entwickeln. Unsere Aufgabe besteht darin, zweidimensionale Objekte der realen Welt – also beispielsweise eine technische Zeichnung – in einem Programm zu repräsentieren und zu manipulieren, mit dem Ziel,

```
INTERFACE Polygon;                                              (*CW*)

  TYPE
    Punkt = RECORD x, y: LONGREAL END;              (*Koordinaten in mm *)
    T = ARRAY OF Punkt;

PROCEDURE Verschiebe(VAR p: T; dx, dy: LONGREAL);
(*Parallelverschiebung eines Polygons *)

PROCEDURE Mittelpunkt(READONLY p: T): Punkt;
(*Berechnung des „Schwerpunktes" (Mittel der x- und der y-Koord.) *)

PROCEDURE Drehe(VAR p: T; c: Punkt; a: LONGREAL);
(*Rotation des Polygons um Punkt c mit Winkel a (in Radiant) *)

END Polygon.
```

Bsp. 10.13: *Die Schnittstelle des Polygon-Moduls*

sie am Bildschirm bearbeiten zu können (mit der Bildschirmein-/-ausgabe beschäftigen wir uns hier aber nicht).

1. *Graphische Elemente*
   Ein technischer Zeichner benutzt wahrscheinlich ein Lineal, ein Kurvenlineal und einen Zirkel um aus verschiedenen Linien das Objekt, das er darstellen will, zusammenzusetzen. Er könnte theoretisch aber auch mit dem Lineal allein auskommen. Kurven und Kreisbögen setzt er dann aus genügend vielen kurzen geraden Strichen zusammen. Die Teilstrecken müssen nur kurz genug sein, um seinen Genauigkeitsanforderungen zu genügen.

   Genau das werden wir für die interne Repräsentation aller Linienzüge verwenden. Wir speichern nur gerade Teilstrecken, indem wir die Koordinaten alle Eckpunkte speichern. Diese Struktur wird üblicherweise *Polygon* genannt (vergleiche auch mit den anders definierten Polygonen in Kap. 8.1.3).

2. *Operationen*
   Als Operationen für die Bildschirmbearbeitung von Zeichnungen wählen wir das Verschieben und Drehen der Elemente. Vergrößern, Spiegeln, Aufsplitten und Zusammensetzen von Elementen wären weitere, hier nicht behandelte Funktionen für Polygone. Wir bauen aber dafür vor, indem wir eine Hilfsoperation, das Bestimmen des Mittelpunktes, auch noch zeigen. Hat man einmal den Mittelpunkt, ist auch das Spiegeln und Vergrößern leicht zu lösen, es funktioniert ähnlich dem Drehen und Verschieben.

Im Bsp. 10.13 steht unsere Modula-3-Realisierung von Polygonen. Polygone sind Arrays von Punkt-Records. Das Modul definiert den Typ Polygon.T zusammen mit Operationen darauf.

```
MODULE Polygon;                                                    (*CW*)

  IMPORT Math;

  PROCEDURE Verschiebe(VAR p: T; dx, dy: LONGREAL) =
    BEGIN
      FOR i:= FIRST(p) TO LAST(p) DO
        p[i].x:= p[i].x + dx; p[i].y:= p[i].y + dy;
      END;
    END Verschiebe;

  PROCEDURE Mittelpunkt(READONLY p: T): Punkt =
    VAR sumX, sumY:= 0.0d0; result: Punkt;
    BEGIN
      FOR i:= FIRST(p) TO LAST(p) DO
        sumX:= sumX + p[i].x; sumY:= sumY + p[i].y;
      END;
      WITH n = FLOAT(NUMBER(p), LONGREAL) DO
        result.x:= sumX / n;
        result.y:= sumY / n;
      END;
      RETURN result;
    END Mittelpunkt;

  PROCEDURE Drehe(VAR p: T; c: Punkt; a: LONGREAL) =        (*a in Radiant *)
    VAR a2, laenge: LONGREAL;
    BEGIN
      FOR i:= FIRST(p) TO LAST(p) DO
        WITH px = p[i].x, py = p[i].y DO
(*Länge der Linie zwischen Drehmittelp. und Zielpunkt *)
          laenge:= Math.sqrt((px–c.x)*(px–c.x) + (py–c.y)*(py–c.y));
(*Winkel zwischen Drehmittelp.-Zielpunkt und x-Achse *)
          IF laenge # 0.0d0 THEN
            IF px–c.x < 0.0d0 THEN
              a2:= Math.acos(–(py–c.y)/laenge) + a + FLOAT(Math.Pi, LONGREAL)
            ELSE
              a2:= Math.asin((py–c.y)/laenge) + a
            END; (*IF*)
(*neuer Punkt ergibt sich aus laenge und a2 mittels cos- und sin-Satz *)
            p[i].x:= Math.cos(a2)*laenge+c.x;
            p[i].y:= Math.sin(a2)*laenge+c.y;
          END; (*IF*)
        END; (*WITH*)
      END; (*FOR*)
    END Drehe;

BEGIN                                   (*Anweisungsteil des Moduls ist leer *)
END Polygon.
```

Bsp. 10.14: Implementierung der Polygonoperationen

```
MODULE Graphik EXPORTS Main;                                         (*CW*)
  IMPORT Polygon, Viewport, Math;
  CONST Grad45 = FLOAT(Math.Pi, LONGREAL)/4.0d0;                      (*45° *)
  VAR viereck: ARRAY [1..4] OF Polygon.Punkt;
    mittelPunkt: Polygon.Punkt;
  BEGIN
(*Wir haben einen Graphik-Schirm mit 1200 × 800 Pixeln und wollen
  unverzerrt Zeichnungen auf DIN-A4-Blättern (21×29,5 mm) speichern
  können. Die Höhe des Blattes soll sich über die ganze Höhe des Schirms
  erstrecken. *)
    Viewport.Verhaeltnis(1200, 800);
                                   (*Breite für unverzerrte Darst. berechnen *)
    Viewport.Set(0.0d0, 0.0d0, hoehe:= 29.5d0);
(*Koordinaten eines Vierecks auf ein DIN-A4-Blatt gezeichnet: *)
    viereck[1].x:= 10.0d0;      viereck[1].y:= 10.0d0;
    viereck[2].x:= 20.0d0;      viereck[2].y:= 10.0d0;
    viereck[3].x:= 20.0d0;      viereck[3].y:= 20.0d0;
    viereck[4].x:= 10.0d0;      viereck[4].y:= 20.0d0;
(*Aufruf der Operationen: *)
    mittelPunkt:= Polygon.Mittelpunkt(viereck);
    Polygon.Verschiebe(viereck, 5.0d0,5.0d0);
    Polygon.Drehe(viereck, mittelPunkt, Grad45);
  END Graphik.
```

Bsp. 10.15: *Polygonoperationen*

Die offenen Arrayparameter (siehe Kap. 11.2.3) der Prozeduren sorgen dafür, daß Polygone von beliebiger Länge verarbeitet werden können. Der Klient legt die Polygone der jeweils benötigten Länge als Variablen vom Typ ARRAY ··· OF Polygon.Punkt ab (siehe Bsp. 10.15).

> Auf Operationen zur Initialisierung und zum Lesen von Polygonen wird verzichtet. Der Klient muß Variablen vom Typ ARRAY ··· OF Polygon.Punkt deklarieren und direkt initialisieren. Beim Lesen der Punkte eines Polygons spricht er Elemente des Arrays ebenfalls direkt an. Insofern entspricht das Modul nicht ganz unseren Anforderungen an Datentypdefinitionen, weil jene Grundoperationen dem Klienten überlassen werden. Man kann das Modul deshalb auch als Werkzeugkasten betrachten, der Algorithmen für die Manipulation von speziellen Arrays zur Verfügung stellt.

Im Bsp. 10.14 ist schließlich die Implementierung der Operationen angegeben. Der interessierte Leser möge sich davon überzeugen, daß die Manipulationen an den Koordinaten des Polygons tatsächlich die gewünschte Wirkung haben.

```
INTERFACE Viewport;                                                    (*CW*)

  CONST Unverzerrt = 0.0d0;

PROCEDURE Set( x, y: LONGREAL:= 0.0d0;
               breite, hoehe: LONGREAL:= Unverzerrt);
(*Set setzt den Ausschnitt der „Welt“, der am Graphikschirm
  erscheinen soll. x, y sind das linke obere Eck in Weltkoordinaten,
  breite ist die Ausdehnung des Fensters in x-Richtung, hoehe
  die in y-Richtung.
  breite und hoehe müssen > 0 sein, einer der beiden Parameter
  kann auf Unverzerrt gesetzt werden, er wird dann entsprechend
  dem mit Verhaeltnis gesetzten Wert berechnet. *)

PROCEDURE Get(VAR x, y, breite, hoehe: LONGREAL);
(*Lesen der Viewport-Koordinaten *)

PROCEDURE Verhaeltnis (breite: CARDINAL:= 640; tiefe: CARDINAL:= 480);
(*Setzen des Verhältnisses breite/tiefe von Breite und Höhe des Graphikfensters *)

END Viewport.
```

Bsp. 10.16: *Eine Datenkapsel: Festlegung des Viewports*

Eine sehr einfache Datenkapsel in ihrer reinen Form zeigt die Schnittstelle Viewport (Bsp. 10.16). Der Zustandsraum dieses Moduls besteht aus einer Viewport-Definition.

Um die Polygone aus dem Modul Polygon (Bsp. 10.13) an einem Bildschirm anzeigen zu können, ist eine Abbildung des Koordinatensystems der „realen Welt“, aus denen die Koordinatenzahlen der Polygone stammen, auf die Pixel-Koordinaten des Bildschirms notwendig. Dazu definieren wir den sogenannten *Viewport*, das ist ein Rechteck im Weltkoordinatensystem, das auf den Bildschirm gerade noch vollständig paßt.

Die Koordinaten des Viewports können neu gesetzt und gelesen werden. Die Prozedur Viewport.Set sorgt dafür, daß keine sinnlosen Viewport-Koordinaten eingetragen werden können (siehe Bsp. 10.17). In unserem Beispiel stellt das *Assert*-Pragma (siehe im Anh. B.7.5) sicher, daß die Bedingungen, die in der Schnittstelle als Kommentar angegeben wurden, eingehalten werden (wenn nicht, dann hält *Assert* das Programm mit einem Laufzeitfehler an). Viewport.Set kann aber noch mehr als bloß die Werte von außen in den Zustandsraum des Moduls übertragen: Um unverzerrte Abbildungen zu bekommen, muß das Breiten/Höhen-Verhältnis des Viewports dem des Graphikschirms entsprechen. Mit Viewport.Verhaeltnis kann das Breiten/Höhen-Verhältnis des Graphikschirms sehr komfortabel gesetzt werden, wir müssen nur die Anzahl der darstellbaren Pixels in x- und y-Richtung übergeben.

Viewport.Verhaeltnis ist ein Beispiel dafür, daß mit dem Modulkonzept die Schnittstelle nach außen und die Implementierung entkoppelt wer-

```
MODULE Viewport;                                                          (*CW*)

VAR
  vx, vy, vbreite, vhoehe: LONGREAL:= 0.0d0;        (*Viewport in Weltkoordinaten *)
  verhaeltnis: LONGREAL:= 640.0d0/480.0d0;          (*Verhältnis Breite/Höhe des Schirms *)

  PROCEDURE Set(x, y, breite, hoehe: LONGREAL) =
    BEGIN
      <*ASSERT NOT (breite = hoehe AND breite = Unverzerrt) AND
               NOT (breite # Unverzerrt AND breite < 0.0d0) AND
               NOT (hoehe # Unverzerrt AND hoehe < 0.0d0) *>
      vx:= x;
      vy:= y;
      IF breite = Unverzerrt
        THEN vbreite:= hoehe*verhaeltnis
        ELSE vbreite:= breite
      END;
      IF hoehe = Unverzerrt
        THEN vhoehe:= breite/verhaeltnis
        ELSE vhoehe:= hoehe
      END
    END Set;

  PROCEDURE Get(VAR x, y, breite, hoehe: LONGREAL) =
    BEGIN
      x:= vx; y:= vy; breite:= vbreite; hoehe:= vhoehe;
    END Get;

  PROCEDURE Verhaeltnis (breite: CARDINAL:= 640; tiefe: CARDINAL:= 480) =
    BEGIN
      verhaeltnis:= FLOAT(breite, LONGREAL) / FLOAT(tiefe, LONGREAL);
    END Verhaeltnis;

BEGIN              (*Initialisierung des Zustandsraumes erfolgte bei Variablendekl. *)
END Viewport.
```

Bsp. 10.17: *Implementierung der Viewport-Definition*

den können. Viewport.Verhaeltnis *übersetzt* die Parameter in eine interne Darstellung (der Variablen verhaeltnis als *Longreal*), die nur *innerhalb* des Moduls Viewport sichtbar ist.

Die Information über die Größenverhältnisse des Graphikschirms kann Viewport.Set nützen, um aus einem der beiden Parameter breite oder hoehe den jeweils anderen zu berechnen. Statt des zweiten Parameters übergeben wir einfach Viewport.Unverzerrt. Das *Assert*-Pragma sorgt wiederum dafür, daß wenigstens einer der beiden Parameter mit einem sinnvollen Wert gefüllt ist.

10.4 Modularisierung

Wir haben jetzt gesehen, wie wir Programme in Module zerlegen können. Doch das Modulkonzept der Programmiersprache allein reicht noch lange nicht, um unserem Ziel, Programme modular zu entwickeln, näher zu kommen. Wir müssen sehr viel Sorgfalt darauf verwenden, Module und ihre Schnittstellen so zu entwerfen, daß wir kleine, auswechselbare Teile – Bausteine – erhalten, die eine genau abgegrenzte Funktionalität haben. Wir haben nun die Konzepte *Datenkapseln*, *benutzerdefinierte* Datentypen und *Werkzeugkästen* kennengelernt, die auf dem Modulkonzept aufbauen. Hier noch einige Bemerkungen, die bei der Entscheidung, was in Module zusammengefaßt werden muß, helfen sollen:

- *Mach die Schnittstelle eher klein!*
  Wir gewinnen an Flexibilität mit kleineren Einheiten. Module bieten oft eher zu viel an Funktionalität und haben zu viel an Voraussetzungen, um arbeiten zu können. Um ein weiteres Mal die Stereoanlagen zu bemühen: Professionelle Geräte trennen auch den Verstärker noch einmal in Vorverstärker, Equalizer (zur Erzeugung und Regelung des Klanges) und Kraftverstärker (um die nötige Leistung zu erzeugen). Der Kraftverstärker muß an die Boxen angepaßt werden, der Vorverstärker an die Klangerzeuger, der Equalizer bietet nicht immer die nötige zusätzliche Funktionalität, die man an mehreren Stellen zwischenschalten möchte. Je mehr sich die Rahmenbedingungen um eine Verstärkeranlage ändern können, desto mehr wird man abhängig von der Aufsplittung der einzelnen Funktionalitäten, weil man nicht für jede Problemstellung ein integriertes Gerät anbieten kann.

- *Trenne Funktionalität!*
  Aus der Forderung nach schmalen Schnittstellen folgt direkt die nächste: Ein Modul sollte nicht mehr als eine Teilaufgabe lösen. Das erleichtert Änderungen und Wiederverwertung in anderen Programmen ganz erheblich.

  Es ist ein häufiger Anfängerfehler, die Aufbereitung der Ergebnisse einer Berechnung in das Modul, das die Berechnung durchführt, miteinzubauen. Die Berechnung mag über eine saubere, schmale Schnittstelle steuerbar sein – wenn Dinge wie Bildschirmformatierung oder Fehlerbehandlung im gleichen Modul gemacht werden, dann ist es nur noch sehr eingeschränkt wiederverwertbar. Ein neues Programm, das die Berechnungen verwenden will, kann dies nur dann tun, wenn es die Bildschirmausgabe mitübernimmt (die passen kann, oder nicht).

> Oft tritt dieses Problem bei der Fehlerbehandlung auf. Dabei wird bei schweren Fehlern eine Meldung am Schirm ausgegeben, „normaler“ nicht erfolgreicher Abschluß wird hingegen als Status zurückgemeldet und vom Klienten behandelt. Das mag für das rufende Modul recht praktisch sein (es wird sozusagen von lästiger Arbeit befreit), hat aber gravierende Nachteile: Wir erhalten dadurch ein Modul, das von einer Verbindung mit einem Terminal abhängig ist, obwohl es ansonsten gar nichts mit Bildschirm und Tastatur zu tun hat. Diese Abhängigkeit erschwert den Einsatz eines solchen Moduls in einem anderen Zusammenhang erheblich (was ja gerade einer der angestrebten Vorteile der Modularisierung war). Und noch gravierender: Es verwischt die Funktionalität des Moduls. Die Klienten verlassen sich darauf, daß die Fehlerbehandlung teilweise im Modul geschieht. Wollen wir so ein Modul ändern, so müssen wir all diese Stellen bei den Klienten finden, an denen *keine* Fehlerbehandlung gemacht wurde – was wir natürlich nicht leicht sehen können. Wie wir mit Fehlern umgehen, die wir nicht gleich behandeln wollen, sehen wir im Kap. 15.

Unsere Philosophie soll sein, schmale Schnittstellen zu haben, die für nur *eine* Teilaufgabe nur das *unbedingt nötige* zur Verfügung stellt. Große „Sammelmodule“, die mehrere Aufgaben gleichzeitig lösen, machen Änderungen unserer Softwaresysteme unnötig schwierig. Es ist wichtig, Module von Abhängigkeiten frei zu halten, die nichts mit ihrer Aufgabe zu tun haben. Umgekehrt können Module aber auch zu klein werden, so daß ein Klient immer mehrere Server für eine Aufgabe benötigt. Auch das behindert die Übersicht und macht Änderungen schwierig, weil es zu einer größeren Zahl von Abhängigkeiten über Modulgrenzen hinweg führt.

Wenn wir bei der Entwicklung eines Programms immer die Möglichkeit vor Augen haben, Teile davon später wiederverwenden zu können, dann kommen wir dem Ziel einer tatsächlich modularen Programmierung vielleicht näher.

Kapitel 11

Dynamische Datenstrukturen

Die bisher besprochenen Datentypen könnten wir folgendermaßen kategorisieren:

- Vordefinierte skalare Datentypen, wie *Integer*, *Real*, *Char* usw. Sie werden von der Sprachumgebung a priori zur Verfügung gestellt.
- Benutzerdefinierte skalare Datentypen, wie Aufzählungen und Unterbereiche.
- Benutzerdefinierte zusammengesetzte Datentypen, wie Records, Arrays und Mengen.

Das sind alles *statische Datenstrukturen*, in dem Sinne, daß ihre Struktur und ihr Platzbedarf bereits beim Erstellen des Programms festgelegt werden muß. Bei Arrays kann allerdings diese Größe – innerhalb der von der Sprachumgebung festgesetzten Grenzen – beliebig groß sein. Arrays besitzen auch eine gewisse *Dynamik* durch den indizierten Zugriff auf ihre Elemente. Wollten wir eine große Datenmenge in unserem Hauptspeicher verwalten, so bieten sich zu diesem Zweck zunächst nur die Arrays an. Aber auch sie leiden unter der Einschränkung, eine feste Größe und Struktur zu haben.

Die statischen Datenstrukturen lassen sich zu vielen Problemen nur schwerfällig und ineffizient anpassen. Im Bsp. 8.20 (S. 169) haben wir angefangen, ein Studentenverwaltungssystem zu skizzieren. Unsere grundlegende Datenstruktur war ein Array von Datensätzen (die Variable studenten). Solange wir diese Datenstruktur nur einmal aufbauen und dann nur noch mehrmals durchlaufen, ist die Arraystruktur durchaus adäquat – abgesehen von dem unangenehmen Umstand, daß wir die maximale Anzahl von Studenten voraussagen müssen. Was machen wir aber, wenn sich die Anzahl der Studenten – wie das an einer lebendigen Universität bestimmt der Fall ist – ständig ändert? Einige Studenten verlassen die Universität, neue Studenten kommen dazu: Das ganze System verhält sich *dynamisch*.

Immer wieder müssen neue Datensätze erzeugt und veraltete Datensätze entfernt werden. Die Größe der Datenmenge und die Verbindungen zwischen den Datensätzen ändern sich ständig. Diese Art Dynamik der Daten ist sehr typisch für praktische Probleme.

In diesem Kapitel behandeln wir *dynamische Datenstrukturen*. Dynamisch nennen wir die Datenstrukturen, die sowohl ihre Größe als auch ihre Struktur während der *Laufzeit* des Programms ändern können. Dynamische Struktur heißt dabei nicht völlige Beliebigkeit, eine bestimmte Grundstruktur legen wir natürlich vorher fest. Doch die muß sich an die Datenmenge flexibel anpassen können (darüber mehr im Abschn. 11.5).

Viele Programme müssen beliebig große Datenmengen verarbeiten. Es ist klar, daß in realen Computern letztlich immer nur soviel bearbeitet werden kann, wie insgesamt an Speicher auf den verschiedenen Speichermedien zur Verfügung steht. Wenn wir sagen „beliebig groß", so meinen wir „nur durch die Größe des Speichers beschränkt". Doch auch solche Programme halten nur einen Teil der insgesamt verarbeiteten Datenmenge im Arbeitsspeicher, die übrigen Daten befinden sich auf einem *Hintergrundspeicher* (meistens auf Platte). In diesem Kapitel beschränken wir uns auf solche Datenstrukturen, die im Arbeitsspeicher (was allerdings auch ein *virtueller Speicher* [Tan92] sein kann) gehalten werden.

Modula-3 bietet für die Verwaltung von dynamischen Datenstrukturen das Konzept der *Referenz* an. Doch bevor wir uns diesem zuwenden, untersuchen wir noch, wieweit wir auch schon mit den uns bereits bekannten sprachlichen Mitteln – grundsätzlich mit Hilfe von Arrays – Dynamik innerhalb quantitativ vorgegebener Grenzen ausdrücken können.

11.1 Dynamik in statischen Datenstrukturen

Im folgenden stellen wir *Stapel*- und *Warteschlangen*-Datenstrukturen vor, die – innnerhalb der Grenzen eines Arrays – beliebig viele Datenelemente zwischenspeichern können. Daran anschließend werden wir sehen, wie wir die Elemente eines Arrays anstatt durch arithmetische Indexberechnung durch explizite Speicherung von Verbindungen abarbeiten können

11.1.1 Implementierung von Stapeln in Arrays

Stapel (englisch *stacks* oder auch *last-in-first-out-Warteschlangen*, kurz *LIFOs*) sind Strukturen, die am einen Ende offen, am anderen Ende geschlossen sind. Am offenen Ende des Stapels können wir neue Werte „dazulegen", diese aber auch nur von eben diesem Ende wieder „wegnehmen" (Abb. 11.1). Das zuletzt angehängte Element wird als erstes wieder entnommen. Weil dies wie in einem Kohlenkeller ist, in dem die zuletzt

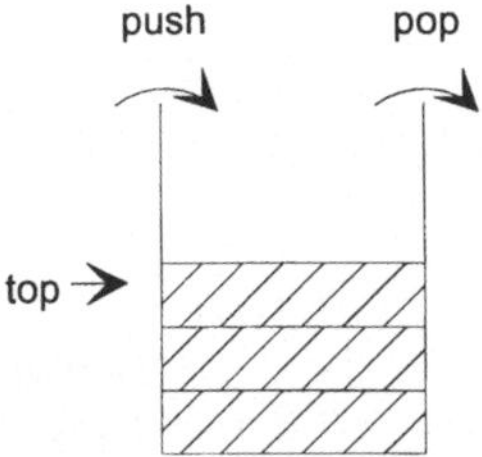

Abb. 11.1: *Stapelspeicher*

eingebrachte Kohle als erstes wieder entnommen wird, nennt man Stapel mitunter auch *Kellerspeicher* oder kurz Keller.

> Stapel sind uns nicht ganz unbekannt. Im Kap. 9.2.2 haben wir erwähnt, daß die Datenbereiche von Prozeduren nach dem Stapelprinzip aneinandergereiht werden.

Zuerst definieren wir die Operationen, die auf einen Stapel anwendbar sein sollen. Wenn wir annehmen, daß der Inhalt des Stapels in einem Array info gespeichert wird, und die Variable top immer auf das oberste Element des Stapels zeigt (top ist 0, wenn der Stapel leer ist, sonst entspricht top dem Index des obersten Elementes auf dem Stapel), dann können wir die folgenden Operationen spezifizieren[1] (ET ist der Typ des Elements, das gestapelt wird):

- push(elem: ET):
  INC(top); info[top]:= elem;
- pop(): ET:
  Wenn top # 0 dann: DEC(top); *Gib* info[top+1] *zurück*
- empty(): BOOLEAN:
  Gib top = 0 zurück

Damit haben wir allerdings einen „unendlichen" Stapel definiert, was sicher eine gute Abstraktion ist, sich aber nicht implementieren läßt. Deswegen führen wir noch die Operation Full ein, die *wahr* zurückgibt, wenn der Stapel voll ist. Wenn wir den Stapel als eigene Datenkapsel realisieren wollen, dann deklarieren wir eine Schnittstelle wie in Bsp. 11.2. Der Klient des Stapels muß nicht wissen, wie groß er in der Wirklichkeit ist, er muß nur darauf achten, daß er weder vom leeren Stapel etwas entnehmen, noch auf den vollen Stapel etwas darauflegen darf (Bsp. 11.4). Wenn wir im Programm StackBenutzer eine Zahlenreihe eintippen, wird es sie solange

[1] Wir verwenden die eingebürgerten englischen Bezeichnungen.

```
INTERFACE Stack;                                          (*14.07.94 RM, LB*)

  TYPE ET = INTEGER;                                      (*Typ des Elementen*)

  PROCEDURE Push(elem:ET);               (*Legt das Element oben auf den Stapel*)
  PROCEDURE Pop(): ET;           (*Entfernt und retourniert das oberste Element*)
  PROCEDURE Empty(): BOOLEAN;          (*Ergibt wahr, wenn der Stapel leer ist*)
  PROCEDURE Full(): BOOLEAN;           (*Ergibt wahr, wenn der Stapel voll ist*)

END Stack.
```

Bsp. 11.2: Schnittstellendefinition eines Stapels

```
MODULE Stack;                                             (*14.07.94 RM, LB*)

  CONST
    Max   = 16;                     (*Maximale Anzahl der Elemente am Stack*)
  TYPE
    S     = RECORD
              info: ARRAY [1 .. Max] OF ET;
              top: CARDINAL := 0;              (*Am Anfang ist der Stack leer*)
            END; (*S*)

  VAR stack: S;                                           (*Stack-Instanz*)

  PROCEDURE Push(elem:ET) =
  BEGIN
    INC(stack.top); stack.info[stack.top]:= elem
  END Push;

  PROCEDURE Pop(): ET =
  BEGIN
    DEC(stack.top); RETURN stack.info[stack.top + 1]
  END Pop;

  PROCEDURE Empty(): BOOLEAN =
  BEGIN
    RETURN stack.top = 0
  END Empty;

  PROCEDURE Full(): BOOLEAN =
  BEGIN
    RETURN stack.top = Max
  END Full;

BEGIN
END Stack.
```

Bsp. 11.3: Implementierung eines Stapels

```
MODULE StackBenutzer EXPORTS Main;                              (*14.02.95. LB*)

  FROM Stack IMPORT Push, Pop, Empty, Full;
  FROM SIO IMPORT GetInt, PutInt, PutText, Nl;

BEGIN
  PutText("Stack-Benutzer. Tippen Sie bitte Zahlen ein\n");
  WHILE NOT Full() DO
    Push(GetInt())                   (*eingelesene Zahl auf den Stapel legen *)
  END;
  WHILE NOT Empty() DO
    PutInt(Pop())                     (*Zahl vom Stapel nehmen und ausgeben *)
  END;
  Nl();
END StackBenutzer.
```

Bsp. 11.4: *Klient eines Stacks*

akzeptieren, bis der Stapel voll ist. Dann wird es die Zahlen – hoffentlich ist das nicht überraschend – in *umgekehrter* Reihenfolge zurückgeben.

Wir können Stapel als Arrays implementieren, bei denen wir auf die Fähigkeit des Direktzugriffs praktisch verzichten (Bsp. 11.3). Wir lassen den Stapel vielmehr von einer Grundposition aus wachsen und führen ein zusätzliches Informationselement (top) mit, das uns zeigt, an welcher Stelle im Array das jeweils oberste Element gerade gespeichert ist. Wir haben in der Implementierung keine explizite Prüfung der „Grenzbedingungen" (Push auf vollen, bzw. Pop auf leeren Stapel). Werden sie vom Klienten nicht eingehalten, dann verläßt der Wert von top den Bereich der Indexgrenzen. Ein Versuch auf nicht existierende Arrayelemente zuzugreifen, wird vom Laufzeitsystem der Sprachumgebung nicht zugelassen, und das Programm wird mit einem Laufzeitfehler abgebrochen.

11.1.2 FIFO-Warteschlangen in Arrays

Wir bleiben bei unserer Annahme, daß wir wüßten, wieviel Elemente wir maximal zu verwalten haben, geben jedoch die „unfaire" Annahme des „wer zuletzt kommt, malt zuerst" auf und betrachten statt dessen eine faire Warteschlange, wie vor einer britischen Bushaltestelle, eine *first-in-first-out* (kurz: *FIFO*)-Warteschlange. Die Operationen definieren wir in Form einer Schnittstelle (Bsp. 11.7) und als Elementtyp wählen wir diesmal *Text*.

Für die Implementierung könnten wir zunächst folgende Überlegungen treffen (siehe Abb. 11.5):

- wir benötigen einen Schreibzeiger (in), der uns jene Position anzeigt, an der ein Neuankömmling einzureihen ist;

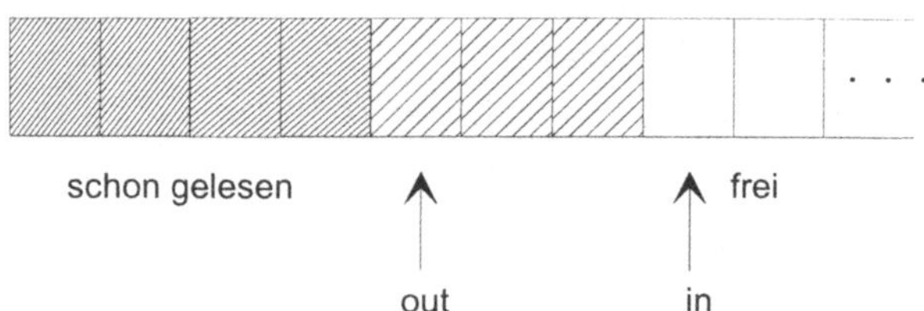

Abb. 11.5: *„Unendliche" FIFO-Warteschlange*

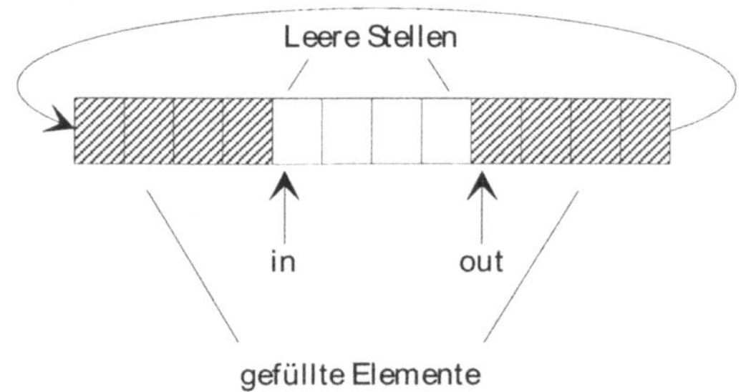

Abb. 11.6: *FIFO-Warteschlange als Ringpuffer realisiert*

- analog dazu brauchen wir einen Lesezeiger, der zeigt, wer als nächster aus der Reihe entnommen werden kann (out).
- in $\geq$ out muß immer gelten, der Lesezeiger darf den Schreibzeiger nie überholen;
- in = out bedeutet, daß die FIFO-Schlange leer ist.

Wir kommen gut durch, solange wir nicht mehr als die maximal zu verwaltende Anzahl von Elementen eingefügt haben. Wenn hintereinander sowohl Elemente eingefügt, als auch entnommen werden, dann schiebt sich die Gruppe von Elementen, die noch in der Warteschlange sind, langsam nach vor – in Richtung höherer Indizes. Wenn wir auf diese Weise für den in-Index das letzte Element des Arrays erreicht haben, dann ist es keineswegs voll. „Hinten", also bei den kleineren Indexwerten, bildeten sich ja bereits wieder freie Plätze. Diese können wir nun ausnützen. Entweder mühsam, indem wir in einer Hau-Ruck-Aktion die Warteschlange Element für Element wieder an den Anfang des Arrays zurückversetzen oder elegant, indem wir unsere Lese- und Schreibzeiger einfach „sanft" über die Arraygrenzen gleiten lassen. Letzteres erreichen wir dadurch, daß wir unser Array nicht als lineare Struktur, sondern als Ringstruktur auffassen, in der unmittelbar auf die maximale die minimale Adresse folgt (Abb. 11.6). Dazu erhöhen wir die Zeiger nicht strikt um eine Position, sondern führen

```
INTERFACE Fifo;                                                  (*14.07.94 RM, LB*)

  TYPE ET = TEXT;                                               (*Typ des Elementen*)

  PROCEDURE Enqueue(elem:ET);                          (*Fügt das Element hinten ein*)
  PROCEDURE Dequeue(): ET;          (*Entfernt und retourniert das erste Element*)
  PROCEDURE Empty(): BOOLEAN;             (*Ergibt wahr, wenn Warteschlange leer*)
  PROCEDURE Full(): BOOLEAN;              (*Ergibt wahr, wenn Warteschlange voll*)

END Fifo.
```

Bsp. 11.7: Schnittstellendefinition einer Warteschlange

```
MODULE Fifo;                                                     (*14.07.94 RM, LB*)

  CONST Max = 16;           (*Maximale Anzahl der Elemente in der FIFO-Schlange*)
  TYPE
    Fifo =   RECORD
               info: ARRAY [0 .. Max – 1] OF ET;
               in, out, n: CARDINAL := 0;
             END; (*Fifo*)

  VAR w: Fifo;                                    (*Enthält die FIFO-Warteschlange*)

  PROCEDURE Enqueue(elem:ET) =
  BEGIN
    w.info[w.in]:= elem;                         (*Speichert das neue Element ein*)
    w.in:= (w.in + 1) MOD Max;           (*Erhöht den in-Zeiger rund um den Ring*)
    INC(w.n);                        (*Erhöht die Anzahl der gespeicherten Elemente*)
  END Enqueue;

  PROCEDURE Dequeue(): ET =
  VAR e: ET;
  BEGIN
    e:= w.info[w.out];                           (*Entnimmt das "älteste" Element*)
    w.out:= (w.out + 1) MOD Max;        (*Erhöht den out-Zeiger rund um den Ring*)
    DEC(w.n);                   (*Vermindert die Anzahl der gespeicherten Elemente*)
    RETURN e;                         (*Retourniert das herausgelesene Element*)
  END Dequeue;

  PROCEDURE Empty(): BOOLEAN =
  BEGIN
    RETURN w.n = 0;
  END Empty;

  PROCEDURE Full(): BOOLEAN =
  BEGIN
    RETURN w.n = Max
  END Full;

BEGIN
END Fifo.
```

Bsp. 11.8: Implementierung einer Warteschlange

```
MODULE FifoBenutzer EXPORTS Main;                    (*14.07.94. LB*)

  FROM Fifo IMPORT Enqueue, Dequeue, Empty, Full;
  FROM SIO IMPORT GetText, PutText, Nl;

BEGIN
  PutText("Fifo-Benutzer. Tippen Sie Texte ein\n");
  WHILE NOT Full() DO
    Enqueue(GetText())
  END;
  WHILE NOT Empty() DO
    PutText(Dequeue() & " ")
  END;
  Nl();
END FifoBenutzer.
```

Bsp. 11.9: *Klient einer Warteschlange*

diese Addition innerhalb der durch die Arraygröße gebildeten Restklasse [DP88] durch.

Für die Addition innerhalb der durch die Größe N gebildeten Restklasse verwenden wir die Modulo-Operation. Der Ausdruck (i + 1) MOD N ergibt immer eine Zahl im Bereich [0 .. N – 1]. Bei i = N–1 ist (i + 1) MOD N = 0. Der Wert des Ausdrucks läuft also im „Kreis": Dem größten Wert folgt wieder der kleinste.

Durch die Ringstruktur kommen wir allerdings mit den zuerst aufgestellten Überlegungen in Konflikt, denn

- es gilt zwar immer noch, daß der Lesezeiger den Schreibzeiger nicht überholen darf, dies bedeutet aber nicht, daß in $\geq$ out immer gilt. Wenn nämlich der Schreibzeiger schon von hinten kommt, dann ist in $\leq$ out (wie in Abb. 11.6).

- in = out bedeutet nicht mehr, daß die Schlange leer ist. Hat der Schreibzeiger den Lesezeiger von hinten eingeholt (überholen darf er nicht), so ist in = out wieder wahr, obwohl die Warteschlange gerade voll ist.

Deshalb führen wir einen Zähler ein, der die Anzahl der Elemente speichert. Wir kommen damit zur Lösung im Bsp. 11.8. Ein Klient ist im Bsp. 11.9 zu sehen. Was geschieht, wenn wir doch mehr Elemente in die Warteschlange „hineinzustopfen" versuchen, als darin Platz haben? Bei dieser Implementierung tritt kein Laufzeitfehler auf, sondern die ältesten Elemente werden von den neuesten einfach *überschrieben*. Im Kap. 16 werden wir eine Variante der FIFO-Warteschlange kennenlernen, die in diesem Fall den zu „fleißigen" Produzenten zum *Warten* zwingt.

```
CONST
  MaxSchueler = 32;                    (*Maximale Anzahl von Schülern in der Klasse*)
TYPE
  Index    = [1 .. MaxSchueler];
  Schueler = RECORD
               name, vorname: TEXT;
             END; (*Schueler*)
VAR
  klasse: ARRAY Index OF Schueler;
  naechster: Index := 1;
```

Bsp. 11.10: *Schüler-Datenstrukturen*

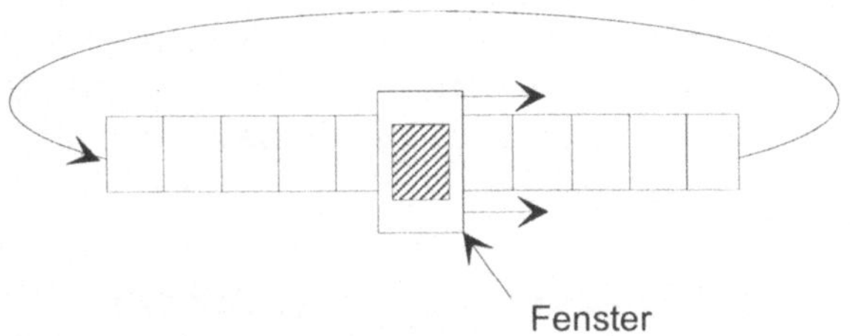

Abb. 11.11: *Ein verschiebbares Fenster*

11.1.3 Beispiel Turnusdienste

Das Beispiel der Warteschlange in einem Ringpuffer läßt sich auf vielerlei Arten anwenden. Im folgenden benutzen wir es, um einen Turnusdienst zu organisieren. Eine Anzahl von Elementen sollen der Reihe nach angesprochen werden – kein Element ein zweitesmal, solange alle anderen noch nicht an der Reihe waren.

Verschiebbare Fenster

Die Schüler einer Schulklasse könnten den Dienst des Tafelputzens so einteilen, daß der Dienst immer von einem Schüler zum anderen wandert, so daß ein Schüler, der seinen Dienst schon geleistet hat, erst wieder an die Reihe kommt, wenn alle anderen den ihren bereits abgeleistet haben. Bsp. 11.10 zeigt die möglichen Datenstrukturen. Den nächsten, der den Dienst leisten soll, erhalten wir – ähnlich der Ringpufferverwaltung – durch die Restklassenrechnung:

```
naechster:= (naechster MOD MaxSchueler) + 1
```

Wir verwenden dabei die Technik des ringförmig geschlossenen Arrays, um *verschiebbare Fenster* auf dieses Array zu realisieren (siehe Abb. 11.11).

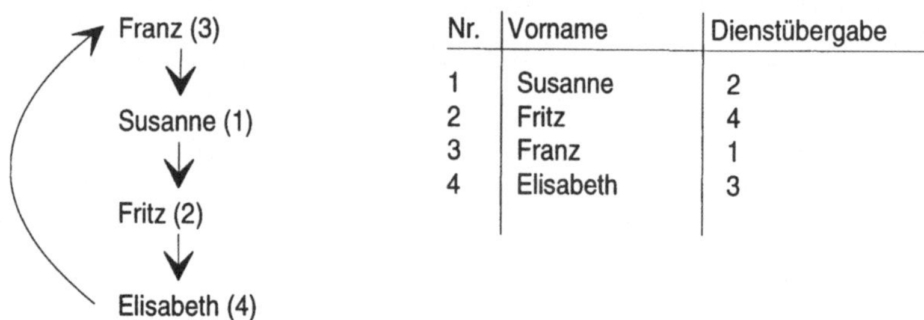

Nr.	Vorname	Dienstübergabe
1	Susanne	2
2	Fritz	4
3	Franz	1
4	Elisabeth	3

Abb. 11.12: *Tafelputzplan: Graph und Darstellung im Array*

Das Fenster wird jeweils um eine Stelle nach rechts (in Richtung höherer Indexwerte) verschoben und „zeigt" auf den nächsten Schüler. Ist der höchste Indexwert erreicht, so wird das Fenster wieder an den Anfang zurückversetzt.

11.1.4 Explizite Adreßverwaltung: Zeiger

Alle bisherigen Beispiele zeugen davon, daß das Array eine ideale Datenstruktur ist, wenn folgende Bedingungen bestehen:

1. Die Anzahl der Elemente ist im voraus bekannt – oder zumindest gut abschätzbar.

2. Die Anzahl der Elemente ändert sich zur Laufzeit nicht – oder nur geringfügig.

3. Der Index der zu bearbeitetenden Elemente ist durch einen arithmetischen Ausdruck *berechenbar*.

Die Stärke der Arrays liegt gerade im letzten Punkt. Sie sind bequem und effizient, wenn wir Probleme haben, bei denen wir *berechnen* können, welches der Elemente wir selektieren und bearbeiten sollen. Das wichtigste Beispiel für solche Probleme sind die Matrizenrechnungen. Aber unsere einfache Modulo-Arithmetik, mit der wir den Turnusdienst berechnet haben, fällt auch in diese Kategorie.

Gehen wir nun davon aus, daß den Schülern nach einiger Zeit das strikte Schema zu langweilig wurde. Sie wollen lieber selbst einteilen, wer wem folgen soll, wobei natürlich das Prinzip der Fairneß beibehalten werden soll. Die Schüler legen daher einen Graphen vor, der zeigt, daß zwar alle durch den „Dienstblock wandern", dies aber in einer frei wählbaren Reihenfolge abläuft. Der linke Teil der Abb. 11.12 zeigt einen solchen Plan.

Die Schüler sichern zu, daß derjenige der den Dienst hat, immer den nächsten erinnern wird. Um so eine Struktur zu speichern, muß zu jedem Schüler ein Verweis auf den Dienstnachfolger vermerkt werden. Als

```
MODULE Schueler EXPORTS Main;
  IMPORT SIO;
  CONST                                                    (*Auflistung der Schüler *)
    Vornamen = ARRAY OF TEXT{"Susanne", "Fritz", "Franz", "Elisabeth"};
  TYPE
    Index     = [1 .. NUMBER(Vornamen)];                        (*Indextyp für Klasse*)
    Schueler  = RECORD
                   name, vorname: TEXT := "";
                   naechster: Index;                       (*Zeigt auf den nächsten*)
                END; (*Schueler*)
    Klasse    = ARRAY Index OF Schueler;                  (*Array von Schülerdaten*)
  VAR
    klasse: Klasse;                          (*Speichert die Schülerdaten der Klasse*)

  PROCEDURE Init(VAR kl: Klasse) =
  BEGIN
    FOR v:= FIRST(Index) TO LAST(Index) DO kl[v].vorname:= Vornamen[v-1] END;
    kl[1].naechster:= 2;                                      (*Nach Susanne: Fritz*)
    kl[2].naechster:= 4;                                    (*Nach Fritz: Elisabeth*)
    kl[4].naechster:= 3;                                    (*Nach Elisabeth: Franz*)
    kl[3].naechster:= 1;                                     (*Nach Franz: Susanne*)
  END Init;

  PROCEDURE Durchlauf(READONLY kl: Klasse) =
  VAR naechster: Index := FIRST(Index);            (*Durchlauf fängt beim ersten an*)
  BEGIN
    REPEAT
      SIO.PutText(kl[naechster].vorname & " => ");               (*Vornamen ausgeben*)
      naechster:= kl[naechster].naechster;        (*Nimmt den nächsten am Putzplan*)
    UNTIL naechster = FIRST(Index);               (*Der Kreis wurde durchgelaufen*)
    SIO.Nl();
  END Durchlauf;

BEGIN
  Init(klasse);
  Durchlauf(klasse);
END Schueler.
```

Bsp. 11.13: *Schüler-Datenstrukturen, verkettet durch Zeiger*

Verweis wählen wir den Indexwert, also die Position, d. h. die „Adresse" des Nachfolgers. Einen solchen Verweis nennen wir *Zeiger* oder englisch *pointer*. Der Schüler-Record muß um einen solchen Zeiger erweitert werden (Bsp. 11.13). Die Initialisierung des Arrays klasse macht die Prozedur Init. Wir initialisieren das Array der Einfachheit halber statisch. Man beachte, daß sich die Grenzen des Konstanten-Arrays Vornamen aus der Anzahl der Initialisierungswerte ergeben. Der Typ Index übernimmt die Anzahl der Namen in Vornamen als Obergrenze. Sowohl die Namen in der Klasse (wir beschränken uns auf Vornamen), als auch der Putzplan wird – entsprechend Abb. 11.12 – statisch „hineinkodiert".

Der interessierte Leser möge sich überlegen, wie man die Initialisierung interaktiv gestalten kann. Man könnte z. B. im ersten Durchlauf alle Namen einlesen und im zweiten für alle Namen den Putzplan-Nachfolger verlangen.

Die Prozedur Durchlauf läuft das Array entlang der Putzplan-Kette durch. Anstelle der Modulo-Funktion wird der jeweils nächste nun durch den Wert des naechster-Feldes ermittelt. Der Dienstnachfolger innerhalb des Arrays wird nicht mehr arithmetisch berechnet, sondern durch ein zusätzliches Feld innerhalb des Elementrecords unabhängig von der physischen Position des Elementes festgelegt. Man beachte den grundsätzlichen Unterschied zwischen Init und Durchlauf. Init bearbeitet klasse wie ein Array, von *First* bis *Last*, bzw. mit festen Indizes. Durchlauf bearbeitet das Array mit Hilfe eines zusätzlichen Pfades, der durch die Verkettung der Werte des Felds naechster in den jeweiligen Datensätzen bestimmt ist. Das Fenster, das auf den nächsten Schüler im Dienst zeigt, muß „springen". Die „Zieladresse" des Sprungs wird dabei jeweils im Feld naechster angezeigt (siehe rechten Teil der Abb. 11.12). Prozedur Durchlauf nimmt an, daß die Putzplan-Kette einen Ring bildet, der alle Indexwerte genau einmal enthält. Trifft diese Annahme nicht zu, so verhält sich die Prozedur fehlerhaft. Ausgabe des Programms 11.13:

```
Susanne => Fritz => Elisabeth => Franz =>
```

Wir gewinnen durch diese Lösung Flexibilität! Diese Flexibilität bezahlen wir jedoch mit dem Preis des Speicherplatzes für diesen „Dienstübergabe-Zeiger" auf den jeweiligen logischen Nachfolger und damit, daß wir nun nicht mehr einfach berechnen können, wer denn am 5. Tag und wer am 57. Tag die Tafel putzen wird. Um das zu ermitteln, müssen wir die Kette der Nachfolgebeziehungen durchwandern.

Mit dem Gewinn an Flexibilität verlieren wir an Sicherheit. War es noch recht einfach zu sehen, daß wir mit den verschiebbaren Fenstern das ganze Array (also alle Schülerdaten) überdecken werden, so müssen wir mit dem expliziten Weiterschalten erst beweisen, daß wir tatsächlich auch alle „erwischen".

11.1.5 Adreßverwaltung durch das System

Im vorherigen Beispiel haben wir eine Struktur – eine *Liste*, die die Reihenfolge des Putzdienstes enthält –, über die Arraystruktur „darübergelegt". Dazu haben wir ein zusätzliches Feld (naechster) im Schülerrecord eingeführt, wodurch eine mittelbare, *indirekte* Indexberechnung möglich wurde. Man könnte sich fragen: Wäre es nicht einfacher und effizienter,

```
MODULE SchuelerListe EXPORTS Main;

  IMPORT SIO;

  TYPE
    SchuelerRef = REF Schueler;                    (*Rerefenz auf Schüler-Record*)
    Schueler    = RECORD
                    name, vorname: TEXT := "";
                    naechster: SchuelerRef;              (*Zeigt auf nächsten*)
                  END; (*Schueler*)
  VAR
    klasse: SchuelerRef := NIL;          (*Zeigt auf den Anfang der Schülerliste*)

  PROCEDURE Init(VAR kopf: SchuelerRef) =
  VAR neuer: SchuelerRef;
  BEGIN
    SIO.PutText("Namen umgekehrt wie Putzplan eingeben, mit "EOF" schließen\n");
    WHILE NOT SIO.End() DO          (*End() wird TRUE, wenn "EOF" gelesen wird*)
      neuer:= NEW(SchuelerRef);      (*Schüler-Record angelegt, Adresse in "neuer"*)
      neuer.vorname:= SIO.GetText();          (*Vorname im Schüler-Record gesetzt*)
      neuer.naechster:= kopf;       (*Neuer Record zeigt auf den bisherigen Kopf*)
      kopf:= neuer;                        (*Neuer Record ist am Anfang der Liste*)
    END; (*WHILE*)
  END Init;

  PROCEDURE Durchlauf(kopf: SchuelerRef) =
  BEGIN
    WHILE kopf # NIL DO
      SIO.PutText(kopf.vorname & " => ");                    (*Vornamen ausgeben*)
      kopf:= kopf.naechster;                   (*Nimmt den nächsten am Putzplan*)
    END; (*WHILE*)
    SIO.Nl();
  END Durchlauf;

BEGIN
  Init(klasse);
  Durchlauf(klasse);
END SchuelerListe.
```

Bsp. 11.14: *Verkettete Liste mit Referenzen, Elemente vorne angehängt*

wenn die Programmiersprache den Aufbau solcher Strukturen, wie z. B. eine Liste, unterstützen würde?

Modula-3 sieht für diesen Zweck einen eigenen Typkonstruktor für Verweise mit entsprechenden Operationen vor. Vor der ausführlichen Erklärung im Abschn. 11.2 erläutern wir die Grundideen und zeigen ein erstes Beispiel.

Wir können aus einem beliebigen Typ einen Referenztyp ableiten, dadurch, daß wir das Schlüsselwort REF voranstellen. Den ursprünglichen Typ nennen wir *referenzierten Typ*. So ist im Bsp. 11.14 der Typ SchuelerRef eine *Referenz* auf den Recordtyp Schueler. Der Zeiger auf ein nächstes

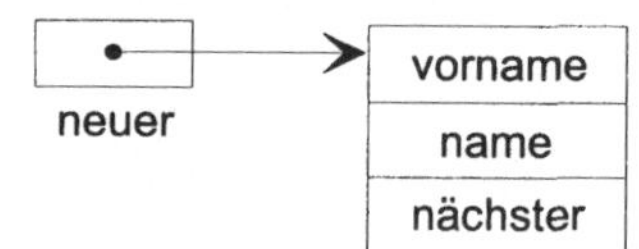

Abb. 11.15: *Wirkung von New*

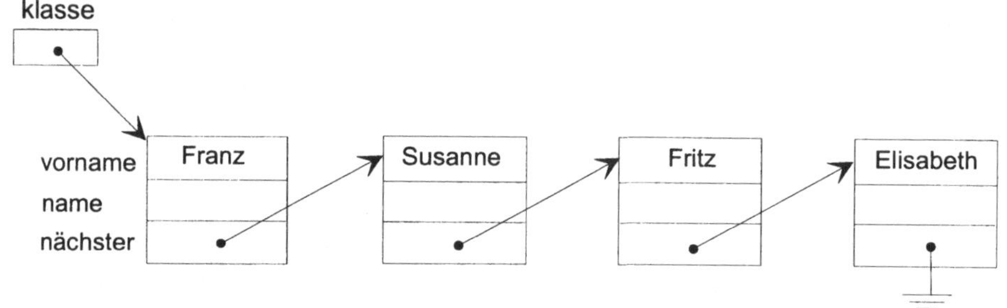

Abb. 11.16: *Liste von Studenten, aufgebaut mit Referenzen*

Element (Feld naechster) sowie die Variable klasse sind auch vom Typ SchuelerRef.

Die Variable klasse ist auf den Wert *Nil* initialisiert. Der *Nil*-Wert kann einer beliebigen Referenzvariablen zugewiesen werden, seine Bedeutung ist: „Zeigt nirgendswohin" (den *Nil*-Wert haben wir mit einer ähnlichen Bedeutung bereits bei den Prozeduren gesehen). Wohlgemerkt: Haben wir vergessen, eine Referenzvariable zu initialisieren, so kann ihr Wert *undefiniert* sein. Hat eine Referenzvariable den Wert *Nil*, so ist ihr Wert durchaus *definiert*. Diese Unterscheidung ist sehr wichtig, weil der Wert *Nil* abgefragt werden kann und deshalb immer zu einem wohldefinierten Verhalten führt (selbst wenn der Programmierer das vergißt, so erkennt spätestens die Sprachumgebung bei der nächsten Operation, daß versucht wird, einen *Nil*-Verweis zu verfolgen). Eine uninitialisierte Referenz kann jedoch zu undefiniertem Verhalten führen. Deswegen werden Referenzvariablen von den Modula-3-Sprachumgebungen automatisch auf *Nil* initialisiert. Wir sollten das aber besser nicht ausnützen, sondern unsere Variablen explizit initialisieren!

Eine grundlegende Operation auf eine Referenzvariable ist der Aufruf der vordefinierten *New*-Funktion. Sie erwartet als Parameter einen Referenztyp. Der Aufruf von *New* bewirkt folgendes:

- Speicherplatz wird – irgendwo im systeminternen Speicher – in der Größe angelegt, wie das für den referenzierten Typ notwendig ist.
- Die Adresse dieses Speicherplatzes wird als Funktionswert zurückgegeben.

```
PROCEDURE Init(VAR kopf: SchuelerRef) =
VAR neuer, letzter: SchuelerRef;
BEGIN
  SIO.PutText("Namen entsprechend Putzplan eingeben, mit "EOF" schließen\n");
  WHILE NOT SIO.End() DO
    neuer:= NEW(SchuelerRef);        (*Schüler-Record angelegt, Adresse in "neuer"*)
    neuer.vorname:= SIO.GetText();          (*Vorname im Schüler-Record gesetzt*)
    neuer.naechster:= NIL;                 (*Wir wollen "neuer" am Ende anfügen*)

    IF kopf = NIL THEN                    (*Bei leerer Liste: Am Kopf anhängen*)
      kopf:= neuer; letzter:= neuer;          (*Beide zeigen aufs einzige Element*)
    ELSE                              (*Bei nicht leerer Liste: am Ende anhängen*)
      letzter.naechster:= neuer; letzter:= neuer;
    END; (*IF kopf = NIL*)
  END; (*WHILE*)
END Init;
```

Bsp. 11.17: *Verkettete Liste mit Referenzen, Elemente hinten angehängt*

Die Anweisung neuer:= NEW(SchuelerRef) bewirkt also, daß ein neuer Schüler-Record erzeugt wird, und seine Adresse der Variablen neuer zugewiesen wird (Abb. 11.15). Nachher können wir die Referenzvariable dazu verwenden, die Elemente des referenzierten Typs anzusprechen. Der Ausdruck neuer.vorname bezeichnet das Feld vorname des Records, auf den neuer zeigt. Die Init-Prozedur im Bsp. 11.14 baut eine Datenstruktur auf, die aus einer Kette von Schülerrecords besteht. Die Eingabe wird mit Hilfe der Booleschen Funktion SIO.End() gesteuert: Sie ergibt *wahr*, wenn ein „End-Of-File"-Signal[2] kommt. Der Kopf, oder die „Wurzel" der Recordkette ist in der Variablen klasse (Abb. 11.16). Ein neuer Record wird immer vorne, am Kopf der *Liste* angehängt. Deswegen erhalten wir die Datensätze beim Durchlauf in umgekehrter Reihenfolge. Das können wir leicht ändern, indem wir die neu ankommenden Elemente nicht vorne, sondern hinten, am Ende der Liste anhängen. Die Referenz auf das jeweils zuletzt eingefügte Element speichern wir in der Variablen letzter. Das neue Element wird immer an die Stelle letzter.naechster angehängt (Bsp. 11.17).

Die Prozedur Durchlauf ist – im Vergleich zur gleichnamigen Prozedur des Beispiels 11.13 – einfacher geworden. Sie ist auch robust: sie kann sogar mit einer leeren Putzplankette aufgerufen werden – in diesem Fall tut sie eben nichts.

Was haben wir im Vergleich zur Arraylösung gewonnen? Das erste, was auffällt, daß die Konstante MaxSchueler entfallen ist, wir müssen überhaupt keine Annahme mehr über die Anzahl der Schüler machen. Das Programm bleibt genau das gleiche für zwei oder für zehntausend Schüler (wohl eine viel zu große Klasse). Ein weiterer Vorteil, der vielleicht nicht so-

[2] An der Tastatur können wir das auf Unix-Rechnern mit der Tastenkombination Ctrl+D, auf MS-DOS PCs mit der Tastenkombination Ctrl+Z bewirken.

fort auffällt, ist, daß wir mit Hilfe der Referenzen sehr leicht neue Schüler in die Liste aufnehmen und wiederum andere von der Liste entfernen können. Die *Listenstrukturen* werden wir im Abschn. 11.5.1 noch eingehend studieren.

11.2 Dynamische Daten in Modula-3

Eine Referenz ist entweder *Nil*, oder sie zeigt auf einen – üblicherweise nicht benannten – Speicherbereich, in dem ein Wert eines bestimmten Typs gespeichert ist.

Syntax des Referenztyps

RefType_{55} = ["UNTRACED"] [Brand_{58}] "REF" Type_{48}.
Brand_{58} = "BRANDED" [ConstExpr_{65}].

Die Erklärung von UNTRACED erfolgt im Unterkapitel 11.2.1, die von BRANDED im Unterkapitel 11.4.1.

Referenztypen sind also in Modula-3 an einen weiteren Typ, den *referenzierten* Typ, gebunden. Eine Referenz enthält eine Adresse, aber immer eine Adresse von Daten, deren Typ schon zur Compilationszeit bekannt ist. Warum ist das wichtig? Würde eine Referenz auf ein Datum zeigen, dessen Typ zur Compilationszeit nicht bekannt ist, so könnte der Compiler nicht prüfen, ob die Elemente, die wir durch die Referenz ansprechen, tatsächlich existieren. Es könnte allzuleicht der Fehler vorkommen, daß wir während der Suche nach einer unbekannten Adresse, eine Referenz auf ein Datum eines anderen Typs erhalten.

Man stelle sich vor, wir wollen ein Eis kaufen, öffnen eine Tür mit der Bezeichnung „Eisgeschäft“ und landen in einem Papiergeschäft. Oder gar auf einer unbekannten Insel, etwa auf der „L'ile mysterieuse“ von Jules Verne. Die Typgebundenheit garantiert, daß eine Referenz immer auf Daten mit bekannten Elementen zeigt.

11.2.1 Anlegen und Freigeben

Bis jetzt wurde für unsere Daten der Speicherplatz durch die Variablendeklarationen eingerichtet. Modul-globale Daten werden gleich am Anfang vom System angelegt. Wir nennen sie deshalb oft auch *statische Daten*. Daten, die lokal zu einem eingeschachtelten Block deklariert sind, werden beim Eintritt in den Block automatisch angelegt und beim Austritt wieder freigegeben. Wir nennen sie oft auch *semidynamische Daten*. Daten, die je nach Bedarf angelegt (allokiert) und dann wieder freigegeben (deallokiert) werden, nennen wir *dynamische Daten*. Das Anlegen geschieht in Modula-3 *explizit* (durch die *New*-Funktion), das Freigeben *implizit*, d. h. automatisch (siehe unten).

Man beachte, daß wir jetzt von einem anderen Aspekt der statischen und dynamischen Daten reden. Hier handelt es sich nicht um die Struktur und die Größe eines Datentyps, sondern um das Anlegen von Daten. Es ist durchaus sinnvoll, daß wir den Anker, oder die Wurzel einer dynamischen Datenstruktur (z. B. einer Liste) statisch, also in einer Modulvariablen anlegen (wie die Variable klasse im Bsp. 11.14). Das ist sogar der Normalfall. So viele Vorteile auch dynamische Datenstrukturen haben, einen festen Punkt brauchen wir immer (wie die Seilzüge des *Archimedes*).

Anlegen

Ein Exemplar eines referenzierten Datentyps können wir mit Hilfe der vordefinierten *New*-Funktion anlegen. Die Signatur von *New* ist:

```
NEW(Referenzierter Typ, ···);
```

Der erste Parameter ist obligatorisch. Ist der Typ ein Verweis auf einen Recordtyp, dann können danach optionale Initialisierungen von Recordfeldern folgen. Sie müssen per Namen angegeben werden, eine positionelle Initialisierung ist hier nicht erlaubt. Ist der referenzierte Typ ein offenes Array, so muß hier die Größe der offenen Dimensionen angegeben werden (siehe Unterkapitel 11.2.3).

Wie wir schon gesehen haben, hat *New* einen zweifachen Effekt:

1. Es legt Speicherplatz für ein Datum des referenzierten Typs an (erzeugt einen neuen Datenbehälter) – das ist eigentlich ein Seiteneffekt.

2. Als Rückgabewert gibt es einen Verweis auf den angelegten Speicherplatz zurück.

Im Bsp. 11.18 sehen wir, wie man dynamische Daten anlegen und verwenden kann. Zuerst wird ein Datensatz erzeugt und ref1 zugewiesen. Die Felder des referenzierten Typs werden daran anschließend gesetzt. Beim Anlegen des nächsten Datensatzes (referenziert durch ref2) initialisieren wir die Felder gleich mit den optionalen Parametern von *New*.

Vielleicht fragt sich der Leser: Wie geschieht dieses „geheimnisvolle“, systeminterne Anlegen vom Speicher? Eine Sprachumgebung, die dynamischen Daten anbietet, muß – in Verbindung mit dem Betriebssystem des Rechners – eine eigene *Speicherverwaltung* haben. Durch Anforderungen an das Betriebssystem bekommt die Speicherverwaltung Blöcke von freiem Speicher. Sie kümmert sich auch um frei gewordene Speicherblöcke: Entweder gibt sie diese dem Betriebssystem

```
MODULE New EXPORTS Main;                          (*15.07.94. RM, LB*)
 TYPE
  SchuelerRef = REF Schueler;          (*Reftyp auf den Schülertyp gebunden*)
  Schueler    = RECORD
                   katalogNr: INTEGER;
                   vorname, nachname: TEXT;
                END; (*Schueler*)

 VAR ref1, ref2: SchuelerRef;

BEGIN
 ref1:= NEW(SchuelerRef);        (*Datensatz angelegt, seine Adresse ist in ref1*)
 ref1.katalogNr:= 1;             (*Felder des neuen Datensatzes werden gesetzt*)
 ref1.vorname:= "Peter"; ref1.nachname:= "Gross";

 ref2:= NEW(SchuelerRef, katalogNr:= 2,
          vorname:= "Julia", nachname:= "Klein");
                                  (*Datensatz angelegt und gleich initialisiert.*)

 ref2:= ref1;              (*ref2 zeigt auf den Ersten -> Zweiter wird unerreichbar*)

 ref1:= NIL;                           (*1. Datensatz noch via ref2 erreichbar*)
 ref2:= NIL;                        (*Nun ist auch der 1. Datensatz unerreichbar*)
END New.
```

Bsp. 11.18: *Anlegen und Freigeben dynamischer Daten*

zurück oder behält sie für sich, um spätere Anforderungen von Programmen aus diesem Vorrat zu bedienen. Die Organisation des freien Speicherbereiches, aus dem mit Hilfe von *New* Variablen angelegt werden können, nennen wir oft *heap* („Haufen“, weil dieser Datenbereich keine regelmäßige Struktur hat, sondern so wächst, wie die Anforderungen kommen). Der Name bezieht sich auf eine Datenstruktur [Sed93], die oft – aber nicht immer – für die Verwaltung von freiem Speicher verwendet wird.

Referenzzuweisung und -vergleich

Für die Wertzuweisung von Referenzen sind die üblichen Regeln der Wertzuweisung gültig. Man beachte aber, daß der Wert einer Referenz eine Adresse ist. Die Wertzuweisung ref2:= ref1 im Bsp. 11.18 bedeutet also *nicht*, daß die Datenfelder des ersten Datensatzes in die des zweiten kopiert werden. Die Anweisung bewirkt, daß nun ref2 auch auf den gleichen Datensatz zeigt wie ref1 (Abb. 11.19). Dadurch wird der Datensatz, auf den ref2 bis jetzt gezeigt hat, unerreichbar (keine andere Referenz sonst zeigt darauf). Nach der Wertzuweisung ref1:= NIL ist der erste Datensatz noch durch ref2 erreichbar. Nach ref2:= NIL wird auch er unerreichbar.

Ähnliche Überlegungen gelten für den Vergleich von Referenzen (Vergleiche auf Gleichheit und Ungleichheit sind gestattet). Wenn zwei Re-

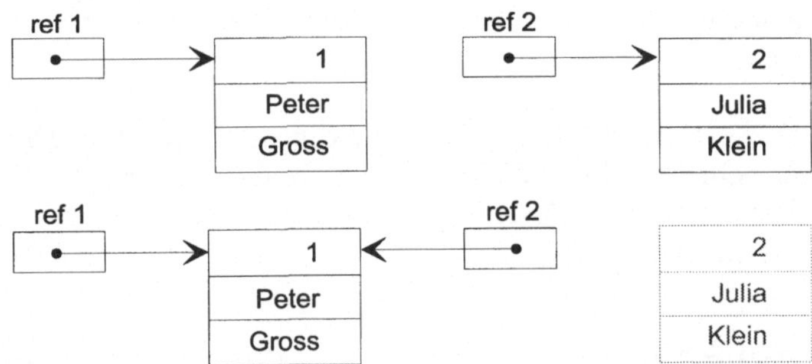

Abb. 11.19: *Wirkung der Referenzzuweisung ref2:= ref1*

ferenzen gleich sind, so bedeutet das, daß sie auf den gleichen Datensatz zeigen. Wenn sie ungleich sind, dann zeigen sie auf unterschiedliche Datensätze, die allerdings den gleichen Inhalt haben können. Im Kap. 4.4 haben wir gesehen, daß sich der Vergleich auf Texte manchmal „komisch" benimmt: Er findet Texte, die „gleich" sind, ungleich. Deshalb haben wir auf die Funktion Text.Equal hingewiesen, die immer „richtig" funktioniert. Jetzt können wir dieses Phänomen vollständig klären: Ein *Text* ist in Modula-3 eine Referenz. Wenn wir also zwei Variablen des Typs *Text* vergleichen, so kann es sein, daß sie auf zwei verschiedene Textexemplare verweisen, die trotzdem den gleichen Inhalt haben. Die Funktion Text.Equal vergleicht aber immer den Inhalt der referenzierten Texte – was unter Umständen langwierig sein kann.

Dereferenzierung

Auf die angelegten Daten können wir durch *Dereferenzierung* zugreifen. Bis jetzt haben wir dies einfach durch die Angabe der Referenzvariablen erreicht, das geht aber nicht immer. Die Syntax der Dereferenzierung ist Teil der Syntax von Ausdrücken (siehe Kap. 7.1.1). Ist r eine Variable von einem Referenztyp, dann steht r^ für das, auf das r zeigt. Wir sagen „r dereferenziert".

Folgen dem ^-Operator (dem *Dereferenzierungsoperator*) noch weitere Selektoren (ein „[" für Indizierung oder ein „." für den Zugriff auf ein Recordfeld), dann dürfen wir den ^-Operator einfach weglassen. Somit sind die folgenden zwei Anweisungen äquivalent:

```
ref1^.vorname:= "Peter";
ref1.vorname:= "Peter";
```

Diese Abkürzung ist besonders wichtig beim Zugriff auf Felder von Objekten, wie wir im Kap. 13 sehen werden. Um die Anwesenheit einer Referenz zu betonen, ist es oft nützlich den ^-Operator dazuzuschreiben.

Der ^-Operator ist unerläßlich, wenn wir die referenzierten Daten als ein Ganzes ansprechen wollen. Wollten wir z. B. den ganzen durch ref1 referenzierten Datensatz einer Variablen vom Recordtyp Schueler zuweisen, so könnten wir schreiben:

```
VAR
  schueler: Schueler;                          (*schueler ist ein Record*)
  ref1: REF Schueler;                          (*ref1 zeigt auf einen Record *)
BEGIN
  (*Den Record, auf den ref1 zeigt, in die Variable schueler kopieren*)
  schueler:= ref1^;
```

Man beachte, daß diese Zuweisung keine Referenzzuweisung ist; ref1^ bezeichnet das referenzierte Datum und nicht die Referenz. Sie kopiert den ganzen Record, auf den ref1 zeigt, in die Variable schueler.

Freigeben

Referenzen werden gewöhnlich vom Laufzeitsystem der Sprachumgebung kontrolliert (solche Referenzen nennen wir *kontrolliert* oder englisch *traced*). Wird ein vorher referenziertes Datum ab einem gewissen Zeitpunkt unerreichbar (alle seine Referenzen wurden umgelenkt bzw. auf *Nil* gesetzt), so wird der Speicherplatz des Datums automatisch – durch die Sprachumgebung – für weitere Verwendung freigestellt. Diesen still im Hintergrund arbeitenden Teil des Laufzeitsystems nennen wir *Garbage Collector*, also „Müllsammler". Das Freigeben von dynamischem Speicher geschieht also in Modula-3 *implizit*, der Programmierer muß sich darum nicht kümmern (er darf es sogar nicht).

Viele Programmiersprachen (und ihre Umgebungen) bieten keinen Garbage Collector an. In diesem Fall ist es die Aufgabe des Programmierers, nicht mehr benötigte Speicherplätze freizugeben. Dabei können zwei Fehler passieren. Der eine ist, daß der Programmierer die Deallokierung vergißt: In diesem Fall wird zu viel Speicher verbraucht, unter Umständen alles, was zur Verfügung steht. Der andere, meistens noch schlimmere Fehler besteht darin, daß etwas freigegeben wird, worauf noch irgendwo im Programm eine Referenz existiert. Wird dann eine solche „hängende" Referenz (*dangling reference*) tatsächlich verwendet, so referenziert sie einen Speicherbereich, der inzwischen für eine andere Aufgabe disponiert wurde. Das führt zu unvorhersehbarem Verhalten (bestenfalls zum Programmabsturz). Diese Art Fehler sind aber bei Systemen mit Garbage Collector ausgeschlossen.

Das automatische Freigeben vom Speicher ist in gewissen Fällen – insbesondere bei systemnaher Programmierung, etwa innerhalb eines Betriebssystems – unerwünscht. Gewisse Systemprogramme brauchen *explizite* Kontrolle auch über die Freigabe der dynamischen Daten (man denke z. B. an den Garbage Collector selbst, der auch in Modula-3 geschrieben werden kann). Für nicht vom Garbage Collector kontrollierte Referenzen (englisch *untraced references*) bietet die Sprache das Schlüsselwort UNTRACED an. Nicht kontrollierte Referenzen werden nie automatisch freigegeben. Sie können explizit mit Hilfe der eingebauten *Dispose*-Funktion freigegeben werden. *Dispose* kann allerdings nur in *kritischen Modulen* (*unsafe modules*) verwendet werden (siehe Kap. 10.1.1 und Anh. B.1.4), weil es hängende Referenzen verursachen kann.

11.2.2 Operationen mit Referenzen

Fassen wir die Operationen auf Referenzen zusammen:

1. Anlegen mit Hilfe von *New*.

2. Dereferenzierung, um zu den referenzierten Daten zu kommen.

3. Vergleiche auf Gleichheit und Ungleichheit. Jeder andere Vergleich ist in sicheren Modulen sinnlos. Systemprogramme können in unsicheren Modulen nicht kontrollierte Referenzen auch auf „Größer" oder „Kleiner" vergleichen. Wie das Ergebnis zu interpretieren ist, hängt dann stark von der Architektur des verwendeten Rechners und dessen Speicherverwaltung ab.

4. Wertzuweisung, bei der die üblichen Regeln der Zuweisungskompatibilität gelten. Im Unterkapitel 11.3 (über Subtypbildung) werden wir noch die Wertzuweisung weiter behandeln.

11.2.3 Offene (dynamische) Arrays

Im Kap. 8.1 haben wir Arraytypen, deren Indexbereiche zur Compilationszeit festgelegt werden, *statische* Arrays genannt. Modula-3 erlaubt aber, daß wir die Größe einzelner Dimensionen erst zur Laufzeit angeben. Solche Arrays nennen wir *offene* oder *dynamische* Arrays. Man beachte, daß ihre Struktur eine „normale" Arraystruktur bleibt, nur die Größe ist dynamisch. Sie wird nur *einmal* zur Laufzeit festgelegt, und ab diesem Augenblick ist daran nichts mehr zu ändern.

Die Arraysyntax erlaubt, daß wir bei der Deklaration eines Arraytyps den Typ vom Index undefiniert, d. h. *offen*, lassen. Z. B.:

```
TYPE
  Vektor = ARRAY OF REAL;
  Matrix = ARRAY OF ARRAY OF INTEGER;
```

Ein offenes Array kann nur in bestimmten Zusammenhängen verwendet werden:

1. als formaler Parameter

2. als referenzierter Typ

3. als Elementtyp eines anderen offenen Arrays

4. als Typ in einem Arraykonstruktor

Daraus folgt, daß wir z. B. keine Variable vom Typ Matrix, wohl aber eine vom Typ REF Matrix deklarieren können. Offene Arrays können *nur* durch eine Referenz, also mit Hilfe von *New* angelegt werden. Wir müssen als Parameter die Größe der offenen Dimensionen der Reihe nach angeben. Z. B.:

```
VAR
  n: INTEGER := SIO.GetInt();                        (*Liest die Größe ein*)
  m: INTEGER := SIO.GetInt();                        (*... zweite Dimension*)
  vektor := NEW(REF Vektor, n);    (*Legt vektor mit n Elementen an*)
  matrix := NEW(REF Matrix, n, m);             (*Legt (n×m)-Matrix an*)
```

Erhält eine offene Dimension zur Laufzeit die Größe n, so ist ihr Indextyp [0 .. n-1] (also ein Unterbereich von *Integer*). Im Bsp. 11.20 haben wir die Schülerdaten in einem Array gespeichert, dessen Größe erst zur Laufzeit bestimmt wird. Die Schülerdaten werden eingelesen und ausgegeben. Wir haben die Dereferenzierung klasse[i] mit Hilfe der *With*-Anweisung verkürzt und auch beschleunigt (der Ausdruck klasse[i] wird nur einmal berechnet). Wir können auch hier die eingebauten *First*- und *Last*-Funktionen verwenden. Man beachte, daß deren Argument vom Arraytyp (und nicht von einem Referenztyp auf einen Arraytyp) sein muß, deswegen müssen wir klasse^ schreiben.

11.2.4 Arrays von Referenzen

Wir können dem Bsp. 11.20 noch mehr Dynamik geben, indem wir in dem Array nicht die Schülerdaten selbst, sondern eine Referenz auf sie speichern. Das ist insbesondere dann sinnvoll, wenn die Records sehr groß sind (was in der Praxis oft vorkommt). Wollen wir Umreihungen vornehmen (z. B. die Daten nach Namen sortieren), so können wir diese auf diesem Array von Referenzen vornehmen, ohne die voluminösen Daten selbst be-

```
MODULE DynArr EXPORTS Main;                                    (*15.015.94. LB*)

  FROM SIO IMPORT PutText, PutInt, GetInt, GetText;

 TYPE
   Klasse    = REF ARRAY OF Schueler;
   Schueler  = RECORD
                  katalogNr: INTEGER;
                  vorname, nachname: TEXT;
               END; (*Schueler*)

  VAR klasse: Klasse; n: CARDINAL;

BEGIN
  PutText("Geben Sie die Anzahl der Schüler und Ihre Namen ein\n");
  n:= GetInt();                                     (*Anzahl der Schüler einlesen*)
  klasse:= NEW(Klasse, n);                          (*Array von Schülern angelegt*)
  FOR i:= FIRST(klasse^) TO LAST(klasse^) DO
    WITH kl = klasse[i] DO
      kl.katalogNr:= i;
      kl.vorname:= GetText(); kl.nachname:= GetText();
    END; (*WITH kl*)
  END; (*FOR i*)
  FOR i:= FIRST(klasse^) TO LAST(klasse^) DO
    WITH kl = klasse[i] DO
      PutInt(kl.katalogNr); PutText(": ");
      PutText(kl.vorname & " " & kl.nachname & "\n");
    END; (*WITH kl*)
  END; (*FOR i*)
END DynArr.
```

Bsp. 11.20: *Anlegen und Verwendung eines offenen Arrays*

wegen zu müssen. Die Referenz fungiert in diesen Fällen als eine Art *Surrogat*.

> Ganz gratis ist eine solche Lösung nicht: Wir müssen nun die referenzierten Daten explizit anlegen, und der Zugriff geht über eine weitere Stufe der Mittelbarkeit (oft *Indirektion* genannt). Deswegen sind Arrays von Referenzen nur bei wirklich großen Datensätzen zu empfehlen.

Im Bsp. 11.21 haben wir das Programm vom Bsp. 11.20 entsprechend geändert. Klasse ist nicht mehr ein Array von Schülern, sondern ein Array von Schülerreferenzen (daß Klasse selbst ein offenes Array ist, spielt in diesem Zusammenhang keine Rolle). Dementsprechend müssen die Schüler-Records explizit angelegt werden. Sonst sieht das Program ganz genauso aus, wie das im Bsp. 11.20. Ausdrücke, wie klasse[i].katalogNr bedeuten aber jetzt etwas anderes, weil klasse jetzt nicht einen Schüler-Record, sondern eine Referenz darauf bezeichnet. Präzise könnte man also

```
MODULE DynDyn EXPORTS Main;                                   (*15.015.94. LB*)
  FROM SIO IMPORT PutText, PutInt, GetInt, GetText;
 TYPE
   Klasse    = REF ARRAY OF REF Schueler;
   Schueler  = RECORD
                  katalogNr: INTEGER;
                  vorname, nachname: TEXT;
               END; (*Schueler*)
  VAR klasse: Klasse; n: CARDINAL;
BEGIN
  PutText("Geben Sie die Anzahl der Schüler, und Ihre Namen ein\n");
  n:= GetInt();                                    (*Anzahl der Schüler einlesen*)
  klasse:= NEW(Klasse, n);                         (*Array von Schülern angelegt*)
  FOR i:= FIRST(klasse^) TO LAST(klasse^) DO
    WITH kl = klasse[i] DO
      kl:= NEW(REF Schueler);                      (*Schüler-Record angelegt*)
      kl.katalogNr:= i;
      kl.vorname:= GetText(); kl.nachname:= GetText();
    END; (*WITH kl*)
  END; (*FOR i*)
  FOR i:= FIRST(klasse^) TO LAST(klasse^) DO
    WITH kl = klasse[i] DO
      PutInt(kl.katalogNr); PutText(": ");
      PutText(kl.vorname & " " & kl.nachname & "\n");
    END; (*WITH kl*)
  END; (*FOR i*)
END DynDyn.
```

Bsp. 11.21: *(Offenes) Array von Referenzen*

klasse^[i]^.katalogNr schreiben. Da aber die Semantik der ersten Schreibweise aus den Deklarationen eindeutig feststellbar ist, erlaubt uns Modula-3 – wie schon erwähnt – diese kürzere Schreibweise, die den Anfänger allerdings auch verwirren kann.

11.3 Subtypen

Bevor wir die Operationen mit Referenzen weiter behandeln, vertiefen wir weiter das *Subtypkonzept* von Modula-3. Dieses Konzept erhält eine neue Dimension, wenn es in Verbindung mit Referenzen verwendet wird. Vervollständigen werden wir das Konzept im Zusammenhang mit *Objekten*, die wir im Kap. 13 kennenlernen.

Das Grundprinzip haben wir bereits im Kap. 7.4 behandelt: Wenn Sub und Super zwei Typen sind und die Relation Sub <: Super besteht, so sind alle Werte von Sub auch Werte von Super. Die Subtyprelation ist *reflexiv* und *transitiv*.

Modula-3 definiert auf viele Typen konkrete Subtypregeln (die für Unterbereiche haben wir schon in Kap. 7.4 gesehen).

11.3.1 Subtypregel für Referenzen

```
NULL <: REF T <: REFANY
NULL <: UNTRACED REF T <: ADDRESS
```

In Worten: Alle kontrollierten Referenzen sind ein Subtyp des Typs *Refany* (bzw. alle nicht kontrollierten Referenzen sind ein Subtyp von *Address*). Somit ist *Refany* (bzw. *Address*) der Supertyp, die Wurzel, aller Referenztypen. *Null* ist ein Subtyp aller Referenzen. Der einzige Wert in seinem Bereich ist *Nil*. Daraus folgt, daß *Nil* in jedem Referenztyp enthalten ist. Deswegen können wir *Nil* einer beliebigen Referenzvariablen zuweisen.

Simulierte Generizität

Wir erinnern an die Regeln der Zuweisungskompatibilität aus Kap. 7.5 auf Seite 140. Regel 2 (R <: L) sagt aus, daß der Typ der rechten Seite einer Zuweisung ein Subtyp von dem der linken Seite sein muß. Im Fall von Referenzen eröffnet sich damit eine große Flexibilität. Wir können einer Variablen des Typs *Refany* eine beliebige Referenz zuweisen. Wie wir wissen, muß bei Wertparametern der aktuelle Parameter dem formalen Parameter *zuweisbar* sein. Wenn wir also eine Prozedur mit formalen Parametern des Typs *Refany* definieren, so können wir diese Prozedur mit aktuellen Parametern von beliebigen Referenztypen aufrufen. Damit können wir Prozeduren erstellen, die für verschiedene Typen funktionieren. Das ist eine spezielle und beschränkte Realisierung des Konzepts der *Generizität*.

Ein Baustein (z. B. ein Modul oder eine Prozedur) ist *generisch*, wenn er seine Dienste typunabhängig – und trotzdem typsicher – anbietet. Die meistverwendete Lösung dafür ist, daß wir Bausteine mit Typparametern versehen können, die bei der Verwendung konkretisiert werden. Modula-3 bietet dafür die *generischen Module* an, die mit Modulnamen parametrisiert werden können (siehe Anh. B.1.5). Durch die Verwendung von *Refany*-Parametern können wir Generizität ganz „billig“ nachahmen – was freilich nur für Referenztypen funktioniert. Ein Beispiel dazu ist im Abschn. 11.4.3 zu finden.

Zuweisung eines Supertyps

Die Regel 4 der Zuweisungskompatibilitätsregeln (im Kap. 7.5 auf Seite 141) sagt aus, daß im Fall von Referenzen und Arrays einer Variablen eines

```
TYPE
  Schueler = REF RECORD nachname, vorname: TEXT END;
  Adresse  = REF RECORD strasse: TEXT; nummer: CARDINAL END;
VAR
  r1: Schueler;
  r2 := NEW(Schueler, vorname:= "Julia", nachname:= "Gross");
  adr := NEW(Adresse, strasse:= "Fischl", nummer:= 21);
  any: REFANY;
BEGIN
  any:= r2;                                  (*Immer sichere Wertzuweisung*)
  r1:= any;              (*Ist legal, weil der aktuelle Typ von any = Schueler*)
  adr:= any;                                   (*Führt zum Laufzeitfehler!*)
```

Bsp. 11.22: *Zuweisung eines Supertyps, mit Laufzeitfehler!*

Subtyps ein Wert eines Supertyps zugewiesen werden kann, wenn gewisse Bedingungen zutreffen. Was sind nun diese Bedingungen? Nehmen wir den Programmausschnitt im Bsp. 11.22. Es ist klar, daß wir r2 problemlos der Variablen any zuweisen können, weil Schueler <: REFANY. Die Anweisungen r1:= any und adr:= any können – entsprechend Regel 4 – legal sein. Im ersten Fall kann die Wertzuweisung ausgeführt werden, weil any einen Wert vom Typ Schueler enthält, der r1 zuweisbar ist. Anders ist es mit der zweiten Zuweisung (adr:= any). any zeigt noch immer auf Schülerdaten, diese dürfen einer Variablen vom Typ Adresse nicht zugewiesen werden. Deswegen führt diese Anweisung zu einem Laufzeitfehler.

Aus dem Beispiel können wir die allgemeine Bedingung in Regel 4 ableiten: Ein Wert von einem Supertyp Super kann einer Variablen eines Subtyps Sub zugewiesen werden, wenn er in den Wertebereich vom Sub fällt. Diese Bedingung kann erst zur Laufzeit geprüft werden.

Wir können diese Bedingung auch anders formulieren. Wir sagen, daß die Variable any nach der Wertzuweisung any:= r2 nicht nur den Wert, sondern auch den Typ geändert hat. Ihr *aktueller Typ* (oder *dynamischer Typ*) hat sich von *Refany* auf Schueler geändert. Wir unterscheiden also zwischen dekIariertem und aktuellem Typ. Der aktuelle Typ des Ausdrucks auf der rechten Seite der Zuweisung muß immer Subtyp des deklarierten Typs der Variablen auf der linken Seite sein (der aktuelle Typ der Variablen ist irrelevant, sie wird sowieso durch die Zuweisung überschrieben). Für den *aktuellen* Typ der rechten Seite muß also Regel 2 (S. 140) immer gelten.

Regel 4 ist eng verwandt mit Regel 3, die sich auf Unterbereiche bezieht. Ein Wert des Typs Tag dürfen wir einer Variablen des Typs Arbeitstage genau dann zuweisen, wenn der Wert in den Bereich der Arbeitstage fällt.

Weitere Beispiele für die Zuweisung zwischen verschiedenen aber kompatiblen Typen werden wir im Zusammenhang mit den Objekten (Kap. 13) sehen.

```
  TYPE
    FestMatrix   = ARRAY [1 .. 100], [1 .. 100] OF REAL;
    FestVektor   = ARRAY [1 .. 100] OF REAL;
    KleinVektor  = ARRAY [1 .. 50] OF REAL;
    Matrix       = ARRAY OF ARRAY OF REAL;
    Vektor       = ARRAY OF REAL;
  VAR
    v: REF Vektor := NEW(REF Vektor, 100);
    m: REF Matrix := NEW(REF Matrix, 100, 100);
    fv: FestVektor; kv: KleinVektor; fm: FestMatrix;

BEGIN
  v^:= fv;
  m^:= fm;
  fv:= v^;
  fm:= m^;
  v^:= kv;            (*Verursacht Laufzeitfehler, wegen unterschiedlicher Gestalt*)
```

Bsp. 11.23: *Zuweisungskompatibilität von Arrays*

11.3.2 Subtypregel von Arrays

Arraytyp Sub ist ein Subtyp von Arraytyp Super, wenn beide die gleiche Anzahl von Dimensionen haben, wenn sie vom gleichen Basistyp (Elementtyp in der letzten Dimension) sind und wenn für jede Dimension gilt, daß entweder beide offene Arrays sind, oder Sub fest ist (feste Anzahl von Elementen hat) und Super offen, oder beide fest sind und die gleiche Anzahl von Elementen haben. Eine offene Dimension ist also immer ein Supertyp einer entsprechenden festen Dimension. Im Bsp. 11.23 gilt also: FestMatrix <: Matrix, FestVektor <: Vektor und KleinVektor <: Vektor.

Zuweisungskompatibilität von Arrays

Für die Zuweisungskompatibilität von Arrays gelten die Regeln 2 und 4 (Kap. 7.5 auf S. 141), sie werden aber durch eine Zusatzregel eingeschränkt: Zuweisungskompatible Arrays müssen die gleiche Gestalt haben. Deshalb führt die Wertzuweisung v^:= kv im Bsp. 11.23 zu einem Laufzeitfehler. Die übrigen Wertzuweisungen sind legal.

11.4 Gekapselte Datentypen

Fassen wir nochmals zusammen, was einen Datentyp ausmacht (vergleiche auch Kap. 10.2.2):

- *Wertebereich*
  Festlegung der Werte, die im Typ enthalten sind. Dabei können Werte durchaus in mehreren Typen enthalten sein.

- *Operationen*
  Sie geben an, was mit den Werten getan werden kann. Weitere Operationen sind nicht erlaubt. Bei den eingebauten Zahlentypen stellt uns die Sprache Zuweisung, arithmetische Operationen und Relationen für Vergleiche zur Verfügung. Bei den von uns definierten Stapeltypen stellen wir die Operationen push, pop usw. zur Verfügung.

Die Spezifikation des Wertebereichs und der Operationen sowie eventueller Zusatzbedingungen reichen aus, um einen Datentyp genau festzulegen. Die meisten Programmiersprachen – wie auch Modula-3 – bieten keine Möglichkeit für die vollständige *Spezifikation* eines Datentyps. Um einen neuen Typ zu definieren, können wir in einer Schnittstelle den Wertebereich und die Operationen angeben. Die genaue Spezifikation ergibt sich aber erst aus der Implementierung der Prozeduren. Denken wir z. B. an einen Datumstyp: Wir können nicht direkt festlegen, daß der Wert des Tages im Januar bis 31 im Februar aber meistens nur bis 28 gehen kann. Von den Operationen können wir nur die Signaturen angeben. Alles andere bleibt Kommentaren überlassen.

Es gibt wohl Programmiersprachen – wie z. B. *Eiffel* [Mey89] –, die in dieser Hinsicht mehr bieten als Modula-3. Andererseits gibt es *Spezifikationssprachen*, wie z. B. *Z* [PST91], deren explizites Ziel ist, als Spezifikationswerkzeug zu dienen. Es gibt auch Spezifikationssprachen, die mehr oder weniger in die Umgebung einer Programmiersprache integriert sind, wie z. B. *Larch* in C und Modula-3 [GH93].

Ein weiteres Problem ist, daß wir nicht verhindern können, daß Klienten des Typs darauf Operationen anwenden, die nicht dafür vorgesehen sind (vergleiche Bsp. 10.10 auf S. 226).

Gekapselte Datentypen versuchen die Probleme zu lösen, indem sie dem Klienten den Wertebereich *nicht* mitteilen. Dadurch ist zumindest sichergestellt, daß Klienten die Werte widmungsgemäß verwenden müssen – sie haben ja keinen direkten Zugriff darauf. Oft werden gekapselte Datentypen als *abstrakte Datentypen* bezeichnet. Sie sind folgendermaßen gekennzeichnet:

- Sie haben immer einen Namen.
- Der Wertebereich ist verdeckt.
- Die Operationen sind vollständig aufgezählt. Dazu zählen auch Initialisierung und Vergleich.

Mit Hilfe des Namens können einzelne *Exemplare* (auch *Instanzen* genannt) des gekapselten Datentyps deklariert werden. Das sind Variablen, deren Wertebereich dem des abstrakten Typs entspricht.

```
INTERFACE BruchTyp;                                        (*19.12.94. RM, LB*)
(*definiert den gekapselten Datentyp rationaler Zahlen *)

  TYPE T <: REFANY;        (*T ist Subtyp vom Refany, seine Struktur ist versteckt*)

  PROCEDURE Anlegen (z: INTEGER; n: INTEGER := 1): T;
  PROCEDURE Plus    (x, y : T) : T;                                   (*x + y *)
  PROCEDURE Minus   (x, y : T) : T;                                   (*x - y *)
  PROCEDURE Mal     (x, y : T) : T;                                   (*x * y *)
  PROCEDURE Durch   (x, y : T) : T;                                   (*x : y *)
  PROCEDURE Zaehler (x : T): INTEGER;
  PROCEDURE Nenner  (x : T): INTEGER;
END BruchTyp.
```

Bsp. 11.24: *Bruch als gekapselter Datentyp*

11.4.1 Verdeckte Datentypen

Das Geheimnisprinzip, daß ein Modul seine Daten vor seinen Klienten versteckt, ist uns schon wohl bekannt (Kap. 10.2.1). Damit kann verhindert werden, daß ein fehlerhafter Klient die Daten zerstört. Dieses Prinzip gewährleistet erhöhte Sicherheit durch die Regelung der *Gültigkeitsbereiche*. Die versteckten Variablen sind für die Klienten *unsichtbar*.

Jetzt kommt noch etwas Neues hinzu: Anstatt der Variablen, der Daten selbst, wird die *Struktur* der Daten – ganz oder teilweise – verdeckt. Die Klienten können beliebig viele Exemplare des gegebenen Typs im *eigenen* Gültigkeitsbereich erzeugen. Der Zugriff auf diese Exemplare ist trotzdem beschränkt, weil der Klient die Struktur nur teilweise kennt.

Ein undisziplinierter Klient könnte die Felder einer Variablen vom Typ Bruch.T im Bsp. 10.10 (S. 226) direkt ansprechen. Das wäre nicht möglich, wenn er nur die Operationen kennen würde, nicht aber die Datenfelder. Dann wäre er gezwungen, sich auf die in der Schnittstelle deklarierten Operationen zu beschränken.

Dazu dient das Konzept der verdeckten Typen. Man nennt sie auch oft *opake Typen*. Die Idee ist folgende: Wir geben den Typnamen (z. B. T) bekannt, und deklarieren, daß T ein Subtyp eines weiteren Typs ist. Dieser weitere Typ ist entweder ein vordefinierter Typ (wie z. B. *Refany*), oder der öffentliche Teil des Typs (z. B. Public genannt). Der verdeckte Teil eines Typs muß natürlich irgendwann „enthüllt" werden. Diese Aufdeckung (*revelation*) machen wir sinnvollerweise in einem dem Klienten unerreichbaren Gültigkeitsbereich.

Als Beispiel implementieren wir das Modul Bruch als gekapselten Datentyp neu. Im Bsp. 10.10 wurde in der Schnittstelle die innere Struktur des Bruchtyps offengelegt. Im Bsp. 11.24 sehen wir die neue Schnittstelle. Der Typ T ist nun als ein Subtyp von *Refany* deklariert. Den Namen der Prozedur Init haben wir auf Anlegen geändert. Die Prozedur Anlegen er-

```
MODULE BruchBenutzer EXPORTS Main;                    (*19.12.94. RM, LB*)

  FROM BruchTyp IMPORT T, Anlegen, Plus, Zaehler, Nenner;
  FROM SIO IMPORT PutInt, PutText, Nl;

VAR a, b, c, d: T;             (*Deklaration von Variablen des Typs BruchTyp.T*)

BEGIN                                                        (*Brueche *)
(*Initialisierung der Bruch-Variablen: *)
  a:= Anlegen(3, 4);                                              (*3/4*)
  b:= Anlegen(1, 4);                                              (*1/4*)
  c:= Anlegen(1);                                                 (*1*)

  d := Plus(a, b);                                          (*3/4 + 1/4*)
  PutInt(Zaehler(d)); PutText("/"); PutInt(Nenner(d), 1); Nl();

  d := Plus(b, c);                                            (*1/4 + 1*)
  PutInt(Zaehler(d)); PutText("/"); PutInt(Nenner(d), 1); Nl();
END BruchBenutzer.
```

Bsp. 11.25: *Benutzer des gekapselten Datentyps BruchTyp.T*

zeugt zuerst ein neues Exemplar des Typs BruchTyp.T, dann initialisiert sie dessen Felder, und letztlich gibt sie die Referenz auf das Exemplar als Funktionswert zurück. Sonst ist die Schnittstelle gleich wie im Bsp. 10.10.

Der Klient (Bsp. 11.25) kann jetzt beliebig viele Bruchzahlen mit Hilfe der Anlegen-Funktion erzeugen. Der übrige Teil des Klienten bleibt auch unverändert. Die wichtigste Änderung ist, daß der Klient jetzt die Datenfelder der Bruchzahlen nicht ansprechen kann. Er besitzt zwar alle Exemplare der Bruchzahlen, kann sie aber nur durch die in der Schnittstelle BruchTyp definierten Prozeduren ansprechen.

Die Aussage stimmt nicht ganz! Wertzuweisung und Vergleich (auf Gleichheit) können wir auf alle Referenzen immer anwenden. Wir könnten z. B. im Bsp. 11.25 etwa IF a = b THEN $\cdots$ schreiben. Der Klient kann aber a.z:= 1 nicht schreiben.

Die Frage ist noch: Wie wird der verdeckte Datentyp denn implementiert? Dazu müssen wir den Begriff *Aufdeckung* näher anschauen.

11.4.2 Aufdeckung

Eine Aufdeckung macht bis jetzt undefinierte Teile eines Typs innerhalb eines bestimmten Gültigkeitsbereiches bekannt. Aufdeckungen dürfen nur in Schnittstellen oder in dem äußersten Block eines Implementierungsmoduls vorkommen.

Syntax der Aufdeckung-Deklaration

Declaration$_{13}$ = $\cdots$ | "REVEAL" Ident$_{89}$ ("=" | "<:") Type$_{48}$.

```
MODULE BruchTyp;                                         (*19.12.94. RM, LB*)

  REVEAL T =  BRANDED REF RECORD                 (*Versteckte Struktur von T*)
                z, n: INTEGER
              END;

PROCEDURE Anlegen (x: INTEGER; y: INTEGER := 1): T =
  BEGIN                          (*Anlegen und Initialisierung einer Bruchzahl *)
    RETURN NEW(T, z:= x, n:= y);     (*Erzeugt und initialisiert eine T-Instanz*)
  END Anlegen;

PROCEDURE Plus (x, y: T) : T =               (*addiert Brüche (ungekürzt) *)
  VAR sum := NEW(T);                        (*Ergebnis in "sum" zurückgegeben*)
  BEGIN
    IF x.n # y.n THEN
      x.z := x.z * y.n;
      y.z := y.z * x.n;
      sum.n := x.n * y.n
    ELSE
      sum.n := x.n
    END;
    sum.z := x.z + y.z;
    RETURN sum
  END Plus;

PROCEDURE Minus(x, y : T) : T =                          (*subtrahiert Brüche *)
  BEGIN                         (*verwendet intern bereits Dienste dieses Moduls *)
    y.z := – y.z;
    RETURN Plus(x, y)
  END Minus;
  ⋮
```

Bsp. 11.26: *Aufdeckung eines verdeckten Datentyps*

Es gibt zwei Arten der Aufdeckung: Die partielle und die volle Aufdeckung. Für einen verdeckten Typ können wir beliebig viel partielle und genau eine volle Aufdeckung angeben.

Die volle Aufdeckung hat die Form:

```
REVEAL T = Typausdruck
```

T muß ein verdeckter Typ sein. Typausdruck darf kein einfacher Typname sein, sondern er muß einen Typ tatsächlich definieren. Die Aufdeckung sagt aus, daß Typausdruck der konkrete Typ des verdeckten Typs T ist. Falls T ein Subtyp von einem beliebigen Typ S ist, so muß auch Typausdruck <: S gelten.

> Diese Bedingung wird von der Sprachumgebung geprüft. Da Aufdeckungen sinnvollerweise über Modulgrenzen hinaus definiert werden, kann sie im allgemeinen erst zur Bindezeit geprüft werden.

Die volle Aufdeckung legt die interne Struktur von T offen. Sie wird – normalerweise – in einem Implementierungsmodul angegeben (siehe Bsp. 11.26). Der äußerste Typkonstruktor vom Typausdruck muß ein mit einem *Brandzeichen* versehener Referenz- oder Objekttyp sein. Die Angabe BRANDED markiert einen Typ, so daß er sich von allen anderen Typen unterscheidet. Sie „unterdrückt" die strukturelle Typäquivalenz (vergleiche Kap. 7.3). Der optionale ConstExpr_{65} nach dem Schlüsselwort BRANDED muß eine Textkonstante sein. Wird sie angegeben, so ist der Typ durch diesen Text eindeutig identifizierbar. Wird sie nicht angegeben, so generiert das System eine interne, während der Laufzeit eines Programms eindeutige Identifikation.

Explizite Brandzeichen sind insbesondere dann sinnvoll, wenn Variablen eines *Branded*-Typs die Lebensdauer des ganzen Programms überleben können (persistent sind).

Es ist leicht einzusehen, warum die Aufdeckung von verdeckten Typen von allen anderen Typen unterschiedlich sein müssen. Sonst könnte es vorkommen, daß ein Klient – z. B. per Zufall – einen Typ definiert, der genau die gleiche Struktur hat, wie der vor ihm verdeckte Typ. Wenn er nun – durch einen zweiten Zufall – diesen Typ anstelle des verdeckten Typs einsetzt, dann hat er plötzlich Zugriff auf solche Felder, die vor ihm verdeckt sein müßten. So unwahrscheinlich solch ein Doppelzufall auch sein mag, so muß er doch explizit verboten werden. Durch den Mechanismus des Brandzeichens ist das tatsächlich ausgeschlossen, weil in diesem Fall der Compiler die falsche Zuweisung entdecken kann – der Klient kann den strukturell äquivalenten Typ nicht anstelle des verdeckten und mit einem Brandzeichen markierten Typs verwenden.

Die Deklaration aus dem Bsp. 11.26:

```
REVEAL T = BRANDED REF RECORD z, n: INTEGER END
```

legt die interne Struktur von T offen. Sie ist aber nur im Gültigkeitsbereich dieses Implementierungsmoduls bekannt, die Klienten haben auf die Felder z und n keinen Zugriff. Da der Typ ein Brandzeichen hat, ist er zu *keinem* anderen Typ REF RECORD z, n: INTEGER END äquivalent.

Verdeckte Datentypen (außer Objekte, siehe Kap. 13) können nur dort angelegt werden, wo ihre innere Struktur bekannt ist. Also im Gültigkeitsbereich der vollen Aufdeckung. Diese „Einschränkung" ist verständlich, da *New* für einen unbekannten Datensatz nicht ohne weiteres Speicherplatz reservieren kann.

Die partielle Aufdeckung sagt immer nur so viel, daß ein Typ ein Subtyp eines weiteren Typs ist. Partielle Aufdeckungen verwenden wir – normalerweise – in Schnittstellen. Sie können von einem verdeckten Typ ein bißchen mehr Information offenlegen, ohne die letzte Struktur zu zeigen. Die Form einer partiellen Aufdeckung ist

```
REVEAL T <: Typ
```

Typ kann ein beliebiger Typ sein. Die partiellen Aufdeckungen eines verdeckten Typs müssen über die Subtyprelation linear geordnet sein. Es muß also gelten:

$$\text{REVEAL Typ} <: \text{Typ}_1 \wedge \text{REVEAL Typ} <: \text{Typ}_2 \Rightarrow$$
$$\text{Typ}_1 <: \text{Typ}_2 \vee \text{Typ}_2 <: \text{Typ}_1$$

Mit diesen zusätzlichen Sprachelementen haben wir nun alle Ausdrucksmittel, um nicht nur Algorithmen, sondern auch Typdefinitionen in Servermodulen zu verstecken.

11.4.3 Ein abstrakter und generischer Stapel

Der Stapel im Bsp. 11.2 (S. 242) hat folgende Mängel:

1. Er besteht aus einem einzigen Stapelexemplar.
2. Der Typ der Elemente ist festgelegt (auf *Integer*).
3. Die maximale Größe des Stapels ist im voraus bestimmt.

Entwickeln wir nun einen Stapel, der diese Mängel behebt, der also folgende Eigenschaften besitzt (siehe Bsp. 11.28):

1. *Kapselung*
   Er exportiert einen verdeckten Typ und die Operationen darauf. Der Klient kann beliebig viele Stapelexemplare erzeugen und sie unter vollständiger Typsicherheit verwenden. Kurz: Wir formen den Stapel in einen gekapselten Datentyp um.
2. *Generizität*
   Er kann Daten verschiedener (zwar nicht ganz beliebiger) Typen auf dem Stapel lagern. Er verwendet „simulierte" Generizität durch die Verwendung von *Refany* (siehe 11.3.1). Wir können Daten von beliebigen Referenztypen auf dem Stapel des Beispiels 11.28 speichern (siehe Bsp. 11.27).
3. *Beliebige Größe*
   Wir entfernen die Full-Operation aus der Schnittstelle. Wir täuschen einen unendlichen Stapel vor, in der Hoffnung, daß nicht so viele Elemente gestapelt werden, daß der Gesamtspeicher ausgeht. Wir könnten diese Bedingung explizit prüfen – der Einfachheit halber verzichten wir darauf (diese Überprüfung ist sprachumgebungsabhängig).

```
MODULE StacksBenutzer EXPORTS Main;                                        (*LB *)

  IMPORT Stacks;
  IMPORT BruchTyp;
  FROM Stacks IMPORT Push, Pop, Empty;
  FROM SIO IMPORT PutInt, PutText, Nl, PutReal, PutChar;

  TYPE Complex = REF RECORD r, i: REAL END;

VAR
  stackBruch, stackComplex: Stacks.T := Stacks.Create();
  c: Complex; b: BruchTyp.T;
BEGIN
  PutText("Stacks-Benutzer\n");
  FOR i:= 1 TO 4 DO
    Push(stackBruch, BruchTyp.Anlegen(1, i));                (*Stapelt die Zahlen 1/i*)
  END;
  FOR i:= 1 TO 4 DO
    Push(stackComplex, NEW(Complex, r:= FLOAT(i), i:= 1.5 * FLOAT(i)));
  END;
  WHILE NOT Empty(stackBruch) DO
    b:= Pop(stackBruch);
    PutInt(BruchTyp.Zaehler(b)); PutText("/"); PutInt(BruchTyp.Nenner(b), 1);
  END;
  Nl();
  WHILE NOT Empty(stackComplex) DO
    c:= Pop(stackComplex);
    PutReal(c.r); PutChar(':'); PutReal(c.i);PutText(" ");
  END;
  Nl();
END StacksBenutzer.
```

Bsp. 11.27: *Klient eines abstrakten, generischen Stapels*

Im Bsp. 11.28 sehen wir die entsprechende Schnittstelle. Sie exportiert den verdeckten Typ T, und den Elementtyp ET. Alle Prozeduren erhalten einen Parameter, der den aktuellen Stapel bestimmt (vergleiche Bsp. 11.2, S. 242). Einen neuen, leeren Stapel bekommen wir mit der Prozedur Create (wir haben wieder für die Stapeloperationen die gängigen englischen Bezeichnungen verwendet, konsequenterweise heißt „Anlegen“ damit jetzt „Create“).

Bsp. 11.27 zeigt die Verwendung des abstrakten und generischen Stapels. Zwei Stapel werden definiert; auf stackBruch wollen wir rationale Zahlen stapeln, auf stackComplex komplexe Zahlen. Beide Stapel sind bei der Deklaration auf *Nil* initialisiert: also leer. Da beide Zahltypen als Referenzen auf Records definiert sind, sind sie mit *Refany* zuweisungskompatibel. Die Ausgabe vom Bsp. 11.27:

```
INTERFACE Stacks;                                         (*14.07.94 RM, LB*)

  TYPE
    T <: REFANY;                                          (*Typ des Stapels *)
    ET = REFANY;                                          (*Typ der Elemente*)

  PROCEDURE Create(): T;          (*Erzeugt und initialisiert einen neuen Stapel *)

  PROCEDURE Push(VAR stack: T; elem:ET);            (*Legt Element auf den Stapel*)
  PROCEDURE Pop(VAR stack: T): ET;
          (*Entfernt und gibt oberstes Element bzw. NIL bei leerem Stapel zurück*)
  PROCEDURE Empty(stack: T): BOOLEAN;           (*Ergibt TRUE bei leerem Stapel*)

END Stacks.
```

Bsp. 11.28: Schnittstelle eines abstrakten, generischen Stapels

```
MODULE Stacks;                                            (*14.07.94 RM, LB*)

  REVEAL
    T = BRANDED REF RECORD
          info: ET; next: T;
        END; (*T*)

  PROCEDURE Create(): T =
  BEGIN
    RETURN NIL;                          (*ein neuer, leerer Stack ist einfach Nil *)
  END Create;

  PROCEDURE Push(VAR stack: T; elem:ET) =
  VAR new: T := NEW(T, info:= elem, next:= stack);             (*Element angelegt*)
  BEGIN
    stack:= new                                  (*Neues Element vorne angehängt*)
  END Push;

  PROCEDURE Pop(VAR stack: T): ET =
  VAR first: ET := NIL;                     (*Pop gibt für leeren Stack Nil zurück*)
  BEGIN
    IF stack # NIL THEN
      first:= stack.info;              (*Info aus dem ersten Element herauskopiert*)
      stack:= stack.next;                                  (*Erstes Element heraus*)
    END; (*IF stack # NIL*)
    RETURN first;
  END Pop;

  PROCEDURE Empty(stack: T): BOOLEAN =
  BEGIN
    RETURN stack = NIL
  END Empty;

BEGIN
END Stacks.
```

Bsp. 11.29: Implementierung eines abstrakten, generischen Stapels

```
1/4 1/3 1/2 1/1
4:6 3:4.5 2:3 1:1.5
```

Man beachte, daß wir hier die Flexibilität zum Teil auf Kosten der Sicherheit erkaufen. Das System kann zwar prüfen, daß wir auf diesen Stapel nur Referenzen legen können. Es kann aber nicht prüfen, ob wir die richtigen Referenzen stapeln. Wenn wir also versehentlich komplexe Zahlen auf stackBruch stapeln würden, könnte das System den Fehler nicht entdecken. Mit „echter“ Generizität könnte dieser Mangel behoben werden. Sie würde bedeuten, daß wir den Elementtyp als formalen Parameter des gekapselten Datentyps verwenden und daß wir etwa bei der Deklaration der Variablen den konkreten, aktuellen Typ angeben können. In diesem Fall kann der Compiler sehr wohl prüfen, ob wir nicht komplexe Zahlen im Bruch-Stapel oder umgekehrt ablegen wollen.

Wie könnten wir auf dem Stapel des Beispiels 11.28 etwas anderes als Referenzen, etwa *Integers*, ablegen? Das ist nur auf einem Umweg möglich, nämlich durch eine Referenz auf *Integer*. Wir könnten etwa folgenden Typ deklarieren: Int = REF INTEGER. Eine solche Lösung ist offensichtlich nicht wirklich zufriedenstellend, weil wir nun den Wert einer Zahl nur indirekt ansprechen können. Das ist weniger effizient als der direkte Zugriff, und die Lesbarkeit des Programms hat sich dadurch verschlechtert.

Die Implementierung des Stapels ist im Bsp. 11.29 zu sehen. Die Prozedur Push erzeugt ein neues Stapelelement und fügt es vorne an. Die Initialisierung des Elements wird gleich beim Aufruf von *New* ausgeführt. Die Funktion Pop entfernt und retourniert das erste Element. Für einen leeren Stapel gibt sie *Nil* zurück.

11.4.4 Regeln zur Bildung von gekapselten Datentypen

Aus den Beispielen können wir die allgemeinen Regeln für die Bildung von gekapselten Datentypen in Modula-3 ableiten:

1. *Modul für Typbildung*
   Wir definieren eine Schnittstelle, in der der Typname und die darauf definierten Operationen (in Form von Prozedursignaturen) angegeben werden. Alle Prozedursignaturen müssen einen Parameter des gegebenen Typs enthalten. Es ist ratsam, eine explizite Prozedur für das Anlegen von Elementen des gekapselten Typs anzubieten. Diese kann die Datenfelder des verdeckten Typs *initialisieren*.

2. *Verdeckter Typ*
   Der Typ, dessen Name in der Schnittstelle deklariert ist, muß verdeckt (*opak*) sein, die Details werden anderswo (mit Hilfe einer *Re-*

veal-Deklaration) aufgedeckt. Normalerweise geschieht das im Implementierungsteil. Da aber Modula-3 auch eine partielle Aufdeckung erlaubt, ist es möglich, daß die Aufdeckung praktisch auf mehrere Module „verteilt" wird. So können wir etwa Typ_1 als Subtyp von Typ_2 angeben, der wiederum Subtyp von Typ_3 ist usw. Das hat den Sinn, daß wir dabei von der Struktur des Typs immer mehr – aber noch nicht alles – zeigen. Letzten Endes muß es aber immer genau eine *volle* Aufdeckung (mit dem = Zeichen) geben. Diese muß immer als *Branded* markiert werden, damit kein Klient den Typ per Zufall „stehlen" kann.

3. *Versteckte Prozedurkörper*
   Die Körper der an der Schnittstelle gezeigten Prozeduren sind im Implementierungsteil versteckt. Die Klienten dürfen keine expliziten und sollten auch keine impliziten Annahmen über sie treffen.

Die letzte Forderung ist zwar wichtig, aber gar nicht so leicht einzuhalten. Wenn der Autor der Klientenmodule die Implementierung der versteckten Prozedurkörper kennt, so kann es allzuleicht vorkommen, daß er bei der Verwendung der entsprechenden Operationen gewisse Eigenschaften der Implementierung – vielleicht unbewußt – einbezieht. Dagegen kann uns nur eine formale Spezifikation einigermaßen schützen, Sicherheit gegen unbewußte Annahmen gibt es aber nie.

11.5 Dynamische Strukturen

Versuchen wir jetzt, unsere Kenntnisse über dynamische Datenstrukturen zusammenzufassen und gleich ein bißchen zu erweitern.

Wie schon erwähnt, verwenden wir dynamische Datenstrukturen, weil wir beliebig viele und beliebig verbundene Elemente verwalten wollen. Das Konzept der Referenztypen bietet dazu alles an, und es ist sogar mächtiger als nötig. Wir könnten mit Hilfe von Referenzen ganz beliebige, „wilde" Datenstrukturen dynamisch aufbauen. Dies wäre aber nicht weniger gefährlich, wie das Hin- und Herspringen innerhalb eines Programms (was wir schon im Kap. 5 „verbannt" haben, und was in Modula-3 gar nicht möglich ist). Tatsächlich bezeichnen einige Autoren die Zeiger als die „Goto-Anweisung der Datenstrukturen". Deswegen müssen wir uns auf wohldefinierte dynamische Datenstrukturen beschränken.

Die statisch angelegten Variablen haben durch ihren Namen einen eindeutigen Bezugspunkt. Wenn wir beliebig viele dynamisch angelegte Elemente verwalten wollen, können wir natürlich nicht beliebig viele Namen

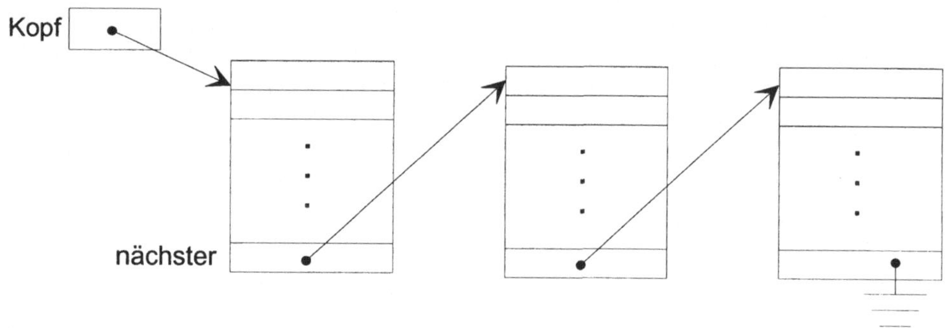

Abb. 11.30: *Einfach verkettete Liste*

vergeben; schon gar nicht dynamisch. Die Datensätze, die wir dynamisch – mit *New* – erzeugen, haben selber keine Namen. Referenzen erlauben es uns, eine namenlose Variable über ihre Adresse anzusprechen. Die Referenzvariable kennt den Ort der Speicherung, so wie bei statischen Daten der Variablenbezeichner diesen Ort „kennt“. Damit diese Adressen vom Programmierer nicht durcheinandergebracht werden können, bleiben sie vor ihm versteckt. Wir können uns lediglich wie an einem Ariadnefaden, vom Namen des ersten Datenelements ausgehend, durch die gesamte Struktur durcharbeiten und müssen dabei peinlichst darauf achten, daß uns dieser Faden nie entgleitet!

Eine dynamische Struktur erreichen wir, indem wir unbenannte Variable „aneinanderhängen“. Die Variablen sind alle Records vom gleichen Typ und haben ein Feld, dessen Inhalt auf die jeweils nächste Variable zeigt. Einen einzigen Verweis auf die erste unbenannte Variable benötigen wir in einer statisch angelegten, benannten Variablen. Von dort aus können wir – indem wir jeweils das Feld lesen, das auf den nächsten Record zeigt – die ganze Struktur lesen und ändern. Diese Struktur nennen wir *Liste* (siehe 11.5.1).

Selbstverständlich können von einem solchen Informationsknoten auch mehrere Fäden von Referenzketten ausgehen. Ebenso kann aus jedem Element eines Arrays von Referenzen eine solche Kette entspringen. Ein allgemeines Netz aus Verzweigungen von Knoten kann für die Darstellung verschiedener *Graphen* [DP88] verwendet werden. Wenn derartige Verzweigungen entsprechend eingeschränkt werden, entstehen Bäume, die im Kap. 12.2.1 besprochen werden.

Listen, Bäume und Graphen kommen in vielfältiger Form vor. Sie sind jedoch im allgemeinen reguläre, gut untersuchte und gut verstandene Strukturen. Sie können uns dazu verhelfen, den vorher erwähnten Gefahren auszuweichen. Zeiger sind unabdingbar, um dynamische Datenstrukturen zu erreichen. Achten wir aber immer darauf, daß wir dynamische Datenstrukturen sehr genau überlegen müssen und daß wir sie nicht „dynamischer" machen als wirklich nötig!

Es gibt Programmiersprachen (wie Lisp [M+62] oder Orca [Bal90]), die gewisse dynamische Datenstrukturen, wie Listen oder Graphen, direkt unterstützen. Damit können sie auf explizite Zeiger verzichten.

11.5.1 Listen

In einer einfach verketteten linearen Liste verbinden wir eine Reihe von Datensätzen eines fest gewählten, sonst jedoch beliebigen Recordtyps. Er könnte so aussehen:

```
TYPE RT = REF RECORD
              name, vorname: TEXT;
              alter: CARDINAL;
              naechster: RT;
          END
```

Der Typ RT enthält ein Feld, das wiederum vom Typ RT ist. Es zeigt auf das *nächste* Element (vom Typ RT) in der Liste. Durch dieses Feld können wir also eine beliebige Kette von Datensätzen bilden. Der Anfang (der Kopf) einer solchen Kette ist eine einfache Variable vom Typ RT (Abb. 11.30). Das Ende der Kette ist ein Datensatz, dessen Referenzfeld mit dem Wert *Nil* belegt ist. Das können wir so interpretieren, daß das letzte Element auf eine abschließende leere Liste zeigt.

Man beachte, daß diese rekursive Typstruktur nur möglich ist, weil RT ein Referenztyp ist. Ein statischer Recordtyp T = RECORD···n: T END ist nicht legal – dieser Typ müßte unendlich viel Speicherplatz zur Verfügung haben. Im Anh. B.3.7 sind die genauen Regeln angegeben, wann Typstrukturen erlaubt sind, die „sich selbst enthalten".

Damit kommen wir zu folgender Grundstruktur einfach verketteter Listen: Jede Liste besteht entweder aus der leeren Liste oder aus einem Element, das von einer (eventuell leeren) Liste gefolgt wird. Auf dieser rekursiven Definition einer Liste können wir nun weitere *Invarianten* definieren.

Die Überlegungen, mit denen die Korrektheit dynamischer – somit im Prinzip unbeschränkter – Datenstrukturen bewiesen werden kann, sind denen, die wir bei der Aufstellung von Schleifeninvarianten (siehe Kap. 5.5.2) für die – im Prinzip auch unbeschränkten – Schleifen aufgestellt haben, recht ähnlich.

Eine solche Listeninvariante lautet beispielsweise: Für jede Listenoperation gilt, daß vor ihrer Ausführung eine (allenfalls leere) Liste bestand und nach ihrer Ausführung wieder eine (allenfalls leere) Liste bestehen muß.

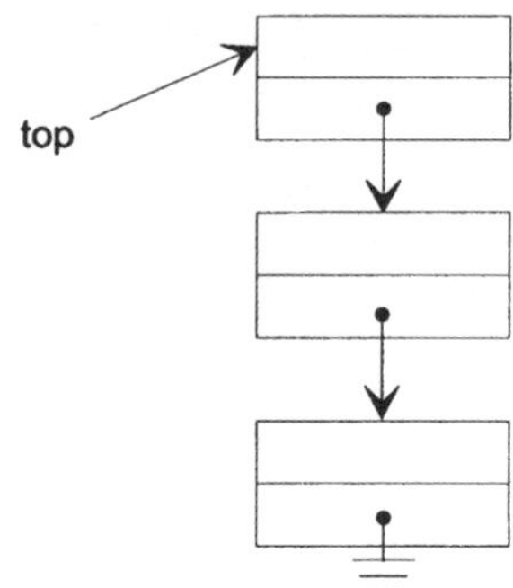

Abb. 11.31: *Stapel mit Referenzen aufgebaut*

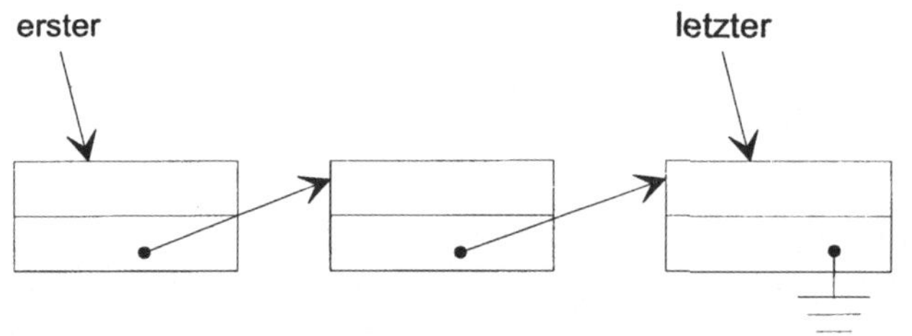

Abb. 11.32: *Warteschlange mit Referenzen aufgebaut*

Wir können diese rekursive Struktur später auch zur einfachen Formulierung rekursiver Algorithmen nutzen. Einstweilen beschränken wir uns jedoch auf die – im allgemeinen ohnehin effizientere – iterative Bearbeitung von Listen.

11.5.2 Arten von Listen

Unser erstes, intuitiv entwickeltes Beispiel für Referenzen (Bsp. 11.14) war offensichtlich dem Stapel nachempfunden (Abb. 11.31). Wir waren unzufrieden damit, weil es die Schüler in umgekehrter Reihenfolge speichert (wie das bei Stapeln eben üblich ist). Die Einfachheit eines dynamischen Stapels rührt daher, daß wir Operationen grundsätzlich nur auf dem jeweils obersten Stapelelement ausführen. Durch kopf:= kopf.naechster würde etwa das oberste Element entnommen werden. Das Durchlaufen der ganzen Struktur ist bei Stapeln nur möglich, indem die Elemente der Reihe nach herausgenommen werden (was den Stapel aber „zerstört").

Eine etwas mächtigere Listenstruktur ist die *Warteschlange* (Abbildung 11.32). Wir haben sie im Bsp. 11.17 benutzt, um unsere Schülerdaten in der richtigen Reihenfolge zu speichern. Wir können sie mit Hilfe je einer auf den Anfang und an das Ende der Warteschlange gerichteten Referenz

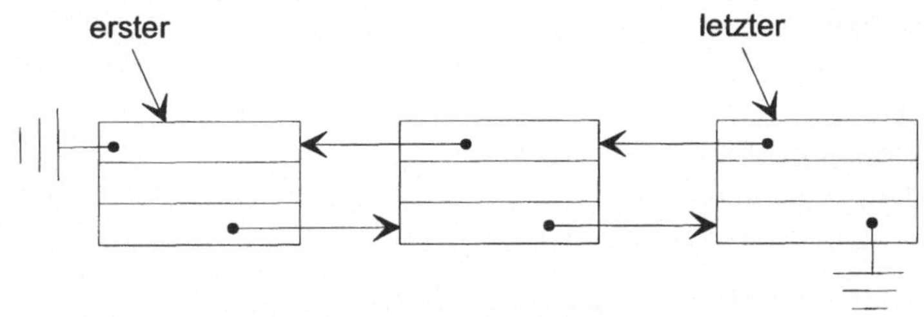

Abb. 11.33: *Doppelt verkettete Liste*

realisieren (wir nennen diese Referenzen erster und letzter). In der Ausgangssituation sind erster und letzter auf *Nil* gesetzt. Beim Einfügen in den leeren Zustand lassen wir beide Referenzen auf den neuen Satz zeigen. Ist die Warteschlange nicht mehr leer, so muß beim Einfügen eines neuen Elements das Nachfolgerfeld des zuletzt eingefügten Elements (auf das letzter zeigt) auf den neuen Satz und anschließend letzter ebenfalls auf diesen neuen Satz zeigen. Wir erreichen dadurch eine Struktur, in der erster auf den ersten und letzter auf den letzten Satz zeigt. Der erste Satz zeigt auf den zweiten, der vorletzte auf den letzten und der letzte auf *Nil*. In dieser Situation können wir sehr leicht den ersten Satz aus der Warteschlange entnehmen, indem wir die Anweisung erster := erster.naechster ausführen. Um den letzten der Schlange herauszunehmen, sind kompliziertere Aktionen notwendig: Wir müssen, von erster ausgehend, alle Elemente durchlaufen.

Als weitere Grunddatenstruktur zeigen wir noch die *doppelt verkettete Liste*. Bei dieser Struktur kann an beiden Enden mit jeweils einem einzigen Zugriff sowohl eingefügt als auch gelöscht werden. Um das zu ermöglichen, benötigen wir wieder zwei Referenzen erster und letzter (oder eine Referenz und eine Ringverkettung). Darüber hinaus ist in jedem einzelnen Datensatz je ein Vorwärts- und ein Rückwärtsreferenz, also eine doppelte Verkettung, notwendig.

Oft verwenden wir Listen als *sortierte Listen*. Strukturell entspricht sie einer einfach verketteten Liste. Sie unterscheidet sich somit im Niveau der Datendeklaration nicht von der stapelartigen Liste. Unterschiedlich sind jedoch die Operationen. Beim Einfügen muß das Sortierkriterium beachtet werden. Beim Suchen brauchen wir nur solange durch die Liste wandern, bis entweder das Element gefunden wurde oder das „nächste Element" nach dem Sortierkriterium bereits „größer" als das gesuchte ist.

11.5.3 Einfach verkettete, sortierte lineare Liste

Wir definieren nun eine einfach verkettete, sortierte Liste von *Integer*-Werten als gekapselten Datentyp. In der Schnittstelle 11.34 definieren wir

```
INTERFACE Intlist;                                          (*16.07.94. RM, LB*)

  TYPE
    T <: REFANY;
    Aktion = PROCEDURE(wert: INTEGER);

PROCEDURE Anlegen(): T;
(*Gibt ein neues, leeres Listenexemplar zurück *)

PROCEDURE Einfuegen(VAR list: T; wert: INTEGER);
(*Fügt Datensatz so in Liste ein, daß Ordnung erhalten bleibt*)

PROCEDURE Loeschen(VAR list: T; wert: INTEGER; VAR gefunden: BOOLEAN);
(*Löscht (ersten) Datensatz mit Wert wert aus sortierter Liste. Gibt in
  gefunden falsch zurück, wenn das Element nicht gefunden wurde*)

PROCEDURE Iterieren(list: T; aktion: Aktion);
(*Wendet aktion auf alle Elemente an (mit Schlüsselwert als Parameter)*)

END Intlist.
```

Bsp. 11.34: *Schnittstelle für sortierte Listen*

dazu Typ T mit den Grundoperationen Einfuegen und Loeschen. Einfuegen fügt ein Element in die Liste ein. Loeschen gibt im Parameter gefunden genau dann *falsch* zurück, wenn kein Element mit dem angegebenen Schlüsselwert in der Liste enthalten ist. Sonst löscht sie das erste solche Element.

Der Prozedurtyp Aktion hat einen Parameter vom Typ *Integer*. Iterieren ruft aktion für alle Elemente der Reihe nach auf und übergibt jeweils den gespeicherten Wert als aktuellen Parameter. Im Bsp. 11.14 haben wir die Liste der Schüler zuerst aufgebaut und dann *ausgegeben*. Dafür könnten wir hier auch eine weitere Prozedur (etwa Ausgeben) definieren. Wenn wir die Schnittstelle der Liste allgemein halten wollen, dann ist aber eine solche Prozedur zu speziell (vergleiche Kap. 10). Sie muß sich um die konkrete Form der Ausgabe kümmern, was an sich nichts mit der Liste zu tun hat. Deswegen führen wir lieber die Prozedur Iterieren ein, die eine Bearbeitungsprozedur als Parameter übernimmt. Diese Bearbeitungsprozedur (die Aktion) wird dann vom Listenmodul für alle Listenelemente aufgerufen. Die konkrete Gestaltung der Ausgabe bleibt dem Klienten überlassen. Weitere Hilfsprozeduren, wie etwa Suchen, sind auch zu überlegen.

Eigentlich bleibt es dem Implementierer eines gekapselten Datentyps überlassen, wie er die einzelnen Datensätze tatsächlich in dieser Liste anordnet, solange nur Iterieren die Datensätze in der richtigen Reihenfolge präsentiert. Meist wird es jedoch einfacher sein, die gewünschte Reihenfolge auch tatsächlich bei der Speicherung zu berücksichtigen. Das hat den Vorteil, daß die Suche nach einem Datensatz dadurch verkürzt werden kann. Insbesondere im Fall der ergebnislosen Suche müssen wir nicht

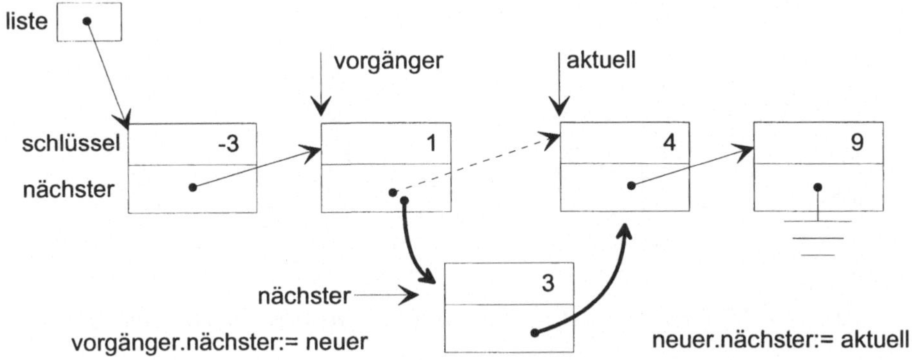

Abb. 11.35: *Einfügen des Elements "3" in eine sortierte Liste*

bis ans Ende der gesamten Struktur suchen, sondern können bereits abbrechen, nachdem wir einen Wert gefunden haben, der im Vergleich zum gesuchten die Sortierfolge verletzen würde. Es bleibt noch zu klären, was zu tun ist, wenn nach unserer Ordnungsrelation mehrere Datensätze gleich sind? Wir legen fest, daß in diesem Fall derjenige, der später kommt, weiter hinten in die Liste eingeordnet werden soll.

Der Grundalgorithmus für Aufbau und Einfügen besteht aus den Schritten: Suche Einfügeposition und füge dazwischen ein. Die graphische Darstellung, wie in Abb. 11.35, mit Elementen in Kästchen und Referenzen als Pfeile darauf hilft sehr beim Entwickeln und Verstehen von Algorithmen für dynamische Strukturen.

Der Algorithmus im *Pseudocode* (in einem Programmcode, bei dem wir Details, die noch nicht geklärt sind, einfach durch textuelle Beschreibung ersetzen) kann folgendermaßen aussehen:

```
(*Einfügeposition suchen:*)
  hilfsReferenz := Kopf
  WHILE hilfsReferenz.key <= neuer.key DO
    schalte hilfsReferenz auf nächsten
  END
(*füge-dazwischen-ein:*)
  hänge an Vorgänger von hilfsReferenz
```

Dieser Algorithmus muß jedoch vor der Realisierung in Modula-3 noch verfeinert werden. Wir gingen der Einfachheit halber vom allgemeinen Fall aus. Im konkreten müssen wir berücksichtigen, daß die Aktion „hänge an Vorgänger" davon abhängig ist, ob es tatsächlich einen Vorgänger gibt. Dieser existiert aber in einer leeren Liste nicht. Wir müssen daher entweder Sonderfallbehandlungen vorsehen oder von Anfang an und über die gesamte Lebensdauer der Datenstruktur sicherstellen, daß diese nie leer wird.

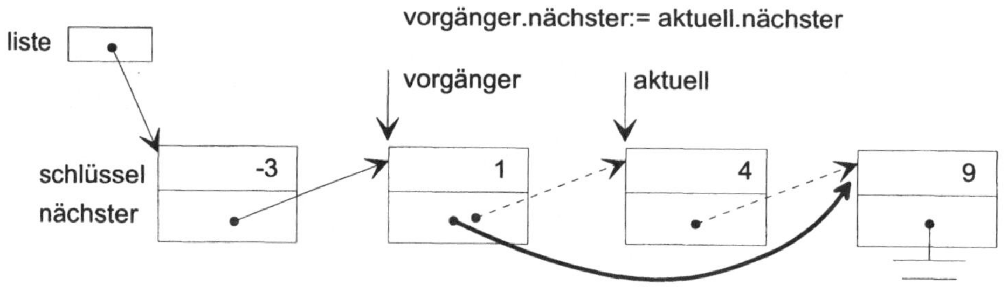

Abb. 11.36: *Entfernen des Elements "4" aus einer sortierten Liste*

Es ist recht einfach, sicherzustellen, daß eine Liste nie leer wird. Wir fügen vor das erste und nach dem letzten Element Markierungselemente ein, die irreale Schlüsselwerte haben (z. B. die Namen „aaaaaa" und „zzzzzz" bei lexikographischer Ordnung). Beim Einfügen und Löschen stören sie den Algorithmus nicht – sie verhalten sich wie „normale" Elemente, die nie referenziert werden. Bei der Initialisierung der Listen müssen wir darauf achten, daß diese Marken angelegt werden. Der Test, ob eine Liste leer ist, ist nun etwas komplizierter.

Zum Löschen von Datensätzen müssen wir entweder wieder eine Fallunterscheidung treffen oder sicherstellen, daß die Liste nicht leer werden kann. Die Löschoperation kann durch Manipulation des Vorgängers des zu löschenden Elements erfolgen (siehe Abb. 11.36). Deshalb suchen wir bei jedem Suchschritt nicht das Element selbst auf, sondern greifen auf seinen Vorgänger zu. Über dessen Nachfolgerreferenz prüfen wir, ob sein Nachfolger der gesuchte, zu löschende Satz ist. Alternativ zu diesem Verfahren können wir so wie bei normaler Suche vorgehen, allerdings hinter dem Suchzeiger noch einen zweiten, den Löschzeiger, jeweils im Abstand eines Datensatzes „nachhinken" lassen (wie im Bsp. 11.38).

Das Ordnungskriterium im Bsp. 11.38 ist der Wert eines Schlüssels. Das Element mit dem kleinsten Schlüsselwert steht am Kopf der Liste, das mit dem zweitkleinsten Schlüsselwert ist das zweite usw.

In unserer Beispielliste können wir „beliebig" viele *Integer*-Werte aufnehmen. In der Praxis speichern wir meistens große Datensätze in einer Liste, die einen Schlüsselwert (oder gar mehrere Schlüssel) enthalten, nach dem (nach denen) die Liste geordnet werden kann.

Ein Klient (Bsp. 11.37) kann beliebig viele Exemplare des Typs Intlist.T deklarieren (im Bsp. 11.37 gibt es der Einfachheit halber nur ein Exemplar: die Variable liste). Diese muß er mit Intlist.Anlegen einrichten und initialisieren. Der Klient der sortierten *Integer*-Liste kann beliebige Zahlen auf die Liste aufnehmen, die ganze Liste zeigen und einzelne Elemente löschen. Für die Ausgabe der einzelnen Elemente muß er selbst sorgen.

```
MODULE ListBenutzer EXPORTS Main;

  IMPORT Intlist;
  FROM SIO IMPORT PutText, PutInt, GetInt, Nl, LookAhead, GetChar;

  VAR
    liste: Intlist.T := Intlist.Anlegen();
    zeilen: CARDINAL := 0; ch: CHAR;

  PROCEDURE Ausgeben(wert: INTEGER) =
  BEGIN
    PutInt(wert);
    zeilen:= (zeilen + 1) MOD 16;
    IF zeilen = 0 THEN Nl() END;                    (*Nach 16 Werten mache neue Zeile*)
  END Ausgeben;

BEGIN                                                              (*ListBenutzer*)
  PutText("ListBenutzer\n" &
    "Zahl für Einfügen, L Zahl für Löschen, Z für Zeigen, Q für Halten\n");
  REPEAT
    ch:= LookAhead();
    CASE ch OF
      | '0' .. '9', '+', '–' => Intlist.Einfuegen(liste, GetInt());
      | 'L', 'l' => EVAL GetChar();                   (*Kommandozeichen überlesen*)
                    VAR gefunden: BOOLEAN;
                    BEGIN
                      Intlist.Loeschen(liste, GetInt(), gefunden);
                      IF NOT gefunden THEN PutText("Falsch\n") END;
                    END;
      | 'Z', 'z'=> EVAL GetChar();                    (*Kommandozeichen überlesen*)
                    Intlist.Iterieren(liste, Ausgeben);
                    zeilen:= 0; Nl();                 (*Zeilenzähler reinitialisieren*)
    ELSE
      EVAL GetChar();                                 (*Alles andere einfach überlesen*)
    END; (*CASE ch*)
  UNTIL (ch = 'Q') OR (ch = 'q');
END ListBenutzer.
```

Bsp. 11.37: *Klient der sortierten Listen*

Die Prozedur Ausgeben übernimmt diese Funktion. Sie wird beim Aufruf von Iterieren als Parameter übergeben und dann von der Liste her für jedes Element „zurückgerufen".

> Normalerweise geht die Aufrufkette vom Klienten zum Server. Der in der Modulhierarchie höher stehende Klient ruft die Dienste des Servers auf. Einen Aufruf, der vom Server zum Klienten geht, nennen wir oft *upcall*, weil er eben in die andere Richtung, d. h. „aufwärts" in der Modulhierarchie, geht.

In der Eingabesteuerung wird die Eingabe von einzufügenden Elementen begünstigt: Tippen wir eine Zahl ein, dann wird sie eingefügt. Alle andere

Aktionen sind an Ein-Zeichen-Kommandos geknüpft. Z zeigt die Liste, L n löscht das Element mit Schlüssel n. Ein möglicher Ablauf des Programms (ohne Grußtext) kann folgendermaßen aussehen:

```
5 3 7 -4 12 0 1 Z L 3 Z
-4  0  1  3  5  7  12
-4  0  1  5  7  12
```

Die Implementierung ist im Bsp. 11.38 zu sehen. Beim Einfügen und Löschen benützen wir die Variablen aktuell und vorgaenger, um die Liste so zu durchlaufen, daß vorgaenger immer auf das Element vor dem aktuellen Element zeigt. Somit können wir sowohl beim Einfügen als auch beim Löschen immer die entsprechenden Referenzoperationen ausführen. Aus der Implementierung von Einfuegen ist ersichtlich, daß bei gleichen Schlüsselwerten derjenige, der später kommt, nach den vorhergekommenen eingereiht wird (die *While*-Anweisung sucht bei Gleichheit weiter).

Bsp. 11.38: *Implementierung der sortierten Listen*

```
MODULE Intlist;                                              (*16.07.94. RM, LB*)

  REVEAL                                        (*Innere Struktur von T offengelegt*)
    T = BRANDED REF RECORD
          schluessel: INTEGER;                                     (*Schlüsselwert*)
          naechster: T := NIL;                  (*Referenz auf das nächste Element*)
        END; (*T*)

  PROCEDURE Anlegen(): T =
  BEGIN
    RETURN NIL;                          (*Anlegen ist trivial; die leere Liste ist NIL*)
  END Anlegen;

  PROCEDURE Einfuegen(VAR list: T; wert:INTEGER) =
  VAR aktuell, vorgaenger: T;
    neuer: T := NEW(T, schluessel:= wert);             (*Neues Element wird erzeugt*)
  BEGIN
    IF list = NIL THEN list:= neuer                        (*Erstes Element überhaupt*)
    ELSIF wert < list.schluessel THEN                          (*Kommt ganz am Anfang*)
      neuer.naechster:= list; list:= neuer;
    ELSE                                         (*Die Stelle des Einfügens wird gesucht*)
      aktuell:= list; vorgaenger:= aktuell;
      WHILE (aktuell # NIL) AND (aktuell.schluessel <= wert) DO
        vorgaenger:= aktuell; aktuell:= aktuell.naechster;        (*vorg. „hinkt nach"*)
      END;          (*Nach der Schliefe zeigt vorgaenger auf die Stelle des Einfügens*)
      neuer.naechster:= aktuell;             (*aktuell = NIL wenn an Ende angehängt wird.*)
      vorgaenger.naechster:= neuer;                            (*Neues Element eingefügt*)
    END; (*IF list = NIL*)
  END Einfuegen;
```

```
    PROCEDURE Loeschen(VAR list: T; wert:INTEGER; VAR gefunden: BOOLEAN) =
    VAR aktuell, vorgaenger: T;
    BEGIN
      IF list = NIL THEN gefunden:= FALSE
      ELSE                                              (*Wir fangen an zu suchen*)
        aktuell:= list; vorgaenger:= aktuell;
        WHILE (aktuell # NIL) AND (aktuell.schluessel # wert) DO
          vorgaenger:= aktuell; aktuell:= aktuell.naechster;     (*vorg. „hinkt nach“*)
        END;        (*Gilt: aktuell = NIL oder aktuell.schluessel = wert, aber nicht beide*)
        IF aktuell = NIL THEN
          gefunden:= FALSE                                   (*wert nicht gefunden*)
        ELSE
          gefunden:= TRUE;                                        (*wert gefunden*)
          IF aktuell = list THEN
            list:= aktuell.naechster          (*Das gefundene Element ist ganz vorne*)
          ELSE
            vorgaenger.naechster:= aktuell.naechster
          END; (*IF aktuell = list*)
        END; (*IF aktuell = NIL*)
      END; (*IF list = NIL*)
    END Loeschen;

    PROCEDURE Iterieren(list: T; aktion: Aktion) =
    BEGIN
      WHILE list # NIL DO
        aktion(list.schluessel); list:= list.naechster;
      END;
    END Iterieren;

BEGIN                                                               (*Intlist *)
END Intlist.
```

Kapitel 12

Rekursion

Erinnern Sie sich, jemals zwischen zwei Spiegeln gestanden zu haben? Wenn beide annähernd gleich groß waren und etwa parallel gegeneinander hingen, sahen Sie sich nicht nur von vorne, sondern auch von hinten. Mehr noch! Ihre Rückseite hatte als Hintergrund den Spiegel, in dem sich Ihr Gesicht spiegelte. Doch nicht bloß Ihr Gesicht – es spiegelte sich der Spiegel vis-á-vis in dem sich bereits Ihr Rücken und das Spiegelbild Ihres Spiegelbildes samt dem das alles spiegelnden Spiegel spiegelte. – Ja! Wenn die beiden Spiegel einigermaßen gut geschliffen waren, bekamen Sie die Illusion, sich in einer unendlich tiefen Halle zu befinden, in der Sie – immer kleiner werdend – unendlich oft vorkamen, bis sie letztlich doch in irgendeinem Dunkel verschwanden. Wie könnte man das einfacher beschreiben? Sie sahen ein Bild, das sich selbst enthielt. Allein durch den Abstand zwischen den beiden Spiegeln wurde das im Bild enthaltene Bild immer etwas kleiner. Es enthielt auch den Rand des Spiegels, der selbst ja nicht mehr spiegelt. Und damit war es letztlich doch nicht wirklich unendlich repliziert.

Im Prinzip kennen wir dies auch von Selbstportraits einiger Maler, die sich beim Malen eines Bildes darstellten. Aber nicht beim Malen irgendeines Bildes, sondern beim Malen eben dieses Selbstportraits, das gerade im Entstehen ist. Das dargestellte Bild muß damit wieder den Maler und – nochmals – das dargestellte Bild enthalten. Natürlich ist auch dieses Bild wieder kleiner als das eigentliche Selbstportrait. Meistens um so viel kleiner, daß nach drei, höchstens vier Schritten, das im Selbstportrait enthaltene Selbstportrait bereits zu einer nichts mehr klar darstellenden Strichskizze degeneriert und die Rekursion damit abbricht.

Was haben derartige physikalische Phänomene oder künstlerische Spielereien mit Informatik oder mit Programmierung zu tun? Sehr viel. Rekursive Algorithmen, rekursive Funktionen – das sind Funktionen, die als Bestandteil ihrer Definition sich selbst verwenden – gehören zu den mächtigsten Darstellungsmitteln von Verfahren, die wir kennen. Sie sind ebenso mächtig wie die in der Einleitung (1.1.3) beschriebene Turingmaschine.

Wir haben rekursive Definitionen schon in Kap. 2 kennengelernt. Eine Version zur Definition natürlicher Zahlen lautete:

natürliche-Zahl = Ziffer | Ziffer natürliche-Zahl .

Wir hatten somit die linke Seite der Definition als Teil der rechten Seite. Warum war das keine Zirkeldefinition? Weil wir

- einerseits einen nichtrekursiven Ausgang hatten und
- andererseits jener Teil (rekursive Alternative), der die linke Seite enthielt, außer dieser noch einen weiteren Bestandteil (hier Ziffer) hatte, der sicherstellte, daß die natürliche Zahl auf der linken Seite länger war als die auf der rechten Seite (die Zahl 56 können wir als Ziffer natürliche-Zahl aufschreiben, wobei gilt: Ziffer = 5 und natürliche-Zahl = Ziffer = 6).

Diese beiden Bedingungen sind notwendig, um sicherzustellen, daß eine rekursive Definition fundiert ist. Jede rekursive Definition besteht aus mindestens zwei Komponenten, (mindestens) einer rekursiven und (mindestens) einer nichtrekursiven.

1. Die rekursive Alternative besteht neben dem Teil, in dem sie rekursiv ist, noch aus einem anderen Teil, so daß durch diese Mehrgliedrigkeit gewährleistet ist, daß während der Anwendung der Definition der verbliebene rekursive Teil immer „kleiner“ wird, und zwar so, daß letztlich für ihn eine (die) nichtrekursive Alternative eingesetzt werden kann.

2. Die nichtrekursiven Alternativen sind direkt (ohne weitere Abspaltung) lösbar. Weil sie oft einfach sind, bezeichnen wir sie auch als den *Trivialfall.*

Schwierig zu prüfen ist, ob ein Ersetzungsverfahren zu einem nicht rekursiven Fall konvergiert. Bei der Definition von natürliche-Zahl erfüllte die führende Ziffer die Bedingungen.

Im folgenden werden wir zeigen, wie wir die Rekursion zur Programmierung eleganter Algorithmen und mächtiger Datenstrukturen einsetzen können. Vorweg ist dabei festzustellen, daß wir dazu keine neuen Modula-3-Sprachelemente benötigen. Das Prozedurkonzept reicht aus, rekursive Algorithmen zu formulieren. Das Konzept der Referenz genügt für rekursive Datenstrukturen, die ihrerseits wieder am besten durch rekursive Algorithmen verarbeitet werden können.

Viele ältere Programmiersprachen, wie Basic, Fortran, Cobol, unterstützen rekursive Programmierung noch nicht. Das erschwert allerdings in einigen Bereichen die Problemlösung dermaßen, daß entsprechende Programme – etwa Übersetzer oder Mustererkennungs-Programme und Expertensysteme – in diesen Sprachen praktisch nicht zu schreiben sind. Andere Programmiersprachen, wie Lisp und Prolog, enthalten die Rekursion als ein primäres Strukturierungselement. Modula-3 nimmt hier eine Zwischenposition ein, Rekursion wird neben anderen Strukturierungselementen angeboten.

12.1 Rekursive Algorithmen

12.1.1 Grundlagen rekursiver Programmierung

Warum können wir aus syntaktischer Sicht überhaupt rekursive Prozeduren schreiben? Der Name einer Prozedur ist innerhalb ihres Blockes sichtbar, deshalb können wir die Prozedur selbst so wie jede andere aufrufen. Diese Möglichkeit bietet uns einige Chancen.

Damit ein rekursives Programm richtig ist und auch terminiert, müssen wir uns an die in der Einleitung aufgestellten Regeln halten. Jedes Rekursive Programm enthält also mindestens eine Alternative, die nichtrekursiv ist (allenfalls kann sie leer sein) und wenn die rekursive Alternative gewählt wird, muß sichergestellt sein, daß wir durch vorausgehende (und allenfalls auch nachfolgende Schritte) irgendwann einmal in den nichtrekursiven Zweig fallen.

Rekursive Prozeduren sind somit nach folgendem Muster aufgebaut:

```
PROCEDURE Rek (···) ··· =
  BEGIN
    ⋮
    IF ··· THEN Rek (···) END;
    ⋮
  END Rek;
```

Ein klassisches Beispiel für rekursive Algorithmen ist die Definition der *Fakultät*:

$$n! = n(n-1)!$$
$$0! = 1$$

Wir können diese Definition direkt auf die Prozedur Fakultaet (Bsp. 12.1) abbilden.

Wie funktioniert z. B. der Aufruf Fakultaet(4)? Zunächst ist die Bedingung n = 0 *falsch*, die Prozedur fängt also an, den Ausdruck n * Fakultaet(n-1) zu berechnen, mit den konkreten Werten ist das 4 * Fakultaet(3). Der Ausdruck enthält den Funktionsaufruf Fakultaet(3), die Funktion wird also

```
PROCEDURE Fakultaet (n: CARDINAL) : CARDINAL =
  BEGIN
    IF n = 0 THEN RETURN 1                              (*Trivialfall *)
    ELSE RETURN n * Fakultaet(n-1)                (*rekursiver Zweig *)
    END (*IF*)
  END Fakultaet;
```

Bsp. 12.1: *Rekursive Berechnung der Fakultät* $n!$

wieder aufgerufen, diesmal mit n = 3. Der nächste Aufruf erfolgt mit Fakultaet(2), usw. bis zu dem Aufruf Fakultaet(0). Jetzt gibt die Funktion den Wert 1 zurück. Damit kann der Ausdruck 1 * Fakultaet(0) zu Ende gerechnet werden – es wird 1 zurückgegeben. Dieser Aufruf stammt aus der Berechnung des Ausdrucks (2 * Fakultaet(1)) der sich nun zu 2 * 1 ergibt, usw. bis sich der erste Ausdruck 4 * Fakultaet(3) zu 4 * 3 * 2 = 24 berechnen läßt.

Allerdings könnte man die Berechnung der Fakultät auch iterativ angeben. Die zugehörige Formel wäre:

$$n! = \begin{cases} \prod_{i=1}^{n} i & \text{für } n \geq 1 \\ 1 & \text{für } n = 0 \end{cases}$$

Das zugehörige iterative Programmfragment würde lauten:

```
VAR fakt: CARDINAL := 1;
BEGIN
  FOR i := 1 TO n DO fakt := fakt * i END;
END
```

Ein anderes Beispiel für eine rekursive Definition oder einen rekursiven Algorithmus wäre:

$$x^n = xx^{n-1}$$
$$x^0 = 1$$

für die Berechnung der n-ten Potenz von x. Auch hier kennen wir die zugehörige iterative Formulierung besser:

$$x^n = \begin{cases} \prod_{i=1}^{n} x & \text{für } n \geq 1 \\ 1 & \text{für } n = 0 \end{cases}$$

All diese rekursiven Algorithmen sind zwar vielleicht elegant. Die zugehörigen iterativen Lösungen kommen uns allerdings noch geläufiger –

```
MODULE TextUmdrehen EXPORTS Main;                        (*18.07.94. RM; LB*)

  FROM SIO IMPORT GetChar, PutChar, PutText;

PROCEDURE Umdrehen() =
  VAR ch : CHAR;
  BEGIN
    ch := GetChar();
    IF ch # '\n' THEN
      Umdrehen();
      PutChar(ch)
    END
  END Umdrehen;

BEGIN                                                       (*ReverseText*)
   PutText("Geben Sie eine Zeichenkette ein:\n");
   Umdrehen();
END TextUmdrehen.
```

Bsp. 12.2: *Umdrehen*

und daher einfacher – vor. Worin liegt nun der eigentliche Wert der Rekursion?

Versuchen wir einmal die Prozedur Umdrehen im Bsp. 12.2 zu verstehen. Was macht Umdrehen wirklich? Wir behaupten, es dreht eine beliebig lange Zeichenkette um. Ein möglicher Ablauf des Programms:

```
Geben Sie eine Zeichenkette ein:
Wörtherseedampfschiffahrtsjubiläumsfeiern
nreiefsmuälibujstrhaffihcsfpmadeesrehtröW
```

Wie schafft es das, wo es doch nur eine einzige Variable des höchst einfachen Typs *Char* hat? Das Geheimnis liegt im Stapel des Laufzeitsystems der Sprachumgebung. Wie wir bei der Vorstellung des Prozedurkonzepts erfahren haben, werden bei jedem Prozeduraufruf die lokalen Variablen, die aktuellen Parameter und die Rücksprungadresse, an der die Verarbeitung fortgesetzt werden soll, abgespeichert. Das gilt selbstverständlich auch für den rekursiven Aufruf einer Prozedur. Somit wird etwa nach dem Lesen von „W" durch Umdrehen festgestellt, daß „W" nicht gleich dem Zeilenumbruchszeichen ist, in den *Then*-Zweig verzweigt und dort vor dem neuerlichen Aufruf von Umdrehen alle lokale Information auf den Aufrufstapel gerettet. Wenn dieser rekursive Aufruf (und alle aus ihm entsprungenen rekursiven Aufrufe) nun abgearbeitet sind, wird die Kontrolle – wie nach jedem Prozeduraufruf – wieder an die rufende Umgebung zurückgegeben. Die nun folgende Anweisung schreibt den Inhalt der zuvor auf den Laufzeitstapel geretteten lokalen Variablen ch aus. Das Umdrehen des Wortes entsteht dadurch, daß zwischen der Lese- und der Ausgabeoperation jede der aufgerufenen Umdrehen-Prozeduren ihrerseits Umdrehen

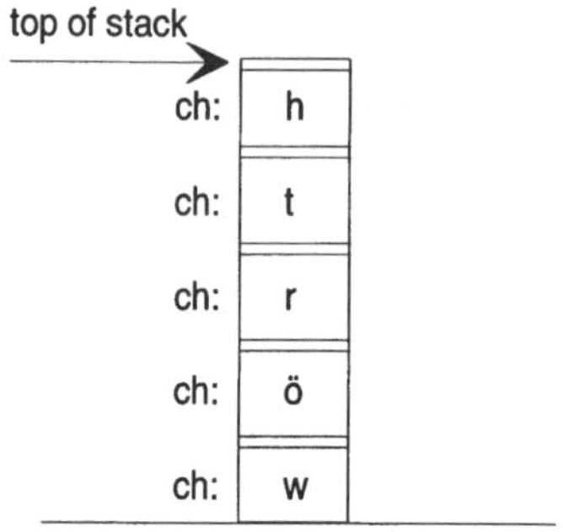

Abb. 12.3: *Aufrufstapel von* Umdrehen *nach Eingabe von „Wörth"*

rekursiv aufgerufen hat. Erst das nach dem letzten druckbaren Buchstaben eingegebene Zeilenumbruchszeichen bewirkt, daß weder ein neuer Aufruf gestartet noch etwas ausgegeben wird. Es bewirkt, wenn wir das Programm statisch betrachten, gar nichts! Damit wird der „Trivialfall" behandelt und gesichert, daß wir einen nichtrekursiven Aufruf von Umdrehen haben. Die Rekursionskette ist abgebrochen und jenes Exemplar von Umdrehen, das den letzten Buchstaben ungleich dem Zeilenumbruchszeichen eingegeben hat (hier: das letzte „n"), kann seine lokale Variable ch drucken lassen und seinerseits die Kontrolle an die rufende Umgebung weitergeben.

Fibonacci-Zahlen

Zu jeder rekursiven Lösung gibt es eine funktional äquivalente iterative Lösung. Die rekursive Lösung ist allerdings in vielen Fällen leichter formulierbar und ihre Richtigkeit ist auch leichter zu überprüfen. Demgegenüber hat die iterative Lösung oft den Vorteil, daß sie effizienter ist. Dies nicht nur, weil die Zeit gespart wird, die mit dem Organisationsaufwand eines Prozeduraufrufes verbunden ist, sondern auch weil die – wie wir im folgenden Beispiel sehen werden – wahllose Anwendung von Rekursion oft zur Mehrfachberechnung vorhandener Ergebnisse führen kann.

Ein solches auf rekursivem Weg zwar einfach, doch sehr ineffizient lösbares Beispiel ist die rekursive Berechnung der *Fibonacci*-Zahlen. Fibonacci-Zahlen wurden von dem Mönch und Mathematiker Fibonacci im XIII. Jahrhundert eingeführt, um biologische Prozesse zu beschreiben (z. B. wie sich Hasen vermehren). Sie sind durch folgende rekursive Formel definiert:

$$\text{fib}(n) = \text{fib}(n-1) + \text{fib}(n-2) \qquad \text{mit fib}(0) = 1, \text{fib}(1) = 1.$$

Wir sehen aus dieser Formel, daß sich die Rekursion über zwei Stufen zieht. Die jeweils nächste Fibonacci-Zahl ist die Summe aus der zuletzt gewonnenen und der im vorhergehenden Schritt gewonnenen Fibonacci-Zahl. (Biologische Annahme: Weibchen zweier Generationen sind fruchtbar). Daher

```
PROCEDURE Fibonacci(n : CARDINAL) : CARDINAL =
  BEGIN                                              (*Fibonacci *)
    IF n <= 1 THEN RETURN 1                          (*n = 0 oder n = 1*)
    ELSE RETURN Fibonacci(n-1) + Fibonacci(n-2)
    END (*IF *)
  END Fibonacci;
```

Bsp. 12.4: *Prozedur zur Berechnung der Fibonacci-Zahlen*

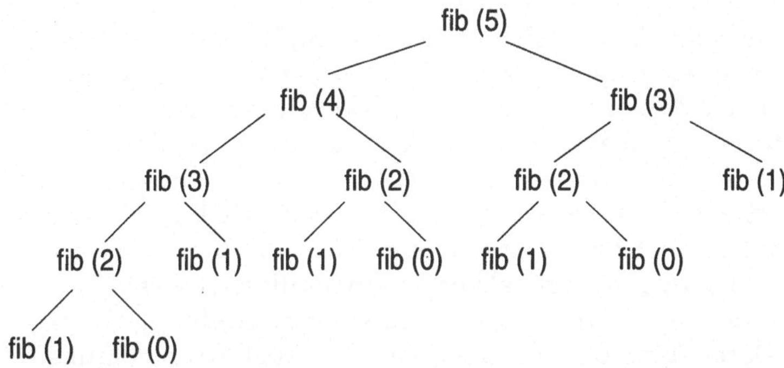

Abb. 12.5: *durch den Aufruf von Fibonacci(5) generierter Rekursionsbaum*

benötigen wir auch zwei Anfangswerte bzw. nichtrekursive Definitionen für die Trivialfälle: fib(0) = 1 (am Anfang war ein Paar) und fib(1) = 1 (dieses Ausgangspaar gebar innerhalb der Periode 1 ein weiteres Paar; in Periode 2 – fib(2) – können nun die beiden so entstandenen Paare jeweils Nachwuchs haben).

Eine rekursive Lösung für die Berechnung der Fibonacci-Zahlen ist sehr einfach. Wir brauchen lediglich die mathematische Definition in Modula-3-Syntax zu fassen und erhalten so die in der Prozedur Fibonacci angegebene Lösung (Beispiel 12.4). Doch überlegen wir uns einmal, wie die Ablauffolge dieser Prozedur etwa für den Fall des Aufrufes mit einem Parameterwert von 5 aussehen würde. Fibonacci(5) wird Fibonacci(4) und Fibonacci(3) aufrufen. Doch Fibonacci(4) wird dann seinerseits Fibonacci(3) und Fibonacci(2) aufrufen. Somit ist Fibonacci(3) bereits zweimal aufgerufen worden. Da jede dieser beiden Auswertungen ihrerseits Fibonacci(2) und Fibonacci(1) aufruft, wird Fibonacci(2) insgesamt dreimal aufgerufen werden. Der gesamte Ablaufsbaum von Fibonacci(5) ist in Abb. 12.5 dargestellt.

Diese Neuberechnungen von Werten, die bereits an anderer Stelle berechnet wurden, sind zwar kein allgemeines Charakteristikum rekursiver Programmierung, sie resultieren vielmehr aus dem hier verwendeten, sogenannten *funktionalen* Stil. Doch dieser ist wieder sehr eng mit rekursiver Programmierung verbunden.

> Der Leser möge versuchen, eine iterative Lösung zur Berechnung der Fibonacci-Zahlen zu entwerfen und auszuprogrammieren und diese mit der rekursiven Lösung zu vergleichen. Sie ist auch nicht kompliziert und besteht im wesentlichen aus einer *For*-Schleife, in der wir jeweils die beiden zuletzt generierten Werte addieren. Wir müssen weit vorsichtiger sein als bei der rekursiven Lösung, um uns zu vergewissern, daß wir bei Berechnung des Wertes von fib(n) nur den Wert von fib(n-2), aber nicht jenen von fib(n-1) zerstören.

Es wäre nun sicherlich ein Fehler, aus diesem Beispiel zu schließen, daß rekursive Lösungen grundsätzlich ineffizient, speicherfressend und langsam sind. In vielen Fällen sind sie aus Effizienzgesichtspunkten nicht so weit von der iterativen Lösung entfernt wie in diesem Beispiel, und ein eventuell anfallender Effizienzverlust wird durch die leichtere Überprüfbarkeit der Korrektheit des Programms und den wesentlich geringeren Aufwand, es zu schreiben, mehr als wettgemacht. Wir sollten uns daher stets überlegen, ob jene Lösung, die uns als erste eingefallen ist – sei sie nun rekursiv oder nichtrekursiv – für die gegebene Problemstellung, für das zu verarbeitende Datenvolumen und auch für die Ausführungshäufigkeit dieses Programms die jeweils angemessene Lösung ist. Stellt man unter solchen Überlegungen, die die gesamten „Lebenszyklus-Kosten" eines Programms oder Stücks Software berücksichtigen, somit auch die Kosten möglicher Fehler, die Frage nach rekursiv oder nichtrekursiv, fällt die Entscheidung weit öfter zu Gunsten der rekursiven Lösung aus, als wenn man lediglich zählt, wieviel Prozeduraufrufe denn mit der rekursiven Lösung verbunden sind.

Endrekursion

Da Rekursion insbesondere im Bereich der *Künstlichen Intelligenz* (englisch *artificial intelligence*, kurz: *AI*) ein beliebtes Problemlösungsmittel ist, hat man sich dort ganz besonders mit Effizienzfragen rekursiver Lösungen beschäftigt und dabei Formen gefunden, die zwar – etwa in *Lisp* [M^+62] – rekursiv programmiert werden können, dann von einem optimierenden Übersetzer jedoch automatisch in eine iterative Lösung umgewandelt werden. Das ist bei sogenannter *Endrekursion* leicht möglich.

```
PROCEDURE Endrekursion (n: ···, ···) : ··· =
  BEGIN
    IF trivialfall THEN ···
    ELSE
      :
      RETURN Endrekursion(n-1, ···)
    END (*IF*)
  END Endrekursion;
```

Wir verstehen unter Endrekursion eine Rekursionsform, bei der nach dem rekursiven Aufruf keine weiteren Aktionen (außer Rückgabe der Kontrolle an die rufende Umgebung) mehr erforderlich sind und der letzte rekursive Aufruf das gewünschte Ergebnis liefert. Unsere Funktion Fakultaet aus Bsp. 12.1 gehört in diese Gruppe.

12.1.2 Verwendung von Rekursion

Die Rekursion als Implementierungsverfahren können wir immer dann einsetzen, wenn unser Problem „rekursiv" ist. Dazu gibt es zwei Möglichkeiten:

1. Der Algorithmus läßt sich nicht nur auf das Problem als Ganzes anwenden, sondern das Problem läßt sich teilen und der Algorithmus kann auf diese kleineren Teile wiederum angewendet werden. Wir haben das bei den Fibonacci-Zahlen gesehen (alle mathematischen Folgen und Reihen lassen sich im Prinzip so berechnen). Genauso funktioniert das auch für Sortierprobleme: Wenn wir ein großes Array sortieren können, dann müssen wir das natürlich auch mit zwei kleinen Arrays können. Gelingt es also, das Array so zu teilen, daß in einer Hälfte alle kleineren Elemente (noch unsortiert) sind, in der anderen alle größeren, dann können wir den Sortieralgorithmus rekursiv auf die beiden Hälften anwenden (siehe 12.1.3).

2. Die Datenstrukturen sind rekursiv definiert. Denken wir an die Listen zurück (Kap. 11.5.1). Eine Liste besteht aus einem Knoten und einer Referenz auf einen Nachfolgeknoten – der wiederum eine Liste darstellt. Funktioniert ein Algorithmus für die Liste als Ganzes, dann muß er auch für die Liste, die durch den Nachfolgeknoten repräsentiert wird, funktionieren (siehe 12.1.5).

   Ein weiteres wichtiges Beispiel dafür sind *Syntaxparser*. Das sind Programme, die Eingaben verarbeiten können, die aus einer komplexeren Syntax bestehen. Jeder Übersetzer benötigt einen Parser. Nachdem die Syntax in der Regel rekursiv definiert ist, kann ein rekursiv aufgebauter Parser viel einfacher gebaut werden. Man denke an die Ausdruck-Syntax: Eine Addition hat zwei Operanden, die selbst wieder Ausdrücke sind.

Um einen rekursiven Algorithmus zu entwickeln oder zu verstehen, hilft es oft, ähnlich wie bei einem Beweis durch vollständige Induktion [DP88] vorzugehen:

1. Suche den rekursiven Fall! Dazu gehen wir davon aus, daß das Problem in einer beliebigen Größe vorliegt. Nun versuchen wir, einen Teil

so abzuspalten, daß nach dieser Problemzerlegung ein oder mehrere Detailprobleme vorliegen, die in ihrer Grundstruktur zur ursprünglichen Problemstellung äquivalent sind, die jedoch geringeren Problemumfang, also geringere „Mächtigkeit“ haben (z. B. $\prod_{i=1}^{n} i = (\prod_{i=1}^{n-1} i)i$).

2. Definiere die „Endbedingung“, d. h., suche jenen Spezialfall, der unmittelbar ohne Rekursion gelöst werden kann (z. B. $\prod_{i=1}^{1} i = 1$)!

3. Prüfe Konvergenz der Lösung! Dazu ist erstens nochmals zu prüfen, ob sich durch die Rekursion, wie wir sie im ersten Schritt aufgefunden haben, tatsächlich die Problemgröße verkleinert. Ferner ist zu prüfen, ob durch diese Verringerung der nichtrekursive Fall, wie wir ihn im zweiten Schritt gefunden haben, auch tatsächlich immer erreicht wird.

Der Leser möge versuchen, mit dieser Vorgangsweise den Fehler in folgender Prozedur zu finden, von der behauptet wird, daß sie für ein gegebenes n alle ungeraden Zahlen $\leq n$ aufaddiert:

Bsp. 12.6: *Falsche rekursive Prozedur*

```
PROCEDURE Irrtum(n: CARDINAL): CARDINAL =
  BEGIN
    IF n = 1 THEN RETURN 1
    ELSE RETURN n + Irrtum(n–2)
    END
  END Irrtum;
```

Bei rekursiven Datenstrukturen hilft uns diese Vorgehensweise leider nicht immer. Häufig werden mehrere *mittelbare Rekursionen* notwendig; darunter verstehen wir Prozeduren, die sich zwar nicht direkt selbst aufrufen, jedoch von in der Prozedur aufgerufenen Prozeduren dann wiederrum aufgerufen werden. Der Syntaxparser für einen arithmetischen Ausdruck ruft zwar sich selbst nicht auf, doch für jeden Operanden des Ausdrucks wird er wiederum aufgerufen. Solche Aufrufstrukturen verstehen wir nur, wenn wir die Rekursion in der Datenstruktur verstanden haben. Dann müssen wir für jede beteiligte Prozedur einzeln sicherstellen, daß sie einen nichtrekursiven Teil hat, bzw. andere Prozeduren aufruft die nichtrekursive Teile haben.

Fehlersuche

Zu einem ersten Verstehen eines einfachen rekursiven Verfahrens ist eine „Handsimulation“ bestimmt hilfreich. Dabei vollziehen wir nach, was in der Maschine passiert (wie der Aufrufstapel auf- und abgebaut wird, etc.).

Diese Vorgehensweise übersteigt aber unsere Fähigkeiten, sobald die Prozedur ein bißchen komplexer wird. Deshalb müssen wir uns darauf konzentrieren zu verstehen, ob und wie die Rekursion konvergiert.

Wie erreichen wir es, einen Fehler in einer Prozedur zu finden, die nach bestem Wissen und Gewissen richtig ist, die aber doch dazu führt, daß das Programm „ewig" läuft (bzw. irgendwann mit einer zwar Ehrfurcht gebietenden, sonst aber völlig unverständlichen Fehlermeldung abbricht – einer Systemmeldung, daß irgendwo der Speicherplatz ausgegangen ist)?

Um uns selbst vorzuführen, was die Prozedur genau tut, ist es hilfreich, an kritischen Stellen Prüfausgaben einzustreuen. Solche Stellen befinden sich auf alle Fälle am Anfang der Prozedur und vor jedem rekursiven Aufruf. Dabei müssen wir jede der rekursiven und nichtrekursiven Zweige der Prozedur abdecken. Wenn wir den Lauf des Programms dabei jedesmal anhalten (z. B. durch EVAL SIO.GetChar), können wir die Aufrufe genau verfolgen. Die folgenden Ausgabedaten helfen uns meist weiter:

- Die Parameterwerte bei jedem Aufruf,
- die Größen, die entscheiden, welchen Zweig die Prozedur wählt,
- gegebenenfalls die Rekursionstiefe.

Für die Rekursionstiefe brauchen wir einen zusätzlichen letzten Parameter (etwa tiefe: CARDINAL:= 0). Jeder rekursive Aufruf erhält dann einen weiteren Parameter (tiefe+1).

Wir müssen freilich in jedem Fall sicherstellen, daß wir nach Entdecken des Fehlers nicht nur die Prüfausgaben wieder aus unserem Programm entfernen, sondern auch den Rekursionszählerparameter. Ein späterer Leser unserer Prozedur oder seiner Umgebung könnte unter Umständen viel Zeit damit zubringen, darüber zu rätseln, welche Funktion dieser verbliebene „Testunrat" denn haben sollte. Noch besser ist es, wenn uns die Sprachumgebung eine automatische Hilfe anbietet, Prüfanweisungen in unser Programm einzusetzen und sie zu entfernen bzw. zu deaktvieren. Unsere PC-Sprachumgebung bietet dafür spezielle Kommentare an (siehe Anh. D).

Hier haben wir Methoden der Fehlersuche nur skizzenhaft angesprochen. Diese Überlegungen sind keineswegs nur für rekursive Algorithmen wichtig, nur dort ist es oft besonders schwierig, den Programmlauf nachzuvollziehen. In vielen Sprachumgebungen stehen sogenannte *Debugger* zur Verfügung (der Name kommt von dem häufig verwendeten englischen Wort *bug* für einen Programmierfehler). Damit können Programme schrittweise abgearbeitet und Programmzustände interaktiv angezeigt werden. Bei vielen stehen Debugger allerdings im Ruf, die Fehlersuche eher zu verzögern, weil sie verwendet werden, bevor das fehlerhafte Programm genau durchdacht worden ist. Über methodische Fehlersuche siehe in [Som92].

```
PROCEDURE Quicksort(VAR a: ARRAY OF ElemTyp; links, rechts: CARDINAL) =
VAR i, j: INTEGER; x, w: ElemTyp;
BEGIN
(*Partitionierung:*)
  i:= links;                                        (*i läuft von links aufwärts*)
  j:= rechts;                                       (*j läuft von rechts abwärts*)
  x:= a[(links + rechts) DIV 2];                    (*x wird das mittlere Element*)
  REPEAT
    WHILE a[i] < x DO INC(i) END;             (*Elemente < x im linken Teil überlesen*)
    WHILE a[j] > x DO DEC(j) END;             (*Elemente > x im rechten Teil überlesen*)
    IF i <= j THEN
      w:= a[i]; a[i]:= a[j]; a[j]:= w;                 (*vertausche a[i] und a[j]*)
      INC(i); DEC(j);
    END; (*IF i <= j*)
  UNTIL i > j;
(*Rekursive Anwendung der Partitionierung an die Teilarrays:*)
  IF links < j THEN Quicksort(a, links, j) END;
  IF i < rechts THEN Quicksort(a, i, rechts) END;
END Quicksort;
```

Bsp. 12.7: *Quicksort*

12.1.3 Ein schnelles Sortierverfahren

Wir haben im Kap. 8.1 im Bsp. 8.13 ein einfaches Sortierverfahren kennengelernt, das aber mit dem Mangel behaftet war, daß der Aufwand des Algorithmus mit der Anzahl der zu sortierenden Elementen quadratisch wächst. Die Analyse der Effizienz von Algorithmen ist ein sehr wichtiges Thema, über das sehr viel Literatur zur Verfügung steht, z. B. in [Sed93, Wir75], auf das wir aber hier nicht eingehen können. Wir zeigen nur eines der bekanntesten Sortierverfahren, das von *C. A. R. Hoare* entwickelt worden ist. Es wird wegen seiner (in den meisten Fällen) ausgezeichneten Geschwindigkeit *Quicksort* genannt.

Der Quicksort-Algorithmus ist ein klassisches Beispiel für einen rekursiven Algorithmus. Er baut auf das *teile-und-herrsche*-Prinzip (*divide et impera*) auf. Die Grundidee ist, daß wir ein Problem so lange rekursiv in Teilprobleme aufteilen, bis es trivial wird. Der Quicksort-Algorithmus teilt das zu sortierende Array in zwei Teile auf, wobei alle Elemente des einen Teils kleiner sind, als die Elemente des anderen. Diese Teile werden wiederum aufgeteilt, bis die Problemgröße, also die Größe des zu sortierenden Arrays so klein wird, daß das Sortieren trivial wird. Den Algorithmus können wir folgendermaßen beschreiben:

1. Nehme ein beliebiges Element x, etwa das Element in der Mitte.

2. Nähere dich von beiden Enden zur Mitte. Findest du links ein Element, das größer, und rechts ein Element, das kleiner als x ist, dann

vertausche die beiden. Damit sind diese sicher ihren endgültigen Positionen näher gerückt.

3. Wiederhole den vorherigen Schritt bis zur Mitte.

4. Wende den bisherigen Algorithmus rekursiv auf die linke bzw. rechte Hälfte des Arrays so lange an, bis das Array trivial wird.

In den ersten drei Schritten wird das Array *partitioniert*: Nachher besteht es aus zwei Teilen: im linken Teil sind alle Elemente kleiner, im rechten Teil alle größer als x. Die Implementierung ist im Bsp. 12.7 zu finden.

Die gute Leistung des Algorithmus rührt daher, daß in der Partitionierungsphase Elemente oft über eine größere Entfernung hinaus, direkt in die Nähe ihres Zielortes „springen". Betrachten wir folgende unsortierte Zahlenfolge als Beispiel:

```
10 25 13 85 3 -2 4 7 77 1
```

Beim ersten Lauf wird das Element a[4], also 3 ausgewählt. Bei der ersten Partitionierung werden die Paare: (10, 1) (25, -2) und (13, 3) vertauscht. In der neuen Anordung sind alle Elemente links von 3 kleiner, rechts von ihm größer als 3: 1 -2 3 85 13 25 4 7 77 10. Das Array ist *noch nicht* sortiert: Wir müssen die Partitionierung auf alle Teilarrays anwenden. Bei Teilarrays der Größe 2, führt natürlich die Partitionierung zu einer vollen Ordnung des Teilarrays. Die Anzahl der Durchläufe des Arrays wächst nicht quadratisch, sondern nur logarithmisch mit der Problemgröße. Eine genaue Analyse kann man in der oben zitierten Literatur finden.

Noch einige programmtechnische Bemerkungen zum Bsp. 12.7: Die Prozedur ist mit einem offenen Array parametrisiert, somit kann sie für beliebig große Arrays ohne Änderung verwendet werden. Man beachte, daß wir deshalb beim ersten Aufruf von Quicksort die aktuellen Werte für links und rechts folgendermaßen angeben:

```
Quicksort(array, 0, NUMBER(array)-1)
```

Die Verwendung von *First* und *Last* wäre hier falsch. Der Grund dafür ist, daß der formale Parameter a ein offenes Array ist, das immer ab 0 indiziert wird. Die Indexgrenzen von array sind damit innerhalb der Prozedur verloren.

12.1.4 Die Türme von Hanoi

Eine interessante Aufgabe ist das Spiel „Türme von Hanoi". Wir haben drei „Türme", d. h. drei Pfosten: Start, Ziel und Hilfe. Auf Start liegen eine Reihe von Scheiben unterschiedlicher Größe, der Größe nach sortiert (die größte unten). Die Aufgabe besteht nun darin, die Scheiben auf Ziel zu transferieren, so daß sie dort genauso geordnet sind. Wir dürfen dabei stets nur *eine* Scheibe bewegen, und eine Scheibe darf niemals auf einer kleineren liegen. Als Hilfe können wir den Pfosten Hilfe verwenden – und sonst nichts. Das Ausgangsbild sieht also mit 4 Scheiben etwa so aus:

```
     Start      Ziel      Hilfe
       |          |         |
      ===         |         |
     =====        |         |
    =======       |         |
   =========      |         |
```

Wir spüren gleich, daß diese Aufgabe nach Rekursion „schreit". Wir wollen das Problem so lange teilen, bis es sich auf das Bewegen einer einzigen Scheibe vereinfacht (*divide et impera*). Unser erstes Ziel ist: Wir transferieren bis auf die unterste (also größte) Scheibe alles auf den Hilfspfosten unter Verwendung des Zielpfostens, so daß nie eine Scheibe auf einer kleineren liegt. Danach können wir die größte Scheibe nach Ziel transferieren. Damit haben wir das Problem um eine Scheibe reduziert. Jetzt tauschen Hilfe und Start die Rolle, und wir können dasselbe für die nächstgrößte Scheibe durchführen. Die Strategie der Lösung für n Scheiben sieht konkret so aus:

- n = 0: Nichts ist zu tun – Trivialfall,
- n > 0:

  1. Turm der Höhe n-1 von Start nach Hilfe bewegen (mittels Ziel).
  2. Scheibe von Start nach Ziel legen – die liegt jetzt richtig
  3. Turm der Höhe n-1 von Hilfe nach Ziel bewegen (mittels Start).

Das Programm ist im Bsp. 12.8 zu sehen. Die eigentliche Lösung ist in der einfachen rekursiven Prozedur Turm zu finden. Alles andere, die aufwendigen Datenstrukturen und die längeren Prozeduren gelten nur der *Darstellung* des Problems am Bildschirm.

Wieder ein Beispiel dafür, daß das „drum und dran" oft viel mehr kostet, als die eigentliche Lösung eines Problems. Wir hätten uns natürlich mit einer viel einfacheren Lösung zufriedenstellen können – etwa in jedem Schritt eine Zahlenausgabe. Doch das wäre etwas anspruchslos gewesen – oder zumindest langweilig

Bsp. 12.8: *Die Türme von Hanoi*

```
MODULE Hanoi EXPORTS Main;                                        (*18.07.94*)
  FROM SIO IMPORT PutChar, GetChar, Nl;

  CONST
    Hoehe    = 4;
  TYPE
    Pfosten  = {Start, Ziel, Hilfe};
    Zustand  = RECORD
                 top: [0..Hoehe] := 0;
                 scheiben:= ARRAY [1..Hoehe] OF [0..Hoehe] {0, ..}
               END; (*Zustand*)
  VAR
    pfosten: ARRAY Pfosten OF Zustand;

  PROCEDURE Linie(num: CARDINAL; muster: CHAR := ' ') =
  BEGIN
    WHILE num > 0 DO PutChar(muster); DEC(num) END;
  END Linie;

  PROCEDURE Scheibe(s: [0..Hoehe]) =
  BEGIN
    IF s = 0 THEN                                          (*„Leere“ Scheibe*)
      Linie(Hoehe); Linie(1, 'I'); Linie(Hoehe);
    ELSE                                          (*Scheiben-Muster zeichnen*)
      Linie(Hoehe–s); Linie(3 + 2*(s–1), '='); Linie(Hoehe–s);
    END;
  END Scheibe;

  PROCEDURE Zeige() =
  BEGIN
    FOR p:= FIRST(pfosten) TO LAST(pfosten) DO Scheibe(0) END; Nl();
    FOR line:= Hoehe TO 1 BY –1 DO
      FOR p:= FIRST(pfosten) TO LAST(pfosten) DO
        Scheibe(pfosten[p].scheiben[line]);
      END;
      Nl();
    END;
    Nl(); EVAL GetChar();
  END Zeige;

  PROCEDURE Bewege(von, nach: Pfosten) =
  BEGIN
    WITH v = pfosten[von], n = pfosten[nach] DO
      INC(n.top);
      n.scheiben[n.top]:= v.scheiben[v.top];
      v.scheiben[v.top]:= 0;
      DEC(v.top);
    END; (*WITH v, n*)
  END Bewege;
```

```
  PROCEDURE Turm(hoehe:[0..Hoehe] ; von, nach, zwischen: Pfosten) =
  BEGIN
    IF hoehe > 0 THEN
      Turm(hoehe – 1, von, zwischen, nach);
      Bewege(von, nach); Zeige();
      Turm(hoehe – 1, zwischen, nach, von);
    END;
  END Turm;

BEGIN                                              (*Hauptprogramm Hanoi*)
  pfosten[Pfosten.Start].top:= Hoehe;
  FOR h:= 1 TO Hoehe DO
    pfosten[Pfosten.Start].scheiben[h]:= Hoehe – (h – 1)
  END;
  Zeige();
  Turm(Hoehe, Pfosten.Start, Pfosten.Ziel, Pfosten.Hilfe);
END Hanoi.
```

Das Programm macht nach jedem Schritt einen Halt (mittels EVAL GetChar()), wir können es mit dem Drücken der „Return“ Taste weiterlaufen lassen. Nach dem ersten Durchlauf erhalten wir die folgende Ausgabe:

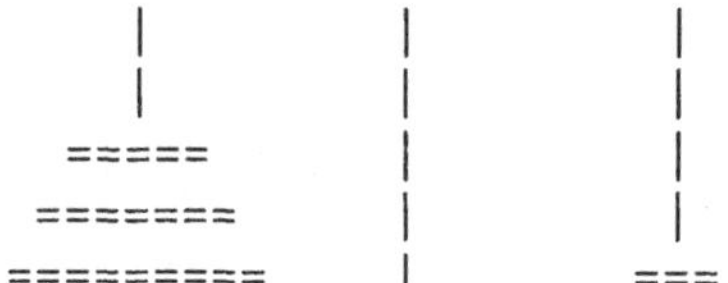

Und so sieht die letzte Ausgabe aus:

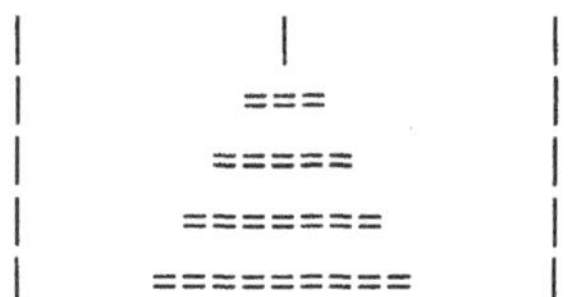

12.1.5 Rekursive Listenverwaltung

Wir haben im Kap. 11 gesehen, daß Listen grundsätzlich rekursiv sind. Jede Liste besteht aus einem ersten Element und einem Rest, der wieder eine (kleinere) Liste ist. Wir haben unsere erste Listenverwaltung trotzdem iterativ gelöst. Es ist aber zu erwarten, daß die Listen mit rekursiven Prozeduren einfacher zu bearbeiten sind. Formen wir also die Prozeduren der iterativen Lösung (Bsp. 11.38 auf S. 284) um. Schnittstelle und Klienten bleiben selbstverständlich unberührt, wir ändern nur die Implementierung.

Wir müssen zuerst die nichtrekursiven Fälle finden. Bei allen Prozeduren gibt es einen gemeinsamen Trivialfall, die leere Liste. Dazu kommt

```
MODULE RekList;                                            (*16.07.94. RM, LB*)
  REVEAL                                     (*Innere Struktur von T offengelegt*)
    T = BRANDED REF RECORD
          key: INTEGER;                                        (*Schlüsselwert*)
          next: T := NIL;                  (*Referenz auf das nächste Element*)
        END; (*T*)

  PROCEDURE Anlegen(): T =
  BEGIN
    RETURN NIL;
  END Anlegen;

  PROCEDURE Einfuegen(VAR list: T; wert:INTEGER) =
  VAR neuer: T := NEW(T, key:= wert);          (*Ein neuer Knoten wird angelegt*)
  BEGIN
    IF list = NIL THEN list:= neuer
    ELSIF wert < list.key THEN
      neuer.next:= list;
      list:= neuer;
    ELSE                                    (*Die Stelle des Einfügens wird gesucht*)
      Einfuegen(list.next, wert);
    END; (*IF list = NIL*)
  END Einfuegen;

  PROCEDURE Loeschen(VAR list: T; wert:INTEGER; VAR gefunden: BOOLEAN) =
  BEGIN
    IF list = NIL THEN                                          (*leere Liste *)
      gefunden:= FALSE
    ELSIF wert = list.key THEN
      gefunden:= TRUE;
      list:= list.next
    ELSE
      Loeschen(list.next, wert, gefunden);
    END;
  END Loeschen;

  PROCEDURE Iterieren(list: T; aktion: Aktion) =
  BEGIN
    IF list # NIL THEN
      aktion(list.key); Iterieren(list.next, aktion);
    END;
  END Iterieren;

BEGIN                                                              (*RekList *)
END RekList.
```

Bsp. 12.9: Sortierte Liste mit rekursiven Prozeduren

beim Einfügen der Fall, wenn wir die Stelle des Einfügens, beim Löschen die des zu löschenden Elements gefunden haben. Im übrigen haben wir nichts mehr zu tun, als die Liste so lange zu „reduzieren", bis sie zu einem Trivialfall wird. Das erreichen wir dadurch, daß wir die entsprechende Prozedur mit dem aktuellen Parameterwert list.next rekursiv aufrufen. Somit ergeben sich die – tatsächlich verblüffend einfachen – Lösungen des Beispiels 12.9. Der ganze iterative Teil der Prozeduren vom Bsp. 11.38 hat sich auf einen einzigen rekursiven Aufruf vereinfacht. Man beachte, daß list in den Prozeduren Loeschen und Einfuegen ein Variablenparameter ist, sein aktueller Wert ist bei jedem Durchlauf eine *Referenz* auf ein vorheriges Element in der Liste, also eine Referenz auf eine Referenz. Beim ersten Aufruf zeigt list auf den Kopf der Liste. So wird aus Sicht dieser Prozeduren die Liste – nach einer Art „Salamitaktik" – in jedem Schritt um ein Element kleiner. Damit geschieht das Einfügen oder Löschen immer am Kopf der aktuellen Liste.

Die Umformung von Iterieren in eine rekursive Funktion ist leicht möglich – die iterative Form ist aber vielleicht doch noch einfacher.

Der Leser möge versuchen, anhand der im vorigen Abschnitt gegebenen Tips, das Bsp. 11.38 selbst zu verstehen und jeweils zu zeigen, daß die Prozeduren korrekt sind.

12.2 Rekursive Datenstrukturen

Mit den Listen haben wir schon ein erstes Beispiel für die Bearbeitung von rekursiven Datenstrukturen mit rekursiven Prozeduren gesehen. In diesem Abschnitt werden wir auf die Anwendung des Rekursionsprinzips auf Datenstrukturen näher eingehen. Der Prototyp solcher rekursiver Datenstrukturen sind *Bäume*.

12.2.1 Bäume

Die früher behandelten linearen Listen sind dynamisch, wir können – innerhalb der physischen Speicherkapazität unseres Rechners – beliebig lange Ketten bilden, beliebig viele Informationsknoten aneinander knüpfen. Hier liegt ihr größter Vorteil gegenüber den Arrays. Das ist aber auch ihr Nachteil: Was ist, wenn eine Liste tatsächlich mehrere zehntausend, oder gar mehrere hunderttausend Elemente enthalten soll (durchaus realistische Zahlen in der Praxis)? Dann kann das sequentielle Durcharbeiten einer linearen Liste unakzeptabel lange dauern. Deswegen suchen wir nach weiteren dynamischen *Strukturen*, die möglicherweise etwas komplexer sind, dafür aber schneller durchsucht werden können, und die sich an größere Datenmengen anpassen können.

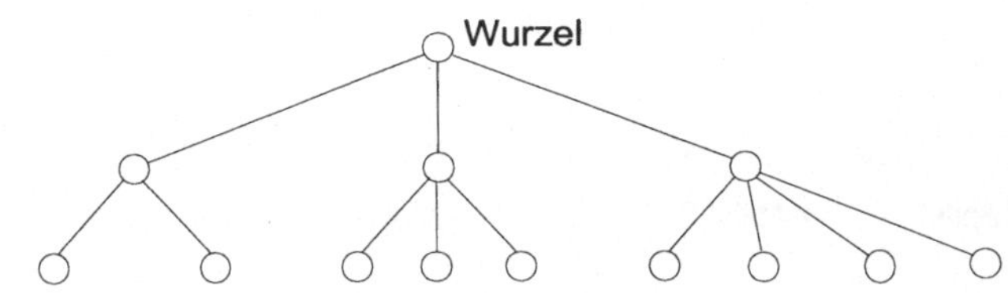

Abb. 12.10: *Allgemeiner „Baum" als azyklischer Graph*

Die Grundidee ist: Wir müssen die Informationsknoten irgendwie mehrfach verbinden, wir begnügen uns nicht mit der einfachen Relation „Vorgänger" und „Nachfolger", sondern wollen etwas mehr. Wenn wir die *Knoten* ganz frei miteinander verknüpfen (die Verknüpfungen nennen wir *Kanten*), dann kommen wir zu den allgemeinen *Graphen*, die sowohl in der Mathematik als auch in der Informatik eine sehr wichtige Rolle spielen [DP88, Sed93]. Große Freiheit hat aber immer ihren Preis, deswegen schränken wir uns zunächst ein. Eine ganz wichtige Unterklasse der Graphen sind die *Bäume*. Ein Baum ist ein Graph, in dem jeder Knoten außer der sogenannten *Wurzel* genau einen Vorgänger („Vater") hat. Die Wurzel hat keinen Vorgänger. Alle Knoten können beliebig viele Nachfolger („Söhne") haben. Ein Baum ist immer *azyklisch*, d. h., er enthält keine Verbindungen, die dieselben Knoten mehrfach enthalten (keine „topologische Kreise"). Die häufigste Darstellung von Bäumen ist in Abb. 12.10 zu sehen.

Wenn wir dieses Bild anschauen, dann wird die Herkunft des Namens auch verständlich: Die in einer Zeichnung dargestellten Graphen sehen irgendwo wie natürliche Bäume aus. Diese Ähnlichkeit beruht auf der Tatsache, daß die Verzweigungstruktur eines natürlichen Baumes – von seltenen und meistens durch äußeren Einfluß erzwungenen Ausnahmen abgesehen – auch azyklisch verläuft.

Man beachte, daß in Abb. 12.10 die Wurzel oben steht. Mathematiker und Informatiker haben offensichtlich die Tendenz, die Dinge manchmal auf den Kopf zu stellen.

In Programmen werden Bäume durch Verwendung von Referenzen realisiert. Referenzen gehen von einem Knoten aus und führen zu einem anderen Knoten. Somit sind unsere Bäume *gerichtete Graphen*. Jede Kante hat hier eine Richtung. Ferner haben wir einen eindeutigen Einstiegspunkt in die über derartige Referenzen aufgebaute Datenstruktur, jene Referenz, die wir statisch in dem Programm deklarieren, das diese Datenstruktur verwendet. Wir nennen diesen Einstiegspunkt in leichter Analogie zur Natur die *Wurzel*. Knoten, die keine Nachfolger haben, nennen wir *Blätter*. (Die Analogie hinkt natürlich stark, da sich aber die Natur gegen solche Ana-

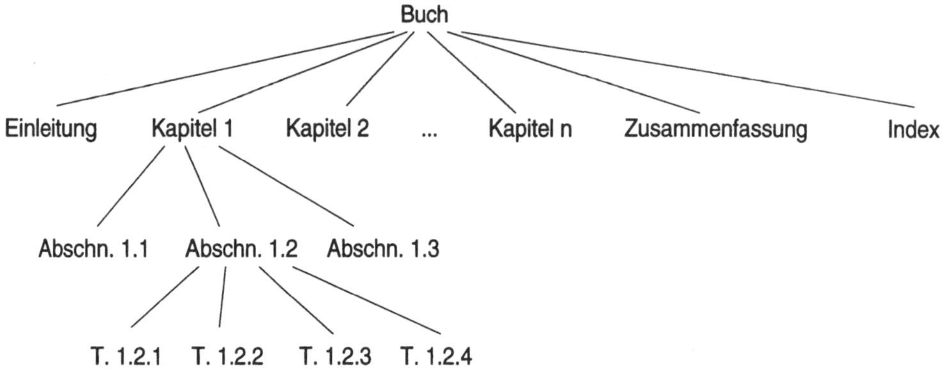

Abb. 12.11: *Aufbau eines Buches*

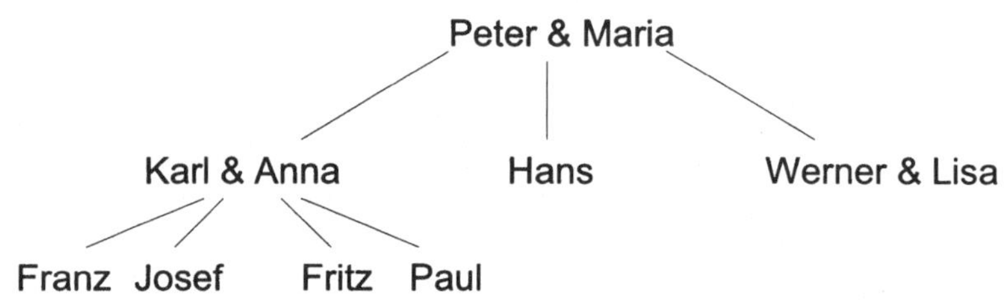

Abb. 12.12: *Ein Stammbaum*

logien nicht wehren kann, werden wir uns dieser Terminologie weiterhin bedienen – hoffentlich entschuldigen das die Baumgeister.) Wir überlegen uns nun, wie wir einen solchen Baum aufbauen könnten.

Offenbar benötigen wir im Knoten Information, um von diesem Knoten zu den erreichbaren Nachfolgeknoten zu gelangen. Ferner sollte im Knoten wohl eine Art von Wegweiser-Information enthalten sein, aus der wir entnehmen können, in welchen Situationen wir am Ziel sind und in welchen wir noch einen der unmittelbar erreichbaren Nachfolgerknoten besuchen müssen. Damit liegt nahe, daß wir den Knoten als Record implementieren und die Kanten als Felder vom Typ *Ref Record* $\cdots$ in diesen Record eintragen.

Diese Definition beschreibt einen beliebigen Knoten. Sie gilt somit im Prinzip gleichermaßen für die Wurzel, für innere Knoten und für Blätter. Einziger Unterschied wird sein, daß die Wurzel keinen Vorgänger hat und die Blätter keinen Nachfolger haben, während für innere Knoten genau ein Vorgänger als auch mindestens ein Nachfolger vorhanden sind. Ein Beispiel für einen Baum ist auch der Aufbau eines Buches (Abb. 12.11).

Stammbäume

Betrachten wir den von Peter und Maria ausgehenden Stammbaum in der Abb. 12.12. Stammbäume bestimmen die Terminologie von Bäumen sehr stark. So wird etwa der Knoten „Peter & Maria" als *Vater* von „Hans"; „Hans" und „Werner & Lisa" wiederum als *Sohn* von „Peter & Maria" bezeichnet. Das klingt etwas weniger komisch, wenn wir das präzise ausdrücken: Der Knoten mit der Bezeichnung „Hans" ist der Sohnknoten des Knotens, der als „Peter & Maria" bezeichnet wird. Außerdem sind „Hans" und „Werner & Lisa" *Brüder*. Da diese Terminologie – nicht nur wegen der offenbar geschlechtlichen Fehlklassifizierung Lisas – mitunter störend ist, nennt man den übergeordneten verzweigenden Knoten (also „Peter & Maria") oft auch geschlechtsneutral den *Elternknoten* und dessen unmittelbaren Nachfolger, also die Knoten „Karl & Anna", „Hans", „Werner & Lisa", die *Kindknoten* oder *Kinder*; die implizite Relation zwischen den Kindknoten gemeinsamer Eltern wird entsprechend als *Geschwister* bezeichnet.

> Die entsprechenden englischsprachigen Bezeichnungen sind *father* oder *parent*, *son* oder *child* und *brother* oder *sibling*. Während im Deutschen die maskuline Form eher dominant ist, sind im englischen die geschlechtsneutralen Formulierungen mindestens eben so gebräuchlich wie die maskulinen.

Man beachte, daß aufgrund der Kreisfreiheit des Graphen der Vaterknoten jedes Knotens eindeutig bestimmt ist. Dagegen gibt es zu einem gegebenem Vaterknoten im allgemeinen mehrere Sohnknoten. Man erkennt sehr deutlich, daß jedem Sohnknoten ein gesamter Teilbaum entspricht. Die rekursive Definition ist mithin tatsächlich gerechtfertigt! Vielleicht sollten wir noch betonen, daß Verhältnisse, die in der Familie Ödipus geherrscht haben, in unseren Bäumen nicht gestattet sind – kein Knoten darf etwas mit seinen Eltern- oder Geschwisterknoten haben. Nur so ist gesichert, daß es zu keinen Kreisen und somit zu keinen Verletzungen der Baumbedingung kommt.

Pfade

Wir bezeichnen als Weg oder *Pfad* in einem Graphen eine von einem Knoten ausgehende Folge von Kanten, die zum Ende des Weges, dem Zielknoten, führt. Entsprechend ist die *Pfadlänge* die Zahl der auf einem Pfad gelegenen Kanten. Dies entspricht jedoch ausgehend vom gegebenen Knoten, der Anzahl der auszuführenden Zugriffe auf Nachfolgeknoten. Die Länge des längsten Pfads ist die *Höhe* des Baums. Die Höhe eines leeren Baums ist 0, die Höhe eines Baums, der nur aus der Wurzel besteht, ist 1.

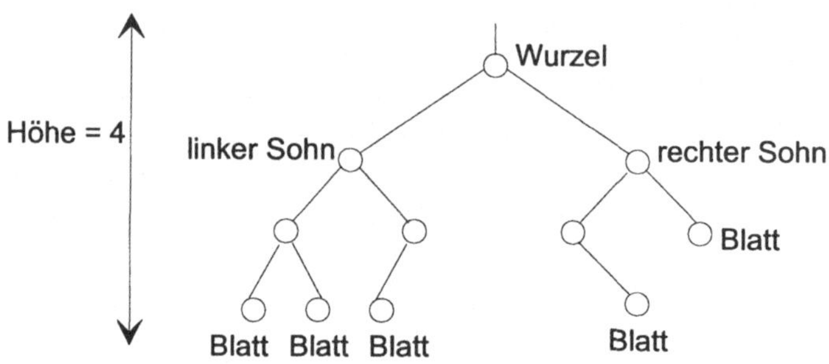

Abb. 12.13: *Ein Binärbaum*

12.2.2 Binärbäume und Suchbäume

Der *Binärbaum* ist die einfachste Form eines Baumes (Abb. 12.13). Es ist ein Baum, bei dem für jeden Knoten gilt, daß er höchstens zwei Nachfolger hat.

Wir können einen derartigen Binärbaum am besten durch Records implementieren, deren Nachfolgezeiger links und rechts auf den jeweils linken und rechten Teilbaum zeigen. Wir wollen uns dieser Lösung jedoch langsam nähern.

Suchverfahren und implizite Bäume

Gehen wir davon aus, wir hätten eine Folge von Datensätzen in einem Array fixer Länge gespeichert. Die Datensätze beschreiben Artikel, die wir auf Lager haben und jeder Artikel ist durch eine Zahl, die Artikelnummer, eindeutig charakterisiert. Die Artikel seien aufsteigend nach Artikelnummern im Array gespeichert. Doch da diese Artikelnummern nach einem ausgeklügelten System vergeben wurden, steht Artikel 1374 keineswegs an der tausenddreihundertvierundsiebzigsten Position. Wir haben gar nicht so viel Artikel! Es ist lediglich gesichert, daß alle Artikel mit einer kleineren Artikelnummer vor Artikel 1374, und alle mit einer größeren Artikelnummer nach ihm stehen. Wie suchen wir nun möglichst rasch und effizient?

Sicherlich nicht, indem wir das Array von der ersten bis zur richtigen Position durchsuchen. Im Fall eines nicht vorhandenen Artikels wäre das sogar immer die letzte Position. Schließlich lesen wir ja auch das Telephonbuch nicht vom Anfang bis zu „Zapf..." durch, wenn wir die Telephonnummer unseres Freundes Peter Zapfel vergessen haben. Wir werden „irgendwo" aufschlagen und von dort aus den Teil, in dem wir „Zapfel" vermuten, weiter so teilen, daß wir möglichst rasch beim gesuchten Eintrag landen.

	3	7	14	23	28	31	32	35	47	55	61	72
0	1	2	3	4	5	6	7	8	9	10	11	

Abb. 12.14: *Binärsuche in einem Array*

```
PROCEDURE Suche( READONLY arr: ARRAY [0 .. MaxAnz – 1] OF INTEGER;
                 links, rechts: [0 .. MaxAnz – 1];
                 argument: INTEGER): [0..MaxAnz] =
  VAR mitte := links + (rechts – links) DIV 2;
  BEGIN                                                        (*Binärsuche *)
    IF argument = arr[mitte] THEN RETURN mitte                   (*Gefunden!*)
    ELSIF argument < arr[mitte] THEN               (*Suche in der linken Hälfte*)
      IF links < mitte
        THEN RETURN Suche(arr, links, mitte – 1, argument)
        ELSE RETURN MaxAnz          (*Linke Grenze erreicht Mitte: nicht gefunden*)
      END (*IF links < mitte*)
    ELSE                                          (*Suche in der rechten Hälfte*)
      IF mitte < rechts
        THEN RETURN Suche(arr, mitte + 1, rechts, argument)
        ELSE RETURN MaxAnz         (*Mitte erreicht rechte Grenze: nicht gefunden*)
      END (*IF mitte < rechts*)
    END (*IF argument = arr[mitte]*)
  END Suche;
```

Bsp. 12.15: *Binäres Suchen*

Formalisieren wir dieses Verfahren, so gelangen wir zu folgendem Algorithmus (im Pseudocode):

```
WHILE Suchelement noch nicht gefunden DO
  teile und prüfe Teilungselement
  IF     Suchelement = Teilungselement THEN gefunden
  ELSIF  Suchelement < Teilungselement THEN such vor Teilungselement
  ELSE   (*Suchelement > Teilungselement*) such hinter Teilungselement
  END (*IF Suchelement = Teilungselement*)
END (*WHILE*)
```

Die nun zu lösenden Fragen lauten:

- Wollen wir diesen Algorithmus iterativ oder rekursiv ausformulieren?
- Haben wir Information, die uns bei der Wahl, wo zu trennen ist, hilft?

Die erste Frage beantworten wir aus Gründen der Einfachheit zugunsten einer rekursiven Lösung. Bezüglich der zweiten Frage müssen wir feststellen, daß wir keine derartigen Hinweise haben. In diesem Fall kann nachgewiesen werden, daß es das Günstigste ist, den Suchbereich jeweils zu halbieren. Wir wählen somit jenes Element, das in der Mitte des noch

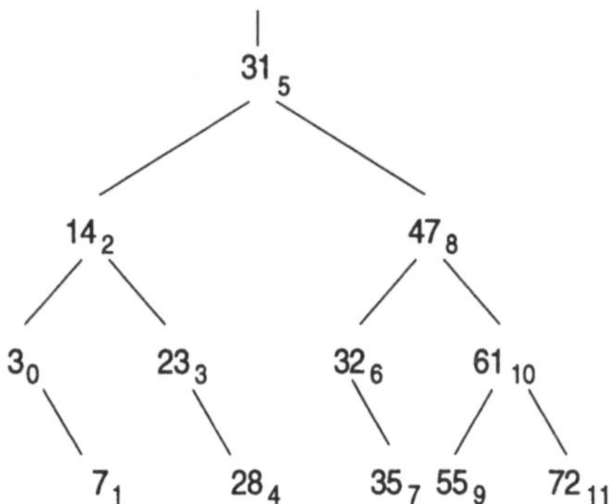

Abb. 12.16: *Suchpfade als Baum dargestellt*

zu durchsuchenden Bereichs steht, als Teilungselement. Dies wollen wir auf den in Abb. 12.14 gegebenen Daten etwa durch Suche einiger Werte ausprobieren. Ein Programm das nach diesem Prinzip vorgeht, befindet sich in Bsp. 12.15.

In Bsp. 12.15 haben wir anstelle eines Arrays von Knoten, die neben dem Schlüsselfeld auch Informationen enthalten, etwa in der Form:

```
TYPE Knoten = RECORD schluessel: INTEGER; info ···END
```

einfach ein Array von Integers deklariert. Diese Integers könnten als Schlüsselwerte (schluessel) beliebig komplexer Datensätze dienen.

Die Prozedur Suche gibt als Ergebnis den Indexwert des gefundenen Elements zurück. Beim nicht gefundenen Element retourniert sie einen Wert (MaxAnz) außerhalb des Indexbereiches ([0..MaxAnz - 1]).

Zuerst sehen wir bei Indexwert fünf nach, von dort, je nach gesuchtem Wert, gehen wir weiter nach links oder nach rechts, und kommen dabei – je nachdem – zur Indexposition zwei oder acht. Von dort aus suchen wir entsprechend dem Verfahren weiter. Somit durchläuft dieser rekursive Algorithmus stets einen vorgegebenen Pfad durch unsere Datenstruktur. Jedes Element wird als Unterscheidungselement angesehen; sein Wert bestimmt, ob wir rechts oder links weitersuchen. – Können wir diese Beobachtung nicht zum Prinzip erheben? Aus der Sicht des Suchalgorithmus erhalten wir eine Struktur wie in Abb. 12.16 dargestellt.

Offenbar sehen wir hier einen Baum entstehen! Die Indizes haben in Abb. 12.16 an Wert verloren. Wir könnten sie durch Referenzen ersetzen, indem wir eine entsprechende Referenz zum jeweiligen linken und rechten Nachfolger beim Schlüsselwert speichern. Von diesem Baum können wir leicht ablesen, daß wir höchstens vier (die Höhe des Baums) Suchschritte brauchen, um ein beliebiges Element zu finden (bzw. nicht zu finden).

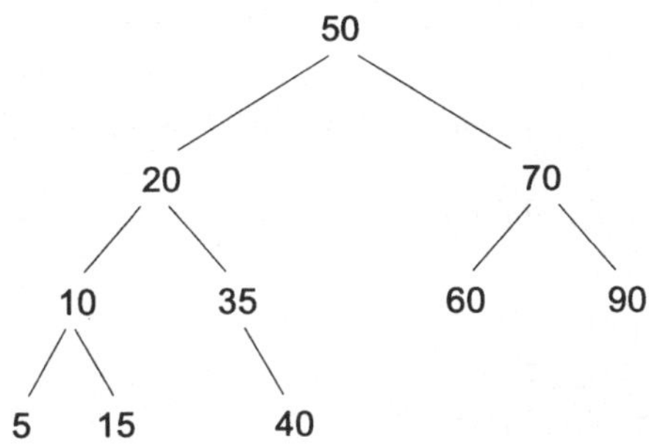

Abb. 12.17: *Ein binärer Suchbaum*

12.2.3 Binäre Suchbäume

Als *binären Suchbaum* (auch *geordneter Binärbaum*, Abb. 12.17) bezeichnen wir Binärbäume, für die für jeden Knoten gilt, daß alle Elemente im linken Teilbaum kleiner als das im Knoten gespeicherte, und alle Elemente im rechten Teilbaum größer als das im Knoten gespeicherte Element sind:

> *Für alle Knoten des Baumes gilt:*
> *– alle Schlüssel im linken Teilbaum < Schlüssel im Knoten* $\wedge$
> *– alle Schlüssel im rechten Teilbaum ≥ Schlüssel im Knoten*

Eventuelle Duplikate werden nach dieser Definition in den rechten Teilbaum eingefügt. Man beachte, daß wir zu einer gleichwertigen Definition kommen, wenn wir die Duplikate links einfügen, also wenn wir das $<$ Zeichen in der ersten Zeile der Definition auf $\leq$, und das $\geq$ Zeichen in der zweiten Zeile auf $>$ tauschen.

Wenn wir uns während der Suche eines Wertes im Baum für den linken Teilbaum entschieden haben, dann können wir wissen, daß alle Werte im rechten Teilbaum schon zu groß sind. Diese Definition sichert, daß wir in relativ wenigen Schritten – im Prinzip bei n Knoten etwa in $\log_2 n$ Schritten – einen gesuchten Wert finden oder feststellen können, daß dieser Wert nicht in der Struktur enthalten ist.

Implementierungsformen

Wie können wir nun Suchbäume implementieren? Eine Möglichkeit wären sicherlich Arrays, doch wenden wir uns der „klassischen" Implementierung binärer Suchbäume zu. Sie erfolgt, wie im Bsp. 12.18 dargestellt, über Referenzen (Zeiger). Da wir keinen externen Zugriff auf ein anderes Element als auf die Wurzel benötigen, genügt es auch, lediglich eine einfache Variable vom Typ Baum statisch im Programm zu vereinbaren. Der Rest des

Baumes ist ebenso eine dynamische Datenstruktur, wie wir dies bei Listen gesehen haben. Einziger Unterschied ist, daß er sich zweidimensional ausbreitet und dadurch die Datenstruktur etwas komplexer ist.

Bsp. 12.18: *Suchbaum als dynamische Datenstruktur*

```
TYPE
  Baum = REF RECORD
              info: INTEGER;
              links, rechts: Baum;
            END; (*Baum*)
VAR meinBaum: Baum;
```

Das Feld info steht hier als Repräsentant beliebiger Information, die irgendeinen Schlüsselwert, oder noch präziser, irgendeine Schlüsselfunktion enthält. Im Kap. 13.4.4 werden wir Repräsentationsmöglichkeiten sehen, mit denen tatsächlich komplexe Informationen in einem Suchbaum gespeichert werden können.

12.2.4 Durchwandern eines Baumes

Nicht immer wollen wir nur einzelne Elemente in einem Baum bearbeiten, mitunter auch den Baum als Ganzes – z. B. die Ausgabe aller seiner Elemente am Bildschirm. Klarerweise müssen wir für diesen Zweck bei der Wurzel beginnen. Von ihr aus können wir den linken und rechten Teilbaum verarbeiten. Wir haben allerdings die Wahl, in welcher Reihenfolge wir weitergehen: Die Daten, die in der Wurzel gespeichert sind, können wir *vor* dem Besuch der Teilbäume, *zwischen* Besuch von linkem und rechtem Teilbaum oder *nach* Besuch beider Teilbäume bearbeiten. In jedem Teilbaum machen wir dann rekursiv das gleiche, wie in der Wurzel. Eine weitere Entscheidung ist, ob wir immer zuerst nach links oder zuerst nach rechts gehen (man könnte auch gemischt, einmal links, einmal rechts gehen, den Fall betrachten wir aber nicht). Somit ergeben sich für eine derartige Durchwanderung eines Baumes (englisch *tree traversal*) insgesamt drei Strategien mit je zwei Varianten. Je nach Anwendungsproblem ist die passende Strategie zu wählen.

Die drei Traversierungsstrategien sind (im folgenden Pseudocode verwenden wir die Namen der Strategien als Namen für rekursive Durchwanderungsprozeduren):

- *Präordnung*: Wurzel zuerst besucht

```
besuche Wurzel;                      besuche Wurzel;
Präordnung(linkerTeilbaum);          Präordnung(rechterTeilbaum);
Präordnung(rechterTeilbaum);         Präordnung(linkerTeilbaum);
```

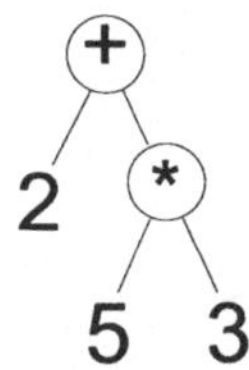

Abb. 12.19: *Baum eines arithmetischen Ausdrucks*

- *symmetrische Ordnung*: Wurzel zwischen Teilbäumen besucht

```
Symm_Ordnung(linkerTeilbaum);      Symm_Ordnung(rechterTeilbaum);
besuche Wurzel;                    besuche Wurzel;
Symm_Ordnung(rechterTeilbaum);     Symm_Ordnung(linkerTeilbaum);
```

- *Postordnung*: Wurzel zuletzt besucht

```
Postordnung(linkerTeilbaum);       Postordnung(rechterTeilbaum);
Postordnung(rechterTeilbaum);      Postordnung(linkerTeilbaum);
besuche Wurzel;                    besuche Wurzel;
```

Wenn wir den in Abb. 12.17 angegebenen Suchbaum durchwandern (immer nach links zuerst), so erhalten wir die folgenden Besuchsreihenfolgen:

Präordnung:	50, 20, 10, 5, 15, 35, 40, 70, 60, 90.
Symmetrische Ordnung:	5, 10, 15, 20, 35, 40, 50, 60, 70, 90.
Postordnung:	5, 15, 10, 40, 35, 20, 60, 90, 70, 50.

Wir erkennen sofort eine offensichtliche Anwendung von der symmetrischen Ordnung: die Ausgabe des gesamten Suchbaumes als sortierte Folge.

Die Präordnung-Strategie verwenden wir meistens beim Suchen: Ist das gesuchte Element in der Wurzel? Nein: Suche links bzw. rechts weiter. Doch diese und die Postordnung-Strategie werden besser verständlich, wenn wir uns den aus Operatoren und Zahlen aufgebauten Baum eines arithmetischen Ausdrucks (Abb. 12.19) betrachten. In diesem Baumtyp sind die Blätter immer Zahlenwerte, die Knoten immer Operatoren. Die Ausgabe in symmetrischer Ordnung 2 + 5 * 3 sagt noch nichts darüber aus, ob (2 + 5) * 3 oder 2 + (5 * 3) berechnet werden soll.

Die Präordnung-Ausgabe (+ 2 * 5 3) enthält diese Information. Sie entspricht einer funktionalen Schreibweise. Hätten wir die Funktionen Plus und Mal, so könnten wir Plus(2, Mal(5, 3)) schreiben; den Funktionsnamen voran, die Operanden als Parameter danach.

Die Ausgabe in Postordnung entspricht der sogenannten *UPN* („Umgekehrte polnische Notation", englisch *RPN*, *reverse polish notation*): 2 5 3 * +, wie sie von manchen Taschenrechnern verwendet wird. Diese Abarbeitungsstrategie kommt der Arbeitsweise des Computers sehr entgegen.

```
INTERFACE BinBaum;                                          (*05.07.94. CW, LB*)

TYPE
  Richtung = {Links, Rechts};                  (*Richtung beim Durchwandern*)
  Ordnung = {Pre, Symm, Post};                 (*Durchwanderungsstrategie*)
  Aktion   = PROCEDURE (e: ElemT; tiefe: INTEGER);

  T       <: REFANY;                                 (*Versteckter BaumTyp*)
  ElemT   = INTEGER;                                    (*Typ der Elemente*)

PROCEDURE Anlegen(): T;
(*Neues Baumexemplar initialisieren *)

PROCEDURE Suchen(baum: T; e: ElemT): BOOLEAN;
(*Sucht ein Element e im baum. Ergibt wahr wenn vorhanden, sonst falsch*)

PROCEDURE Einfuegen(VAR baum: T; e: ElemT);
(*Fügt e in baum ein*)

PROCEDURE Loeschen(VAR baum: T; e: ElemT): BOOLEAN;
(*Löscht ein Element e im baum. Ergibt wahr wenn vorhanden, sonst falsch*)

PROCEDURE Durchwandern(baum: T;                     (*Wandert baum durch*)
                       aktion: Aktion;    (*Wendet aktion auf jeden Knoten an*)
                       ordnung := Ordnung.Symm;              (*Defaultwerte *)
                       richtung := Richtung.Rechts);
END BinBaum.
```

Bsp. 12.20: *Schnittstelle des binären Suchbaumes*

Zuerst müssen alle Parameter einer Operation vorliegen. Muß eine Operation abgearbeitet werden, so müssen diese einfach nur von einem Stapel abgeholt werden. Im konkreten Fall würde das heißen, daß wir 2, 5 und 3 stapeln. Nachher sagt das * Zeichen, daß die zwei obersten Elemente am Stapel multipliziert werden müssen und das Ergebnis wieder gestapelt wird. Die Verarbeitung des + Zeichens funktioniert genauso, am Ende hätten wir also 17 als Ergebnis am Stapel.

12.2.5 Implementierung des binären Suchbaums

In diesem Abschnitt werden wir einen binären Suchbaum als gekapselten Datentyp realisieren (siehe das *Interface* im Bsp. 12.20). Die Durchwandern-Prozedur ist etwas ungewöhnlich gestaltet: Durch Parameter kann gesteuert werden, welche Strategie verwendet werden soll und in welche Richtung durchgewandert werden soll. Diese Parameter sind mit Defaultwerten versehen. Durchwandern erwartet noch einen Prozedurparameter des Typs Aktion. aktion wird beim Durchwandern für jeden Knoten aufgerufen. Der Klient der Schnittstelle kann somit verschiedene Aktionen ausführen, z. B. die Knoten – und damit letztlich den ganzen Baum – ausdrucken. Für viele Aktionen ist es notwendig, daß die Tiefe des gerade besuchten

```
MODULE BinBenutzer EXPORTS Main;                                        (*21.07.94. LB*)
  IMPORT SIO, SF, BinBaum;

VAR
  in: SIO.Reader := SF.OpenRead("dat");                    (*Eingabe auf der Datei "dat"*)
  out: SIO.Writer := SF.OpenWrite();            (*Ausgabedatei muß der Benutzer angeben*)
  baum: BinBaum.T := BinBaum.Anlegen();

  PROCEDURE Print(x: BinBaum.ElemT; tiefe: INTEGER) =
  BEGIN
    FOR i:= 0 TO tiefe – 1 DO SIO.PutText(" ", out) END;
    SIO.PutInt(x, 3, out); SIO.Nl(out);
  END Print;

BEGIN                                                                        (*BinUser*)
  WHILE NOT SIO.End(in) DO
    BinBaum.Einfuegen(baum, SIO.GetInt(in));
  END;
  BinBaum.Durchwandern(baum, Print);
  SIO.PutText("\n\n", out);

  SIO.PutText("Geben Sie Schlüssel der zu löschenden Knoten ein\n");
  WHILE NOT SIO.End() DO
     IF BinBaum.Loeschen(baum, SIO.GetInt()) THEN                          (*gefunden*)
       BinBaum.Durchwandern(baum, Print); SIO.PutText("\n\n", out);
     ELSE                                                              (*nicht gefunden*)
       SIO.PutText("\nNicht gefunden\n")
     END; (*IF gefunden*)
  END; (*WHILE NOT SIO.End()*)
  SF.CloseWrite(out);                     (*Ausgabedatei wird durch Abschliessen permanent*)
END BinBenutzer.
```

Bsp. 12.21: *Klient des binären Suchbaumes*

Knoten bekannt ist. Die Tiefe der Wurzel sei 0, die Tiefe seiner Söhne 1 (verwirrenderweise verwendet man meistens für die maximale Tiefe eines Baumes, den Begriff „Höhe“, die *Tiefe* entspricht bei einem Baum dem Begriff *Pfadlänge*, vergleiche Abschn. 12.2.1). Der Klient im Bsp. 12.21 liest die Schlüsselwerte des Baums aus einer Datei und speichert das Ergebnis auch in einer Datei ab (siehe Kap. 14 und Anh. C.3.3). Die Ausgabe des Baums im Bsp. 12.21 ist einigermaßen formatiert: Die Wurzel steht ganz links, die Stufen sind eingerückt, der rechte Teilbaum steht oben, der linke unten (wenn wir den Ausdruck um 90 Grad drehen, so erhalten wir die gewöhnliche Graphdarstellung). Die Defaultwerte der Prozedur Durchwandern (Symmetrische Ordnung, Durchwanderungsrichtung rechts) unterstützen gerade diese einfache Ausgabe. Die Ausgabe des Baums aus der Abb. 12.17 wäre demnach:

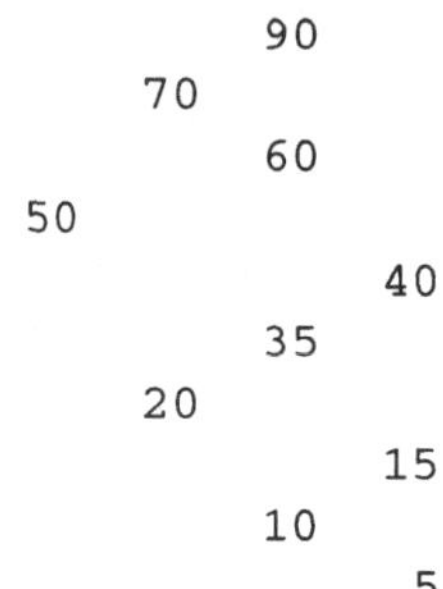

```
        90
    70
        60
50
            40
        35
    20
            15
        10
            5
```

Der Klient in Bsp. 12.22 probiert alle Durchwanderungsparameter. Bei symmetrischer Ordnung verwendet er als Ausgabe einen Baum, sonst gibt er eine Zahlenfolge aus. Die Ausgabe des gleichen Baumes (siehe in Abb. 12.17) mit Durchwanderungsrichtung links (default ist rechts) wäre:

```
            5
        10
            15
    20
        35
            40
50
        60
    70
        90
```

Was die Implementierung betrifft, gehen wir davon aus, daß Bäume „rekursiv genug“ sind, um die Algorithmen für Suchen, Einfügen, Löschen und Durchwandern rekursiv zu formulieren. Die iterativen Lösungen sind auch leicht zu finden, doch die Einfachheit der rekursiven Algorithmen ist in diesem Fall noch überzeugender als bei den Listen.

Der Trivialfall ist der leere Baum. Alle Algorithmen bauen (ähnlich wie bei den Listen) auf die Idee, den Baum solange zu „stutzen“ – natürlich nicht wirklich, nur aus der Sicht der gegebenen Prozedur – bis er trivial, also leer, wird.

Der Algorithmus für das *Suchen* läßt sich damit so formulieren:

IF *leer* THEN *nicht vorhanden*
ELSE
  IF Schlüssel < Wurzel-Schlüssel THEN *Suche im linken Teilbaum*
  ELSIF Schlüssel > Wurzel-Schlüssel THEN *Suche im rechten Teilbaum*
  ELSE *gefunden*
  END *(*IF Schlüssel ···*)*
END *(*IF leer*)*

```
MODULE Wanderer EXPORTS Main;                                    (*22.07.94. LB*)

  IMPORT SIO, SF, BinBaum, Text;

VAR
  in: SIO.Reader := SF.OpenRead(prompt:= "Eingabedatei des Baumes: ");
  out: SIO.Writer := SF.OpenWrite(prompt:= "Ausgabedatei des Durchwanderns: ");
  baum: BinBaum.T := BinBaum.Anlegen();
  print: BinBaum.Aktion;

  PROCEDURE PrintBaum(x: BinBaum.ElemT; level: INTEGER) =
  BEGIN
    FOR i:= 0 TO level-1 DO SIO.PutText(" ", out) END;
    SIO.PutInt(x, 3, out); SIO.Nl(out);
  END PrintBaum;

  PROCEDURE PrintSequenz(x: BinBaum.ElemT; level: INTEGER) =
  BEGIN
    SIO.PutInt(x, 1, out); SIO.PutText(", ", out);
  END PrintSequenz;

BEGIN                                                                (*BinUser*)
  WHILE NOT SIO.End(in) DO
    BinBaum.Einfuegen(baum, SIO.GetInt(in));
  END; (*WHILE NOT SIO.End(in)*)

  FOR o:= FIRST(BinBaum.Ordnung) TO LAST(BinBaum.Ordnung) DO
    FOR r:= FIRST(BinBaum.Richtung) TO LAST (BinBaum.Richtung) DO
      IF o = BinBaum.Ordnung.Symm THEN
        print:= PrintBaum                (*Druckt Elemente nach Baum-Format*)
      ELSE
        print:= PrintSequenz                 (*Druckt Elemente in Sequenz*)
      END; (*IF o*)

      BinBaum.Durchwandern(baum, print, o, r);                (*Wandert durch*)

      SIO.PutText("\n\n", out);
    END; (*FOR r*)
  END; (*FOR o*)

  SF.CloseWrite(out);
END Wanderer.
```

Bsp. 12.22: *Klient wandert den Suchbaum verschiedentlich durch*

Die Wurzel ändert sich natürlich in jedem Durchlauf, bis wir entweder zum leeren Baum kommen – nicht gefunden – oder zum Teilbaum, dessen Wurzel den gewünschten Schlüsselwert enthält.

Der Algorithmus für das Einfügen ist fast genauso leicht. Hier müssen wir nach dem gleichen rekursiven Prinzip zu der Stelle kommen – bestimmt ist sie ein Blatt – wo der neue Schlüssel eingefügt werden muß (siehe Bsp. 12.24).

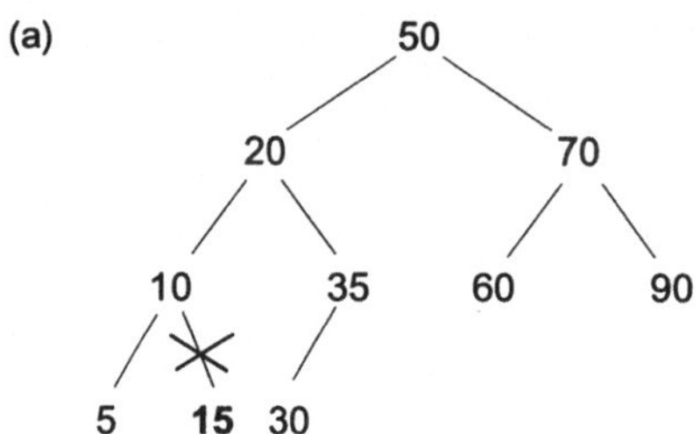

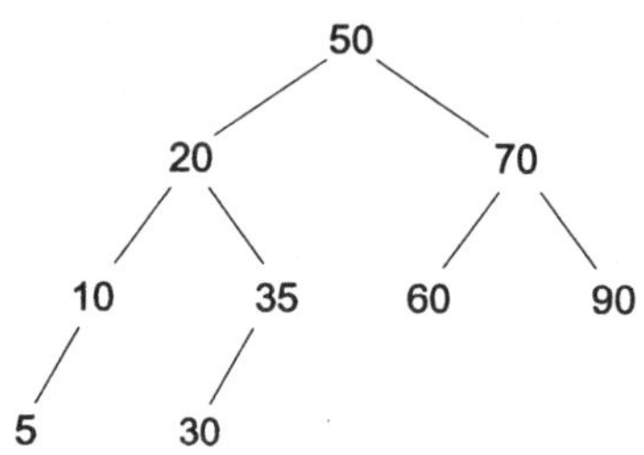

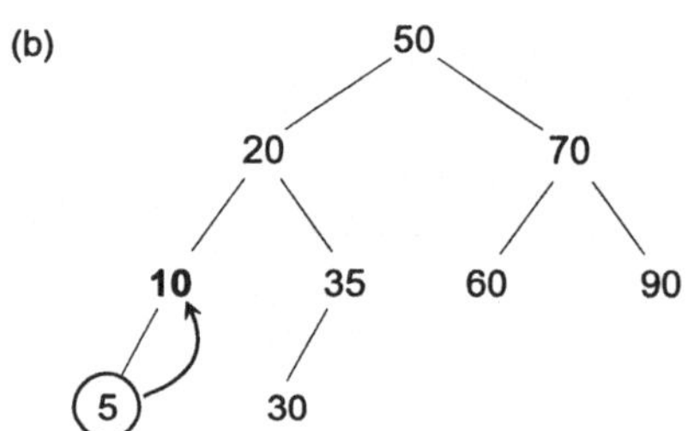

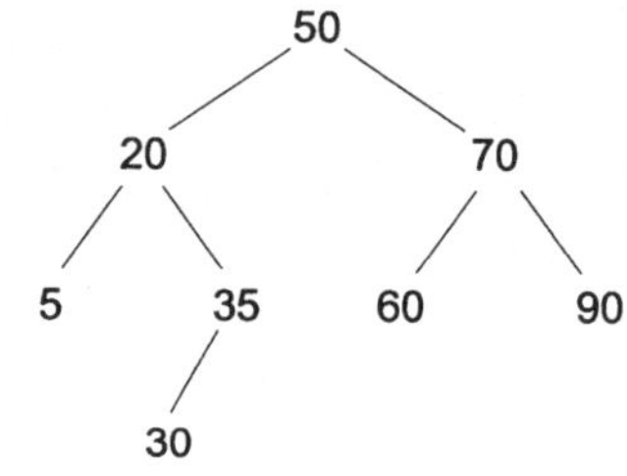

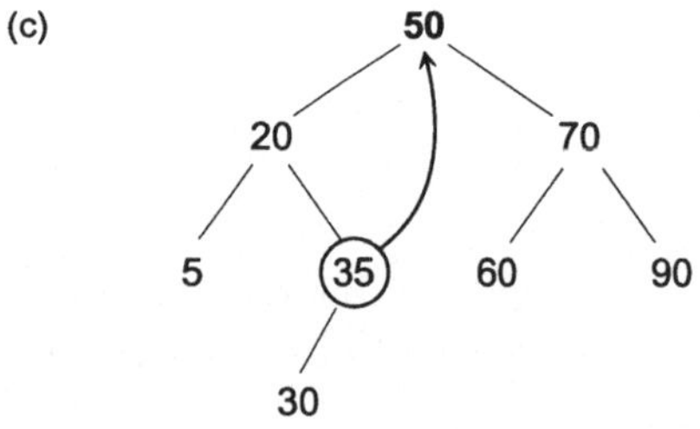

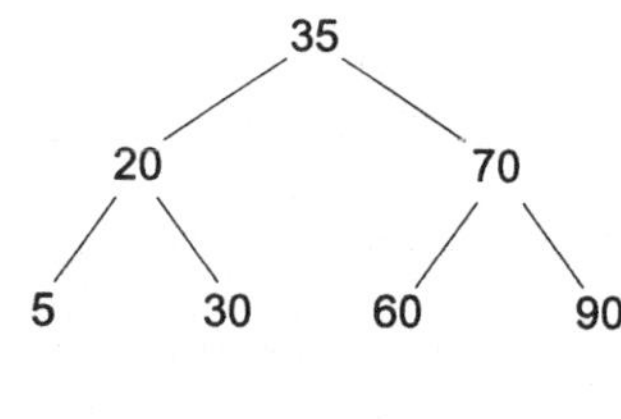

Abb. 12.23: *Löschen der Knoten 15, 10 und 50*

Etwas schwieriger ist der Fall des Löschens. Hier genügt es im allgemeinen nicht, den zu löschenden Knoten zu finden. Ist der zu löschende Knoten ein Blatt, so kann er natürlich sofort gelöscht werden (Abb. 12.23 (a)).

Ist das aber ein Zwischenknoten, so muß sein Vater den Teilbaum des Sohnes übernehmen (sonst fällt der Baum auseinander, was wir vermeiden müssen).

Hat der zu löschende Knoten nur einen Teilbaum, so ist es noch immer einfach: Der Vater des zu löschenden Knoten kann mit dem Zeiger womit er auf diesen Sohn gezeigt hat, seinen Teilbaum übernehmen (Abb. 12.23 (b)). Hat aber der zu löschende Knoten zwei Teilbäume, dann haben wir eine Schwierigkeit: Der Vater kann mit einem Zeiger nicht zwei Teilbäume übernehmen. Deswegen müssen die „gefährdeten" Teilbäume eine neue Wurzel erhalten, und zwar so, daß die Ordnungrelation, die einen Suchbaum definiert, erhalten bleibt. Also entweder der größte Knoten des linken Teilbaums oder der kleinste Knoten des rechten Teilbaums muß als neue Wurzel „einspringen", d. h. den zu löschenden Knoten ersetzen. (Abb. 12.23 (c)). Man beachte, daß das Herauslöschen dieses „Ersatzknotens" immer einfach ist, weil einer seiner Nachfolger leer sein muß – sonst wäre er nicht der größte bzw. kleinste.

Die Prozedur Loeschen im Bsp. 12.24 zeigt die Implementierung der Löschoperation. Hat der zu löschende Knoten zwei Teilbäume ((baum.links # NIL) $\wedge$ (baum.rechst # NIL)), dann wird die Prozedur LinksGroesste aufgerufen. Sie sucht das größte Element im linken Teilbaum und ersetzt damit den zu löschenden Knoten.

Bsp. 12.24: *Implementierung des binären Suchbaumes*

```
MODULE BinBaum;                                    (*05.07.94. CW, LB*) (*Binärbaum*)

  REVEAL
    T = BRANDED REF RECORD
          schluessel: ElemT;
          links, rechts: T := NIL;
        END; (*T*)

  PROCEDURE Anlegen(): T =
  BEGIN
    RETURN NIL                                   (*Ein leerer Baum ist einfach „Nil" *)
  END Anlegen;

  PROCEDURE Suchen(baum: T; e: ElemT): BOOLEAN =
  BEGIN
    IF baum = NIL THEN RETURN FALSE
    ELSIF baum.schluessel = e THEN RETURN TRUE
    ELSIF e < baum.schluessel THEN RETURN Suchen(baum.links, e)
    ELSE RETURN Suchen(baum.rechts, e)
    END; (*IF baum...*)
  END Suchen;
```

```
PROCEDURE Durchwandern(baum: T; aktion: Aktion;
                       ordnung := Ordnung.Symm; richtung := Richtung.Rechts) =

  PROCEDURE PreL(x: T; tiefe: INTEGER) =
  BEGIN
    IF x # NIL THEN
      aktion(x.schluessel, tiefe);
      PreL(x.links, tiefe + 1);
      PreL(x.rechts, tiefe + 1);
    END; (*IF x # NIL*)
  END PreL;

  PROCEDURE PreR(x: T; tiefe: INTEGER) =
  BEGIN
    IF x # NIL THEN
      aktion(x.schluessel, tiefe);
      PreR(x.rechts, tiefe + 1);
      PreR(x.links, tiefe + 1);
    END; (*IF x # NIL*)
  END PreR;

  PROCEDURE SymmL(x: T; tiefe: INTEGER) =
  BEGIN
    IF x # NIL THEN
      SymmL(x.links, tiefe + 1);
      aktion(x.schluessel, tiefe);
      SymmL(x.rechts, tiefe + 1);
    END; (*IF x # NIL*)
  END SymmL;

  PROCEDURE SymmR(x: T; tiefe: INTEGER) =
  BEGIN
    IF x # NIL THEN
      SymmR(x.rechts, tiefe + 1);
      aktion(x.schluessel, tiefe);
      SymmR(x.links, tiefe + 1);
    END; (*IF x # NIL*)
  END SymmR;

  PROCEDURE PostL(x: T; tiefe: INTEGER) =
  BEGIN
    IF x # NIL THEN
      PostL(x.links, tiefe + 1);
      PostL(x.rechts, tiefe + 1);
      aktion(x.schluessel, tiefe);
    END; (*IF x # NIL*)
  END PostL;
```

```
    PROCEDURE PostR(x: T; tiefe: INTEGER) =
    BEGIN
      IF x # NIL THEN
        PostR(x.rechts, tiefe + 1);
        PostR(x.links, tiefe + 1);
        aktion(x.schluessel, tiefe);
      END; (*IF x # NIL*)
    END PostR;
  BEGIN                                                       (*Durchwandern*)
    IF richtung = Richtung.Links THEN
      CASE ordnung OF
        | Ordnung.Pre    => PreL(baum, 0);
        | Ordnung.Symm => SymmL(baum, 0);
        | Ordnung.Post   => PostL(baum, 0);
      END (*CASE ordnung*)
    ELSE                                         (*richtung = Richtung.rechts*)
      CASE ordnung OF
        | Ordnung.Pre    => PreR(baum, 0);
        | Ordnung.Symm => SymmR(baum, 0);
        | Ordnung.Post   => PostR(baum, 0);
      END (*CASE ordnung*)
    END (*IF richtung*)
  END Durchwandern;

  PROCEDURE Loeschen(VAR baum: T; e: ElemT): BOOLEAN =

    PROCEDURE LinksGroesste(VAR x: T) =
    VAR y: T;
    BEGIN
      IF x.rechts = NIL THEN                  (*x zeigt aufs größte Element links*)
        y:= baum;                        (*y zeigt nun auf den zu löschenden Knoten*)
        baum:= x;                       (*baum übernimmt den linksgrößten Knoten*)
        x:= x.links;        (*Der Linksgrößte wird durch seinen linken Teilbaum ersetzt*)
        baum.links:= y.links;                     (*baum übernimmt die Teilbäume...*)
        baum.rechts:= y.rechts;                          (*...des gelöschten Knoten*)
      ELSE                               (*Größte Element links noch nicht gefunden*)
        LinksGroesste(x.rechts)                          (*Suche nach rechts weiter*)
      END;
    END LinksGroesste;

  BEGIN
    IF baum = NIL THEN RETURN FALSE
    ELSIF e < baum.schluessel THEN RETURN Loeschen(baum.links, e)
    ELSIF e > baum.schluessel THEN RETURN Loeschen(baum.rechts, e)
    ELSE                                                            (*gefunden*)
      IF baum.links = NIL THEN baum:= baum.rechts;
      ELSIF baum.rechts = NIL THEN baum:= baum.links;
      ELSE                  (*Der zu löschende Knoten hat zwei nicht leere Teilbäume*)
        LinksGroesste(baum.links)                         (*Suche im linken Teilbaum*)
      END; (*IF baum.links...*)
      RETURN TRUE
    END; (*IF baum...*)
  END Loeschen;
```

```
  PROCEDURE Einfuegen(VAR baum: T; e: ElemT) =
  BEGIN
    IF baum = NIL THEN baum:= NEW(T, schluessel:= e);
    ELSIF e < baum.schluessel THEN Einfuegen(baum.links, e)
    ELSE Einfuegen(baum.rechts, e)
    END; (*IF baum...*)
  END Einfuegen;

BEGIN
END BinBaum.
```

Kapitel 13

Objekte

Das Konzept der *Objektorientierung* fassen viele als eine Krönung der traditionellen, strukturierten Programmierungskonzepte (von denen wir einen Großteil in diesem Buch bis jetzt kennengelernt haben) auf, und viele sehen darin etwas ganz Neues. Beide Sichtweisen haben ihre Berechtigung. Wir versuchen Objektorientierung zunächst als ein ganz neues Konzept vorzustellen und sie dann in die schon bekannte Modula-3-Welt einzubetten.

13.1 Objektorientierte Modellierung

Im Hintergrund der Objektorientierung steht eine gewisse Sichtweise, wie man einen Teil der Realität *modellieren* will.

> Es sei hier gleich am Anfang eine philosophische Bemerkung gestattet. Wir sagen in der Informatik sehr oft, daß wir einen Teil der *Realität* auf ein *Modell* abbilden. Es ist gut, wenn wir uns der Tatsache bewußt werden, daß wir die Realität ohne einen Beobachter nirgends auffinden. Wenn ich sage: das ist hier die reale Welt, so gehört meine Aussage, meine Beobachtung auch dazu. Damit sollte nicht gesagt werden, daß die Welt etwa irreal oder subjektiv sei, nur daß der jeweilige Beobachter mit seiner ganzen Sichtweise auch zu der Welt gehört. Wir haben z. B. guten Grund anzunehmen, daß sich die Welt eines zweijährigen Kindes von der eines Vierzigjährigen ganz grundsätzlich unterscheidet, wobei offensichtlich keine der beiden mehr oder weniger real ist. Der Grundunterschied zwischen der „realen Welt“ und einer modellierten Welt besteht also eher darin, daß bei der „realen Welt“ unsere Sichtweise *unbewußt gegeben* ist, hingegen bei der Modellierung versuchen wir eine *bewußte* Sichtweise einzunehmen. Der Denkprozeß selbst bleibt auch bei der Modellierung unbewußt, aber die Grundkonzepte, auf die wir unser Modell aufspannen, sind bewußt.

Die Sichtweise der objektorientierten Modellierung ist die folgende: Die (modellierte) Welt besteht aus einer Menge von Objekten, die an sich ge-

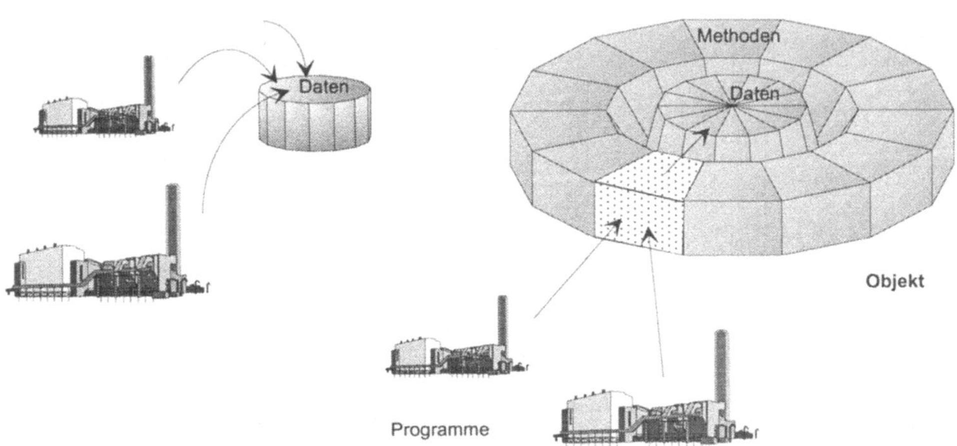

Abb. 13.1: *Objekte*

schlossene Einheiten darstellen. Sie kennen ihre eigene Mikrowelt, wo ihre Zustände in Feldern und ihre möglichen Verhaltensmuster in den sogenannten *Methoden* gespeichert sind (Abb. 13.1). Die Felder heißen auch *Instanzvariablen*. Objekte können mit der „Außenwelt“ – also mit anderen Objekten – kommunizieren: Sie können *Nachrichten* (englisch *messages*) empfangen und senden. Diese Objekte werden nun klassifiziert. Wir sagen, alle gleichartigen Objekte „gehören einer *Klasse* an“ (d. h. sie haben den gleichen Typ).

Diese Art der Modellierung erweist sich für eine Reihe von technischen Problemen als besonders günstig. Würden wir sie auf menschliche Bereiche anwenden, so zeigt sie eine besonders trübsinnige Sichtweise der Gesellschaft: Alle Individuen werden starr nach Merkmalen klassifiziert, sind in sich abgeschlossen, gekapselt und kommunizieren mit der Außenwelt nur über genau festgelegte Kanäle in vorgefertigten Bahnen.

Wenn wir ein derartiges Objekt ansprechen wollen, dann müssen wir ihm eine Nachricht schicken, die Parameter enthalten kann. Die Prozedur, die eine bestimmte Nachricht verarbeitet, heißt bei Objekten *Methode* und ist ebenso nach außen unsichtbar wie die Daten des Objekts. In Form einer Nachricht bekommen wir das Ergebnis zurück. Das ist die einzige Möglichkeit, auf ein Objekt zuzugreifen. Die Nachrichten und deren Parameter stehen dabei von vornherein fest. Damit gleicht ein Objekt einer Datenkapsel (siehe Kap. 10.2.1) – mit dem Unterschied, daß wir beliebig viele Objekte eines bestimmten Typs anlegen können, aber nur eine – *die* – Datenkapsel haben können. Als wir gekapselte Datentypen eingeführt

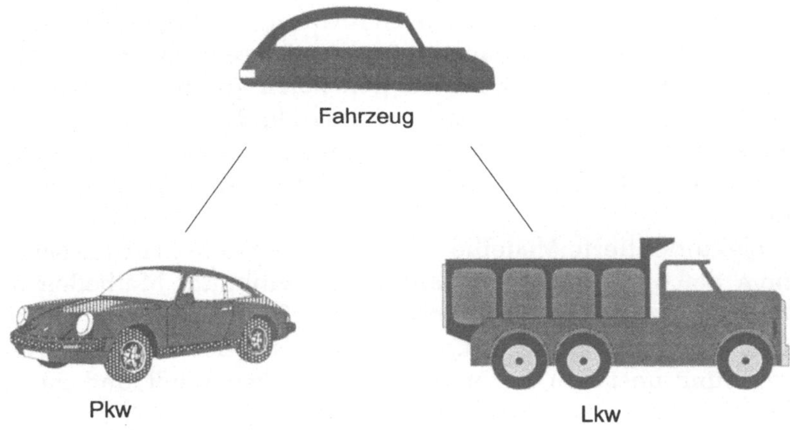

Abb. 13.2: *Klassenhierarchie von Fahrzeugen*

haben (Kap. 11.4), konnten wir gekapselte Daten schon mehrfach anlegen, mußten aber die Operationen getrennt von den Daten zur Verfügung stellen.

Das wirklich neue an Objekten gegenüber Datenkapseln und gekapselten Datentypen ist jedoch ihre Erweiterbarkeit. Sie wird durch das Zusammenführen der Daten und die sie bearbeitenden Methoden erst möglich. Wir können aus bestehenden Objektdefinitionen neue machen, indem wir sagen „nimm diese Definition und füge noch folgende Datenfelder und folgende Methoden hinzu". Damit haben wir eine *Subklasse* gebildet, die ursprüngliche Klasse heißt *Superklasse*.

Subklassen stehen in einer *Ist-Beziehung* (*is-a*) zu ihrer Superklasse: Jedes Objekt einer Subklasse *ist* auch ein Objekt der entsprechenden Superklasse.

Wenn wir etwa die Klasse von Fahrzeugen nehmen, so können wir die Klassen der Pkws und die der Lkws davon ableiten (siehe Abb. 13.2). Von einem jeden Pkw bzw. Lkw können wir sagen, daß er ein Fahrzeug *ist* (nicht aber umgekehrt: Nicht jedes Fahrzeug ist ein Pkw). Die Erweiterbarkeit ist ein großer Vorteil. Wir können zu einem System von Klassen immer neue Subklassen geben, damit erhalten wir ein System mit neuen, zusätzlichen Eigenschaften, ohne die ursprünglichen Eigenschaften zu verlieren. Das ermöglicht uns auch, gewisse Entscheidungen auf einen späteren Zeitpunkt aufzuschieben. Die Klasse von Pkws kann mit der Zeit mit verschiedensten Subklassen erweitert und dadurch spezialisiert werden (etwa Pkws für den Stadtverkehr, Pkws für schwierige Straßenverhältnisse usw.): Sie bleiben aber alle Pkws und *erben* alle Eigenschaften eines Pkws.

Ein ganz besonderer Vorteil der objektorientierten Modellierung liegt im Umgang mit der *Komplexität*. Alles was wir bisher in diesem Buch gesehen haben, geht eigentlich in diese Richtung: Wir haben immer mächtigere Sprachwerkzeuge kennengelernt, um unsere Probleme besser *strukturieren* zu können. Diese Bemühungen liefen auf zwei Fäden: Einmal haben wir die Datenstrukturen, einmal die Ablaufstrukturen strukturiert. Im Konzept des *gekapselten Datentyps* haben wir diese Fäden schon zusammengeführt. Die Objektorientierung verfeinert und erweitert dieses Konzept.

Die objektorientierte Modellierung kann den Großteil des *Lebenszyklus* von einem Softwareprojekt umfassen. Es beinhaltet Methoden der objektorientierten Analyse (*OOA*), des Entwurfs oder Designs (*OOD*) und der Implementierung [RBP+91]. Die objektorientierte Modellierung hat die Vorstellung über den Lebenszyklus stark beeinflußt und modifiziert [Mey89].

Wir haben in der Einleitung schon kurz die *Top-down-* und *Bottom-up-Methode* in der Systementwicklung angesprochen. In der objektorientierten Sicht ist es leichter den Standpunkt häufig zu *wechseln*: Mal schaut man das Ganze vom oben an, mal steigt man hinunter in die einzelnen Komponenten. Insbesondere ist es leichter, *halbfertige Systeme* zu bauen, die fortwährend ergänzt werden. Halbfertig bedeutet allerdings nicht, daß wir etwa Autos entwerfen, die zunächst nur zwei Räder haben, sondern wir können sagen: „das Ding hat einen Motor, der hat die und die Eigenschaften“, ohne den Motor dafür schon fertig ausführen zu müssen. Außerdem können wir z. B. eine Subklasse von Elektroautos, die vielleicht zur Zeit der Erstellung des Informationssystems gar nicht vorgesehen waren, später hinzufügen.

Wir beschränken uns des weiteren auf die objektorientierte *Programmierung*, in der es sich im wesentlichen um die Umsetzung eines schon vorhandenen Modells in ein (Modula-3-)Programm handelt.

Objektorientierung ist heutzutage sicherlich stark in Mode. Deswegen gibt es eine kaum noch überschaubare Literatur darüber und dementsprechend viele Meinungen, was genau Objektorientierung ist und was nicht. Auf diese Diskussionen können wir hier nicht eingehen, wir versuchen, die grundlegendsten Konzepte darzustellen, über die ein weitgehender Konsens besteht. Der Leser sollte aber nicht allzusehr überrascht sein, wenn er unterschiedlichen Auffassungen dieses Themas begegnet. (Zur Vertiefung können wir z. B. [Mey89], [RBP+91], [Heu92] und [Mös93] empfehlen.)

13.2 Objektorientierte Programmierung

In der objektorientierten Programmierung bestehen Objekte aus einem Satz von *Objektfeldern* (die den Zustandsraum des Objektes aufspannen) und *Methoden* (die das Verhalten des Objektes beschreiben). Objekte haben einen Typ, und die einzelnen Objekte sind *Exemplare* oder *Instanzen* von diesem Typ. Objekte werden durch ihre Typzugehörigkeit *klassifiziert*. Es gibt oft – wie z. B. in Modula-3 – eine oberste Klasse, der alle Objekte per definitionem angehören.

Der Begriff Klasse wird unterschiedlich verwendet (wenn der schlechte Witz erlaubt ist: Es herrscht da ein „Klassenkampf"). Einige verstehen darunter den Typ, d. h. das *Schema*, einer Objektgruppe, andere meinen konkrete Sammlungen von Objekten (mit kompatiblem Typ). Die erste Sicht ist eher im Bereich der Programmiersprachen, die zweite in dem der Datenbanken üblich. Wir verstehen hier unter Klasse einfach den Typ der Objekte, möchten aber auf diesen wichtigen Unterschied hinweisen.

13.2.1 Kapselung

Das Objektkonzept ist – wie schon gesagt – eine Weiterentwicklung des Konzeptes der abstrakten Datentypen, so ist Kapselung selbstverständlich eine Grundeigenschaft von Klassen. Im strengsten Sinne dürfen an der Schnittstelle einer Klasse nur Nachrichten (genauer die Signaturen der Nachrichten, also ihr Name zusammen mit der Liste ihrer Parameter) erscheinen, die Instanzvariablen müssen versteckt sein. Viele objektorientierte Programmiersprachen erlauben trotzdem den direkten Zugriff auf die Felder des Objekts.

Klassen (Objekttypen) haben ein „Doppelgesicht": Sie haben einerseits *Klienten*, andererseits *Erben* (Subklassen). Die Klienten nehmen die Dienste einer Klasse in Anspruch, stehen damit in einer *Verwendet-Beziehung* (englisch *uses*). Der Klient der Klasse Pkw kann die Pkws gemäß der Schnittstelle verwenden. Den Klienten genügt meistens eine eingeschränkte Sicht, sie sehen normalerweise nur einen Teil der Schnittstelle der Klasse.

Die Erben, die Subklassen, erben und erweitern die Eigenschaften der Superklasse. Sie stehen in einer *Ist*-Beziehung zu der Superklasse (ein Pkw *ist* ein Fahrzeug, ein Cabrio *ist* ein Pkw). Die müssen die innere Struktur ihrer Superklasse meistens besser kennen als ein Klient. Für die Subklassen muß also eine Klasse normalerweise eine etwas detailliertere Schnittstelle zeigen als für die Klienten.

13.2.2 Vererbung

Objekte einer Subklasse *erben* alle Eigenschaften der Superklasse und können sie noch ergänzen. Subklassen erweitern also normalerweise den Satz der Instanzvariablen und Methoden der Superklasse. Die Vererbung eignet sich besonders gut, um eine *allgemeinere* Klasse zu *spezialisieren*.

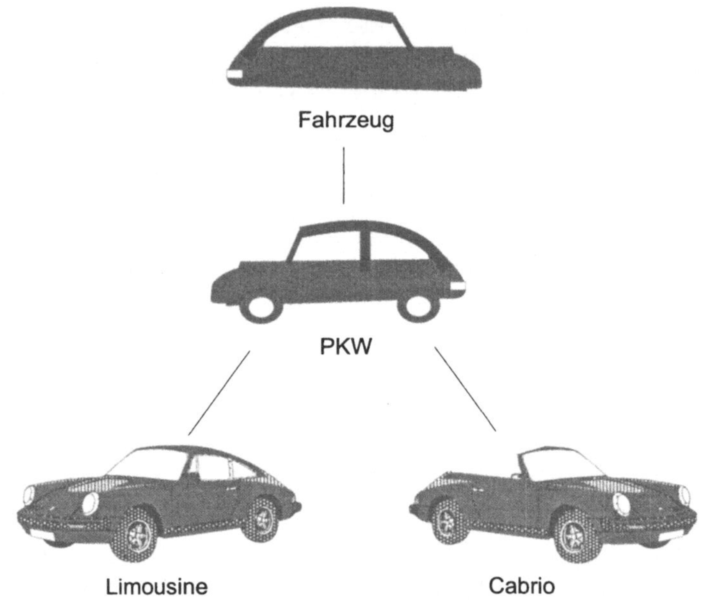

Abb. 13.3: *Die Klasse Pkw dient als abstrakte Superklasse*

Ein Pkw ist eine Spezialisierung von Fahrzeugen, ein Cabrio möglicherweise eine Spezialisierung von einem Pkw. Hier könnte man diskutieren, welches der allgemeinere Fall ist: Ein Auto mit oder ohne Dach? Um diesen Konflikt zu lösen, können wir eine *abstrakte Superklasse* Pkw definieren, die nun lediglich dazu dient, daß wir aus ihr *konkrete Subklassen*, wie etwa Limousine (mit Dach) und Cabrio (ohne Dach) ableiten können (Abb. 13.3). Mit Hilfe der Vererbung können wir eine beliebige *Hierarchie* von Klassen erstellen. Die Subklassenbeziehung entspricht genau der Subtypbeziehung, wie wir sie schon kennen.

13.2.3 Polymorphismus

Variablen, die unterschiedliche Gestalt annehmen können – wir sagen, unterschiedlichen Typ haben können –, nennen wir *polymorphe Variablen*. Prozeduren, die polymorphe Parameter haben, nennen wir *polymorphe Prozeduren*.

Aus dem Umstand, daß ein Objekt einer Subklasse auch ein Objekt der Superklasse *ist*, folgt, daß überall, wo ein Objekt einer Superklasse stehen kann, auch immer ein Objekt der Subklasse stehen kann (aber nicht umgekehrt!). So kann einer jeden Variablen oder einem jeden Parameter von einem bestimmen Typ ein Wert von einem beliebigen Subtyp des gleichen Typs zugewiesen werden. Dadurch sind die Objektvariablen oder

-parameter „vielgestaltig“ (*polymorph*). Eine Objektvariable kann ihren Typ zur Laufzeit ändern. Einer Fahrzeug-Variablen kann eine Lkw-Instanz zugewiesen werden. Wohlgemerkt, nicht die Objektinstanz ändert ihren Typ, sondern die Variable, die unterschiedliche Objektinstanzen enthalten kann. Den aktuellen Typ nennen wir oft *dynamischen Typ*, im Gegensatz zum deklarierten, *statischen Typ*. Eine Zuweisung von Objekten ist dann nicht gestattet, wenn deren dynamischer Typ weder ein Subtyp noch ein Supertyp vom deklarierten Typ ist. Insofern wird der Polymorphismus eingeschränkt, Fahrzeug-Variablen dürfen keine Sparbuch-Objekte zugewiesen werden. Wir sagen „Zuweisungen sind nur entlang der Typhierarchie möglich“ und meinen damit die Typhierarchie, die vom deklarierten Typ ausgeht.

Methoden sind polymorphe Funktionen: Sie sind auf alle Objekte einer Klassenhierarchie anwendbar. Haben wir z. B. einmal die Methode definiert, mit der die Geschwindigkeit von Fahrzeugen bestimmt wird, so wird sie auch auf Pkws, Lkws und Cabrios anwendbar sein. Der Polymorphismus in objektorientierten Sprachen ist eingeschränkt auf Typen einer Klassenhierarchie (über Polymorphismus im allgemeinen siehe mehr z. B. in [Mey89, CW87]).

13.2.4 Dynamische Bindung

Eine polymorphe Funktion kann auf Objekte verschiedener Klassen (der gleichen Klassenhierarchie) angewendet werden. Es ist dabei oft wünschenswert, daß der Algorithmus – in Abhängigkeit von der konkreten Subklasse – mehr oder minder modifiziert wird. Deswegen ist es möglich, daß Subklassen die Methoden der Superklasse *überschreiben* (*override*). Überschreiben bedeutet, daß wir den Algorithmus einer Methode austauschen. Ist die Beschleunigung eines Lkws und die einer Limousine doch etwas spezifisches (bei Lkws muß die Geschwindigkeit z. B. in einem Fahrtenschreiber vermerkt werden), so können die Subklassen Lkw und Limousine die Methode zur Festlegung der Geschwindigkeit überschreiben. Die neue Methode wird durch die gleiche Nachricht gestartet, wird aber etwas Unterschiedliches machen, und zwar in Abhängigkeit davon, ob wir sie an ein Limousine-Objekt oder an ein Lkw-Objekt schicken. Der Mechanismus der *dynamischen Bindung* garantiert, daß – in Abhängigkeit davon, welcher Subklasse das Objekt aktuell gehört – immer die richtige Methode angewendet wird. Ein Algorithmus, der die Geschwindigkeiten verschiedener Fahrzeuge festlegt, sendet an ein Objekt nur die „Setze-Geschwindigkeit“-Nachricht. Welche Methode dann ausgeführt wird, hängt vom Typ des Objektes ab. Die Methoden werden also nicht statisch, zur Compilationszeit, sondern dynamisch, zur Laufzeit, wo die aktuelle Klassenzugehörigkeit schon feststeht, an die Objekte gebunden.

13.2.5 Objektorientierte Anwendungen

Das Spektrum der objektorientierten Anwendungen wird heutzutage immer größer. Neben objektorientierten Programmiersprachen finden z. B. objektorientierte Datenbanksysteme [Heu92] eine immer stärkere Verbreitung. Die erste objektorientierte Anwendung überhaupt war die *Simulation*. Sie wurde mit Hilfe der Programmiersprache *Simula-67* [DDH72] realisiert, die als die erste objektorientierte Programmiersprache gilt. Bei einer Simulation versuchen wir, die statische Struktur und das dynamische Verhalten einer „Miniwelt" nachzuahmen. So kann man z. B. simulieren, wie sich die Warteschlangen in einer Bank oder in einem Produktionsprozeß entwickeln. Bei einer solchen Simulation können wir die einzelnen Maschinen und die Werkstücke, die bearbeitet werden, sehr gut als Objekte darstellen. Sie haben alle ihren eigenen Zustandsraum und ihre eigene Verhaltensweise. Sie haben sowohl räumlich als auch zeitlich eine ziemlich unabhängige Existenz. Gelegentlich müssen sie einander Nachrichten schicken und auch ihren Ablauf *synchronisieren* (siehe Kap. 16). Gerade in diesem Bereich kann die Vererbung gut eingesetzt werden: Es gibt typischerweise abstrakte Objektoberklassen (wie alle Werkstücke, alle Maschinen, Warteschlangen etc.) mit gewissen Gemeinsamkeiten, von denen die konkreten Objektklassen abgeleitet werden können (die Warteschlange eines bestimmten Maschinentyps für ganz bestimmte Werkstücke).

Andere grundlegende und sehr verbreitete Anwendungen sind objektorientierte Benutzeroberflächen (wenn auch nicht alle Benutzeroberflächen objektorientiert sind, die als solche inseriert werden!). Die tatsächliche Verbreitung der objektorientierten Konzepte steht in direktem Zusammenhang mit dem Erfolg der Sprache *Smalltalk* [GR83] und der menügesteuerten Benutzeroberflächen, die praktisch zu gleicher Zeit und am gleichen Ort erfunden worden sind, und zwar Ende der siebziger Jahre im *Xerox Palo Alto Research Center*, kurz *Xerox-Parc* (darum ist in den Büchern über objektorientierte Programmierung bis heute das häufigste Beispiel die Benutzeroberfläche). Die Grundidee besteht darin, daß man ein Objekt am Bildschirm *selektiert* und dann diesem eine Nachricht schickt, die eine Aktion auslöst (z. B. löschen, oder kopieren etc.). Man wählt also zuerst das Objekt und gibt das „Verb" (die Aktion) nachher an. Diese Aktion kann durchaus „objektspezifisch" (genauer gesagt klassenspezifisch sein), d. h., die Aktion einer Subklasse kann eine Verfeinerung oder Spezialisierung einer Aktion der Superklasse sein. Bei der prozeduralen „Denkweise" steht immer die Aktion – die Prozedur – im Mittelpunkt, die dann auf verschiedene Objekte angewendet werden kann.

Diese Idee, zusammen mit all den vorher aufgezählten Konzepten, weist eine sehr wesentliche Eigenschaft auf: *Gleiche* Aktionen werden tatsächlich durch den *gleichen* Programmteil (Code) ausgeführt (*code sharing*), und bei *ähnlichen* Aktionen werden nur die Unterschiede durch zusätzlichen Code bearbeitet. Dabei besteht der Hauptgewinn keineswegs nur darin, daß die Programme kürzer werden (was auch der Fall ist). Man hat es schon früher als ein sehr wichtiges Qualitätsmerkmal einer Benutzeroberfläche angesehen, daß sie den Benutzer nicht damit verwirrt, gleiche oder ähnliche Dienste auf verschiedene Weise anzubieten. Man möchte sich an gewisse Konventionen schnell gewöhnen können, daß z. B. Löschen immer mit der Taste „Löschen", Selektieren immer mit der linken Maustaste usw. geschieht. Es ist unerträglich, wenn sich diese Konventionen von Fall zu Fall ändern. Vor der Objektorientierung hat man diese Eigenschaft so erreicht, daß man strengste Konventionen innerhalb der Entwicklung eines Softwareproduktes eingeführt hat – die entweder eingehalten wurden oder doch nicht ganz. Der objektorientierte Ansatz hat dieses Problem beim Kern gepackt: Werden alle Löschoperationen vom gleichen Code ausgeführt, so wird Löschen eben immer das gleiche Gesicht haben. Muß das Löschen bei gewissen Subklassen doch ein bißchen anders sein als bei einer Superklasse, so wird der gemeinsame Teil noch immer vom gleichen Code bearbeitet, und nur der klassenspezifische Teil wird in der gegebenen Subklasse ausgeführt. Polymorphe Funktionen können Varianten von Klassen bearbeiten, und später können jederzeit neue Varianten hinzukommen, ohne daß man den bestehenden Code ändern muß.

Es sollte aber nicht der Eindruck geweckt werden, daß Objektorientierung ein Wunderheilmittel ist, das alle Schwierigkeiten löst. Es ist z. B. gar nicht so leicht, eine durchgängig objektorientierte Benutzeroberfläche zu entwerfen, also eine tragfähige Hierarchie von abstrakten Klassen zu finden. Dies sollte nach dem nächsten Abschnitt verständlicher werden.

Im folgenden zeigen wir, wie die geschilderten Grundkonzepte (und noch weitere) in Modula-3 ausgedrückt werden können.

13.3 Objekttypen in Modula-3

Wir haben schon erwähnt, daß sich Subklassen- und Suptypenbeziehungen gleichen. Das ist natürlich kein Zufall: Das Subtypkonzept von Modula-3 ist absichtlich so konzipiert. Um dem ersten Merkmal – Kapselung – objektorientierter Programmierung gerecht zu werden, brauchen wir überhaupt keine neuen Sprachelemente. Die im Kap. 11.4 geschilderten Modula-3-Implementierungen von gekapselten Datentypen (z. B. der gekapselte Stapeltyp im Bsp. 11.28) basieren auf *Subtypbildung* und *verdeckte Datentypen*. Das reicht aber nicht, um Vererbung, Polymorphismus und dynamische Bindung zu beschreiben. Dazu bietet Modula-3 einen neuen Typkonstruktor (OBJECT) an, der nun alle wesentlichen Objekteigenschaften bereitstellt.

13.3.1 Deklaration von Objekttypen

Modula-3-Objekte sind Instanzen von Objekttypen (Klassen). Objekttypen bestehen aus *Feldern* (auch *Instanzvariablen* oder *Attribute* genannt) und aus *Methoden*.

Syntax von Objekttypen

```
ObjectType52 = [ TypeName85 | ObjectType52 ] [ Brand58 ]
               "OBJECT" Fields59
               [ "METHODS" Methods61 ]
               [ "OVERRIDES" Overrides63 ] "END".
Methods61    = [ Method62 { ";" Method62 } [";" ] ].
Method62     = Ident89 Signature19 [ ":=" ConstExpr65 ].
Overrides63  = [ Override64 { ";" Override64 } [";" ] ].
Override64   = Ident89 ":=" ConstExpr65.
```

Die typische Form einer Objekttypdeklaration ist:

```
TYPE Objekt = Super OBJECT
                Felder
              METHODS
                Methoden
              OVERRIDES
                Überschreibungen
              END
```

Objekt ist ein Subtyp von Super. Würde der Supertyp fehlen – die Syntax erlaubt es –, so wäre Objekt ein Subtyp des vordefinierten Typs ROOT, der Wurzel aller Klassen. Objekt erbt alle Attribute und Methoden von Super. Das heißt, daß in jeder Instanz von Objekt die gleichnamigen Felder und Methoden zur Verfügung stehen wie in Super. Versuchen wir, eine abstrakte Fahrzeug-Klasse zu formulieren:

```
Fahrzeug = OBJECT
             position: RECORD x, y: REAL END;      (*Koordinaten*)
             geschw: REAL;                (*aktuelle Geschwindigkeit*)
             zuladung: REAL;                (*Masse der Fracht in kg*)
           METHODS
             neuePos(x, y: REAL);                    (*setze Position*)
             setzeGeschw(kmh: REAL);      (*setze Geschwindigkeit*)
             ladeFracht(kg: REAL);            (*addiere zu „zuladung“*)
             entladeFracht(kg: REAL);     (*subtrah. von „zuladung“*)
           END;
```

Unsere Fahrzeuge haben also eine Position, eine Geschwindigkeit und speichern die Masse der Zuladung. Man beachte, daß die Felder normalerweise vor dem Klienten versteckt sein würden, wir sehen später, wie das in Modula-3 mit Hilfe von verdeckten Typen möglich ist (Abschn. 13.4). Diese Fahrzeug-Klasse erweitern wir zu einem abstrakten Pkw, indem wir zusätzlich die Anzahl der beförderten Personen speichern:

```
Pkw = Fahrzeug OBJECT
        insassen: [0..9]:= 0;          (*Anzahl der beförderten Personen*)
      METHODS
        einsteigen(anzahl: [1..9]);        (*addiere zu „insassen“*)
        aussteigen(anzahl: [1..9]);     (*subtrahiere von „insassen“*)
      END;
```

Die Felder werden wie in Records definiert (siehe Kap. 8.2). Die Methodendeklarationen geben die möglichen Nachrichten und deren Parameter an, die die Objektklasse versteht. Irgendwann müssen die Methoden auf konkrete Prozeduren gesetzt werden, sonst sind sie *Nil*. Wir könnten schreiben:

```
⋮
METHODS
  einsteigen(anzahl: [1..9]):= Einsteigen;
⋮
```

Damit wird die Methode namens „einsteigen" auf die Prozedur Einsteigen in der Objektdeklaration direkt gesetzt. Diese Prozedur *implementiert* somit die Methode und muß als ersten Parameter das aktuelle Objekt übernehmen (siehe Abschn. 13.3.3).

Ein Subtypenentwickler, der mit dem Objekt Fahrzeug an sich sehr zufrieden ist, dem aber die Methode zur Geschwindigkeitsregulierung nicht ins Konzept paßt (er hat einen Tempomaten in seinen Pkws eingebaut), kann mit der OVERRIDES-Klausel seine eigene Methode festlegen:

```
SpezialPkw = Pkw OBJECT
               OVERRIDES
                 setzeGeschw:= SetzeTempomat;
               END;
```

Er erzeugt also eine weitere Subklasse, die mit der Pkw-Klasse identisch ist, aber eine andere setzeGeschw-Methode hat. Man beachte, daß hier nur Namen erwähnt werden, die Nachrichtensignatur wurde ja schon in der Superklasse definiert.

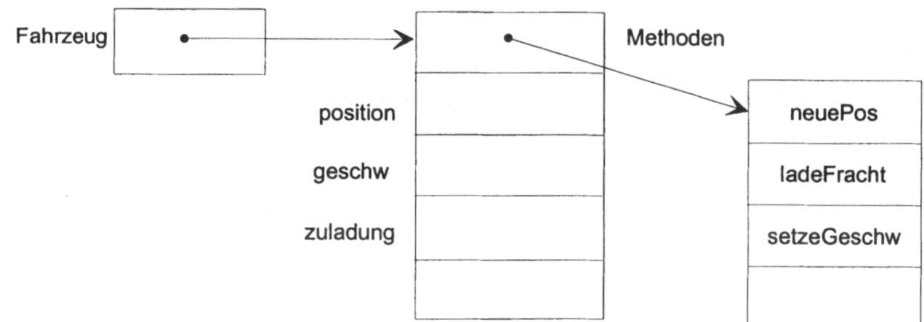

Abb. 13.4: *Schema der Realisierung von Objekten*

13.3.2 Realisierung von Objekten

Objekte sind in Modula-3 immer Referenzen. Sie werden intern als Zeiger auf spezielle Records implementiert. Diese Records haben zusätzlich zu den Feldern des Objektes noch einen Verweis auf eine Methodentabelle (siehe Abb. 13.4). Die interne Repräsentation eines Subtyps ist genau gleich, nur die Liste der Felder und Methoden wird nach hinten erweitert. Es ist klar, daß eine Methode, die für Objekte vom Typ Fahrzeug geschrieben wurde, auch Objekte des Typs Pkw verarbeiten kann, weil Pkws die gleiche Struktur haben – daß sie hinten erweitert ist, stört nicht. Alle Felder, die die Fahrzeug-Methode erwartet, sind bei Pkws mit dem gleichen Typ an der gleichen Stelle im Record gespeichert. Auf die hinteren Felder greift die Methode nicht zu (sie „weiß" möglicherweise gar nichts von deren Existenz). Die Erweiterung um neue Methoden funktioniert analog.

Bei der Subtypisierung werden alle Methoden des Supertyps einfach in die neue Methodentabelle kopiert – wir haben gesehen, daß sie für den neuen Typ ebenso anwendbar sind. Nur überschriebene Methoden werden nicht übernommen. Sie werden in die Tabelle an der entsprechenden Stelle neu eingetragen.

Die dynamische Bindung der Methoden an das aktuelle Objekt ergibt sich nun dadurch, daß jede Methode *beim Objekt selbst* aufgesucht wird. Beim Senden der Nachricht setzeGeschw wird jene Prozedur aufgerufen, die an der entsprechenden Stelle in der Methodentabelle des aktuellen Objekts eingetragen ist. Die Methodentabelle wird sinnvollerweise statisch beim Typ gespeichert (für Objekte desselben Typs sind die Methoden immer gleich). Der Verweis auf sie steht aber in jedem Objekt.

13.3.3 Implementierung von Methoden

Im Bsp. 13.5 sehen wir die Realisierung eines Stapel-Objektes. Der Typ Stack enthält das Feld kopf, das auf den Stapel zeigt. Der Stapel wird als eine Liste von Knoten aufgebaut. Die Methoden, die die Operationen

```
MODULE StackObj EXPORTS Main;                                    (*24.01.95. LB*)

  TYPE
    ET    = INTEGER;                                          (*Typ der Elemente*)
    Stack = OBJECT
              kopf: Knoten := NIL;                          (*zeigt auf den Stack*)
            METHODS
              push(elem:ET):= Push;                     (*Push implementiert push*)
              pop() :ET:= Pop;                            (*Pop implementiert pop*)
              empty(): BOOLEAN:= Empty;               (*Empty implementiert empty*)
            END; (*Stack*)
    Knoten= REF RECORD info: ET; naechster: Knoten END;

  PROCEDURE Push(stack: Stack; elem:ET) =         (*stack: Empfänger-Objekt (self)*)
  VAR neuer: Knoten := NEW(Knoten, info:= elem);              (*Element angelegt*)
  BEGIN
    neuer.naechster:= stack.kopf;
    stack.kopf:= neuer;                              (*Neues Element vorne angehängt*)
  END Push;

  PROCEDURE Pop(stack: Stack): ET =               (*stack: Empfänger-Objekt (self)*)
  VAR erster: ET;
  BEGIN
    erster:= stack.kopf.info;         (*Info aus dem ersten Element herausopiert*)
    stack.kopf:= stack.kopf.naechster;                  (*Erstes Element heraus*)
    RETURN erster
  END Pop;

  PROCEDURE Empty(stack: Stack): BOOLEAN =          (*stack: Empfänger-Obj. (self)*)
  BEGIN
    RETURN stack.kopf = NIL
  END Empty;

VAR
  stack1, stack2 := NEW(Stack);                           (*Stack-Objekte angelegt*)
  i1, i2: INTEGER;
BEGIN
  stack1.push(2);                                          (*2 auf stack1 gestapelt*)
  stack2.push(6);                                          (*6 auf stack2 gestapelt*)
  i1:= stack1.pop();                                      (*Entnehmen vom stack1*)
  i2:= stack2.pop();                                      (*Entnehmen vom stack2*)
END StackObj.
```

Bsp. 13.5: *Stapel als Objekttyp realisiert*

am Stapel definieren, werden durch gewöhnliche Prozeduren *implementiert*. Die Signatur einer solchen Prozedur muß – abgesehen vom ersten Parameter – die Signatur der Methode (was der Signatur der Nachricht entspricht), die sie implementiert, *abdecken*. D. h. abgesehen von Parameternamen, Defaultwerten und Ausnahmemengen müssen die Parameter und der Rückgabetyp *gleich* sein, wenn man den ersten Parameter der Prozedur wegläßt. Der erste Parameter identifiziert das Objekt, d. h. den

Empfänger, dem die Nachricht geschickt wird. Ist der Typ des Objektes T, so muß der Typ des Empfängers ein Supertyp von T (normalerweise T selbst) sein. Dieser Parameter muß ein Wertparameter sein (dadurch wird verhindert, daß eine Methode den eigenen Empfänger zerstört). Das Objekt identifiziert mit diesem Parameter innerhalb der implementierenden Prozedur *sich selbst*. Deswegen wird dieser Parameter oft *self* genannt (in vielen Programmiersprachen ist *self* ein Schlüsselwort, Modula-3 überläßt die Benennung dem Programmierer).

13.3.4 Ansprechen der Objektkomponenten

Die Felder und Methoden eines Objekttyps werden mit Hilfe von qualifizierten Bezeichnern (ähnlich den Recordfeldern) angesprochen. Felder können gelesen und geschrieben, Methoden aufgerufen werden. Ist z. B. o eine Objektvariable mit dem Feld f und der Methode m, dann kann das Attribut als o.f angesprochen und die Methode als o.m(*aktuelle Parameter*) aufgerufen werden.

Im Bsp. 13.5 werden zwei Stapel-Objekte deklariert und mit Hilfe von *New* angelegt. Die angelegten Objekte können nun durch ihre Methoden angesprochen werden.

Mit der bis jetzt verwendeten Terminologie müßten wir den Ausdruck *Methodenaufruf* durch *Senden einer Nachricht* (englisch *message passing*) ersetzen. Wir sagen: Dem Objekt o schicken wir die Nachricht m; o ist der *Empfänger* der Nachricht. Der Ausdruck Methodenaufruf spielt auf die meistens verwendete Implementierung an: Methoden werden – nicht nur in Modula-3 – als Prozeduren implementiert, und das Senden einer Nachricht an ein Objekt kommt einem Aufruf einer Prozedur gleich. Es ist aber wichtig, daß uns folgendes bewußt ist: Das Konzept der Nachrichtenübergabe ist etwas anderes als ein Aufruf. Dieser Unterschied kommt auch in der Syntax gut zum Vorschein: Die Form eines Prozeduraufrufes ist etwa P(o, *aktuelle Parameter*). Damit wird ausgedrückt, daß die gleiche Prozedur auf verschiedene Objekte angewendet werden kann. Die Form des entsprechenden Methodenaufrufs ist o.m(*aktuelle Parameter*). Das drückt aus, daß auf das Objekt die dem dynamischen Typ entsprechende Methode angewendet wird. Der wichtigste inhaltliche Unterschied ist, daß der Prozeduraufruf *statisch*, der Methodenaufruf aber *dynamisch* gebunden wird. Somit steht hinter dem Prozeduraufruf P(o, *aktuelle Parameter*) immer der gleiche Algorithmus, wohingegen hinter o.m(*aktuelle Parameter*) sich verschiedene Algorithmen verbergen können, je nachdem, welcher Klasse o aktuell angehört.

Im Bsp. 13.5 hätten wir tatsächlich statt stack1.push(2) genauso gut Push(stack1, 2) schreiben können. Der Unterschied wird erst bei der Behandlung von Kapselung, Vererbung, Polymorphismus und dynamische

Bindung ersichtlich.

Die Syntax weist auch auf den schon erwähnten Unterschied der prozeduralen und der objektorientierten „Denkweise“ hin: In den *prozeduralen* Programmiersprachen (wie etwa Pascal, Modula-2, C oder Fortran) steht der Algorithmus im Mittelpunkt. Wir entwickeln einen Algorithmus und rufen ihn mit verschiedenen Parametern auf. Das zu bearbeitende Objekt ist selbst ein Parameter. Vorne steht das „Verb“ – was getan wird –, nachher das „Objekt“ – was bearbeitet wird. Bei den objektorientierten Programmiersprachen (wie etwa Modula-3, Eiffel, Oberon-2 oder C++) steht das Objekt vorne, und was damit gemacht wird kommt erst dahinter.

13.3.5 Anlegen von Objekten

Wie schon erwähnt, sind Objekte in Modula-3 immer Referenzen auf unbenannte „Spezialrecords“. Objekte müssen daher mit der vordefinierten *New*-Funktion instanziiert werden. Dabei können die Felder des Objektes auf andere als die Defaultwerte gesetzt werden (vergleiche das Anlegen von Referenzen auf Recordtypen, Kap. 11.2.1). Der Aufruf von

```
pkw:= NEW(Pkw, insassen:= 1)
```

legt ein neues Pkw-Objekt an und setzt gleich das insassen-Feld.

Eine Spezialität von Modula-3 erlaubt auch das Anlegen von Objekten von einem unbenannten Subtyp mit einer sehr ähnlichen Syntax. Eine Instanz vom Typ SpezialPkw, wie wir ihn auf S. 333 definiert haben, hätten wir auch folgendermaßen erzeugen können:

```
meinPkw:= NEW(Pkw, setzeGeschw:= SetzeTempomat)
```

Das ist eine Kurzschreibweise für

```
meinPkw:= NEW(Pkw OBJECT OVERRIDES setzeGeschw:= SetzeTempomat)
```

Beim Erzeugen eines neuen Objekts mit *New* werden die Felder jeweils neu angelegt. Die Methoden einer gegebenen Klasse sind konstant, d. h., sie sind in jedem Objekt dieser Klasse gleich und müssen deshalb physisch nur einmal angelegt werden. Das steht nicht im Widerspruch zur Vererbung und zur Möglichkeit, Methoden in einer Subklasse zu überschreiben. Methoden gehören also zur ganzen Klasse und somit zum Typ. Sie können deshalb auch per Typnamen angesprochen werden. Ist O ein Objekttyp und m eine Methode desselben, so bezieht sich O.m auf diese Methode. Methoden werden auf diese Weise bei sogenannten Supercalls – siehe später – angesprochen. Die Wertzuweisung zwischen Objekten unterliegt den schon angeführten Regeln der Zuweisungskompatibilität (Kap. 7.5 und Kap. 11.3).

Für die Wertzuweisung zwischen Objekten gilt die *Referenzsemantik*, d. h., wenn o1 und o2 zuweisungskompatible Objekte sind, so referenziert o1 nach o1:= o2 den gleichen Satz von Feldern und Methoden wie o2. Wollten wir den Satz duplizieren, so müßten wir die Felder einzeln kopieren (o1.f1:= o2.f1; o1.f2:= o2.f2 ···). Die Methoden kann man nicht kopieren, es ist aber auch nicht notwendig.

13.3.6 Subtypregeln für Objekte

Die meisten Subtypregeln haben wir schon kennengelernt. Für Objekte sind die folgenden zusätzlichen Regeln definiert:

```
ROOT <: REFANY
UNTRACED ROOT <: ADDRESS
NULL <: T OBJECT ··· END <: T <: ROOT
```

Aus diesen Definitionen folgt, daß alle Objekte Referenzen sind. Alle kontrollierten Objekte sind Subtypen von ROOT, der Wurzel aller Objekttypen. Der Typ NULL ist Subtyp von jedem Objekttyp, folglich kann jedes Objekt den Wert NIL erhalten. Wie bei nicht objektwertigen Referenzen auch werden Objekte vom *Garbage Collector* automatisch verwaltet (*kontrolliert*), Objektinstanzen, auf die kein Verweis mehr existiert, werden automatisch freigegeben. Nicht kontrollierte Objekttypen sind Subtypen von UNTRACED ROOT und müssen explizit freigegeben werden (mit der *Dispose*-Prozedur, was nur in kritischen Modulen erlaubt ist, siehe Anh. B.1.4).

13.4 Kapselung von Objekttypen

Bisher haben wir Objekte nur in ihrer vollständig aufgedeckten Form kennengelernt. So können wir die Objekte den Klienten aber nicht präsentieren, wir würden damit das Geheimnisprinzip verletzen. Es wäre auch ganz unsinnig, Klienten einerseits die Methode einsteigen zu zeigen, und andererseits das insassen-Feld trotzdem frei zugänglich zu machen. Wir kennen aber bereits alle Sprachelemente, die das Kapseln von Modula-3-Objekten im Sinne der objektorientierten Programmierung erlauben. Wir werden sie nun zusammensetzen.

Als Beispiel formen wir unser Sparschwein aus dem Kap. 10.2.1 in ein „Sparobjekt" um (Bsp. 13.7). Das Spar-Objekt realisieren wir als einen gekapselten Datentyp. Die Prozeduren Einwerfen und Zerschlagen entfallen, die entsprechenden Methoden (einwerfen und zerschlagen) sind jetzt integrale Teile des Typs T. Den Methodensignaturen folgt keine Wertzuweisung, sie werden damit auf *Nil* initialisiert. Die Implementierung dieser Methoden ist *offengelassen* (*deferred*) [Mey89]. Sie müssen noch durch

```
MODULE Sparer2 EXPORTS Main;                                    (*22.06.94. RM, LB*)

  IMPORT SparObj;
  FROM SIO IMPORT PutText, PutInt, GetInt, Nl;

TYPE
  Sparschweine = ARRAY [0 .. 1] OF SparObj.T;
VAR
  stall: Sparschweine;                                 (*"Stall" von Sparschweinen*)
  summe, index: INTEGER;
  aktiv := NUMBER(Sparschweine);           (*Anzahl nicht zerschlagener Sparschweine*)

BEGIN                                                                   (*Sparer2*)
  PutText("Sparer\n" &
    "Positiver Betrag wird eingeworfen, Negativ zerschlägt\n" &
    "Ungerade Summen gehen in Sparschwein–1, Gerade in Sparschwein–0\n");

  FOR s:= FIRST(stall) TO LAST(stall) DO
    stall[s]:= NEW(SparObj.T).init();                (*Objekt angelegt und initialisiert*)
  END;

  WHILE aktiv > 0 DO
    summe:= GetInt();
    index:= ABS(summe) MOD NUMBER(stall);
    IF summe >= 0 THEN                                                  (*Einwerfen*)
      IF stall[index] # NIL THEN stall[index].einwerfen(summe) END
    ELSE                                                               (*Zerschlagen*)
      PutText("Inhalt von Sparschwein–"); PutInt(index, 1);
      PutInt(stall[index].zerschlagen(), 6); Nl();
      stall[index]:= NIL;                               (*Objekt tatsächlich vernichtet*)
      DEC(aktiv);                 (*Anzahl der nicht zerschlagenen Sparschweine vermindern*)
    END; (*IF summe >= 0*)
  END; (*WHILE aktiv > 0*) (*Alle Sparschweine zerschlagen*)
END Sparer2.
```

Bsp. 13.6: *Verwendung des Sparschwein-Objekttyps*

einen Subtyp (am einfachsten im eigenen Implemetierungsmodell) überschrieben werden.

Die Methode zerschlagen kann das Sparschwein-Objekt „unbrauchbar“ machen, kann es aber nicht auflösen (etwa auf *Nil* setzen), weil der Empfängerparameter immer ein Wertparameter sein muß. Die Auflösung eines Objektes muß vom Klienten durchgeführt werden. Die Objekte werden auch vom Klienten angelegt.

Anlegen und Initialisieren von gekapselten Objekten

Im Kap. 11.4 haben wir ausdrücklich empfohlen, daß an der Schnittstelle eines gekapselten Datentyps immer eine Prozedur angeboten werden sollte, die Exemplare eines verdeckten Typs anlegt und initialisiert. Die Implementierung dieser Prozedur soll sich im Implementierungsmodul befinden, wo die volle Aufdeckung des Typs deklariert ist. Letzteres ist sogar notwendig, weil „gewöhnliche" Referenzen (keine Objekte) nur im Gültigkeitsbereich der vollen Aufdeckung angelegt werden können.

An der Schnittstelle des Sparschwein-Objekts (Bsp. 13.7) haben wir keine Anlegen-Prozedur, dafür aber eine init-Methode angegeben. Das Anlegen haben wir an den Klienten verschoben (Bsp. 13.6). Das ist möglich, weil Objekte auch dann angelegt werden können, wenn ihr Typ verdeckt ist. Warum ist es aber sinnvoll, das Anlegen und Initialisieren bei Objekten zu trennen? Die Antwort liegt in der Vererbung. Entlang einer Typhierarchie können in jedem Subtyp zusätzlich zu den vererbten Feldern neue Felder dazukommen. Je tiefer ein Subtyp in der Hierarchie steht, desto „dicker" ist er. Ein Objekt müssen wir dort anlegen, wo es „am dicksten" ist, wo keine Subtypen mehr dazukommen, also normalerweise beim Klienten. Die versteckten Felder müssen aber weiterhin durch den Besitzer der Aufdeckung initialisiert werden. Deshalb geben wir für jedes Objekt, das an einer Schnittstelle definiert wird, eine init-Methode an. Die init-Methode kann allerdings in trivialen Fällen, wo alle Instanzvariablen mit Konstantenwerten initialsiert werden, fehlen (im Fall des Sparschweins hätten wir eigentlich aus diesem Grunde die init-Methode sparen können).

Der Klient muß gleich nach dem Anlegen eines Objekts dessen init-Methode aufrufen. Diese kann, bevor sie die für sie sichtbaren Felder initialisiert, die init-Methode des Supertyps aufrufen, die wiederum das gleiche machen kann usw. Auf diese Weise kann sich die Initialisierung bis zum Wurzeltyp fortpflanzen (siehe dazu auch die Redefinition von Methoden im Abschn. 13.4.3) Die init-Methode hat meistens – entsprechend einer verbreiteten Konvention – die Signatur einer Funktion mit Rückgabetyp T. Sie gibt als Ergebnis das zu initialisierende Objekt zurück. Da die init-Methode nur auf ein schon (mit *New*) angelegtes Objekt angewendet werden kann, wäre eigentlich eine reine Prozedursignatur ausreichend, da wir das Objekt kennen, das initialisert werden soll. Die Funktionsform hat zwei Vorteile:

1. Der Klient kann die init-Methode direkt bei der Deklaration aufrufen, also z. B.

   ```
   VAR sp := NEW(SparObj.T).init();
   ```

   Wäre init in Form einer reinen Prozedur definiert, so müßte der Klient schreiben:

   ```
   VAR sp := NEW(SparObj.T);
   BEGIN
     sp.init();
   ⋮
   ```

```
INTERFACE SparObj;                                          (*22.06.94. RM, LB*)
  TYPE
    T      <: Public;
    Public = OBJECT
               METHODS
                 init(): T;
                 einwerfen(summe: CARDINAL);                (*Summe einwerfen*)
                 zerschlagen(): CARDINAL;
                           (*Inhalt zurückgeben und Sparschwein "blockieren"*)
               END; (*Public*)
END SparObj.
```

Bsp. 13.7: Schnittstelle des Sparschwein-Objekttyps

```
MODULE SparObj;                                             (*22.06.94. RM, LB*)

  REVEAL
    T = Public BRANDED OBJECT
          inhalt: INTEGER;
        OVERRIDES
          init:= Init;
          einwerfen:= Einwerfen;
          zerschlagen:= Zerschlagen;
        END; (*T*)

  PROCEDURE Init(t: T): T =
  BEGIN
    t.inhalt:= 0;
    RETURN t
  END Init;

  PROCEDURE Einwerfen(t: T; summe: CARDINAL) =
  BEGIN
    <* ASSERT t.inhalt >= 0 *>          (*Fehler beim zerschlagenen Sparschwein*)
    INC(t.inhalt, summe);
  END Einwerfen;

  PROCEDURE Zerschlagen(t: T): CARDINAL =
  VAR s: CARDINAL := t.inhalt;                     (*Sparschweininhalt merken*)
  BEGIN
    t.inhalt:= -1;                       (*Sparschwein wird "unbrauchbar" gemacht*)
    RETURN s
  END Zerschlagen;

BEGIN
END SparObj.
```

Bsp. 13.8: Implementierung des Sparschwein-Objekttyps

Die erste Schreibweise hat den Vorteil, daß der Aufruf der init-Methode weniger vergessen wird: Ein häufiger und unangenehmer Fehler.

2. Der eventuelle Mißerfolg einer Initialisierung kann mit dem Rückgabewert *Nil* signalisiert werden. Damit kann die Instanziierung sofort rückgängig gemacht werden.

Ein „Stall" von Sparschwein-Objekten

Im Klientenmodul (Bsp. 13.6) können wir sehen, wie die Objekte angelegt, initialisiert, ihre Methoden aufgerufen und sie letztlich aufgelöst werden. Ein möglicher Ablauf des Programms im Bsp. 13.6 (ohne Gruß):

```
1 2 3 4 5 6 7 8 9 10 -1 -2
Inhalt von Sparschwein-1 25
Inhalt von Sparschwein-0 30
```

In der Implementierung des Sparschwein-Objekttyps (Bsp. 13.8) werden die in der Schnittstelle definierten Methoden durch eine konkrete Implementierung überschrieben. Man beachte, daß wir durch init ein schon „zerschlagenes" Sparschwein-Objekt wieder „reparieren" können.

13.4.1 Vererbung

Wir erweitern nun unser Sparschwein so, daß es nur Beträge mit gültigen Münzen akzeptiert (nennen wir das Spardose). Ungültige Beträge werden nicht angenommen. Die Spardose ist aber so „intelligent", daß sie sich die Summe der falschen Beträge merkt (sie merkt sich alles, was „daneben" gefallen ist – solche „Wunderdosen" sind zwar eher unwahrscheinlich, im Leben kommt aber auch viel Unwahrscheinliches vor). Diese Art Spar-Dose kann durchaus als eine Spezialisierung des bisherigen Sparschweins aufgefaßt werden. Sie braucht eine zusätzliche Methode um die Summe der falschen Beträge abzufragen, und wir müssen die Methode einwerfen entsprechend ändern (Bsp. 13.9 und 13.10). In der Schnittstelle haben wir die Konstante Gueltig eingeführt, die die Menge der gültigen Münzen definiert. Der Typ SparDose.T ist ein Subtyp von SparObj.T. Dadurch sind alle Felder und Methoden vom Sparschwein auch in der Dose vorhanden. Das versteckte Attribut inhalt ist auch vorhanden, ist aber nicht direkt zugreifbar. Wir haben die veränderte Spezifikation der Methode einwerfen in Form eines Kommentars angegeben. Die Methode daneben ist neu.

In der Implementierung in Bsp. 13.10 wird einwerfen durch eine neue Prozedur überschrieben, die bei erlaubten Beträgen die einwerfen-Methode der Superklasse (SparObj.T) aufruft (die Supermethode wird durch die explizite Angabe des Typnamens bezeichnet). Den Aufruf einer Methode

```
INTERFACE SparDose;                                              (*22.06.94. RM, LB*)
  IMPORT SparObj;

  CONST
    Gueltig = SET OF [1 .. 20] {1, 2, 5, 10, 20};                  (*Gültige Münzen*)
  TYPE
    T <: Public;                                        (*Subtyp von SparObj.Schwein*)
    Public = SparObj.T OBJECT
            METHODS                       (*einwerfen akzeptiert nur gültige Münzen*)
              daneben(): CARDINAL;                          (*Summe der Fehlbeträge*)
            END; (*Public*)
END SparDose.
```

Bsp. 13.9: Spardose-Objekttyp ist Subtyp von SparObj.T

```
MODULE SparDose;                                                 (*22.06.94. RM, LB*)
  IMPORT SparObj;

  REVEAL
    T = Public BRANDED OBJECT
          falschBetrag: CARDINAL := 0;                             (*Zusätzliches Feld*)
        OVERRIDES
          daneben := Daneben;
          einwerfen:= Einwerfen;
        END; (*Dose*)

  PROCEDURE Einwerfen(dose: T; summe: CARDINAL) =
  BEGIN
    IF summe IN Gueltig THEN
      SparObj.T.einwerfen(dose, summe)          (*Methode der Superklasse: Supercall*)
    ELSE
      INC(dose.falschBetrag, summe);
    END;
  END Einwerfen;

  PROCEDURE Daneben(dose: T) : CARDINAL =
  BEGIN
    RETURN dose.falschBetrag
  END Daneben;

BEGIN                                                                   (*SparDose*)
END SparDose.
```

Bsp. 13.10: Implementierung des Spardose-Objekttyps

einer Superklasse nennen wir oft *Supercall*. Man beachte, daß wir das Empfänger-Objekt als ersten Parameter übergeben müssen, wenn wir eine Methode durch den Typnamen ansprechen. Rufen wir die (parameterlose) Methode m „normal" durch ein Objekt o des Typs T auf, so schreiben wir o.m(). Beim Supercall schreiben wir aber: T.m(o). Der Supercall ist eigent-

```
  IMPORT SparDose ;

VAR
  dose: SparDose.T := NEW(SparDose.T).init();          (*Anlegen und initialisieren*)
  summe, inhalt, daneben: INTEGER;

BEGIN                                                                  (*Sparer*)
  :
    IF summe >= 0 THEN                                              (*Einwerfen*)
      dose.einwerfen(summe)                     (*summe sollte eingeworfen werden*)
    ELSE                                                          (*Zerschlagen*)
      daneben:= dose.daneben();                  (*Entnimmt zuerst die Fehlversuche*)
      inhalt:= dose.zerschlagen();            (*Entnimmt den Inhalt der Spardose*)
  :
```

Bsp. 13.11: *Verwendung der Subklasse SparDose*

lich ein Prozeduraufruf: Wir umgehen damit die dynamische Bindung und rufen die Prozedur direkt auf, die die Methode m im Typ T implementiert. Die Methode daneben gibt die Summe der falschen Beträge zurück, die in einem neuen, versteckten Feld gespeichert werden.

Die Verwendung der Spardose ist der eines Sparschweins sehr ähnlich. Im Bsp. 13.11 haben wir nur eine Instanz einer Spardose. Man beachte, daß es wichtig ist, daß wir bei der Deklaration der Variablen dose den Typ (SparDose.T) explizit angegeben haben. Hätten wir nur VAR dose:= NEW(SparDose.T).init() geschrieben, so wäre der statische Typ der Variablen dose aus dem deklarierten Rückgabetyp von init() abgeleitet: also SparObj.T. In diesem Fall wäre der Methodenaufruf dose.daneben() nicht möglich, weil ein SparObj.T-Objekt diese Methode nicht kennt – obwohl der *dynamische Typ* von dose dies im Prinzip erlauben würde. Dieses Beispiel zeigt, daß es tatsächlich ratsam ist, den Typ – außer bei trivialen Fällen – immer explizit anzugeben.

Die Deklaration der Variablen dose im Bsp. 13.11 wirft noch eine Frage auf. Wir weisen damit einem Objekt des Subtyps SparDose.T einen Wert des Supertyps (dem Rückgabetyp SparObj.T von init) zu! Im Kap. 11.3 haben wir gesehen, daß dies erlaubt ist, wenn der Wert auf der rechten Seite im Wertebereich des Typs der linken Seite enthalten ist. Ist diese Bedingung erfüllt? Diese Frage können wir dann beantworten, wenn wir den Ablauf obiger Zuweisung genau verfolgen. Der Aufruf von NEW(SparDose.T) erzeugt ein – namenloses – Objekt vom Typ SparDose.T. Wir schicken diesem Objekt die init-Nachricht (wir rufen seine init-Methode auf), die das gleiche Objekt zurückgibt. Der Typ der Objektinstanz bleibt SparDose.T, somit hat der aktuelle Rückgabewert von init also den Typ SparDose.T. Die Zuweisung ist somit korrekt.

13.4.2 Polymorphismus und dynamische Bindung

Im vorigen Beispiel haben wir zuerst die Klasse der Sparschweine und dann deren Subklasse, die Klasse der Spardosen, entwickelt. Dabei *ist* jede Spardose ein Sparschwein – eben eines von spezieller Art. Damit können wir polymorphe Variablen und Prozeduren verwenden. Um diese Eigenschaft wirklich ausnützen zu können, brauchen wir einige neue Sprachkonstrukte, mit deren Hilfe der dynamische Typ feststellbar ist, bzw. ein Objekt dem dynamischen Typ entsprechend ansprechbar ist. *Narrow* und *Istype* sind eingebaute Funktionen, *Typecase* ist eine neue Anweisung. Der dynamische Typ einer Referenzvariablen kann nur zur Laufzeit geprüft werden, wenn ihr statischer Typ ein kontrollierter Referenztyp oder ein Objekttyp (auch nicht kontrolliert) ist.

Narrow

Die Signatur von *Narrow* ist:

```
NARROW(x: Referenz; T: Referenztyp): T
```

Man beachte, daß der zweite Parameter und das Ergebnis von *Narrow* ein Typ ist (eine solche Signatur ist für benutzerdefinierte Prozeduren in Modula-3 nicht erlaubt). Der Typ muß ein kontrollierter Referenztyp oder ein Objekttyp sein. *Narrow* prüft, ob x im Typ T enthalten ist. Wenn nicht, dann wird ein Laufzeitfehler generiert. Wenn ja, dann wird x unverändert zurückgeliefert, allerdings nicht mehr mit seinem ursprünglichen, statischen Typ, sondern als ein T-Objekt. *Narrow* wird typischerweise in Fällen verwendet, in denen T ein Subtyp des statischen Typs von x ist (daher auch der Name: Wir engen den Typbereich auf den Subtyp ein.) Nehmen wir an, wir haben die folgenden Deklarationen (P1 und P2 sind Prozeduren, sie werden nicht weiter ausgeführt):

```
TYPE
  Super = OBJECT METHODS        m1() := P1 END;
  Sub   = Super OBJECT METHODS m2() := P2 END;
VAR
  super := NEW(Super);
  sub   := NEW(Sub);
```

super hat eine Methode (m1), sub hat diese geerbt und hat die zusätzliche Methode m2. Die folgenden Methodenaufrufe bzw. Wertzuweisung bedeuten keine Schwierigkeit:

```
super.m1();
sub.m1();
sub.m2();
super:= sub;           (*Dynamischer Typ von super wird Sub*)
```

Die letzte Anweisung hat sub super zugewiesen. Damit ändert sich der dynamische Typ von super auf Sub, oder anders ausgedrückt: super zeigt nachher auf ein Sub-Objekt. Die Methode m2 ist also auf super anwendbar. Der Aufruf super.m2() ist aber nicht erlaubt (der Compiler läßt das nicht zu), weil der deklarierte (statische) Typ von super Super ist, der die Methode m2 nicht kennt. Die *Narrow*-Funktion kann uns in dieser Situation helfen:

```
NARROW(super, Sub).m2();
```

Mit der *Narrow*-Funktion stellen wir die Behauptung auf, daß ein Objekt (super) im angegebenen Typ (Sub) enthalten ist und deswegen die zusätzlichen Felder und Methoden (m2) vorhanden sind. Aus diesem Grund läßt der Compiler die obige Anweisung zu: Der Programmierer haftet aber dafür, daß das Objekt tatsächlich im Typ enthalten ist. Ist diese Behauptung falsch (also fehlt z. B. die Wertzuweisung super:= sub), dann führt *Narrow* zu einem Laufzeitfehler.

Istype

Es könnten Situationen auftreten (insbesondere in polymorphen Funktionen), wo wir nicht wissen, welchen dynamischen Typ eine Variable oder ein Parameter hat. In solchen Fällen ist uns *Narrow* zu „streng"; es generiert einen Laufzeitfehler, wenn der dynamische Typ nicht paßt. Hier ist es besser, wenn wir den dynamischen Typ zur Laufzeit abfragen können. Dazu bietet Modula-3 *Istype* und *Typecase* an. Die Signatur von *Istype* ist:

```
ISTYPE(x: Referenz; T: Referenztyp): BOOLEAN
```

Istype ergibt *wahr* genau dann, wenn x im Typ T enthalten ist. Der Typ muß ein kontrollierter Referenztyp oder ein Objekttyp sein. Im obigen Beispiel würde

```
ISTYPE(super, Sub)
```

vor der Wertzuweisung super:= sub *falsch*, nachher aber *wahr* ergeben.

Typecase

Mit Hilfe von *Istype* können wir beliebige bedingte Anweisungen formulieren. Um die Bewertung des *Typs* von Ausdrücken analog zur Bewertung des *Wertes* eines Ausdrucks machen zu können, bietet Modula-3 die *Typecase*-Anweisung an. Sie hat eine ganz ähnliche Syntax wie die *Case*-Anweisung, der Hauptunterschied ist, daß die Werte der *Case*-Marken Typen sein müssen.

Syntax

```
TCaseStmt37 = "TYPECASE" Expr66 "OF" [ Tcase45 ]
                  { "|" Tcase45 } [ "ELSE" Stmts23 ] "END".
Tcase45     = Type48 { "," Type48 } [ "(" Ident89 ")" ] "=>" Stmts23.
```

Die allgemeine Form einer *Typecase*-Anweisung ist:

TYPECASE *Ausdruck* OF
  | Typ_1 ($Hilfsvariable_1$) => $Anweisung_1$
  ⋮
  | Typ_n ($Hilfsvariable_n$) => $Anweisung_n$
  ELSE $Anweisung_0$
END

Der Typ des Ausdrucks muß ein kontrollierter Referenztyp oder ein Objekttyp sein. Alle Typ_i müssen Subtyp von diesem Typ sein. Der *Else*-Zweig, und die Hilfsvariablen sind optional – wie aus der Syntax ersichtlich. Der Gültigkeitsbereich von $Hilfsvariable_i$ ist $Anweisung_i$. Typen ohne Hilfsvariable, die die gleiche Anweisung auswählen sollten, können auch auf einer Liste angegeben werden. Also

| Typ_i => *Anweisung*
⋮
| Typ_k => *Anweisung*

können wir verkürzt so schreiben:

$Typ_i, \cdots Typ_k$ => *Anweisung*

Die *Typecase*-Anweisung wird folgendermaßen ausgeführt: Zuerst wird der Ausdruck berechnet. Ist das Ergebnis in einigen der aufgezählten Typen enthalten, so wird unter denen diejenige Alternative ausgewählt, die zuerst steht (Typ_i mit dem kleinsten i). Daraus folgt, daß wir in einer *Typecase*-Anweisung auf die Reihenfolge der Alternativen acht geben müssen. Ist Typ_1 <: Typ_2 <: Typ_3, so sollte in der *Typecase*-Anweisung Typ_1 oben vorkommen. Würde z. B. Typ_3 zuerst stehen, so würde diese Alternative alle Objekte vom Typ Typ_1 bis Typ_3 „schnappen". Daraus folgt, daß der Typ NULL nur als erste und Typ ROOT nur als letzte Alternative sinnvoll sind.

Man beachte, daß sich die *Typecase*-Anweisung trotz aller syntaktischer Ähnlichkeit von der *Case*-Anweisung wesentlich unterscheidet. Nicht nur, weil sie Typen statt Werte bewertet, sondern auch, weil sie auf die Reihenfolge der Alternativen „empfindlich" reagiert, was bei der *Case*-Anweisung nicht der Fall ist, und somit eher mit der *If-Elsif*-Anweisung vergleichbar ist.

```
MODULE SparPoly EXPORTS Main;                                          (*27.06.94. LB*)

  IMPORT SparObj, SparDose;
  FROM SIO IMPORT PutText, PutInt, GetInt, Nl;

  PROCEDURE Ein(s: SparObj.T; summe: CARDINAL) =
  BEGIN
    s.einwerfen(summe);                (*Die richtige Methode wird automatisch gewählt*)
    IF ISTYPE(s, SparDose.T)                      (*Prüft, ob s vom Typ SparDose.T*)
        AND NOT summe IN SparDose.Gueltig           (*und der Betrag ungültig ist*)
    THEN
      PutText("Ungültiger Betrag für Dose = "); PutInt(summe); Nl();
    END; (*IF ISTYPE(s, SparDose.T)...*)
  END Ein;

  PROCEDURE Aus(s: SparObj.T) =
  VAR t: TEXT;
  BEGIN
    TYPECASE s OF                               (*Prüft den dynamischen Typ von s*)
      | SparDose.T(d) => t:= "dose";                                   (*Spardose*)
                         PutText("Fehlversuche = ");
                         PutInt(d.daneben());        (*d bezeichnet s als Dosenobjekt*)
                         PutText(" ");
      | SparObj.T     => t:= "schwein";                              (*Sparschwein*)
    END; (*TYPECASE s*)
    PutText("Inhalt von Spar" & t & " = ");
    PutInt(s.zerschlagen());                 (*zerschlagen wurde nicht überschrieben*)
    Nl();
  END Aus;

VAR
  dose: SparDose.T := NEW(SparDose.T).init();         (*Anlegen und initialisieren*)
  schwein: SparObj.T := NEW(SparObj.T).init();         (*Anlegen und initialisieren*)
  summe: INTEGER;

BEGIN                                                                     (*Sparer*)
  PutText("SparDose akzeptiert nur gültige Münzen\n" &
    "Positiver Betrag wird eingeworfen, Negativ zerschlägt\n" &
    "Betrag < 6 in die Spardose, sonst in das Sparschwein\n");
  REPEAT
    summe:= GetInt();
    IF summe >= 0 THEN                                                 (*Einwerfen*)
      IF summe < 6 THEN Ein(dose, summe) ELSE Ein(schwein, summe) END;
    ELSE                                                             (*Zerschlagen*)
      Aus(schwein); Aus(dose);
    END; (*IF summe >= 0*)
  UNTIL summe < 0;
END SparPoly.
```

Bsp. 13.12: Polymorphe Prozeduren

Der Typ der $Hilfsvariable_i$ (falls vorhanden) ist Typ_i, sie wird mit dem Wert des Ausdruckes initialisiert. Ist der Ausdruck in keinem der aufgezählten Typen enthalten, so wird der *Else*-Zweig ausgeführt, falls vorhanden, ansonsten wird ein Laufzeitfehler generiert.

Für die Äquivalenz von *Typecase* und *If*-Anweisungen mit *Istype*-Abfragen gelten ähnliche Überlegungen wie für die Äquivalenz der *Case*- und *If*-Anweisung (Kap. 5.4.3). Sie können meistens ohne Schwierigkeit aufeinander zurückgeführt werden, eventuelle Seiteneffekte müssen wir hier auch berücksichtigen.

Im Bsp. 13.12 haben wir sowohl eine Sparschwein- als auch eine Spardoseninstanz deklariert. Die Prozeduren Ein und Aus sind polymorph. Sie haben einen formalen Parameter vom Typ SparObj.T. Nach den Regeln der Zuweisungskompatibilität sind beliebige Subtypen als aktueller Parameter erlaubt, also auch Spardosen. In der Prozedur Ein wird zuerst die Methode einwerfen aufgerufen. Der Mechanismus der dynamischen Bindung sorgt dafür, daß für Sparschwein-Objekte die unbeschränkte, für Spardosen-Objekte aber die beschränkte einwerfen-Methode ausgewählt wird. Wir wollen in dieser Prozedur für den Fall, daß in eine Spardose ein unerlaubter Betrag „eingeworfen“ wurde, eine Fehlermeldung generieren. Dazu fragen wir den dynamischen Typ des Parameters s mit *Istype* ab. Die Prozedur Aus verwendet *Typecase* (könnte natürlich genauso gut *Istype* verwenden), um den dynamischen Typ des Parameters s festzustellen. Ist der Typ SparDose.T, so können wir die Methode daneben aufrufen. Man beachte die Reihenfolge: Würden wir die zwei Alternativen verttauschen, so würde *Typecase* immer nur die alternative SparObj.T ausführen.

Ein möglicher Ablauf von Bsp. 13.12 (ohne Grußtext):

```
1 2 3 4 5 6 7 8 9 10 -1
Ungültiger Betrag für Dose = 3
Ungültiger Betrag für Dose = 4
Inhalt von Sparschwein = 40
Fehlversuche = 7 Inhalt von Spardose = 8
```

13.4.3 Generalisierung

Entwerfen wir ein Sparbuch, das etwas mehr Flexibilität als ein Sparschwein erlaubt. Wir möchten beliebig oft ein- und auszahlen sowie den Kontostand abfragen können. Die Zinsenberechnung lassen wir außer acht.

Die Frage ist: Kann so ein Sparbuch als eine Spezialisierung bzw. Erweiterung des Sparschweins definiert werden? Die Methode einwerfen kann für die Einzahlung verwendet werden, allerdings der Name ist etwas ungeschickt. Viel schlimmer steht es mit der Methode zerschlagen. Dabei wird das Sparschwein „zerstört“. Diese Methode ist bestimmt nicht geeignet,

```
INTERFACE Sparen;                                          (*25.06.94. LB*)
  CONST
    Max = 1.0e10;                                   (*Das reicht zunächst aus*)
  TYPE
    T <: Public;
    Public = OBJECT
           METHODS
             init (startGeld: REAL := 0.0;         (*0 ≤ startGeld ≤ maxInhalt*)
                 maxInhalt: REAL := Max;                (*0 ≤ maxInhalt ≤ Max*)
                 maxDefizit: REAL := 0.0): T;           (*0 ≤ maxDefizit ≤ Max*)
             stand(): REAL;                          (*Gibt Kontostand zurück*)

             bewegen(betrag: REAL): BOOLEAN;
               (*–maxDefizit ≤ betrag + inhalt ≤ maxInhalt. inhalt ist unsichtbar! *)
                   (*Gibt genau dann TRUE zurück, wenn Bewegung erfolgreich*)
         END; (*Public*)
END Sparen.
```

Bsp. 13.13: *Generalisierte Superklasse für Sparen*

um den Inhalt eines Sparbuchs anzuschauen. Damit sind wir bei einem typischen Problem der objektorientierten Programmierung angelangt: Wir können eine Klasse nur dann spezialisieren, wenn sie allgemein genug ist, was für die Klasse Sparschwein nicht zutrifft. Jetzt gibt es folgende Möglichkeiten: Wir legen die interne Struktur vollkommen offen, damit die Erben die Felder in anderer Art und Weise verwenden können, oder wir zerstören gar bei jeder Kontoabfrage das „Schwein" und generieren ein neues. Wir werden im folgenden einen anderen Weg einschlagen, der oft unvermeidbar ist: Wir entwerfen die Klassenhierarchie neu.

Diese Erfahrung könnte einige Leser dazu bringen, objektorientierte Programmierung gleich abzutun, da sie die versprochene Flexibilität doch nicht aufweisen kann. Wir möchten vor einer voreiligen Resignation genauso warnen, wie vor übertriebener Euphorie. Die objektorientierte Technologie hat viele Vorzüge, wir müssen sie aber richtig verwenden lernen. Die Generalisierung einer Superklasse, die zunächst zu speziell ausgefallen ist, gehört zum Alltag des „objektorientierten Programmierers". Die Situation ist noch subtiler: Eine viel zu allgemeine Superklasse ist auch wieder nicht richtig. Wenn alles generisch ist, wenn alle Designentscheidungen aufgeschoben werden, dann ist das genauso schlecht, wie wenn alle Entscheidungen zu früh und rigide getroffen werden. Es bleibt die alte Weisheit: Wir müssen den goldenen Mittelweg finden.

Die Klasse des „generalisierten Sparschweins" soll also so formuliert werden, daß sowohl Sparbücher als auch das Sparschwein selbst als dessen Spezialisierung formuliert werden können. Die erste Entscheidung, die wir treffen, ist, daß wir den Typ der Beträge von *Integer* auf *Real* ändern

```
MODULE Sparer4 EXPORTS Main;                                        (*22.06.94. LB*)

  IMPORT Sparen;
  FROM SIO IMPORT PutText, PutReal, GetReal, LookAhead, GetChar, Nl;

VAR
  sp: Sparen.T := NEW(Sparen.T).init(startGeld:= 200.0, maxDefizit:= 100.0);
  ch: CHAR;

BEGIN                                                                    (*Sparer*)
  PutText("Sparer\n" &
    "Auf Zahlen Kontobewegung, auf K Kontostand, auf Q halt\n");
  REPEAT
    ch:= LookAhead();           (*Prüft erstes Zeichen, ohne vom Reader zu entfernen*)
    CASE ch OF
      | '0' .. '9', '+', '-' =>                                (*Es kommt eine Zahl*)
          IF NOT sp.bewegen(GetReal()) THEN PutText("Fehler\n") END;
      | 'K', 'k', 'Q', 'q' =>                          (*Kontostand oder Aussteigen*)
          PutText("Kontostand = "); PutReal(sp.stand()); Nl();
          EVAL GetChar();                                (*Bewegt die Reader-Position*)
    ELSE                                      (*Zeichen ist weder Zahlanfang noch Kommando*)
      EVAL GetChar();                                          (*Einfach weiterlesen*)
    END; (*CASE GetChar()*)
  UNTIL (ch = 'Q') OR (ch = 'q');
END Sparer4.
```

Bsp. 13.14: *Klient der Klasse Sparen*

(Bsp. 13.13). Dadurch werden wir auch für Groschenbeträge offen und machen es uns leichter mit der späteren Zinsenberechnung, obwohl wir diese in die neue Superklasse noch nicht aufnehmen wollen.

Wir definieren eine init-Methode, die eine Anzahl von Parametern hat. Diese werden mit Defaultwerten versehen. Die erlaubten Bereiche für die Parameter sind als Kommentare angegeben. Neben init definieren wir noch zwei Methoden: bewegen und stand. bewegen erlaubt sowohl einzuzahlen als auch abzuheben; die Richtung der Bewegung hängt einfach vom Vorzeichen des Betrages ab. Der Kommentar gibt den gültigen Bereich des Betrages an. Da inhalt für den Klienten unsichtbar ist, muß das durch die Methode selbst geprüft werden. stand gibt den aktuellen Kontostand zurück.

Ein Klient der Schnittstelle Sparen ist in Bsp. 13.14 und die Implementierung in Bsp. 13.15 zu sehen. Der Klient kann Bewegungen am „Konto“ bewirken, und den Kontostand abfragen. Ein möglicher Ablauf von Bsp. 13.14 (ohne Grußtext):

```
10 20 -15 22 q
Kontostand = 237
```

```
MODULE Sparen;                                                  (*22.06.94. LB*)

  REVEAL
    T = Public BRANDED OBJECT
          inhalt: REAL;                                   (*aktueller Kontostand*)
          max: REAL;                                      (*maximaler Kontostand*)
          min: REAL;                                      (*minimaler Kontostand*)
        OVERRIDES
          init:= Init;
          bewegen:= Bewegen;
          stand:= Stand;
        END; (*T*)

  PROCEDURE Init(self: T; startGeld: REAL := 0.0;
                 maxInhalt: REAL := LAST(REAL);
                 maxDefizit: REAL := 0.0): T =
  BEGIN
    self.inhalt:= startGeld;
    self.max:= maxInhalt;                  (*max darf beim Start nicht negativ sein*)
    self.min:= -maxDefizit;                (*min darf beim Start nicht positiv sein*)
    RETURN self;
  END Init;

  PROCEDURE Bewegen(self: T; betrag: REAL): BOOLEAN =
  BEGIN
    IF betrag >= 0.0 AND betrag <= self.max - self.inhalt OR
       betrag < 0.0 AND betrag >= self.min - self.inhalt
    THEN                                               (*Einzahlen oder Abheben*)
      self.inhalt:= self.inhalt + betrag;
      RETURN TRUE
    ELSE                                               (*Bewegung ist unerlaubt*)
      RETURN FALSE
    END; (*IF betrag >= 0.0...*)
  END Bewegen;

  PROCEDURE Stand(self: T): REAL =
  BEGIN
    RETURN self.inhalt
  END Stand;

BEGIN
END Sparen.
```

Bsp. 13.15: *Implementierung der Klasse Sparen*

Die Implementierung der init-Methode schützt sich nicht gegen falsche Aufrufe. Die Bedingungen der richtigen Initialisierung sind in der Schnittstelle als Kommentar spezifiziert. Der Leser möge sich überlegen, wie man init gegen falsche Parameterwerte robust gestalten könnte. Die Methode bewegen prüft aber, ob die verlangte Bewegung ausführbar ist. Man beachte, daß die Abfragen nicht in der Form self.inhalt + betrag <= self.max, sondern in der äquivalenten Form betrag <= (self.max - self.inhalt) stehen.

```
INTERFACE SparBuch;                                          (*01.07.94. LB*)

  IMPORT Sparen;

  TYPE
    T      <: Public;
    Public =  Sparen.T OBJECT                      (*T ist Subtyp von Sparen.T*)
              METHODS
                alterStand(): REAL;            (*Gibt alten Kontostand zurück*)
              END; (*Public*)

END SparBuch.
```

Bsp. 13.16: Sparbuch.T ist Subtyp von Sparen.T

```
MODULE SparBuch;                                             (*01.07.94. LB*)

  IMPORT Sparen;

  REVEAL
    T = Public BRANDED OBJECT
          alt: REAL;                        (*Speichert den alten Kontostand*)
        OVERRIDES
          init:= Init;
          alterStand:= AlterStand;
        END; (*T*)

  PROCEDURE Init(self: T; startGeld, maxInhalt, maxDefizit: REAL): Sparen.T =
  BEGIN
    EVAL Sparen.T.init(self, startGeld, maxInhalt, maxDefizit);   (*supercall*)
    self.alt:= self.stand();          (*Felder der Superklasse schon initialisiert*)
    RETURN self                            (*Gibt self als Sparen.T zurück*)
  END Init;

  PROCEDURE AlterStand(self: T): REAL =
  VAR a: REAL := self.alt;                          (*Alten Stand kopieren*)
  BEGIN
    self.alt:= self.stand();               (*Alten Stand auf den neuen setzen*)
    RETURN a
  END AlterStand;

BEGIN
END SparBuch.
```

Bsp. 13.17: Implementierung des Sparbuches

Damit können wir einen Überlauf vermeiden, falls self.inhalt + betrag > LAST(REAL) wäre (die Autoren befürchten allerdings nicht, daß bei der Führung ihrer Konten diese Gefahr besteht).

Mit Hilfe des allgemein gehaltenen Typs Sparen.T können wir die verschiedenen Subtypen definieren. Ein Sparschwein-Typ z. B. müßte die Methoden bewegen und stand so überschreiben, daß negative Bewegungen

```
  IMPORT SparBuch;
VAR
  sp: SparBuch.T := NEW(SparBuch.T).init(maxDefizit:= 300.0);
  summe, alterStand, stand: REAL; erfolg: BOOLEAN;
BEGIN                                                        (*Sparer*)
  :
  erfolg:= sp.bewegen(summe);                    (*summe aufs Konto*)
  :
  alterStand:= sp.alterStand();
  stand:= sp.stand();
```

Bsp. 13.18: *Klient des Sparbuches*

(abheben) ignoriert werden und bei der ersten Abfrage des „Kontostandes", jede weitere Bewegung blockiert wird. Das können wir z. B. dadurch erreichen, daß wir das Spar-Objekt mit sp.init(0.0, 0.0, 0.0) reinitialisieren. Danach ist keine Bewegung möglich am Konto – wie bei einem zerschlagenen Sparschwein. Wir haben noch den zusätzlichen Vorteil, daß beim Versuch in ein so gesperrtes Konto einzuzahlen, die bewegen-Methode *falsch* zurückgibt und kein Laufzeitfehler generiert wird. Die Abfrage des Kontos ist allerdings nicht blockiert (stand gibt immer 0 zurück), das wäre durch Überschreiben der Methode aber leicht erzielbar.

Ein Sparbuch mit verschiedenen Salden und Zinsenberechnungen wäre nun auch kein Problem. Wir machen es uns aber einfacher: Wir definieren ein Sparbuch mit der einzigen zusätzlichen Fähigkeit, den alten Kontostand abzufragen. Diese Methode können wir etwa einmal die Woche aufrufen und sehen so leicht, wieviel wir in der Woche ausgegeben haben. Die Abfrage soll dann den alten Stand gleich auf den neuen setzen, An der Schnittstelle brauchen wir dazu eine einzige zusätzliche Methode alterStand (Bsp. 13.16).

In der Implementierung benötigen wir noch ein verstecktes Feld, das den alten Kontostand speichert (Bsp. 13.17). Dieses wird bei einer Abfrage auf den neuen Stand gebracht. Wir müssen neben der neuen Methode auch init überschreiben, da das Feld alt – nachdem die Felder von Sparen.T durch einen Supercall initialisiert worden sind – auch initialisiert werden muß. Der Klient ist im Bsp. 13.18 zu sehen.

Redefinition von Methoden und Feldern

Bauen wir nun eine Spardose über die Klasse Sparen (Spardosen sollen nur gültige Münzen akzeptieren). Wir wünschen uns diesmal eine Spardose, in die etwas anderes als eine gültige Münze, gar nicht hineingeworfen werden kann. Wie können wir das erreichen? Wir könnten eine neue Methode

```
INTERFACE SparBuechse;                                          (*02.07.94. LB*)
  IMPORT Sparen;
  TYPE
    T        <: Public;
    Muenzen= {Einser, Zweier, Fuenfer, Zehner, Zwanziger, Falsch};
    Gueltig  = [Muenzen.Einser .. Muenzen.Zwanziger];
    Public   = Sparen.T OBJECT
               METHODS
                 bewegen(betrag: Gueltig): BOOLEAN;              (*redefiniert!*)
               END; (*Public*)

    PROCEDURE Muenze(t: TEXT): Muenzen;                          (*Hilfsprozedur*)
(*Prüft, ob "t" Münzenname ist. Gibt Münzenwert (eventuell Falsch) zurück*)
END SparBuechse.
```

Bsp. 13.19: *Sparbüchse redefiniert die Methode bewegen*

entwerfen, die nur Beträge eines geeigneten Aufzählungstyps akzeptiert, etwa so:

```
TYPE
  Muenzen = {Einser, Zweier, Fuenfer, Zehner, Zwanziger};
  Dose = Sparen.T OBJECT METHODS
           bewMuenzen(betrag: Muenzen);
         END;
```

Diese Lösung hätte den Nachteil, daß zwar die Methode bewMuenzen tatsächlich nur Münzen akzeptiert, die ererbte Methode bewegen ist aber noch da, und ein undisziplinierter Klient könnte noch beliebige Werte „einwerfen“. Eine andere Möglichkeit wäre, bewegen so umzuschreiben, daß sie für ungültige Werte immer *falsch* zurückliefert. Das ist schon besser, aber nicht genau das, was wir wollen. Wir wollen eine Spardose, die einfach nichts anderes kennt als Münzen. Dazu müßten wir die Signatur der Methode bewegen ändern, was beim Überschreiben nicht erlaubt ist. Deshalb muß die Methode *redefiniert* werden: Also der gleiche Name aber andere Signatur. Ist das erlaubt in Modula-3? Ja, das ist erlaubt, sowohl Methoden als auch Felder können redefiniert werden (im letzteren Fall können wir z. B. den gleichen Namen mit einem anderen Typ neu definieren).

Die Redefinition einer Methode (oder eines Feldes) ähnelt dem Fall, wo wir einen Namen innerhalb eines eingeschachtelten Blockes redeklarieren. Der neue Name überdeckt den alten.

Bei der Redefinition eines Namens in einem Subtyp können wir allerdings auf den überdeckten Namen mit der Hilfe der *Narrow*-Anweisung immer zurückgreifen. Das ist die eher ungewöhnliche Verwendung von *Narrow*: Jetzt engen wir den Typ nicht auf einen Subtyp ein, sondern wir greifen auf den Supertyp zu (in diesem Fall wäre „broaden“ – ausweiten – ein geeigneterer Name).

```
MODULE SparBuechse;                                              (*02.07.94. LB*)
  IMPORT Sparen, Text;
  REVEAL
    T = Public BRANDED OBJECT
        OVERRIDES
          bewegen:= Bewegen;
        END; (*T*)

  PROCEDURE Bewegen(self: T; betrag: Gueltig): BOOLEAN =
  VAR zahl: REAL;
  BEGIN
    CASE betrag OF
      | Muenzen.Einser      => zahl:= 1.0;
      | Muenzen.Zweier      => zahl:= 2.0;
      | Muenzen.Fuenfer     => zahl:= 5.0;
      | Muenzen.Zehner      => zahl:= 10.0;
      | Muenzen.Zwanziger   => zahl:= 20.0;
    END; (*CASE betrag*)
    RETURN NARROW(self, Sparen.T).bewegen(zahl);          (*bewegen vom "Sparen"*)
  END Bewegen;

  PROCEDURE Muenze(t: TEXT): Muenzen =
  CONST G = ARRAY Gueltig OF TEXT
          {"Einser", "Zweier", "Fuenfer", "Zehner", "Zwanziger"};
  VAR muenze: Muenzen; gefunden := 0; m := FIRST(Muenzen);
  BEGIN                           (*Liest Münze (möglicherweise gekürzt) ein*)
    WHILE (m <= LAST(Gueltig)) AND (gefunden < 2) DO
      IF Text.Equal(t, Text.Sub(G[m], 0, Text.Length(t))) THEN
        muenze:= m; INC(gefunden);
      END; (*IF Text.Equal(t, ...*)
      INC(m);
    END; (*WHILE m*)
    IF gefunden = 1 THEN RETURN muenze ELSE RETURN Muenzen.Falsch END;
  END Muenze;

BEGIN                                                            (*SparBuechse*)
END SparBuechse.
```

Bsp. 13.20: *Implementierung überschreibt die redefinierte Methode*

Die Schnittstelle der neuen Spardose (nennen wir sie Sparbüchse) ist im Bsp. 13.19, die Implementierung im Bsp. 13.20 und ein Klient im Bsp. 13.21 zu sehen. Das Modul SparBuechse bietet eine Hilfsprozedur an, die prüft, ob ein Text einen gültigen Münzennamen enthält. Wenn ja, dann gibt sie den entsprechenden Münzenwert, sonst Muenzen.Falsch zurück. Eindeutige Verkürzungen sind dabei zugelassen (die Zeichenkette „Zwa" z. B. identifiziert den Zwanziger eindeutig; die Zeichenketten „Z" oder „Zw" werden aber zurückgewiesen, weil sie mehrdeutig sind). Diese Hilfsprozedur erleichtert dem Klienten die Eingabe von Münzen. Ein möglicher Ablauf von Bsp. 13.21 (Grußtext weggelassen):

```
MODULE SparPoly2 EXPORTS Main;                                    (*02.07.94. LB*)
  IMPORT SparBuechse, SparBuch, Sparen;
  FROM SIO IMPORT GetReal,PutReal,LookAhead,GetText,PutText,GetChar,Nl;

  PROCEDURE Aus(s: Sparen.T) =
  VAR t: TEXT;
  BEGIN
    TYPECASE s OF                          (*Prüft den dynamischen Typ von s*)
      | SparBuechse.T => t:= "buechse";
      | SparBuch.T    => t:= "buch";
      | Sparen.T      => t:= "basis";
    END; (*TYPECASE s*)
    PutText("Inhalt von Spar" & t & " = "); PutReal(s.stand()); Nl();
  END Aus;

CONST
  Zahl = SET OF CHAR {'0' .. '9', '+', '–'};
  Blanks = SET OF CHAR {' ', '\t', '\n'};
VAR
  buechse: SparBuechse.T := NEW(SparBuechse.T).init();
  buch: SparBuch.T := NEW(SparBuch.T).init();
  sp: Sparen.T := NEW(Sparen.T).init();
  muenze: SparBuechse.Muenzen; betrag: REAL; ch: CHAR; t: TEXT;
BEGIN                                                          (*SparPoly2*)
  PutText("betrag < 100 –> Sparbuch, betrag >= 100 –> SparBasis / Q terminiert:\n");
  REPEAT
    ch:= LookAhead();                              (*Nächstes Zeichen prüfen*)
    IF (ch = 'q') OR (ch = 'Q') THEN                             (*Aufhören*)
      Aus(buechse); Aus(buch); Aus(sp);
    ELSE
      IF ch IN Zahl THEN                                     (*Eine Zahl folgt*)
        betrag:= GetReal();
        IF betrag < 100.0 THEN                      (*Betrag in das Sparbuch*)
          EVAL buch.bewegen(betrag)             (*Fehlerabfrage vernachlässigt*)
        ELSE                                       (*Betrag in die Sparbasis*)
          EVAL sp.bewegen(betrag)               (*Fehlerabfrage vernachlässigt*)
        END; (*IF betrag < 100.0*)
      ELSIF ch IN Blanks THEN EVAL GetChar();              (*Blanks überlesen*)
      ELSE                             (*Ein Text folgt, Betrag in die Sparbüchse*)
        REPEAT
          t:= GetText(); muenze:= SparBuechse.Muenze(t);
          IF muenze = SparBuechse.Muenzen.Falsch THEN
            PutText(t & " ist falsche Münze\n")
          END;
        UNTIL muenze # SparBuechse.Muenzen.Falsch;
        EVAL buechse.bewegen(muenze)            (*Fehlerabfrage vernachlässigt*)
      END; (*IF ch IN Zahl*)
    END; (*IF ch = ...*)
  UNTIL (ch = 'q') OR (ch = 'Q');
END SparPoly2.
```

Bsp. 13.21: Klient von SparBüchse, SparBuch und Sparen

```
1 2 5 300 500 Zw Zwanziger Zehner Einser q
Zw ist falsche Münze
Inhalt von Sparbuechse = 31
Inhalt von Sparbuch = 8
Inhalt von Sparbasis = 800
```

Den Unterschied zwischen Überschreiben und Redefinieren können wir so zusammenfassen: Beim Überschreiben einer Methode bleiben Name und Signatur gleich, es gibt eigentlich nur *eine* Methode mit unterschiedlicher Gestalt. Die dynamische Bindung sorgt dafür, daß immer die richtige Variante gefunden wird. Beim Redefinieren hat der Subtyp eine ganz neue Methode, die aber gleich heißt wie beim Supertyp. Daraus folgt, daß wir mit der Redefinition die Kette der dynamischen Bindung „durchschneiden".

Nehmen wir an, wir hätten in der Sparbüchse die Methode stand überschrieben. Dann wäre innerhalb der polymorphen Prozedur Aus des Beispiels 13.21 für Sparbüchse-Objekte die überschriebene Methode ausgewählt (durch die dynamische Bindung). Hätten wir aber stand *redefiniert* (z. B. so, daß sie einen Münzen-Array zurückgibt, also etwa: stand(): ARRAY Gueltig OF CARDINAL) dann würde Prozedur Aus diese Methode *nicht* finden: Sie würde die Methode finden, die dem deklarierten Typ des Parameters s (also Sparen.T) entspricht, also die „Supermethode". Das ist natürlich auch richtig so, da die neue Methode eben eine andere Signatur hat – was würde PutReal mit einem Wert des Münzen-Array anfangen können? Die neue Methode können wir entweder durch eine Variable des redefinierenden Typs (oder seiner Subtypen) z. B. wie buechse.stand(), oder mit Hilfe von *Narrow* (NARROW(s, SparBuechse.T).stand()) aufrufen.

Die Redefinition von Methoden und Feldern kann ein Programm unübersichtlich machen, deshalb ist sie nur mit äußerster Vorsicht zu genießen! Es gibt aber zwei Fälle, wo die Redefinition wirklich nützlich bzw. unerläßlich ist:

1. Es ist oft sinnvoll, die init-Methode mit einer anderen Signatur neu zu definieren.

   Einerseits können wir damit den Rückgabetyp der init-Methode auf den Typ des Subtyps ändern. Hätten wir im Bsp. 13.9 die init-Methode mit der Signatur: init(): SparDose.T redefiniert, so wären die Deklarationen VAR dose: SparDose.T := NEW(SparDose.T).init() und VAR dose := NEW(SparDose.T).init() äquivalent. In diesem Fall macht die Redefinition unser Programm eher überschaubarer.

   Andererseits ist es oft notwendig, daß die init-Methode in einem Subtyp neue Parameter enthält, die beim Supertyp nicht notwendig waren.

Da die init-Methode im „Lebenslauf" eines Objekts normalerweise nur einmal aufgerufen wird, ist bei ihr der Verlust der dynamischen Bindung kein echter Schaden.

2. Wir verwenden manchmal Redefinition, ohne es zu wissen: Wenn wir nämlich eine unsichtbare Methode eines verdeckten Typs zufällig redefinieren. In diesem Fall haben wir damit auch nichts verloren, weil die „zugedeckte" Methode sowieso unzugänglich war.

Wir müssen den Leser darauf aufmerksam machen, daß wir in unserem Beispiel das gesetzte Ziel doch nicht ganz erreicht haben. Man kann unsere Sparbüchse austricksen: Der Klient (Bsp. 13.21) könnte mit der folgenden Anweisung auf die „Supermethode" zurückgreifen und einen beliebigen Betrag in die Sparbüchse „einwerfen":

```
EVAL NARROW(buechse, Sparen.T).bewegen(betrag)
```

Das ist allerdings nur dann möglich, wenn er auch die Schnittstelle Sparen importiert, was in diesem Fall sonst nicht nötig wäre. Importiert ein Klient nur die Schnittstelle Sparbuechse, dann hat er wirklich keine Möglichkeit etwas anderes, als eine gültige Münze in die Sparbüchse einzugeben. Daraus ziehen wir die wichtige Lehre, daß wir auf keinen Fall unnötige Schnittstellen importieren sollten. Bessere Übersetzer geben ohnehin Warnungen aus, wenn Namen oder Schnittstellen nicht verwendet werden – diese sollten wir beachten; nicht verwendete Dinge können einem Leser unserer Programme großes Kopfzerbrechen bereiten.

13.4.4 Die Baum-Klassenhierarchie

Wir zeigen jetzt anhand eines größeren Beispiels, wie wir eine Klassenhierarchie aufbauen. Wir haben im Kap. 12.2.1 die Bäume kennengelernt. Im folgenden Abschnitt wird nun beschrieben, wie wir eine Klassenhierarchie definieren können, die uns erlaubt, verschiedene Baum- und Knotenarten zu behandeln.

Die Wurzelklasse

Wir müssen vor allen anderen Dingen eine Wurzelklasse finden, die genau die Attribute und Methoden hat, die für alle vorstellbaren Erben und Klienten gemeinsam ist. Der Erfolg im Finden einer solchen Wurzelklasse hängt nicht zuletzt davon ab, wie gut wir uns alle künftigen Subklassen vorstellen können. Das ist bei bekannten Problemen (wie z. B. Bäumen) relativ einfach. Bei größeren, uns teilweise unbekannten Problemen ist es unwahrscheinlich, daß wir die Wurzelklasse auf Anhieb finden. In solchen Fällen müssen wir sie eben in mehreren Schritten entwickeln. Wenn wir

```
INTERFACE Baum;                               (*21.01.95 CW, LB*) (*Wurzelklasse Baum*)

  TYPE
    Richtung = {Aufst, Abst};                (*aufsteigende oder absteigende Ordnung*)
    Ordnung = {Pre, Symm, Post};                        (*Durchwanderungsstrategie*)
    Aktion   = PROCEDURE (e: REFANY; tiefe: INTEGER);       (*Aktion beim Knoten*)

    Vergleich = PROCEDURE (d1, d2: REFANY): [-1 .. 1];         (*Ordnungsrelation*)
          (*Vergleich der Inhalte (bzw. der Schlüsselwerte), auf die d1 und d2 zeigen *)
                   (*Ergebnis: 0 wenn d1 = d2; -1 wenn d1 < d2; 1 wenn d1 > d2*)

    ElemT = REFANY;

    T = OBJECT
        METHODS
          init(vergleich: Vergleich): T;     (*Initialisierung, legt die Ordn.rel. fest*)
          suchen (e: ElemT): ElemT;                        (*Sucht ein Element wie e*)
                                          (*Gibt e zurück wenn gefunden, sonst NIL*)
          einfuegen (e: ElemT);                              (*Fügt e in den Baum ein*)
                                     (*Kann das gleiche Element mehrmals einfügen*)
          loeschen (e: ElemT): ElemT;                     (*Löscht das Element wie e*)
                                          (*Gibt e zurück wenn gelöscht, sonst NIL*)
          durchwandern (aktion: Aktion;                   (*Aktion auf jedem Knoten*)
                        ordnung := Ordnung.Symm;        (*Durchwanderungsstrategie*)
                        richtung := Richtung.Aufst);    (*Durchwanderungsrichtung*)
        END; (*T*)
END Baum.
```

Bsp. 13.22: *Schnittstelle der Wurzelklasse Baum*

überhaupt keinen Anhaltspunkt haben, dann können wir die vordefinierte Klasse *Root* nehmen.

Im Fall der Bäume können wir sagen, daß die Methoden suchen, einfügen, löschen und durchwandern bestimmt für alle Baumarten benötigt werden. Sie sind zunächst alle offengelassen, die Implementierung hängt von der Art des Baumes ab (Binärbaum, B-Baum, AVL-Baum usw. siehe [Sed93, OW92]). Deswegen sollten diese Methoden in der Wurzelklasse überhaupt nicht implementiert, sondern nur deklariert werden. Die Semantik müssen wir natürlich – mindestens in Form eines Kommentars – schon hier spezifizieren.

Generizität

Soweit ging es noch ganz einfach. Wir möchten unseren abstrakten Baum auch *generisch* halten. Das würde in diesem Fall bedeuten, daß er nicht nur von der Baumart, sondern auch vom Typ der Knoten unabhängig sein soll. Am einfachsten wäre, wenn wir den gekapselten Datentyp mit einem Typparameter versehen könnten.

Modula-3 kennt zwar keinen Typparameter, bietet aber die Möglichkeit an, Modulparameter anzugeben (siehe im Anh. B.1.5). Wenn wir uns an die Konvention halten, daß der Typname eines gekapselten Datentyps immer T ist, dann können wir einen Typparameter in der Form Modulname.T durchaus haben. Wir könnten also die Schnittstelle der Wurzelklasse als eine generische Schnittstelle definieren, die einen formalen Modulparameter (nennen wir ihn Element) hat. Der Typ der Knoten wäre dann Element.T. Für das Modul Element müssen dann konkrete aktuelle Parameter-Module erstellt werden.

Wir gehen aber einen anderen Weg. Wir *simulieren* Generizität mit Hilfe von Subtypbildung (ähnlich wie im Kap. 11.4.3, Bsp. 11.2). Deswegen wählen wir bei der Wurzelklasse als Elementtyp zunächst einfach die Wurzel aller Referenztypen: *Refany*. Bei den Klienten, die die verschiedenen Knotentypen definieren, werden wir dann diesen Typ durch entsprechende Subtypen ersetzen.

Mit dieser Entscheidung sind wir aber noch immer nicht fertig. Auf einen Baum ist normalerweise irgendeine Ordnung definiert. Die konkrete Auslegung der Ordnungsrelation hängt vom Typ des Knotens ab, der nur dem jeweiligen Klienten bzw. Erben bekannt ist. Bis jetzt haben wir den Typ des Knoten einfach gekannt (z. B. ElemT = INTEGER) – somit war die Ordnungsrelation klar, wir wissen genau, wie wir z. B. zwei *Integer* vergleichen. Hätten wir uns für die Lösung mit einem generischen Modul entschieden, so müßten wir verlangen, daß eine jede Ausprägung vom Element auch eine Prozedur Vergleich liefern muß, die zwei Elemente (des Typs Element.T) vergleichen kann. Bei unserer simulierten Generizität wählen wir die Lösung, daß die Vergleichsprozedur als Parameter der init-Methode angegeben werden muß. Damit sind die Grundzüge der Schnittstelle der Wurzelklasse gegeben (Bsp. 13.22).

Die Schnittstelle ist natürlich der im Bsp. 12.20 recht ähnlich. Der eine Unterschied ist, daß ElemT nicht mehr *Integer* sondern *Refany* ist. Das hat allerdings im engen Sinne mit Objektorientiertheit nichts zu tun: der Begriff der Generizität ist *orthogonal* auf die Objektorientiertheit (d. h. sie sind unabhängig voneinander).

> Es gibt z. B. Programmiersprachen, die Generizität anbieten, aber nicht objektorientiert sind, wie die ursprüngliche Definition von Ada.

Der andere Unterschied besteht darin, daß diese Schnittstelle abstrakter ist, als die im Bsp. 12.20. Dadurch, daß es sich bei dem zentralen Typ um ein *Object* handelt, ist nicht nur die konkrete Implementierung, sondern auch die Möglichkeit für beliebige Subklassen offen. Ein Implementierungsmodul Baum entfällt. Alle Methoden sind offengelassenen und müssen von Subklassen überschrieben werden.

```
INTERFACE BinaerBaum;                         (*06.07.94. CW, LB*)
  IMPORT Baum;
  TYPE T <: Baum.T;                     (*T ist Subtyp von Baum.T*)
END BinaerBaum.
```

Bsp. 13.23: *Klientenschnittstelle des Binärbaums*

Subklasse Binärbaum

Als erste Subklasse der Wurzelklasse Baum werden wir die wichtigste Baumart, den Binärbaum, definieren. Wie wir einen Binärbaum bauen, wissen wir aus dem Kap. 12.2.2. Die Frage ist nur, was sollte an der Schnittstelle erscheinen. Der erste Vorschlag ist: Eigentlich nichts: die Schnittstelle Baum enthält schon alles, was ein Klient braucht. Die Datenstruktur, die die Links- und Rechtsverzweigungen definiert, können wir im Implementierungsteil verstecken.

Wenn wir uns allerdings so entscheiden, dann werden wir möglicherweise keine Subklasse von Binärbäumen spezifizieren können. Die *AVL-Bäume* z. B. ([Sed93, OW92]) sind Binärbäume, bei denen auf die Höhe der Teilbäume eines jeden Knotens eine Einschränkung definiert ist (die Höhen des linken und des rechten Teilbaums eines beliebigen Knotens dürfen sich höchstens um 1 unterschieden). Dadurch erreichen wir, daß sie immer „schön" *ausgeglichen* (*balanciert*) sind, wodurch das Suchen in einem solchen Baum im allgemeinen wesentlich schneller ist, als in einem unausgeglichenen Baum. Um einen AVL-Baum (einigermaßen vernünftig) implementieren zu können, müssen wir aber zu der darunterliegenden Struktur des Binärbaums Zugriff haben. Deswegen treffen wir die folgende Entscheidung: Für Binärbäume spezifizieren wir zwei Schnittstellen: die eine für Klienten und die andere für eventuelle Subklassen.

Die Modula-3-Sprachumgebung bietet uns keine Unterstützung dafür an, diese Schnittstellen – außer durch Konventionen bei der Benennung – zu unterscheiden. Die eingebürgerte Modula-3-Konvention ist, daß die Klientenschnittstelle nach dem Problem benannt wird (z. B. BinaerBaum). An den Namen der Schnittstelle, die die interne Repräsentation der Datenstruktur aufzeigt, wird „Rep" angehängt (z. B. BinBaumRep). In dem jeweiligen Betriebssystem kann man administrative Maßnahmen treffen, daß auf „Reps" nur von autorisierten Modulen zugegriffen werden kann.

Die Klientenschnittstelle ist im Bsp. 13.23 zu sehen. Wir exportieren hier den neuen Typ. Der Klient muß über Binärbäume sonst nichts wissen – außer daß es sie gibt – alles andere ist versteckt.

```
MODULE BinaerBenutzer EXPORTS Main;                                    (*06.07.94 LB *)
  IMPORT SIO, SF, BinaerBaum, Text, Integer;
TYPE
  Person = REF RECORD name: TEXT; info: REFANY END;
  Buch   = REF RECORD katalogNummer: CARDINAL; info: REFANY END;

VAR
  in: SIO.Reader := SF.OpenRead();               (*"in" muß Name-Nummer-Paare enthalten*)
  personBaum : BinaerBaum.T := NEW(BinaerBaum.T).init(NameVergleich);
  buchBaum : BinaerBaum.T := NEW(BinaerBaum.T).init(NummerVergleich);
  person: Person; buch: Buch;

  PROCEDURE NummerVergleich(e1, e2: REFANY): [-1 .. 1] =
  BEGIN
    WITH i1 = NARROW(e1, Buch).katalogNummer,
         i2 = NARROW(e2, Buch).katalogNummer DO
      RETURN Integer.Compare(i1, i2)          (*Integer-Vergleich: Standard-Bibliothek*)
    END
  END NummerVergleich;

  PROCEDURE NameVergleich(e1, e2: REFANY): [-1 .. 1] =
  BEGIN
    WITH t1 = NARROW(e1, Person).name,
         t2 = NARROW(e2, Person).name DO
      RETURN Text.Compare(t1, t2)               (*Text-Vergleich: Standard-Bibliothek*)
    END
  END NameVergleich;

  PROCEDURE Ausgeben(x: REFANY; stufe: INTEGER) =
  BEGIN
    FOR i:= 0 TO stufe-1 DO SIO.PutText(" ") END;
    IF ISTYPE(x, Buch) THEN
      SIO.PutInt(NARROW(x, Buch).katalogNummer, 3); SIO.Nl();
    ELSE
      SIO.PutText(NARROW(x, Person).name & " "); SIO.Nl();
    END;
  END Ausgeben;

BEGIN                                                                      (*BinUser*)
  WHILE NOT SIO.End(in) DO
    person:= NEW(Person); person.name:= SIO.GetText(in);
    personBaum.einfuegen(person);                 (*Baum der Personen wird aufgebaut*)

    buch:= NEW(Buch); buch.katalogNummer:= SIO.GetInt(in);
    buchBaum.einfuegen(buch);                       (*Baum der Bücher wird aufgebaut*)
  END; (*WHILE NOT SIO.End*)
  SIO.PutText("Personen:"); SIO.Nl();
  personBaum.durchwandern(Ausgeben);           (*Baum der Personen wird ausgegeben*)
  SIO.Nl(); SIO.PutText("Bücher:"); SIO.Nl();
  buchBaum.durchwandern(Ausgeben);               (*Baum der Bücher wird ausgegeben*)
END BinaerBenutzer.
```

Bsp. 13.24: Klient der Binärbaumschnittstelle

```
Personen:
         Wanda
Peter
                  Paul
                           Martha
                                    Beate
         Beate

Bücher:
                  134
                           38
         38
                  13
12
         2
```

Abb. 13.25: *Ausgabe von BinaerBenutzer*

Klienten der Binärbaumklasse

Ein Benutzer dieser Schnittstelle ist in Bsp. 13.24 zu sehen. Das Modul importiert nur BinaerBaum. BinBaumRep braucht es nicht zu importieren und sollte es auch nicht! Die Schnittstelle Baum muß der Programmierer natürlich kennen, sonst weiß er die Methodennamen und Signaturen nicht. Importieren muß er aber nur BinaerBaum.

Wir definieren zwei Typen (Person und Buch). Der Schlüssel eines Personen-Records ist ein Text (der Name), der Schlüssel eines Buch-Records ist eine Zahl (Katalognummer). Die weiteren Informationen haben wir in beiden Fällen im info-Feld zusammengefaßt. Der Klient erwartet eine Eingabedatei, in der Namen und Katalognummern in Paaren vorkommen (die übrigen Informationen wollen wir vernachlässigen). Wir wollen die Personen-Records im personBaum und die Buch-Records im buchBaum speichern.

Wir müssen für beide Schlüsseltypen die Vergleichsprozedur (NummerVergleich und NameVergleich) angeben (wir können uns dabei an die von der Sprachumgebung zur Verfügung gestellten Integer- und Text-Schnittstellen stützen, die die gleiche Konvention für den Rückgabewert verwenden, wie die Methode vergleich). Wir geben auch für beide Typen die Aktion an, die beim Durchwandern ausgeführt werden muß (diesmal haben wir eine gemeinsame Prozedur Ausgeben definiert, die für beide Typen funktioniert – wir hätten aber genauso gut je eine Ausgabeprozedur für Namen bzw. Katalognummern schreiben können). Die Prozedur Ausgeben zeigt auch ein Beispiel für die Verwendung des stufe-Parameters.

Der Klient erzeugt die Personen- und Buch-Records und speichert sie in den entsprechenden Bäumen ab. Am Ende werden beide Bäume ausge-

```
INTERFACE BinBaumRep;                                    (*06.07.94. CW, LB*)

  IMPORT Baum, BinaerBaum;

  REVEAL
    BinaerBaum.T <: Public;
  TYPE
    Public = Baum.T OBJECT            (*Öffentlich für Subklassen (<: Baum.T)*)
      wurzel: KnotenT:= NIL;                     (*Wurzel eines Binärbaums*)
      vergleich: Baum.Vergleich;                      (*Vergleichsfunktion*)
    END; (*Public*)

    KnotenT = OBJECT                                       (*Typ vom Knoten*)
      links, rechts: KnotenT := NIL;             (*Zeiger auf Sohn-Knoten*)
      info: Baum.ElemT := NIL;
    END; (*KnotenT*)

END BinBaumRep.
```

Bsp. 13.26: *Subklassenschnittstelle des Binärbaums*

geben (Wurzelknoten ganz links, dann jede Stufe um ein paar Blanks eingerückt). Nehmen wir an, die Eingabedatei enthält die folgenden Einträge: Peter 12 Beate 38 Paul 134 Wanda 2 Martha 13 Beate 38, die Ausgabe des Programms ist in Abb. 13.25 zu sehen.

13.4.5 Subklassen der Binärbäume

Die BinBaumRep Schnittstelle ist in Bsp. 13.26 zu sehen. Hier sind die Datenstrukturen offengelegt, die für eine Subklasse notwendig sind. Die Deklaration von BinaerBaum.T ist ein Beispiel für eine partielle Aufdeckung (vergleiche Kap. 11.4).

Die Wurzel des Baums ist nicht mehr beim Klienten gespeichert, er hat nur eine Referenz auf die Gesamtstruktur – das ist die Objektinstanz selbst. Deswegen wird die Wurzel in einem eigenen Feld wurzel gespeichert. Die Wurzel zeigt auf einen Knotentyp. Dieser enthält die üblichen Zeiger links und rechts sowie beliebige weitere Informationen. Es wäre auch möglich gewesen, den Knotentyp als ein *Ref Record* ··· zu definieren. Dann können wir aber vom Knotentyp keine Subklasse ableiten. Vielleicht wollen wir das auch nicht – wir wissen es im Moment nicht. In einem solchen Zweifelsfall ist es immer besser, die allgemeinere Lösung, also den Objekttyp zu wählen. Für einen Objekttyp müssen wir keine Subklasse definieren, für einen Recordtyp können wir das nicht.

Die Typen müssen hier noch immer nicht vollständig angegeben werden, sie werden letztlich im Implementierungsmodul fertiggestellt. Da die Algorithmen eines Binärbaumes bereits bekannt sind (Kap. 12.2.1, Bsp. 12.24), zeigen wir von der Implementierung nur die interessantesten

```
MODULE BinaerBaum EXPORTS BinaerBaum, BinBaumRep;
  IMPORT Baum;
  REVEAL
    T = Public BRANDED OBJECT
        OVERRIDES
           init:= Init;
           suchen:= Suchen;
           loeschen:= Loeschen;
           einfuegen:= Einfuegen;
           durchwandern:= Durchwandern;
        END; (*T*)

  PROCEDURE Init(baum: T; vergleich: Baum.Vergleich): Baum.T =
    BEGIN
      baum.wurzel:= NIL; baum.vergleich:= vergleich;
      RETURN baum;
    END Init;
  :
  PROCEDURE Einfuegen(baum: T; e: Baum.ElemT) =

    PROCEDURE EinfuegenElm(VAR knoten: KnotenT; neu: Baum.ElemT) =
      BEGIN
        IF knoten = NIL THEN
          knoten:= NEW(KnotenT, info:= neu)
        ELSIF baum.vergleich(knoten.info, neu) > 0 THEN
          EinfuegenElm(knoten.links, neu)
        ELSE
          EinfuegenElm(knoten.rechts, neu)
        END;
      END EinfuegenElm;

    BEGIN                                                        (*Einfuegen*)
      EinfuegenElm(baum.wurzel, e)
    END Einfuegen;
  :
BEGIN
END BinaerBaum.
```

Bsp. 13.27: *Struktur der Binärbaumimplementierung*

Teile (Bsp. 13.27). Durch das wurzel-Feld ist die Implementierung von Suchen, Einfuegen und Loeschen etwas komplizierter geworden (wir zeigen nur Einfuegen): Wir können mit der Rekursion nicht gleich bei baum anfangen, sondern erst bei baum.wurzel. Deswegen sind die Prozeduren selbst nicht rekursiv, sondern sie rufen eine eingeschachtelte rekursive Prozedur auf. Die Abfragen in den Knoten für die Richtung des Weitersuchens sind nun mit Hilfe der vergleich-Prozedur ausgeführt, die – wie schon gesagt – bei der Initialisierung angegeben werden muß.

Die Subklassen von Binärbäumen lassen sich an die Schnittstelle BinBaumRep leicht anhängen. Um einen AVL-Baum zu implementieren, brau-

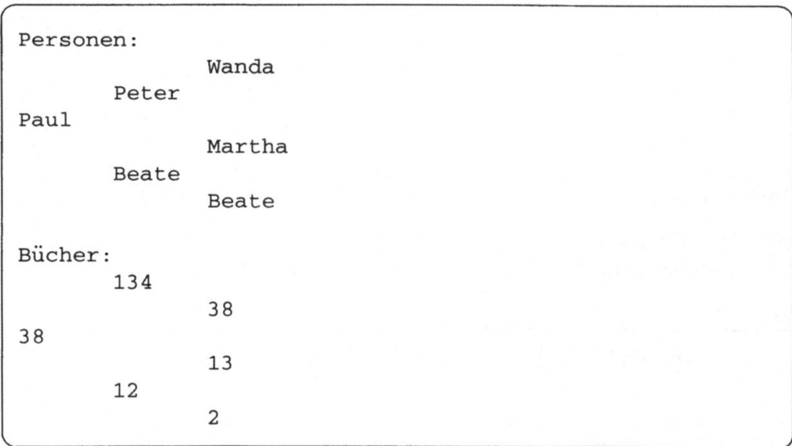

```
Personen:
              Wanda
       Peter
Paul
              Martha
       Beate
              Beate

Bücher:
       134
              38
38
              13
       12
              2
```

Abb. 13.28: *Ausgabe von ausgeglichenen Bäumen*

chen wir eine zusätzliche Schnittstelle, womit wir AVL-Bäume anlegen können (Bsp. 13.29). Sie ist der Klientenschnittstelle von BinaerBaum ganz ähnlich. Die AVLBaumRep-Schnittstelle ist sehr einfach (Bsp. 13.30), wir benötigen nur ein zusätzliches Feld in jedem Knoten, das den Grad der Ausgeglichenheit des Baumes ausdrückt (siehe [Wir75]).

Der Klient des AVL-Baums ist praktisch identisch mit einem Klienten des Binärbaums, nur den Baumtyp muß er statt von BinaerBaum von AVLBaum importieren. Wenn wir im Modul in Bsp. 13.24 BinaerBaum durch AVLBaum ersetzen, so werden eben unsere Namen und Katalognummern nicht mehr in einem gewöhnlichen, sondern in einem ausgeglichenem AVL-Baum gespeichert. Dieses Programm liefert für die gleiche Eingabe (Peter 12 Beate 38 Paul 134 Wanda 2 Martha 13 Beate 38) viel „schönere", ausgeglichenere Bäume (Abb. 13.28).

Da die Implementierung von insert und delete in einem AVL-Baum etwas kompliziert ist, zeigen wir nur die Grundstruktur des Implementierungsmoduls (Bsp. 13.31). Der interessierte Leser findet den detaillierten Algorithmus z. B. in [Wir75] und eine volle Modula-3-Implementierung im angeschlossenen Softwarepaket.

```
INTERFACE AVLBaum;                                          (*08.07.94. CW, LB*)

  IMPORT BinaerBaum;
  TYPE T <: BinaerBaum.T;                    (*T ist Subtyp von BinaerBaum.T *)

END AVLBaum.
```

Bsp. 13.29: Klientenschnittstelle des AVL-Baums

```
INTERFACE AVLBaumRep;                                       (*06.07.94. CW, LB*)

  IMPORT BinBaumRep;
  TYPE
    KnotenT = BinBaumRep.KnotenT OBJECT             (*Öffentlich für Subklassen*)
      ausgleich: [–1 .. 1];                        (*Grad der Ausgeglichenheit*)
    END; (*KnotenT*)

END AVLBaumRep.
```

Bsp. 13.30: Subklassenschnittstelle des AVL-Baums

```
MODULE AVLBaum EXPORTS AVLBaum, AVLBaumRep;                     (*08.07.94. CW*)

  IMPORT BinaerBaum, BinBaumRep;

  REVEAL
    T = BinaerBaum.T BRANDED OBJECT
      OVERRIDES
        loeschen:= Loeschen;
        einfuegen:= Einfuegen;
      END;

  PROCEDURE Einfuegen(baum: T; e: REFANY) =
  ⋮
  PROCEDURE Loeschen(baum: T; e: REFANY): REFANY =
  ⋮
BEGIN
END AVLBaum.
```

Bsp. 13.31: Implementierung des AVL-Baums

Kapitel 14

Persistente Datenstrukturen

Alle Programme, die wir bisher geschrieben haben, kranken an einem entscheidenden Punkt: Wir können sie nicht beenden, ohne alle Daten zu verlieren. Wir haben uns die raffiniertesten Strukturen überlegt, um Daten elegant und effizient im Arbeitsspeicher unseres Rechners zu verteilen. Doch sobald das Programm terminiert – oder bei einem Stromausfall – sind sie alle weg. Im Arbeitsspeicher des Computers sind alle Daten *flüchtig*, sie können nur von einem aktiven Programm angesprochen werden und brauchen den Betriebsstrom des Computers. Deshalb sind praktisch alle Computer mit Speichermedien ausgestattet, die Daten auch ohne dauernde Stromversorgung „behalten" können, diese werden meistens Festplatten oder Disketten – zusammen auch *Hintergrundspeicher* - genannt. Wir müssen unsere Daten also auf den Hintergrundspeicher ablegen, damit sie das Ende des Programms „überleben". Solche nichtflüchtigen Daten nennen wir *persistent*.

In den meisten Sprachumgebungen ist die einzige Möglichkeit, Daten aus dem Arbeitsspeicher in einen Hintergrundspeicher zu übertragen, sie dem Betriebssystem des Rechners zu übergeben. Das Betriebssystem speichert sie dann in sogenannte *Dateien* (englisch *files*) auf die Festplatte oder einem anderen Speichermedium. Umgekehrt können wir später das Betriebssystem auffordern, uns den Inhalt einer bestimmten Datei im Programm wieder zugänglich zu machen. Mit diesem Mechanismus werden wir uns in diesem Kapitel beschäftigen.

Datenbanken

In Dateien speichern wir in der Regel nur Datenstrukturen, die wir auf einmal vom Hintergrundspeicher in den Hauptspeicher oder umgekehrt übertragen. Sind die Datenstrukturen, die wir verwalten sollen, sehr komplex und viel größer als der Arbeitsspeicher unseres Computers, z. B. die Kundenstamm- und die Artikelstammdaten einer größeren Firma, dann

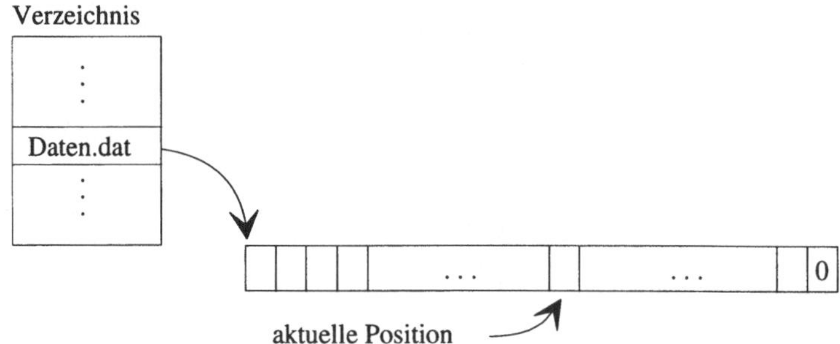

Abb. 14.1: *Datenstruktur einer Datei im Betriebssystem*

reicht dieser Mechanismus nicht mehr aus. Wir verwenden dann spezielle *Datenbanksysteme*, die die Daten nicht nur speichern, sondern auch vielseitig über längere Zeit verwalten. Sie bieten interaktive Ad-hoc-Datenabfragen an – d. h., wir können Informationen über die Daten erhalten, ohne daß ein Programm geschrieben werden muß. Außerdem beachten diese Systeme auch den Aspekt der *Datensicherheit*: Datenbanksysteme werden mit abstürzenden Programmen fertig, ohne daß dabei Daten verloren gehen. Und sie bieten Funktionen zur regelmäßigen Sicherung der Daten auf mehreren Medien an, damit auch Gerätefehler nicht zu Datenverlusten führen. Der Aufbau und die Verwendung solcher Datenbanken ist ein eigener wichtiger Bereich der Informatik [Ull82, Dat90]. In diesem Buch behandeln wir nur das Speichern von kleineren Datenmengen in einzelnen Dateien.

14.1 Dateien

Aus Sicht des Betriebssystems des Computers ist eine Datei eine Sequenz von Informationseinheiten (meistens Bytes). Spezielle *Treiber* (oder englisch *driver*) – das sind Programme des Betriebssystems – sorgen dafür, daß diese Sequenz einem geeigneten *Gerät* (oder englisch *device*), dem Hintergrundspeicher, übertragen wird [FI85]. Dadurch überleben die Daten auch das Ausschalten des Stromes. Damit sie später wiedergefunden werden können, speichert das Betriebssystem auf dem gleichen Gerät *Verzeichnisse* (englisch *directory*) ab, die für jede Datei einen Eintrag mit dem Namen der Datei und der Position der Daten am Gerät enthält.

Das bedeutet, wenn wir Daten persistent machen wollen, dann müssen wir sie in eine Sequenz von Zeichen (Bytes) umwandeln und auf eine Datei schreiben. Um persistente Daten zu lesen, müssen wir umgekehrt eine Reihe von Zeichen von einer Datei lesen und interpretieren.

14.1.1 Zugriff auf Dateien

Grundsätzlich lesen oder beschreiben wir Dateien immer in einem von zwei Modi: *Sequentiell* oder *direkt*. Beim sequentiellen Lesen einer Datei bekommen wir die Daten wie die Musik von einem Tonbandgerät: Vom Anfang bis zum Schluß eins nach dem anderen, ohne die Möglichkeit, Dinge zu überspringen oder „mitten drinnen“ anzufangen. Das direkte Lesen gleicht mehr dem Abspielen einzelner Nummern auf einer CD. Wir geben eine Anfangsposition an und lesen erst ab genau dieser Stelle. Während des Lesens können wir uns entscheiden, nun zu einer ganz anderen Stelle der Datei zu „springen“ und dort weiterzulesen. Für das Beschreiben einer Datei gilt das gleiche umgekehrt.

Der Unterschied zwischen diesen Modi liegt also nur in der Möglichkeit der expliziten Positionierung. Das Betriebssystem hält sich deshalb für jede bearbeitete Datei einen Zähler – die „aktuelle Position“, siehe Abb. 14.1 – der die Stelle bestimmt, von der gelesen oder auf die geschrieben wird. Nach jedem Lesen oder Schreiben eines Zeichens wird diese aktuelle Position um eins erhöht. Beim direkten Zugriff wird dieser Zähler explizit (vom Programm aus) gesetzt.

14.1.2 Zugriffsfunktionen

In der Regel bearbeiten Programme Dateien niemals direkt, sondern verwenden dazu Funktionen des Betriebssystems.

- *Öffnen bzw. Erzeugen der Datei*
  Mit Hilfe des Dateinamens können wir mit dieser Funktion eine Datei „zum Lesen öffnen“ oder „zum Schreiben öffnen“. Zum Öffnen einer Datei liest das Betriebssystem zunächst das Verzeichnis des Gerätes ein, und bekommt über den Dateinamen einen Verweis auf die physische Position der Daten (Abb. 14.1). Die aktuelle Schreib-/Leseposition wird beim Öffnen auf das erste Zeichen der Datei gesetzt. Beim Öffnen zum Schreiben wird normalerweise ein eventuell vorhandener Inhalt gelöscht. Gibt es noch keine solche Datei, dann erzeugt das Betriebssystem eine neue, leere Datei.

  Um den Inhalt einer Datei auch ändern zu können, gibt es noch zwei weitere Funktionen: Öffnen zum Erweitern und zum Lesen/Schreiben . Im ersten Fall werden neu geschriebene Zeichen einfach hinter das bisherige Dateiende gespeichert – wir „hängen“ den neuen Inhalt also an den alten „hinten an“. In diesem Fall ist die Schreibposition nach dem Öffnen also hinter das letzte Zeichen der Datei gesetzt. Mit dem Öffnen zum Lesen/Schreiben stehen uns sowohl Lese- als auch Schreibfunktionen und die Funktionen zum Setzen der Dateiposition (siehe unten) zur Verfügung

- *Lesen von der Datei, Schreiben auf die Datei*
  Mit den Lesefunktionen können wir den Inhalt der Datei lesen, mit den Schreibfunktionen ändern wir den Inhalt. Jeder Schreib- oder Lesebefehl bezieht sich auf die aktuelle Schreib-/Leseposition. Nach dem Lesen oder Schreiben eines Zeichens wird die Position um ein Zeichen weitergeschaltet.

- *Abfragen des Dateiendes*
  Das Lesen über das Ende der Datei (englisch *end of file*, kurz *EOF*) hinaus ist ein Fehler. Deshalb stellt die Sprachumgebung eine Funktion zur Verfügung, mit der abgefragt werden kann, ob das Ende schon erreicht ist.

  Das Schreiben über das Dateiende hinaus verlängert die Datei.

- *Setzen der Schreib- / Leseposition*
  Für Geräte, die das erlauben, bietet das Betriebssystem eine Funktion an, um die Schreib-/Lesefunktion explizit vom Programm aus zu setzen. Damit können wir einzelne Teile der Datei lesen oder ändern, ohne den Rest zu beachten.

- *Schließen der Datei*
  Um sicherzugehen, daß alle Änderungen in einer Datei persistent (also tatsächlich auch am Gerät) gemacht werden, muß die Datei „geschlossen" werden (das ist wegen Zwischenpufferung von Dateiinhalten im Hauptspeicher notwendig, siehe später, Abschn. 14.2.1).

  Doch auch nach dem Lesen von Dateien sollten wir sie prinzipiell schließen. Abb. 14.1 zeigt, daß einige Datenstrukturen zur Behandlung von Dateien nötig sind. Diese sollten immer freigegeben werden, wenn sie nicht mehr gebraucht werden.

14.1.3 Dateien und Arbeitsspeicher

Sowohl Dateien als auch der Arbeitsspeicher sind für den Programmierer Speichermedien für Information. Freilich unterscheiden sie sich wesentlich voneinander:

	Arbeitsspeicher	*Dateien*
Zugriff	typsicher	typlos
	schnell	langsam
Kapazität	weniger Platz	viel Platz
Persistenz	flüchtig	persistent

Für uns als Programmierer ist der größte Unterschied, daß wir auf den Arbeitsspeicher mittels Variablen zugreifen, deren Typ vom Übersetzer geschützt wird. Daten von Dateien bearbeiten wir nur indirekt über den Aufruf von Funktionen der Sprachumgebung. Die Abbildung der Werte von Variablen auf die Struktur des Arbeitsspeichers wird vom Übersetzer erledigt, davon merken wir nichts. Bei Dateien müssen wir uns selbst darum kümmern (wenn auch, wie wir sehen werden, mit Unterstützung der Sprachumgebung). Die anderen Unterschiede betreffen mehr verschiedene physische Eigenschaften der Medien, die, abhängig von den Aufgaben, die wir zu lösen haben, das eine oder andere geeigneter erscheinen lassen.

14.1.4 Dateitypen

Die meisten Betriebssysteme schreiben Daten zwar typlos auf die Datei (vielmehr, sie kennen nur einen Typ, das Zeichen), sie unterscheiden aber mehrere Dateitypen. Mit dem „Typ" einer Datei wird festgelegt, welche Art von Information in der Datei gespeichert wird. Häufig unterscheiden die Betriebssysteme zwischen *Binärdateien* und *Textdateien*. In Textdateien speichern wir menschenlesbare Informationen, dazu müssen wir alle Daten formatieren. Um auf Dateien zuzugreifen, die nur von Programmen bearbeitet werden, ist eine Umformatierung unnötig. In solchen Fällen speichern wir die Information direkt so ab, wie sie im Arbeitsspeicher abgelegt ist. Das ist nicht nur schneller – weil die Formatierung wegfällt –, sondern auch wesentlich kompakter. Solche Daten speichern wir in Binärdateien.

Weitere Beispiele für Dateitypen sind *ausführbare Programme* und *Verzeichnisse*. Schließlich werden andere Ein-/Ausgabegeräte häufig wie Dateien mit speziellem Dateityp behandelt. Für den Programmierer sieht das „Lesen" von der Tastatur und das „Schreiben" auf einen Bildschirm oder Drucker genauso aus, wie das Lesen bzw. Beschreiben einer Datei auf einem Hintergrundspeicher.

Die meisten Großrechnerbetriebssysteme bieten darüber hinaus weitere Zugriffsmethoden als Dateityp an [Tan92]. Je nachdem, ob wir die Information zeichen- oder satzweise lesen oder schreiben wollen, müssen wir einen bestimmten Typ wählen. Beim *satzweisen Zugriff* auf eine Datei tauschen wir immer einen ganze Anzahl von Zeichen mit dem Gerät aus. Ein Satz hat eine feste Anzahl von Zeichen (die *Satzlänge*). Die Satzlänge können wir so einstellen, daß sie genau auf unsere Informationseinheit (z. B. einen Personen-Record) paßt. Die aktuelle Position ist dann eine Satznummer.

14.2 Dateien in Modula-3

Modula-3 selbst stellt keine Sprachkonstrukte zur Behandlung von Dateien zur Verfügung. Wie in den meisten anderen Programmiersprachen müssen wir aber deshalb nicht direkt mit dem Betriebssystem kommunizieren: Die Modula-3-Sprachumgebung stellt uns Objekte und Prozeduren zur Verfügung, die sich für uns um die Details der Aufrufe der Betriebssystemfunktionen kümmern.

Ältere Programmiersprachen (auch noch Pascal [Wir71]) haben die Dateibehandlung in der Sprache unterstützt. Dem Vorteil der automatischen Datenkonversion zwischen Arbeitsspeichervariablen und den Daten auf der Datei stehen Nachteile gegenüber: Die Details der Programmiersprache werden entweder stärker abhängig vom jeweiligen Betriebssystem, oder die Sprache unterstützt nur einen kleinen Teil der Möglichkeiten, die das Betriebssystem bietet. Ersteres führt oft zu einer Vielzahl von Dialekten der Sprache, die jeweils Konstrukte anbieten, die an das entsprechende Betriebssystem angepaßt sind. Bietet die Sprache wiederum zuwenig an, dann weicht der Programmierer häufig auf die direkte Kommunikation mit dem Betriebssystem aus und verwendet die Sprachkonstrukte nur teilweise. Beides ist unbefriedigend und führt insbesondere zu schwer portablen Progammen. Man nimmt deshalb die Dateibehandlung in der Regel aus dem Umfang der Programmiersprachen heraus und gibt sie in die Standardbibliotheken. Dort sind Anpassungen an das jeweilige Betriebssystem einfacher durchzuführen, wie im Übersetzer selbst. Maschinenabhängige Zusatzbibliotheken machen dem Programmierer dann zusätzliche Funktionen des aktuellen Systems zugänglich.

14.2.1 Eingabe- und Ausgabeströme

Die Modula-3-Sprachumgebung bietet uns für den Zugriff auf Dateien sogenannte Ein- und Ausgabeströme an. Sie sind in der Standardbibliothek definiert und heißen dort *reader* und *writer*. Das sind Objekte, die bei ihrer Initialisierung mit einer Datei verbunden werden können. Es ist auch möglich, Ausgabeströme mit dem Bildschirm oder einem Drucker zu verbinden bzw. Eingabeströme mit Eingabegeräten wie Tastatur.

Angenommen, auf dem Hintergrundspeicher gibt es eine Datei mit dem Namen `eingabe.dat`. Folgende Anweisungen verbinden einen Eingabestrom mit dieser Datei:

```
VAR rd: Rd.T;
BEGIN
  rd:= FileRd.Open("eingabe.dat");
  ⋮
```

rd ist das Objekt, das den Eingabestrom repräsentiert. Die Prozedur FileRd.Open[1] initialisiert den Eingabestrom und verbindet ihn mit der Da-

[1]Die Funktionalität der Module FileRd und FileWr waren in früheren Versionen der Modula-3-Bibliothek im Modul FileStream enthalten.

```
MODULE DateiLesen EXPORTS Main;

  IMPORT Rd, FileRd, SIO, SF;

  CONST DateiName = "eingabe.dat";

  VAR rd: Rd.T;                                        (*Das Reader-Objekt *)
    t: TEXT;
  BEGIN
    IF SF.FileExists(DateiName) THEN
      rd:= FileRd.Open(DateiName);                     (*Verbindung mit der Datei *)
      WHILE NOT Rd.EOF(rd) DO                          (*Überprüfung auf Dateiendende *)
        t:= Rd.GetLine(rd);                            (*Lesen bis Zeilenende *)
        SIO.PutText(t); SIO.Nl();
      END;
      Rd.Close(rd)                                     (*Schließen der Datei *)
    END (*IF*)
  END DateiLesen.
```

Bsp. 14.2: *Anzeige der Datei namens „eingabe.dat" am Bildschirm*

tei. rd verwenden wir nun als Verweis auf die Datei. Wollen wir von der Datei lesen, dann könnten wir entweder

```
t:= Rd.GetLine(rd);
```

oder

```
c:= Rd.GetChar(rd);
```

aufrufen. GetLine liest die Datei bis zum nächsten Zeilenvorschubzeichen und weist die Information der Variablen t vom Typ *Text* zu. GetChar liest nur ein einziges Zeichen von der Datei. Mit

```
Rd.EOF(rd)
```

können wir prüfen, ob das Ende der Datei schon erreicht ist. Das Lesen einer Datei erfolgt deshalb praktisch immer in einer *While*-Schleife, wie im Bsp. 14.2 zu sehen ist: Es zeigt ein Programm, das den Inhalt der Textdatei `eingabe.dat` liest und am Bildschirm anzeigt. Vor dem Lesen einer Datei ist es meistens erforderlich, zu prüfen, ob die Datei überhaupt zugänglich ist. Im Bsp. 14.2 wird die Funktion SF.FileExits dafür verwendet. Sie gibt *wahr* zurück, wenn die Datei lesbar ist. Das Modul SF (*simple files*) enthält einige Hilfsfunktionen, die oft benötigte Dateibehandlungsfunktionen einfacher machen, als die viel flexibleren aber auch komplizierteren Funktionen der Bibliothek (siehe Anh. C.3.4).

Das Schreiben einer Datei funktioniert analog: Wir verbinden einen Ausgabestrom mit einer Hintergrundspeicherdatei. Die Datei muß noch nicht existieren, sie wird automatisch neu angelegt. Existiert sie bereits,

```
MODULE DateiSchreiben EXPORTS Main;

  IMPORT Wr, FileWr;

  CONST DateiName = "ausgabe.dat";

  VAR wr: Wr.T;                                    (*Das Writer-Objekt *)
  BEGIN
    wr:= FileWr.Open(DateiName);                   (*Verbindung mit der Datei *)
    Wr.PutText(wr, "erste Zeile\n");               (*Ausgabe auf die Datei *)
    Wr.PutText(wr, "2\n");
    Wr.PutText(wr, "—-Ende—-\n");
    Wr.Close(wr)                                   (*Schließen der Datei *)
  END DateiSchreiben.
```

Bsp. 14.3: *Schreiben der Datei „ausgabe.dat"*

dann wird sie überschrieben, ihr alter Inhalt geht verloren. Mit Wr.PutText oder Wr.PutChar beschreiben wir die Datei. Bsp. 14.3 zeigt, wie eine Datei `ausgabe.dat` mit drei Textzeilen beschrieben wird.

Die Schnittstellen für die Module Rd und Wr sind im Anhang C.3.1 und C.3.2 zu finden. Es sind ***abstrakte Module***, in dem Sinn, daß sie nur das Verhalten von Ein- und Ausgabeströmen festlegen. Die Prozeduren in diesen Modulen rufen Methoden auf, die alle Ein- bzw. Ausgabeströme haben müssen. Rd.T- und Wr.T-Objekte habe diese Methoden nur als leere Hüllen. Es liegt in der Verantwortung von denjenigen, die Subtypen von Rd.T und Wr.T implementieren, diese Methoden mit Leben zu füllen. Die Module FileRd und FileWr gehören dazu, sie implementieren solche Subtypen. Sie verhalten sich wie Rd.T bzw. Wr.T, allerdings besitzen sie die nötigen Methoden, um über Services des Betriebssystems Dateien zu lesen bzw. zu schreiben. Auf diese Art und Weise legt die Modula-3-Bibliothek ein Konzept zum Lesen und Schreiben physischer Medien oder Geräte fest und sorgt so für Einheitlichkeit. Wir können auf Bildschirme, Drucker oder Dateien auf die gleiche Weise schreiben. Sogar Kommunikation zwischen verschiedenen Programmen ist mit speziellen Ein- und Ausgabeströmen möglich (wir könnten Kanäle, wie sie im Kap. 16.5.3 beschrieben werden, mit Strömen verbinden). Die Tab. 14.4 zeigt die Namen einiger Ein-/Ausgabegeräte zusammen mit den Modulen, die die entsprechenden Ein- und Ausgabestromobjekte implementieren.

Um die unterschiedliche Charakteristik der verschiedenen Medien zu beschreiben, werden ihnen bestimmte Eigenschaften zugeordnet. Sie können alle abgefragt werden und beeinflussen die Funktionalität einiger Prozeduren aus Rd und Wr:

- *Positionierbar*
  Englisch *seekable*: Auf Hintergrundspeicherdateien kann die Schreib-/Leseposition einer offenen Datei mit der Prozedur Seek verändert

Dateien lesen/schreiben	FileRd/FileWr
Bildschirm schreiben	Stdio: Vorinitialisierter Ausgabestrom stdout
Tastatur lesen	Stdio: Vorinitialisierter Eingabestrom stdin
Drucker schreiben	Abhängig vom Betriebssystem, meist über FileWr mit einem speziellen Dateinamen

Tab. 14.4: *Module, die Ein- und Ausgabeströme implementieren*

werden. Nicht alle Ströme sind positionierbar (Tastatur und Bildschirm sind es nicht). Die Eigenschaft kann mit der Funktionsprozedur Seekable abgefragt werden. Die aktuelle Position kann mit Index abgefragt werden.

- *Unterbrechend*
  Englisch *intermittent*: Manche Eingabeströme können nicht ständig neue Information bereitstellen (obwohl das „Ende" des Stromes noch nicht erreicht ist), der Aufruf von Rd.GetChar kann bei unterbrechenden Eingabeströmen das Programm so lange blockieren, bis neue Information bereitsteht. Die Tastatur ist ein Beispiel für einen solchen Strom: Wenn der Benutzer gerade überlegt, was er eintippen soll, dann muß das Programm warten. Diese Eigenschaft kann mit Rd.Intermittent abgefragt werden.

- *Gepuffert*
  Englisch *buffered*: Auf Ausgabeströme wird neue Information oft nicht direkt geschrieben, um die Schreibgeschwindigkeit zu erhöhen. Das Schreiben auf Festplatten z. B. dauert für einen ganzen Block von Daten typischerweise genauso lange, wie für ein einzelnes Zeichen. Man läßt die Information deshalb im Arbeitsspeicher in einem *Puffer* (englisch *buffer*) zusammenkommen und schreibt sie erst weg, wenn sich genug für einen ganzen Festplattenblock angesammelt hat. Danach wird tatsächlich auf das Gerät geschrieben. Typische Blockgrößen von Festplatten sind 512, 1024 oder 4096 Bytes.

  Wir müssen also aufpassen, daß das Programm nicht abbricht, bevor der Puffer weggeschrieben wurde. Mit Wr.Flush kann der Puffer explizit (also auch bevor er voll ist) weggeschrieben – und damit persistent gemacht – werden. Das nennt man den Puffer *leeren* (englisch *flush*). Wr.Close leert den Puffer automatisch.

  Ob zwischen Ausgabestrom und dem Programm noch ein Zwischenpuffer geschaltet ist, kann mit Wr.Buffered abgefragt werden. Bei ungepufferten Ausgabeströmen muß das Programm bei jedem Aufruf einer Schreibfunktion warten, bis die Information physisch gespeichert wurde. Ungepufferte Eingabeströme kann es nicht geben, weil die

```
PROCEDURE PutRealArray(wr: Wr.T; READONLY r: ARRAY OF REAL) =
  BEGIN
    FOR i:= FIRST(r) TO LAST(r) DO
      Wr.PutText(wr, Fmt.Int(i) & " " & Fmt.Real(r[i]) & "\n");          (*Index - Wert *)
    END; (*FOR*)
  END PutRealArray;
```

Bsp. 14.5: *Abspeichern eines* Real-*Arrays* (1. Version)

Bereitstellung der Information mit der Geschwindigkeit des Gerätes geschieht (oder auch mit der Tippgeschwindigkeit des Benutzers), was im allgemeinen schneller sein kann, wie das Programm zu lesen in der Lage ist. Die Puffer von Eingabeströmen funktionieren wie Ringpuffer (vergleiche Kap. 11.1.2): Ist das Programm schneller als das Gerät (der Puffer ist leer), dann muß es warten. Ist das Gerät schneller, dann werden die Daten im Puffer zwischengespeichert. Wenn der Puffer voll ist, muß das Gerät aufgehalten werden.

Wie wir dem Anhang C.3.1 und C.3.2 entnehmen können, bieten Ein- und Ausgabeströme noch mehr an Informationen und Funktionen an, darauf werden wir hier nicht weiter eingehen. Das Reader/Writer-Konzept ist genauer in [Nel91] beschrieben.

14.2.2 Fmt und Scan

Sowohl Rd als auch Wr haben nur Prozeduren zum Lesen und Schreiben von Zeichen (der Typ *Text* ist eine Sequenz von Zeichen). Diese Module erledigen die *Übertragung* der Rohinformation. Wollen wir Zahlen oder Boolesche Werte speichern, so müssen sie zuerst *formatiert* werden. D. h., wir bringen sie in eine Form, die Wr verarbeiten kann. Dazu konvertieren wir die Werte in ihre jeweilige *Text*-Repräsentation (z. B. den Booleschen Wert *wahr* in den *Text*-Wert "TRUE"). Umgekehrt, beim Lesen, muß der Text wieder in den jeweiligen Typ konvertiert werden. Wir sagen, wir *scannen* den Text, um unsere Information zu bekommen. Mit dieser Methode verbrauchen wir in der Datei zwar mehr Platz als nötig (siehe 14.1.4), doch wir haben den Vorteil, daß wir den Inhalt der Datei selbst (als Menschen) lesen können.

Es gibt dafür die zwei Module Fmt und Scan, die die Grundtypen in einen *Text* und zurück konvertieren. Im Anhang C.2.1 und C.2.2 sind sie gezeigt. Bsp. 14.5 zeigt eine Prozedur, die ein Array von *Real*-Zahlen als Index-Wert-Paar auf einen Ausgabestrom schreibt, der schon initialisiert sein muß.

Die Prozedur im Bsp. 14.6 liest dieses Array wieder von einem initialisierten Eingabestrom ein. Es ist sozusagen die Spiegelversion von PutRealArray im Bsp. 14.5. Die Prozedur enthält recht umständliche Ausdrücke,

```
PROCEDURE GetRealArray(rd: Rd.T; VAR r: ARRAY OF REAL) =
  VAR i, trenn: CARDINAL; t: TEXT;
  BEGIN
    WHILE NOT Rd.EOF(rd) DO
      t:= Rd.GetLine(rd);
      trenn:= Text.FindChar(t, ' ');                    (*Stelle zwischen Index und Wert *)
      i:= Scan.Int(Text.Sub(t, 0, trenn));                        (*Index konvertieren *)
      r[i]:= Scan.Real(Text.Sub(t, trenn+1, Text.Length(t)–trenn–1));               (*Wert *)
    END; (*WHILE*)
  END GetRealArray;
```

Bsp. 14.6: *Lesen eines* Real-*Arrays* (1. Version)

weil sie nicht im voraus wissen kann, wie viele Zeichen (Ziffern) der Index des Arrays und der Wert haben werden. Die Prozedur nutzt deshalb die Tatsache, daß wir die Werte immer folgendermaßen abgespeichert haben:

Index Leerzeichen Real-Wert Zeilenende

Also liest sie zunächst den Eingabestrom bis zum nächsten Zeilenende und überträgt die Information in die *Text*-Variable t. Dann sucht sie das Leerzeichen, das den Index vom Wert trennt und konvertiert den Teil von t bis zum Leerzeichen als Integer, den Rest als Real.

Die Prozedur Text.FindChar(t, c) sucht in der *Text*-Variablen t das Zeichen c und gibt die Position des ersten Vorkommens ab Anfang von t als Cardinal zurück. Gibt es kein solches Zeichen, dann wird –1 retourniert. Positionen von Zeichen in Texten werden ab 0 gezählt.

Die Prozedur Text.Sub(t, p, l) hat drei Parameter: Eine *Text*-Variable t, eine Position p und eine Länge l als Cardinal-Werte. Sie entnimmt aus t ab der Position p eine Anzahl l Zeichen und gibt sie als *Text* zurück.

GetRealArray ist ein bißchen empfindlich. Die Datei muß genau die Information enthalten, die die Prozedur erwartet. Sie darf z. B. keine Leerzeilen enthalten. Außerdem muß die Größe des Arrays, das in der Datei abgespeichert wurde, genau der des Parameter-Arrays r entsprechen.

In Abb. 14.7 wird noch einmal zusammengefaßt, welche Module beim Lesen bzw. Schreiben einer *Integer*-Variablen beteiligt sind.

Feste Dateiformate

GetRealArray ist deshalb so kompliziert, weil es mit unterschiedlich langen Ziffernfolgen fertig werden muß. Wenn wir davon ausgehen, daß die Eingabedatei selbst von einem Programm erstellt wurde, dann können wir die Liste der Vorbedingungen für das Funktionieren von GetRealArray noch um eine neue erweitern: Wir verlangen einfach, daß alle Zahlen der Datei eine feste Anzahl von Zeichen haben. Das können wir für alle Zahlen

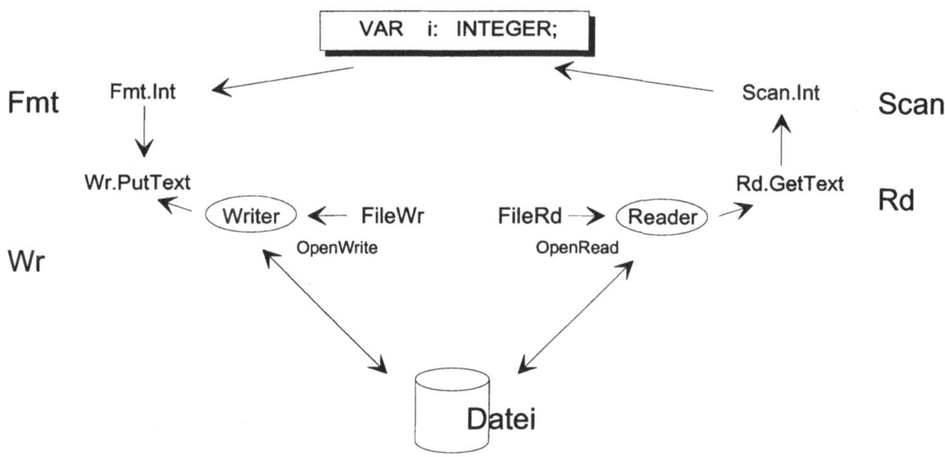

Abb. 14.7: *Schreiben und Lesen einer Integer-Variablen*

mittels führender Nullen oder Leerzeichen (beides verkraftet Scan.GetInt mühelos) erreichen – natürlich muß die Anzahl der Zeichen pro Zahl groß genug sein, um die größtmögliche Zahl jeweils noch darstellen zu können. Das Bsp. 14.8 zeigt das Paar PutRealArray und GetRealArray, das eine Datei mit festen Spaltenformat schreibt bzw. liest. PutRealArray verwendet die Funktion Fmt.Pad um die geforderte Spaltenbreite zu garantieren. GetRealArray kann jetzt von einem festen Dateiaufbau ausgehen:

(10 Zeichen Index) (10 Zeichen Real-Wert) Zeilenende

Ein Trennzeichen ist nicht mehr erforderlich. Der Speicherverbrauch ist allerdings beträchtlich und kann ein Vielfaches dessen betragen, was bei der vorigen Version gebraucht wurde (man denke an eine Datei, die zu 90% aus Null-Werten besteht).

Fehlerbehandlung

Wir verlieren sehr viel an Sicherheit, wenn wir Datenstrukturen von Dateien lesen müssen: Dateien liegen außerhalb des Programms und können nicht vom Übersetzer geprüft werden. Wenn unser Programm vom Vorhandensein von Datenstrukturen auf Dateien abhängt, dann müssen wir prüfen, ob es die Datei gibt und sie den richtigen Inhalt hat. Ersteres ist ja noch recht einfach (vor dem Initialisieren des Eingabestroms testen wir die Existenz der Datei). Doch die Richtigkeit des Inhaltes können wir nur überprüfen, wenn wir bei jedem Zugriff auf die Datei und bei jedem Scannen von Zeichensequenzen prüfen, ob die Operation erfolgreich war. Damit können wir Programme beliebig unlesbar machen (allein GetRealArray hätte drei solche Operationen, um die sich *If*-Anweisungen ranken

```
CONST ZahlBreite = 10;
:
PROCEDURE PutRealArray(wr: Wr.T; READONLY r: ARRAY OF REAL) =
  BEGIN
    FOR i:= FIRST(r) TO LAST(r) DO
      Wr.PutText(wr, Fmt.Pad(Fmt.Int(i), ZahlBreite)&              (*schreiben mit fester *)
                 Fmt.Pad(Fmt.Real(r[i]), ZahlBreite)&"\n");         (*Spaltenbreite *)
    END; (*FOR*)
  END PutRealArray;
:
PROCEDURE GetRealArray(rd: Rd.T; VAR r: ARRAY OF REAL) =
  VAR i: CARDINAL;
  BEGIN
    WHILE NOT Rd.EOF(rd) DO
      i:= Scan.Int(Rd.GetText(rd, ZahlBreite));                     (*Index konvertieren *)
      r[i]:= Scan.Real(Rd.GetText(rd, ZahlBreite));                  (*Wert konvertieren *)
      EVAL Rd.GetLine(rd);                                       (*Zeilenvorschub überlesen *)
    END; (*WHILE*)
  END GetRealArray;
```

Bsp. 14.8: *Schreiben und Lesen bei festem Dateiformat* (2. Version)

müßten, vergleiche auch Bsp. 15.1 auf S. 394). Modula-3 unterstützt das Konzept der *Ausnahmebehandlung*, mit dem wir die Fehlerbehandlung sozusagen verschieben können (Kap. 15). Alle Operationen von Ein- und Ausgabeströmen werden von den Prozeduren in Rd, Wr sowie Fmt und Scan überprüft. Bei außergewöhnlichen Situationen werden in diesen Prozeduren *Ausnahmen* generiert. Sie brechen den Lauf der Prozedur ab und müssen von einer der rufenden Prozeduren der Aufrufkette irgendwann behandelt werden (siehe wiederum Kap. 15). Außergewöhnliche Situationen sind das Lesen über das Dateiende hinaus oder der Versuch, auf ein Gerät zu schreiben, das schon voll beschrieben ist und keine Daten mehr aufnehmen kann. Für das Modul Scan ist es z. B. „außergewöhnlich", in einem Text, der eine Zahl darstellen soll, einen Buchstaben zu lesen.

14.2.3 Simple-IO

Wir kennen nun Fmt und Scan, um die nötige Konvertierung zwischen der flachen Datenstruktur einer Betriebssystemdatei und unseren in Typen eingeteilten Daten zu erledigen. Auf der Ebene der Sprachumgebung sind Konvertierung und Lesen/Schreiben strikt getrennt. Das hat den Vorteil, daß wir die Lese-/Schreibprozeduren nicht ändern müssen, wenn wir eine Variable mit einem neu definierten Typ speichern wollen: Wir müssen nur die entsprechenden Konvertierungsprozeduren neu implementieren, die den Typ in eine Folge von Zeichen und zurück übersetzt.

In unseren Programmen interessiert uns dieses Argument aber weniger,

```
PROCEDURE PutRealArray(wr: Wr.T; READONLY r: ARRAY OF REAL) =
  BEGIN
    FOR i:= FIRST(r) TO LAST(r) DO
      SIO.PutInt(i, 10, wr);                          (*Index auf den Writer *)
      SIO.PutChar(' ', wr);              (*Whitespace, um Werte zu trennen *)
      SIO.PutReal(r[i], wr);                     (*Real-Wert auf den Writer *)
      SIO.Nl(wr);                                (*Whitespace zur Trennung *)
    END; (*FOR*)
  END PutRealArray;

PROCEDURE GetRealArray(rd: Rd.T; VAR r: ARRAY OF REAL) =
  VAR i: CARDINAL;
  BEGIN
    WHILE NOT SIO.End(rd) DO
      i:= SIO.GetInt(rd);                                     (*Index lesen *)
      r[i]:= SIO.GetReal(rd);                                  (*Wert lesen *)
    END; (*WHILE*)
  END GetRealArray;
```

Bsp. 14.9: *Lesen und Schreiben mit Simple-IO* (3. Version)

da wir in der Regel eine Prozedur haben wollen, die eine Variable speichert, und eine, die sie liest. Am Beispiel des Moduls SIO können wir sehen, wie solche Prozeduren geschrieben werden und wie sie auch die von Menschen getippten Eingaben verarbeiten können.

Die Autoren haben SIO für dieses Buch entwickelt. Das Modul bietet einerseits sehr einfache Bildschirmausgaben (so haben wir es bisher zumeist verwendet), es ist aber auch ein Beispiel für die Ein-/Ausgabeverarbeitung.

Nachdem wir einen Eingabestrom anstatt mit einer Datei auch mit der Tastatur verbinden können, liegt es nahe, die Leseprozeduren so zu schreiben, daß sie sowohl von existierenden Dateien lesen können als auch direkte Eingaben von Benutzern über die Tastatur. Nur können wir dem Benutzer nicht zumuten, Zahlen mit führenden Nullen mit einer festen Anzahl an Ziffern einzutippen.

Unsere erste Version von GetRealArray im Bsp. 14.6 kann zwar mit unterschiedlich langen Zahlen fertig werden. Abgesehen davon funktioniert sie aber nur mit einem bestimmten Dateiaufbau (Zahl, Leerzeichen, Zahl, Zeilenende). Tippt der Benutzer ein Tabulatorzeichen statt dem Leerzeichen, funktioniert bereits nichts mehr, weil der Anfang der nächsten Zahl nicht gefunden werden kann.

Anh. C.3.3 zeigt die vollständige Schnittstelle von SIO. Für die vordefinierten Zahlentypen (außer *Extended*) sowie für *Text* und *Boolean* gibt es je eine Prozedur, die einen Wert von einem Eingabestrom liest, und eine, die einen

Wert auf einen Ausgabestrom schreibt. Im Unterschied zu den bisher gezeigten Leseprozeduren behandeln die SIO.Get···-Prozeduren die Eingabe aber wesentlich großzügiger: Sie überlesen zunächst alle Leerzeichen (das sind hier auch Tabulator- und Zeilenumbruchszeichen, man nennt sie in diesem Zusammenhang oft englisch *white-spaces* oder einfach *blanks*). Sobald sie ein druckbares Zeichen erkennen, lesen sie weiter zum nächsten Leerzeichen und interpretieren den Inhalt. Dadurch eignen sie sich gut für Benutzereingaben von der Tastatur. Alle Leseprozeduren in SIO überlesen zunächst das erste Zeichen, das nicht mehr zum gelesenen Wert gehören kann (normalerweise ein Leerzeichen). Mit SIO.TermChar können wir den genauen Wert dieses Trennzeichens bekommen.

Ein noch nicht gelesenes Zeichen können wir anschauen, indem wir es mit SIO.LookAhead zwar lesen, aber gleichzeitig wieder in den Eingabestrom „zurückstellen". Diese Prozedur kann mit Rd.UngetChar implementiert werden. Eingabeströme sind prinzipiell gepuffert. Der Puffer macht das Zurückstellen von schon gelesenen Zeichen möglich. Die Funktion Available liefert *wahr*, wenn im jeweiligen Puffer noch nicht gelesene Zeichen bereitstehen.

Die Funktionen Length und Seek sind vom Modul Rd übernommen. End entspricht Rd.EOF. Das Bsp. 14.9 zeigt die Prozeduren GetRealArray und PutRealArray, die nun SIO verwenden: Vor allem das Lesen läßt sich mit solchen Prozeduren viel überzeugender ausdrücken.

Implementierung von SIO

Die Simple-IO-Prozeduren haben Vorgabewerte (Defaultwerte) für die Ein- bzw. Ausgabeströme – wir haben sie bisher nie verwendet und auch nicht gezeigt. Werden die Parameter rd bzw. wr nicht angegeben (oder eine *Nil*-Referenz übergeben), dann lesen die Prozeduren von der Tastatur bzw. schreiben auf den Bildschirm. Als zusätzlicher Komfort kann die Eingabe von Zahlenwerten wiederholt werden: Tippt der Benutzer eine Zeichenkette, die nicht als Zahl interpretierbar ist (weil sie z. B. Buchstaben enthält), dann wird eine Fehlermeldung ausgegeben, und die Eingabe muß wiederholt werden. Das kann natürlich nur beim Lesen von der Tastatur gemacht werden. Lesen die Prozeduren von einer Datei etwas nicht interpretierbares, dann generieren sie eine Ausnahme. Im Bsp. 14.10 zeigen wir die Implementierung der Prozeduren SIO.GetInt und SIO.PutInt. Die Deklaration RAISES {Error} bedeutet, daß die Funktion eine Ausnahme generieren kann (siehe Kap. 15).

Alle Prozeduren, die auf Ausgabeströme schreiben, entleeren jedesmal den Schreibpuffer (siehe Abschn. 14.2.1), wenn auf den Bildschirm geschrieben wird.

Durch die Gleichbehandlung von Datei- und Bildschirmausgabe ent-

```
MODULE SIO;                                                    (*10.05.94. LB*)
  ⋮
  CONST
    T1 = "\nThis is not ";
    T2 = " try again \n";
  ⋮
PROCEDURE GetInt(rd: Reader := NIL): INTEGER RAISES {Error} =
  CONST Te = T1 & "an integer" & T2;
  VAR i: INTEGER;
  BEGIN
    IF rd = NIL THEN rd:= Stdio.stdin END;
    LOOP
      TRY
        Lex.Skip(rd);
        i:= Lex.Int(rd); EVAL GetChar(rd);
        RETURN i
      EXCEPT
        Lex.Error =>
        IF rd = Stdio.stdin THEN PutText(Te) ELSE RAISE Error END
      ELSE
        RAISE Error
      END (*TRY*)
    END (*LOOP*)
  END GetInt;

PROCEDURE PutInt(i: INTEGER; length:= 3; wr: Writer := NIL) =
  BEGIN
    IF wr = NIL THEN wr:= Stdio.stdout END;
    Wr.PutText(wr, Fmt.Pad(Fmt.Int(i), length));
    IF wr = Stdio.stdout THEN Wr.Flush(wr) END;
  END PutInt;
  ⋮
```

Bsp. 14.10: *Teil der Implementierung von Simple-IO*

steht der etwas pathologische Effekt, daß Bildschirmausgaben ebenfalls gepuffert werden – obwohl dort kaum ein Gewinn an Verarbeitungsgeschwindigkeit zu erwarten ist. Programmierer müssen deshalb ständig darauf achten, den Bildschirmausgabepuffer zu leeren, damit die Informationen rechtzeitig angezeigt werden. Bei der Verwendung von Simple-IO brauchen wir uns darum nicht zu kümmern.

Scannen von Eingabeströmen mit Lex

Die Leseprozeduren von Simple-IO verwenden das Bibliotheksmodul Lex. Dieses Modul stellt Prozeduren zur Verfügung, mit denen Zeichen von einem Eingabestrom gelesen und interpretiert werden. Lex.Skip wird verwendet, um Leerzeichen am Eingabestrom zu überlesen. Lex.Int liest alle Zeichen, die zu einem Integer passen können, und terminiert beim ersten

Zeichen, das keine Ziffer ist. Ist bereits das erste Zeichen, das Lex.Int liest, keine Ziffer, dann wird die Ausnahme Lex.Error generiert. In SIO.GetInt wird sie abgefangen und das Einlesen daraufhin wiederholt (nur für den Fall, daß von der Tastatur gelesen wurde) – Ausnahmen werden im Kap. 15 erklärt.

14.3 Persistente Variablen

Dateien brauchen wir oft nur, um unsere Datenstrukturen zu sichern. Es geht uns darum, die Werte, die eine oder mehrere Variablen referenzieren, nicht zu verlieren, wenn das Programm terminiert. Wir wollen die *Variablen* persistent machen, deshalb schreiben wir sie auf eine Hintergrundspeicherdatei – nicht, weil uns etwas an der Datei liegt. Es gibt andere Fälle: Ein Texteditor soll gerade eine Datei erzeugen, die dann von ganz anderen Programmen (etwa dem Übersetzer) verarbeitet werden. Hier wollen wir uns aber mit *persistenten Variablen* beschäftigen. Wir kennen zwar nur Variablen, die maximal die ganze Laufzeit eines Programmes „leben" (der Zustandsraum der Module, siehe Kap. 10.2.1). Doch die Hierarchie der Zustandsräume – Hilfsvariable eines eingeschachtelten Blocks, lokale Variablen einer Prozedur, globale Variablen eines Moduls – könnten wir um eine Stufe erweitern, d. h. um einen Zustandsraum, der von mehreren Programmen zugreifbar ist und einzelne Programmläufe „überlebt" (ähnliche Ideen wurden in datenbankorientierten und teilweise auf Modula-2 basierenden Programmiersprachen schon verwirklicht [KMP+83, Kem92, SM92]). Wir nennen diesen Zustandsraum *externen Zustandsraum*.

Was müßten wir tun, um persistente Variablen zur Verfügung zu stellen? Bevor das Programm läuft, muß der aktuelle Wert der persistenten Variablen aus einer Datenbank gelesen werden. D. h., ein Teil des externen Zustandsraumes wird in das Programm übernommen. Während das Programm läuft, wird sie wie eine normale Variable behandelt. Bevor das Programm jedoch terminiert, muß der Wert in der Datenbank auf den letzten Wert der Programmvariablen gesetzt werden, der externe Zustand wird somit aktualisiert.

```
PERSISTENTVAR max: INTEGER;
```

Solche Deklarationen kann der Modula-3-Übersetzer leider nicht verarbeiten. Vorstellbar wäre es aber: Im folgenden werden wir ein Konzept erläutern, wie wir mit Hilfe von Objekten diese Semantik erreichen können.

```
  TRY                               (*"Persistent.End"muß auf alle Fälle aufgerufen werden *)
    Persistent.Start("test.db");

(*Persistente Variable *)
    VAR
      i := NEW(Persistent.Integer, key := "int").setup();
      r := NEW(Persistent.Real, key := "real").setup();
      t := NEW(Persistent.Text, key := "text").setup();
    BEGIN
      SIO.PutText("int: ");   SIO.PutInt(i.val);  SIO.Nl();
      SIO.PutText("real: ");  SIO.PutReal(r.val);SIO.Nl();
      SIO.PutText("text: ");  SIO.PutText(t.val); SIO.Nl();

(*Zugriff auf die Variable über das "val"-Feld *)
      INC(i.val);
      r.val := r.val + 1.0;
      t.val := t.val & "."
    END;

(*Aktualisieren der Datenbank *)
  FINALLY
    Persistent.End()
  END;
```

Bsp. 14.11: *Verwendung von persistenten Variablen*

14.3.1 Implementierung

Die Werte der persistenten Variablen schreiben wir in eine globale Textdatei. Global ist sie in dem Sinn, daß mehrere Programme ihre Variablen in die gleiche Datei abspeichern können. Allerdings speichern wir nicht nur den Wert, sondern auch einen Bezeichner dazu. Diese Datei nennen wir etwas großspurig „Datenbank der persistenten Variablen“[2]. Bei jedem Start eines Programms, das persistente Variablen verwendet, wird zuerst nachgeschaut, ob für die den Variablen zugeordneten Bezeichnern bereits Werte in der Datenbank gespeichert wurden. Ist das der Fall, dann werden diese Werte zur Initialisierung der als persistent gekennzeichneten Variablen verwendet. Die Datenbank hat einen ganz einfachen Aufbau, sie besteht aus Zeilen der Form:

Bezeichner : *Wert Zeilenumbruch*

Der Wert kann von Leerzeichen umgeben sein. So eine Datenbank kann auch leicht mit einem Texteditor erstellt und geändert werden.

Persistente Variablen speichern wir in Objekten, die über eine setup-Methode verfügen, um einen Wert in der Datenbank zu suchen. Wird

[2]In der hier vorgestellten Version hat diese Datei mit einer Datenbank sehr wenig gemein. Sie ist für uns ein Platzhalter für ein viel größeres, komplexeres System, das in einer realistischen Anwendung den externen Zustandsraum repräsentieren müßte [BEW94].

```
INTERFACE Persistent;                                                    (*CW*)
  IMPORT Rd, Wr, Lex;

  CONST
    DefaultPersistentDB = "/software/lib/m3PersDB/persistentDB";
    DefaultPersistentRefany = "/software/lib/m3PersDB/persistentRefany.";

  TYPE T <: Public;
    Integer <: PublicInteger;
    Char <: PublicChar;
    Boolean <: PublicBoolean;
    Real <: PublicReal;
    Text <: PublicText;
    Refany <: PublicRefany;

    Public = OBJECT key: TEXT
      METHODS setup() RAISES {Lex.Error} END;
    PublicInteger = T OBJECT val:= 0
      METHODS setup(): Integer RAISES {Lex.Error} END;
    PublicChar = T OBJECT val:= VAL(0, CHAR)
      METHODS setup(): Char RAISES {Lex.Error} END;
    PublicBoolean = T OBJECT val:= FALSE
      METHODS setup(): Boolean RAISES {Lex.Error} END;
    PublicReal = T OBJECT val:= 0.0
      METHODS setup(): Real RAISES {Lex.Error} END;
    PublicText = T OBJECT val:= ""
      METHODS setup(): Text RAISES {Lex.Error} END;
    PublicRefany = T OBJECT val: REFANY:= NIL
      METHODS setup(): Refany RAISES {Lex.Error} END;

  PROCEDURE End() RAISES {Wr.Failure};

  PROCEDURE Start( persistentDB:= DefaultPersistentDB;
                   persistentRefany:= DefaultPersistentRefany)
    RAISES {Rd.Failure};
END Persistent.
```

Bsp. 14.12: *Simulation von persistenten Variablen*

diese Methode gleich in der Deklaration der Variablen aufgerufen, dann erreichen wir den gewünschten Effekt der automatischen Initialisierung mit dem aktuellen Wert der persistenten Variablen:

```
VAR max:= NEW(Persistent.Integer, key:="max").setup();
```

Als Datenbankbezeichner für unsere Variable wählen wir hier einfach den Namen der Variablen. Nachdem der Übersetzer keine persistenten Variablen unterstützt, müssen wir selbst darauf achten, daß ihr Wert vor Ende des Programms in der Datenbank aktualisiert wird. Als letzte Anweisung im Programm (am besten mit einer *Try-Finally*-Anweisung geschützt, siehe Kap. 15.3) erfolgt der Aufruf einer Operation, die den Wert aller persisten-

```
INTERFACE PersistentRep;                                                    (*CW*)

IMPORT Persistent, Lex;

REVEAL
  Persistent.T = Persistent.Public BRANDED OBJECT
                   textVal: TEXT;
                 METHODS
                   valToText ();
                   textToVal () RAISES {Lex.Error};
                 OVERRIDES
                   setup := Setup;
                 END;

PROCEDURE Setup (self: Persistent.T) RAISES {Lex.Error};

END PersistentRep.
```

Bsp. 14.13: *Offenlegung von Persistent.T*

ten Variablen in der Datenbank aktualisiert:

```
Persistent.End();
```

Die setup-Methode hat jeweils alle persistenten Variablen in eine Liste eingetragen, die jetzt von der End-Prozedur abgearbeitet wird. Bsp. 14.11 zeigt ein Programm, das bei jedem Aufruf je eine *Integer-*, *Real-* und *Text-*Variable ändert.

Zu einer realistischen Lösung fehlt uns mit der hier skizzierten Implementierung noch so manches: Das Problem, daß mehrere Programme überlappend den Wert einer persistenten Variablen lesen und dann in irgendeiner Reihenfolge aktualisieren (der letzte wird gewinnen), ignorieren wir zunächst. Wir gehen davon aus, daß immer nur ein Programm läuft, das den externen Zustand ändert. Notwendig wäre noch ein Mechanismus, der garantiert, daß immer nur ein Programm eine bestimmte persistente Variable zu einem bestimmten Zeitpunkt ändern darf.

Außerdem ist ein durchdachtes Namenskonzept für die Datenbankbezeichner (den Schlüsseln) persistenter Variablen notwendig: Verschiedene Hersteller von Servermodulen müssen sich absprechen, damit sie nicht versehentlich den gleichen Bezeichner für ganz unterschiedliche persistente Variablen verwenden, die sich dann gegenseitig überschreiben. Auf diese Problematik gehen wir hier nicht näher ein.

Bsp. 14.12 zeigt die Schnittstelle des Moduls Persistent. Der Typ Persistent.T ist der Supertyp für alle Objekte, die persistente Variablen verwalten. Dieses Objekt enthält im wesentlichen die setup-Methode, die in der Datenbank nach dem Wert sucht, der zu dem Schlüssel key gehört. Das

Bsp. 14.13 zeigt die Aufdeckung des Typs Persistent.T. Der Wert wird als *Text*-Wert gespeichert und mit einer internen Methode textToVal in den jeweiligen Typ umgewandelt. Die setup-Methode ruft die Methode textToVal beim Lesen der Datenbank auf. valToText wird vor dem Aktualisieren der Datenbank von Persistent.End aufgerufen.

Das Attribut val existiert aber nur bei den Subtypen von Persistent.T (Persistent.Integer hat z. B. ein *Integer*-Attribut val). Diese Subtypen müssen die beiden typabhängigen Umwandlungsmethoden textToVal und valToText mit dem jeweils benötigten Konvertierungsprozeduren überschreiben.

Pickles

Das Modul Persistent ist auch in der Lage, persistente Variablen vom Typ *Refany* zu speichern. Wie funktioniert das? Es hat ja keinen Sinn, nur den Verweis zu speichern, wir müssen auch die Daten, auf die der Verweis zeigt, sichern! Dazu bietet uns die Modula-3-Standardbibliothek eine sehr komfortable Möglichkeit: Das Modul Pickle (in älteren Versionen der Bibliothek auch Pkl) [Nel91], dessen vereinfachte Schnittstelle so aussieht:

```
INTERFACE Pickle;

  IMPORT Rd, Wr;

  PROCEDURE Write(wr: Wr.T; ref: REFANY);
  PROCEDURE Read(rd: Rd.T): REFANY;

END Pickle.
```

Mit Pickle.Write werden alle Daten, die über die Referenz ref erreichbar sind, auf einen Ausgabestrom geschrieben. Pickle.Read liest Daten von einem Eingabestrom und rekonstruiert sie im Hauptspeicher, so daß sie der Struktur entsprechen, die mit Pickle.Write geschrieben wurde. Mit diesen Prozeduren kann der Typ Persistent.Refany genauso einfach realisiert werden wie die anderen Typen der Schnittstelle Persistent.

Für den interessierten Leser drucken wir hier noch einen Ausschnitt aus der Implementierung des Moduls Persistent ab (Bsp. 14.14). Der Ausschnitt beinhaltet den Teil, der sich mit dem *Integer*-Subtyp von Persistent.T beschäftigt. Die anderen Subtypen funktionieren analog.

Bsp. 14.14: *Teil der Implementierung des Moduls Persistent*

```
MODULE Persistent EXPORTS Persistent, PersistentRep;

IMPORT SIO, SF, Fmt, Lex, Scan, Rd, Wr, TextTextTbl, RefList, Pickle;
FROM Text IMPORT Equal, FindChar, GetChar;
  ⋮
REVEAL
  Integer = PublicInteger BRANDED OBJECT          (*Realisierung des pers. Integers *)
            OVERRIDES
              setup := IntSetup;                  (*Typabhängige Methoden installieren *)
              valToText := IntvalToText;
              textToVal := TextToIntval
            END;
  ⋮
PROCEDURE Setup (self: T) RAISES {Lex.Error} =
  VAR value: TEXT;
  BEGIN
(*in Liste aller persistenten Variablen eintragen *)
    persVars := RefList.Cons(self, persVars);

(*zunächst Textstring, der zu self.key gehört, lesen *)
    IF persValues.get(self.key, value) THEN
      self.textVal := value;                                  (*Textstring speichern *)
      self.textToVal();                   (*Textstring in jeweiligen Typ umwandeln *)
    END;
  END Setup;
  ⋮
PROCEDURE IntSetup (self: Integer): Integer RAISES {Lex.Error} =
  BEGIN
    NARROW(self, T).setup();                          (*Redefinierte Methode starten *)
    RETURN self;
  END IntSetup;
  ⋮
PROCEDURE IntvalToText (self: Integer) =
  BEGIN                     (*Typabhängige Umwandlung für Integer-Werte →TEXT *)
    self.textVal := Fmt.Int(self.val);
  END IntvalToText;
  ⋮
PROCEDURE TextToIntval (self: Integer) RAISES {Lex.Error} =
  BEGIN                     (*Typabhängige Umwandlung für Integer-Werte TEXT →*)
    self.val := Scan.Int(self.textVal);
  END TextToIntval;

(**********************)
(*Persistente Datenbank *)
(**********************)

CONST
  PrintableChars = Lex.Blanks + Lex.NonBlanks
                   + SET OF CHAR{VAL(128, CHAR).. LAST(CHAR)};
```

```
(*globale Daten*)
VAR
  dbName, pklDataPrefix: TEXT;        (*Datenbankname und Prefix für Pickledateien *)
  persValues := NEW(TextTextTbl.T);          (*Hashtabelle Persvarnamen zu Werten*)
  persVars: RefList.T := NIL;                (*Liste der Namen der pers. Variablen *)

PROCEDURE ReadDB (dbName: TEXT) RAISES {Rd.Failure} =
  VAR
    rd: Rd.T;
    name, value: TEXT;
  BEGIN
    TRY
      IF SF.FileExists(dbName) THEN             (*Ohne Datenbankdatei keine Werte *)
        rd := SF.OpenRead(dbName);
        Lex.Skip(rd);
(*Datenbankdatei vollständig einlesen: *)
        WHILE NOT Rd.EOF(rd) DO
          name := Lex.Scan(rd, Lex.NonBlanks - SET OF CHAR{':'});
          EVAL SIO.GetChar(rd);                                 (*: überlesen *)
          Lex.Skip(rd);
(*Wert lesen (kann zwischen Hochkomma-Paaren stehen) *)
          IF NOT Rd.EOF(rd) AND SIO.LookAhead(rd) = '"' THEN
            EVAL SIO.GetChar(rd);                               (*" überlesen *)
            value := Lex.Scan(rd, PrintableChars - SET OF CHAR{'"'});
            EVAL SIO.GetChar(rd);                        (*zweites " überlesen *)
          ELSE
            value := Lex.Scan(rd, PrintableChars - Lex.Blanks);
          END;
          Lex.Skip(rd);
(*Schlüssel / Wert-Paar in Hashtabelle eintragen *)
          EVAL persValues.put(name, value);
        END;
      END;
      Rd.Close(rd);

(*Vorzeitiges Dateiende und Lex-Fehler werden in Rd.Failure umgewandelt: *)
    EXCEPT
      Rd.EndOfFile=>
        RAISE Rd.Failure(AtomList.List1(
          Atom.FromText("unexpected EOF in persDB "&dbName)));
    | Lex.Error=>
         RAISE Rd.Failure(
           AtomList.List1(Atom.FromText("formatting error in persDB "&dbName)));
    END;
  END ReadDB;
```

```
PROCEDURE WriteDB (dbName: TEXT) RAISES {Wr.Failure} =
  VAR
    wr:= SF.OpenWrite(dbName, overwrite:= TRUE);
    name, value: TEXT; iter:= persValues.iterate();
  BEGIN
(*Hashtabelle auslesen und in Datenbankdatei schreiben *)
    WHILE iter.next(name, value) DO
      IF Equal(value, "") OR
        FindChar(value, '\t')>=0 OR FindChar(value, ' ')>= 0
      THEN                                              (*Wert enthält Whitespaces *)
        Wr.PutText (wr, name & ": \"" & value & "\"\n");
      ELSE
        Wr.PutText (wr, name & ": " & value & "\n");
      END;
    END;
    Wr.Close (wr);
  END WriteDB;

(***********************)
(*Setup / Write Database *)
(***********************)

PROCEDURE Start( persistentDB:= DefaultPersistentDB;
                 persistentRefany:= DefaultPersistentRefany)
  RAISES {Rd.Failure}=
  BEGIN
    dbName:= persistentDB; pklDataPrefix:= persistentRefany;
    ReadDB(dbName);
  END Start;

PROCEDURE End() RAISES {Wr.Failure} =
  VAR var: T;
  BEGIN
    WHILE persVars # NIL DO
      var:= NARROW(persVars.head, T);
      var.valToText();
      EVAL persValues.put(var.key, var.textVal);     (*ersetze alten oder schreibe neuen *)
      persVars:= persVars.tail;
    END;
    WriteDB(dbName);
  END End;

BEGIN
  TRY
    Start();                              (*Datenbank einlesen (mit Defaultnamen) *)
  EXCEPT Rd.Failure(err)=>
      SIO.PutText("\nPersistent: "& RdUtils.FailureText(err)&"\n");
      <*ASSERT FALSE*>                              (*Laufzeitfehler generieren *)
  END;
END Persistent.
```

Kapitel 15

Behandlung von Ausnahmen

Wir haben uns bis jetzt darauf konzentriert, möglichst korrekte Programme zu schreiben. Doch jedes Programm ist in einem größeren Kontext eingebettet und muß mit seiner Umgebung kommunizieren. Über die Umgebung machen wir eine Reihe von Annahmen (vielmehr, wir bauen diese Annahmen in unser Programm ein), die zutreffen müssen, damit das Programm überhaupt laufen kann: Eingabedateien müssen vorhanden sein, zum Schreiben von Ergebnissen muß Platz auf der Festplatte sein, Zahlenwerte müssen in bestimmten gültigen Wertebereichen liegen usw. Bestimmt treten aber mitunter Ausnahmesituationen auf, in denen diese Annahmen *nicht* zutreffen. Diese Situationen muß das Programm auch behandeln, ohne abzustürzen oder gar falsche Ergebnisse zu produzieren.

Dazu könnten wir natürlich das Programm so gestalten, daß es in jeder Situation alle Fehlermöglichkeiten prüft. Diese Strategie ist aber oft sehr umständlich und unnatürlich.

> *John Searle* hat über die Natur vom Alltagswissen (*common sense knowledge*) Überlegungen angestellt. Er sagt: Jeden Morgen, wenn ich in mein Büro eintrete, nehme ich an, daß hinter meiner Tür kein Loch oder Abgrund ist. Aber mache ich wirklich diese Annahme? Offensichtlich nicht: Ich trete einfach ein. Würde sich hinter der Tür ein Abgrund auftun, so würde ich trotzdem darauf reagieren. Wir können den Abgrund als eine *Ausnahmesituation* auffassen. Es ist klar, daß wir auch in solchen Ausnahmesituationen richtig zu handeln haben.

Statt bei jeder Aktion zu prüfen, ob alles gut gelaufen ist, machen wir lieber Vorkehrungen für die Ausnahmefälle. Diese Vorkehrungen werden erst dann aktiviert, wenn tatsächlich eine Ausnahme aufgetreten ist, sonst belasten sie den normalen Ablauf nicht. Deswegen führt diese Art Ausnahmebehandlung zu sowohl übersichtlicheren als auch effizienteren Programmen.

```
  :
VAR rd1, rd2: Rd.T;
  fehler: BOOLEAN;
  werte1, werte2: ARRAY [1..10] OF REAL;
BEGIN
(*Dateien öffen *)
  IF SF.FileExists(Datei1) THEN                         (*exitstiert Datei? *)
    rd1:= SF.OpenRead(Datei1);
    IF SF.FileExists(Datei2) THEN
      rd2:= SF.OpenRead(Datei2);
      GetRealArray(rd1, werte1, fehler);      (*fehler zeigt an, ob alles gut ging *)
      IF fehler THEN SIO.PutText("falsches Format in Eingabedatei"); SIO.Nl()
      ELSE
        GetRealArray(rd2, werte1, fehler);
        IF fehler THEN SIO.PutText("falsches Format in Eingabedatei"); SIO.Nl()
        ELSE                   (*Verarbeitung nur, wenn Eingabe erfolgreich *)
          Verarbeitung(werte1, werte2);
  :
        END (*IF fehler*)
      END (*IF fehler*)
    ELSE
      SIO.PutText(Datei2 & " kann nicht gelesen werden"); SIO.Nl();
      fehler:= TRUE;
    END (*IF FileExists*)
  ELSE
    SIO.PutText(Datei1 & " kann nicht gelesen werden"); SIO.Nl();
    fehler:= TRUE;
  END (*IF FileExists*)
  :
```

Bsp. 15.1: *Fehlerbehandlung ohne Ausnahmen*

15.1 Ausnahmen in Programmen

Ausnahmen (englisch *exceptions*) sind Programmzustände, die im „normalen“ Programmlauf nicht vorgesehen sind. Deshalb möchten wir sie auch nicht gerne in den Algorithmus einbauen. Wenn wir von einer Datei eine Reihe von *Integer*-Werten lesen, wollen wir nicht ständig überprüfen, ob da ein Buchstabe dabei war: Damit könnten wir sowieso nichts anfangen, wir müßten den Programmlauf abbrechen. Sind nun gar mehrere Dateien einzulesen, dann kann es sehr umständlich werden, jeweils vor jeder Operation zu prüfen, ob nicht schon vorher ein Fehler aufgetreten ist.

Das Fragment im Bsp. 15.1 zeigt die Situation: Das Programm besteht aus einer mehrfach verschachtelten *If*-Anweisung und benutzt eine

```
EXCEPTION DateiFehler(TEXT);                (*Deklaration der Ausnahmebedingung *)
  :
VAR rd1, rd2: Rd.T;
  werte1, werte2: ARRAY [1..10] OF REAL;
BEGIN
  TRY
(*existieren Dateien? *)
    IF NOT SF.FileExists(Datei1) THEN RAISE DateiFehler(Datei1) END;
    IF NOT SF.FileExists(Datei2) THEN RAISE DateiFehler(Datei2) END;

(*Lesen der Dateien *)
    rd1:= SF.OpenRead(Datei1);
    rd2:= SF.OpenRead(Datei2);
    GetRealArray(rd1, werte1);
    GetRealArray(rd2, werte2);

(*Verarbeitung *)
    Verarbeitung(werte1, werte2);
  :
  EXCEPT
  | DateiFehler(dname)=>
      SIO.PutText(dname &" kann nicht gelesen werden"); SIO.Nl();
  | SIO.Error=>
      SIO.PutText("falsches Format in Eingabedatei"); SIO.Nl();
  END; (*TRY-EXCEPT*)
  :
```

Bsp. 15.2: *Fehlerbehandlung mit Ausnahmen*

Variable fehler. Verstreut gibt es überall Abfragen auf den Erfolg von Operationen. All dies hat mit dem eigentlichen Algorithmus nichts zu tun, es ist sogar wirklich schwierig, überhaupt noch zu erkennen, worin dieser Algorithmus denn besteht.

Das Konzept der Ausnahmebehandlung gestattet uns, Algorithmen zu entwickeln, ganz so, als ob immer alles in Ordnung geht. Wenn Fehler auftreten, dann sagen wir „eine Ausnahmesituation ist eingetreten“: Wir generieren eine Ausnahme. Daraufhin wird der normale Ablauf des Algorithmus unterbrochen, da er ja nun nicht mehr sinnvoll funktionieren kann. Das Programm verzweigt zu sogenannten *Behandlungsroutinen* (oder englisch *handler*), die dann auf die Situation reagieren können.

Bsp. 15.2 zeigt ein Programmfragment, das das gleiche macht, wie das erste Fragment (im Bsp. 15.1), aber die Ausnahmefehler mit Ausnahmen behandelt. Die Anweisungen, bei denen Ausnahmen auftreten können, werden durch die *Try-Except*-Anweisung *geschützt* (siehe Abschn. 15.2.4). Wir klammern die Anweisungen damit sozusagen ein. Tritt ein Fehler auf (der natürlich nach wie vor erkannt werden muß), dann wird mit einer *Raise*-Anweisung eine Ausnahme *generiert*. Dadurch werden die Anweisungen zwischen TRY und EXCEPT abgebrochen. Im *Except*-Zweig

```
PROCEDURE GetRealArray(rd: Rd.T; VAR r: ARRAY OF REAL)
  RAISES {SIO.Error} =                         (*leitet SIO.Error weiter *)

  VAR
    i: CARDINAL;
  BEGIN
    WHILE NOT Rd.EOF(rd) DO
      i:= SIO.GetInt(rd);              (*Index lesen, SIO.Error kann auftreten*)
      r[i]:= SIO.GetReal(rd);          (*Wert lesen, SIO.Error kann auftreten*)
    END; (*WHILE*)
  END GetRealArray;
```

Bsp. 15.3: *Weiterleitung von Ausnahmen*

wird ähnlich wie in der *Case*-Anweisung überprüft, welche Ausnahme vorliegt. Wenn es keine Ausnahmen gegeben hat, dann wird der *Except*-Zweig nicht ausgeführt. Im Bsp. 15.2 wird zwar genauso wie im vorhergehenden Bsp. 15.1 überprüft, ob die Eingabedateien vorhanden sind. Doch die zweite Version ist viel klarer geschrieben, weil die Fehlerbehandlung vom eigentlichen Algorithmus getrennt ist.

Naturgemäß werden Ausnahmesituationen oft in systemnahen Servermodulen erkannt: Daß die Festplatte Lesefehler beim Lesen einer Datei produziert (vielleicht weil sich gerade dort ein Staubkörnchen festgesetzt hat), wird in der Prozedur erkannt, die zum Lesen der Datei den entsprechenden Betriebssystemdienst aufgerufen hat, und von dort eine Zurückweisung erfahren hat. Diese Prozedur kann die Ausnahme aber nicht behandeln. Eine Dienstprozedur zum Lesen von Informationen von Dateien kann nicht „wissen“, was das Fehlen der jeweiligen Information für die Anwendung bedeutet. Sind es wichtige Konfigurationsinformationen, ohne die das Programm nicht laufen kann? Kann die Information noch von woanders geholt werden? Die Prozedur bricht beim Auftreten einer Ausnahme deshalb ab, und meldet die Situation dem Aufrufer. Für den hat das die gleiche Wirkung wie eine *Raise*-Anweisung: Auch sein Algorithmus wird abgebrochen. Entweder leitet er die Ausnahmebedingung nun ebenfalls an seinen Aufrufer weiter, oder er *behandelt* sie in der *Try-Except*-Anweisung die den Aufruf der Prozedur enthielt. Im Bsp. 15.2 leiten die Prozeduren GetRealArray eine Ausnahme weiter, die im SIO-Modul generiert wird. Erst beim Aufrufer von GetRealArray wird die Situation behandelt. Nach ihrer Behandlung wird die Ausnahmebedingung „gelöscht“, das Programm läuft nach der entsprechenden *Try-Except*-Anweisung wieder normal weiter.

Um anzuzeigen, daß eine Prozedur eine Ausnahmesituation nicht behandeln sondern nur weiterleiten soll, schreiben wir den Namen der Ausnahme in eine Liste hinter dem Schlüsselwort RAISES. Bsp. 15.3 zeigt die Prozedur GetRealArray (sie ist schon aus dem Kap. 14 bekannt), die jetzt mit der Anweisung zur Weiterleitung der Ausnahmen ausgestattet ist.

Viele Programmiersprachen bieten keinen (brauchbaren) Ausnahmemechanismus an. Die Folge sind meistens Programme, die entweder durch die vielen expliziten Fehlerabfragen langsamer und unübersichtlicher als notwendig sind, oder – noch öfters und noch schlimmer – Fehlersituationen nicht sorgfältig genug behandeln.

Andere Programmiersprachen mit Ausnahmebehandlung erlauben es, daß die Fehlerbehandlung die Ausnahme ignorieren kann und daß das Programm an der Stelle, an der die Ausnahme aufgetreten ist, fortgesetzt wird. In Modula-3 ist dies nicht möglich. Wurde während der Suche nach der Behandlungsroutine die Prozedur, die die Ausnahme generiert hat, schon verlassen, so gibt es keinen Weg mehr zurück. Durch sorgfältige Planung der Ausnahmebehandlungen können wir den gewünschten Effekt jedoch immer erreichen.

15.2 Ausnahmebehandlung in Modula-3

15.2.1 Ausnahmen, Laufzeitfehler, Programmierfehler

Nicht jeder Fehler, der ein Programm am Funktionieren hindert, ist eine Ausnahmesituation im Sinne dieses Kapitels. *Programmierfehler* nennen wir Fehler, die der Programmierer gemacht hat: Das Programm hat einen falschen Algorithmus oder eine falsche Struktur, so daß es nicht das gewünschte Ergebnis liefert. Solche Fehler können wir nicht mit einer Ausnahmebehandlung in den Griff bekommen: Nur durch sorgfältige Problemanalyse und Planung des Programms sowie genauem Testen können derartige Fehler vermieden werden. Wir unterscheiden:

- *Laufzeitfehler*
  Sie entstehen aufgrund eines Programmierfehlers und werden vom Laufzeitsystem der Sprachumgebung erkannt. Laufzeitfehler können als vordefinierte Ausnahmen gesehen werden, die von der Sprachumgebung in bestimmten Situationen generiert werden. Beispiele für Laufzeitfehler sind das Indizieren eines Arrays mit einem außerhalb der Arraygrenzen liegenden Index, das Zuweisen eines negativen Wertes in eine *Cardinal*-Variable, das Dereferenzieren einer *Nil*-Referenz sowie ein *Real*-Arithmetiküberlauf.

  Mit keinen der vorhandenen Modula-3-Sprachumgebungen ist es möglich, vom Laufzeitsystem erkannte Ausnahmesituationen abzufangen. Laufzeitfehler führen immer zu einem Abbruch des Programms.

- *Ausnahmen*
  Wenn wir hier von Ausnahmen sprechen, dann meinen wir Situationen, die vom Programm selbst erkannt wurden. Daraufhin *generiert*

das Programm explizit eine Ausnahme. Freilich passiert dies nicht immer direkt in einer vom Programmierer geschriebenen Prozedur, sondern häufig in einem Modul der Modula-3-Bibliothek.

Die hier skizzierte Grenze zwischen *Laufzeitfehlern* und *Ausnahmen* zeigt weniger einen konzeptuellen Unterschied zwischen beiden als eine unterschiedliche Art der Implementierung. Es hängt vom Übersetzer und von der Sprachumgebung ab, ob bestimmte Situationen als Ausnahme vom Programm behandelt werden können oder als Laufzeitfehler zwingend und sofort das Programm abbrechen (siehe Anh. C.1.6).

Modula-3 bietet explizite Sprachkonstrukte an, um Ausnahmen zu deklarieren, zu erzeugen und zu behandeln. In der Modula-3-Bibliothek werden eine Reihe von Ausnahmen vordefiniert, und wir können weitere dazudefinieren. Es gibt zwei Grundoperationen auf Ausnahmen: Wir können eine Ausnahme *generieren* (*raise*) und *behandeln* (*handle*). Eine Ausnahme wird durch eine *Raise*-Anweisung generiert und durch eine *Try-Except*-Anweisung aufgefangen und behandelt.

15.2.2 Deklaration von Ausnahmen

Ausnahmen werden über ihren Namen angesprochen. Ihre Deklaration hat die Form:

Declaration_{13} = ··· |"EXCEPTION" { $\text{ExceptionDecl}_{16}$ ";" }| ···
$\text{ExceptionDecl}_{16}$= Ident_{89} ["(" Type_{48} ") "].

Der Bezeichner Ident_{89} ist der Name der Ausnahme. Eine Ausnahme kann einen Parameter haben, dessen Typ bei der Deklaration der Ausnahme angegeben wird. Die SIO-Schnittstelle definiert z. B. die parameterlose Ausnahme Error (siehe Anh. C.3.3 auf S. 549). Dadurch ist es möglich, daß Klienten des Moduls die Ausnahmen, die die Prozeduren des Moduls generieren, ansprechen können. In unserem Bsp. 15.2 wird SIO.Error in der *Try-Except*-Anweisung behandelt.

Das Exportieren der *Exception*-Deklaration in einer Schnittstelle gestattet es beliebigen Klienten, diese Ausnahme auch selbst zu *generieren*.

15.2.3 Generieren von Ausnahmen

Eine Ausnahme wird durch die *Raise*-Anweisung generiert:

RaiseStmt_{34} = "RAISE" QualID_{86} ["(" Expr_{66} ")"].

Expr_{66} berechnet den Parameter der Ausnahme. Sein Typ wurde bei der Deklaration der Ausnahme angegeben. Bei parameterlosen Ausnahmen entfällt dieser Ausdruck zusammen mit den Klammern. Die *Raise*-Anweisung generiert eine Ausnahme und leitet damit gleich die Suche nach einer entsprechenden Behandlungsroutine ein.

15.2.4 Behandlung von Ausnahmen

Um Ausnahmen zu behandeln, klammern wir die Anweisungsfolge, in der eine bestimmte Ausnahme auftreten könnte, mit einer *Try-Except*-Anweisung ein und geben eine Liste von Behandlungsroutinen an. Eine Behandlungsroutine ist einfach eine Anweisungsfolge. Die Syntax der *Try-Except*-Anweisung ist:

$$\begin{aligned} \text{TryXptStmt}_{38} &= \text{"TRY" Stmts}_{23} \text{ "EXCEPT" [Handler}_{44} \text{] \{ "|" Handler}_{44} \text{ \}} \\ &\quad \text{["ELSE" Stmts}_{23} \text{] "END".} \\ \text{Handler}_{44} &= \text{QualID}_{86} \text{ \{ "," QualID}_{86} \text{ \} ["(" Ident}_{89} \text{ ")"] "=>" Stmts}_{23}. \end{aligned}$$

Damit lassen sich Anweisungen schreiben, die allgemein so aussehen:

TRY
  geschützte Anweisungen
EXCEPT
| $Ausnahme_1(Parameter_1)$ => $Handler_1$
⋮
| $Ausnahme_n(Parameter_n)$ => $Handler_n$
ELSE $Handler_0$
END

Die *Try-Except*-Anweisung wird folgendermaßen ausgeführt:

1. Tritt in den geschützten Anweisungen keine Ausnahme auf, dann laufen sie ab, als gäbe es keine *Try-Except*-Anweisung darumherum. D. h., wenn die Anweisungen abgearbeitet sind, wird die Ausführung nach dem END der *Try-Except*-Anweisung fortgesetzt.

2. Tritt in den geschützten Anweisungen eine Ausnahme auf, so wird diese Anweisungsfolge abgebrochen und zum *Except*-Teil verzweigt. Trat $Ausnahme_i$ auf, dann wird die Variable $Parameter_i$ auf den Wert des Ausdrucks des Parameters der *Raise*-Anweisung gesetzt und die Ausführung bei $Handler_i$ fortgesetzt. $Handler_i$ ist eine Folge von Anweisungen. Es ist gleichzeitig der Gültigkeitsbereich der Variablen $Parameter_i$. Der Typ dieser Variablen wurde bei der Deklaration der Ausnahme festgelegt.

   Dadurch wurde die Ausnahme behandelt. Die Ausnahmebedingung gilt somit nicht mehr, der Lauf des Programms wird nach dem END der *Try-Except*-Anweisung fortgesetzt.

3. Tritt jedoch in den geschützten Anweisungen eine Ausnahme auf, die nicht in der Liste vorkommt, dann wird $Handler_0$ des *Else*-Zweiges ausgeführt, die Ausnahmebedingung gelöscht und danach hinter der *Try-Except*-Anweisung fortgesetzt.

   Gibt es keinen *Else*-Zweig (d. h., die *Try-Except*-Anweisung stellt keine Behandlungsroutine bereit), dann wird die Ausnahme entweder weitergeleitet, oder das Programm wird mit einem Laufzeitfehler abgebrochen (siehe unten, 15.2.5).

Ausnahmen, die in der Behandlungsroutine auftreten, sind nicht geschützt. Solche Ausnahmen können wir abfangen, wenn wir die *Try-Except*-Anweisung als geschützte Anweisung einer weiteren *Try-Except*-Anweisung schreiben.

15.2.5 Weiterleitung von Ausnahmen

Wenn wir eine Ausnahme in einer Prozedur nicht behandeln, sondern dem Aufrufer der Prozedur das Auftreten einer Ausnahmebedingung nur mitteilen wollen, dann müssen wir das bei der Prozedurdeklaration bekanntgeben. Die nun vollständige Syntax von Prozedursignaturen ist:

```
ProcedureHead18 = "PROCEDURE" Ident89 Signature19.
Signature19     = "(" Formals20 ")" [ ":" Type48 ] [ "RAISES" Raises22 ].
Raises22        = "{" [ QualID86 { "," QualID86 }] "}".
```

Die *Raises*-Liste stellt sozusagen einen zweiten Ausgang aus der Prozedur dar: Entweder sie terminiert normal und liefert eventuell Daten in Variablenparametern oder als Rückgabewert ab, oder sie generiert eine Ausnahme, was beim Aufrufer der Prozedur die gleiche Wirkung wie eine explizite *Raise*-Anweisung hat:

```
PROCEDURE Aktion1
    (VAR fehler: BOOLEAN) =
  BEGIN
    ⋮
    IF Fehlerbedingung THEN
      fehler:= TRUE;
    END;
  END Aktion1;
⋮

Aktion1(fehler);
IF fehler THEN RAISE Ausnahme;
⋮
```

```
PROCEDURE Aktion2()
    RAISES {Ausnahme}=
  BEGIN
    ⋮
    IF Fehlerbedingung THEN
      RAISE Ausnahme;
    END;
  END Aktion2;
⋮

Aktion2();
⋮
```

> Aktion1 und Aktion2 im obigen Pseudocode prüfen beide das Auftreten einer Ausnahmebedingung. Aktion1 meldet die Ausnahme mit einer Booleschen Variablen, Aktion2 mit einer Ausnahme. Die explizite *Raise*-Anweisung und die weitergeleitete Ausnahme bewirken das gleiche: Der Algorithmus, der Aktion1/2 aufrief, wird abgebrochen und die Suche nach einer Behandlungsroutine beginnt.

Das kann über mehrere Stufen einer Aufrufkette geschehen: Jedesmal wenn eine Ausnahme in einer Prozedur auftritt (egal ob durch eine *Raise*-Anweisung oder durch eine aufgerufene Prozedur, die sie weitergeleitet hat), wird sie weitergeleitet, wenn erstens keine Behandlungsroutine in der Prozedur selbst vorhanden ist (siehe oben, Abschn. 15.2.4) und zweitens, wenn ihr Name in der *Raises*-Liste der Prozedur steht. Tritt eine Ausnahme, die nicht weitergeleitet werden kann, außerhalb einer *Try-Except*-Anweisung auf oder gibt es im *Except*-Zweig weder eine Behandlungsroutine noch ein *Else*, dann wird das Programm mit einem Laufzeitfehler abgebrochen.

Die Suche nach einer Behandlungsroutine können wir nunmehr vollständig beschreiben:

1. Tritt die Ausnahme in einer durch eine *Try-Except*-Anweisung geschützten Anweisung auf und existiert dort eine Behandlungsroutine oder ein *Else*-Zweig, dann wird zu der Behandlungsroutine verzweigt, die Ausnahmebedingung gelöscht und das Programm nach der *Try-Except*-Anweisung fortgefahren (siehe oben, Abschn. 15.2.4).

2. Tritt die Ausnahme in einer durch eine *Try-Except*-Anweisung geschützten Anweisung auf und existiert dort weder eine entsprechende Behandlungsroutine noch ein *Else*-Zweig, dann wird die Prozedur abgebrochen und die Ausnahmebedingung weitergeleitet, wenn ihr Name in der *Raises*-Liste der Prozedur enthalten ist.

3. Tritt die Ausnahme nicht in einer geschützten Anweisung auf, dann wird die Prozedur abgebrochen und die Ausnahmebedingung weitergeleitet, wenn ihr Name in der *Raises*-Liste der Prozedur enthalten ist.

4. Kann die Ausnahme weder behandelt noch weitergeleitet werden, dann wird das ganze Programm mit einem Laufzeitfehler abgebrochen.

Wurde eine Ausnahme weitergeleitet, dann beginnt beim Aufrufer das gleiche Spiel von vorne. Ausnahmen werden häufig über eine ganze Reihe von Aufrufen weitergeleitet. Im Bsp. 15.3 können wir sehen, wie die Ausnahme SIO.Error nur weitergeleitet wird. SIO.Error tritt auf, wenn eine der Prozeduren SIO.GetInt und SIO.GetReal eine Zeichenkette lesen, die sie nicht als Zahl interpretieren können (siehe Bsp. 14.10 auf S. 384). GetRealArray bietet dafür aber keine Behandlung an. Die Semantik dieses Problems stellt sich für GetRealArray so dar, daß das Array nicht erfolgreich gelesen werden kann. Dafür gibt es aus Sicht dieser Prozedur keine Behandlung. Statt nun selbst eine Ausnahme zu generieren, leitet GetRealArray die Ausnahme einfach weiter und überläßt es dem Aufrufer, sie zu behandeln (sie wird im Bsp. 15.2 auch einfach durch eine Fehlermeldung „behandelt"). Im Abschn. 15.4 werden wir versuchen, Ausnahmebehandlung für größere Programme so zu planen, daß Ausnahmesituationen immer dort behandelt werden, wo genügend Information über die Auswirkungen des Problems vorliegt.

15.3 Aufschieben der Ausnahmebehandlung

Das Auftreten einer Ausnahme bewirkt sofort den Abbruch der aktuellen Prozedur und aller anderen Prozeduren in der Aufrufkette, die die Ausnahme weiterleiten. Für viele Algorithmen ist Abbrechen und Weiterleiten der Ausnahmebedingung aber keine akzeptable Fehlerbehandlung. Der Modula-3-Übersetzer beispielsweise erzeugt einige Zwischendateien, die sehr groß werden können und die nur während des Compilationslaufes von Bedeutung sind. Diese Dateien sollten gelöscht werden – auch dann, wenn während der Compilation eine Ausnahmebedingung aufgetreten ist.

Sehr wichtig ist das zuverlässige Aufräumen am Ende eines Programmlaufes in Umgebungen, in denen sich mehrere Programme ein Computersystem teilen müssen. Ein Programm muß einen bestimmten Dienst zunächst für sich reservieren, damit es nicht von „konkurrierenden" anderen Programmen gestört wird. Die Ausgabe auf einen Drucker ist so ein Dienst, der offensichtlich immer nur von einem Programm auf einmal in Anspruch genommen werden kann, andere müssen warten (im Kap. 16 werden solche Synchronisationsprobleme ausführlich behandelt). Das bedeutet natürlich auch, daß jedes Programm den Dienst wieder freigeben muß, wenn er nicht mehr benötigt wird. Tritt bei einem Druckprogramm *nach* dem Reservieren des Druckers eine Ausnahme auf, dann muß auf alle Fälle der Drucker wieder freigegeben werden, bevor das Druckprogramm abgebrochen werden kann – sonst bliebe der Drucker blockiert. Allgemeiner beschrieben kommen folgende Abläufe in Softwaresystemen häufig vor:

Reservierung einer Ressource
Verarbeitung
Freigeben der Ressource

Eine Weiterleitung von Ausnahmen im Teil *Verarbeitung* ist offensichtlich nicht möglich, es würde den ganzen Algorithmus abbrechen und die Ressource bliebe reserviert. Wir schützen solche Anweisungen deshalb mit der *Try-Finally*-Anweisung:

```
Reservierung einer Ressource
TRY
  Verarbeitung
FINALLY
  Freigeben der Ressource
END;
```

Die Weiterleitung der Ausnahme wird durch diese Anweisung verschoben: Nach dem Auftreten der Ausnahme werden die geschützten Anweisungen (zwischen den Schlüsselwörtern TRY und FINALLY) abgebrochen, der Teil nach FINALLY ausgeführt, und erst dann die Suche nach einer Behandlungsroutine für die Ausnahme begonnen. Der Finally-Zweig wird *immer* ausgeführt, auch dann, wenn keine Ausnahme aufgetreten ist.

Wenn die einzige Ausnahme, die während der Verarbeitung auftreten kann, Fehler ist, dann entspricht die *Try-Finally*-Anweisung folgender *Try-Except*-Anweisung:

```
Reservierung einer Ressource
TRY
  Verarbeitung
EXCEPT
  Fehler=> Freigeben der Ressource; RAISE Fehler
END;
Freigeben der Ressource
```

Können mehrere Ausnahmen auftreten, dann müßte der Code *„Freigeben der Ressource“* noch weiter vervielfacht werden. Eine Lösung mit Hilfe des *Else*-Zweiges ist nicht möglich, weil dann die Information, welche Ausnahme aufgetreten ist, verloren ginge. Es zeigt sich also, daß das Problem des Aufschiebens von Ausnahmebehandlungen mit der *Try-Except*-Anweisung nur mit Codevervielfältigung gelöst werden kann und die *Try-Finally*-Anweisung hier von großem Vorteil ist.

> Für die *Try-Finally*-Anweisung gilt die gleiche Unterscheidung zwischen Laufzeitfehlern und Ausnahmen, wie oben im Abschn. 15.2.4 beschrieben: Abhängig von der Implementierung der Sprachumgebung führen Laufzeitfehler *sofort* zum Programmabbruch (ohne, daß der *Finally*-Zweig vorher abgearbeitet wurde) während bei Ausnahmen immer der *Finally*-Zweig noch durchlaufen wird.
>
> Die Autoren sind der Ansicht, daß das ein Mangel der derzeitigen Modula-3-Umgebungen ist. Hier hat eine Unterscheidung zwischen Ausnahme und Laufzeitfehler keinen Sinn, Ressourcen sollten unabhängig davon freigegeben werden.

```
  PROCEDURE IntegerCopy() RAISES {SIO.Error} =
    VAR
      in:= SF.OpenRead();                          (*Öffnen der Eingabedatei *)
      out:= SF.OpenWrite();                        (*Öffnen der Ausgabedatei *)
      count: CARDINAL:= 0;         (*zum Zählen der erfolgreich gelesenen Werte *)
    BEGIN
      TRY
        WHILE NOT SIO.End(in) DO
          SIO.PutInt(SIO.GetInt(in), 6, out);
          IF SIO.TermChar(in) = '\n' THEN SIO.Nl(out) END;
          INC(count);
        END; (*WHILE*)
      FINALLY                                  (*auf alle Fälle Dateien schließen *)
        SIO.PutInt(count);
        SIO.PutText(" Werte kopiert"); SIO.Nl();
        SF.CloseRead(in); SF.CloseWrite(out);
      END; (*TRY FINALLY*)
    END IntegerCopy;

BEGIN
  SIO.PutText("File copy program\n");
  TRY
    IntegerCopy();
  EXCEPT                    (*eventuelle Fehlerbehandlung nach dem Schließen *)
    SIO.Error => SIO.PutText("!Fehler!\n");
  END;
```

Bsp. 15.4: *Aufschieben von Ausnahmen: Datei wird immer geschlossen*

Syntax

TryFinStmt$_{39}$ = "TRY" Stmts$_{23}$ "FINALLY" Stmts$_{23}$ "END".

Ein Beispiel für das Aufschieben von Ausnahmen zeigt das Bsp. 15.4. Die Prozedur IntegerCopy öffnet eine Datei zum Lesen sowie eine zum Schreiben und kopiert Integerwerte, die sie von der einen Datei liest in die andere. Tritt eine Ausnahme auf (wenn die Eingabedatei Buchstaben enthält), dann werden beide Dateien trotzdem ordnungsgemäß geschlossen – bevor die Prozedur abgebrochen wird. D. h., alles, was schon in die Ausgabedatei kopiert wurde bevor der Fehler auftrat, wird gesichert. Wenn die Eingabedatei schwierig zu erreichen ist (z. B. eine Übertragung über Telephon), dann ist das ein sehr wünschenswertes Verhalten. Beim Neustart der Operation braucht nur noch der Teil kopiert werden, der noch fehlt (unserem Beispiel fehlen dazu freilich die Mechanismen, um das automatisch machen zu können).

15.4 Strategien der Ausnahmebehandlung

Die Bedeutung von Ausnahmebehandlung wird erst bei größeren Systemen wirklich sichtbar. Hier müssen wir die Strategie, wie die verschiedensten Sondersituationen behandelt werden, sorgfältig planen. Das wichtigste dabei ist, daß wir eine Struktur der *Verantwortungen* festlegen.

Bei der Festlegung der Modulstruktur muß der Aspekt der Ausnahmebehandlung gleich mitberücksichtigt werden. In einem richtig entworfenen System ist jedes Modul für eine wohldefinierte Aufgabe zuständig. Bei der Definition des Aufgabenbereiches wird auch der Verantwortungsbereich für Fehlersituationen angegeben.

Bei der Festlegung der Strategie der Ausnahmebehandlung haben wir einen grundsätzlichen Widerspruch vor uns. Nehmen wir an, eine lange, über eine Reihe von Modulgrenzen durchgehende Aufrufkette wird durch eine Ausnahme unterbrochen. Behandeln wir die Ausnahme ganz lokal (also in der Prozedur, in der die Situation erkannt wurde), so wird unsere Programmstruktur viel einfacher. An dieser Stelle wissen wir aber meistens fast nichts über die Anwendung, die die Aufrufkette ausgelöst hat. Welche Konsequenzen die Ausnahme auf den Programmlauf hat, das weiß der oberste Aufrufer am besten. Um die Ausnahmen dort zu behandeln, müssen wir sie durch die ganze Aufrufkette rückwärts delegieren. Das macht zwar die Programmstruktur etwas komplizierter, doch immerhin erleichtert uns der Ausnahmemechanismus der Sprache derartige Delegationen beträchtlich.

Allgemein müssen wir uns also bemühen, Ausnahmen, die ohne Wissen über die Anwendung handhabbar sind, sofort zu behandeln. Andere aber, die wir lokal nicht behandeln können, sollten wir solange nach oben delegieren, bis die verantwortliche Schicht die Behandlung vornehmen kann. Wir müssen also bei jeder Prozedurdefinition zwischen folgenden Möglichkeiten wählen:

- *Behandlung ohne Verwendung von Ausnahmen*
  Natürlich muß nicht jede Sondersituation als Ausnahme behandelt werden. Viele Probleme können einfacher mit *If*-Anweisungen abgefangen werden. Die Weiterleitung der Information erfolgt dann über den Rückgabewert oder Variablenparameter.

- *Prozeduren mit lokaler Ausnahmebehandlung*
  Nach dem Aufruf solcher Prozeduren hat das Programm immer einen normalen Zustand (d. h., es gilt keine Ausnahmebedingung). Die Prozedur muß also jedes Problem behandelt haben, oder aber sie hat die Aktion abgebrochen und dadurch einen normalen Zustand wieder hergestellt.

- *Vollständiges Weiterleiten von Ausnahmebedingungen*
  Solche Prozeduren haben zwei Ausgänge: Terminieren sie normal, so hinterlassen sie einen gültigen Programmzustand. Ist das nicht möglich, so terminieren sie mit einer Ausnahme, die der Aufrufer behandeln muß.

- *Teilweise Behandlung von Ausnahmebedingungen*
  Derartige Prozeduren sind in Servermodulen recht häufig. Sie erkennen eine Ausnahmebedingung, die sie nicht behandeln können. Doch bevor sie terminieren, sorgen sie noch dafür, daß der Zustand des Servers konsistent bleibt. Oft generieren sie dann eine neue Ausnahme mit einem eigenen, im Server deklarierten Namen. Der Klient bleibt somit von den Serverzuständen abgeschottet (Geheimnisprinzip), wird aber über die Erfolglosigkeit der Aktion informiert.

Im Laufe einer Aufrufkette können alle diese Möglichkeiten vorkommen. Betrachten wir dazu ein abschließendes Beispiel: Beim Speichern eines Textes in einem Texteditorprogramm könnte es folgende Aufrufkette geben (wir beginnen ganz unten): Eine Funktion der Sprachumgebung stellt beim Schreiben eines Zeichens fest, daß die Kapazität der Festplatte erschöpft ist und generiert eine entsprechende Ausnahme. Die Funktion, die in einer Schleife den ganzen Text speichern sollte, leitet diese Ausnahme einfach weiter. Die exportierte Prozedur zum Speichern eines Dokumentes behandelt diese Ausnahme nun, indem sie eine entsprechende Fehlermeldung erzeugt. Sie generiert eine neue, eigene Ausnahme und übergibt die Fehlermeldung als Parameter. Die Menüfunktion des Hauptprogramms behandelt nun auch diese Ausnahme, indem sie die Fehlermeldung ausgibt. Sie leitet keinerlei Ausnahmen weiter.

Kapitel 16

Parallele Programmierung

Bis jetzt haben wir immer die (stillschweigende) Annahme getroffen, daß die Anweisungen einer Anweisungsfolge immer nacheinander also der Reihe nach ausgeführt werden. Programme, die aus solchen Anweisungsfolgen bestehen, nennen wir *sequentiell*. Es kommt aber in der Praxis oft vor, daß sich ein Problem mit einem sequentiellen Programm nur schwer oder überhaupt nicht beschreiben läßt. Aus diesem Grund greift man oft zur *parallelen Programmierung*, was eigentlich die allgemeinere Sicht ist: Sequentielle Programme könnte man als einen (allerdings sehr wichtigen) Spezialfall von parallelen Programmen auffassen.

Wir können uns ein bißchen wie Orgon in *Molieres Tartuffe* vorkommen, als er zuerst über Dichtung hört und dabei erfährt, daß er bis jetzt, sein ganzes Leben durch, in „Prosa“ gesprochen hat. So etwa erfahren wir jetzt, daß wir bis zu diesem Zeitpunkt immer sequentielle Programme geschrieben haben. Interessant wird diese Erkenntnis nur im Lichte der Tatsache, daß es etwas anderes auch gibt – nämlich parallele Programme.

16.1 Motivation für Parallelität

Bessere Ausnützung bestehender Betriebsmittel

Parallelität wurde zum erstenmal in den sechziger Jahren eingeführt, durch die Erkenntnis motiviert, daß die Ein- und Ausgabe um Größenordnungen länger dauert als die internen Operationen. Inzwischen ist zwar die Ein-/Ausgabe viel schneller geworden, für die internen Operationen gilt aber dasselbe: Das Verhältnis ist im wesentlichen das gleiche geblieben. Es liegt nahe, daß während ein Programm auf seine Ein-/Ausgabe wartet, ein anderes Programm etwas Nützliches machen kann. Ist die Ein-/Ausgabe dann fertig, so kann jenes *unterbrochen*, und das erste Programm wieder fortgesetzt werden. Das Konzept der *Unterbrechung* hat den *Durchsatz* (die Anzahl der Programme die pro Zeiteinheit bearbeitet werden können) von Rechnern wesentlich erhöht und gleichzeitig neue Probleme gebracht. Eines davon war, daß ein Programm praktisch „unmerklich" unterbrochen und später wieder fortgesetzt werden kann. Das ist, wie wir sehen werden, nicht immer einfach.

> Nehmen wir an, wir werden in unserer Arbeit unterbrochen, weil unser Computer piepst: Ein *elektronischer Brief* (eine „*e-mail*") ist gekommen. Während wir die e-mail lesen, klopft jemand und tritt ins Büro: Somit haben wir schon eine zweistufige Unterbrechung. Wenn inzwischen auch noch das Telephon anfängt zu klingeln, so sind wir bereits bei der dritten Schachtelungsstufe. Wir müssen diese Unterbrechungen einzeln behandeln und dann immer zur vorherigen Aufgabe zurückkehren. Es ist klar, daß eine Unterbrechung nicht zu einem beliebigen Zeitpunkt wirksam werden darf: Manchmal muß sie warten.

Die heutigen Computer verwenden auch dann viel Parallelität, um ihre eigenen Betriebsmittel (*Ressourcen*) besser auszunutzen, wenn die Anwendungsprogramme selbst sequentiell sind. Dabei wird verlangt, daß diese Art von Parallelität für die Benutzerprogramme völlig *transparent*, also unsichtbar ist. Die Autoren der Benutzerprogramme sollten davon möglichst nichts wissen müssen.

Transparente Parallelität wird an sehr vielen Stellen eingesetzt. Die meisten *Betriebssysteme* teilen den Rechner unter einer Anzahl von Programmen so auf, daß, während ein Programm auf Ein-/Ausgabe wartet, ein anderes Programm etwas rechnet.

Auch auf der Ebene der Hardware wird viel Parallelität verwendet. In allen neueren Prozessoren wird z. B. *pipelining* verwendet: Verschiedene Phasen der Ausführung von Instruktionen (wie etwa Laden einer Instruktion, Dekodieren eines Befehles, Laden der Operanden usw.) können einander überlappen. Während ein Befehl dekodiert wird, kann der nächste schon geladen werden und so fort. Die sogenannten *superskalaren* Prozessoren, die immer größere Verbreitung finden, können sogar mehrere Instruktionen gleichzeitig starten.

Inhärent parallele Anwendungen

Denken wir z. B. an ein Flugreservierungssystem. Fahrgäste auf der ganzen Welt können bei verschiedensten Schaltern gleichzeitig für den gleichen Flug Plätze reservieren. Alle diese Bestellungen müssen durch das gleiche Softwaresystem bearbeitet werden. Wir wären aber sehr unzufrieden, wenn man uns am Schalter in Klagenfurt erklären würde: Sie müssen jetzt warten, weil unser System gerade einen Auftrag eines Fluggastes in

San Francisco bearbeitet. So ein System muß die Aufträge zeitlich nebeneinander, *parallel* verarbeiten können. Mit diesem Beispiel kann man gleich eine Grundschwierigkeit der parallelen Programmierung verdeutlichen: Was ist, wenn ein Fluggast in Klagenfurt und ein anderer in San Francisco den gleichen Flug in Anspruch nehmen möchten, der aber bis auf einen Platz schon ausgebucht ist? Einer von den beiden muß gewinnen, das ist klar. Auf alle Fälle muß verhindert werden, daß der gleiche Platz an beide verkauft wird. So etwas könnte leicht passieren: Zuerst wird z. B. von Klagenfurt aus geprüft, ob noch ein Platz frei ist. Ein bißchen später kommt auch der Auftrag von San Francisco an und findet den Platz noch immer frei. Aufgrund dieser Information reservieren nun beide Stellen den Platz. Genau das soll nicht passieren: Die Methoden der parallelen Programmierung bieten für solche Konflikte Lösungen an.

Wir könnten noch sehr viele Anwendungen nennen, die inhärent parallel sind: alle Systeme, die mehrere Kunden gleichzeitig bedienen (Banken, Warenhäuser usw.); Systeme, die Flugzeuge, Schiffe, Bahnhöfe usw. steuern; Telekommunikationssysteme, die (oft riesige) Netze von Telephon- und Computeranschlüssen betreiben und die eine große Anzahl von Verbindungen gleichzeitig gewährleisten müssen.

Beschleunigung von Algorithmen

Es gibt Algorithmen, die sowohl in sequentieller als auch in paralleler Form ausgedrückt werden können, deren Verarbeitung aber selbst auf dem schnellsten sequentiellen Rechner zu lange dauert. Was „zu lange" bedeutet, hängt natürlich vom Problem ab. Denken wir z. B. an die Wettervorhersage. Um eine genaue Wettervorhersage berechnen zu können, muß man sehr viele Berechnungen durchführen. Was nützt uns aber eine perfekte Wettervorhersage, wenn das Ergebnis erst zu spät vorliegt? Ein Programm, das aufgrund der Daten von Mittwoch das Wetter für Donnerstag ganz genau – allerdings erst am Freitag – angibt, wäre nicht das, was wir uns wünschen.

In einem solchen Fall können wir zweierlei Wege einschlagen: Entweder verbessern wir das Anwendungsmodell so, daß weniger Berechnung notwendig wird, oder wir müssen den Computer schneller machen. Der erste Weg ist längerfristig bestimmt ökonomischer und geistig auch anspruchsvoller. In der Praxis wird der zweite Weg aber oft vorgezogen. Die Computerindustrie investiert sehr viel darin, die Rechner immer schneller zu machen. Die Erhöhung der Geschwindigkeit der klassischen, nach den *Von-Neumann*-Prinzipien gebauten Rechner (siehe Kap. 1.2), stößt an physikalische Grenzen. Dieses Phänomen nennt man oft *Von-Neumann bottleneck*, ein Engpaß, der durch die Von-Neumann-Architektur gegeben ist. John von Neumann hat zwar seinerseits die Möglichkeit für parallele

Bearbeitung schon am Anfang der fünfziger Jahre durchaus angesprochen, die „Von-Neumann-Architektur“ ist aber grundsätzlich sequentiell: Das Rechenwerk liest und interpretiert die Befehle, die im Hauptspeicher liegen, sequentiell; einen nach dem anderen.

> Die heutigen Spitzenprozessoren sind mit einer Taktfrequenz von über 200 MHz getaktet, d. h., es stehen ihnen weniger als 5 Nanosekunden (10^{-9} Sekunden) zur Verfügung, um eine Operation (etwa eine Addition) auszuführen. Es gibt gute Gründe anzunehmen, daß es nicht mehr viel schneller geht.
>
> Der Leser fragt sich vielleicht: Muß es überhaupt noch schneller gehen? Ist das nicht schnell genug? Diese Frage ist sicher berechtigt, kann aber leider hier nicht ausdiskutiert werden. Die parallelen Rechner sind auf jeden Fall verbreitet, und der Umgang mit Parallelität wird in der Zukunft sehr wahrscheinlich an Bedeutung gewinnen.

Parallelität scheint im Moment die einzige Möglichkeit darzustellen, Computer noch wesentlich schneller zu machen. Einerseits transparente Parallelität, versteckt in der Rechnerarchitektur bzw. in unteren Schichten des Betriebssystems, andererseits *explizite* Parallelität, die dem Programmierer ermöglicht, seine Algorithmen gleich in paralleler Form auszudrücken, und ihn auf eine parallele Architektur abzubilden.

16.2 Parallele Programme

Parallele Programme lassen sich am einfachsten als eine Sammlung von *kooperierenden sequentiellen Prozessen* ausdrücken.

Ein *Prozeß* ist ein virtueller Prozessor mit einem eigenen Zustandsraum, der seine Anweisungen sequentiell ausführt.

Ein Prozeß ist also ein *aktives* Element, wir können es uns so vorstellen, daß ein jeder Prozeß seinen eigenen (echten oder virtuellen) Prozessor (seinen eigenen „Motor“) hat. Ein Prozeß kann parallel zu anderen Prozessen seine sequentiellen Anweisungen ausführen. Dabei interessieren uns völlig unabhängige Prozesse nicht, sondern solche, die miteinander kommunizieren.

> Wenn zwei Rechner in zwei verschiedenen Räumen etwas ganz unterschiedliches machen, so können wir sie zwar als parallel ablaufende Prozesse auffassen, doch das ist nicht besonders interessant. Spannend wird es erst, wenn irgendein Zusammenhang zwischen den beiden besteht.

Ein Prozeß kann seinen Ablauf mit dem von anderen Prozessen *synchronisieren*, d. h., Prozesse können aufeinander warten. Sie können bei Bedarf miteinander *kommunizieren*, also Daten austauschen. Das können sie durch *gemeinsame Variablen* oder via *Kommunikationskanäle* mit Hilfe von *Nachrichten* (*messages*) tun.

Eine zusammenhängende Sammlung von Prozessen bildet ein *paralleles Programm*. Wir wissen im allgemeinen nicht, welche Anweisungen der einzelnen Prozesse einander überlappen. Über den konkreten zeitlichen Ablauf der einzelnen Prozesse dürfen wir meistens keine Annahmen treffen.

Wenn die Prozesse tatsächlich ihren eigenen physischen Prozessor haben, dann sprechen wir oft von *echt-parallelen Prozessen*. Wenn sie durch den gleichen physischen Prozessor ausgeführt werden, also nur virtuell einen eigenen Prozessor haben, dann sprechen wir oft von *quasi-parallelen* oder *nebenläufigen* Prozessen.

In beiden Fällen versteckt sich hinter den Prozessen ein Mechanismus, der für Synchronisation und Kommunikation sorgt. Dieser Mechanismus wird meistens durch einen sogenannten *Scheduler* bereitgestellt, der die Abläufe der Prozesse koordiniert. Der Scheduler für quasi-parallele Prozesse muß auch die virtuellen Prozessoren realisieren, also dafür sorgen, daß die Prozesse so ablaufen, als ob (quasi) sie einen eigenen Prozessor hätten.

Für die Entwicklung von parallelen Programmen gelten die gleichen Regeln, unabhängig davon, ob die Prozesse echt-parallel oder quasi-parallel ausgeführt werden.

Zu prüfen, ob ein paralleles Programm korrekt ist, sollte unabhängig davon sein, ob das Programm echt-parallel oder nebenläufig ist. Deswegen verwenden wir in diesem Kapitel generell den Ausdruck Parallelität, außer wenn der Unterschied betont werden muß.

Der Unterschied wird wichtig, wenn wir Effizienzüberlegungen anstellen. Ein quasi-paralleles Program ist in der Regel *langsamer*, als ein äquivalentes sequentielles Programm. Trotzdem ist die Entwicklung von solchen Programmen sinnvoll, da oft *kein* äquivalentes sequentielles Programm zu finden ist, oder die sequentielle Variante viel zu kompliziert wäre. Ein echt-paralleles Programm *kann* schneller werden als ein äquivalentes sequentielles Programm. Es ist aber nicht notwendigerweise schneller. Durch die Synchronisation wird der Grad der Parallelität eingeschränkt; jedes (sinnvolle) parallele Programm hat gewisse sequentielle Teile. Wenn der sequentielle Anteil groß ist, dann kann durch Parallelität sehr wenig Geschwindigkeit gewonnen werden. Darüber hinaus kann die Kommunikation die Parallelität „bremsen". Wenn die Prozesse mehr Zeit mit dem Warten auf Nachrichten als mit der Verarbeitung derselben verbringen, dann wird uns Parallelität auch nicht viel helfen. Bei einem ungeschickten Entwurf kann die echt-parallele Variante (ausgeführt auf einer Anzahl von selbständigen Prozessoren) durchaus langsamer werden, als das sequentielle Gegenstück.

Die Effizienzüberlegungen sind in vielen Entwürfen entscheidend. Wir werden uns aber im folgenden auf die Grundkonzepte konzentrieren, die unabhängig von der Art der Parallelität sind. Die folgende Grundregel gilt für alle parallelen Programme:

Bei der Verifikation eines parallelen Programmes, dürfen keine Annahmen über die absoluten oder relativen Geschwindigkeiten der teilnehmenden Prozesse miteinbezogen werden.

Ein sehr spannendes Gebiet der Informatik, die *Echtzeitprogrammierung* (*real-time programming*), beschäftigt sich mit Problemen, bei denen die Ablaufzeit eines Programms auch berücksichtigt werden muß. Denken wir z. B. an eine *on-line*-Steuerung (on-line bedeutet, daß der Computer direkt am gesteuerten Prozeß teilnimmt, z. B. im Sicherheitssystem eines Kraftwerkes). Hier ergeben sich Ereignisse, auf die der Rechner innerhalb gegebener Zeitgrenze reagieren *muß*. In Echtzeitsystemen genügt es also nicht, daß das Ergebnis richtig ist, es muß auch zum richtigen Zeitpunkt vorliegen. Diese Annahmen über den Zeitablauf machen den Richtigkeitsbeweis nicht leichter, sondern sie stellen im Gegenteil eine zusätzliche Anforderung dar. Auf die Probleme der Echtzeitsysteme gehen wir nicht ein.

Leicht- und schwergewichtige Prozesse

Prozesse werden oft auch in *schwergewichtige* (*heavyweight*) und *leichtgewichtige* (*lightweight*) Prozesse unterteilt. Der Unterschied ist, daß schwergewichtige Prozesse ihren eigenen Zustandsraum (*Adreßraum*) haben, während mehrere leichtgewichtige Prozesse sich einen globalen Zustandsraum teilen. Schwergewichtige Prozesse können sich auch auf unterschiedlichen Computern befinden, die über Kommunikationskanäle verfügen. Leichtgewichtige Prozesse befinden sich meist am gleichen Computer und können auch über gemeinsame Variablen kommunizieren. Die Umschaltung zwischen leichtgewichtigen Prozessen ist eine verhältnismäßig billige Aktion. Wenn schwergewichtige Prozesse den gleichen Computer teilen, dann ist es meist schwieriger (und teurer) zwischen ihnen hin- und herzuschalten. Leichtgewichtige Prozesse werden oft auch *Threads* (thread of control - Kontrollfluß) genannt – diese Bezeichnung werden wir im folgenden meist verwenden.

Das bekannteste Beispiel für schwergewichtige Prozesse sind die Prozesse des *Unix*-Betriebssystems (die meisten größeren Betriebsysteme haben etwas ähnliches). Die Unix-Prozesse belegen alle einen eigenen Adreßraum (im sogenannten *virtuellen Speicher*) und sind oft ganz unabhängig voneinander, abgesehen davon, daß sie durch die Vermittlung des Betriebssystems, die gleichen Ressourcen verwenden. Sie können miteinander auch kommunizieren, obwohl diese Kommunikation ziemlich „schwerfällig“ ist.

Unix-Prozesse innerhalb eines Prozessors sind quasi-parallel. Haben wir einen Vorrat von Unix-Rechnern, so können durchaus einige Prozesse echt-parallel, andere wieder quasi-parallel zueinander sein. Somit können wir parallele Programme schreiben, die sowohl im quasiparallelen als auch im echt-parallelen Modus oder sogar gemischt ausgeführt werden.

16.3 Threads in Modula-3

Modula-3 unterstützt das Konzept von parallelen Threads. Ein sequentielles Modula-3-Programm können wir als aus einem einzigen Thread (*Main-Thread* genannt) bestehend auffassen. Es ist möglich weitere Threads zu erzeugen, die dann alle quasi-parallel zueinander ausgeführt werden. Threads können in einer unendlichen Schleife laufen, oder terminieren. Sobald der Main-Thread terminiert, werden auch alle von ihm erzeugten Threads beendet.

16.3.1 Scheduler der Modula-3-Umgebungen

Die existierenden Sprachumgebungen bieten einen Scheduler nur für quasi-parallele Threads an. Der im Laufzeitsystem (*run-time system*) eingebettete *Scheduler* verwaltet die Zuordnung des Prozessors zu den Threads. Die Strategie der Zuordnung (*Scheduling*) kann im Prinzip ganz unterschiedlich sein. Wir gehen meistens davon aus, daß sie *fair* ist, d. h., wenn ein Thread laufbereit ist, dann wird er auch irgendwann zum Zug kommen und nicht ewig lang auf den Prozessor warten müssen. Der Scheduler der meisten Modula-3-Sprachumgebungen verwendet die *Zeitscheiben*-Zuordnung (*time slice scheduling*). Ein Thread kann in einem Lauf den Prozessor nicht länger in Anspruch nehmen als in der Zeitscheibe (z. B. 50 msec) vorgegeben. Ist eine Zeitscheibe abgelaufen, wird er unterbrochen, und der Prozessor wird einem anderen Thread zugewiesen (diese Vorgangsweise, wenn von einem Prozeß ein Betriebsmittel durch eine „höhere Instanz“ weggenommen wird, nennt man *pre-emption*). Die laufbereiten Threads werden meistens mit Hilfe einer ringförmig geschlossenen Struktur verwaltet, der Scheduler schaltet von einem Thread zum anderen entlang des Ringes. Der Scheduler kann auf diese Weise dafür sorgen, daß kein laufbereiter Thread unendlich lange auf den Prozessor warten muß.

Der zur Zeit auf dem DOS-PC arbeitende Modula-3-Scheduler kann (aus technischen Gründen) keine pre-emption realisieren und kann die Erfüllung der Bedingung der Fairness *nicht* garantieren. Wenn ein Thread die Steuerung nicht mehr abgibt, so monopolisiert er den Prozessor. Deswegen müssen hier die Threads selber fair sein und von Zeit zu Zeit zugunsten der anderen auf den Prozessor verzichten.

Wenn sie irgendeine Synchronisierung verwenden (Abschn. 16.4.4), dann geschieht dieser Verzicht automatisch durch den Scheduler – die Synchronisierung geschieht immer durch den Scheduler. Wenn sie aber keine Synchronisierung benötigen, dann müssen sie gelegentlich die Steuerung mit Hilfe der Scheduler.Yield[1]-Prozedur explizit abgeben. Wenn alle Prozesse auf diese Weise fair sind, dann wird die ganze Zuordnung fair.

16.3.2 Erzeugen von Threads

Die Modula-3-Sprachumgebung stellt das Interface Thread in der Sammlung der Standard-Schnittstellen zur Verfügung (Anh. C.1.2 auf S. 538).

Fork

Die Prozedur Fork erzeugt einen neuen Thread und liefert eine neue Instanz von Thread.T zurück.

```
TYPE Closure = OBJECT METHODS apply(): REFANY END;
PROCEDURE Fork (cl: Closure): T;
```

Der neue Thread wird (quasi-)parallel zum Erzeuger ausgeführt. Fork übernimmt als Parameter eine *Hülle*, deren Typ ein Subtyp von Thread.Closure sein muß. Der Typ Thread.Closure definiert zunächst eine „leere Hülle", der entsprechende Subtyp muß sie mit Inhalt füllen. Insbesondere muß die apply-Methode mit der Prozedur überschrieben werden, die der neu erzeugte Thread ausführen soll. Die Signatur von apply ist sehr allgemein gehalten, sie hat keine Parameter und liefert einen Funktionswert vom Typ Refany zurück. Wollen wir eine andere Signatur, so müssen wir die Hülle entsprechend erweitern (siehe Bsp. 16.4[2])

Die Anweisungen von Threads sind durch die Prozedur implementiert, die die apply-Methode in der Thread-Hülle überschreibt. Das ist eine ganz gewöhnliche Prozedur. Wir können auch sagen, daß Threads Prozeduren sind, die nicht durch Aufruf, sondern durch Fork gestartet worden sind. Genau deswegen ist es sinnvoll, daß Modula-3 kein eigenes Sprachkonstrukt, sondern nur ein spezielles Interface für Threads anbietet.

[1] In der alten Version der Modula-3-Bibliothek wird die Prozedur vom Modul Thread exportiert.

[2] In diesem Kapitel verwenden wir in den meisten Beispielen englische Bezeichner.

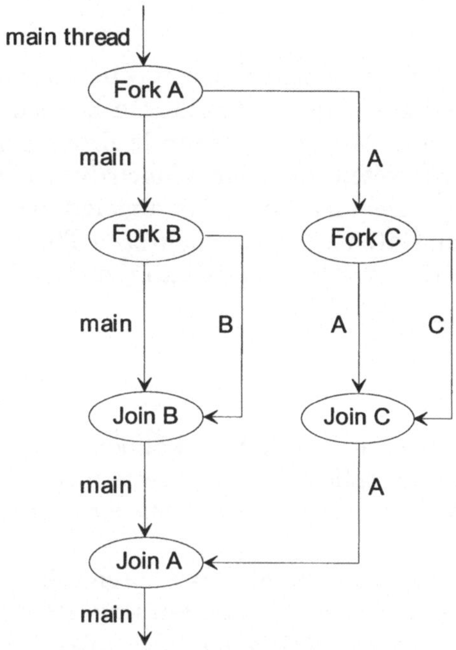

Abb. 16.1: *Fork und Join von Threads*

Der Aufruf von Thread.Fork bewirkt also folgendes:

- Fork weist den Scheduler an, die im Parameter angegebene Prozedur als neuen Thread zu starten und liefert einen Wert vom Typ Thread.T zurück, der den neuen Thread identifiziert.
- Damit werden gleichzeitig die Anweisungen der apply-Prozedur mit dem Aufrufer parallel ausgeführt.

Join

Zwei Threads können sich mit Hilfe eines Join-Aufrufes treffen.

```
PROCEDURE Join (thread: T): REFANY;
```

Thread.Join erwartet einen Parameter vom Typ Thread.T, der den Thread identifiziert, mit dem sich der Aufrufer „treffen" (den Ausführungsweg „vereinen" – englisch *join*) will. Ist der identifizierte Thread mit seiner Arbeit noch nicht fertig, so muß der Aufrufer von Join warten. Nach dem Join sind die zwei Threads zusammengeschmolzen, es gibt nur noch einen Kontrollfluß (siehe Abb. 16.1). Thread.Join liefert den Rückgabewert des vom apply ausgeführten Algorithmus zurück.

Gemeinsame Daten

Modula-3-Threads sind – wie schon gesagt – im gleichen Adreßraum plaziert. Die als Thread gestarteten Prozeduren können – wie alle anderen – auf die modul-globalen Variablen, die in in ihrem gemeinsamen Gültigkeitsbereich liegen, zugreifen. Sie können auch dynamische Daten anlegen, deren Wurzel in einer globalen Variablen abgelegt ist. Auf globale Variablen und dynamische Daten kann von mehreren Threads gemeinsam (und gleichzeitig) zugegriffen werden. Dies kann zu Konflikten führen, siehe Abschn. 16.4.

Eigene Daten

Die als Thread gestarteten Prozeduren können auch andere Prozeduren aufrufen und somit eine beliebige Aufrufkette auslösen. Die lokalen Datenbereiche einer Aufrufkette werden nach dem Stapel-Prinzip angelegt (siehe Kap. 9.2.2).

Wenn Threads parallel zueinander existieren sollen, so muß gewährleistet werden, daß sie alle ihre Aufrufketten ungestört bearbeiten können. Die dabei angelegten lokalen Datenbereiche müssen für andere Threads unerreichbar sein. Deswegen wird bei Fork immer ein neuer Aufrufstapel für die lokalen Datenbereiche des neuen Threads erzeugt.

Wir können die gleiche Prozedur auch mehrmals mit Fork starten. (siehe Bsp. 16.5). Die erzeugten Threads führen alle die gleichen Anweisungen aus, aber sie haben eigene lokale Daten und damit verschiedene Zustände. Somit wird der Ablauf der Anweisungen jedes Threads individuell durch dessen eigenen Zustandsraum bestimmt.

Beispiele für Fork und Join

Im Bsp. 16.2 wollen wir zwei verschiedene Listen von zwei verschiedenen Dateien (in1 und in2) (quasi-)gleichzeitig einlesen. Mit Hilfe von zwei Threads können wir das Einlesen parallel machen. Die Variable cl wird angelegt, die apply-Methode wird durch die Funktion Start implementiert. Start gibt eine Liste zurück. Die – nicht näher ausgeführte – Schnittstelle Lists bietet die Prozeduren Get und Put an, um eine Liste einzulesen bzw. auszugeben. Die erste Anweisung des Programms weist der Variablen thread den von Fork gelieferten Wert zu. Durch den Aufruf von Fork ist ein Thread entstanden, der gleich anfängt, die Funktion Start auszuführen, also die Liste an der Datei in1 einzulesen. Der Main-Thread läuft parallel dazu auch weiter und liest gleichzeitig die zweite Liste (von in2) in die Variable list2. Er wartet dann mit einem Join das Ergebnis des anderen Threads ab. Nachher gibt es nur noch den Main-Thread.

```
  ⋮
IMPORT Thread, Lists, SIO, SF;

 VAR
   thread: Thread.T;                                        (*Thread-Instanz*)
   cl := NEW(Thread.Closure, apply:= Start);                (*Closure-Instanz*)
   list1, list2: Lists.T;                                   (*Zwei Listen*)

 PROCEDURE Start(self: Thread.Closure): REFANY =
 BEGIN
   RETURN Lists.Get(SF.OpenRead("in1"));                    (*Liest eine Liste von "in1"*)
 END Start;

BEGIN
 thread:= Thread.Fork(cl);                  (*Ein Thread wird erzeugt; Start startet*)
 list2:= Lists.Get(SF.OpenRead("in2"));              (*Eine Liste von "in2" wird gelesen*)
 list1:= Thread.Join(thread);      (*wartet auf thread, sein Ergebnis wird gespeichert*)
  ⋮
```

Bsp. 16.2: *Paralleles Einlesen von zwei Listen*

Im nächsten Beispiel wollen wir das Maximum von 4 Zahlen berechnen. Eine sequentielle Lösung ist in Bsp. 16.3, eine parallele Lösung in Bsp. 16.4 zu sehen. In der parallelen Lösung berechnen wir das Maximum von a[1] und a[2] parallel zu der Berechnung des Maximums von a[3] und a[4]. Die Parameter und auch der Rückgabewert werden in der Hülle gespeichert. Dieselbe Max-Prozedur wird auch in der parallelen Version aufgerufen. Der Rückgabewert der apply-Methode wird nicht gebraucht.

Im Bsp. 16.5 werden N Threads erzeugt. Alle erhalten einen eigenen Bezeichner (id). Sie geben in einer Schleife so lange ihre Bezeichner aus, bis auf der Tastatur eine beliebige Taste gedrückt wird. SIO.Available blockiert den Aufrufer nicht (wie etwa SIO.GetChar), sondern kehrt immer sofort zurück und ergibt genau dann *wahr*, wenn Eingabedaten vorliegen (also eine Taste gedrückt wurde). Wird eine Taste gedrückt, dann terminiert der Thread, der genau zu diesem Zeitpunkt den Prozessor belegt hat. Er kehrt zu seinem Aufrufer (Prozedur Fork) zurück. Nach dem Aufruf gibt es keine Anweisungen mehr – damit ist das ganze parallele Programm beendet.

Man beachte, daß der letzte Thread nicht mit Thread.Fork sondern als Prozedur gestartet wird. Dadurch ist der N-te Thread der Main-Thread selbst. Hätten wir den N-ten Thread auch mit Thread.Fork gestartet, so würde der Main-Thread nach dem Aufruf von Fork sofort terminieren – und damit alle anderen auch. Um das zu verhindern, müßten wir ihn in diesem Fall irgendwie künstlich aufhalten.

Der Aufruf von Yield dient dazu, den anderen laufbereiten Threads den Prozessor freiwillig „weiterzugeben“. Dadurch können wir die vom System angebotene Zuordnungsstrategie ändern; alle Threads bieten den anderen in jedem Durchlauf die Möglichkeit an, ihre Daten auszugeben.

```
PROCEDURE Max(a, b: INTEGER): INTEGER =                (*Maximum von 2 Zahlen*)
BEGIN
  IF a > b THEN RETURN a ELSE RETURN b END
END Max;

VAR
  a: ARRAY [1..4] OF INTEGER;                            (*Speichert die Daten*)
  max: INTEGER;                          (*max erhält das Maximum aller a[i]*)
BEGIN
  max:= Max(Max(a[1], a[2]), Max(a[3], a[4]));         (*Maximum von 4 Zahlen*)
```

Bsp. 16.3: Maximum von 4 Zahlen – sequentiell

```
  :
  TYPE
    Closure = Thread.Closure OBJECT
                a, b, result: INTEGER;     (*Parameter und Ergebnis in Closure*)
              OVERRIDES
                apply:= Start
              END; (*Closure*)
  VAR
    cl := NEW(Closure);
    thread: Thread.T;
    a: ARRAY [1..4] OF INTEGER;                          (*Speichert die Daten*)
    max: INTEGER;                        (*max erhält das Maximum aller a[i]*)

  PROCEDURE Start(cl: Closure): REFANY =                         (*Ruft Max auf*)
  BEGIN
    cl.result:= Max(cl.a, cl.b);          (*Ergebnis wird in der Closure gespeichert*)
    RETURN NIL                                (*Rückgabewert wird nicht benützt*)
  END Start;

BEGIN
  cl.a:= a[1]; cl.b:= a[2];                   (*Parameter werden in Closure gesetzt*)
  thread:= Thread.Fork(cl);  (*Erzeugter Thread startet, berechnet Max(a[1], a[2])*)
  max:= Max(a[3], a[4]);          (*Main-Thread berechnet Maximum der restlichen*)
  EVAL Thread.Join(thread);                          (*Die Teilresultate liegen vor*)
  max:= Max(max, cl.result);                      (*Das Endresultat wird berechnet*)
```

Bsp. 16.4: Maximum von 4 Zahlen – parallel

Synchronisation und Kommunikation

Alle bisherigen Beispiele hatten die (stillschweigende) Annahme, daß die Prozesse unabhängig voneinander sind. Solange dies gilt, ist parallele Programmierung noch recht einfach. Während ich ein Buch lese, können sehr viele andere Menschen ganz andere Bücher lesen: Davon muß ich nichts wissen (wie etwa beim Lesen der zwei Listen von zwei verschiedenen Dateien). Es können auch eine Menge Studenten gleichzeitig von der gleichen Tafel etwas in das eigene Heft kopieren. Dabei können jedoch schon Pro-

```
MODULE NThreads EXPORTS Main;

  IMPORT Thread, SIO;
  FROM Scheduler IMPORT Yield;

  CONST
    N        = 10;
  TYPE
    Threads= [1..N];
    Closure = Thread.Closure OBJECT
                id: Threads;                              (*Identifiziert den Thread*)
              OVERRIDES
                apply:= PrintId;
              END; (*Closure*)

  PROCEDURE PrintId(cl: Closure): REFANY =
  BEGIN
    REPEAT
      SIO.PutInt(cl.id);
      IF cl.id = LAST(Threads) THEN SIO.Nl() END;
      Yield();                          (*Gibt anderen Threads die Möglichkeit*)
    UNTIL SIO.Available();
    RETURN NIL;                          (*Rückgabewert wird nicht gebraucht*)
  END PrintId;

  PROCEDURE Fork() =
  BEGIN
    FOR i:= FIRST(Threads) TO LAST(Threads) – 1 DO
      EVAL Thread.Fork(NEW(Closure, id:= i))         (*N-1 Threads werden erzeugt*)
    END;
    EVAL PrintId(NEW(Closure, id:= LAST(Threads)));          (*N-ter Thread = main*)
  END Fork;

BEGIN
  Fork();                                        (*Alle Threads werden gestartet*)
END NThreads.
```

Bsp. 16.5: *N Threads, explizite Zuordnung mit Yield*

bleme auftreten, wenn sie mit unterschiedlicher Geschwindigkeit schreiben und die Tafel gelöscht werden soll. Dann müßte man eigentlich warten, bis alle fertig geschrieben haben.

Das gemeinsame Lesen desselben Buches mit unterschiedlichen Geschwindigkeiten kann beim Blättern auch problematisch werden (bei jungen Leuten unterschiedlichen Geschlechtes kann es sowieso schwere Konsequenzen haben, wie das aus *Dantes Divina Commedia* und aus *Goethes Wahlverwandschaften* bekannt ist). Noch schwieriger ist es, wenn eine andere Person in das gleiche Heft schreiben will wie ich. Wir könnten z. B. ausmachen, daß einer immer eine Seite schreibt und dann das Heft dem anderen übergibt. Das Schreiben einer Seite muß dann *atomar* sei. Eine atomare Aktion in einem Prozeß erscheint für alle andere Prozesse als eine unteilbare Einheit. Sie kann wohl intern mehrere Zustandsübergänge durchführen, diese dürfen aber den anderen Prozessen nicht sichtbar werden. Von außen gesehen, können wir bei einer atomaren Aktion über den Zustand *vorher* und *nachher* reden, es gibt aber kein *inzwischen*.

Wenn Prozesse Daten füreinander produzieren bzw. voneinander konsumieren, dann müssen sie miteinander *kommunizieren* (indem z. B. einer auf die Tafel schreibt, und die anderen lesen den Text ab). Sie müssen ihre Arbeit auch koordinieren – *synchronisieren* (weil z. B. immer nur *einer* auf die Tafel schreiben darf). Die Verwendung von Join ist z. B. eine einfache Art der Synchronisierung, damit wartet ein Thread auf die Beendigung eines anderen. Besonders spannend wird die Synchronisierung, wenn die Prozesse (oder Threads) auf gemeinsame *Betriebsmittel* (*Ressourcen*) zugreifen müssen. Manchmal ist das harmlos (wie das gemeinsame Lesen der gleichen Tafel), manchmal ist genaue Synchronisierung notwendig (wie das gemeinsame Schreiben ins gleiche Heft).

Der Zugriff auf gemeinsame Ressourcen kann entweder via *gemeinsame Variablen* (*shared variables*) oder via *Nachrichtenaustausch* (*message passing*) geschehen. Leichtgewichtige Prozesse verwenden meistens (aber nicht notwendigerweise) die erste Art der Kommunikation, schwergewichtige Prozesse eher die zweite.

16.4 Gemeinsame Variablen

Die Kommunikation zwischen den Prozessen ist harmlos, solange gemeinsame Variablen nur gelesen werden. Wird eine gemeinsame Variable auch verändert, so tritt ein Konflikt auf. Wenn etwa zwei Threads gleichzeitig in eine gemeinsame Variable schreiben müssen, dann könnten sie ein sinnloses Ergebnis produzieren. Nehmen wir z. B. an, zwei Threads schreiben in die gemeinsame Variable r: RECORD a, b: INTEGER END. Thread$_1$ schreibt r.a:= 1; r.b:= 2, Thread$_2$ schreibt r.b:= 3; r.a:= 4. Die tatsächliche Reihenfolge der Befehle ist: r.a:= 1; r.b:= 3; r.b:= 2; r.a:= 4. Ergebnis ist: r.a=4, r.b=2. Dieses Ergebnis ist aus der Kombination der beiden Threads entstanden, diese Information wollte aber keiner der beiden Threads in r ablegen. Solche Fälle müssen unbedingt vermieden werden. In den kommenden Abschnitten beschäftigen wir uns mit diesem Problem.

16.4.1 Datenparallele Algorithmen

Bei datenparallelen Algorithmen bearbeiten mehrere Prozesse ein gemeinsames Array. Der Algorithmus ist selbst dafür verantwortlich, daß die Prozesse nicht gleichzeitig auf die gleiche Stelle schreiben (und dadurch sinnlose Daten erzeugen). Es ist meistens zulässig, daß ein Prozeß eine

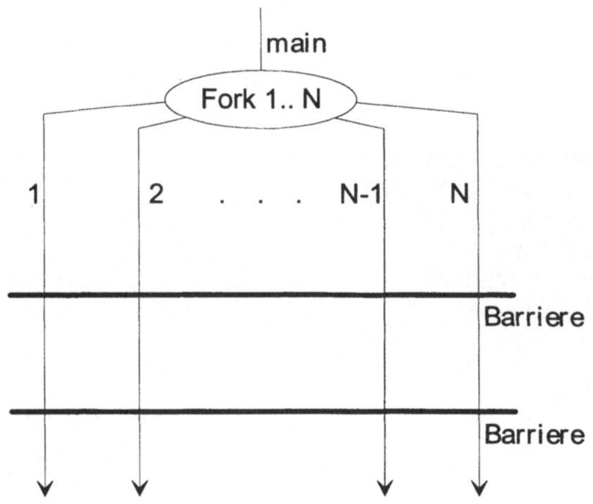

Abb. 16.6: *Synchronisierung mit Barriere*

```
INTERFACE Barrier;                                              (*11.10.93. LB*)
(*Ein join auf einer Barriere blockiert num-1 aufrufende Threads. Beim num-ten
  Aufruf werden alle Threads losgelassen und die Barriere reinitialisiert.*)

  TYPE
    T <: Public;
    Public = MUTEX OBJECT METHODS join() END;

PROCEDURE Create(num: [1..LAST(CARDINAL)]): T;
(*Erzeugt eine neue Barriere, die auf num initialisiert wird.*)
END Barrier.
```

Bsp. 16.7: *Barriere-Schnittstelle*

Stelle liest, die von einem anderen Prozeß geschrieben wird. In solchen Fällen muß garantiert werden, daß der lesende Prozeß angehalten wird, bis der Schreibende seine Arbeit geleistet hat, so daß keine „halbfertigen" Daten gelesen werden.

Für das Abwarten mehrerer Prozesse verwenden wir oft die *Synchronisierung mit Barriere*. Join kann immer nur zwei Threads zusammenschmelzen, die aber endgültig, denn nachher gibt es nur noch einen Thread. Wesentlich mächtigere Werkzeuge sind *Barrieren*. Eine Barriere kann den Kontrollfluß einer beliebigen Anzahl von Prozessen (Threads) zusammenführen: Sie warten bei einer Barriere aufeinander. Sie sind dadurch nicht vernichtet, sondern bleiben aktiv: Ist der letzte Thread bei der Barriere angekommen, so können alle wieder parallel weiterlaufen, bis zum nächsten Treffen bei der nächsten Barriere (siehe Abb. 16.6).

Bsp. 16.7 zeigt eine Schnittstelle, die eine Barriere definiert. Mit Create kann eine neue Barriere erzeugt und initialisiert werden. Die Anzahl

```
  ⋮
  TYPE
    Matrix  = ARRAY OF ARRAY OF INTEGER;
    Closure = Thread.Closure OBJECT
                   row, col: INTEGER;
                OVERRIDES
                   apply:= StartMul
                END; (*Closure*)

  VAR
    A, B, R: REF Matrix;                                        (*R:= A × B*)
    barrier: Barrier.T; num: CARDINAL;        (*num: Anfangswert der Barriere*)

  PROCEDURE InitMatrices(VAR A, B: REF Matrix) =       (*Initialisiert A und B*)
  ⋮
  PROCEDURE DotProduct(row, col: INTEGER;
    READONLY A, B: Matrix): INTEGER =        (*Ein Element in der Ergebnismatrix*)
  VAR sum: INTEGER := 0;
  BEGIN
    FOR i:= FIRST(B) TO LAST(B) DO INC(sum, A[row, i] * B[i, col]) END;
    RETURN sum
  END DotProduct;

  PROCEDURE StartMul(cl: Closure): REFANY =
  BEGIN
    R[cl.row, cl.col]:= DotProduct(cl.row, cl.col, A^, B^);   (*Berechnet 1 Element*)
    barrier.join();                           (*Wartet bis alle Threads soweit sind*)
    RETURN NIL                    (*Rückgabewert von apply wird nicht gebraucht*)
  END StartMul;

  PROCEDURE Fork() =           (*Erzeugt für jedes Ergebniselement einen Thread*)
  BEGIN
    FOR i:= FIRST(R^) TO LAST(R^) DO
      FOR j:= FIRST(R[0]) TO LAST(R[0]) DO
        EVAL Thread.Fork(NEW(Closure, row:= i, col:= j));
      END;
    END;
  END Fork;

BEGIN
  InitMatrices(A, B);                          (*Lädt A und B mit Anfangswerten*)
  R:= NEW(REF Matrix, NUMBER(A^), NUMBER(B[0]));                  (*Allokiert R*)
  num:= NUMBER(R^) * NUMBER(R[0]) + 1;       (*Anzahl der Ergebniselemente + 1*)
  barrier:= Barrier.Create(num);              (*Barriere erzeugt und initialisiert*)
  Fork();                      (*Für jedes Element im Ergebnis wird ein Thread erzeugt*)
  barrier.join();                             (*Main-Thread wartet das Ergebnis ab*)
  ⋮
```

Bsp. 16.8: Matrixmultiplikation mit Barriere

```
⋮
TYPE
  Vector = ARRAY OF INTEGER;
⋮
PROCEDURE Pref(a: REF Vector; VAR sum: REF Vector) =
BEGIN
  sum := NEW(REF Vector, NUMBER(a^));
  sum[FIRST(sum^)]:= a[FIRST(a^)];
  FOR i:= FIRST(sum^)+1 TO LAST(sum^) DO sum[i]:= sum[i–1] + a[i] END;
END Pref;
```

Bsp. 16.9: *Präfix eines Arrays – sequentiell*

der Threads, die sich bei einer Barriere treffen, muß mindestens 1 sein, ist sinnvollerweise aber größer 1. Bsp. 16.8 zeigt, wie wir mit Hilfe von Barrieren eine Matrixmultiplikation durchführen können (die sequentielle Matrixmultiplikation siehe im Bsp. 9.9). Für jedes Element in der Ergebnismatrix erzeugen wir einen Thread, der dieses Element *unabhängig* von den anderen berechnen kann. Man beachte, daß die Threads zwar zum Teil die gleichen Daten lesen, sie ändern aber ein jeder nur das ihm zugehörige Element. Mit Hilfe von barrier.join() warten alle Threads aufeinander. Der Main-Thread kann die gleiche Barriere verwenden, um auf alle anderen zu warten. Nachher laufen alle Threads wieder parallel weiter.

Wir bemerken noch einmal, daß es bei allen vorgeführten Algorithmen im Prinzip gleich ist, ob sie echt parallel oder quasi-parallel ausgeführt werden. Vom Standpunkt der Praxis sind aber die datenparallelen Algorithmen nur bei echter Parallelität relevant, dann können sie einen Zeitgewinn erzielen. Das Beispiel mit der Matrixmutiplikation kann das erleuchten. Angenommen A, B und R haben alle die Dimension $N \times N$, und die Berechnung eines Elements (DotProduct) beansprucht eine Zeiteinheit Z, so ist die Ausführungszeit der sequentiellen Multiplikation $N^2 \times Z$. Wenn wir die parallele Multiplikation auf einem Parallelrechner ausführen, dessen Prozessoren schnellen Zugriff zu einem gemeinsamen Speicher haben und der über mindestens N^2 Prozessoren verfügt, so brauchen wir praktisch nur Z und etwas Verwaltungszeit am Anfang und am Ende, bis alle Threads auf der Barriere zusammengeführt sind. Hat unser Parallelrechner weniger Prozessoren, so beansprucht der Algorithmus entsprechend mehr Zeit.

Als nächstes Beispiel für Datenparallelität berechnen wir den *Präfix* eines Vektors (Arrays) [And91]. Der Präfix des Vektors a ist ein Vektor sum, dessen i-tes Element $sum_i = \sum_{j=first(a)}^{i} a_j$ ist. Für $a = (1, 2, 3, 4, 5, 6, 7, 8)$ erhalten wir $sum = (1, 3, 6, 10, 15, 21, 28, 36)$. Die sequentielle Lösung ist im Bsp. 16.9, eine parallele Lösung im Bsp. 16.10 zu sehen. Die Idee des

```
TYPE
  Vector = ARRAY OF INTEGER;
  Cl = Thread.Closure OBJECT
          id: CARDINAL;                        (*Zur Identifizierung eines Threads**)
        OVERRIDES
          apply:= ApplyPref                                (*Thread-Algorithmus*)
        END;

VAR
  barrier, stop: Barrier.T;                    (*stop wird erst am Ende verwendet*)
  a, sum, old: REF Vector;                         (*sum[i]:= a[i] + a[i-1] + ...*)
  n: CARDINAL;                                            (*Anzahl der Elemente*)
:
PROCEDURE Pref(i: INTEGER) =                          (*Algorithmus für die Threads*)
VAR d: INTEGER := 1;                            (*Entfernung zum nächsten Nachbarn*)
BEGIN
  sum[i]:= a[i];
  barrier.join();                               (*Jetzt können alle Threads anfangen*)
  WHILE d < n DO
    old[i]:= sum[i];                             (*Kopie des aktuellen sum-Wertes*)
    barrier.join();                     (*In jedem Durchlauf einander abwarten*)
    IF (i – d) >= FIRST(old^) THEN INC(sum[i], old[i–d]) END;
    barrier.join();                     (*In jedem Durchlauf einander abwarten*)
    d:= 2 * d;                                           (*Entfernung verdoppeln*)
  END; (*WHILE d < n*)
  stop.join();                      (*Am Ende treffen sich alle im Main-Thread*)
END Pref;

PROCEDURE ApplyPref(cl: Cl): REFANY =
BEGIN
  Pref(cl.id); RETURN NIL
END ApplyPref;

PROCEDURE Fork() =
BEGIN
  FOR i:= FIRST(a^) TO LAST(a^) DO
    EVAL Thread.Fork(NEW(Cl, id:= i))                (*Ein Thread für alle Elemente*)
  END;
END Fork;

BEGIN
 Init(a, n);                          (*Lädt den Anfangswert für a und setzt n*)
 barrier:= Barrier.Create(n);                 (*Wird in der Berechnung verwendet*)
 stop:= Barrier.Create(n+1);                            (*Steuert das Terminieren*)
 Fork();                              (*Startet die Threads für Präfixberechnung*)
 stop.join();                       (*Am Ende treffen sich alle im Main-Thread*)
 :
```

Bsp. 16.10: Präfix eines Arrays – parallel

```
      LOAD    frei,R0          (*Lade frei in das Schnellregister R0*)
      CMP     R0               (*Vergleiche R0 gegen 0*)
      BLE     L1               (*Springe auf L1, falls frei <= 0*)
      DECR    R0               (*Dekrementiere R0 um 1*)
      STORE   R0,frei          (*Speichere den neuen Wert zurück*)
L1    . . .                    (*Nächste Anweisung*)
```

Bsp. 16.11: *Maschinencode von* IF frei > 0 THEN DEC(frei) END

parallelen Algorithmus ist, daß wir in jedem Durchlauf einen um Faktor 2 weiter entfernten linken Nachbarn addieren, der inzwischen die Summe seiner linken Nachbarn in sich akkumuliert hat. So erhalten wir in $\log_2(n)$ Schritten den Präfix.

16.4.2 Kritischer Bereich und gegenseitiger Ausschluß

Datenparallelität impliziert eine ganz bestimmte Art der Synchronisierung. Sollten die parallelen Prozesse die gemeinsame Variablen frei ändern können, so müssen wir für ihre Konsistenz explizit sorgen. Das Problem haben wir bereits bei der Reservierung des letzten Sitzes eines Fluges angesprochen. Nehmen wir an, zwei Prozesse führen gleichzeitig die folgende Anweisung aus (frei soll die Anzahl der freien Plätze darstellen):

```
IF frei > 0 THEN DEC(frei) END
```

Diese Anweisung wird an einem typischen Rechner in entsprechende Maschinenbefehle umgesetzt (siehe Bsp. 16.11). Man kann bei jedem Rechner annehmen, daß der Zugriff auf die einzelnen Speicherzellen atomar ist (parallele Prozesse können also auf die gleiche Speicherzelle nicht gleichzeitig zugreifen). Die Lade- und Speicherbefehle können deswegen nicht in Konflikt geraten. Die parallelen Prozesse haben aber alle ihren eigenen Schnellregistersatz (mindestens virtuell). Es könnte also vorkommen, daß die zwei Prozesse den Wert von frei schnell nacheinander in ihre R0-Register lesen, dort gleichzeitig dekrementieren und dann wieder nacheinander in frei zurückschreiben. Egal welcher gewinnt, das Ergebnis wird falsch sein, frei wird um 1 (statt um 2) kleiner.

Bereiche, wo gemeinsame Variablen durch mehrere Prozesse verändert werden können, nennen wir *kritische Bereiche*. Wir verlangen, daß sich in einem kritischen Bereich zu einem gegebenen Zeitpunkt nur ein einziger Prozeß befinden darf. Arbeitet ein Prozeß im kritischen Bereich, so sind alle anderen daraus ausgeschlossen. Diese Eigenschaft nennen wir *gegenseitiger Ausschluß* (*mutual exclusion*). Anders ausgedrückt: Im kritischen Bereich ist die Parallelität „ausgeschaltet“, die Prozesse werden „sequentialisiert“. Im Flugreservierungsbeispiel müßte also der Prozeß, der den ersten Fahrgast vertritt, den zweiten so lange ausschließen, bis er die Buchung beendet hat.

Die Verwendung von kritischen Bereichen können wir durch folgende Schritte definieren:

1. Eintreten in den kritischen Bereich
2. Auf kritische Daten zugreifen
3. Austreten aus dem kritischen Bereich
4. Restlichen Algorithmus ausführen

Es gelten dabei die folgenden Bedingungen:

- *Gegenseitiger Ausschluß*
  Im kritischen Bereich befindet sich höchstens ein Prozeß.
- *Kein Deadlock*
  Wenn mehrere Prozesse in einen kritischen Bereich eintreten wollen, dann wird es einem auch gelingen. Sie dürfen also einander nicht behindern. Letzteres könnte eintreten, wenn die Prozesse zirkulär aufeinander warten, d. h. sich *verklemmen* (*Deadlock*-Situation).
- *Kein unnötiges Warten*
  Prozesse außerhalb des kritischen Bereichs dürfen die anderen nicht vom Eintritt in den kritischen Bereich abhalten (auch nicht durch ihre Terminierung).
- *Kein ewiges Verzögern*
  Wenn ein Prozeß in den kritischen Bereich eintreten will, so muß es ihm nach endlich vielen Versuchen gelingen. Das bedeutet, daß mit der Zeit alle Prozesse in den kritischen Bereich eintreten können.

16.4.3 Typ Mutex und Lock-Anweisung

Für die Implementierung von kritischen Bereichen, die den obigen Bedingungen entsprechen, bietet Modula-3 den Datentyp MUTEX und die *Lock*-Anweisung an. *Mutex* ist ein Objekttyp. Auf eine *Mutex*-Variable kann eine *Lock*-Anweisung ausgeführt werden, die einen kritischen Bereich (mit gegenseitigem Ausschluß) definiert. Eine *Lock*-Anweisung hat die allgemeine Form (mu ist vom Typ *Mutex*, S steht für eine beliebige Anweisungsfolge):

```
LOCK mu DO S END
```

Die Semantik der *Lock*-Anweisung entspricht ganz genau den oben angeführten Bedingungen. Zu einem gegebenen Zeitpunkt kann höchstens ein Thread im Anweisungsteil einer *Lock*-Anweisung sein. Wollen gleichzeitig mehrere Threads eintreten, dann kommt nur der erste durch, die anderen werden in einen *Wartezustand* versetzt (der Weg für sie wird *gesperrt* – daher der Name *lock*). Tritt ein Thread heraus (erreicht er das END der *Lock*-Anweisung), so kann ein nächster Thread eintreten (der erste wartende Thread wird aus dem Wartezustand in den laufbereiten Zustand gesetzt). Generiert ein Thread innerhalb des kritischen Bereiches eine Ausnahme, so wird er den kritischen Bereich zwangsweise verlassen. Ein fehlerhafter Thread kann also die anderen nicht hindern, irgendwann in den kritischen Bereich einzutreten. Der folgende Pseudocode präzisiert die Semantik der *Lock*-Anweisung:

```
Thread.Acquire(mu); TRY S FINALLY Thread.Release(mu) END
```

Thread.Acquire realisiert das Eintreten, Thread.Release das Austreten aus dem kritischen Bereich. Das Austreten wird auch dann ausgeführt, wenn innerhalb von S eine Ausnahme auftritt.

Diese Anweisungen könnte der Programmierer auch selber schreiben. Die Prozeduren Acquire und Release werden durch die Thread-Schnittstelle tatsächlich angeboten (siehe Anh. C.1.2). Die Programme sind aber viel sicherer, wenn das alles durch die *Lock*-Anweisung automatisch erledigt wird.

Nehmen wir einen Fall, wo ein Thread folgendes Codemuster ausführt:

```
LOOP
  ⋮
  LOCK mutex DO
    Anweisungen ···
    IF Ende-Bedingung THEN EXIT END
  END; (*LOCK*)
  ⋮
END; (*LOOP*)
```

Die *Exit*-Anweisung hat eine bis jetzt nicht besprochene Eigenschaft: Sie generiert – neben dem Sprung aufs Ende der Schleife – die sogenannte *Exit*-Ausnahme. Diese Ausnahme wird von der versteckten *Try-Finally*-Anweisung der *Lock*-Anweisung aufgefangen, und mutex wird aufgesperrt. Dadurch kann ein anderer Thread eintreten. Ebenso generiert die *Return*-Anweisung eine *Return*-Ausnahme, bevor die Prozedur „wirklich" verlassen wird.

Im Bsp. 16.12 sehen wir einen sehr vereinfachten Algorithmus für die Flugreservierung. Die *Lock*-Anweisung garantiert, daß der Zugriff auf das Feld frei ein geschützter kritischer Bereich ist. Es ist wichtig, daß der

```
  ⋮
TYPE
  Flug = MUTEX OBJECT                          (*Flug ist Subtyp von Mutex*)
           frei: CARDINAL;                     (*Anzahl freier Plätze*)
           . . .                               (*weitere Felder*)
        END; (*Flug*)
  ⋮
PROCEDURE Reservieren(flug: Flug): BOOLEAN =
BEGIN
  LOCK flug DO                                 (*Anfang des kritischen Bereiches*)
    IF flug.frei > 0 THEN DEC(flug.frei); RETURN TRUE
    ELSE RETURN FALSE
    END; (*IF*)
  END;                                         (*Ende des kritischen Bereiches*)
END Reservieren;
  ⋮
```

Bsp. 16.12: *Reservierung geschützt durch Lock*

gesamte Zugriff (sowohl Abfrage, wie auch Aktualisieren von frei) mit *Lock* geschützt ist. Die folgende Lösung etwa wäre falsch:

```
IF flug.frei > 0 THEN LOCK DEC(flug.frei) END; RETURN TRUE END
```

Ohne *Lock* vor der Abfrage könnte es passieren, daß zwei Threads die *If*-Anweisung gleichzeitig ausführen, wodurch eine falsche Reservierung möglich wäre.

Das besonders Schlimme bei solchen Fehlern ist, daß sie sehr lange versteckt bleiben können. Als die Konzepte der parallelen Programmierung noch nicht ausgereift waren, sind ziemlich viele solche Programme entstanden, die sich nur ganz selten und „mysteriös" fehlerhaft benommen haben. Heute sind die Methoden der Vermeidung solcher Fehler durchaus bekannt. Diese Abhandlung zeigt nur einen kleinen Teil davon.

Bedingte Synchronisierung

Kritische Bereiche bieten nur beschränkte Möglichkeiten für die Synchronisierung. Denken wir an den sehr häufigen Fall, wo eine Anzahl von parallelen *Produzenten* Daten erzeugen, die durch eine Anzahl von parallelen *Verbrauchern* verarbeitet werden. Ein Großrechner erwartet z. B. von einer Vielzahl von Endgeräten Eingaben, die an verschiedene Anwendungen, wie Editoren, Compiler, Datenbanken usw., weitergeleitet werden. In einem solchen Fall verwenden wir einen (oder mehrere) *Puffer*, in denen die Daten zwischenlagert werden, um die Geschwindigkeitsunterschiede zwischen den verschiedenen Prozessen auszugleichen. Im Optimalfall ist der Puffer immer ungefähr halb voll, d. h., ein Produzent hat immer ein wenig Platz, um neue Daten abzuliefern, und ein Verbraucher findet immer gewisse Daten vor. Der Zustand des Puffers muß konsistent geführt werden, deshalb muß die Aktualisierung des Puffers innerhalb eines kritischen Bereiches geschehen. Problematisch wird es, wenn der Puffer in irgendeine Richtung „ausschlägt". Nehmen wir z. B. an, der Puffer ist voll, und ein Produzent möchte Daten abliefern. Um den Zustand des Puffers abzufragen, müßte er in den kritischen Bereich eintreten. Innerhalb des kritischen Bereiches stellt er fest, daß er seine Daten nicht ablegen kann: Was soll er tun? Wünschenswert wäre es, wenn er so lange warten könnte, bis ein Verbraucher Daten entnimmt und dadurch Platz macht. Dazu wäre es notwendig, daß der Produzent den kritischen Bereich vorübergehend verläßt und, sobald die erwartete Bedingung erfüllt ist, wieder eintritt. Zu diesem Zweck dient das Konzept der *bedingten Synchronisierung*.

Werkzeuge, die sowohl den gegenseitigen Ausschluß als auch die bedingte Synchronisierung verwirklichen, wurden in großer Anzahl vorgeschlagen [And91]. Wir behandeln nur die zwei wichtigsten davon: *Monitore* und *Semaphore*.

16.4.4 Monitor

Monitore wurde von C. A. R. *Hoare* vorgeschlagen [Hoa74]. Dahinter steckt die Idee, die obigen Konzepte mit dem Konzept der Datenkapselung zusammen in eine Programmiersprache zu integrieren. Nach Hoares Vorschlag haben Monitore die folgenden Eigenschaften:

- Monitore sind abstrakte Datentypen, die nur ihre Operationen sichtbar machen. Auf diese Operationen (auch Monitor-Prozeduren genannt) ist der gegenseitige Ausschluß garantiert. Daraus folgt, daß sich innerhalb des Monitors höchstens ein Prozeß befinden kann.

- Innerhalb von Monitoren kann der *Bedingungsdatentyp* (englisch *condition*) verwendet werden. Auf eine Bedingungsvariable c sind zwei Operationen, wait(c) und signal(c), definiert. Die Grundidee ist folgende: Ein Prozeß muß den Zustand des Monitors explizit prüfen, ob die Bedingungen für seine Aufgabe erfüllt sind oder nicht. Falls ja, dann führt er seine Aufgabe einfach aus. Falls nicht, dann geht er in einen Wartezustand, und verläßt dadurch provisorisch den Monitor. Das ermöglicht weiteren Prozessen einzutreten, die den Zustandsraum eventuell so ändern, daß die oben erwarteten Bedingungen erfüllt sind. Die Prozesse, die auf eine solche Bedingung warten, müssen durch die anderen mit Hilfe eines expliziten Signals „erweckt" werden. Die genaue Semantik der Operationen nach Hoare lautet folgendermaßen:

- wait(c)
  Der Aufruf von wait bewirkt, daß der aufrufende Prozeß den Monitor vorübergehend verläßt und in eine Warteschlange gestellt wird.
- signal(c)
  Wenn mindestens ein Prozeß auf die Bedingung c wartet, dann bewirkt der Aufruf von signal(c), daß der erste wartende aus der Warteschlange entfernt, in laufbereiten Zustand gesetzt und unverzüglich wiedergestartet wird. Unverzüglich heißt, daß kein anderer Prozeß zwischen Erwecken und Weiterlaufen in den Monitor eintreten kann, weil jener die erwartete Bedingung wieder ungültig machen könnte. Der Aufrufer von signal muß den Monitor verlassen (sonst wären beide drinnen). Geschieht der Aufruf am Ende einer Monitor-Prozedur (was sehr oft der Fall ist), so ist die Erfüllung der letzten Bedingung trivial.

  Wartet zum Zeitpunkt der Ausführung von signal(c) kein Prozeß auf c, so ist signal wirkungslos.

Modula-3 unterstützt das Konzept von Monitoren mit einer etwas abgeänderten Semantik, die folgende Merkmale besitzt:

- Es gibt keinen expliziten Monitortyp; Monitore können als gekapselte Datentypen mit Hilfe von Modulen formuliert werden. Das hat den Nachteil, daß der gegenseitige Ausschluß auf die Monitor-Prozeduren nicht automatisch gewährleistet werden kann, er muß mit Hilfe von *Lock*s durch den Programmierer hergestellt werden Ein weiterer Nachteil ist, daß der Compiler nicht prüfen kann, ob Bedingungsariablen nur innerhalb von Monitoren verwendet werden. Der Vorteil dieses Ansatzes besteht darin, daß der gegenseitige Ausschluß feiner gesteuert werden kann. Es kommt oft vor, daß eine Monitor-Prozedur nicht nur kritische Bereiche bearbeiten muß, sondern viel zusätzliche Arbeit (an ihren lokalen Variablen) hat. Der gegenseitige Ausschluß ist in diesem Fall nicht notwendig und reduziert den Grad der Parallelität unnötigerweise.

- Der Bedingungsdatentyp und die entsprechenden Operationen werden durch die Thread-Schnittstelle zur Verfügung gestellt.

  - Die Semantik von Wait ist gleich wie bei der klassischen Definition von Hoare, mit dem Unterschied, daß hier die *Mutex*-Variable, die den Lock hält, explizit angegeben werden muß.
  - Die Semantik von Signal ist etwas lockerer. Der erweckte Prozeß muß nicht unverzüglich weiterlaufen. Es ist also möglich, daß ein anderer Thread in den kritischen Bereich eintritt und die

```
INTERFACE Buffer;                                          (*15.10.93. LB*)
  TYPE
    T      <: Public;
    Data   = INTEGER;

    Public = MUTEX OBJECT
               METHODS
                 init(size: CARDINAL := 64): T;        (*gleich am Anfang aufrufen!*)
                 get(): Data;                      (*blockiert, wenn der Puffer leer ist*)
                 put(data: Data);                  (*blockiert, wenn der Puffer voll ist*)
               END; (*Public*)
END Buffer.
```

Bsp. 16.13: *Schnittstelle eines Puffers*

Bedingung ändern kann. Deswegen muß der erweckte Prozeß die Bedingung noch einmal prüfen. Ist diese inzwischen *falsch* geworden, so muß er wieder warten. Dadurch könnte ein Prozeß theoretisch ewig lange in einer solchen Schleife kreisen (dieses Phänomen wird *starvation*, „Verhungern", genannt). Doch das ist sehr unwahrscheinlich. Der Vorteil des Ansatzes ist erhöhte Flexibilität, insbesondere ist es leicht eine *Broadcast*-Operation herzustellen, die *alle* Prozesse, die auf eine Bedingung warten, erweckt. Die ursprüngliche strenge Semantik von signal schließt eine *Broadcast*-Operation aus, weil wir höchstens einen Prozeß „unverzüglich" wiederstarten können. Der kann allerdings nach getaner Arbeit wieder ein signal machen, was den nächsten weckt usw.

Im Bsp. 16.13 sehen wir die Definition eines gekapselten Datentyps Buffer.T. Ein Buffer muß initialisiert werden (mit einer bestimmten Größe), danach können die Operationen get und put in beliebiger Reihenfolge verwendet werden. Buffer garantiert, daß get bei leerem Puffer bzw. put bei vollem Puffer wartet, bis die Bedingung der Operation erfüllt ist.

Im Bsp. 16.14 sehen wir eine Verwendung vom Buffer. Eine Anzahl von Threads produzieren Daten (der Einfachheit halber den eigenen Thread-Bezeichner), die durch einen Verbraucher gelesen und verarbeitet werden. Der Verbraucher hält, wenn er das Stop-Zeichen bekommt (er gibt noch vorher die Statistik über den Verkehr aus). Danach kehrt der Join des Main-Threads zurück, und das ganze Programm terminiert.

Im Bsp. 16.15 ist die Implementierung des Puffers angegeben. Der Puffer ist als ein *Ringpuffer* organisiert (siehe Kap. 11).

Die Felder in, out, und n hätten wir auch gleich bei der Typdeklaration auf 0 setzen können. Wollen wir aber die gleiche Variable vom Typ Buffer.T mehrmals – mit verschiedenen Puffergrößen – reinitialisieren,

```
MODULE BufUser EXPORTS Main;                                        (*15.10.93. LB*)

  IMPORT Buffer, SIO, Thread;
  FROM Scheduler IMPORT Yield;

  CONST Stop = LAST(CARDINAL);                  (*Signalisiert das Ende der Übertragung*)
  TYPE
    Producers  = [1..6];                                            (*Produzenten*)
    ClProd     = Thread.Closure OBJECT
                   id: CARDINAL                                (*Thread-Bezeichner*)
                 OVERRIDES
                   apply:= Producer                           (*Thread-Algorithmus*)
                 END;
  VAR buffer := NEW(Buffer.T).init();          (*Puffer anlegen und initialisieren*)

  PROCEDURE Producer(cl: ClProd): REFANY =
  VAR id: CARDINAL := cl.id;
  BEGIN
    REPEAT
      buffer.put(id); Yield();                     (*Yield läßt die anderen laufen*)
    UNTIL SIO.Available();               (*Terminiert, wenn eine Taste gedrückt wird*)
    buffer.put(Stop);                       (*Signalisiert das Ende der Übertragung*)
    RETURN NIL;
  END Producer;

  PROCEDURE Consumer(cl: Thread.Closure): REFANY =
  VAR i: INTEGER; statistics := ARRAY Producers OF INTEGER {0, ..};
  ⋮
    PROCEDURE PutStatistics() =                           (*Gibt die Statistik aus*)
  ⋮
  BEGIN
    REPEAT
      i:= buffer.get(); IF i # Stop THEN INC(statistics[i]) END;
    UNTIL i = Stop;                           (*i = Stop => Verbraucher terminiert*)
    PutStatistics();                                      (*Gibt die Statistik aus*)
    RETURN NIL;
  END Consumer;

BEGIN
  FOR i:= FIRST(Producers) TO LAST (Producers) DO
    EVAL Thread.Fork(NEW(ClProd, id:= i));                  (*Erzeugt Produzenten*)
  END; (*FOR*)
  EVAL Thread.Join(Thread.Fork(NEW(Thread.Closure, apply:= Consumer)));
END BufUser.
```

Bsp. 16.14: Kommunikation via Puffer

```
MODULE Buffer;                                                    (*15.10.93. LB*)
  IMPORT Thread;
  REVEAL
    T = Public BRANDED OBJECT
          in, out, n: CARDINAL;                          (*Für Ringpufferverwaltung*)
          nonEmpty, nonFull: Thread.Condition;                  (*Änderungssignale*)
          data: REF ARRAY OF Data;                                  (*Pufferinhalt*)
        OVERRIDES
          init:= Init;
          get:= Get;
          put:= Put;
        END; (*T*)

  PROCEDURE Init(t: T; size: CARDINAL := 64): T =
  BEGIN
    t.in:= 0; t.out:= 0; t.n:= 0;
    t.data:= NEW(REF ARRAY OF Data, size);
    t.nonEmpty:= NEW(Thread.Condition); t.nonFull:= NEW(Thread.Condition);
    RETURN t
  END Init;

  PROCEDURE Get(buffer: T): Data =
  VAR d: Data;
  BEGIN
    LOCK buffer DO
      WITH N = NUMBER(buffer.data^) DO
        WHILE buffer.n = 0 DO Thread.Wait(buffer, buffer.nonEmpty) END;
        <*ASSERT buffer.n > 0*>              (*Hier ist der Puffer bestimmt nicht leer*)
        d:= buffer.data[buffer.out];                   (*Herauslesen aus dem Puffer*)
        buffer.out:= (buffer.out + 1) MOD N; DEC(buffer.n);
      END; (*WITH N*)
    END; (*LOCK buffer*)
    Thread.Signal(buffer.nonFull);       (*Weckt einen eventuell wartenden Produzenten*)
    RETURN d;
  END Get;

  PROCEDURE Put(buffer: T; data: Data) =
  BEGIN
    LOCK buffer DO
      WITH N = NUMBER(buffer.data^) DO
        WHILE buffer.n = N DO Thread.Wait(buffer, buffer.nonFull) END;
        <*ASSERT buffer.n < N*>              (*Hier ist der Puffer bestimmt nicht voll*)
        buffer.data[buffer.in]:= data;              (*Neues Element in den Puffer*)
        buffer.in:= (buffer.in + 1) MOD N; INC(buffer.n);
      END; (*WITH N*)
    END; (*LOCK buffer;*)
    Thread.Signal(buffer.nonEmpty);     (*Weckt einen eventuell wartenden Verbraucher*)
  END Put;

BEGIN
END Buffer.
```

Bsp. 16.15: Puffer-Implementierung mit Monitor

```
MODULE Barrier;                                              (*11.10.93. LB*)

  IMPORT Thread;

  REVEAL T = Public BRANDED OBJECT
                  n, count: INTEGER;
                  cond: Thread.Condition;
                OVERRIDES
                  join:= Join;
                END;

  PROCEDURE Create(num: [1..LAST(CARDINAL)]): T =
  BEGIN
    RETURN NEW(T, n:= num – 1, count:= num – 1,
               cond:= NEW(Thread.Condition));
  END Create;

  PROCEDURE Join(b: T) =
  BEGIN
    LOCK b DO
      IF b.count > 0 THEN
        DEC(b.count);
        Thread.Wait(b, b.cond);              (*Warten bis n-ter Thread ankommt*)
      ELSE                                  (*Alle n Threads haben sich getroffen*)
        b.count:= b.n;                                  (*count auf n rücksetzen*)
        Thread.Broadcast(b.cond)                 (*Alle Threads weiterbefördern*)
      END; (*IF b.count*)
    END; (*LOCK b*)
  END Join;

BEGIN
END Barrier.
```

Bsp. 16.16: *Barriere-Implementierung mit Monitor*

so müssen wir alle Initialisierungen in die init-Methode plazieren. Die anderen Felder können sowieso nicht bei der Typdeklaration gesetzt werden, da sie keinen Konstantenwert erhalten.

Die Bedingungsvariablen nonFull bzw. nonEmpty steuern das dynamische Verhalten des Systems. Bei vollem Puffer müssen die Produzenten auf nonFull, bei leerem Puffer müssen die Verbraucher auf nonEmpty warten. Nach jedem erfolgreichen put kann nonEmpty, und nach jedem erfolgreichen get nonFull signalisiert werden.

Wir könnten statt Thread.Signal auch Thread.Broadcast verwenden, um alle Threads, die auf eine Bedingung warten, aus der Warteschlange zu entfernen. In diesem Fall bringt es aber nichts, weil ein put nur ein Element in den Puffer legen kann, welches sowieso nur von einem get entnommen werden kann. Diese Lösung signalisiert sogar in dieser Form noch immer mehr als notwendig. Ein Signal ist eigentlich erst dann notwendig, wenn der Puffer vor dem Signal gerade leer

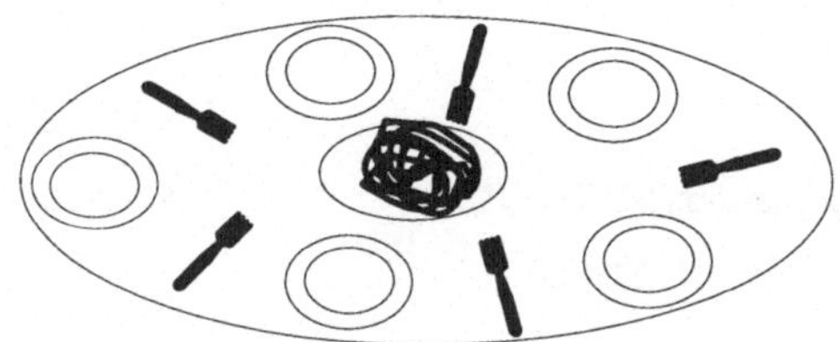

Abb. 16.17: *Der Tisch der speisenden Philosophen*

bzw. voll war. Leere Signale beeinträchtigen zwar die Richtigkeit des Programms nicht, wohl aber seine Effizienz. Man könnte also z. B. die Zeile Thread.Signal(buffer.nonFull) ersetzen durch:

```
IF buffer.n = N-1 THEN Thread.Signal(buffer.nonFull) END
```

Diese Abfrage sollte innerhalb der *Lock*-Anweisung vorkommen.

Man beachte, daß die Bedingungen, ob der Puffer leer bzw. voll ist, in einer Schleife abgefragt werden müssen. Mit der ursprünglichen strengen Signalsemantik wäre eine *If*-Anweisung auch ausreichend, weil wir sicher sein könnten, daß kein anderer Prozeß die Bedingung hat ändern können. Dann hätten wir also die *While*-Schleifen um den Aufruf von Wait durch zwei *Ifs* ersetzen können. Die erste *If*-Anweisung wäre z. B.:

```
IF buffer.n = 0 THEN Thread.Wait(buffer, buffer.nonEmpty) END
```

Im Bsp. 16.16 geben wir die Implementierung der Barriere mit Hilfe von Monitoren an.

Die speisenden Philosophen

Unser letztes Beispiel für Monitore ist das berühmte Beispiel mit den speisenden Philosophen von *Dijkstra* [Dij68b].

Fünf Philosophen sitzen um einen Tisch. Vor jedem Philosophen steht ein Teller und links davon eine Gabel (wie in Abb. 16.17). Die Philosophen sind entweder im Denken versunken oder sie werden hungrig und wollen essen. Die Spaghetti, die in der Mitte des Tisches stehen, sind aber so extrem lang, daß ein Philosoph zwei Gabeln braucht, um sich bedienen zu können.

Was geschieht nun, wenn gleichzeitig zwei benachbarte Philosophen hungrig werden? Nehmen wir an, beide greifen zuerst nach der – sagen wir – linken Gabel. Dann wieder beide nach der rechten Gabel. Das gelingt aber einem nicht, weil seine rechte Gabel schon vom anderen aufgenommen wurde. Noch schlimmer ist es, wenn alle Philosophen gleichzeitig hungrig werden, alle gleichzeitig nach der linken Gabel greifen, und dann .... Jeder

```
INTERFACE Gabel;                                              (*10.03.94. LB*)
  CONST N = 5;                                   (*Anzahl der "Philosophen"*)
  PROCEDURE Aufnehmen(id: INTEGER);         (*Blockiert bis Aufrufer essen darf*)
  PROCEDURE Ablegen(id: INTEGER);                       (*Legt die Gabel ab*)
END Gabel.
```

Bsp. 16.18: Gabel-Schnittstelle

```
MODULE Gabel;                                                 (*10.03.94. LB*)
  IMPORT Thread;
  VAR
    mutex:= NEW(MUTEX);                (*Wird für den kritischen Bereich verwendet*)
    frei:= ARRAY [0..N–1] OF [0..2] {2, ..};         (*frei[i] freie Gabeln für Phil_i*)
    vorhanden:= NEW(Thread.Condition);           (*Signalisiert, daß 2 Gabeln frei sind*)
  PROCEDURE Aufnehmen(id: INTEGER) =
  BEGIN
    LOCK mutex DO
      WHILE frei[id] # 2 DO Thread.Wait(mutex, vorhanden) END;
      DEC(frei[(id – 1) MOD N]); DEC(frei[(id + 1) MOD N]);
    END; (*LOCK*)
  END Aufnehmen;
  PROCEDURE Ablegen(id: INTEGER) =
  BEGIN
    LOCK mutex DO
      INC(frei[(id – 1) MOD N]); INC(frei[(id + 1) MOD N]);
      Thread.Broadcast(vorhanden);
    END; (*LOCK*)
  END Ablegen;
BEGIN
END Gabel.
```

Bsp. 16.19: Gabel-Implementierung als Monitor

Philosoph müßte darauf warten, daß der Nachbar seine Gabel hinlegt, da aber alle darauf warten, bleiben alle hungrig. Das ist ein typisches Ressourcen-Zuweisungsproblem. Wir haben weniger Ressourcen als nötig, deswegen kann – bei unvorsichtiger Verwaltung – ein Deadlock auftreten.

Der Deadlock ensteht hier dadurch, daß eine Anzahl von Prozessen – über eine Anzahl von Ressourcen – zirkulär aufeinander wartet. Es gibt eine Reihe von Methoden, wie man Verklemmungen vermeidet oder auflöst [Tan92], auf die wir hier nicht eingehen können. Im konkreten Beispiel ist die Lösung nicht schwierig: Ein Philosoph muß sich, wenn er hungrig geworden ist, zuerst – innerhalb eines kritischen Bereiches – vergewis-

```
MODULE Philosophen EXPORTS Main;                                        (*LB*)
  IMPORT Thread, Gabel,
  CONST
    N = Gabel.N;                             (*Anzahl der Philosophen-Prozesse*)
  TYPE
    Closure = Thread.Closure OBJECT
                  id: CARDINAL;
               OVERRIDES
                  apply:= Start
               END;
  VAR
    cls: ARRAY [0..N–1] OF Closure;

  PROCEDURE Philosoph(id: INTEGER) =
  BEGIN
    LOOP
      Denken(id);
      Gabel.Aufnehmen(id);
      Essen(id);
      Gabel.Ablegen(id);
    END
  END Philosoph;

  PROCEDURE Start(self: Closure): REFANY =
  BEGIN
    Philosoph(self.id); RETURN NIL
  END Start;
  :
BEGIN                                                (*Speisende Philosophen*)
  FOR i:= 0 TO N–1 DO cls[i]:= NEW(Closure, id:= i) END;
  FOR i:= 0 TO N–1 DO EVAL Thread.Fork(cls[i]) END;   (*N Threads gestartet*)
```

Bsp. 16.20: *Implementierung der speisenden Philosophen*

sern, daß sowohl seine linke als auch seine rechte Gabel frei sind. Ist das der Fall, muß er beide noch im selben kritischen Bereich für sich reservieren. Bsp. 16.18 zeigt die Schnittstelle, Bsp. 16.19 die Implementierung einer entsprechenden „Gabelverwaltung“. Das Array frei enthält für jeden Philosophen die Anzahl der freien Gabeln. Der *i*-te Philosoph darf essen, wenn frei[i] = 2. Sonst muß er auf das Signal vorhanden warten. Beim Ablegen werden alle (beide) eventuell wartenden Philosophen mit Hilfe von Thread.Broadcast benachrichtigt. Die Ausdrücke (id - 1) MOD N bzw. (id + 1) MOD N berechnen den Index der Gabel des linken bzw. rechten Nachbars.

Die Lösung in Bsp. 16.19 schließt zwar Deadlocks aus, ist aber noch nicht ganz korrekt. Es könnte sich ein solches Szenario ergeben, daß zwei nicht benachbarten Philosophen fortlaufend abwechselnd essen. So kommt derjenige, der zwischen ihnen sitzt, nie zum Essen, weil er nie zwei freie Gabeln vorfindet (bei diesem Beispiel trifft die Bezeichnung *starvation* –

„Verhungern“ - genau zu). Das Problem könnten wir z. B. dadurch leicht lösen, daß wir einen separaten Raum zum Denken und einen anderen zum Essen einrichten. In diesen Raum dürfen nie mehr als vier Philosophen eintreten, und nach dem Essen müssen sie den Raum verlassen. Somit kann niemand endgültig ausgeschlossen bleiben, wenn die Schlange an der Tür eine FIFO-Schlange ist.

Bsp. 16.20 zeigt das Verhalten der Philosophen, wobei die Prozeduren Essen und Denken sowie die Darstellung des Ablaufs des ganzen Programmes nicht ausgeführt ist.

16.4.5 Semaphor

Semaphore dürfen in keiner Abhandlung von Parallelität fehlen, weil sie zum erstenmal einen methodischen Ansatz für die Lösung der Probleme von gegenseitigem Ausschluß und bedingter Synchronisierung angeboten haben, und weil sie bis dato überall verwendet werden [And91]. Semaphore wurden von *Dijkstra* eingeführt [Dij68b].

Die Idee des Semaphors können wir uns folgendermaßen vorstellen: Nehmen wir an, wir haben 5 Gleise an einem Bahnhof. Somit dürfen gleichzeitig 5 Züge in den Bahnhof hineinfahren. Danach muß das Semaphor zugeschaltet werden, und weitere Züge dürfen erst herein, wenn einige inzwischen den Bahnhof wieder verlassen haben. Der jeweilige Semaphorwert ist die Anzahl der Züge, die noch in den Bahnhof hereinfahren dürfen.

Semaphore definieren wir als abstrakte Datentypen, mit einem *Integer*-Wert, dem ein Anfangswert (*A*) zugewiesen wird (das wäre im Beispiel die Anzahl der Gleise). Auf ein Semaphor s sind zwei *atomare* Operationen, *P(s)* und *V(s)* definiert. *P* steht für Probieren und *V* für Verlassen – eigentlich stehen sie für die entsprechenden holländischen Bezeichnungen, die von Dijkstra – selbst Holländer – vergeben worden sind. Die Anzahl von erfolgreich abgeschlossenen *P*- bzw. *V*-Operationen bezeichnen wir als n_P und n_V (n_P könnte die Anzahl der Züge bedeuten, die in den Bahnhof hineingefahren sind und n_V die Anzahl derer, die den Bahnhof verlassen haben.) Es gilt immer, daß $n_P \leq n_V + A$. Die Anzahl der Züge, die in den Bahnhof je hereingefahren sind, kann höchstens um die Anzahl der Gleise größer sein als die Anzahl der Züge, die den Bahnhof verlassen haben. Der Semaphorwert ist als $s = A + n_V - n_P$ definiert. Daraus folgt, daß ein Semaphor die Invariante $s \geq 0$ hat.

Die Semantik von *P* bzw. *V* können wir am einfachsten mit dem folgenden Pseudocode zum Ausdruck bringen:

- *P(s)*: *warte bis s > 0; s:= s – 1*
- *V(s)*: *s:= s + 1*

```
INTERFACE Semaphore;                                          (*10.03.94. LB*)

  TYPE
    T <: Public;
    Public = MUTEX OBJECT
               METHODS
                 init(a: CARDINAL := 1): T;
                 P();
                 V();
               END;
END Semaphore.
```

Bsp. 16.21: Semaphor-Schnittstelle

```
MODULE Semaphore;                                             (*10.03.94. LB*)

  IMPORT Thread;

  REVEAL
    T = Public BRANDED OBJECT
            s: CARDINAL;                          (*Anfangswert des Semaphors*)
            w: Thread.Condition;                              (*Warteschlange*)
          OVERRIDES
            init:= Init;
            P:= Probieren;
            V:= Verlassen;
          END; (*T*)

  PROCEDURE Init(sem: T; a: CARDINAL := 1): T =
  BEGIN
    sem.s:= a; sem.w:= NEW(Thread.Condition);
    RETURN sem;
  END Init;

  PROCEDURE Probieren(sem: T) =
  BEGIN
    LOCK sem DO
      WHILE sem.s = 0 DO Thread.Wait(sem, sem.w) END; DEC(sem.s);
    END; (*LOCK*)
  END Probieren;

  PROCEDURE Verlassen(sem: T) =
  BEGIN
    LOCK sem DO
      INC(sem.s); Thread.Signal(sem.w);
    END; (*LOCK*)
  END Verlassen;

BEGIN
END Semaphore.
```

Bsp. 16.22: Semaphor-Implementierung

Mit Hilfe von Semaphoren können wir sowohl den gegenseitigen Ausschluß als auch bedingte Synchronisierung ausdrücken. Für den gegenseitigen Ausschluß müssen wir ein Semaphor mit Anfangswert 1 (*Binärsemaphor*) verwenden.

Ist die Sempahorinvariante wie oben definiert, so sind wir gegen einen subtilen Fehler nicht geschützt: Das Auftreten von falschen Verlassen-Signalen. Würden durch einen Fehler die *V*-Operationen z. B. dreimal mehr als notwendig aufgerufen, dann würde der Semaphor insgesamt 8 Züge in unseren Bahnhof hereinlassen, was natürlich höchst unerwünscht ist. Gegen solche Fehler kann uns eine strengere Invariante schützen, z. B. $0 \leq s \leq A$. Aus Implementierungsgründen läßt man das häufig weg. Die strengere Semantik wird meistens nur für Binärsemaphore angewendet, also: $0 \leq s \leq 1$. In diesem Fall können wir den Semaphorwert am einfachsten als *Boolean* darstellen: Die *V*-Operation setzt diesen Wert auf *wahr*. Damit sind falsche *V*-Sequenzen einfach wirkungslos, weil sie den Semaphorwert nicht verändern (*wahr* bleibt *wahr*, gleich wie oft gesetzt).

Semaphore werden in Modula-3 nicht angeboten, können aber sehr leicht implementiert werden. Bsp. 16.21 zeigt eine Schnittstelle, Bsp. 16.22 eine Implementierung (entsprechend der allgemeinen, weniger strengen Semantik).

Bsp. 16.23 zeigt eine Neuimplementierung des Puffers mit Hilfe von Semaphoren. Schnittstelle und Verwendung des Moduls Buffer bleiben unverändert! Die Anzahl der Elemente wird in Semaphoren gespeichert: full speichert die Anzahl der gefüllten Stellen (am Anfang 0), empty die Anzahl der leeren Stellen im Puffer (am Anfang die ganze Puffergröße). Das Feld n aus der Lösung im Bsp. 16.15 erübrigt sich. Der gegenseitige Ausschluß wird durch den Semaphor mutex gewährleistet. Die Prozeduren Get und Put sind auch bei dieser Lösung weitgehend symmetrisch. Zuerst wird der Pufferzustand geprüft (Get prüft auf gefüllte, Put auf leere Stellen). Ist der Pufferzustand richtig, kann der Thread (der Get bzw. Put aufgerufen hat) in den kritischen Bereich (geschützt durch mutex) eintreten. Man beachte, daß die Reihenfolge der *P*-Operationen nicht gleichgültig ist: Würde z. B. Get zuerst buffer.mutex.P() und nachher buffer.full.P() enthalten, so würde das bei leerem Puffer zum Deadlock führen, weil mutex keinen weiteren Thread (auch keinen Produzenten, der die gewünschte Zustandsänderung hervorrufen könnte) hereinläßt. Die Reihenfolge der *V*-Operationen ist hingegen fast gleichgültig: Wären sie umgekehrt, so würde das keinen Fehler verursachen.

Die angegebene Lösung hat den Vorteil, daß nach buffer.mutex.V() ein eventuell wartender Thread gleich eintreten kann. Wir könnten diese Lösung noch verbessern, indem wir beachten, daß Get und Put nie auf die gleiche Stelle des Puffers zugreifen und daß Get nur buffer.out und Put nur buffer.in verwendet. Sie greifen immer auf disjunkte Teile der

```
MODULE Buffer;                                                    (*10.03.94 LB*)
  IMPORT Semaphore;
  REVEAL
    T = Public BRANDED OBJECT
          in, out: CARDINAL;                              (*Für Ringpufferverwaltung*)
          empty, full, mutex: Semaphore.T;
          data: REF ARRAY OF Data;                                  (*Pufferinhalt*)
        OVERRIDES
          init:= Init;
          get:= Get;
          put:= Put;
        END; (*T*)

  PROCEDURE Init(t: T; size: CARDINAL := 64): T =
  BEGIN
    t.in:= 0; t.out:= 0;
    t.data:= NEW(REF ARRAY OF Data, size);
    t.empty:= NEW(Semaphore.T).init(size);               (*Anzahl der leeren Stellen*)
    t.full:= NEW(Semaphore.T).init(0);                 (*Anzahl der gefüllten Stellen*)
    t.mutex:= NEW(Semaphore.T).init(1);                  (*mutex ist Binärsemaphor*)
    RETURN t
  END Init;

  PROCEDURE Get(buffer: T): Data =
  VAR d: Data;
  BEGIN
    buffer.full.P();         (*Blockiert, wenn der Puffer leer ist (keine gefüllte Stelle)*)
    buffer.mutex.P();                                (*Tritt in den kritischen Bereich ein*)
    d:= buffer.data[buffer.out];                           (*Herauslesen aus dem Puffer*)
    buffer.out:= (buffer.out + 1) MOD NUMBER(buffer.data^);
    buffer.mutex.V();                                  (*Verläßt den kritischen Bereich*)
    buffer.empty.V();                            (*Erhöht die Anzahl der leeren Stellen*)
    RETURN d;
  END Get;

  PROCEDURE Put(buffer: T; data: Data) =
  BEGIN
    buffer.empty.P();          (*Blockiert, wenn der Puffer voll ist (keine leere Stelle)*)
    buffer.mutex.P();                                (*Tritt in den kritischen Bereich ein*)
    buffer.data[buffer.in]:= data;                       (*Neues Element in den Puffer*)
    buffer.in:= (buffer.in + 1) MOD NUMBER(buffer.data^);
    buffer.mutex.V();                                  (*Verläßt den kritischen Bereich*)
    buffer.full.V();                           (*Erhöht die Anzahl der gefüllten Stellen*)
  END Put;

BEGIN
END Buffer.
```

Bsp. 16.23: Implementierung des Puffers mit Semaphoren

gemeinsamen Variablen zu. Deswegen könnten wir Get bzw. Put durch unterschiedliche mutex-Semaphoren schützen und dadurch gleichzeitiges Lesen und Schreiben erlauben.

Es sollte aus den bisherigen Angaben erkennbar sein, daß sich die Operationen *P* und Thread.Wait, bzw. *V* und Thread.Signal stark ähneln. Es gibt aber einen sehr wesentlichen Unterschied: Ein Semaphor speichert einen Zustandswert, dagegen ist in einer Bedingung kein Zustand gespeichert. Ein *V* erhöht den Semaphorwert auch dann, wenn noch kein entsprechendes *P* ausgeführt worden ist, hingegen ist ein Thread.Signal auf eine Bedingung, auf die keiner wartet, wirkungslos. Deswegen ist es korrekt, wenn die Semaphor-Version von Get einfach mit buffer.full.P() startet. Hat ein Produzent schon etwas in den Puffer gelegt, so ist der Wert von full bestimmt größer als 0, womit der Verbraucher (der Get aufgerufen hat) sofort weiter kann. Bei der Monitor-Version muß aber Get zuerst die Anzahl der gefüllten Stellen explizit prüfen. Würde Get einfach mit der analogen Anweisung Thread.Wait(buffer, buffer.nonEmpty) anfangen, so könnte das dazu führen, daß Get ewig warten muß. Sind schon alle Produzenten früher da gewesen und haben sie ihre Signale „in die Luft geschossen", so kann der Verbraucher ewig warten. Kommt aber ein Produzent noch später, so wird der Verbraucher geweckt. Eine solche Lösung würde sich also ganz unberechenbar verhalten: In Abhängigkeit von Zeitverhältnissen würde sie sich manchmal richtig, manchmal falsch benehmen: Genau das muß bei der parallelen Programmierung auf jeden Fall vermieden werden.

Aus den obigen Überlegungen folgt auch, daß der Bedingungstyp primitiver und grundlegender ist als der Semaphor. Deswegen kann man Semaphore sehr leicht mit Monitoren implementieren, umgekehrt ist es recht umständlich (obwohl möglich). Monitore haben den zusätzlichen Vorteil, daß sie die Idee der Kapselung mit der Synchronisierung verbinden.

16.5 Nachrichtenaustausch

Die Kommunikation via gemeinsame Variablen haben wir damit verdeutlicht, wie wir eine gemeinsame Tafel lesen oder in ein gemeinsames Heft schreiben. Das Modell des Nachrichtenaustausches kann man eher mit der Kommunikation per Telephon und Brief vergleichen. Die Kommunikation geschieht über *Kanäle* (*channels*). Wir identifizieren unseren Partner meistens durch die Identifizierung des Kanals (wie etwa durch die Telephonnummer oder Hausadresse). Wir kommunizieren dann durch das Schicken und Empfangen von Nachrichten.

Man kann zeigen, daß beide Kommunikationsmodelle gleich mächtig sind. Mit beiden kann man das andere vollständig simulieren.

Der Nachrichtenaustausch ist eindeutig einfacher und grundlegender, weil er weniger Annahmen macht. Dieses Modell entspricht direkt dem häufigen Fall, bei dem die verbundenen Rechner keinen gemeinsamen Speicher haben (wie bei den Rechnernetzen und bei vielen heute üblichen Parallelrechnern). Der Nachteil dieses Modells besteht in der Schwierigkeit, korrekte Programme mit Nachrichtenaustausch zu schreiben (ähnlich wie es schwieriger ist, korrekte Programme in einer Assembler-Sprache zu schreiben als in einer höheren Programmiersprache). Deswegen gibt es viele Ansätze, wie man den zugrundeliegenden Nachrichtenverkehr durch eine Schicht versteckt, die das Vorhandensein von gemeinsamen Variablen „vortäuscht“ [Bal90]. Eine solche zusätzliche Schicht sollte natürlich *effizient* sein, deswegen gibt es auch Ansätze, sie direkt in der Hardware zu implementieren. Der umgekehrte Weg, über gemeinsame Variablen Nachrichtenaustausch zu simulieren, ist nur in Spezialfällen sinnvoll. So ein Spezialfall liegt vor, wenn wir Konzepte des Nachrichtenaustauschmodells auf einem Einzelrechner studieren wollen – wie bei unseren folgenden Beispielen. Die Nachrichtenkommunikation kann *synchron* oder *asynchron* ablaufen.

16.5.1 Client/Server-Modell

Die meisten Anwendungen des Nachrichtenaustausches bauen auf dem Client/Server-Modell [And91] auf. Bei diesem Modell stellt ein Server (Dienstanbieter) seine Dienstleistungen öffentlich zur Verfügung. Eine Menge von Klienten können diese je nach Bedarf in Anspruch nehmen. Ein Dateiserver bietet z. B. Dateien an, die von mehreren Programmen auf unterschiedlichen Rechnern genutzt werden, ein Druckerserver verwaltet einen zentralen Drucker usw. Die Parallelität ist gegeben, die Klienten sind voneinander unabhängig und der Server muß sie alle gleichzeitig behandeln, und zwar so, daß ein jeder Klient den Eindruck hat, der Server steht ihm uneingeschränkt zur Verfügung.

Ein Grundproblem dieses Modells besteht darin, daß die Klienten den Server finden müssen, um seine Kanäle verwenden zu können. Dazu ist meistens ein weiterer Server, ein *Namensserver*, notwendig, dessen Adresse und Kanäle allen Teilnehmern bekannt sind. Server müssen sich beim Namensserver registrieren lassen, und somit ihre Dienste öffentlich bekannt machen. Die Klienten können über den Namensserver zu anderen Servern Verbindungen aufbauen (durch Angabe des Namens des Dienstanbieters) und die notwendigen Kommunikationskanäle erhalten.

16.5.2 Synchrone Nachrichtenkommunikation

Bei synchroner Kommunikation wird zuerst ein „Treffpunkt" (oft auch *rendez-vous* genannt) hergestellt und nachher kommuniziert – wie beim Telephon. Die Synchronisierung wird vor jedem Nachrichtenaustausch ausgeführt – bei höflichen Gesprächspartnern läuft ja auch das ganze Telephongespräch synchron ab – einer spricht während der andere zuhört. Modula-3 unterstützt dieses Modell nicht direkt. Programmiersprachen, die synchrone Kommunikation direkt unterstützen, sind *Ada* und *Occam*. Die theoretischen Grundlagen solcher Sprachen wurden u. a. durch *Hoare*, mit Hilfe der Sprache *CSP* gelegt [Hoa85].

Remote Procedure Call

Ein Spezialfall der synchronen Kommunikation ist der *entfernte Porzeduraufruf* (*remote procedure call – RPC*) [Nel81]. Dabei findet der Aufruf einer Prozedur auf dem Rechner *A*, die Ausführung des Prozedurkörpers aber auf einem anderen Rechner *B* statt. Für den Aufrufer soll es im Idealfall keinen Unterschied machen, ob es sich um eine lokale oder eine entfernte Prozedur handelt.

Die meisten Modula-3-Sprachumgebungen unterstützen das Konzept durch sogenannten *Netzwerkobjekte*[3] (*network objects*), deren Methoden durch Prozesse in einem anderen Adreßraum (möglicherweise auf einem anderen physikalischen Rechner) aufrufbar sind [BNOW94]. Der Aufruf einer entfernten Methode ist genauso typsicher wie ein lokaler Aufruf.

Die Realisierung des RPC-Konzeptes ist nicht einfach. Bei einem gewöhnlichen Prozeduraufruf gehen wir stillschweigend davon aus, daß der Aufrufer abstürzt, wenn die aufgerufene Prozedur abgestürzt ist. Bei einem entfernten Prozeduraufruf kann es aber durchaus vorkommen, daß einer der beiden abstürtzt. Stürzt die aufgerufene Prozedur (der *Server*) ab, so hängt der Aufrufer an einem Prozeduraufruf der nie zurückkehrt. Stürzt der Aufrufer (der *Client*) ab, so haben wir „verwaiste" Prozedurkörper, die zu ihrem Aufrufer nicht zurückkehren können. Für die Lösung dieser Probleme finden wir viele Vorschläge in der Literatur [Nel81, And91].

16.5.3 Asynchrone Nachrichtenkommunikation

Die asynchrone Kommunikation ist dem Briefverkehr ähnlich, wo die Nachrichten einfach verschickt werden, die Antwort kann (wenn überhaupt) zu einem beliebigen späteren Zeitpunkt kommen. Die asynchrone Kommunikation ist allgemeiner; synchrone Kommunikation läßt sich mit Hilfe

[3]Die MS-DOS-Modula-3-Sprachumgebungen enthalten die Netzwerkobjekte nicht.

```
INTERFACE Channel;                                          (*11.03.94. LB*)

  TYPE
    Message = REFANY;

    T <: Public;
    Public = MUTEX OBJECT
             METHODS
               init(): T;
               send(message: Message);        (*Sendet Nachricht durch den Kanal*)
               receive(): Message;           (*Empfängt Nachricht aus dem Kanal*)
             END;

END Channel.
```

Bsp. 16.24: *Schnittstelle eines Kanals*

des asynchronen Modells leicht simulieren (umgekehrt ist es dann leicht möglich, wenn Threads zur Verfügung stehen).

Kanäle

Das Kommunikationsmittel des Nachrichtenaustauschs sind die Kanäle. Bsp. 16.24 zeigt die Schnittstelle des abstrakten Datentyps Channel. Prozesse können durch die Kanäle Nachrichten senden und empfangen. Der Typ einer Nachricht kann eine beliebige Referenz sein. Somit können wir beliebig komplexe Datenstrukturen durch einen Kanal verschicken. Bsp. 16.25 zeigt solche Prozesse. Das Modul ChanUser im Bsp. 16.25 ist dem Modul BufUser (Bsp. 16.14) sehr ähnlich. Das ist kein Zufall: Die Kommunikation via Puffer entspricht ungefähr dem Nachrichtenaustausch.

Der konkrete Typ der Nachricht ist eine Referenz auf einen Record, der einen Bezeichner und die aktuelle Zeit enthält. Der Empfänger gibt die erhaltene Sendezeit aus (die Prozedur PrintTime ist nicht angeführt).

Die Aspekte des Namensservers haben wir hier vernachlässigt: Der Kanal ist einfach als globale Variable deklariert. Diese wird allerdings von den Teilnehmerprozessen nicht direkt geschrieben, sondern sie wird hier nur als Übertragungsmedium verwendet.

Bsp. 16.26 zeigt eine Implementierung vom Channel. Die Implementierung basiert auf gemeinsamen Speicher. Es ist aber durchaus möglich die Implementierung – bei gleichem Interface – so zu ändern, daß send und receive auf echte Kommunikationskanäle z. B. eines Rechnernetzes abgebildet werden.

Die Implementierung der Übertragung von komplexen Datenstrukturen ist natürlich nicht ganz trivial. Würden wir nur die Referenz übertragen – wie im Bsp. 16.26 –, so nützt das nichts, weil der Partnerrechner die referenzierten Daten in seinem eigenen Speicher nicht

```
MODULE ChanUser EXPORTS Main;                                    (*12.03.94. LB*)

  IMPORT Channel, SIO, Thread, Time;

  CONST
    Stop = NIL;                          (*Signalisiert das Ende der Übertragung*)

  TYPE
    Message = REF RECORD
                id: CARDINAL; time: Time.T
              END;

  VAR
    channel := NEW(Channel.T).init();       (*Kanal anlegen und initialisieren*)

  PROCEDURE Producer(cl: Thread.Closure): REFANY =
  VAR message := NEW(Message, id:= 1);       (*Feld id wird nur einmal gesetzt*)
  BEGIN
    REPEAT
      message.time:= Time.Now();       (*Feld time enthält die aktuelle Sendezeit*)
      channel.send(message);                       (*Nachricht wird verschickt*)
      Thread.Pause(0.5D0);                           (*Wir warten ein bißchen*)
    UNTIL SIO.Available();        (*Terminiert, wenn beliebige Taste gedrückt wird*)
    channel.send(Stop);                  (*Signalisiert das Ende der Übertragung*)
    RETURN NIL;
  END Producer;

  PROCEDURE PrintTime(time: Time.T) =
  :
  PROCEDURE Consumer(cl: Thread.Closure): REFANY =
  VAR message: Message;
  BEGIN
    REPEAT
      message:= channel.receive();                 (*Nachricht wird empfangen*)
      IF message # Stop THEN PrintTime(message.time) END;
    UNTIL message = Stop;                    (*Stop => Verbraucher terminiert*)
    RETURN NIL;
  END Consumer;

BEGIN
  EVAL Thread.Fork(NEW(Thread.Closure, apply:= Producer));
  EVAL Thread.Join(Thread.Fork(NEW(Thread.Closure, apply:= Consumer)));
  SIO.PutText("Stopped\n");
END ChanUser.
```

Bsp. 16.25: Kommunikation durch einen Kanal

```
MODULE Channel;                                              (*11.03.94. LB*)

  IMPORT Thread;

  REVEAL
    T = Public BRANDED OBJECT
          leer: BOOLEAN;          (*Kanalzustand: wahr, wenn Nachricht vorhanden*)
          message: Message;             (*Kanal speichert eine einzige Nachricht*)
          wait: Thread.Condition;
        OVERRIDES
          init := Init;
          send := Send;
          receive := Receive;
        END;

  PROCEDURE Init(chan: T): T =
  BEGIN
    chan.leer:= TRUE; chan.wait:= NEW(Thread.Condition);
    RETURN chan
  END Init;

  PROCEDURE Send(chan: T; message: Message) =
  BEGIN
    LOCK chan DO
      WHILE NOT chan.leer DO Thread.Wait(chan, chan.wait) END;
      chan.message:= message;                    (*Nachricht in den Kanal kopieren*)
      chan.leer:= FALSE;                          (*Es gibt eine Nachricht im Kanal*)
      Thread.Signal(chan.wait);            (*Eventuell wartenden Empfänger wecken*)
    END; (*LOCK*)
  END Send;

  PROCEDURE Receive(chan: T): Message =
  VAR message: Message;
  BEGIN
    LOCK chan DO
      WHILE chan.leer DO Thread.Wait(chan, chan.wait) END;
      message:= chan.message;                (*Nachricht aus dem Kanal herauslesen*)
      chan.leer:= TRUE;                          (*Es gibt keine Nachricht im Kanal*)
      Thread.Signal(chan.wait);                (*Eventuell wartenden Sender wecken*)
    END; (*LOCK*)
    RETURN message;
  END Receive;

BEGIN
END Channel.
```

Bsp. 16.26: Implementierung eines Nachrichtenkanals

finden würde. Mit Hilfe von Pickles (siehe Kap. 14.3.1) ist aber eine solche Implementierung ganz leicht möglich. Genauso, wie Pickles in einer Datei abgespeichert und von dort wieder eingelesen werden können, ist es möglich, sie auch über ein Netzwerk zu verschicken und zu empfangen.

Der implementierte Kanal kann eine einzige Nachricht speichern. Ist der Kanal schon durch eine vorhergehende Nachricht besetzt, wird der Sender blockiert, bis ein Empfänger die Nachricht holt. Ist aber der Kanalpuffer frei, kann der Sender nach Ablegen der Nachricht weiterlaufen. Der Kanal arbeitet also nach dem asynchronen Prinzip, was allerdings durch die geringe Pufferkapazität einem synchronen Kanal ziemlich nahekommt. Würde der Kanal über einen größeren Nachrichtenpuffer verfügen, dann würde die asynchrone Arbeitsweise besser zum Vorschein kommen.

Schlußwort

Der Leser dieses Buches wurde während seines Studiums bestimmt mit den folgenden Fragen konfrontiert: Wozu überhaupt Programmieren lernen? Und wenn schon, warum dann in Modula-3? Wir versuchen zum Schluß, diese Fragen kurz zu beantworten.

Warum Programmieren?

Viele Informatiker und Informatikanwender sind heute der Meinung, daß Programmierung eine zweitrangige Angelegenheit ist. Die wirklich wichtigen Phasen der Softwareentwicklung seien die Analyse, die Spezifikation und der Entwurf. Die Programmierung ist nur noch Knochenarbeit.

In den Anfangszeiten des „Computerzeitalters" wurde das Programmieren von vielen als eine Kunst hochangesehen. Dementsprechend genoß der Beruf „Programmierer" auch hohes Ansehen. Als die Softwaresysteme immer größer und komplexer wurden, war die eher intuitive Programmierkunst nicht mehr ausreichend. Die Bedeutung der vorbereitenden Phasen wurde immer mehr erkannt. Im Kampf gegen die „traditionelle" Sichtweise hat man sich oft polemisch und etwas übertrieben ausgedrückt. Dadurch verlor die Programmierung ihre primäre Rolle.

Wir glauben, daß es höchste Zeit ist, daß auf diesem Gebiet eine Versöhnung eintritt und alle Phasen der Softwareentwicklung als gleichwertig erkannt werden. Es ist klar, daß z. B. ohne eine gute Analyse ein Softwareprojekt von vornherein zum Scheitern verurteilt ist. Es sollte aber auch klar sein, daß Software letztlich doch durch Programmierer erstellt wird. Wenn sie schlecht ausgebildet oder unmotiviert sind, dann hilft auch die beste Analyse nichts.

Niklaus Wirth hat im März 1995 in einem Vortrag an der *Universität Klagenfurt* das Phänomen des „Software-Chaos" analysiert. Er hat darauf hingewiesen, daß die immer komplizierter werdende Software gar keine Notwendigkeit darstellt, vielmehr mit dem Verlust gewisser ingenieurmäßiger Fähigkeiten – wie etwa das Gefühl für Effizienz und Einfachheit – zu tun hat. Deswegen halten wir es für die Pflicht eines jeden Informatikers, sauber und *mit Stil* Programmieren zu lernen – auch wenn er in seiner späteren Karriere möglicherweise wenig programmieren wird.

Warum Modula-3?

Wenn Programmierung als zweitrangig eingestuft wird, dann wird die Wahl einer Programmiersprache oft sogar als drittrangig angesehen. Natürlich ist die Programmiersprache nur ein Werkzeug. In den meisten anderen Bereichen des Lebens ist aber die Bedeutung guter Werkzeuge weitgehend anerkannt. Auf dem Softwaregebiet ist der einzige Gesichtspunkt, der üblicherweise bei der Auswahl der Programmiersprache berücksichtigt wird, die allgemeine Verfügbarkeit. Das führt notwendigerweise zur Konservierung von veralteten Programmiersprachen. Die heute am meisten verwendeten Sprachen (wie Cobol, Fortran und C) sind alle mehr als zwanzig, Cobol und Fortan sogar fast vierzig Jahre alt. Ihre größte Schwäche besteht in ihren Sicherheitsmechanismen: Sie bieten nur sehr eingeschränkte statische Kontrollen an.

Wir haben Modula-3 für unser Buch deswegen ausgewählt, weil es die Erkenntnisse der letzten zwanzig Jahre auf dem Gebiet des Sprachentwurfs in einer sauberen und eleganten Weise integriert. Wir wollen keineswegs behaupten, daß dies nur für Modula-3 zutrifft, die Anzahl solcher Programmiersprachen ist allerdings nicht allzu groß.

Es ist jedenfalls wichtig, daß die erste Programmiersprache die man lernt – die „Muttersprache“ eines Programmierers – diese Eigenschaften besitzt. Wir wollen uns wiederum auf *Niklaus Wirth* beziehen, der auf die Verantwortung der Universitäten in diesem Zusammenhang hingewiesen hat. Wenn die Universitäten *hinter* der Praxis herlaufen, anstatt die neuen Erkenntnisse hochzuhalten, dann ist die Hoffnung auf eine Verbesserung der chaotischen Softwaresituation vergebens.

Ist es uns gelungen, zu dieser Verbesserung etwas beizutragen, so war unsere Arbeit der Mühe wert. Somit wünschen wir dem Leser viel Spaß beim Programmieren in Modula-3.

Anhang A

Eine kleine Datenbank

Wir haben bis jetzt viele kleine Programme entwickelt, jedoch keine umfangreichere Aufgabe gelöst. Nun wollen wir ein größeres, zusammenhängendes Beispiel erarbeiten. Die angegebene Lösung enthält zwar noch immer viele Vereinfachungen, stellt aber doch ein nicht-triviales Programm dar. Der Leser ist aufgefordert, das Programm nach seinem Bedarf und Geschmack weiter auszubauen.

Was die Methodik betrifft, werden wir – aus Platzgründen – sehr grobe Vereinfachungen vornehmen. Die im Kap. 1.1 eingeführten Phasen des *Lebenszyklus* übergehen wir und versuchen, relativ rasch zum Programm zu kommen. Wir werden aber Bedarf und Lösungsideen im voraus diskutieren und klar beschreiben. Die Programmtexte werden zusammenhängend ab S. 469 abgedruckt. Der Leser möge sich – nach Lesen der folgenden Überlegungen – in die Einzelheiten der Programme vertiefen.[1]

A.1 Die Aufgabe

Wir wollen eine Verwaltung für Musik-CDs realisieren. Man könnte gleich fragen: Warum nur die CDs? Könnten wir nicht gleich die Schallplatten und Noten dazu nehmen? Oder gar eine ganz allgemeine Verwaltung, die beliebige Objekte, u. a. auch CDs, verwalten kann? Sicher könnte man das tun. Damit aber kommen wir vom Hundersten ins Tausendste und werden nie fertig. Es ist besser, wir konzentrieren uns zuerst auf eine wohldefinierte, eingeschränkte Aufgabe. Wir bleiben also bei der CD-Verwaltung. Was soll unsere Verwaltung leisten? Das können wir am besten durch die *Fragen* definieren, die wir der Verwaltung stellen möchten. Nehmen wir einige Beispielfragen:

[1]In den Programmtexten kommen sowohl deutsche als auch englische Bezeichner vor. In den Modulen, die nur für die CD-Verwaltung relevant sind, verwenden wir deutsche, in den eher allgemeinen Modulen englische Namen.

- Welche CDs habe ich überhaupt?
- Von welchen Komponisten habe ich mindestens eine CD?
- Welche Ausführende wirken auf meinen CDs mit?
- Welche CDs habe ich von Mozart?
- Welche CDs habe ich mit Violinkonzerten von Bach?
- Welche CDs habe ich mit Yehudi Menuhin?

Die Antwort auf die ersten drei Fragen ist eine Liste von CDs, Komponisten bzw. Ausführenden. Die Antwort auf die weiteren Fragen ist eine Teilmenge der Menge der CDs. Eine Operation, die durch die Angabe von Kriterien (etwa der Name eines Komponisten oder eines Instruments) eine Teilmenge einer Menge auswählt, nennen wir *Selektion*. Wir könnten uns natürlich viel kompliziertere Fragen vorstellen, wie etwa: „Gibt es CDs, auf denen Bruno Walter als Dirigent Mozart und als Pianist Schubert spielt?" Oder: „Ist der Durchschnittspreis von Mozart CDs größer als der von CDs von Béla Bartók?" Bevor wir aber unserer Phantasie freien Lauf lassen, konzentrieren wir uns auf die vorgestellten einfacheren Fragen. Das System sollte aber jedenfalls eine spätere Verfeinerung nicht von vornherein ausschließen. Wir wollen unsere Daten in Objekten speichern und ein solches Objektmodell finden, das unabhängig von den konkreten Fragen gültig ist und das später erweitert werden kann.

A.2 Das Objektmodell

Versuchen wir nun ein Objektmodell zu definieren. Wir benötigen zuerst ein *Schema*, das die *Objekttypen* und ihre *Beziehungen* beschreibt. Welche Objektkategorien haben wir überhaupt? Es gibt

- CDs
- Werke
- Komponisten
- Ausführende

Eine CD sollte einen Bezeichner haben, etwa „Bach-Konzerte" oder „Mozart-Kammermusik". Den Bezeichner können wir zur Kategorisierung der CDs verwenden. Werke haben einen Titel, z. B. „Eine kleine Nachtmusik". Um unterschiedliche CDs leicht unterscheiden zu können, verlangen wir, daß die Konkatenation des CD-Bezeichners mit allen Werktiteln der CD eindeutig sein muß. Wenn wir also das „Trio-Divertimento, K. 563“ von Mozart als einziges Werk auf einer CD in zwei verschiedenen Aufführungen haben, dann müssen wir einen der beiden CD-Bezeichner ändern, etwa auf „Mozart-Kammermusik-2“.

Komponisten und Ausführende sind beide Personen, deswegen könnte es sinnvoll sein, eine gemeinsame Oberklasse Person einzuführen. Dabei lassen wir außer acht, daß ein Orchester oder Chor nicht nur aus einer einzigen Person besteht. Eine Person kann durch Namen und Vornamen bezeichnet werden. Personengruppen, wie etwa ein Orchester, haben auch einen Namen, allerdings keinen Vornamen.

Alle Objekte sollten Methoden besitzen, mit deren Hilfe sie angezeigt bzw. eingelesen werden können.

Die nächste wichtige Frage ist: Was sind die *Beziehungen* zwischen diesen Grundtypen?

- CDs enthalten Werke
- Werke haben Ausführende und Komponisten

Man könnte behaupten, daß die Beziehung von Komponisten und Ausführenden zu einem Werk doch unterschiedlich sei: Der Komponist ist immer derselbe, die Ausführenden können sich hingegen ändern. Hätten wir z. B. eine Notenverwaltung, so gäbe es überhaupt keine Ausführenden. Wir könnten deshalb die Ausführenden an die CDs und nicht an die Werke knüpfen. Trotz dieses Einwandes halten wir an den obigen Beziehungen fest: Sie sind sehr einfach und drücken in den meisten Fällen die Situation gut aus. Diese Überlegungen sollten aber zeigen, daß die Festlegung eines Objektmodells (oder Datenmodells) ein durchaus *kreativer Prozeß* ist, in dessen Verlauf wir Entscheidungen treffen, die zunächst nicht so klar sind und die für die Realisierung des Systems von großer Bedeutung sind.

Wir können nun die gewünschte Struktur graphisch festhalten (siehe Abb. A.1). Die Subtypbeziehung haben wir mit dem gewohnten Modula-3-Symbol (<:) ausgedrückt. Die Beziehung, daß Objekte einer Klasse Objekte einer anderen Klasse enthalten, wird durch eine Verbindungslinie zwischen den entsprechenden Kästchen dargestellt. Die Angabe 0+ bzw. 1+ bezieht sich auf die Kardinalität der Beziehung. Die Angabe 1+ auf beiden Enden der Verbindungslinie zwischen Werk und CD sagt aus, daß eine CD mindestens ein Werk enthält und ein Werk auf mindestens einer CD vorhanden sein muß (sonst ist es irrelevant für unsere Verwaltung). Die Angabe 0+ auf der Verbindungslinie zwischen Werk und Komponist besagt, daß ein Werk mehrere Komponisten haben kann, möglicherweise aber keinen (der Komponist ist z. B. unbekannt oder uninteressant).

In der Abb. A.1 sind alle bisher benannte Klassen eine Unterklasse von einem Basistyp (Element). Dieser Basistyp bildet eine Oberklasse und faßt

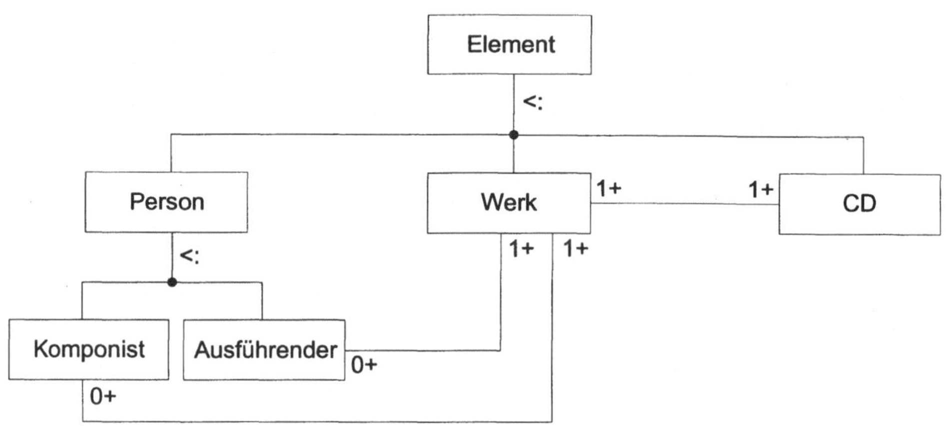

Abb. A.1: *Beziehungen zwischen den Objekttypen*

alle Attribute und Methoden zusammen, die für alle Objekte des Systems gemeinsam sind. Wir verlangen für alle Objekte, daß sie mit einer eindeutigen Identifikation (oft *oid – object identifier* genannt) versehen werden. Damit können wir unterscheiden, ob zwei Objekte gleich oder identisch sind. Zwei Objekte des gleichen Typs sind gleich, wenn alle ihre Attribute den gleichen Wert haben. Zwei Objekte sind identisch, wenn sie gleich sind und die gleiche Identifikation besitzen. Diese Unterscheidung kann sehr nützlich sein. Denken wir z. B. an zwei Personen, die beide Hans Müller heißen und in unterschiedlichen Häusern wohnen. Nehmen wir an, daß Personen durch Objekte dargestellt werden, deren Attribute Namen und Adresse sind. Die Objekte für die zwei Müllers sind weder gleich noch identisch. Wenn die zwei Herrschaften ins gleiche Haus ziehen, dann sind ihre Objekte gleich geworden – aber nicht identisch. Elemente sollten genau diese Eigenschaft haben, daß sie eine eindeutige Identifikation besitzen.

In Abb. A.2 geben wir das Objektmodell ausführlicher an. Jedes Kästchen besteht aus drei Teilen. Der erste enthält den Namen des Objekttyps, der zweite die Attribute (die Objektfelder) und der dritte die Methoden. Ein Teil kann auch leer sein.

In der Abbildung beziehen wir uns auf zwei noch nicht genau definierte Typen: List.T und Set.T. Listen und Mengen sind uns schon bekannt, die genaue Definition der genannten Typen kommt etwas später. Zunächst genügt es zu wissen, daß sie beliebige Objekte speichern können – Set.T-Mengen sind also nicht auf Mengen von Ordinaltypen eingeschränkt.

Kürzere Datensammlungen, wie z. B. die Werke auf einer bestimmten CD oder die Komponisten eines bestimmten Werkes, werden wir in Listen speichern. Für größere Datensammlungen sind Listen viel zu ineffizient, dafür weder wir Mengen einsetzen (siehe Abschn. A.5.2).

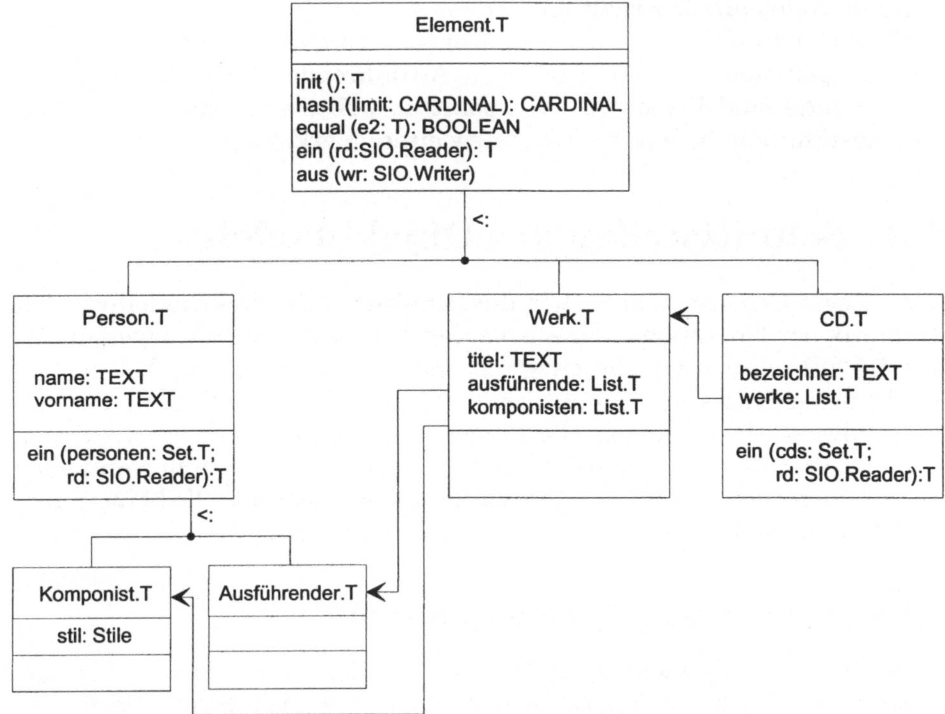

Abb. A.2: *Detailliertes Objektmodell*

Unsere wichtigste Menge ist die Menge aller CDs. Sie muß alle relevanten Daten enthalten. Um gewisse Prüfungen bei der Eingabe von Daten einfacher und schneller bearbeiten zu können (siehe dazu die Eingabe-Strategie, Abschn. A.4.1), führen wir noch extra die Menge aller Komponisten und die aller Ausführenden ein.

In Abb. A.2 bilden wir die Beziehungen des *Enthaltenseins* auf Listen ab. Auf dem ursprünglichen Schema ist es noch nicht festgelegt, ob wir eine Beziehung in beide Richtungen explizit speichern oder nicht. Die Beziehung zwischen CDs und Werken könnten wir z. B. auf zwei Listen abbilden: Eine CD enthält die Liste ihrer Werke und ein Werk eine Liste der CDs auf denen es zu finden ist. Wir entscheiden uns aber für die einfachere Variante: Wir speichern die Beziehungen nur in eine Richtung. Dadurch werden zwar gewisse Abfragen langsamer, dafür ist aber unser Modell viel übersichtlicher und sparsamer mit Speicherplatz. Insbesondere ist es einfacher, die Listen widerspruchsfrei, *konsistent* zu halten. Wenn wir z. B. eine CD entfernen, müssen wir nicht darauf achten, daß sie aus der CD-Liste von Werken, die auch auf anderen CDs vorkommen, gestrichen wird. Es gilt allgemein, daß eine redundante Datendarstellung erhöhte

Anforderungen an die Erhaltung der Konsistenz stellt.

Eine CD enthält eine Liste von Werken. Ein Werk enthält eine Liste von Komponisten und eine Liste von Ausführenden. Komponisten und Ausführende sind Personen. Komponisten haben zusätzlich noch einen Stil, Ausführende definieren wir ohne weitere Merkmale.

A.3 Schnittstellen des Objektmodells

Aus diesem Schema können wir die Schnittstellen direkt ableiten. Die Semantik der Operationen ist – trotz der Kommentare – oft ungenau. Im Zweifelsfall müssen wir die entsprechende Implementierung betrachten. Das ist in der Praxis oft unzumutbar. In diesem Anhang wollen wir aber den Leser sowieso dazu bringen, die Programmtexte gründlich durchzulesen. Alle Schnittstellen beschreiben einen abstrakten Datentyp mit eventuellen zusätzlichen Diensten. Der Haupttyp einer jeden Schnittstelle heißt immer T – entsprechend der schon eingeführten Konvention.

A.3.1 Schnittstelle des Basisobjekts

In der Schnittstelle Elem (S. 469) haben wir den Supertyp aller von uns verwalteten Objekte definiert. Jedes Objekt vom Typ Elem.T erhält bei der Initialisierung eine eindeutige Identifikation. Die Methode equal gibt genau dann *wahr* zurück, wenn zwei Elemente die gleiche Identifikation haben. Die Methode hash gibt eine Abbildung der Identifikation auf den Bereich [0 .. limit] zurück. Die Methoden equal und hash werden wir bei der Implementierung der Objektmengen verwenden.

Der Typ Elem.T definiert noch je eine Methode zum Einlesen und zum Ausgeben eines Elementes.

Das Interface Elem bietet noch eine Anzahl von Typen an, die von anderen Modulen verwendet werden können. Der Typ Compare definiert eine Vergleichsprozedur für zwei Elemente. Prozeduren von diesem Typ werden wir als Ordnungsfunktionen bei generischen Listen verwenden.

Der Typ Action definiert eine Hülle um eine Aktion, die auf ein Element angewendet werden kann. Anstelle eines Elements kann natürlich ein Objekt eines beliebigen Subtyps stehen. Wir werden diese Hülle dazu benutzen, auf alle Elemente einer Liste oder einer Menge eine Aktion anzuwenden. Die Methode action muß mit einer entsprechenden Prozedur überschrieben werden. Die Hülle bildet eine Umgebung für die Prozedur (ähnlich wie wir bei den *Thread*-Hüllen im Kap. 16 gesehen haben).

Der Typ Selector ist eine Hülle um eine Boolesche Funktion, die auf ein Element angewendet werden kann. Wir werden sie benutzen, um von einer Liste oder aus einer Menge die Elemente auszuwählen, für die die

Methode select *wahr* ergibt. Diese Methode muß mit einer entsprechenden Funktionsprozedur überschrieben werden.

A.3.2 Die spezifischen Schnittstellen

Die Schnittstellen Person, Komponist, Werk und CD (ab S. 469) definieren die für die CD-Verwaltung spezifischen Schnittstellen. Sie sind direkt aus Abb. A.2 abgeleitet und sollten selbsterklärend sein.

Der einzige Punkt der vielleicht einer Erklärung bedarf, ist die Redefinition der Methode ein. Die Typen Person.T und CD.T redefinieren diese Methode mit einem zusätzlichen Parameter vom Typ Set.T. Dieser Parameter kann aus technischen Gründen in der Superklasse, also bei Elem.T nicht angegeben werden: Dadurch würden sich die Interfaces Elem und Set (Seiten 469,470) gegenseitig importieren, was nicht erlaubt ist. Der Set-Parameter enthält einen Verweis auf die Menge, in der die Eingabeprozeduren nach einem schon existierenden Objekt suchen können. Neue Objekte einer gegebenen Klasse werden in diese Menge eingeführt. Der Parameter muß aber nicht angegeben werden (Default ist NIL) – damit können wir diesen Komfortdienst ausschalten. Um letzteres besser zu verstehen, definieren wir im folgenden Abschnitt unsere Benutzeroberfläche.

A.4 Benutzeroberfläche

Das Ziel der Benutzeroberfläche ist, dem Benutzer folgende Tätigkeiten zu ermöglichen:

1. Neue CDs eingeben
2. Vorhandene CDs entfernen
3. Abfragen zu stellen

Wir setzen – aus Platzgründen – keine graphische Oberfläche voraus.[2]

A.4.1 Eingabe-Strategie

Wir stellen für die Eingabe die folgenden Anforderungen:

- Die Eingabe von Daten soll sowohl interaktiv von der Tastatur als auch von einer entsprechend vorbereiteten Datei erfolgen können. Dem interaktiven Benutzer müssen wir einen gewissen Komfort und Sicherheit gegen Bedienungsfehler anbieten. Für die Eingabedateien können relativ strikte Regeln aufgestellt werden.

[2]Eine Reimplementierung für eine graphische Oberfläche sollte aber möglich sein – siehe bei den Programmen zum Buch (Anh. D).

- Grundeinheit der Eingabe ist die CD. Das Einlesen einer CD erfolgt in zwei Schritten:
  1. Einlesen des CD-Bezeichners
  2. Einlesen der Werke. Ist eine CD mit dem gleichen Bezeichner und den gleichen Werktiteln schon vorhanden, dann wird der interaktive Benutzer gefragt, ob diese CD tatsächlich neu ist (z. B. andere Ausführende). Wenn ja, muß er den CD-Bezeichner ändern (sonst wird die CD nicht in die Datenbank aufgenommen). Erfolgt die Eingabe von einer Datei, dann wird eine solche CD als schon vorhanden betrachtet, und nicht noch einmal in die Menge der CDs aufgenommen.
- Das Einlesen eines Werkes benötigt folgende Schritte:
  1. Einlesen des Titels
  2. Einlesen der Komponisten
  3. Einlesen der Ausführenden
- Das Einlesen von Komponisten und Ausführenden geschieht folgendermaßen:
  1. Einlesen des Nachnamens
  2. Ist die Person schon bekannt, so soll der interaktive Benutzer einen Vorschlag für die Vornamen erhalten. Ist er damit nicht einverstanden, so muß er einen anderen Vornamen eingeben (etwa Carl Philipp Emanuel, wenn wir mit dem Namen Bach nicht den „großen“ Johann Sebastian meinen).
  3. Bei Komponisten ist auch der Stil einzulesen (im Fall einer interaktiven Eingabe wird nach dem Stil nur bei bisher unbekannten Komponisten gefragt).
- Die Tipparbeit des interaktiven Benutzers sollte dadurch erleichtert werden, daß er Angaben, die dem System bereits bekannt sein müssen, verkürzen kann (vorausgesetzt, daß die Verkürzung eindeutig ist). Groß- und Kleinbuchstaben sollten dabei als gleichwertig betrachtet werden.
- Die Struktur der Eingabe sollte an erster Stelle den Bedürfnissen des interaktiven Benutzers angepaßt werden. Deswegen definieren wir die folgende extrem einfache Strukturierung der Eingabe: Der Benutzer kann jede Frage zweifach beantworten
  1. Mit einer neuen Eingabe (etwa der Vorname eines Komponisten)

2. Mit einer Defaulteingabe, die immer einheitlich (z. B. durch die „Return"-Taste) ausgelöst wird. Die Bedeutung der Defaulteingabe hängt vom Zusammenhang ab, ist aber generell so zu beschreiben: „Keine Angaben zu dieser Komponente mehr". Ein leerer Werktitel bedeutet z. B., daß auf dieser CD kein Werk mehr enthalten ist, ein leerer CD-Bezeichner, daß wir die Eingabe der CDs überhaupt beenden wollen.

Die interaktive Eingabe einer CD sieht etwa folgendermaßen aus (Johann Sebastian Bach ist der Datenbank bereits bekannt):

```
CD-Bezeichner: Bach-Oratorium
  Titel des Werkes: Matthäus Passion
    Komponist(en) =>
      Personenname: Bach
Johann Sebastian Bach
Auch Vornamen richtig? "Return"
      Personenname: "Return"
    Ausführende(n) =>
      Personenname: van Egmond
    Vornamen: Piet
      Personenname: Utrechts Symphonie Orchestra
    Vornamen: "Return"
      Personenname: "Return"
  Titel des Werkes: "Return"
CD-Bezeichner:
```

Obige Eingabe könnte auf einer Datei folgendermaßen vorbereitet werden (Zeilen, die mit einem Punkt (".") anfangen, betrachten wir auch als Defaulteingabe. Diese können mit beliebigen Kommentaren versehen werden, um die Datei leicht lesbar zu machen):

```
Bach-Oratorium
Matthäus Passion
Bach
Johann Sebastian
barock
.  Ende Komponisten
van Egmond
Piet
Utrechts Symphonie Orchestra

.  Ende Ausführende
.  Ende Werke
```

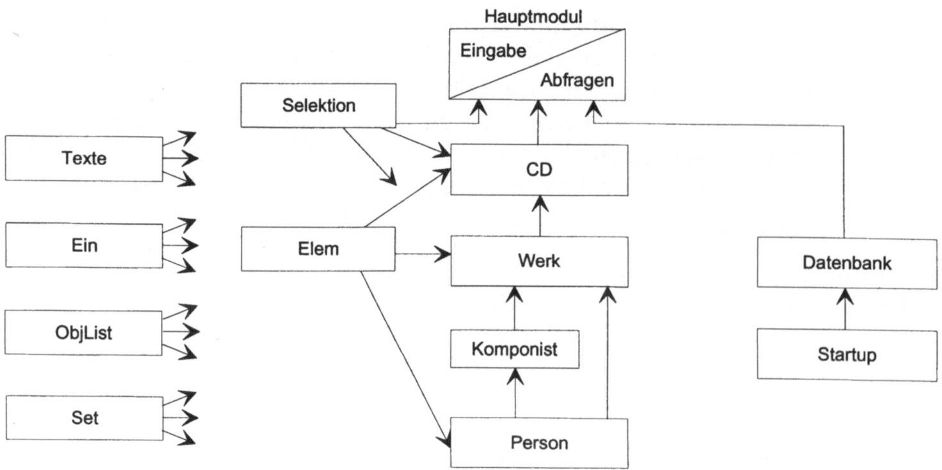

Abb. A.3: *Die Modulstruktur*

Man beachte, daß eine einfache und konsequente Eingabe-Strategie den Benutzern viel Ärger sparen kann. Damit soll nicht gesagt werden, daß für unsere Aufgabe nicht eine noch viel komfortablere Eingabe, als die soeben beschriebene, definiert werden könnte. Der Leser möge sich frei fühlen, das Beispiel in dieser Hinsicht zu verbessern!

A.4.2 Ausgabe

Die Ausgabe erfolgt in Form von formatierten, geordneten Listen. CD-Listen werden alphabetisch, Listen innerhalb einer CD nach Ankunft geordnet (also wie sie eingegeben worden sind – dies zeigt normalerweise die Reihenfolge der Stücke auf der CD an). Es soll bei jeder Ausgabe möglich sein, die Daten auf eine Datei umzulenken. Obige CD sollte folgendermaßen ausgegeben werden:

```
Bach-Oratorium
Matthäus Passion
Johann Sebastian Bach (barock)
Piet van Egmond, Utrechts Symphonie Orchestra
```

A.5 Implementierung

Die Bausteine der Implementierung werden Module sein. Die Architektur ist von den folgenden Überlegungen bestimmt:

- Die *Anwendungen* des Systems sind als Hauptmodul anzugeben. Wir definieren zwei vorgefertigte Anwendungen: Eine für die Eingabe und eine für häufige Abfragen. Für weitere Abfragen können weitere Anwendungen entwickelt werden.
- Die Typen des Objektmodells bilden eine Modulhierarchie. Diese folgt einerseits aus der Typhierarchie, andererseits aus den Beziehungen zwischen den Typen.
- Die Daten werden in persistenten Mengen gespeichert.
- Es stehen einige Hilfsmodule zur Verfügung, z. B. für die Behandlung von häufigen Selektionen, von Befehlseingaben, Menüausgabe usw.

Daraus ergibt sich eine Modulstruktur (Abb. A.3). Die Pfeile geben die Importrichtung an; Importeur ist immer derjenige, auf den der Pfeil zeigt. Elem wird von allen Modulen des Objektmodells importiert. Die Hilfsmodule, wie Selektion, Texte und Ein, können überall dort importiert werden, wo man sie benötigt. Ähnliches gilt für ObjList und Set. Set ist zwar primär unter dem Datenbank-Modul eingeordnet, kann aber überall importiert werden.

Bei der Realisierung müssen wir darauf achten, welche Dienste auf welche andere Dienste aufbauen. Bis jetzt sind wir von oben nach unten (top-down) vorgegangen: Wir sind von grundsätzlichen Anforderungen ausgegangen und versuchten diese zu konkretisieren. Jetzt kehren wir den Spieß um: Wir müssen das System von unten nach oben (bottom-up) errichten. Die Dienste, die dem Benutzer sichtbar sind, bauen auf interne Dienste auf. Das ist ähnlich wie beim Bau eines Hauses: Bei den Entwürfen schauen wir zuerst die Anforderungen und die Umgebung an. Dabei kann etwa die Fassade besonders wichtig sein. Es ist aber zumindest ratsam, den Bau im Keller und nicht mit dem Dach zu beginnen.

A.5.1 Persistente Mengen

Unsere Aufgabe ist eine typische Datenbankanwendung. Datenbanken sind gerade dazu da, um Daten und ihre Beziehungen zu speichern und diese für verschiedene Abfragen zur Verfügung zu stellen. Wir könnten jetzt abbrechen und den Leser auf ein bekanntes Datenbanksystem verweisen, mit dessen Hilfe er die Aufgabe lösen kann. Wenn wir daran festhalten, daß wir diese Aufgabe mit Hilfe von Modula-3 lösen wollen (was bei einem Beispiel für die Programmierung in Modula-3 sicher ratsam ist), dann haben wir noch immer die folgenden Alternativen: Entweder schließen wir unsere Modula-3-Umgebung an ein vorhandenes Datenbanksystem an, oder wir bauen eines. Für die erste Alternative müßten wir eine entsprechende Modula-3-Schnittstelle entwickeln (externe Programme können wir mit Hilfe des EXTERNAL-Pragmas anschließen, siehe Anh. B.7.5).

Da unsere Aufgabe doch relativ einfach ist, versuchen wir eine eigene Lösung zu finden. Wir haben im Kap. 14 persistente Variablen kennengelernt. Wir haben postuliert, daß wir unsere Datensammlungen in Mengen von Objekten speichern wollen. Wenn wir diese Mengen persistent machen, dann haben wir die Grundfunktionalität eines Datenbanksystems – Daten längerfristig zu speichern und zur Verfügung zu stellen – erreicht. Vergessen dürfen wir natürlich nicht, daß reale Datenbanksysteme viel mehr bieten: Werkzeuge für die Sicherstellung der Konsistenz der Daten, nebenläufigen Zugriff für mehrere Benutzer, Transaktionen [Heu92] – um nur einige wichtige Eigenschaften zu nennen. Wir begnügen uns jetzt aber mit persistenten Mengen (wir könnten diese Lösung „poor man's database system" nennen).

Die „Datenbank"-Schnittstelle

Die Schnittstelle Datenbank (S. 471) exportiert drei persistente Mengen: die von CDs, von Komponisten und Ausführenden. Um eine ungewollte Zerstörung unserer persistenten Daten zu verhindern, sind die Variablen selber versteckt. Wir exportieren lediglich Funktionen, die die entsprechende Mengen (ganz genau, einen Verweis auf sie) liefern.

Um die „Datenbank hochzufahren" (die persistenten Variablen zu laden), müssen wir Persistent.Startup aufrufen. Diesen Aufruf stellen wir in ein eigenes Modul (Startup, S. 472 und 487), das wir im Modul Datenbank (S. 485) importieren. Die Startup-Schnittstelle ist leer, der Import bewirkt, daß die Implementierung geladen und ihr Rumpf ausgeführt wird.

A.5.2 Mengen

Schnittstelle Set (S. 470) zeigt die Definition des abstrakten Datentyps Set.T. Mengen des Typs Set.T sind eine ungeordnete Sammlung von beliebigen Objekten.

Bei der Initialisierung einer Menge (init) können wir einen Hinweis (hint) geben, wie groß wir die Menge schätzen. Diese Angabe hilft der Implementierung, eine effiziente Lösung zu finden. Wenn wir die Größe der Menge stark (d. h. um Größenordnungen) unterschätzen, dann wird sie relativ langsam, wenn wir sie stark überschätzen, dann wird Speicherplatz verschwendet.

Die Methode insert fügt ein Element in die Menge ein, falls es noch nicht vorhanden ist, delete entfernt ein Element – falls es vorhanden ist. Die Operation in prüft, ob ein Element in der Menge enthalten ist. Die Methode pick wählt ein beliebiges Element aus der Menge – oder gibt NIL zurück, wenn die Menge leer ist. apply geht die ganze Menge durch, und wendet die im Parameter a angegebene action-Prozedur auf jedes Element an. Man beachte, daß Mengen per definitionem ungeordnet sind, und daher die Reihenfolge, wie apply angewendet wird, undefiniert ist. exists gibt ein Element zurück, auf das die Anwendung der Selektionsfunkion (s.select) *wahr* ergibt, oder NIL, wenn kein solches Element vorhanden ist. Die select-Methode gibt die Teilmenge zurück, auf deren Elemente die Selektionsfunktion den Wert *wahr* ergibt. Ist kein Selektionskriterium vorhanden (s = NIL), so werden alle Elemente selektiert – also eine Kopie erzeugt. Man beachte, daß menge.exists(s) eine Verkürzung für menge.select(s).pick() ist. Die Methode sort erzeugt aus einer Menge eine sortierte Liste. Die üblichen Mengenoperationen (wie Vereinigung, Durchschnitt usw.) haben die gleiche Semantik, wie die im Kap. 8.3 beschriebenen Mengenoperationen.

Die Implementierung (Modul Set, S. 479) baut auf einer sogenannten *Hash-Tabelle* auf. Die genaue Beschreibung des Hash-Verfahrens finden wir z. B. in [Sed93, Wir75]. Wir beschränken uns hier auf das Notwendigste. Eine *Hash-Funktion* bildet einen beliebig verstreuten Wertebereich (in unserem Fall die Objekt-Identifikationen) auf einen vorgegebenen Wertebereich (in unserem Fall die Größe der Hash-Tabelle) ab. Die einfachste Hash-Funktion ist wert MOD limit. Die Hash-Tabelle implementieren wir als ein Array von Listen.

Die Hash-Funktion bildet also den oid auf einen Index der Hash-Tabelle ab. Wenn wir nun ein bekanntes Objekt in eine Menge einfügen oder prüfen, ob es in der Menge enthalten ist, dann erhalten wir durch die Hash-Funktion sofort den Index einer Liste, in der sich unser Objekt befinden kann. Beim Einfügen müssen wir das Element in diese Liste einfügen, beim Suchen auf derselben suchen. Ist die Anzahl der Elemente ungefähr gleich wie die Größe der Hash-Tabelle (die wird aus dem hint-Parameter der init-Methode berechnet), dann haben wir gute Chancen, daß die Listen ganz kurz sein werden. Bei gleichmäßiger Verteilung der Identifikationswerte sind alle Hash-Werte gleich wahrscheinlich. Wird unsere Menge um Größenordnungen größer als geschätzt, so werden die Listen relativ lang. In diesem Fall könnten wir die ganze Hash-Tabelle in eine größere Hash-Tabelle kopieren – dies ist aber im Modul Set nicht implementiert. Der Vorteil bei der Verwendung der Hash-Tabelle im Vergleich zu den Listen ist also, daß wir statt einer langen Liste viele kleinere haben, von denen wir die richtige blitzschnell finden.

Der übrige Teil der Set-Implementierung sollte aus dem Programmtext leicht verständlich sein.

A.5.3 Objektlisten

Das Schnittstelle ObjList (S. 471) definiert die Listenoperationen. Bei init können wir eine Vergleichsfunktion (compare) angeben. Bei Verwendung von compare wird die Liste entsprechend geordnet. Wird keine Vergleichsfunktion angegeben (compare = NIL), dann ist die Liste nach Ankunft geordnet: Elemente werden immer hinten eingefügt und vorne entfernt. Elemente können wir mit insert einfügen und delete entfernen. delete gibt das entfernte Element zurück oder den Wert NIL, falls kein Element entfernt werden konnte.

ObjList.T enthält neben den üblichen Listenoperationen noch einige andere, die wir auch auf Mengen definiert haben. Die apply-Methode wird der Reihe nach auf alle Elemente angewendet. select gibt eine Liste mit Elementen zurück, bei denen das Selektionskriterium (s.select) *wahr* ergibt. Ist keine Selektionsfunktion vorhanden (s = NIL), so erzeugt select auch hier eine Kopie. Die Semantik von exists ist auch ähnlich wie bei den Mengen. Die Methode equal vergleicht zwei Listen. Wird die Vergleichsfunktion (compare) angegeben, dann wird sie beim Vergleich verwendet. Sonst werden die Listenelemente einfach auf Gleichheit ihrer Referenz geprüft. Im ersten Fall sind also beim positiven Ergebnis die Listen in Bezug auf das explizite Vergleichskriterium gleich, im zweiten Fall sind die Listenelemente identisch. Die Implementierung der Listen ist im Modul Set (S. 483) angegeben.

A.5.4 Hilfsmodule

Hilfsmodule stehen frei für alle andere Module zur Verfügung. Modul Ein (S. 472, 488) exportiert zwei logische Funktionen, die angeben, ob die Eingabe interaktiv oder von einer Datei erfolgt, bzw. ob ein Text als Defaulteingabe (siehe Abschn. A.4.1) gilt.

Modul Texte (S. 472, 487) bietet Prozeduren für verschiedene Textumwandlungen und -suchen sowie für das Einlesen eines Befehls aus einem Befehlsmenü an. Texte.Teil z. B. hat zwei Textparameter, bei denen überprüft wird, ob der erste Text eine Verkürzung des zweiten ist. Klein- und Großbuchstaben werden dabei gleichwertig behandelt und Leerzeichen werden ignoriert. Alle Texteingaben verwenden diese Prozedur. Texte.Suchen prüft ob ein Text eine Verkürzung von einem Text einer Textliste ist. Texte.BefehlEin liest einen Befehl einer Menüliste ein.

A.5.5 Selektionen

Wir können beliebige Selektionen auf unsere Daten durchführen, indem wir eine entsprechende Selektionshülle definieren. Die wahrscheinlich wichtigsten und häufigsten Selektionen haben wir im Modul Selektion (S. 472, 486) vorgefertigt. Die Selektionshülle (Selector) enthält alle Parameter, die wir bei den vorgefertigten Selektionen brauchen. Das Feld art beschreibt die Art der Selektion: etwa CD-Bezeichner oder Komponistennamen usw. Der Parameter t enthält den gesuchten Textwert (die meisten Selektionen suchen einen Text), also z. B. den gesuchten CD-Bezeichner oder Komponistennamen. Wenn wir nach Stil suchen (z. B.: „Gib mir alle CDs, die von einem Romantiker stammen"), dann brauchen wir den Parameter stil. Für die Anwendung der Selektionen gibt es viele Beispiele in verschiedenen Programmen, z. B. im Modul Abfragen (S. 492). Deswegen nehmen wir hier nur ein ganz kleines Beispiel. Für die Selektion :'"Gib mir alle CDs, deren Titel mit 'Viol' anfangen", sieht die Implementierung folgendermaßen aus:

```
VAR
  selector := NEW(Selektion.Selector, art:= Selektion.Art.Titel, t:= "Viol");
  violine: Set.T;
BEGIN
  violine:= Datenbank.Cds().select(selector);          (*Selektiert Werke für Viol...*)
  ⋮
```

Die Implementierung der Selektionen (S. 486) besteht im wesentlichen aus einer einzigen rekursiven Funktion. Diese wählt in Abhängigkeit des Typs des aktuellen Parameters (Supertyp ist Elem.T) und der gewählten Selektionsart die entsprechenden Maßnahmen aus. Die obige Selektion nach Werktiteln, die mit „Viol" anfangen, läuft folgendermaßen ab: Die select-Methode wendet die Selektionsfunktion (S. 486) auf jedes Element – also auf jede CD an. Die Funktion Select wird zunächst mit Parametern des Typs CD.T aufgerufen. Sie stellt fest, daß Selektionsart Titel gewählt worden ist, die Selektion muß an die Liste der Werke weitergeleitet werden. Deswegen ruft sie die select-Methode auf Werke auf. Dabei wird der gleiche Selector (s) angegeben – daraus ergibt sich also ein rekursiver Aufruf der Select-Funktion. Sie wird jetzt auf jedes Werk der Liste werke angewendet: Der Typ des aktuellen Parameters ist dabei Werk.T. Der Werktitel kann jetzt einfach geprüft werden und ein entsprechender Boolescher Wert wird zurückgegeben. An den einzelnen Werken sind wir aber eigentlich nicht interessiert, wir selektieren mit dieser Funktion immer ganze CDs. Deswegen wenden wir auf das Ergebnis der Werkliste-Selektion die size-Methode an. Gibt sie eine positive Zahl zurück, dann endet die Selektion nach Werktitel für die gegebene CD mit *wahr*, sonst mit *falsch*.

Bei Selektionen nach Komponisten und Ausführenden geht die Rekursionstiefe noch um eine Stufe weiter: Entlang der Listen komponisten und ausfuehrende bei jedem Werk. Die erstaunliche Kompaktheit und Mächtigkeit der Select-Funktion beruht u. a. auf der Tatsache, daß wir sowohl für Listen als auch für Mengen die Selektionsoperation mit gleicher Syntax und ganz ähnlicher Semantik definiert haben.

A.5.6 Implementierungsmodule des Objektmodels

Die Schnittstellen des Objektmodells haben wir schon behandelt. Die Implementierungen bestehen im wesentlichen in der Implementierung der ein- und aus- Methoden. Die aus- Methode ist meistens trivial. Im Modul Werk (ab S. 475) sehen wir ein Beispiel, wie wir die Aktionshülle dazu verwenden, die Fortsetzung einer Liste, durch Kommas getrennt, auszugeben (z. B. Jascha Heifetz, Gregor Piatigorsky, William Primrose).

Die Implementierung der Eingabemethoden ist wesentlich komplexer. Die ein-Methode hat die Aufgabe, die beim jeweiligen Typ relevanten Werte einzulesen (z. B. bei einem Komponisten seinen Namen und seinen Stil), das so gesetzte Objekt in die entsprechende Menge (z. B. Menge der Komponisten) einzufügen, und einen Rückgabewert zurückzugeben. Der Rückgabewert wird folgendermaßen bestimmt:

1. Bei neuen (der Datenbank noch unbekannten) Objekten wird der ursprüngliche Wert, also der Wert des Empfängers der ein-Methode, zurückgegeben.

2. Wenn das Objekt, dessen Eingabe bearbeitet wird, in der Datenbank gefunden worden ist, dann wird es von dort geholt und als Rückgabewert zurückgegeben.

3. Der Rückgabewert wird NIL, wenn keine Eingabe vorliegt.

Die Implementierungen der Eingabemethoden bauen auf die Eingabe-Strategie (Abschn. A.4.1) auf. Sie kümmern sich um die dort definierten Dienste. Wird z. B. ein Komponist oder Ausführender in der entsprechenden Datei gefunden (die Datei selbst ist Parameter der ein-Methode), so werden die Vornamen angeboten. Bei der Eingabe von Werken ist eine solche Prüfung nicht notwendig: Es ist wohl zu erwarten, daß jemand viele CDs von Mozart hat, es ist aber unwahrscheinlich, daß man zwanzigmal „Eine kleine Nachtmusik“ hat. Deswegen ist in diesem Fall das mehrfache Eintippen vertretbar. Bei der Eingabe von CDs müssen wir ziemlich viel prüfen. CDs mit leerer Werkliste sollten (laut Objektmodell) nicht aufgenommen werden. Die Konkatenation des CD-Bezeichners mit allen Werktiteln muß für jede CD eindeutig sein. Diese Bedingung muß hier auch geprüft werden.

Die ein-Methode kann überall die Elem.Error-Ausnahme generieren. Die Ausnahme wird bis zur Anwendung (Modul Eingabe, siehe unten) fortgepflanzt. Der Textparameter der Ausnahme wird bei jedem Modul um eine eigene Fehlermeldung ergänzt. Die Anwendung kann diesen Text ausgeben, wodurch der Benutzer den genauen Ort des Fehlers sieht. Der Benutzer kann jederzeit mit der „End-Of-File"-Taste (Control-Z oder Control-D) die Eingabe des eines Elements abbrechen. Nach der Ausgabe der Fehlermeldung kann die Anwendung problemlos fortfahren.

A.5.7 Eingabe

Die Eingabe ist durch die Prozedur Eingabe.Aufnehmen (S. 489) und implementiert. Die Prozedur liest in einer einfachen Schleife die CDs ein. Sie behandelt auch Eingabefehler. Wenn wir z. B. während der Eingabe eines Werktitels die „End-Of-File"-Taste drücken, dann erhalten wir die Fehlermeldung:

```
Fehler bei der Aufnahme->CDEin->WerkEin
```

Das Modul Eingabe bietet auch die Möglichkeit an, Elemente aus der Menge der CDs, Komponisten oder Ausführenden zu löschen. Dabei ist folgendes zu beachten: Da das Löschen aus einer Datenbank eine heikle Angelegenheit ist, kann sie nur interaktiv und durch eine extra Bestätigung erfolgen. Der Benutzer gibt die Verkürzung der zu löschenden Elemente (z. B. des CD-Bezeichners) an. Darauf werden die entsprechenden CDs auf eine alphabetisch sortierte Liste (kandidaten) selektiert. Die Elemente dieser Liste werden nun der Reihe nach dem Benutzer gezeigt. Er muß das Löschen eines jeden Elements bestätigen.

Beim Löschen wird darauf nicht geachtet, daß die Mengen Cds, Komponisten und Ausfuehrende konsistent – aufeinander abgestimmt – bleiben. Wenn wir z. B. alle CDs von Brahms löschen, so bleibt Brahms in der Komponistenmenge trotzdem erhalten. Umgekehrt, wenn wir Yehudi Menuhin aus der Menge der Ausführenden löschen, so bleiben seine CDs trotzdem erhalten (und die Abfragen finden sie auch). Das klingt zunächst untragbar, so schlimm ist es aber nicht. Die relevante Information liegt in der Menge Cds, die anderen zwei Mengen dienen eigentlich nur für die Beschleunigung der Eingabekontrolle. Wir könnten ihre Semantik so umdefinieren: Sie enthalten die Menge aller Komponisten und Ausführenden, von denen wir je eine CD hatten. Wir sollten aus ihnen nie etwas löschen – außer fehlerhafte Einträge. Der Leser möge sich aber überlegen, wie man die konsistente Verwaltung aller drei Mengen implementieren könnte. Eine einfache Lösung wäre z. B. die Komponisten- und Ausführendenmengen nicht permanent zu machen, sondern bei Gelegenheit immer neu zu erstellen (etwa beim Starten einer Anwendung). Diese Lösung wäre im konkreten Fall ausreichend.

Wenn der Benutzer das Eingabe-Modul verläßt, wird er noch gefragt (Prozedur Sichern), ob er die Änderungen abspeichern will. Dies ist eine zusätzliche Sicherheitsmaßnahme.

A.5.8 Abfragen

Für die Abfragen haben wir nun das ganze System entwickelt. Im Modul Abfragen (S. 492) sind eine Sammlung der wichtigsten Abfragen behandelt. Dieses Modul baut auf die Dienste des Moduls Selektion (S. 472, 486), das den schwierigen Teil der Arbeit erledigt. Das Modul Abfragen muß sich nur um das Einlesen der Befehle, das Einstellen der Selektionsart und die Ausgabe der Ergebnisse kümmern.

Der Kern des Moduls besteht aus zwei Zeilen (in der Prozedur Suchen):

```
cds:= Datenbank.Cds().select(selector);   (*Selektiert aus den CDs*)
SortiertAus(cds, CD.Compare, wr);         (*Gibt sie alphabetisch sortiert aus*)
```

A.6 Schnittstellen

```
INTERFACE Elem;                                                   (*23.02.95. LB *)
  IMPORT SIO;
  EXCEPTION Error(TEXT);                              (*Signalisiert Eingabe Fehler*)
  TYPE
    T       <: Public;                   (*Alle Elemente müssen Subtyp von Elem.T sein*)
    Public  = OBJECT
              METHODS
                init(): T;           (*init muß als erste Operation aufgerufen werden!*)
                hash(limit: CARDINAL): CARDINAL;             (*Hash-Wert im [0..limit]*)
                equal(e2: T): BOOLEAN;            (*Wahr, wenn self und e2 ident sind*)
                ein(rd: SIO.Reader := NIL): T RAISES {Error};           (*Für Einlesen*)
                aus(wr: SIO.Writer := NIL);                            (*Für Ausgeben*)
              END; (*Public*)

    Compare = PROCEDURE(e1, e2: T): [-1 .. 1];  (*-1: e1 < e2; 0: e1 = e2; 1: e1 > e2*)
    Action  = OBJECT
              METHODS                              (*Hülle für Aktionen an Elementen*)
                action(e: T)                 (*kann auf ein Element angewendet werden*)
              END; (*Action*)
    Selector = OBJECT                             (*Hülle für Selektion über Elemente*)
              METHODS
                select(e: T): BOOLEAN                 (*wenn wahr: e wird selektiert*)
              END; (*Selector*)
END Elem.
```

```
INTERFACE Person;                                                 (*22.02.95. LB *)
  IMPORT Elem, Set, SIO;
  TYPE
    T        <: Public;
    Public   = Elem.T OBJECT
                 name, vorname: TEXT:= "";                 (*Namen können leer sein*)
               METHODS
                 ein(personen: Set.T := NIL;                     (*ein redefiniert!*)
                     rd: SIO.Reader := NIL): T RAISES {Elem.Error};
               END;
    PROCEDURE Compare(e1, e2: Elem.T): [-1 .. 1];     (*Vergleichskriterium: Name*)
END Person.
```

```
INTERFACE Komponist;                                          (*22.02.95. LB *)
  IMPORT Person;
  TYPE
    Stil    = {alt, barock, klassisch, romantisch, modern, keine};
    T       <:Public;
    Public = Person.T OBJECT
               stil := Stil.keine;                  (*Stil auf "keine" initialisiert*)
             END;
  CONST
    StilText = ARRAY [Stil.alt .. Stil.modern] OF TEXT
               {"alt", "barock", "klassisch", "romantisch", "modern"};
  END Komponist.
```

```
INTERFACE Werk;                                               (*22.02.95. LB *)
  IMPORT Elem, ObjList;
  TYPE
    T        <: Public;
    Public   =  Elem.T OBJECT
                  titel: TEXT := "";                          (*Titel des Werkes*)
                  komponisten: ObjList.T;                (*Liste der Komponisten*)
                  ausfuehrende: ObjList.T;              (*Liste der Ausführenden*)
                END; (*Public*)
    PROCEDURE Compare(e1, e2: Elem.T): [-1 .. 1]; (*Vergleichskriterium: Werktitel*)
END Werk.
```

```
INTERFACE CD;                                                  (*25.03.95. LB*)
  IMPORT Elem, Set, ObjList, SIO;
  TYPE
    T        <: Public;
    Public   =  Elem.T OBJECT
                  bezeichner: TEXT := "";                     (*CD-Bezeichner*)
                  werke: ObjList.T;                   (*Liste der Werke auf der CD*)
                METHODS
                  ein(cds: Set.T := NIL;                     (*ein: redefiniert!*)
                     rd: SIO.Reader := NIL): T RAISES {Elem.Error};
                END; (*Public*)
    PROCEDURE Compare(e1, e2: Elem.T): [-1 .. 1];        (*Kriterium: Bezeichner*)
END CD.
```

```
INTERFACE Set;                                           (*23.03.95. LB, KHE *)
  IMPORT Elem, ObjList;
  CONST
    MinSize = 128;                              (*Minimale Größe der Hash-Tabelle*)
  TYPE
    T         <:Public;
    Public    = OBJECT METHODS
                  init(hint: CARDINAL := MinSize): T;      (*Muß 1. Operation sein!*)
                  insert(x: Elem.T);           (*Fügt x ein - falls noch nicht vorhanden*)
```

```
          delete(x: Elem.T);          (*Entfernt x aus der Menge - falls vorhanden*)
          in(x: Elem.T): BOOLEAN;                (*Wahr, wenn x in Menge enthalten*)
          size(): CARDINAL;                                     (*Größe der Menge*)
          pick(): Elem.T;             (*Gibt ein beliebiges Element aus der Menge*)
          apply(a: Elem.Action);                   (*Wendet a auf alle Elemente an*)
          exists(s: Elem.Selector): Elem.T;
             (*Gibt ein Element e zurück, so daß s.select(e) wahr ist, sonst NIL*)
          select(s: Elem.Selector): T;
             (*Gibt die Menge zurück, auf deren Elemente s.select wahr ergibt*)
                      (*Ist s = NIL, wird alles selektiert: Erzeugt eine Kopie*)
          equal(set2: T): BOOLEAN;
             (*Wahr, wenn Größe und alle Elemente beider Mengen gleich sind*)
          union(set2 : T) : T;                           (*Vereinigung; self ∨ set2*)
          intersection(set2 : T) : T;                   (*Durchschnitt; self ∧ set2*)
          difference(set2 : T) : T;                   (*Mengendifferenz self - set2*)
          sort(compare: Elem.Compare): ObjList.T;
                  (*Erzeugt aus der Menge eine Liste, sortiert nach compare*)
       END; (*Public*)
END Set.
```

```
INTERFACE ObjList;                                                 (*23.02.95. LB*)
  IMPORT Elem;
  TYPE
    T       <: Public;
    Public  =  OBJECT
               METHODS
                 init(compare: Elem.Compare): T;    (*compare: Ordnundgskriterium*)
                   (*Ist compare = NIL, Elemente werden nach Ankunft eingeordnet*)
                 insert(elem: Elem.T);                   (*Fügt ordnungsgemäß ein*)
                 delete(elem: Elem.T): Elem.T;     (*Entfernt elem, falls vorhanden*)
                 size(): CARDINAL;
                 equal(list2: T; compare: Elem.Compare): BOOLEAN;
                   (*Vergleicht zwei Listen auf Gleichheit oder Identität der Elemente*)
                             (*Gleichheit wird geprüft, wenn compare # NIL ist*)
                 apply(a: Elem.Action);              (*Wendet a auf jedes Element an*)
                 select(s: Elem.Selector): T;
                     (*Gibt eine Liste zurück, wo auf alle Elemente s.select wahr ist*)
                     (*Ist s = NIL, so wird alles selektiert: Eine Kopie wird erzeugt*)
                 exists(s: Elem.Selector): Elem.T;
                     (*Gibt ein Element zurück, auf das s.select wahr ist, sonst NIL*)
               END; (*Public*)
END ObjList.
```

```
INTERFACE Datenbank;           (*Exportiert die Mengen der Datenbank. 08.03.95. LB*)
  IMPORT Set;
  PROCEDURE Cds(): Set.T;                                        (*Menge aller CDs*)
  PROCEDURE Komponisten(): Set.T;                        (*Menge aller Komponisten*)
  PROCEDURE Ausfuehrende(): Set.T;                      (*Menge aller Ausführenden*)
END Datenbank.
```

```
INTERFACE Startup;      (*Exportiert nichts: sein Rumpf muß ablaufen. 10.04.95. LB*)
END Startup.
```

```
INTERFACE Selektion;                  (*Hilfsmodul für häufige Selektionen. 08.04.95. LB*)
  IMPORT Elem, Komponist;
  TYPE
    Art       = {Bezeichner, Titel, Name, KompN, Stil, AusfN};            (*Selektionsart*)
                                  (*Nach CD-Bezeichner, Werktitel, Personennamen,*)
                                     (*Komponistennamen, Stil, Interperternamen*)
    Selector <:SelPub;
    SelPub   = Elem.Selector OBJECT
                  art: Art;                                          (*Art der Selektion*)
                  t: TEXT;                              (*Benötigt bei den meisten Selektionen*)
                  stil: Komponist.Stil;                          (*bei Selektion nach Stil*)
               END; (*SelPub*)
END Selektion.
```

```
INTERFACE Texte;        (*Hilfsmodul für Text- und Befehlsbehandlung. 22.03.95. LB*)

  PROCEDURE Konv(text: TEXT): TEXT;
                  (*Konvertiert kleine Buchstaben in Große und filtert Blanks aus*)
  PROCEDURE Teil(t1, t2: TEXT): BOOLEAN;
                            (*Gibt wahr zurück, wenn Konv(t1) Teil von Konv(t2) ist*)
  PROCEDURE Suchen(text: TEXT; in: ARRAY OF TEXT): INTEGER;
   (*Gibt die Stelle des ersten Vorkommens vom text in in, oder -1 wenn nicht gefunden*)
  PROCEDURE BefehlEin(READONLY menu: ARRAY OF TEXT): INTEGER;
                                              (*Liest einen Befehl aus dem Menü ein*)
                   (*Gibt den Index des Befehls zurück, oder < 0, auf Defaultzeile*)

END Texte.
```

```
INTERFACE Ein;                                                      (*28.03.95. LB*)
  IMPORT SIO;
  CONST Trenner = '.';
  PROCEDURE Interaktiv(rd: SIO.Reader): BOOLEAN;
                              (*Ergibt wahr, wenn Standardeingabe verwendet wird*)
  PROCEDURE Default(t: TEXT): BOOLEAN;
                        (*Defaulttext ist leer, oder fängt mit dem Trennerzeichen an*)
END Ein.
```

A.7 Implementierungsmodule

```
MODULE Elem;                                                    (*23.02.95. LB *)
  IMPORT Persistent, Startup;           (*Startup wegen eindeutigeZahl importiert!*)
  REVEAL
    T = Public BRANDED OBJECT
          objectID: CARDINAL := 0;                (*0 für uninitialisierte Objekte*)
        OVERRIDES
          init:= Init;
          hash:= Hash;
          equal:= Equal;
        END; (*T*)
VAR
  eindeutigeZahl:= NEW(Persistent.Integer, key:= "Elem.eindeutigeZahl", val:= 0).setup();

  PROCEDURE Init(t: T): T =
  BEGIN
    INC(eindeutigeZahl.val);
    t.objectID:= eindeutigeZahl.val;                (*objectID ist eindeutig und > 0*)
    RETURN t
  END Init;

  PROCEDURE Equal(e1, e2: T): BOOLEAN =
  BEGIN
     <* ASSERT e1.objectID > 0 AND e2.objectID > 0 *>
   RETURN e1.objectID = e2.objectID
  END Equal;

  PROCEDURE Hash(e: T; limit: CARDINAL): CARDINAL =
  BEGIN
     <* ASSERT e.objectID > 0 *>
    RETURN e.objectID MOD limit
  END Hash;

BEGIN
END Elem.
```

```
MODULE Person;
  IMPORT Elem, Text, Set, SIO, Ein, Selektion;
  FROM SIO IMPORT GetLine, PutText, Nl;

  REVEAL
    T = Public BRANDED OBJECT
        OVERRIDES
          ein:= PersonEin;
          aus:= PersonAus;
        END; (*T*)

  PROCEDURE Compare(e1, e2: Elem.T): [-1 .. 1] =         (*Vergleicht Nachnamen*)
  BEGIN
    RETURN Text.Compare(NARROW(e1, T).name, NARROW(e2, T).name)
  END Compare;
```

```
  PROCEDURE PersonEin(p: T; personen: Set.T := NIL;        (*Liest Personendaten ein*)
          rd: SIO.Reader := NIL ): T RAISES {Elem.Error} =
  VAR name: TEXT; gefundene: T := NIL;
      selector := NEW(Selektion.Selector, art:= Selektion.Art.Name);
  BEGIN
    IF Ein.Interaktiv(rd) THEN PutText(" Personenname: ") END;
    TRY
      name:= GetLine(rd);
      IF NOT Ein.Default(name) THEN
        p.name:= name;
        selector.t:= name;
        IF personen # NIL THEN gefundene:= personen.exists(selector) END;
        IF gefundene # NIL THEN          (*Person in Menge personen schon enthalten*)
          IF Ein.Interaktiv(rd) THEN
            PersonAus(gefundene); PutText("\n Auch Vornamen richtig? ")
          END; (*IF Ein.Interaktiv(rd)*)
          name:= GetLine(rd);                                    (*Lese Vorname ein*)
          selector.t:= selector.t & name;                   (*Suchtext: voller Name*)
          gefundene:= personen.exists(selector);               (*Suche noch einmal*)
          IF Ein.Default(name) OR (gefundene # NIL) THEN
            p:= gefundene      (*Default oder wiederum gefunden: gib das alte zurück*)
          ELSE p.vorname:= name;                                   (*Neuer Vorname*)
          END; (*IF Ein.Default...*)
        ELSE                        (*Person nicht gefunden: verlange den Vornamen*)
          IF Ein.Interaktiv(rd) THEN PutText(" Vornamen: ") END;
          p.vorname:= GetLine(rd);
        END; (*IF gefundene # NIL*)
        IF personen # NIL THEN personen.insert(p) END;   (*p=gefundene unwirksam*)
      ELSE p:= NIL                      (*p = NIL signalisiert leere Eingabe für Person*)
      END; (*IF NOT Ein.Default(name)*)
      RETURN p;
    EXCEPT
      SIO.Error => RAISE Elem.Error("PersonEin")
    END; (*TRY*)
  END PersonEin;

  PROCEDURE PersonAus(p: T; wr: SIO.Writer := NIL) =      (*Gibt Personendaten aus*)
  BEGIN
    PutText(p.vorname & " " & p.name, wr);
  END PersonAus;

BEGIN
END Person.
```

```
MODULE Komponist;                                                  (*22.03.95. LB*)
  IMPORT Elem, Person, SIO, Set, Ein, Texte;
  REVEAL
    T      = Public BRANDED OBJECT
             OVERRIDES
               ein:= KomponistEin;
               aus:= KomponistAus;
             END; (*T*)
```

```
  PROCEDURE KomponistEin(k: T; komponisten: Set.T := NIL;
            rd: SIO.Reader := NIL): Person.T RAISES {Elem.Error} =
  VAR t: TEXT; gefunden: INTEGER;
    k2: T := k;                          (*k2 enthält den ursprünglichen Wert von k*)
  BEGIN
    TRY
      k:= Person.T.ein(k, komponisten, rd);     (*Supercall: Liest Personendaten ein*)
      IF k # NIL THEN
        IF Ein.Interaktiv(rd) THEN
          IF k = k2 THEN                      (*k = k2: Komponist neu, lese Stil ein*)
            SIO.PutText(" Stil: ");
            gefunden:= Texte.BefehlEin(StilText);
            IF gefunden >= 0 THEN k.stil:= VAL(gefunden, Stil) END;
          END; (*IF k = k2 *)
        ELSE                      (*Wenn nicht interaktiv: lese den Stil von der Datei*)
          t:= SIO.GetLine(rd);
          IF NOT Ein.Default(t) THEN
            gefunden:= Texte.Suchen(t, StilText);      (*Sucht Eingabe im StilText*)
            IF gefunden >= 0 THEN k.stil:= VAL(gefunden, Stil) END;
          END;(*IF NOT Ein.Default(t)*)
        END; (*IF Ein.Interaktiv(rd)*)
      END; (*IF k # NIL...*)
      RETURN k;
    EXCEPT
    | SIO.Error => RAISE Elem.Error("KomponistEin");
    | Elem.Error(text) => RAISE Elem.Error("KomponistEin->" & text);
    END; (*TRY*)
  END KomponistEin;

  PROCEDURE KomponistAus(k: T; wr: SIO.Writer := NIL) =
  BEGIN
    Person.T.aus(k, wr);                        (*Supercall: Persondaten ausgeben*)
    IF k.stil # Stil.keine THEN
      SIO.PutText(" (" & StilText[k.stil] & ") ", wr)
    END; (*IF k.stil*)
  END KomponistAus;

BEGIN
END Komponist.
```

```
MODULE Werk;                                                    (*20.03.95. LB*)
  IMPORT Elem, Komponist, Person, SIO, Datenbank, ObjList, Text, Ein;
  REVEAL
    T        = Public BRANDED OBJECT
               OVERRIDES
                 init:= Init;
                 ein:= WerkEin;
                 aus:= WerkAus;
               END; (*T*)
```

```
PROCEDURE Init(werk: T): Elem.T =
BEGIN
  werk:= Elem.T.init(werk);                    (*Supercall: Initialisiert Elemobjekt*)
  werk.komponisten:= NEW(ObjList.T).init(NIL);          (*Liste nach Ankunft sortiert*)
  werk.ausfuehrende:= NEW(ObjList.T).init(NIL);         (*Liste nach Ankunft sortiert*)
  RETURN werk
END Init;

PROCEDURE Compare(e1, e2: Elem.T): [-1 .. 1] =                (*Vergleicht Werktitel*)
BEGIN
  RETURN Text.Compare(NARROW(e1, T).titel, NARROW(e2, T).titel)
END Compare;

PROCEDURE WerkEin(werk: T; rd: SIO.Reader := NIL): Elem.T
                    RAISES {Elem.Error} =
VAR t: TEXT; k: Komponist.T; a: Person.T;
BEGIN
  TRY
    IF Ein.Interaktiv(rd) THEN SIO.PutText(" Titel des Werkes: ") END;
    t:= SIO.GetLine(rd);                                       (*Liest Titel ein*)
    IF NOT Ein.Default(t) THEN
      werk.titel:= t;
      IF Ein.Interaktiv(rd) THEN SIO.PutLine(" Komponist(en) => ") END;
      REPEAT                            (*Liest die Liste von Komponisten ein*)
        k:= NEW(Komponist.T).init();
        k:= k.ein(Datenbank.Komponisten(), rd);      (*Liest Komponistendaten ein*)
        IF k # NIL THEN werk.komponisten.insert(k) END;
      UNTIL k = NIL;
      IF Ein.Interaktiv(rd) THEN SIO.PutLine(" Ausführende(n) => ") END;
      REPEAT                            (*Liest die Liste von Ausführenden ein*)
        a:= NEW(Person.T).init();
        a:= a.ein(Datenbank.Ausfuehrende(), rd);      (*Liest Interpreterdaten ein*)
        IF a # NIL THEN werk.ausfuehrende.insert(a) END;
      UNTIL a = NIL;
    ELSE werk:= NIL
    END; (*IF NOT Ein.Default(t)*)
    RETURN werk
  EXCEPT
  | SIO.Error => RAISE Elem.Error("WerkEin");
  | Elem.Error(text) => RAISE Elem.Error("WerkEin->" & text);
  END; (*TRY*)
END WerkEin;

TYPE
  Action = Elem.Action OBJECT                  (*Hülle für die Aktion Ausgabe*)
           aufzaehlung,                (*Steuert die Ausgabe einer Liste von Namen*)
           aktion: BOOLEAN;              (*Für Unterdrückung unnötiger Leerzeilen*)
           w: SIO.Writer := NIL
         OVERRIDES
           action:= Aus;                  (*Ausgabeaktion für die Listenelemente*)
         END; (*Action*)
```

```
  PROCEDURE Aus(a: Action; e: Elem.T) =                         (*Gibt Person aus*)
  BEGIN
    a.aktion:= TRUE;                        (*Wird nur bei nicht-leeren Listen gesetzt*)
    IF a.aufzaehlung THEN SIO.PutText(", ", a.w) ELSE a.aufzaehlung:= TRUE END;
    e.aus(a.w);
  END Aus;

  PROCEDURE WerkAus(werk: T; wr: SIO.Writer := NIL) =
  VAR aus := NEW(Action, w:= wr);                   (*Exemplar einer Hülle für Ausgabe*)
  BEGIN
    SIO.PutLine(werk.titel, wr);
    aus.aufzaehlung:= FALSE; aus.aktion:= FALSE;
    werk.komponisten.apply(aus);                 (*Wendet aus auf Komponistenliste an*)
    IF aus.aktion THEN SIO.Nl(wr) END;           (*Bei leerer Liste kein Zeilenumbruch*)
    aus.aufzaehlung:= FALSE; aus.aktion:= FALSE;
    werk.ausfuehrende.apply(aus);               (*Wendet aus auf Ausführendenliste an*)
    IF aus.aktion THEN SIO.Nl(wr) END;           (*Bei leerer Liste kein Zeilenumbruch*)
  END WerkAus;

BEGIN
END Werk.
```

```
MODULE CD;                                                        (*20.03.95. LB*)
  IMPORT SIO, Set, Werk, Elem, Text, ObjList, Ein;
  REVEAL
    T         = Public BRANDED OBJECT
                OVERRIDES
                  init:= Init;
                  ein:= CDEin;
                  aus:= CDAus;
                END; (*T*)

  PROCEDURE Init(cd: T): Elem.T =
  BEGIN
    cd:= Elem.T.init(cd);                     (*Supercall: Initialisiert Elementdaten*)
    cd.werke:= NEW(ObjList.T).init(NIL);          (*Werkliste nach Ankunft sortiert*)
    RETURN cd
  END Init;

  PROCEDURE Compare(e1, e2: Elem.T): [-1 .. 1] =          (*Vergleicht CD-Bezeichner*)
  BEGIN
    RETURN Text.Compare(NARROW(e1, T).bezeichner, NARROW(e2, T).bezeichner)
  END Compare;

  TYPE TitelSel = Elem.Selector OBJECT cd: T OVERRIDES select:= TW END;
                                   (*Hülle für die Selektion von "ähnlichen" CDs*)

  PROCEDURE TW(s: TitelSel; e: Elem.T): BOOLEAN =
                        (*Vergleicht CD-Bezeichner und die Titel auf der Werkliste*)
  BEGIN
     RETURN Text.Equal(s.cd.bezeichner, NARROW(e, T).bezeichner) AND
            NARROW(e, T).werke.equal(s.cd.werke, Werk.Compare)
  END TW;
```

```
PROCEDURE CDEin(cd: T; cds: Set.T := NIL;                    (*Liest und fügt DC ein*)
                 rd: SIO.Reader := NIL): T RAISES {Elem.Error} =
VAR werk: Werk.T; bezeichner: TEXT;
    selector:= NEW(TitelSel);          (*Zum Finden von CDs mit gleicher Werkliste*)
    vorhandene: T;             (*CD mit gleichem Bezeichner und mit gleicher Werkliste*)
BEGIN
  TRY
    IF Ein.Interaktiv(rd) THEN SIO.PutText("CD–Bezeichner: ") END;
    bezeichner:= SIO.GetLine(rd);                          (*Liest CD-Bezeichner ein*)
    IF NOT Ein.Default(bezeichner) THEN                (*Default beendet die Eingabe*)
      cd.bezeichner:= bezeichner;
      REPEAT                                             (*Liest alle Werke auf der CD*)
        werk:= NEW(Werk.T).init();
        werk:= werk.ein(rd);                                   (*Liest Werkdaten ein*)
        IF werk # NIL THEN cd.werke.insert(werk) END;
      UNTIL werk = NIL;
      IF cd.werke.size() > 0 THEN          (*CD ohne Werke wird nicht aufgenommen!*)
        IF cds # NIL THEN                        (*Suche nach CD mit gleichen Titeln*)
          selector.cd:= cd;
          vorhandene:= cds.exists(selector);          (*Vergleiche Bezeichner und Titel*)
          IF vorhandene = NIL THEN cds.insert(cd);      (*nicht vorhanden: einfügen*)
          ELSIF Ein.Interaktiv(rd) THEN              (*falls vorhanden: Benutzer fragen*)
            REPEAT
              SIO.PutLine("CD mit gleichem Bezeichner und mit den gleichen Titeln");
              vorhandene.aus();
              SIO.PutLine("Wenn CD wirklich neu, bitte neuen Bezeichner: ");
              bezeichner:= SIO.GetLine(rd);
              IF NOT Ein.Default(bezeichner) THEN
                cd.bezeichner:= bezeichner;
                vorhandene:= cds.exists(selector);  (*Prüfe ob CD jetzt eindeutig ist*)
              END; (*IF NOT Ein.Default*)
            UNTIL (vorhandene = NIL) OR Ein.Default(bezeichner);
            IF vorhandene = NIL THEN cds.insert(cd) END;      (*Eindeutig: einfügen*)
          END; (*IF Ein.Interaktiv*)
        END (*IF cds # NIL*)
      ELSE cd:= NIL;                                  (*CD ohne Werke ist nicht erlaubt*)
      END; (*IF cd.werke.size() > 0*)
    ELSE cd:= NIL                                                (*CD-Eingabe beendet*)
    END; (*IF NOT Ein.Default*)
    RETURN cd
  EXCEPT
  | SIO.Error => RAISE Elem.Error("CDEin");
  | Elem.Error(text) => RAISE Elem.Error("CDEin–>" & text);
  END; (*TRY*)
END CDEin;

TYPE Action = Elem.Action OBJECT w: SIO.Writer := NIL END;

PROCEDURE Aus(a: Action; e: Elem.T) =                                (*Gibt Werk aus*)
BEGIN
  e.aus(a.w);
END Aus;
```

```
  PROCEDURE CDAus(cd: T; wr: SIO.Writer := NIL) =                    (*Gibt CD aus*)
  VAR aus := NEW(Action, action:= Aus, w:= wr);
  BEGIN
    SIO.PutLine(cd.bezeichner, wr);
    cd.werke.apply(aus);
    SIO.PutLine("————————————————————————————————————", wr);
  END CDAus;

BEGIN
END CD.
```

```
MODULE Set;                                                    (*23.02.95. LB, KHE *)

  IMPORT Elem, ObjList;

  TYPE
    Node = REF RECORD                                              (*Knoten der Liste*)
                next: Node := NIL;
                e: Elem.T;
              END; (*Node*)
  REVEAL
    T      = Public BRANDED OBJECT
                a: REF ARRAY OF Node;                                   (*Hash-Tabelle*)
                num : CARDINAL;                                  (*Anzahl der Elemente*)
              OVERRIDES
                init:= Init;
                in:= In;
                insert:= Insert;
                delete:= Delete;
                equal:= Equal;
                size:= Size;
                pick:= Pick;
                apply:= Apply;
                exists:= Exists;
                select:= Selection;
                union := Union;
                intersection:= Intersection;
                difference:= Difference;
                sort:= Sort;
              END; (*Set.T*)

  PROCEDURE Init(self: T; hint: CARDINAL := MinSize): T =
  BEGIN
    self.a:= NEW(REF ARRAY OF Node, MAX(hint, MinSize));
                                  (*Die Hash-Tabelle ist mindestens MinSize groß*)
    FOR i:= FIRST(self.a^) TO LAST(self.a^) DO self.a[i]:= NIL END;
    self.num:= 0;
    RETURN self
  END Init;
```

```
PROCEDURE In(self: T; x: Elem.T): BOOLEAN = (*Wahr, wenn x in self enthalten ist*)
VAR cur: Node;
BEGIN
  cur:= self.a[x.hash(NUMBER(self.a^))];      (*Hash-Index trifft die gewünschte Liste*)
  WHILE cur # NIL AND NOT x.equal(cur.e) DO cur:= cur.next END;               (*Suche*)
  RETURN (cur # NIL)
END In;

PROCEDURE Insert (self : T; x : Elem.T) =
                                        (*Fügt x in self ein, wenn noch nicht vorhanden*)
VAR cur: Node;
BEGIN
  WITH head = self.a[x.hash(NUMBER(self.a^))] DO                         (*Hash-Index*)
    cur:= head;
    WHILE cur # NIL AND NOT x.equal(cur.e) DO cur:= cur.next END;
    IF cur = NIL THEN                         (*Wenn nicht vorhanden: füge vorne ein*)
      head:= NEW(Node, next:= head, e:= x); INC(self.num);
    END (*IF cur = NIL*)
 END (*WITH head*)
END Insert;

PROCEDURE Delete (self: T; x: Elem.T) =                 (*Entfernt x, wenn vorhanden*)
VAR cur, prev: Node;
BEGIN
  IF x # NIL THEN                           (*Aus leerer Menge ist nichts zu entfernen*)
    WITH head = self.a [x.hash(NUMBER(self.a^))] DO                      (*Hash-Index*)
      cur:= head; prev:= NIL;
      WHILE cur # NIL AND NOT x.equal(cur.e) DO
        prev:= cur; cur:= cur.next
      END; (*WHILE cur*)
      IF cur # NIL THEN                                 (*Wenn gefunden: entfernen*)
        IF prev = NIL THEN head:= cur.next ELSE prev.next:= cur.next END;
        DEC(self.num);
      END (*IF cur*)
    END (*WITH head*)
  END (*IF x # NIL*)
END Delete;

PROCEDURE Size (self: T): CARDINAL =           (*Anzahl der Elemente in der Menge*)
BEGIN
  RETURN self.num
END Size;

PROCEDURE Apply(self: T; a: Elem.Action) =               (*a.action auf alle Elemente*)
VAR cur: Node;
BEGIN
  IF self.num > 0 THEN
    FOR b:= FIRST(self.a^) TO LAST(self.a^) DO
      cur:= self.a [b];
      WHILE cur # NIL DO a.action(cur.e); cur:= cur.next END      (*Wendet action an*)
    END (*FOR b*)
  END (*IF self.num > 0*)
END Apply;
```

```
PROCEDURE Equal (self: T; set2: T): BOOLEAN =
  (*Wahr, wenn Anzahl der Elemente und alle Elemente von self und set2 gleich sind*)
VAR cur: Node; size: CARDINAL := 0;
BEGIN
  IF self.num = set2.num THEN             (*Wenn Anzahl gleich, vergleiche Elemente*)
    FOR b:= FIRST (self.a^) TO LAST (self.a^) DO
      cur:= self.a[b];
      WHILE (cur # NIL) DO
        IF NOT set2.in(cur.e) THEN RETURN FALSE END;
        INC (size); cur:= cur.next
      END (*WHILE cur*)
    END; (*FOR b*)
    RETURN size = self.num
  ELSE
    RETURN FALSE
  END (*IF self.num*)
END Equal;

PROCEDURE Exists(self : T; s: Elem.Selector): Elem.T =
  (*Ergibt ein Element e, für das s.select(e) wahr ist oder NIL (wenn keines da ist)*)
VAR cur: Node;
BEGIN
  IF s = NIL THEN RETURN self.pick()                  (*nimm beliebiges Element*)
  ELSE
    IF self.num > 0 THEN
      FOR b:= FIRST(self.a^) TO LAST(self.a^) DO
        cur:= self.a[b];
        WHILE cur # NIL DO
          IF s.select(cur.e) THEN RETURN cur.e END; (*Ein Element selektiert*)
          cur:= cur.next
        END; (*WHILE cur*)
      END; (*FOR b*)
    END; (*IF self.num > 0*)
    RETURN NIL
  END; (*IF s = NIL*)
END Exists;

PROCEDURE Pick(self : T) : Elem.T =
                    (*Gibt ein beliebiges Element oder NIL für leere Menge zurück*)
VAR cur: Node; i:= FIRST(self.a^);
BEGIN
  IF self.num = 0 THEN RETURN NIL
  ELSE
    REPEAT cur:= self.a[i]; INC(i) UNTIL cur # NIL;
    RETURN cur.e
  END (*IF self.num = 0*)
END Pick;
```

```
PROCEDURE Selection(self : T; s: Elem.Selector): T =
                    (*Gibt die Menge der Elemente e zurück, für die s.select(e) wahr ist*)
VAR cur: Node; res: T := NEW(T).init(self.num);          (*res: die Ergebnismenge*)
BEGIN
  IF s = NIL THEN Add(res, self)                          (*Bei s = NIL erzeugt eine Kopie*)
  ELSE
    IF self.num > 0 THEN
      FOR b:= FIRST(self.a^) TO LAST(self.a^) DO
        cur:= self.a[b];
        WHILE cur # NIL DO
          IF s.select(cur.e) THEN res.insert(cur.e) END;
          cur:= cur.next
        END (*WHILE cur*)
      END (*FOR b*)
    END (*IF self.num > 0*)
  END; (*IF f = NIL*)
  RETURN res
END Selection;

PROCEDURE Add(self : T; set2 : T) =          (*fügt alle Elemente von set2 in self ein*)
VAR obj: Node;
BEGIN
  IF set2.num > 0 THEN                     (*leere Menge muß nicht hinzugefügt werden*)
    FOR b:= FIRST(set2.a^) TO LAST(set2.a^) DO
      obj:= set2.a[b];
      WHILE obj # NIL DO
        self.insert(obj.e); obj:= obj.next
      END (*WHILE obj*)
    END (*FOR b*)
  END (*IF set2*)
END Add;

PROCEDURE Union(self : T; set2 : T) : T =                (*Vereinigung; self ∨ set2*)
VAR res: T := NEW(T).init(self.num + set2.num + (MinSize DIV 2));
BEGIN
  Add(res, self); Add(res, set2); RETURN res
END Union;

PROCEDURE Intersection(self : T; set2 : T): T =          (*Durchschnitt; self ∧ set2*)
VAR res: T := NEW(T).init(MIN(self.num, set2.num)); obj: Node;
BEGIN
  IF self = set2 THEN Add(res, self)
  ELSE
    FOR b:= FIRST(self.a^) TO LAST(self.a^) DO
      obj:= self.a[b];
      WHILE obj # NIL DO
        IF set2.in(obj.e) THEN res.insert(obj.e) END;
        obj:=obj.next
      END (*WHILE obj*)
    END (*FOR b*)
  END; (*IF self = set2*)
  RETURN res
END Intersection;
```

```
  PROCEDURE Difference(self : T; set2 : T) : T =            (*Mengendifferenz; self - set2*)
  VAR res: T := NEW(T).init(self.num); obj: Node;
  BEGIN
    IF self # set2 THEN
      FOR b:= FIRST(self.a^) TO LAST(self.a^) DO
        obj:= self.a[b];
        WHILE obj # NIL DO
          IF NOT set2.in(obj.e) THEN res.insert(obj.e) END;
          obj:=obj.next
        END (*WHILE obj*)
      END (*FOR b*)
    END; (*IF self*)
    RETURN res
  END Difference;

  PROCEDURE Sort(self: T; compare: Elem.Compare): ObjList.T =
                 (*Erzeugt aus der Menge self eine Liste, sortiert nach compare*)
  VAR list: ObjList.T:= NEW(ObjList.T).init(compare); obj: Node;
  BEGIN
    IF self.num > 0 THEN
      FOR b:= FIRST(self.a^) TO LAST(self.a^) DO
        obj:= self.a[b];
        WHILE obj # NIL DO
          list.insert(obj.e); obj:=obj.next      (*Einfügen in Liste garantiert die Ordnung*)
        END (*WHILE obj*)
      END (*FOR b*)
    END; (*IF self*)
    RETURN list
  END Sort;

BEGIN
END Set.
```

```
MODULE ObjList;                                                   (*23.02.95. LB*)

  IMPORT Elem;

  REVEAL                                        (*Innere Struktur von T offengelegt*)
    T     = Public BRANDED OBJECT
              head: Node := NIL;                                  (*Kopf der Liste*)
              compare: Elem.Compare := NIL;                   (*Ordunugsfunktion*)
              num: CARDINAL := 0;                          (*Anzhal der Elemente*)
            OVERRIDES
              init:= Init;
              insert:= Insert;
              delete:= Delete;
              equal:= Equal;
              apply:= Apply;
              select:= Select;
              exists:= Exists;
              size:= Size;
            END; (*T*)
```

```
TYPE
  Node = REF RECORD
              e: Elem.T;
              next: Node := NIL;
           END; (*Node*)

PROCEDURE Init(list: T; compare: Elem.Compare): T =
BEGIN
  list.head:= NIL; list.compare:= compare; list.num:= 0;
  RETURN list;
END Init;

PROCEDURE Insert(list: T; elem: Elem.T) =                (*Fügt ordungsgemäß ein*)
VAR new: Node := NEW(Node, e:= elem);           (*Ein neuer Node wird angelegt*)

  PROCEDURE I(VAR x: Node) =
  BEGIN
    IF x = NIL THEN x:= new; INC(list.num);                  (*Einfügen am Kopf*)
    ELSIF list.compare # NIL AND list.compare(elem, x.e) = –1 THEN
      new.next:= x; x:= new; INC(list.num);        (*Einfügen an der richtigen Stelle*)
    ELSE I(x.next);                                         (*Suche rekursiv weiter*)
    END; (*IF x = NIL*)
  END I;

BEGIN I(list.head)
END Insert;

PROCEDURE Delete(list: T; elem: Elem.T): Elem.T =
            (*Entfernt und retourniert elem wenn vorhanden, sonst gibt NIL zurück*)

  PROCEDURE D(VAR x: Node): Elem.T =
  VAR e: Elem.T;
  BEGIN
    IF x = NIL THEN RETURN NIL                          (*Element nicht vorhanden*)
    ELSIF (list.compare = NIL) OR (list.compare(elem, x.e) = 0) THEN
      e:= x.e; x:= x.next; DEC(list.num); RETURN e         (*Gefunden und entfernt*)
    ELSE RETURN D(x.next)                                   (*Suche rekursiv weiter*)
    END; (*IF x = NIL*)
  END D;

BEGIN RETURN D(list.head)
END Delete;

PROCEDURE Equal(list: T; list2: T; compare: Elem.Compare): BOOLEAN =
                 (*Vergleicht zwei Listen auf Gleichheit oder Identität der Elemente*)
VAR x: Node := list.head; y: Node := list2.head;
BEGIN
  WHILE (x # NIL) AND (y # NIL) AND
    (((compare = NIL) AND (x.e = y.e)) OR                   (*gleiche Referenzen*)
    ((compare # NIL) AND (compare(x.e, y.e) = 0))) DO      (*gleich nach Kriterium*)
      x:= x.next; y:= y.next;
  END;
  RETURN (x = NIL) AND (y = NIL)            (*beide Listen erschöpft: sie sind gleich*)
END Equal;
```

```
  PROCEDURE Exists(list: T; s: Elem.Selector): Elem.T =          (*Selektiert ein Element*)
  VAR x: Node := list.head;
  BEGIN
    IF s = NIL THEN RETURN x.e      (*Kein Selektionskriterium: Gib das erste zurück*)
    ELSE
      WHILE (x # NIL) AND (NOT s.select(x.e)) DO x:= x.next END;
      IF x = NIL THEN RETURN NIL ELSE RETURN x.e END;
    END; (*IF s = NIL*)
  END Exists;

  PROCEDURE Select(list: T; s: Elem.Selector): T =                  (*Selektiert Teilliste*)
  VAR x: Node := list.head; res: T := NEW(T).init(list.compare);
  BEGIN
    WHILE x # NIL DO
      IF (s = NIL) OR s.select(x.e) THEN
        res.insert(x.e)    (*Wenn Selektionskriterium erfüllt oder gar nicht vorhanden*)
      END;
      x:= x.next;
    END; (*WHILE x*)
    RETURN res
  END Select;

  PROCEDURE Apply(list: T; a: Elem.Action) =  (*Wendet a.action auf alle Elemente an*)
  VAR x: Node := list.head;
  BEGIN
    WHILE x # NIL DO
      a.action(x.e); x:= x.next
    END;
  END Apply;

  PROCEDURE Size(list: T): CARDINAL =                                 (*Länge der Liste*)
  BEGIN
    RETURN list.num
  END Size;

BEGIN                                                                         (*OrdList *)
END ObjList.
```

```
MODULE Datenbank;                                                        (*08.03.95. LB*)

  IMPORT Persistent, Set, Startup;                    (*Startup muß importiert werden!*)
  VAR
    cds:= NEW(Persistent.Refany,
           key:= "Datenbank.cds", val:= NEW(Set.T).init(500)).setup();
    komponisten:= NEW(Persistent.Refany,
           key:= "Datenbank.komponisten", val:= NEW(Set.T).init(500)).setup();
    ausfuehrende:= NEW(Persistent.Refany,
           key:= "Datenbank.ausfuehrende", val:= NEW(Set.T).init(1000)).setup();

  PROCEDURE Cds(): Set.T =
  BEGIN
    RETURN cds.val
  END Cds;
```

```
  PROCEDURE Komponisten(): Set.T =
  BEGIN
    RETURN komponisten.val
  END Komponisten;

  PROCEDURE Ausfuehrende(): Set.T =
  BEGIN
    RETURN ausfuehrende.val
  END Ausfuehrende;
BEGIN
END Datenbank.
```

```
MODULE Selektion;                                                    (*08.04.95. LB*)

  IMPORT Elem, Person, Komponist, Werk, CD, Texte;

  REVEAL
    Selector = SelPub BRANDED OBJECT OVERRIDES select:= Select END;

  PROCEDURE PruefeName(t: TEXT; p: Person.T): BOOLEAN =
        (*Prüft Namen nach beider Schreibweise: Vorname Nachname und umgekehrt*)
  BEGIN
    RETURN Texte.Teil(t, p.name & p.vorname) OR Texte.Teil(t, p.vorname & p.name)
  END PruefeName;

  PROCEDURE Select(s: Selector; e: Elem.T): BOOLEAN =          (*Diverse Selektionen*)
  BEGIN
    TYPECASE e OF
      | CD.T(cd) =>                         (* Selektionsarten: nach Bezeichner oder Werke*)
          IF s.art = Art.Bezeichner THEN
            RETURN Texte.Teil(s.t, cd.bezeichner);                    (*Prüfe Bezeichner*)
          ELSE                                          (*Suche weiter in der Werkliste*)
            RETURN cd.werke.select(s).size() > 0;
           (*Ergibt wahr, wenn mindestens ein Element von der Liste selektiert wurde*)
          END; (*IF s.art = Art.Bezeichner*)
      | Werk.T(werk) =>        (*Selektionsarten: Nach Titel, Komponisten, Ausführenden*)
        CASE s.art OF
        | Art.Titel =>
            RETURN Texte.Teil(s.t, werk.titel);                         (*Prüfe Werktitel*)
        | Art.KompN, Art.Stil =>               (*Suche in der Komponistenliste weiter*)
            RETURN werk.komponisten.select(s).size() > 0;
          (*Ergibt wahr, wenn mindestens ein Element von der Liste selektiert wurde*)
        | Art.AusfN =>                          (*Suche in der Interpreterliste weiter*)
            RETURN werk.ausfuehrende.select(s).size() > 0;
          (*Ergibt wahr, wenn mindestens ein Element von der Liste selektiert wurde*)
        ELSE RETURN FALSE                (*Auf unerwartete Art geben wir falsch zurück*)
        END; (*CASE s.art*)
      | Komponist.T(komponist) =>             (*Selektionsarten: Nach Stil oder Namen*)
          IF s.art = Art.Stil THEN
            RETURN s.stil = komponist.stil
          ELSE
            RETURN PruefeName(s.t, komponist);              (*Prüfe Komponistennamen*)
          END; (*IF s.art = Art.Stil*)
```

```
      | Person.T(person) =>                        (*Selektionsart: Nach Personennamen*)
          RETURN PruefeName(s.t, person);                              (*Prüfe Namen*)
      ELSE RETURN FALSE             (*Für unerwartete Typen geben wir falsch zurück*)
    END; (*TYPECASE e OF*)
  END Select;

BEGIN
END Selektion.
```

```
MODULE Startup;                                                        (*15.03.95. LB*)
  IMPORT Persistent;
BEGIN
  Persistent.Start("DB", "DB");                  (*Persistente Variablen aus DB einlesen*)
END Startup.
```

```
MODULE Texte;          (*Hilfsmodul für Text- und Befehlsbehandlung. 29.03.05. LB*)

  FROM Text IMPORT Equal, Length, Sub, FromChar, GetChar;
  IMPORT Ein, SIO;

  PROCEDURE Konv(t: TEXT): TEXT =
            (*Konvertiert Kleinbuchstaben in Großbuchstaben und filtert Blanks aus*)
  CONST Code = ORD('A') – ORD('a');                            (*Unterschied Groß / Klein*)
    Kleine = SET OF CHAR{'a' .. 'z'}; Blanks = SET OF CHAR{' ', '\t'};
  VAR t2: TEXT := ""; ch: CHAR;
  BEGIN
    FOR i:= 0 TO Length(t) – 1 DO
      ch:= GetChar(t, i);
      IF ch IN Kleine THEN                   (*Kleinbuchstaben in Großbuchst. umwandeln*)
        t2:= t2 & FromChar(VAL(ORD(ch) + Code, CHAR));
      ELSIF NOT (ch IN Blanks) THEN                                 (*Blanks ausfiltern*)
        t2:= t2 & FromChar(ch);
      END; (*IF (ch IN Kleine)*)
    END; (*FOR i*)
    RETURN t2
  END Konv;

  PROCEDURE Suchen(text: TEXT; in: ARRAY OF TEXT;): INTEGER =
                    (*Wenn text in in genau einmal gefunden: Stelle zurück, sonst -1*)
  VAR index:= 0; gefunden := 0; stelle: INTEGER;
  BEGIN
    text:= Konv(text);              (*Wandelt Buchstaben in text und in auf Großbuchst. um*)
    FOR i:= FIRST(in) TO LAST(in) DO in[i]:= Konv(in[i]) END;
    WHILE (index < NUMBER(in)) AND (gefunden < 2) DO
      IF Teil(text, in[index]) THEN stelle:= index; INC(gefunden) END;
      INC(index);
    END; (*WHILE (index...*)
    IF gefunden = 1 THEN RETURN stelle ELSE RETURN – 1 END;
  END Suchen;
```

```
  PROCEDURE Teil(t1, t2: TEXT): BOOLEAN =              (*Wahr, wenn t1 Teil von t2 ist*)
  BEGIN
    t1:= Konv(t1); t2:= Konv(t2);
    RETURN Equal(t1, Sub(t2, 0, Length(t1)))
  END Teil;

  PROCEDURE MenuAus(READONLY menu: ARRAY OF TEXT) =
  CONST Sep = " / ";
  BEGIN
    FOR i:= FIRST(menu) TO LAST(menu) DO
      IF (i + 1) MOD 6 = 0 THEN SIO.Nl() END;          (*Nach 6 Befehlen neue Zeile*)
      SIO.PutText(menu[i] & Sep);
    END;
  END MenuAus;

  PROCEDURE BefehlEin(READONLY menu: ARRAY OF TEXT;): INTEGER =
          (*Gibt Menü aus und liest einen eindeutig verkürzten Befehl vom Menü ein*)
  VAR line: TEXT; index: INTEGER;
  BEGIN
    TRY
      REPEAT   (*Gibt Menü so lange aus, bis eine richtige Wahl oder Default kommt*)
        MenuAus(menu);
        line:= SIO.GetLine();
        IF Ein.Default(line) THEN index:= -1
        ELSE
          index:= Suchen(line, menu);
          IF index < 0 THEN SIO.PutLine("Unbekannt oder nicht eindeutig") END;
        END; (*IF Ein.Deafult(line)*)
      UNTIL Ein.Default(line) OR (index >= 0);
      RETURN index;
    EXCEPT SIO.Error => SIO.PutLine("Fehler bei Befehl.Ein"); RETURN -1
    END; (*TRY*)
  END BefehlEin;

BEGIN
END Texte.
```

```
MODULE Ein;                                                      (*28.03.95. LB*)

  IMPORT SIO, Stdio, Text;

  PROCEDURE Interaktiv(rd: SIO.Reader): BOOLEAN =   (*Wahr für Standardeingabe*)
  BEGIN
    RETURN (rd = NIL) OR (rd = Stdio.stdin)
  END Interaktiv;

  PROCEDURE Default(t: TEXT): BOOLEAN =                   (*Wahr für Defaulttext*)
  BEGIN
    RETURN (Text.Length(t) = 0) OR (Text.GetChar(t, 0) = Trenner)
  END Default;

BEGIN
END Ein.
```

```
MODULE Eingabe EXPORTS Main;                                     (*30.03.95. LB*)
  IMPORT Persistent, Datenbank, Elem, ObjList, Text, Selektion,
    CD, Person, SIO, SF, Ein, Set, Texte;
  FROM SIO IMPORT Reader, Writer, GetLine, PutText, PutLine, PutInt, Nl;

  PROCEDURE Aufnehmen() =                   (*Neue CDs in die CD-Menge Aufnehmen*)
  VAR cd: CD.T; rd: Reader := SF.OpenRead();
  BEGIN
    TRY             (*Bei Eingabefehler kehrt die Prozedur nach Fehlermeldung zurück*)
      TRY                 (*File sollte auch im Fall eines Fehlers abgechlossen werden*)
        REPEAT                                      (*Liest eine Reihe von CDs ein*)
          cd:= NEW(CD.T).init();
          cd:= cd.ein(Datenbank.Cds(), rd);     (*Liest CD-Daten und fügt sie in DB ein*)
        UNTIL cd = NIL;
      FINALLY
        SF.CloseRead(rd);
      END; (*TRY*)
      EXCEPT
      | SIO.Error =>
          IF cd # NIL THEN Datenbank.Cds().delete(cd) END;
          PutLine("\nFehler bei der Aufnahme");
      | Elem.Error(text) =>
          IF cd # NIL THEN Datenbank.Cds().delete(cd) END;
         PutLine("\nFehler bei der Aufnahme–>" & text);
    END; (*TRY*)
  END Aufnehmen;

  TYPE
    LoeschAktion = Elem.Action OBJECT                     (*Hülle um die Löschaktion*)
                       menge: Set.T;
                     OVERRIDES
                       action:= Loesche;
                     END; (*LoeschAktion*)

  PROCEDURE Loesche(a: LoeschAktion; e: Elem.T) =          (*Interaktive Löschaktion*)
  VAR t: TEXT;
  BEGIN
    TRY             (*Bei Eingabefehler kehrt die Prozedur nach Fehlermeldung zurück*)
      e.aus();                          (*CD oder Komponist oder Ausführenden zeigen*)
      PutText(" Ist zu löschen? Ja/Nein ");
      t:= GetLine();
      IF NOT Ein.Default(t) AND Texte.Teil(t, "ja") THEN
        a.menge.delete(e); PutLine(" –!– gelöscht –!– ");
      END; (*IF NOT Ein.Default...*)
    EXCEPT
      SIO.Error => SIO.PutLine("\nFehler beim Löschen")
    END; (*TRY*)
  END Loesche;
```

```
PROCEDURE Loeschen() =               (*Löschen aus einer der persistenten Mengen*)
TYPE Menge = {Cds, Komp, Ausf};
CONST Menu = ARRAY Menge OF TEXT{"Cds", "Komponisten", "Ausführende"};
VAR t: TEXT; index: INTEGER;
  kandidaten: ObjList.T;                               (*Kandidaten zum Löschen*)
  menge: Set.T;                               (*Menge aus der gelöscht werden soll*)
  cmp: Elem.Compare;       (*Vergleichsfunktion zum Sortieren der Löschkandidaten*)
  selector := NEW(Selektion.Selector);          (*Selektiert die Löschkandidaten*)
  aus := NEW(AusAktion);                                       (*Ausgabeaktion*)
  loeschen := NEW(LoeschAktion);                                 (*Löschaktion*)
BEGIN
  TRY          (*Beim Eingabefehler kehrt die Prozedur nach Fehlermeldung zurück*)
    REPEAT
      SIO.PutText("Löschen aus der Menge ");
      index:= Texte.BefehlEin(Menu);
      IF index >= 0 THEN                                (*Gültiger Befehl liegt vor*)
        PutText("Zu löschen ist (! für alle): ");
        t:= GetLine(); selector.t:= t;                        (*Suchtext liegt vor*)
        IF NOT Ein.Default(t) THEN                       (*Löschparameter setzen*)
          CASE VAL(index, Menge) OF
          | Menge.Cds => menge:= Datenbank.Cds();
              cmp:= CD.Compare;
              selector.art:= Selektion.Art.Bezeichner;
          | Menge.Komp => menge:= Datenbank.Komponisten();
              cmp:= Person.Compare;
              selector.art:= Selektion.Art.KompN;
          | Menge.Ausf => menge:= Datenbank.Ausfuehrende();
              cmp:= Person.Compare;
              selector.art:= Selektion.Art.AusfN;
          END; (*CASE VAL(index, Menge)*)
          IF Text.Equal(t, "!") THEN     (*Ganze Menge wird zum Löschen angeboten*)
            kandidaten:= menge.sort(cmp);
          ELSE                                      (*Kandidaten werden selektiert*)
            kandidaten:= menge.select(selector).sort(cmp);
          END; (*IF Text.Equal*)
          PutInt(kandidaten.size());
          PutLine(" Kandidaten zum Löschen:");
          IF kandidaten.size() > 0 THEN
            kandidaten.apply(aus);                         (*Zeige Löschkandidaten*)
            loeschen.menge:= menge;                      (*Aktionsparameter setzen*)
            kandidaten.apply(loeschen);                      (*Wende Löschaktion an*)
          END; (*IF kandidaten.size() > 0*)
        END; (*IF NOT Ein.Default*)
      END; (*IF index >= 0*)
    UNTIL (index < 0) OR Ein.Default(t) ;
  EXCEPT
  | SIO.Error => PutLine("\nFehler beim Löschen");
  | Elem.Error(text) => PutLine("\nFehler beim Löschen–>" & text);
  END; (*TRY*)
END Loeschen;
```

```
TYPE
  AusAktion = Elem.Action OBJECT
                  w: Writer := NIL;
                OVERRIDES
                  action:= Aus;
                END; (*AusAktion*)

PROCEDURE Aus(a: AusAktion; e: Elem.T) =          (*Wird auf jede CD angewendet*)
BEGIN
  e.aus(a.w); Nl(a.w);
END Aus;

PROCEDURE SortiertAus (menge: Set.T; cmp: Elem.Compare;
                       wr: Writer := NIL) =            (*Gibt Menge sortiert aus*)
VAR liste: ObjList.T; aus:= NEW(AusAktion, w:= wr);
BEGIN
  TRY                      (*File sollte auch im Fall eines Fehlers abgeschlossen werden*)
    liste:= menge.sort(cmp);
    liste.apply(aus);
    PutText("Gesamtanzahl: ", wr); PutInt(menge.size(), 1, wr);
    PutLine("\n————————————————————————————————————", wr);
  FINALLY SF.CloseWrite(wr);
  END; (*TRY*)
END SortiertAus;

PROCEDURE BefehlEin() =              (*Liest und interpretiert die Benutzerbefehle*)
TYPE Befehle = {Eingabe, Loeschen, Ausgeben};
CONST BefehlMenu = ARRAY Befehle OF TEXT {"Eingabe", "Loeschen", "Ausgeben"};
VAR befehlIndex: INTEGER;
BEGIN
  REPEAT
    befehlIndex:= Texte.BefehlEin(BefehlMenu);
    IF befehlIndex >= 0 THEN
      CASE VAL(befehlIndex, Befehle) OF
      | Befehle.Eingabe   => Aufnehmen()                    (*Neue CDs eingeben*)
      | Befehle.Loeschen => Loeschen()          (*Aus einer der Mengen entfernen*)
      | Befehle.Ausgeben =>                                  (*CD-Menge ausgeben*)
            SortiertAus(Datenbank.Cds(), CD.Compare, SF.OpenWrite())
      END; (*CASE VAL(befehlIndex, Befehl)*)
    END; (*IF befehlIndex*)
  UNTIL befehlIndex < 0;
  PutLine("Ende der Eingaben, danke");
END BefehlEin;

PROCEDURE Sichern() =
  VAR t: TEXT;
BEGIN
  REPEAT                  (*Benutzer entscheidet, ob Abspeichern: Hier kein Default!*)
    SIO.PutLine("Wollen Sie die Änderungen abspeichern? ja/nein");
    t:= SIO.GetLine();
  UNTIL (Texte.Teil(t, "nein") OR Texte.Teil(t, "ja")) AND NOT Ein.Default(t);
  IF Texte.Teil(t, "ja") THEN Persistent.End() END;
END Sichern;
```

```
BEGIN
  BefehlEin();                          (*Befehl einlesen und durchführen*)
  Sichern();                    (*Eventuelle Änderungen permanent machen*)
END Eingabe.
```

```
MODULE Abfragen EXPORTS Main;                                (*29.03.95. LB*)

  IMPORT
    Komponist, Datenbank, CD, Person, ObjList,
    SIO, SF, Set, Ein, Elem, Texte, Selektion;

  TYPE AusAktion = Elem.Action OBJECT w: SIO.Writer := NIL END;

  PROCEDURE Aus(a: AusAktion; e: Elem.T) =       (*Wird auf jede CD angewendet*)
  BEGIN
    e.aus(a.w); SIO.Nl(a.w);
  END Aus;

  PROCEDURE SortiertAus(menge: Set.T; cmp: Elem.Compare; wr: SIO.Writer) =
  VAR list: ObjList.T; aus:= NEW(AusAktion, w:= wr, action:= Aus);
  BEGIN
    list:= menge.sort(cmp);
    list.apply(aus);
    SIO.PutText("Gesamtanzahl: ", wr);
    SIO.PutInt(list.size(), 1, wr); SIO.Nl(wr);
  END SortiertAus;

  PROCEDURE Alle(befehl: Global; wr: SIO.Writer:= NIL) =   (*Gibt ganze Mengen aus*)
  VAR menge: Set.T; cmp: Elem.Compare;
  BEGIN
    CASE befehl OF
    | Befehle.Cds              => menge:= Datenbank.Cds();
                                  cmp:= CD.Compare;
    | Befehle.Komponisten      => menge:= Datenbank.Komponisten();
                                  cmp:= Person.Compare;
    | Befehle.Ausfuehrende     => menge:= Datenbank.Ausfuehrende();
                                  cmp:= Person.Compare;
    END; (*CASE befehl*)
    SortiertAus(menge, cmp, wr);
  END Alle;
```

```
PROCEDURE Suchen(befehl: Suche; wr: SIO.Writer:= NIL) =    (*Startet Selektionen*)
CONST Menu = ARRAY Suche OF TEXT {"CD–Bezeichner", "Titel",
        "Komponistenname", "Stil", "Interpretername"};
VAR t: TEXT; cds: Set.T; index: INTEGER; stil := Komponist.Stil.keine;
  selector := NEW(Selektion.Selector);
BEGIN
  SIO.PutText(Menu[befehl] & ": ");
  IF befehl = Befehle.S_Stil THEN                          (*Selektion nach Stil*)
    index:= Texte.BefehlEin(Komponist.StilText);                (*Stil einlesen*)
    IF index >= 0 THEN stil:= VAL(index, Komponist.Stil) END
  ELSE                           (*Sonstige Selektionen: Alle selektieren nach Text*)
    t:= SIO.GetLine();
    IF Ein.Default(t) THEN index:= –1
    ELSE selector.t:= t; index:= 0     (*Suchtext setzen, Index nicht negativ setzen*)
    END; (*IF Ein.Default(t)*)
  END; (*IF befehl = Befehle.S_Stil*)
  IF index >= 0 THEN                                  (*Gültiger Befehl vorhanden*)
    CASE befehl OF
    | Befehle.S_Bezeichner =>                    (*Selektiere nach CD-Bezeichner*)
        selector.art:= Selektion.Art.Bezeichner;
    | Befehle.S_Werk =>                             (*Selektiere nach Werktitel*)
        selector.art:= Selektion.Art.Titel;
    | Befehle.S_Komponist =>               (*Selektiere nach Komponistennamen*)
        selector.art:= Selektion.Art.KompN;
    | Befehle.S_Stil =>                        (*Selektiere nach Komponistenstil*)
        selector.art:= Selektion.Art.Stil; selector.stil:= stil;
    | Befehle.S_Ausfuehrende =>       (*Selektiere nach Namen des Ausführenden*)
        selector.art:= Selektion.Art.AusfN;
    END; (*CASE befehl*)
    cds:= Datenbank.Cds().select(selector);             (*Selektiert aus den CD's*)
    SortiertAus(cds, CD.Compare, wr);          (*Gibt sie alphabetisch sortiert aus*)
  END; (*IF index >= 0*)
END Suchen;

TYPE
  Befehle = {Cds, Komponisten, Ausfuehrende, NeueDatei,
             S_Bezeichner, S_Werk, S_Komponist, S_Stil, S_Ausfuehrende};
  Suche   = [Befehle.S_Bezeichner .. Befehle.S_Ausfuehrende];
  Global  = [Befehle.Cds .. Befehle.Ausfuehrende];
CONST
  Menu = ARRAY Befehle OF TEXT
         {"Cds", "Komponisten", "Ausfuehrende", "NeueDatei",
         "S_Bezeichner", "S_Werk", "S_Komponist", "S_Stil", "S_Ausfuehrende"};
```

```
  PROCEDURE BefehlEin() =                                    (*Liest Benutzerbefehle ein*)
  VAR wr: SIO.Writer := NIL;
      befehl: Befehle; index: INTEGER;
  BEGIN
    REPEAT
      index:= Texte.BefehlEin(Menu);
      IF index >= 0 THEN
        befehl:= VAL(index, Befehle);
        CASE befehl OF
        | Befehle.Cds .. Befehle.Ausfuehrende                => Alle(befehl, wr);
        | Befehle.S_Bezeichner .. Befehle.S_Ausfuehrende     => Suchen(befehl, wr);
        | Befehle.NeueDatei                                  =>        (*Datei wechseln*)
            SF.CloseWrite(wr); wr:= SF.OpenWrite();
        END; (*CASE befehl*)
      END; (*IF index >= 0*)
    UNTIL index < 0;
    SF.CloseWrite(wr);
  END BefehlEin;

BEGIN
  BefehlEin()
END Abfragen.
```

Anhang B

Sprachbeschreibung

Dieser Anhang beschreibt die Sprache Modula-3 vollständig. Er lehnt sich teilweise stark an den Modula-3-Sprachreport [Nel91] an, will ihn aber nicht ersetzen. Der Sprachreport ist die gültige Referenz dafür, was zur Sprache Modula-3 gehört und was nicht. In der folgenden Beschreibung liegt der Schwerpunkt auf einer Strukturierung, die das Nachschlagen erleichtert.

B.1 Aufbau von Modula-3-Programmen

Modula-3-Programme bestehen aus *Modulen* und *Schnittstellen*. Schnittstellen (*→B.1.2, S. 496*) bestehen aus *Import*-Anweisungen (*→B.1.3, S. 497*) und einer Reihe von Deklarationen (*→B.3, S. 510*). Ein Modul (*→B.1.1, S. 496*) besteht aus einer Liste von exportierten Schnittstellen, *Import*-Anweisungen und einem Block (*→B.3, S. 511*). Ein Modul *exportiert* eine Schnittstelle, um Prozeduren zu implementieren, die in den Schnittstellen deklariert sind (*→B.3.6, S. 513*). Ein Modul *importiert* eine Schnittstelle, um dort deklarierte Bezeichner im Block des Moduls sichtbar zu machen (*→B.1.3, S. 497*). Alle Bezeichner, die in einer der exportierten Schnittstellen eines Moduls deklariert sind, müssen disjunkt sein und sind ebenfalls im Block des Moduls sichtbar. Eine Ausnahme sind Prozedurnamen: In jeder exportierten Schnittstelle darf der gleiche Prozedurname höchstens einmal vorkommen (*→B.3.6, S. 513*). Für eine in einer Schnittstelle deklarierten Prozedur darf es nur eine Implementierung geben.

Ablauf eines Modula-3-Programms Wird ein Modula-3-Programm gestartet, dann werden die Blöcke aller Module des Programms ausgeführt (*→B.4.1, S. 515*). Dabei werden Module, deren Schnittstellen importiert werden, vor den importierenden ausgeführt. Ein Modul, das eine Schnittstelle exportiert, die von einer Schnittstelle eines anderen Moduls importiert wird, wird ebenfalls vor dem anderen ausgeführt. Das als letztes ausgeführte Modul ist das Hauptmodul. Darüber hinaus ist die Ablaufreihenfolge undefiniert (insbesondere bei Importzyklen). Das Hauptmodul muß – in einer sprachumgebungsabhängigen Weise – gekennzeichnet werden (meist ist das Hauptmodul dasjenige, das die Schnittstelle Main exportiert). Das Programm ist beendet, wenn die Ausführung des Blockes des Hauptmoduls beendet ist. Damit werden auch alle parallel laufenden Threads (*→C.1.2, S. 538*) abgebrochen.

Übersetzungseinheiten

Folgende syntaktische Einheiten können vom Übersetzer verarbeitet werden – sofern ihm alle importierten Einheiten ebenfalls zugänglich sind (*→B.1.3, S. 497*):

Compilation_1 = Interface_2 | Module_3 | GInterface_4
| GModule_5 | IInterface_6 | IModule_7.

Diese Einheiten haben alle Namen, genannt *globale Namen*, unter denen sie – abhängig von der Sprachumgebung – angesprochen werden können.

B.1.1 Module

Ein Modul hat einen programmweit eindeutigen Namen, eine Liste von exportierten und importierten Schnittstellen und einen Block:

Module_3= ["UNSAFE"] "MODULE" Ident_{89} ["EXPORTS" IDList_{87}]
";" { Import_{10} } Block_{12} Ident_{89} ".".

Der Name des Moduls muß nach dem Ende des Blocks wiederholt werden. Fehlt die EXPORTS-Klausel, dann gilt, daß die einzige exportierte Schnittstelle den gleichen Namen wie das Modul hat.

B.1.2 Schnittstellen

Eine Schnittstelle hat einen programmweit eindeutigen Namen. Sie besteht aus einer Liste von importierten Schnittstellen und aus Deklarationen (*→B.3, S. 510*).

Interface_2 = ["UNSAFE"] "INTERFACE" Ident_{89} ";" { Import_{10} }
{ Declaration_{13} } "END" Ident_{89} ".".

Der Name der Schnittstelle muß nach dem END wiederholt werden. Die Bezeichner der importierten Schnittstellen werden ebenso wie in Modulen sichtbar gemacht (*→B.1.3, S. 497*). Schnittstellen dürfen sich nicht (auch nicht transitiv) gegenseitig importieren.

B.1.3 Import

Um in Modulen oder Schnittstellen die Deklarationen anderer Schnittstellen sichtbar zu machen, dienen die *Import*-Anweisungen:

```
Import10     = "IMPORT" ImportItem11 { "," ImportItem11 } ";"
               | "FROM" Ident89 "IMPORT" IDList87 ";".
ImportItem11 = Ident89 [ AS Ident89 ].
```

Die erste Form der *Import*-Anweisung ist:

```
IMPORT Int AS Lokal;
```

Lokal ist der *lokale Name* der Schnittstelle Int. Damit werden alle Namen, die in der Schnittstelle Int deklariert wurden, in der Schnittstelle oder dem Modul, das diese Anweisung enthält, sichtbar. Die Namen werden qualifiziert mit dem lokalen Namen der Schnittstelle angesprochen: Lokal.name. Entfällt das AS, so ist der lokale Name gleich dem Schnittstellennamen.

Lokale Namen müssen sich von allen anderen Namen eines Moduls oder einer Schnittstelle unterscheiden, nicht jedoch von den importierten Schnittstellennamen. IMPORT S AS I, I AS S ist erlaubt.

Mit der zweiten Form werden einzelne Namen importiert:

```
FROM Int IMPORT name;
```

B.1.4 Kritische Module

In *sicheren Modulen* garantieren Übersetzer und Laufzeitsystem, daß keine Variable und kein Ausdruck einen Wert annehmen kann, der nicht im Typ der Variablen oder des Ausdrucks enthalten ist (*→B.2, S. 499*). Insbesondere ist garantiert, daß Referenzen (*→B.2.9, S. 506*) stets entweder NIL sind oder auf ausreichend große Speicherbereiche zeigen, die Werte des referenzierten Typs enthalten.

In *kritischen Modulen* sind diese Garantien teilweise aufgehoben, und der Programmierer muß die Integrität von Werten, Speicherplatz und Variablen garantieren. Er kann dann *kritische Operationen* (*→B.6, S. 531*) verwenden.

Module und Schnittstellen, die solche Konstruktionen verwenden, müssen mit dem Schlüsselwort UNSAFE gekennzeichnet werden (*→B.1.1 und B.1.2, S. 496*). Ein kritisches Modul kann eine sichere Schnittstelle exportieren. Ein Modul, das eine kritische Schnittstelle exportiert, darf nicht selbst sicher sein. Ein sicheres Modul oder eine sichere Schnittstelle darf keine kritische Schnittstelle importieren.

B.1.5 Generische Module und Schnittstellen

Mit generischen Modulen und Schnittstellen können Module und Schnittstellen formuliert werden, für die noch nicht alle Importe feststehen.

```
GInterface4 = "GENERIC" "INTERFACE" Ident89 GFmls8 ";"
              { Import10 } { Declaration13 } "END" Ident89 ".".
GModule5    = "GENERIC" "MODULE" Ident89 GFmls8 ";"
              { Import10 } Block12 Ident89 ".".
GFmls8      = "(" [ IDList87 ] ")".
```

Eine generische Schnittstelle hat die Form

GENERIC INTERFACE Gen($I_1, \cdots I_n$) *Importe*; *Deklarationen* END Gen.

Ein generisches Modul hat die Form

GENERIC MODULE Gen($I_1, \cdots I_n$) *Importe*; *Block* Gen.

Die I_i sind die *Parameter der generischen Einheiten*. Sie können jeweils so angesprochen werden, als wären sie als IMPORT $I_1, \cdots I_n$ deklariert. Zusätzlich können noch normale *Import*-Anweisungen in generischen Einheiten vorkommen.

Generische Einheiten müssen *instanziert* werden, bevor sie in Programmen verwendet werden können:

```
IInterface6 = [ "UNSAFE" ] "INTERFACE" Ident89 "=" Ident89 GActls9
              "END" Ident89 ".".
IModule7    = [ "UNSAFE" ] "MODULE" Ident89
              [ "EXPORTS" IDList87 ] "=" Ident89 GActls9 "END"
              Ident89 ".".
GActls9     = "(" [ IDList87 ] ")".
```

Mit der Instanzierung werden die Parameter der generischen Einheiten an (nicht generische) Schnittstellennamen gebunden. Nach folgender Instanzierung

INTERFACE InstGen = Gen($Int_1, \cdots Int_n$) END InstGen.

erzeugt der Übersetzer eine Schnittstelle, die äquivalent zu der folgenden ist:

INTERFACE InstGen; IMPORT Int_1 AS $I_1, \cdots Int_n$ AS I_n;
Importe; *Deklarationen* END InstGen.

Importe und *Deklarationen* werden textuell von der generischen Schnittstelle kopiert. Die Int_i sind Namen nicht generischer Schnittstellen.

Die Instanzierung eines generischen Moduls sieht so aus:

MODULE InstGen EXPORTS Exp = Gen(Int_1, $\cdots$ Int_n) END InstGen.

D. h., eine Liste von exportierten Schnittstellen kann noch angegeben werden. Entfällt sie, dann gilt, daß die einzige exportierte Schnittstelle den gleichen Namen wie das Modul hat. Ansonsten erfolgt die Generierung des Moduls analog zur Generierung von Schnittstellen:

MODULE InstGen EXPORTS Exp; IMPORT Int_1 AS I_1, $\cdots$ Int_n AS I_n;
Importe; *Block* InstGen.

B.2 Typen

Typen sind Beschreibungen von Wertemengen. Ein *leerer Typ* enthält keine Werte. Ein *Subtyp* ist eine Teilmenge eines Typs (→*B.2.12, S. 509*). Umgekehrt gilt jedoch nicht, daß zwei Typen gleich sind, weil ihre Wertemengen gleich sind.

Type_{48} = TypeName_{85} | ArrayType_{49} | PackedType_{50}
| EnumType_{51} | ObjectType_{52} | $\text{ProcedureType}_{53}$ | RecordType_{54}
| RefType_{55} | SetType_{56} | SubrangeType_{57} | "(" Type_{48}")".

B.2.1 Strukturelle Typäquivalenz

Zwei Typen sind „gleich", wenn sie *strukturell äquivalent* sind, d. h., wenn ihre *Expansion* gleich ist. Die Expansion einer Typdefinition ist das Ersetzen aller Typnamen durch deren Definition und aller konstanten Ausdrücke durch ihre Werte. Dabei werden mehrdimensionale Arraytypen in die Form ARRAY I_1 OF $\cdots$ ARRAY I_n OF E umgewandelt (→*B.2.5, S. 501*). Formale Parameter von Prozedurtypen, die Listen von Namen enthalten, die den gleichen Typ oder Defaultwert teilen, werden in entsprechende Typen umgewandelt, bei denen zu jedem Parameter ein Typ und/oder ein Defaultausdruck steht (→*B.2.8, S. 504*). Analog werden Listen von Feldern in Records umgewandelt, so daß für jedes Feld genau ein Typ und/oder Default angegeben wird (→*B.2.6, S. 503*)

Bei Referenztypen zählt zur Definition auch das Brandzeichen (→*B.2.9, S. 506*). Damit kann ein Referenztyp explizit als unterschiedlich von allen anderen deklariert werden.

B.2.2 Ordinaltypen

Ordinaltypen sind aufzählbare Typen. Das sind INTEGER, CARDINAL, CHAR, BOOLEAN, *Aufzählungstypen* und *Unterbereichstypen*. Jeder Wert eines Ordinaltyps hat eine zugeordnete *Ordinalzahl*, die vom Typ INTEGER ist (→*B.5.10 und B.4.18, S. 530 bzw. 522*). Die Werte der Ordinaltypen sind entsprechend den Ordinalzahlen geordnet.

Die vordefinierten Ordinaltypen sind:

Typname	*Wertebereich*
INTEGER	Ganze Zahlen zwischen von der Sprachumgebung bestimmten Grenzen. INTEGER-Werte werden als Literal angesprochen (→*B.7.6, S. 534*). Der Wert entspricht der Ordinalzahl.
CARDINAL	Vordefinierter Unterbereichstyp [0..LAST(INTEGER)].
CHAR	Aufzählung; die ersten 256 Werte sind die Zeichen des ISO-Latin-1-Codes. Die Ordinalzahl des Zeichens entspricht dem Code. Modula-3 definiert keine Namen für die Werte dieses Aufzähltyps, wohl aber Literale (→*B.7.6, S. 534*).
BOOLEAN	Aufzählung {FALSE, TRUE}. BOOLEAN.TRUE wird als reservierter Bezeichner TRUE angesprochen, analog BOOLEAN.FALSE als FALSE.

Aufzählungstypen

Ein Aufzählungstyp (englisch *enumeration*) beschreibt eine geordnete, möglicherweise leere Menge von Werten. Diese Werte sind Bezeichner, die nur sich selbst referenzieren.

EnumType$_{51}$ = "{" [IDList$_{87}$] "}".

Werte eines Aufzählungstyps müssen mit dem Typnamen qualifiziert werden. Z. B.: Typ: Farbe = {rot, gelb, blau}; Wert: Farbe.rot.

Die in der Typ *vorher* aufgelisteten Werte sind *kleiner* als die folgenden. Die Ordinalzahl eines Wertes entspricht der Position des Wertes entsprechend dieser Ordnung. Die Ordinalzahl des kleinsten Wertes einer Aufzählung ist 0.

Unterbereichstypen

Über alle Ordinaltypen können Unterbereichstypen (*Subranges*) definiert werden.

SubrangeType$_{57}$ = "[" ConstExpr$_{65}$ ".." ConstExpr$_{65}$ "]".

Die beiden ConstExpr$_{65}$ bestimmen den kleinsten bzw. größten Wert, der noch im Unterbereichstyp enthalten ist. Sie müssen den gleichen Typ haben, und es muß ein Ordinaltyp sein. Ist der kleinste Wert größer als der größte, so ist der Unterbereichstyp leer.

Der *Basistyp* eines Ordinaltyps T ist INTEGER, wenn T eine Unterbereich von INTEGER-Werten ist oder der Aufzähltyp, von dem die Werte des Unterbereiches stammen. Die Werte im Unterbereich sind *gleich* den Werten im Basistyp. D. h. auch, daß sie deren Ordinalzahl übernehmen.

B.2.3 Mengentypen

Werte von Mengentypen sind beschränkt auf Mengen über Ordinaltypen (dem *Basistyp* der Menge):

```
SetType56      = "SET" "OF" Type48.
Constructor79  = Type48 "{" [ SetCons80 | ··· ] "}".
SetCons80      = SetElt81 { "," SetElt81 }.
SetElt81       = Expr66 [ ".." Expr66 ].
```

Werte eines Mengentyps können mit Hilfe eines *Mengenkonstruktors* der Form T{$Elem_1$, ··· $Elem_n$} gebildet werden. Die $Elem_i$ sind entweder Ausdrücke oder Bereiche der Form *kleinster Wert .. größter Wert*. Leere Bereiche (d. h., der kleinste Wert ist größer als der größte) sind erlaubt.

B.2.4 Gleitkommatypen

Es gibt drei vordefinierte Typen für Gleitkommazahlen:

REAL LONGREAL EXTENDED

REAL enthält Gleitkommazahlen einfacher Genauigkeit, LONGREAL von doppelter Genauigkeit und EXTENDED von einer noch höheren Genauigkeit – so wie es die jeweilige Sprachumgebung ermöglicht. Die Gleitkommawerte werden als Literale angesprochen (→*B.7.6, S. 534*). Die Standardschnittstelle Real, LongReal und Extended (→*C.1.4, S. 541*) beschreiben für jede Sprachumgebung jeweils die Genauigkeit der Gleitkommatypen. Die generische Standardschnittstelle Float (→*C.1.5, S. 541*) exportiert die IEEE-Standardoperationen für Gleitkommazahlen. Die Standardschnittstelle FloatMode (→*C.1.6, S. 543*) enthält Operationen zum Testen und Setzen des Verhaltens der Sprachumgebung bezüglich numerischer Ausnahmen und Rundung.

B.2.5 Array

Arrays sind geordnete Sammlungen von Elementen desselben Typs, die gemeinsam angesprochen werden und zusammen den Wert eines Arrays bilden.

ArrayType$_{49}$ = "ARRAY" [Type$_{48}$ { "," Type$_{48}$ }] "OF" Type$_{48}$.

Sei

T = ARRAY Ind OF E

dann ist T der Arraytyp, Ind ist der *Indextyp*, der ein Ordinaltyp sein muß, und E ist der *Elementtyp*. Ist a vom Typ T, dann ist a[i] vom Typ E der Designator (*→B.5.1, S. 524*) des i-ten Elements von a – mit i vom Typ Ind. Der Ordinalwert von i entspricht der Position des Elements im Array mit a[FIRST(Ind)](*→B.5.8, S. 528*) als erstes Element. Die Anzahl der Elemente ist gleich NUMBER(Ind) (*→B.5.8, S. 528*).

Ist E auch ein Arraytyp, dann nennt man das Array *mehrdimensional*. Der Typ

T = ARRAY I_1 OF ARRAY I_2 OF $\cdots$ ARRAY I_n OF E

kann alternativ geschrieben werden als

T = ARRAY $I_1, I_2, \cdots I_n$ OF E

Analog kann der Ausdruck (a vom Typ T, i_j vom Typ I_j)

a$[i_1][i_2] \cdots [i_n]$

alternativ geschrieben werden als

a$[i_1, i_2, \cdots i_n]$

Gestalt Die Sequenz der Anzahl der Elemente der Indextypen nennt man *Gestalt* des Arrays. Zwei Arrays gleicher Gestalt und mit gleichem Elementtyp können die gleichen Werte annehmen. Sie sind zuweisbar (*→B.4.2, S. 515*). Beispiel:

```
VAR a: ARRAY [1..2] OF INTEGER;
  b: ARRAY [2..3] OF INTEGER;
BEGIN
  b[2]:= 2; b[3]:= 3;
  a:= b
```

Bei der Zuweisung von kompatiblen Arrayvariablen ändert sich der Wert der *LHS*-Variablen, nicht aber ihr Typ. Indexberechnungen erfolgen stets nach dem Typ. Nach den obigen Zuweisungen hat a[2] den Wert 3 (Vergleiche auch Prozedurtypen, *B.2.8 S. 504*).

Offene Arrays Wird kein Indextyp angegeben, dann nennt man das Array *offen*. Der Indextyp ist dann der Unterbereichstyp [0..n-1], wobei n zur Laufzeit beim Anlegen des Arrays festgelegt wird (*→B.5.9, S. 529*) und dann nicht mehr geändert werden kann.

Arraywerte Sie werden mit dem *Arraykonstruktor* gebildet:

```
Constructor79 = Type48 "{" [ ··· | ArrayCons84 ] "}".
ArrayCons84  = Expr66 {"," Expr66 } [ "," ".." ].
```

D. h., ein Arraywert hat die Form T $\{Elm_1, \cdots Elm_n\}$. T ist der Arraytyp, Elm_i sind Ausdrücke, die die Werte der jeweiligen Elemente des Arrays ergeben. Ihr Wert muß zuweisbar zum Elementtyp von T sein. n muß entweder gleich der Anzahl der Elemente von T sein oder kleiner, dann muß n mindestens 1 sein und der Arraywert die folgende Form haben: T $\{Elm_1, \cdots Elm_n, ..\}$. In diesem Fall wird Elm_n so lange wiederholt, bis das Array gefüllt ist.

Ist T ein offener Arraytyp, dann bestimmt n die Größe von T (die zweite Form des Arraykonstruktors ist dann nicht zulässig).

B.2.6 Recordtypen

Ein *Record* ist ein Verbund von *Feldern*, die gemeinsam angesprochen werden und zusammen den Wert des Records darstellen. Recordfelder haben einen pro Recordtyp eindeutigen Namen und einen nicht leeren Typ, der kein offenes Array ist. Mit r.f wird das Feld mit Namen f einer Recordvariable r angesprochen (→*B.5.1, S. 524*).

```
RecordType54 = "RECORD" Fields59 "END".
Fields59     = [Field60 { ";" Field60 } [ ";" ] ] .
Field60      = IDList87 ( ":" Type48 | ":=" ConstExpr65 |
                 ":" Type48 ":=" ConstExpr65 ).
```

D. h., ein Recordtyp hat die Form RECORD *Felder* END mit Felddefinitionen wie im folgenden:

$feld_1, \cdots feld_n$: Typ := Default

Die $feld_i$ sind die Feldnamen. Der Typ kann entfallen, dann gilt der Typ des Defaults; fehlt der Default, dann werden die Werte der Felder beliebige Werte aus Typ sein. Wird Typ und Default angegeben, dann muß Default im Wertebereich von Typ liegen.

Recordwerte Sie werden mit dem *Recordkonstruktor* gebildet:

```
Constructor79  = Type48 "{" [ RecordCons82 | ··· ] "}".
RecordCons82 = RecordElt83 { "," RecordElt83 }.
RecordElt83   = [ Ident89 ":=" ] Expr66.
```

D. h., ein Recordkonstruktor hat die Form T $\{Bindungen\}$. Mit *Bindungen* müssen jedem Recordfeld, das keinen Defaultwert hat, Werte zugeordnet werden. Diese Werte können *positionell* oder *nach Feldnamen* zugewiesen werden. Für diese Zuweisung wird der gleiche Algorithmus angewendet, wie beim Binden der aktuellen an die formalen Parameter bei einem Prozeduraufruf (→*B.4.3, S. 516*).

B.2.7 Gepackte Typen

Der Typ eines Arrayelements sowie eines Record- oder Objektfeldes kann *gepackt* werden. Damit gibt der Programmierer an, wieviel Speicherplatz das Element im jeweiligen Zusammenhang zur Verfügung hat. Der Übersetzer wird die Werte komprimiert (d. h. ohne auf die Wortgrenzen des Speichers zu achten) innerhalb des Arrays, Records oder Objektes speichern. Der Wertebereich der gepackten und der nicht gepackten Version eines Typs ist gleich.

PackedType_{50} = "BITS" ConstExpr_{65} "FOR" Type_{48}.

Type_{48} ist der Typ, der gepackt werden soll, ConstExpr_{65} gibt die genaue Anzahl der Bits an, die zur Speicherung zur Verfügung stehen. Welche Werte dafür zulässig sind, hängt von der Implementierung des Übersetzers und möglicherweise auch vom Typ ab, der gepackt werden soll: Der Übersetzer kann z. B. das Packen von Aufzählungstypen erlauben, aber verbieten, daß *Integers* über Wortgrenzen gespeichert werden.

B.2.8 Prozedurtypen

Eine Prozedur (ein *Prozedurwert*) besteht aus einer Signatur, einem Block und einer Umgebung (das ist der Block, in der sie definiert ist, und dessen umschließende Blöcke), die die Interpretation der Bezeichner, die innerhalb der Prozedur verwendet werden, bestimmt. Der Wertebereich des Prozedurtyps T sind alle Prozeduren, deren Signatur durch die Signatur von T *abgedeckt* (siehe unten) wird und NIL.

$\text{ProcedureType}_{53}$ = "PROCEDURE" Signature_{19}.
Signature_{19} = "(" Formals_{20} ")" [":" Type_{48}] ["RAISES" Raises_{22}].
Formals_{20} = [Formal_{21} { ";" Formal_{21} } [";"].
Formal_{21} = ["VALUE" | "VAR" | "READONLY"]
IDList_{87} (":" Type_{48} | ":=" ConstExpr_{65} |
":" Type_{48} ":=" ConstExpr_{65}).
Raises_{22} = "{" [QualID_{86} { "," QualID_{86} }] "}" | "ANY" .

Ein Prozedurtyp T hat die allgemeine Form:

T = PROCEDURE ($formal_1, \cdots formal_n$): R RAISES *A*

Die *formalen Parameter* $formal_i$ haben die Form

Übergabeart $par_1, \cdots par_n$: Typ := Default

Übergabeart ist entweder VAR, VALUE oder READONLY; entfällt sie, dann gilt VALUE (→*B.4.3, S. 516*).

par_i sind die Namen der Parameter, die innerhalb der Signatur eindeutig sein müssen. Typ ist der Typ, Default ist der Defaultwert dieser Parameter (er darf bei Parametern mit Übergabeart VAR nicht vorkommen). Entfällt Typ, so gilt der Typ von Default, wird beides angegeben, dann muß Default in Typ enthalten sein.

Resultattyp R ist der *Resultattyp*. In T enthaltene Prozeduren liefern Werte vom diesem Typ zurück. Wird ein Resultattyp angegeben, dann nennt man die Prozeduren *Funktionsprozeduren*; entfällt R, dann nennt man die Prozeduren *reine Prozeduren*.

Liste der Ausnahmen *A* ist eine Menge von Ausnahmen, die von in T enthaltenen Prozeduren ausgelöst werden können (→*B.4 und B.4.14, S. 514 bzw. 521*). Das Schlüsselwort ANY repräsentiert die Menge aller Ausnahmen. Entfällt RAISES *A*, so bedeutet das RAISES {}.

Abdecken von Signaturen Eine Signatur S_1 deckt eine Signatur S_2 genau dann ab, wenn gilt:

- Sie haben die gleiche Anzahl an Parametern und die entsprechenden Parameter haben den gleichen Typ und Übergabeart.
- Sie haben den gleichen Resultattyp (bzw. beide liefern kein Resultat zurück).
- Die Menge der Ausnahmen in der *Raises*-Liste von S_2 ist eine Teilmenge derjenigen von S_1.

D. h., die beiden Signaturen müssen bis auf Namen und Default der Parameter gleich sein – abgesehen von den *Raises*-Listen, für die gilt, daß die Ausnahmen, die S_2 auslösen kann, auch von S_1 ausgelöst werden können.

B.2.9 Referenztypen

Referenzen sind Zeiger auf Variablen (oder Adressen von Variablen). Der Wert NIL steht für eine Referenz, die auf nichts zeigt. Der Wertebereich von Referenztypen sind Zeiger auf Variablen eines festgesetzten Typs (dem *referenzierten Typ*). Die Variablen, auf die Referenzen zeigen, sind in sicheren Modulen nicht benannt und werden mit der vordefinierten Funktion NEW angelegt (*→B.5.9, S. 529*). Die vordefinierte Funktion ADR (*→B.6.2, S. 532*) liefert in kritischen Modulen (*→B.1.4, S. 497*) Referenzen auf benannte Variablen. *Referenzwerte* können nur mit NEW oder ADR erzeugt werden.

RefType_{55} = ["UNTRACED"] [Brand_{58}] "REF" Type_{48}.
Brand_{58} = "BRANDED" [ConstExpr_{65}].

Kontrollieren von Referenzen Referenzen werden normalerweise vom *Garbage Collector* verwaltet (man sagt sie werden *kontrolliert*, englisch *traced*). Speicherbereiche (mit NEW angelegte unbenannte Variablen), auf die keine Referenz mehr zeigt, werden damit automatisch freigegeben. Referenzen, die nicht vom System verwaltet werden (*nicht kontrolliert*, englisch *untraced*), müssen explizit mit der vordefinierten Funktion DISPOSE (*→B.6.3, S. 532*) freigegeben werden. Das Schlüsselwort UNTRACED gibt an, daß der Typ nicht kontrolliert wird. Nicht kontrollierte Referenzen dürfen von beliebigen Modulen verwendet werden, DISPOSE ist nur in kritischen Modulen (*→B.1.4, S. 497*) erlaubt. In sicheren Modulen dürfen nicht kontrollierte Referenzentypen keine Elemente enthalten, die kontrollierte Referenzen sind.

Folgende Referenztypen sind vordefiniert:

REFANY	alle kontrollierten Referenzen
ADDRESS	alle nicht kontrollierten Referenzen

Alle kontrollierten Referenztypen sind Subtyp von REFANY, alle nicht kontrollierten Referenztypen sind Subtyp von ADDRESS.

Der referenzierte Typ einer Variablen vom Typ REFANY kann mit der vordefinierten Funktion ISTYPE (*→B.5.6, S. 528*) bzw. mit der *Typecase*-Anweisung (*→B.4.8, S. 519*) abgefragt werden.

Brandzeichen Um zwei Refenztypen zu deklarieren, die (strukturell) gleich wären (*→B.2.1, S. 499*), semantisch aber unterschiedlich sein sollen, kann das Schlüsselwort BRANDED verwendet werden. Die optionale ConstExpr_{65} muß vom Typ TEXT sein und wird *Brandzeichen* genannt. Brandzeichen müssen innerhalb eines Programms eindeutig sein und identifizieren den Typ außerhalb des Programms (wenn z. B. Werte persistent gespeichert werden). Fehlt das explizite Brandzeichen, dann generiert der Übersetzer automatisch ein von allen anderen unterschiedliches.

B.2.10 Objekttypen

Ein Objekt ist eine Referenz (*→B.2.9, S. 506*) auf einen unbenannten Record und einer Reihe von Methoden. Der Wertebereich eines Objekttyps T enthält alle Objekte vom Typ T sowie alle Objekte vom Typ U mit U <: T, also alle Subtypen von T (*→B.2.12, S. 509*).

Zwei Objekttypen sind vordefiniert:

ROOT	Supertyp aller kontrollierter Objekttypen
UNTRACED ROOT	Supertyp aller nicht kontrollierten Objekttypen

Kontrollierte Objekttypen werden vom *Garbage Collector* verwaltet. Es gilt ROOT <: REFANY und UNTRACED ROOT <: ADDRESS (*→B.2.9, S. 506*). In sicheren Modulen dürfen nicht kontrollierte Objekttypen keine Felder enthalten, die kontrollierte Referenzen sind.

```
ObjectType52 = [ TypeName85 | ObjectType52 ] [Brand58 ]
               "OBJECT" Fields59
               [ "METHODS" Methods61 ]
               [ "OVERRIDES" Overrides63 ] "END".
```

Der Supertyp eines Objekttyps wird bei der Deklaration angegeben. Fehlt der Supertyp, so gilt der Default ROOT. Ein Objekttyp sieht allgemein so aus:

```
T = S OBJECT
      Felder
    METHODS
      Methoden
    OVERRIDES
      Überschreibungen
    END
```

Objekte enthalten *Felder*, die genauso wie die Felder von Records (*→B.2.6, S. 503*) deklariert werden (man sagt auch, sie *erben* Felder und Methoden). Die Typen der Objektfelder dürfen ebensowenig leer oder offene Arrays sein. Zusätzlich enthalten Objekte noch *Methoden*. Methoden sind Prozeduren, die bei ihrem Aufruf das Objekt („*self*") als ersten Parameter übergeben bekommen. Ist o eine Variable von einem Objekttyp mit einem Feld f und einer Methode m, dann wird das Feld mit o.f angesprochen und die Methode mit o.m(···) aufgerufen. Ein Objekttyp T enthält auch alle Felder und Methoden seines Supertyps S. Feld- oder Methodenbezeichner in T überdecken gleichlautende Bezeichner in S. Die überdeckten Felder und Methoden können mit NARROW (*→B.5.10, S. 530*) angesprochen werden.

Wie alle Referenztypen können Objekttypen mit dem Schlüsselwort BRANDED als von allen anderen verschieden gekennzeichnet werden.

Methoden Die Methode m eines Objekttyps T ist entweder NIL oder eine Prozedur P, die die Deklaration von m *erfüllt*, d. h.:

1. P wurde auf oberster Ebene deklariert.

2. Der erste Parameter von P ist ein Wertparameter mit einem Typ S mit T <: S.

3. Streicht man den ersten Parameter von der Signatur von P, dann muß diese die Signatur von m *abdecken* (*→B.2.8, S. 505*).

Methoden werden folgendermaßen deklariert:

```
Methods61 = [ Method62 { ";" Method62 } [";"] ].
Method62  = Ident89 Signature19 [ ":=" ConstExpr65].
```

ConstExpr_{65} ist eine Prozedur, die die Methodendeklaration erfüllt. Sie ist der Wert der Methode. Wird er nicht angegeben, dann ist er NIL.

Überschreiben Der Wert von Methoden sowie der Defaultwert von Feldern eines Supertyps können überschrieben werden:

```
Overrides63 = [ Override64 { ";" Override64} [ ";" ] ].
Override64  = Ident89 ":=" ConstExpr65.
```

Bezeichnet Ident_{89} ein Feld eines Supertyps, so muß ConstExpr_{65} einen Typ haben, der zuweisungskompatibel mit dem Typ des Feldes ist. Bezeichnet Ident_{89} eine Methode, so ist ConstExpr_{65} eine Prozedur, die die Methodendeklaration erfüllt.

Direkter Aufruf von Methoden eines Typs Der Default einer Methode m eines Objekttyps T kann direkt aufgerufen werden mit T.m(· · ·). Die Referenz auf ein entsprechendes Objekt („*self*") muß dann als erster Parameter übergeben werden. Diese Notation ist nötig, wenn eine Methode die überschriebene Methode eines Supertyps aufrufen soll (*→B.4.3, S. 516*).

B.2.11 Text und Mutex

Folgende Typen sind vordefinierte, verdeckte Typen (*→B.3.2, S. 511*):

Typname	*Wertebereich*
TEXT	<: REFANY Referenzen auf Zeichenketten. Werte können mit Textliteralen (→*B.7.6, S. 534*) erzeugt werden. Die Operationen sind in der Standardschnittstelle Text (→*C.1.1, S. 537*) angegeben.
MUTEX	<: ROOT Sperrbare Variable zur Synchronisierung von parallel laufenden Threads (→*C.1.2, S. 538*). Die Operationen sind in der Standardschnittstelle Thread festgelegt. *Mutex*-Variablen können in der *Lock*-Anweisung verwendet werden (→*B.4.19, S. 523*)

B.2.12 Die Subtyprelation <:

Wenn S ein *Subtyp* (→*B.2, S. 499*) von T ist (man schreibt S <: T), dann sind alle Werte von S auch in T enthalten. T heißt auch *Supertyp* von S. Die Subtyprelation ist reflexiv und transitiv, es gilt

$$T <: T$$
$$T <: U \wedge U <: V \Rightarrow T <: V$$

Folgende Regeln definieren die Subtyprelation:

1. *Unterbereichstypen*
   Unterbereichstypen (→*B.2.2, S. 500*) sind Subtypen ihrer Basistypen. Unterbereichstypen sind Subtypen aller anderen Unterbereichstypen, die ihren Wertebereich überdecken:

   ```
   [0..1] <: INTEGER
   [0..1] <: [0..2] <: [-1..2]
   ```

2. *Arrays*
   Ein Arraytyp S (→*B.2.5, S. 501*) ist Subtyp eines Arraytyps T, wenn der Elementtyp gleich ist und sie die gleiche Dimensionalität haben. Dabei muß für die jeweiligen Dimensionen gelten, daß sie entweder beide offen oder beide fest mit der gleichen Kardinalität sind. Außerdem ist S Subtyp von T – beide von der Dimensionalität $n + m$ – wenn die ersten n Dimensionen in T offen und in S fest sind, und die restlichen m Dimensionen in S sowie in T fest sind und die gleiche Kardinalität haben.

   ```
   ARRAY [0..1] OF INTEGER <: ARRAY OF INTEGER
   ARRAY OF ARRAY [0..1] OF INTEGER <: ARRAY OF ARRAY OF INTEGER
   ARRAY [0..1] OF INTEGER <: ARRAY BOOLEAN OF INTEGER
   ARRAY BOOLEAN OF INTEGER <: ARRAY [0..1] OF INTEGER
   ```

3. *Referenzen*
   Beliebige kontrollierte Referenztypen sind Subtypen von REFANY, beliebige nicht kontrollierte Referenztypen sind Subtypen von ADDRESS, NULL ist Subtyp aller Referenztypen. Es gilt (*→B.2.9, S. 506*):

   NULL <: REF T <: REFANY
   NULL <: UNTRACED REF T <: ADDRESS

4. *Objekte*
   Kontrollierte Objekttypen sind Subtypen von REFANY; nicht kontrollierte Objekttypen sind Subtypen von ADDRESS. Somit sind Objekttypen Referenztypen. Es gilt (*→B.2.10, S. 507*):

   ROOT <: REFANY
   UNTRACED ROOT <: ADDRESS
   NULL <: T OBJECT ··· END <: T

5. *Prozeduren*
   NULL ist Subtyp von allen Prozedurtypen (*→B.2.8, S. 504*), damit ist NIL in jedem Prozedurtyp enthalten. Ein Prozedurtyp S ist Subtyp von T, wenn die Signatur von T die Signatur von S *abdeckt* (*→B.2.8, S. 505*).

6. *Gepackte Typen*
   Jeder gepackte Typ ist Subtyp der nicht gepackten Version und umgekehrt (*→B.2.7, S. 504*). D. h., die gepackte Version eines Typs hat den gleichen Wertebereich wie die nicht gepackte Version, die Typen sind aber nicht gleich.

   BITS *n* OF T <: T sowie T <: BITS *n* OF T

B.3 Deklarationen

Bezeichner Eine Deklaration verbindet einen *Bezeichner* (einen Namen) mit einer Konstanten-, Typen-, Ausnahmen-, Variablen- oder Prozedurdefinition. Die Aufdeckung enthüllt Informationen über einen Typ.

Declaration$_{13}$ = "CONST" { ConstDecl$_{14}$ ";" }
| "TYPE" { TypeDecl$_{15}$ ";" }
| "EXCEPTION" { ExceptionDecl$_{16}$ ";" }
| "VAR" { VariableDecl$_{17}$ ";" }
| ProcedureHead$_{18}$ ["=" Block$_{12}$ Ident$_{89}$] ";"
| "REVEAL" Ident$_{89}$ ("=" | "<:") Type$_{48}$.

Blöcke Wird ein Bezeichner in einem Block deklariert, dann bildet dieser Block den *Gültigkeitsbereich* des Bezeichners. Die Reihenfolge, in der Bezeichner deklariert werden, spielt keine Rolle – abgesehen davon, daß sie die Reihenfolge, mit der Variablen initialisiert werden, beeinflußt (→*B.3.4, S. 512*). Ein Block besteht aus Deklarationen und einer Anweisungsfolge (→*B.4, S. 514*). Ein Block ist selbst eine Anweisung (→*B.4.1, S. 515*).

Block_{12} = { Declaration_{13} }"BEGIN" Stmts_{23} "END".

Blöcke können geschachtelt sein (entweder wenn ein Block als Anweisung auftritt oder als Block einer Prozedurdeklaration). In einem geschachtelten Block dürfen Bezeichner des äußeren Blocks *redeklariert* werden. Gleichnamige Deklarationen aus einem umschließenden Block werden dadurch überdeckt.

Schnittstellen Wird ein Bezeichner in einer Schnittstelle deklariert, dann erstreckt sich sein Gültigkeitsbereich auf diese Schnittstelle und auf das Modul, das die Schnittstelle exportiert. Solche Bezeichner können in weitere Module importiert werden (→*B.1.2, S. 496*).

In Schnittstellen dürfen keine Prozedurwerte (→*B.3.6, S. 513*) deklariert werden. Ferner ist die Initialisierung von Variablen in Schnittstellen auf konstante Ausdrücke beschränkt (→*B.3.4, S. 512*).

B.3.1 Konstanten

Zur Laufzeit unveränderliche Werte können als Konstanten deklariert werden. Konstanten haben einen Namen, einen Typ und einen Wert:

ConstDecl_{14} = Ident_{89} [":" Type_{48}] "=" ConstExpr_{65}.

Der Ausdruck ist der Wert der Konstante und muß zur Übersetzungszeit auswertbar sein (→*B.5.12, S. 531*). Wenn die Angabe des Typs entfällt, dann hat die Konstante den Typ des Ausdrucks. Wird der Typ angegeben, dann muß das Ergebnis des Ausdrucks im Wertebereich des Typs liegen.

B.3.2 Typen

Eine Typdeklaration verbindet einen Typ (→*B.2, S. 499*) mit einem Namen (der damit seinerseits ein Typ ist).

TypeDecl_{15} = Ident_{89} ("=" | "<:") Type_{48}.

Verdeckte Typdeklaration Eine Deklaration der Form V <: T definiert V als *verdeckten Typ*. Sie legt fest, daß V ein Subtyp von T ist. T muß ein Referenztyp (→*B.2.9, S. 506*) sein. Für V muß es eine *Aufdeckung* an einer anderen Stelle des Programms geben (→*B.3.3, S. 512*).

B.3.3 Aufdeckung

Aufdeckungen enthüllen Informationen über verdeckte Typen. Sie führen keine neuen Bezeichner ein. Sie müssen im äußersten Block eines Moduls oder in einem Interface stehen.

Declaration_{13} =· · · | "REVEAL" Ident_{89} ("=" | "<:") Type_{48}.

Volle Aufdeckung Eine Aufdeckung der Form REVEAL V = T gibt den genauen Typ des verdeckt deklarierten V an (→*B.3.2, S. 511*). T muß ein Referenztyp mit Brandzeichen (→*B.2.9, S. 506*) sein, darf also nicht nur ein Name sein. Dadurch unterscheiden sich verdeckte Typen von allen anderen Typen. Alle Typen, die entweder in einer teilweisen Aufdeckung oder in einer verdeckten Typdeklaration als Supertypen von V deklariert wurden, müssen Supertyp von T sein (→*B.2.12, S. 509*).

Teilweise Aufdeckung Eine Aufdeckung der Form REVEAL V <: S legt fest, daß V Subtyp von S ist. Mehrere teilweise Aufdeckungen sind möglich, um in unterschiedlichen Gültigkeitsbereichen mehr oder weniger Informationen über einen verdeckten Typ preiszugeben. Wenn es zwei Aufdeckungen der Form V <: S_1 und V <: S_2 gibt, dann muß es auch eine Deklaration geben, die festlegt, ob S_1 <: S_2 gilt oder S_2 <: S_1.

B.3.4 Variablen

Variablen haben einen Typ, einen aktuellen Wert und einen Speicherplatz, der groß genug ist, um alle Werte des Typs zu speichern. Eine Variablendeklaration verbindet einen Variablennamen mit einer Variablen, legt deren Typ fest und legt den nötigen Speicherplatz an. Dieser Speicherplatz wird reserviert, wenn der Block, in dem die Deklaration steht, aktiviert wird, und freigegeben, wenn die Ausführung des Blocks beendet ist. In Schnittstellen deklarierte Variablen werden statisch, d. h. vor Ausführung des Programms, angelegt (→*B.1.2, S. 496*). Der Variablenname ist ein *schreibbarer Designator* (→*B.5.1, S. 524*).

VariableDecl_{17} = IDList_{87} (":" Type_{48} ":=" Expr_{66}
| ":" Type_{48} | ":=" Expr_{66}).

Eine Variablendeklaration sieht allgemein so aus:

$var_1, \cdots var_n$: Typ := Default

Typ darf nicht leer und kein offenes Array sein. Default ist ein Ausdruck, dessen Wert der Initialisierungswert der Variablen ist. Fehlt der Typ, dann gilt der Typ des Defaults; fehlt der Default, dann werden die Initialisierungswerte der Variablen beliebige Werte aus Typ sein. Wird Typ und Default angegeben, dann muß Default im Wertebereich von Typ liegen.

Die Zuweisung der Initialisierungswerte geschieht so, als ob am Beginn des Anweisungsteils des Blocks entsprechende Zuweisungsanweisungen (*→B.4.2, S. 515*) stehen würden (var_i := Default, d. h. Default wird n-mal ausgewertet). Die Reihenfolge der Initialisierung entspricht immer der Reihenfolge in der Deklaration. Im Initialisierungsausdruck verwendete Variablen, die erst weiter hinten ihrerseits initialisiert werden, haben somit zunächst einen beliebigen Wert. Beispiel:

```
VAR i : [1..5] := j; j : [1..5] := 1; BEGIN ··· END
```

entspricht dem folgenden Code:

```
VAR i, j: [1..5]; BEGIN i := j; j := 1 ··· END
```

d. h. i erhält einen beliebigen Wert aus [1..5] zugewiesen.

B.3.5 Ausnahmen

Die Ausnahmedeklaration erklärt einen Bezeichner als Ausnahme und legt deren Parametertyp fest. (*→B.4 und B.4.14, S. 515 bzw. 521*).

$\text{ExceptionDecl}_{16}$ = Ident_{89} ["(" Type_{48} ") "]

Type_{48} darf nicht leer und kein offenes Array sein. Fehlt der Typ in der Deklaration, dann hat die Ausnahme keinen Parameter.

B.3.6 Prozeduren

Prozedurdeklarationen verbinden Bezeichner mit einer Prozedursignatur.

Declaration_{13} = ··· | $\text{ProcedureHead}_{18}$ ["=" Block_{12} Ident_{89}] ";".
$\text{ProcedureHead}_{18}$ = "PROCEDURE" Ident_{89} Signature_{19}.

Eine Prozedurdeklaration in einem Modul (*→B.1.1, S. 496*) hat die allgemeine Form:

PROCEDURE Name *Sig* = *Block* Name;

Damit wird eine *Prozedurkonstante* Name definiert. Name steht damit für die Prozedur mit der Signatur *Sig*, dem ausführbaren *Block* und einer Umgebung – dem Block, der diese Deklaration enthält und seine umschließenden Blöcke (*→B.2.8, S. 504*). Die Parameter von *Sig* gehören zum Gültigkeitsbereich des Blockes der Prozedur. Der Name nach dem Schlüsselwort PROCEDURE und jener nach dem END des Blockes der Prozedur muß gleich sein.

Eine Prozedurdeklaration in einem Interface sieht so aus:

PROCEDURE Name *Sig*;

Damit wird deklariert, daß Name eine Prozedurkonstante ist, die in einem der Module, die das Interface exportieren, definiert wurde. Die Signatur der Prozedurkonstante muß durch die gleichnamige Deklaration im Interface *abgedeckt* werden (→*B.2.8, S. 505*). Es darf nur eine Implementierung in den Modulen geben, die das Interface exportieren. Exportieren die Module jedoch mehrere Schnittstellen, so darf in jeder Schnittstelle der gleiche Prozedurname einmal deklariert werden.

B.3.7 Rekursive Deklarationen

Rekursive Deklarationen sind solche, die den zu deklarierenden Namen *N* in der Deklaration *E* selbst oder einer partiellen Expansion (→*B.2.1, S. 499*) von *E* verwenden. Solche Deklarationen sind nur erlaubt, wenn

1. *N* in *E* nur innerhalb der Deklaration von Referenz- (→*B.2.9, S. 506*) oder Prozedurtypen (→*B.2.8, S. 504*) vorkommt,
2. *N* in der Feld- oder Methodendefinition einer Objekttypdeklaration vorkommt (→*B.2.10, S. 507*),
3. *N* im Block einer Prozedurdeklaration (→*B.3.6, S. 513*) vorkommt.

B.4 Anweisungen

Anweisungen sind Befehle an den Computer, die zur Laufzeit des Programms ausgeführt werden.

```
Stmts23 = [ Stmt24 { ";" Stmt24 } [ ";" ] ].
Stmt24  = AssignStmt25 | Block12 | CallStmt26 | CaseStmt27
          | ExitStmt28 | EvalStmt29 | ForStmt30 | IfStmt31 | LockStmt32
          | LoopStmt33 | RaiseStmt34 | RepeatStmt35 | ReturnStmt36
          | TryFinStmt39 | TryXptStmt38 | TCaseStmt37 | WhileStmt40
          | WithStmt41.
```

Beenden von Anweisungen Ein Anweisung kann *normal* oder mit einer Ausnahme *e* beendet werden. Ausnahmen können mit der *Try-Except*-Anweisung (→*B.4.15, S. 521*) behandelt werden. In Prozeduren werden sie *weitergeleitet*, wenn sie nicht innerhalb der Prozedur behandelt werden und *e* in der Liste der Ausnahmen der Prozedur steht (→*B.2.8, S. 504*). Dadurch wird der Aufruf der Prozedur mit *e* beendet. Tritt während der Ausführung einer Anweisung bei der Auswertung eines Ausdruckes (→*B.5, S. 523*) die Ausnahme *e* auf, dann wird die ganze Anweisung mit *e* beendet. Das Auftreten einer Ausnahme, für die es keine Behandlung gibt, ist ein Laufzeitfehler.

Anweisungsfolgen Eine Folge von Anweisungen wird sequentiell der Reihe nach ausgeführt. Wird eine der Anweisungen mit einer Ausnahme *e* beendet, dann werden die restlichen ignoriert und die Anweisungsfolge mit *e* beendet.

B.4.1 Blöcke

Ein Block ist ein Gültigkeitsbereich von Bezeichnern (→*B.3, S. 511*) und gleichzeitig auch eine Anweisung. Ein Block wird ausgeführt, indem hintereinander zuerst seine Variablen initialisiert werden (→*B.3.4, S. 512*) und dann seine Anweisungsfolge ausgeführt wird.

B.4.2 Zuweisung

Mit der *Zuweisungs*-Anweisung wird der aktuelle Wert einer Variablen gesetzt.

AssignStmt_{25} = Expr_{66} ":=" Expr_{66}.

Eine Zuweisung hat also die Form *v*:= *E*, wobei *v* ein schreibbarer Designator ist (→*B.5.1, S. 524*). *E* muß *zuweisbar* (siehe unten) zu *v* sein. *E* wird ausgewertet, bevor der Wert von *v* geändert wird, d. h., überlappende Subarrays (→*B.5.1, S. 525*) können einander zugewiesen werden.

Zuweisungskompatibilität

Ein Typ R ist *zuweisungskompatibel* mit einem Typ L, wenn gilt:

- R <: L
- L <: R, wobei R ein Array- oder Referenztyp (in sicheren Modulen jedoch nicht Typ ADDRESS) ist.
- R und L beide Ordinaltypen sind, deren Wertebereiche mindestens einen Wert gemeinsam haben.

Ein Ausdruck *E* ist *zuweisbar* zu einer Variablen *v*, wenn

1. der Typ von *E* zuweisungskompatibel zum Typ von *v* ist,
2. der Wert von *E* im Wertebereich vom Typ von *v* enthalten ist,
3. *E* keine lokale Prozedur ist,
4. *E* ein Array ist und die gleiche Gestalt (→*B.2.5, S. 502*) wie *v* hat.

Die Bedingungen 2, 3 und 4 können im allgemeinen erst zur Laufzeit überprüft werden, ihre Verletzung führt zu einem Laufzeitfehler.

B.4.3 Prozeduraufruf

Ein Prozeduraufruf aktiviert eine reine Prozedur (*→B.2.8 und B.3.6, S. 504 bzw. 513*) (vergleiche auch B.5.7, S. 528).

```
CallStmt26 = Expr66 "(" [ Actual47 { "," Actual47 } ] ")".
Actual47   = [ Ident89 ":=" ] Expr66 | Type48.
```

Ein Prozeduraufruf sieht allgemein so aus:

P (*Bindungen*)

P ist ein Ausdruck von einem Prozedurtyp, *Bindungen* bindet die aktuellen an die formalen Parameter der Prozedur.

Bindungen Sie sind eine Liste von Positions- und benannten Parametern. *Positionsparameter* sind Ausdrücke. *Benannte Parameter* haben die Form Parametername := Ausdruck. Positionsparameter und benannte Parameter können gemischt werden, dabei müssen zuerst alle Positionsparameter angegeben werden, danach die benannten Parameter. Alle formalen Parameter des Prozedurtyps von P müssen genau einmal an Ausdrücke gebunden sein. Es darf kein aktueller Parameter ohne Bindung übrigbleiben, nachdem folgende Schritte vollzogen wurden:

1. Zunächst werden alle Positionsparameter zu benannten Parametern erweitert, indem jedem i-ten Positionsparameter der Name des i-ten formalen Parameters – entsprechend des Typs von P (*→B.3.6, S. 513*) – vorangestellt wird.

2. Dann werden alle benannten Parameter hinzugefügt.

3. Schließlich werden alle formalen Parameter, die einen Defaultwert haben und bisher noch nicht gebunden sind, dazugegeben.

Übergabearten Ein formaler Parameter mit Übergabeart VAR muß an einen schreibbaren Designator (*→B.5.1, S. 524*) des *gleichen* Typs gebunden werden. Ist jedoch der Typ ein Arraytyp (*→B.2.5, S. 501*), dann muß der Designators nur *zuweisbar* zum Typ des formalen Parameters sein (*→B.4.2, S. 515*). Der Designator ist in beiden Fällen unter dem Namen des formalen Parameters im Block der Prozedur ansprechbar.

Die Ausdrücke der aktuellen Parameter, die an formale Parameter mit Übergabeart VALUE oder READONLY gebunden wurden, müssen *zuweisbar* zu den formalen Parametern sein – allerdings ist Regel 3 aufgehoben (*→B.4.2, S. 515*). Ihre Werte werden den entsprechenden formalen VALUE-Parametern zugewiesen. Parameter mit Übergabeart READONLY werden wie VAR-Parameter übergeben, wenn ihr aktueller Parameter einen schreibbaren Designator ergibt, ansonsten wie VALUE-Parameter (→*B.5.1, S. 524*).

Zwischen *Typ* und *Wert* von Prozeduren muß unterschieden werden:

```
VAR p: PROCEDURE (n: INTEGER);
    q: PROCEDURE (m: INTEGER);
```

Nach p:= q ändert sich der Wert, aber nicht der Typ von p. D. h., der Aufruf von p(n:= 1) übergibt der Prozedur einen Parameter; p(m:= 1) ist nicht legal – auch nicht nach der Zuweisung p:= q.

Ausführung der Prozedur Der Aufruf der Prozedur läuft folgendermaßen ab: Der Ausdruck P und alle Ausdrücke, die in den Bindungen vorkommen, werden in undefinierter Reihenfolge ausgewertet und die Bindungen vorgenommen. Danach wird zum Block des Prozedurwertes, den P ergeben hat, verzweigt. Falls P NIL ergibt, dann wird ein Laufzeitfehler ausgelöst. Wird der Block mit einer Ausnahme beendet, die nicht in der Menge der Ausnahmen der Signatur vom Typ von P enthalten ist, so führt das ebenso zu einem Laufzeitfehler.

Aufruf von Methoden Mit o.m(*Bindungen*) wird die Methode m des Objektes o gestartet. Der Effekt ist die Ausführung der Prozedur, die m zugewiesen wurde, mit o als erstem Parameter. Die Bindung der aktuellen Parameter erfolgt nach der Signatur der Methodendeklaration.

Mit T.m(· · ·) kann der Default der Methode m des Objekttyps T direkt aufgerufen werden. Der erste Parameter muß ein Objekt sein, dessen Typ zuweisungskompatibel zu T ist. Es muß ein Positionsparameter sein, weil es keinen Namen für den formalen Parameter gibt. T.m(o, *Bindungen*) ist äquivalent zu o.m(*Bindungen*), wenn m eine Methode des Objekttyps T und o vom Typ T ist.

B.4.4 Eval

Die *Eval*-Anweisung wertet einen Ausdruck (→*B.5, S. 523*) aus und ignoriert das Ergebnis:

EvalStmt_{29} = "EVAL" Expr_{66}.

B.4.5 Return

Die *Return*-Anweisung beendet die Ausführung einer Prozedur.

ReturnStmt_{36} = "RETURN" [Expr_{66}].

Das Resultat einer Funktionsprozedur (→*B.2.8, S. 504*) wird auf Expr_{66} gesetzt. Der Wert von Expr_{66} muß im Returntyp der Funktionsprozedur enthalten sein. Wird eine Funktionsprozedur nicht mit einer *Return*-Anweisung beendet, so führt das zu einem Laufzeitfehler. Bei reinen Prozeduren entfällt Expr_{66}.

Die *Return*-Anweisung löst die vordefinierte *Return-Ausnahme* aus, die vom Programmierer nicht behandelt werden kann. Sie führt zum Beenden der Prozedur, in der sie auftritt und wird damit gelöscht. Mit der *Try-Finally*-Anweisung (→*B.4.16, S. 521*) kann sie aufgeschoben werden.

B.4.6 If

IfStmt_{31} = "IF" Expr_{66} "THEN" Stmts_{23}
{ "ELSIF" Expr_{66} "THEN" Stmts_{23} } ["ELSE" Stmts_{23}] "END".

Allgemein sieht eine bedingte Anweisung folgendermaßen aus:

IF E_1 THEN S_1 ELSIF E_2 THEN S_2 ··· ELSE S_e END

Die Ausdrücke E_i werden der Reihe nach ausgewertet. Ergibt ein Ausdruck E_i den Wert *wahr*, so wird S_i ausgeführt und die *If*-Anweisung beendet. Werden alle E_i auf *falsch* ausgewertet, dann wird S_e ausgeführt, falls jedoch kein ELSE-Zweig vorhanden ist, wird die *If*-Anweisung beendet.

B.4.7 Case

Die *Case*-Anweisung berechnet zunächst einen Ausdruck von einem Ordinaltyp aus und führt dann, abhängig vom Ergebnis, eine Anweisungsfolge aus:

CaseStmt_{27} = "CASE" Expr_{66} "OF" [Case_{42}] { "|" Case_{42} }
["ELSE" Stmts_{23}] "END".
Case_{42} = Labels_{43} { "," Labels_{43} } "=>" Stmts_{23}.
Labels_{43} = ConstExpr_{65} [".." ConstExpr_{65}].

Allgemein sieht die *Case*-Anweisung so aus:

CASE E OF $Labels_1$ => S_1 | $Labels_2$ => S_2 | ··· ELSE S_e END

E muß ein Ausdruck von einem Ordinaltyp sein. Die $Labels_i$ geben konstante Wertebereiche an, zu deren Typ der Ausdruck E zuweisbar (→*B.4.2, S. 515*) sein muß. Die Wertebereiche der Labels werden durch eine Liste von konstanten Ausdrücken oder Bereichen der Form *kleinster Wert .. größter Wert* gebildet. Solche Wertebereiche können auch leer sein. Bei der Ausführung der *Case*-Anweisung wird zuerst E ausgewertet. Ist dieser Wert in $Label_i$ enthalten, dann wird S_i ausgeführt, ansonsten S_e. Es kommt zu einem Laufzeitfehler, wenn der Wert von E in keinem der Labels enthalten ist und kein ELSE angegeben wurde. Die Wertebereiche müssen zwischen den Labels disjunkt sein.

B.4.8 Typecase

Die *Typecase*-Anweisung wertet einen Ausdruck aus, stellt den dynamischen Typ (→*B.5, S. 523*) des Ergebnisses fest und führt dann, abhängig vom Ergebnis, eine Anweisungsfolge aus:

TCaseStmt_{37} = "TYPECASE" Expr_{66} "OF" [Tcase_{45}]
{ "|" Tcase_{45} } ["ELSE" Stmts_{23}] "END".
Tcase_{45} = Type_{48} { "," Type_{48} } ["(" Ident_{89} ")"] "=>" Stmts_{23}.

Allgemein sieht die *Typecase*-Anweisung so aus:

TYPECASE E OF $T_1(v_1)$ => S_1 | $T_2(v_2)$ => S_2 | ··· ELSE S_e END

Der Typ von E muß ein Objekttyp oder ein kontrollierter Referenztyp (→*B.2.9, S. 506*) sein. Alle T_i müssen Subtypen (→*B.2.12, S. 509*) davon sein. Zur Laufzeit wird der Reihe nach festgestellt, ob der dynamische Typ von E ein Subtyp von T_i ist. Für das erste T_i, bei dem das zutrifft, wird die Variable v_i auf den Wert von E gesetzt und S_i ausgeführt. Die Typen müssen also so aufgelistet werden, daß die speziellsten zuerst kommen; ist der Typ von E ROOT und T_1 = ROOT, wird immer nur S_1 ausgeführt werden. Der Gültigkeitsbereich jeder v_i erstreckt sich nur über die jeweiligen S_i.

T_1 => S | T_2 => S kann abgekürzt werden mit T_1, T_2 => S.

Ist der Typ von E in keinem der T_i enthalten, dann wird S_e ausgeführt, oder – wenn der *Else*-Zweig fehlt – ein Laufzeitfehler ausgelöst.

B.4.9 Loop

Die *Loop*-Anweisung wiederholt eine Anweisungsfolge, bis eine Ausnahme ausgelöst wird.

LoopStmt_{33} = "LOOP" Stmts_{23} "END".

Stmts_{23} wird endlos wiederholt.

B.4.10 Exit

Die *Exit*-Anweisung löst die vordefinierte *Exit-Ausnahme* aus, um eine Schleife zu beenden.

ExitStmt_{28} = "EXIT".

Sie muß textuell von einer *Loop-*, *While-*, *Repeat-* oder *For*-Anweisung umgeben sein. Ebenso wie die vordefinierte *Return*-Ausnahme (→*B.4.5, S. 517*) kann die *Exit*-Ausnahme zwar nicht behandelt aber mit der *Try-Finally*-Anweisung verschoben werden. Die Ausnahme führt zum Abbruch der Schleife und wird damit gelöscht.

B.4.11 While

Die *While*-Anweisung wiederholt eine Anweisungsfolge, solange ein Ausdruck auf *wahr* ausgewertet wird.

$\mathsf{WhileStmt}_{40}$ = "WHILE" Expr_{66} "DO" Stmts_{23} "END".

Expr_{66} muß ein boolescher Ausdruck sein. Er wird als erstes ausgewertet. Ist er *wahr*, dann wird Stmts_{23} ausgeführt und der Ausdruck nochmals berechnet. Dieser Vorgang wird so lange wiederholt, bis der Ausdruck *falsch* ergibt, dann wird die *While*-Anweisung beendet.

B.4.12 For

Die *For*-Anweisung wiederholt eine Anweisungsfolge und verwaltet eine Zählervariable.

$\mathsf{ForStmt}_{30}$ = "FOR" Ident_{89} ":=" Expr_{66} "TO" Expr_{66}
["BY" Expr_{66}] "DO" Stmts_{23} "END".

Allgemein hat die *For*-Anweisung folgende Form:

FOR i:= E_1 TO E_2 BY E_3 DO S END

i ist damit als schreibgeschützte Variable vom Typ von E_1 deklariert. Die Typen von E_1 und E_2 müssen Ordinaltypen mit gleichem Basistyp sein, E_3 muß Subtyp von INTEGER sein. i wird zunächst auf E_1 gesetzt. Ist ORD(i) $\leq$ ORD(E_2) für positive E_3 bzw. ORD(i) $\geq$ ORD(E_2) für negative E_3, so wird S ausgeführt. Danach wird i auf einen neuen Wert gesetzt, so als wäre die Anweisung INC(i, E_3) (→*B.4.18, S. 522*) ausgeführt worden, und der Test gegen E_2 wird wiederholt. Solange die Bedingung erfüllt ist, wird S ausgeführt.

Entfällt die Angabe von BY E_3, dann bedeutet das BY 1.

B.4.13 Repeat

Die *Repeat*-Anweisung führt eine Anweisungsfolge aus und wiederholt sie, bis ein Ausdruck auf *wahr* ausgewertet wird.

$\mathsf{RepeatStmt}_{35}$ = "REPEAT" Stmts_{23} "UNTIL" Expr_{66}.

Expr_{66} muß ein boolescher Ausdruck sein. Stmts_{23} wird immer einmal ausgeführt, dann wird Expr_{66} ausgewertet. Ist das Ergebnis *falsch*, dann wird die Anweisungsfolge wiederholt und der Ausdruck erneut ausgewertet – so lange, bis er auf *wahr* ausgewertet wird.

B.4.14 Raise

Die *Raise*-Anweisung dient dazu, eine Ausnahme auszulösen.

RaiseStmt$_{34}$ = "RAISE" QualID$_{86}$ ["(" Expr$_{66}$ ")"].

QualID$_{86}$ muß als Ausnahme deklariert sein (*→B.3.5, S. 513*). Die Anweisung RAISE E(p) wird immer mit E beendet. p ist der Parameter der Ausnahme, und er muß zuweisbar zum deklarierten Parametertyp der Ausnahme sein.

B.4.15 Try-Except

Mit der *Try-Except*-Anweisung wird die Ausnahmebehandlung angegeben.

TryXptStmt$_{38}$ = "TRY" Stmts$_{23}$ "EXCEPT" [Handler$_{44}$] { "I" Handler$_{44}$ }
["ELSE" Stmts$_{23}$] "END".
Handler$_{44}$ = QualID$_{86}$ { "," QualID$_{86}$ } ["(" Ident$_{89}$ ")"] "=>" Stmts$_{23}$.

Allgemein sieht die *Try-Except*-Anweisung so aus:

TRY S EXCEPT e_1 (v_1) => S_1 I e_2 (v_2) => S_2 I $\cdots$ ELSE S_e END

Die Anweisungsfolge S wird ausgeführt. Tritt in S keine Ausnahme auf, dann werden die hinter dem Schlüsselwort EXCEPT aufgelisteten Ausnahmebehandlungen ignoriert. Tritt in S die Ausnahme e_i auf, dann wird v_i auf den Wert des Parameters jener *Raise*-Anweisung (*→B.4.14, S. 521*) gesetzt, die die Ausnahme ausgelöst hat, danach wird die Anweisungsfolge S_i ausgeführt und die ganze *Try-Except*-Anweisung normal beendet. Der Gültigkeitsbereich der v_i erstreckt sich nur über die jeweiligen S_i. Die Angabe der v_i darf jeweils entfallen. In diesem Fall wird ein eventueller Parameter einer *Raise*-Anweisung ignoriert. Tritt in S eine Ausnahme e auf, die ungleich allen e_i ist, dann wird S_e ausgeführt und die Anweisung normal beendet, oder – wenn der *Else*-Zweig fehlt – die *Try-Except*-Anweisung mit Ausnahme e beendet.

Vor dem => Symbol kann mehr als eine Ausnahme angeführt werden, dann muß aber die Deklaration von v entfallen.

B.4.16 Try-Finally

Mit der *Try-Finally*-Anweisung kann eine Anweisungsfolge angegeben werden, die auch dann ausgeführt wird, wenn eine Ausnahme aufgetreten ist, ohne jedoch die Ausnahme damit zu behandeln (*Verschieben einer Ausnahme*).

TryFinStmt$_{39}$ = "TRY" Stmts$_{23}$ "FINALLY" Stmts$_{23}$ "END".

Wenn die Anweisung lautet:

TRY S_1 FINALLY S_2 END

dann wird normalerweise S_1 und dann S_2 ausgeführt. Tritt jedoch in S_1 eine Ausnahme auf, dann wird S_2 ausgeführt und die Ausnahme erneut ausgelöst. Tritt in S_2 eine Ausnahme auf, dann wird die *Try-Finally*-Anweisung mit dieser Ausnahme beendet.

B.4.17 With

Mit der *With*-Anweisung werden Alias-Namen für Variablen oder Ausdrükke vergeben.

WithStmt_{41} = "WITH" Binding_{46} { "," Binding_{46} } "DO" Stmts_{23} "END".
Binding_{46} = Ident_{89} "=" Expr_{66}.

Mit der Anweisung WITH $v = E$ DO S END wird der Alias v für E vergeben, dessen Gültigkeitsbereich sich auf S beschränkt. E wird nur einmal beim Eintritt in die Anweisung ausgewertet, danach wird S ausgeführt. Ist E ein Wert, so entspricht v einer schreibgeschützten Variablen, die diesen Wert hat. Ist E ein Designator (→*B.5.1, S. 524*), dann kann er in S als v angesprochen und auch beschrieben werden.

Die Schreibweise

WITH $v_1 = E_1$, $v_2 = E_2$ DO S END

ist eine Abkürzung für:

WITH $v_1 = E1$ DO WITH $v_2 = E_2$ DO S END END

B.4.18 Inc und Dec

Um den Wert einer Variablen zu erhöhen oder erniedrigen, dienen die *Inc*- und die *Dec*-Anweisung. Dabei gilt (→*B.4.17 und B.5.8, S. 522 bzw. 528*):

INC(v, E) ≡ WITH x = v DO x := VAL(ORD(x) + E, T) END
DEC(v, E) ≡ WITH x = v DO x := VAL(ORD(x) − E, T) END

T ist der Typ der Variablen v, er muß ein Ordinaltyp sein. In kritischen Modulen (→*B.1.4, S. 497*) darf v zusätzlich vom Typ ADDRESS sein. E ist ein Ausdruck vom Typ INTEGER. Ein fehlendes E bedeutet 1.

B.4.19 Lock

Die *Lock*-Anweisung dient zur Synchronisation parallel laufender Threads.

LockStmt$_{32}$ ="LOCK" Expr$_{66}$ "DO" Stmts$_{23}$ "END".

Der Ausdruck muß vom Typ MUTEX sein (→*B.2.11, S. 508*). Die Anweisung

```
LOCK mutex DO S END
```

ist äquivalent zu

```
WITH m = mutex DO
  Thread.Aquire(m);
  TRY S FINALLY Thread.Release(m) END
END
```

Die Standardschnittstelle Thread (→*C.1.2, S. 538*) exportiert *Mutex*-Operationen und Operationen zum Starten von Threads sowie zum Senden von Signalen zwischen Threads.

B.5 Ausdrücke

Ausdrücke sind Berechnungen, die entweder Werte oder Variablen ergeben. Sie werden ausgewertet, wenn die Anweisung, dessen Teil sie sind, ausgeführt wird (→*B.4, S. 514*). Ausdrücke haben einen *dynamischen* und einen *statischen* Typ. Der statische Typ liegt zur Übersetzungszeit fest, der dynamische Typ ist bei Ausdrücken eines Referenztyps (→*B.2.9, S. 506*) ein Subtyp (→*B.2.12, S. 509*) des statischen Typs.

Ein Ausdruck ist entweder

1. ein Designator, das sind auch Array- oder Recordzugriffe und ähnliches (→*B.5.1, S. 524*),
2. eine Konstante oder ein Literal,
3. ein Mengen-, Array- oder Recordkonstruktor,
4. ein Funktionsaufruf,
5. ein Operator und dessen Operanden.

Operanden und die Werte, mit denen ein Array indiziert wird oder eine Menge, ein Array oder Record konstruiert werden sind wiederum Ausdrükke. Die Berechnung erfolgt nun so, daß rekursiv zunächst die Parameter ausgewertet werden und dann der Operator oder Konstruktor angewendet wird. Die Reihenfolge der Evaluation der Parameter ist nur für die Operatoren AND und OR definiert.

Typ des Ausdrucks In den Fällen 1 bis 4 ist der statische Typ des Ausdrucks gleich dem Typ des Konstrukts, das den Ausdruck bildet. Im Fall 5 bestimmt der Operator zusammen mit den Parametertypen den Typ des Ausdrucks.

Der dynamische Typ eines Ausdrucks, der statisch einen Referenztyp hat, ist der Typ des Wertes, der sich durch die Berechnung ergibt.

B.5.1 Designatoren

Designatoren sind Ausdrücke, die Variablen liefern. Sie können *schreibbar* oder *schreibgeschützt* sein.

Schreibbare Designatoren Das sind Variablennamen (*→B.3.4, S. 512*), der Name eines formalen Parameters mit Übergabeart VAR oder VALUE (*→B.2.8 und B.4.3, S. 504 bzw. 516*) oder Namen, die in den Labels der *Case-* (*→B.4.7, S. 518*) bzw. *Typecase*-Anweisungen (*→B.4.8, S. 519*) deklariert wurden, und schließlich Alias-Namen in *With*-Anweisungen (*→B.4.17, S. 522*), die an schreibbare Designatoren gebunden wurden. Dereferenzierungen, Arrayindizierungen, Zugriffe auf Records und Subarrays sind schreibbare Designatoren, wenn die unten angeführten Bedingungen gelten. Zugriffe auf Objektfelder sind immer schreibbare Designatoren.

Schreibgeschützte Designatoren Das sind Zählervariablen der *For*-Anweisung (*→B.4.12, S. 520*), formale Parameter mit Übergabeart READONLY (*→B.2.8 und B.4.3, S. 504 bzw. 516*) oder Alias-Namen einer *With*-Anweisung (*→B.4.17, S. 522*), die an keine schreibbaren Designatoren gebunden sind.

Schreibgeschützte Designatoren können nicht auf der linken Seite einer Zuweisungsanweisung stehen und nicht aktuelle Parameter von formalen Parametern mit Übergabeart VAR (*→B.2.8 und B.4.3, S. 504 bzw. 516*) sein. Sie dürfen auch nicht Parameter der *Inc*- oder *Dec*-Anweisung (*→B.4.18, S. 522*) sein.

Dereferenzierung Wenn r ein Ausdruck vom Typ REF T (*→B.2.9, S. 506*) ist, dann ist r^ ein schreibbarer Designator vom Typ T. Das ist die Variable, auf die r zeigt.

Der statische Typ von r darf nicht ADDRESS, REFANY oder ein Objekttyp sein. Hat r den Wert NIL, dann führt r^ zu einem Laufzeitfehler.

Arrayindizierung Wenn a von einem Arraytyp (*→B.2.5, S. 501*) ist, dann ist a[i] das Element des Arrays, das (i–FIRST(a)) Stellen hinter dem ersten Element steht. i muß im Indextyp von a enthalten sein. a[i] ist

```
Expr_66        = E1_67 { "OR" E1_67 }.
E1_67          = E2_68 { "AND" E2_68 }.
E2_68          = { "NOT" } E3_69.
E3_69          = E4_70 { Relop_75 E4_70 }.
E4_70          = E5_71 { Addop_76 E5_71 }.
E5_71          = E6_72 { Mulop_77 E6_72 }.
E6_72          = {"+" | "-"} E7_73.
E7_73          = E8_74 { Selector_78 }.
E8_74          = Ident_89 | Number_94 | CharLiteral_91 | TextLiteral_92
                 | Constructor_79 | "(" Expr_66 ")".
Relop_75       = "=" | "#" | "<" | "<=" | ">" | ">=" | "IN".
Addop_76       = "+" | "-" | "&".
Mulop_77       = "*" | "/" | "DIV" | "MOD".
Selector_78         = "^" | "." Ident_89 | "[" Expr_66 { "," Expr_66 } "]"
                      | "(" [ Actual_47 { "," Actual_47 } ] ")".
Constructor_79      = Type_48 "{" [ SetCons_80 | RecordCons_82 | ArrayCons_84 ] "}".
SetCons_80          = SetElt_81 { "," SetElt_81 }.
SetElt_81           = Expr_66 [ ".." Expr_66 ].
ArrayCons_84        = Expr_66 {"," Expr_66 } [ "," ".." ].
RecordCons_82       = RecordElt_83 { "," RecordElt_83 }.
RecordElt_83        = [ Ident_89 ":=" ] Expr_66.
```

Abb. B.1: *Ausdruckssyntax*

schreibbar, wenn a schreibbar ist. a[i] ist vom Elementtyp von a. Ist a eine Referenz auf ein Array, dann ist a[i] eine Abkürzung für a^[i].

Felder eines Records Ist r von einem Recordtyp (→*B.2.6, S. 503*), dann bezeichnet r.f das Feld f des Records. Dieses Feld r.f hat den Typ, den f hat. r.f ist schreibbar, wenn r schreibbar ist. Ist r eine Referenz auf einen Record, dann ist r.f eine Abkürzung für r^.f.

Felder eines Objektes Ist o von einem Objekttyp (→*B.2.10, S. 507*), dann bezeichnet o.f das Feld f des Objektes. Diese Feld o.f hat den Typ, den f hat und ist immer schreibbar.

Subarrays Wenn a ein Array (→*B.2.5, S. 501*) ist, dann ist SUBARRAY(a, start, anz) ein Designator für einen zusammenhängenden Teilbereich von a. Der Bereich beginnt bei dem Element, das start Stellen hinter dem ersten steht und erstreckt sich über anz Elemente. Der Indextyp des Subarrays ist [0..anz–1]. D. h., hat a den Typ ARRAY I_1, I_2, $\cdots$ I_n OF E, dann ist der Typ des Subarrays ARRAY [0..anz–1], I_2, $\cdots$ I_n OF E. Das Subarray ist schreibbar, wenn a schreibbar ist.

B.5.2 Arithmetische Operationen

Integeroperatoren

Integeroperatoren bilden Ausdrücke vom Typ INTEGER mit der Form

a *infix* b oder *prefix* a oder ABS(a)

Die Operatoren a und b müssen von einem Subtyp von INTEGER sein (→*B.2.12, S. 509*). Dabei ist *prefix* „+" oder „–". +a ist gleich a, –a ist a multipliziert mit –1. *infix* ist „+" für die Addition, „–" für die Subtraktion und „*" für die Multiplikation. Für die *ganzzahlige Division* ist *infix* „DIV". Das Ergebnis ist dann der größte INTEGER i, so daß $i \leq \frac{a}{b}$. Für die *Modulo-Operation* ist *infix* „MOD". Das Ergebnis von a MOD b ist äquivalent zu a – b * (a DIV b). ABS(a) liefert den Absolutbetrat von a.

Operationen für Ordinaltypen

Die Ausdrücke

MAX(a, b) und MIN(a, b)

liefern denjenigen der beiden Werte a und b mit der größeren bzw. kleineren Ordinalzahl (→*B.5.10, S. 530*). a und b müssen Ordinaltypen mit dem gleichen Basistyp sein. Der Ergebnistyp ist der Basistyp der beiden Typen (→*B.2.2, S. 499*).

Gleitkommaoperatoren

Gleitkommaoperatoren bilden Ausdrücke von der Form

prefix a oder a *infix* b oder MAX(a, b) oder MIN(a, b) oder ABS(a)

Der Typ der Operatoren a und b muß gleich sein und entspricht dem Typ des Ausdrucks. Er ist REAL, LONGREAL oder EXTENDED. Wie das Ergebnis auf Überläufe, Unterläufe und Divisionen durch 0 überprüft wird, ist in jeder Sprachumgebung in der Standardschnittstelle FloatMode (→*C.1.6, S. 543*) festgelegt. Dabei ist *prefix* „+" oder „–". +a ist gleich a, –a ist a multipliziert mit –1. *infix* ist „+" für die Addition, „–" für die Subtraktion, „*" für die Multiplikation und „/" für die Division. Für die *Modulo-Operation* ist *infix* „MOD". a MOD b ist äquivalent zu a – b * FLOOR(a / b).

MAX(a, b) ist der größere der beiden Werte a und b, MIN(a, b) der kleinere. ABS(a) liefert den Absolutbetrat von a.

Ausdruck	*wahr gdw.*	*mögliche Typen von* a, b
a<b	$a < b$	*zuweisbare Ordinaltypen*
a<=b	$a \leq b$	REAL
a>=b	$a \geq b$	LONGREAL
a>b	$a > b$	EXTENDED
		ADDRESS
a<b	$a \subset b$	
a<=b	$a \subseteq b$	SET OF T
a>=b	$a \supseteq b$	
a>b	$a \supset b$	
a IN b	$a \in b$	T, SET OF T

Tab. B.2: *Relationen*

B.5.3 Relationen

Mit Hilfe der *Relationsoperatoren* können die Werte von Ausdrücken miteinander verglichen werden. Der Typ der Relationen-Ausdrücke ist BOOLEAN. Sie haben die Form

a *op* b

Für *op* gleich „=“ oder „#“ können die Typen von a und b beliebig sein, sie müssen aber zuweisbar (*→B.4.2, S. 515*) sein. Das Ergebnis des Vergleichs auf = ist *wahr*, gdw. beide Operanden den gleichen Wert haben, sonst *falsch*. Der Infixoperator # liefert genau dann *wahr*, wenn beide Operanden einen unterschiedlichen Wert haben, sonst *falsch*.

Die Parametertypen der anderen Relationsoperatoren sind in Tab. B.2 aufgeführt. Die Tabelle enthält die Schreibweise in Modula-3, die Bedingung für das Resultat *wahr* in mathematischer Schreibweise und alle möglichen Parametertypen. Der Typ ADDRESS darf in Relationen nur in kritischen Modulen (*→B.1.4, S. 497*) vorkommen.

B.5.4 Boolesche Operatoren

Der Prefixoperator NOT hat einen Parameter vom Typ BOOLEAN und liefert die logische Negation des Parameters. Die Infixoperatoren AND und OR haben je zwei Parameter vom Typ BOOLEAN und liefern die logische Disjunktion bzw. Konjunktion ihrer Parameter.

NOT *a*	liefert *wahr*, gdw. *a falsch* ist.
a AND *b*	ist *wahr*, gdw. beide Parameter *wahr* sind. Ist *a falsch*, dann wird *b* nicht mehr ausgewertet.
a OR *b*	ist *wahr*, gdw. entweder *a* oder *b wahr* ist. Ist *a wahr*, dann wird *b* nicht mehr ausgewertet.

B.5.5 Textoperatoren

Der Ausdruck t & u (u an t angehängt) ist äquivalent zum Aufruf von Text.Cat(t, u) (*→C.1.1, S. 537*). t und u sind vom Typ TEXT und dürfen nicht NIL sein. t & u ist ebenfalls vom Typ TEXT.

B.5.6 Operatoren für Referenztypen

Für Referenzen gibt es zwei Operationen in Form von vordefinierte Funktionen:

ISTYPE(v, T)

ist ein Boolescher Ausdruck, v ist von einem kontrollierten Referenz- oder von einem Objekttyp, T ist ein kontrollierter Referenz- oder ein Objekttyp (*→B.2.9, S. 506*). Der Ausdruck liefert *wahr*, wenn der *dynamische Typ* von v Subtyp von T ist (*→B.2.12, S. 509*).

TYPECODE(v)

ist ein Ausdruck vom Typ CARDINAL. Jeder Typ hat einen Code vom Typ CARDINAL, der Code ist für unterschiedliche Typen unterschiedlich (*→B.2.1, S. 499*). TYPECODE liefert diesen Code für seinen Parameter. v ist ein Typ oder ein Ausdruck von einem kontrollierten Referenz- oder einem Objekttyp . Der Wert des Ausdrucks ist der Code des dynamischen Typs der Referenz oder der Code des Typs. Der Code muß in unterschiedlichen Programmläufen nicht gleich sein.

B.5.7 Funktionsaufruf

Der Aufruf einer Funktionsprozedur (*→B.2.8, S. 504*) ist ein Ausdruck vom Resultattyp der Prozedur. Die Aktivierung funktioniert wie beim Aufruf einer reinen Prozedur (*→B.4.3, S. 516*). Der Wert des Ausdrucks ist der Wert, der mit der *Return*-Anweisung gesetzt wurde (*→B.4.5, S. 517*).

B.5.8 First, Last und Number

Die folgenden vordefinierten Funktionen sind Ausdrücke:

FIRST(T)
LAST(T)

Ist T ein Ordinaltyp (*→B.2.2, S. 499*) oder ein Gleitkommatyp (*→B.2.4, S. 501*), dann liefern die Ausdrücke den kleinsten bzw. größten Wert, der noch in T enthalten ist. Der Typ des Ausdrucks ist dann T. Ist T ein fester Arraytyp (*→B.2.5, S. 501*), dann ist das Resultat gleich FIRST(*Indextyp* *von* T) bzw. LAST(*Indextyp von* T). Ist a eine Variable von einem beliebigen Arraytyp A, dann ist FIRST(a) äquivalent zu FIRST(A) bzw. LAST(a) äquivalent zu LAST(A). In letzteren Fällen entspricht der Typ des Ausdrucks dem Indextyp von T bzw. A.

Folgende vordefinierte Funktion ist ein Ausdruck vom Typ CARDINAL:

NUMBER(T)

Ist T ein Ordinaltyp, dann ist das Ergebnis die Anzahl der unterschiedlichen Werte, die in T enthalten sind. Ist T ein fester Arraytyp (*→B.2.5, S. 501*), dann ist das Ergebnis die Anzahl der Elemente von T. NUMBER(a) einer Variablen a von einem beliebigen Arraytyp A entspricht NUMBER(*Indextyp von* T).

B.5.9 New

Die vordefinierte Funktion NEW(T, ···) ist ein Ausdruck vom Typ T. Sie liefert eine Referenz auf eine neu angelegte unbenannte Variable (*→B.2.9, S. 506*).

Anlegen von offenen Arrays

NEW(A, $d_1, \cdots d_n$)

Dieser Ausdruck liefert eine Referenz auf ein neu angelegtes offenes Array vom Typ A zurück (A muß ein Refenztyp sein). Die d_i sind Ausdrücke vom Typ CARDINAL und geben die *Gestalt* des angelegten Arrays an (*→B.2.5, S. 502*). Die Werte der Elemente des Arrays werden beliebige Werte aus dessen Elementtyp sein.

Anlegen von Records oder Objekten

NEW(T, *Bindungen*)

Dieser Ausdruck liefert eine Referenz auf ein neu angelegtes Objekt bzw. auf einen neu angelegten Record vom Type T, wenn T ein Objekttyp bzw. ein Refenztyp auf einen Record ist. *Bindungen* haben dieselbe Form wie die eines Recordkonstruktors – *feldname* := *Initialisierungswert* (*→B.2.6, S. 503*). Damit werden die Werte der Felder der neu angelegten Variablen gesetzt. Positionsbindungen sind in NEW-Ausdrücken nicht erlaubt. Nicht aufgelistete Felder bekommen ihren Defaultwert. Haben sie keinen, dann bekommen sie einen beliebigen Wert aus ihrem Typ.

Wenn T ein Objekttyp ist, dann können auch dessen Methodenwerte gesetzt werden. NEW(T, m := P) ist äquivalent zu NEW(T OBJECT OVERRIDES m := P END) (*→B.2.10, S. 507*).

B.5.10 Typumwandlungen

Umwandeln zwischen Ordinaltypen

Die vordefinierte Funktion

ORD(o)

liefert die Ordinalzahl für einen Wert o eines Ordinaltyps (*→B.2.2, S. 499*).
Umgekehrt liefert

VAL(oz, T)

den Wert des Ordinaltyps T für die Ordinalzahl oz (oz ist ein Ausdruck vom Typ INTEGER). Es gilt VAL(ORD(o), T) = o.

Umwandeln zwischen Gleitkommatypen und Integern

Im folgenden steht F für einen Gleitkommatyp (REAL, LONGREAL oder EXTENDED). Der Ausdruck

FLOAT(i, F)

liefert i als Gleitkommawert vom Typ F. i ist ein Ausdruck vom Typ INTEGER oder von einem Gleitkommatyp. F kann entfallen, das bedeutet REAL. Das Resultat ist der zu i „nächstgelegene" darstellbare Wert in F, wenn i von einem Typ mit höherer Genauigkeit als F ist. Die Bedeutung von „nächstgelegen" hängt vom aktuellen Rundungsmodus ab (*→C.1.6, S. 543*).

Die folgenden vordefinierten Funktionen sind Ausdrücke vom Typ INTEGER. x ist vom Typ F. Die Tabelle gibt an, wie das Ergebnis berechnet wird:

ROUND(x)	„nächstgelegener" Integerwert zu x, abhängig vom Rundungsmodus IntFloatMode
TRUNC(x)	Wert von x ohne Nachkommastellen
FLOOR(x)	größter Integer, der kleiner als x ist
CEILING(x)	kleinster Integer, der größer als x ist

Umwandeln zwischen Referenztypen

Der Ausdruck

NARROW(x, T)

liefert x, wenn x in T enthalten ist. x muß zu T zuweisbar (*→B.4.2, S. 515*) sein und T muß ein kontrollierter Referenztyp oder ein Objekttyp sein (*→B.2.9 und B.2.10, S. 506 bzw. 507*). Ist x nicht in T enthalten, so führt das zu einem Laufzeitfehler. Die Interpretation von x erfolgt nun nach Typ T – damit werden z. B. redefinierte Feld- oder Methodennamen oder andere Defaults wieder sichtbar (*→B.2.10, S. 507*).

B.5.11 Abfragen des Speicherbedarfs

Folgende vordefinierte Funktionen liefern den Speicherbedarf einzelner Variablen bzw. Typen:

BITSIZE(x)	BITSIZE(T)
BYTESIZE(x)	BYTESIZE(T)
ADRSIZE(x)	ADRSIZE(T)

Dabei ist x ein beliebiger Designator, zurückgegeben wird der Speicherbedarf von x. T ist ein beliebiger Typ außer einem offenen Array, zurückgegeben wird der Speicherbedarf von Variablen vom Typ T.

BITSIZE liefert die Anzahl der benötigten Bits zurück, BYTESIZE die Anzahl der Bytes, ADRSIZE die Anzahl der auf der aktuellen Hardware adressierbaren Einheiten.

B.5.12 Konstante Ausdrücke

ConstExpr_{65} = Expr_{66}.

Konstante Ausdrücke sind Ausdrücke, die schon zur Übersetzungszeit vom Übersetzer ausgewertet werden können.

Die Operationen ADR, LOOPHOLE, TYPECODE, NARROW, ISTYPE, SUBARRAY, NEW sowie Dereferenzieren sind in konstanten Ausdrücken verboten. Die einzigen Funktionsprozeduren, die angewendet werden dürfen, sind die aus der Standardschnittstelle Word (*→C.1.3, S. 540*).

Variablen dürfen nur als Parameter von FIRST, LAST, NUMBER, BITSIZE, BYTESIZE oder ADRSIZE in konstanten Ausdrücke vorkommen, und sie dürfen nicht von einem offenen Arraytyp sein. Literale und Namen von Prozedurkonstanten dürfen vorkommen.

B.6 Kritische Operationen

Kritische Operationen sind nur in kritischen Modulen (*→B.1.4, S. 497*) erlaubt. Sie können dazu führen, daß Variablen Werte enthalten, die nicht ihrem Typ entsprechen.

Die Zuweisungsregeln werden im bezug auf ADDRESS-Variablen gelokkert: In kritischen Modulen dürfen beliebigen nicht kontrollierten Referenzen Ausdrücke vom Typ ADDRESS zugewiesen werden. Außerdem ist der Typkonstruktor UNTRACED REF auch für Typen anwendbar, die kontrollierte Referenzen als Felder oder Elemente enthalten. Ebenso dürfen nicht kontrollierte Objekttypen Felder enthalten, die kontrollierte Referenzen sind.

B.6.1 Loophole

Der Übersetzer kann angewiesen werden, die interne Repräsentation eines Wertes entsprechend eines anderen Typs zu interpretieren. Der Ausdruck

LOOPHOLE(*E*, T)

hat den Typ T. Die interne Repräsentation des Wertes des von Ausdruck *E* wird weder geprüft, noch geändert. Voraussetzung ist, daß die BITSIZE(T) gleich der BITSIZE des Typs von *E* ist (→*B.5.11, S. 531*).

B.6.2 Adreßarithmethik

Die vordefinierte Funktion

ADR(x)

liefert einen Zeiger vom Typ ADDRESS auf die Variable x. x muß ein Designator sein, braucht aber nicht schreibbar sein.

Zu Ausdrücken vom Typ ADDRESS können *Integer*-Ausdrücke addiert und von ihnen subtrahiert werden. Zwei ADDRESS-Ausdrücke können voneinander subtrahiert werden. Die Anweisungen INC, DEC (→*B.4.18, S. 522*) sowie Relationsoperatoren (→*B.5.3, S. 527*) können auch auf Ausdrücke vom Typ ADDRESS angewendet werden. Das Ergebnis ist jeweils sprachumgebungsabhängig.

B.6.3 Dispose

Der Speicherplatz, auf den eine Variable r zeigt, kann mit folgender Anweisung explizit freigegeben werden:

DISPOSE(r)

Der Typ von r muß ein Referenztyp außer REFANY, ADDRESS oder NULL sein. Ob noch andere Referenzen auf diesen Speicherbereich existieren, wird nicht überprüft, wenn r von einem nicht kontrollierten Referenztyp ist. Für kontrollierte Referenzen ist die Anweisung äquivalent zu r := NIL. Hat r den Wert NIL, dann ist die Anweisung ohne Wirkung.

B.7 Programmtext

Der Programmtext wird vom Übersetzer folgendermaßen gelesen: Alle Leerzeichen (das sind auch Tabulator- oder Zeilenendezeichen) sowie Kommentare (→*B.7.4, S. 533*) werden überlesen und ignoriert. Pragmas werden abhängig von der Sprachumgebung vom Übersetzer interpretiert (→*B.7.5,*

S. 533). Dann wird die längst mögliche Anzahl von Zeichen gelesen, die entweder ein Schlüsselwort, einen Operator$_{90}$, einen Ident$_{89}$ oder ein Literal$_{88}$ bildet.

B.7.1 Schlüsselwörter

AND	DO	FINALLY	METHODS	RAISES	THEN	VAR
ARRAY	ELSE	FOR	MOD	READONLY	TO	WHILE
BEGIN	ELSIF	FROM	MODULE	RECORD	TRY	WITH
BITS	END	IF	NOT	REF	TYPE	
BRANDED	EVAL	IMPORT	OBJECT	REPEAT	TYPECASE	
BY	EXCEPT	IN	OF	RETURN	UNSAFE	
CASE	EXCEPTION	INTERFACE	OR	REVEAL	UNTIL	
CONST	EXIT	LOCK	PROCEDURE	ROOT	UNTRACED	
DIV	EXPORTS	LOOP	RAISE	SET	VALUE	

B.7.2 Reservierte Namen

ABS	BYTESIZE	FALSE	ISTYPE	MIN	NUMBER	TEXT
ADDRESS	CARDINAL	FIRST	LAST	MUTEX	ORD	TRUE
ADR	CEILING	FLOAT	LONGFLOAT	NARROW	REAL	TRUNC
ADRSIZE	CHAR	FLOOR	LONGREAL	NEW	REFANY	TYPECODE
BITSIZE	DEC	INC	LOOPHOLE	NIL	ROUND	VAL
BOOLEAN	DISPOSE	INTEGER	MAX	NULL	SUBARRAY	

B.7.3 Namen

Namen (*Bezeichner*) müssen mit einem Buchstaben beginnen und können dann Ziffern und das Unterstreichungszeichen _ enthalten. Groß und klein geschriebene Buchstaben sind unterschiedlich.

Ident$_{89}$ = Letter$_{100}$ { Letter$_{100}$ | Digit$_{98}$ | "_" }.
IDList$_{87}$= Ident$_{89}$ { "," Ident$_{89}$ }.

Reservierte Namen (→*B.7.2, S. 533*) oder Schlüsselwörter (→*B.7.1, S. 533*) haben eine vordefinierte Semantik und dürfen nicht als Namen in Deklarationen vorkommen.

B.7.4 Kommentare

Kommentare werden vom Übersetzer ignoriert. Sie sind beliebige Zeichensequenzen, die mit (* beginnen und mit *) abgeschlossen werden. Kommentare können geschachtelt werden (für jedes (* muß es danach ein *) geben).

B.7.5 Pragmas

Pragmas sind Anweisungen an den Übersetzer. Sie ändern die Semantik des Programmes nicht. Es sind Zeichensequenzen, die mit <* beginnen und mit *> abgeschlossen werden. Die Bedeutung der Zeichensequenzen hängt von der konkreten Sprachumgebung ab. Die folgenden zwei Pragmas sollten jedoch immer definiert sein:

<*EXTERNAL [Name][:*Sprache*]*> Kann vor Deklarationen in Schnittstellen stehen. Es deutet dann an, daß die deklarierte Einheit nicht in Modula-3, sondern in *Sprache* implementiert ist und dort den Namen Name hat. Das Pragma kann auch vor dem Keyword INTERFACE stehen und bedeutet dann, daß das ganze Interface in *Sprache* implementiert ist. Der Default für *Sprache* ist C. Entfällt Name, dann wird der Name aus dem Modula-3-Namen automatisch abgeleitet.

<*INLINE*> Kann vor Prozedurdeklarationen stehen. Es deutet an, daß die Prozedur bei jedem Aufruf (wie ein Macro) expandiert werden soll.

Ein weiteres Pragma wird in diesem Buch noch verwendet, es ist in allen bekannten Modula-3-Sprachumgebungen implementiert:

<*ASSERT Expr$_{66}$*> Der Ausdruck muß den Typ BOOLEAN haben. Er wird während der Laufzeit ausgewertet. Das Pragma kann überall an Stelle eines Stmt$_{24}$ stehen. Alle Namen des Gültigkeitsbereiches an dieser Stelle können im Ausdruck vorkommen.

Wird der Ausdruck auf *falsch* ausgewertet, dann wird das Programm mit einem Laufzeitfehler abgebrochen.

B.7.6 Literale

Literale sind direkt in den Programmtext geschriebene Werte vom Typ INTEGER, REAL, LONGREAL, EXTENDED oder TEXT.

Literal$_{88}$ = Number$_{94}$ | CharLiteral$_{91}$ | TextLiteral$_{92}$.

Literale haben immer genau einen Typ. Folgende Tabelle zeigt für jeden Literaltyp ein Beispiel:

1 *oder* 10_1	Integer	1.0 *oder* 1.0e0	Real
'1'	Character	1.0d0	Longreal
"1"	Text	1.0x0	Extended

Zahlen

Number$_{94}$ =Digit$_{98}$ { Digit$_{98}$ }
| Digit$_{98}$ { Digit$_{98}$ } "_" HexDigit$_{97}${ HexDigit$_{97}$}
| Digit$_{98}$ { Digit$_{98}$ } "." Digit$_{98}$ { Digit$_{98}$ } [Exponent$_{95}$].
Exponent$_{95}$ =("E" | "e" | "D" | "d" | "X" | "x") ["+" | "-"] Digit$_{98}$ { Digit$_{98}$ }.
HexDigit$_{97}$ =Digit$_{98}$ | "A" | "B" | "C" | "D" | "E" | "F"
| "a" | "b" | "c" | "d" | "e" | "f".
Digit$_{98}$ ="0" | "1" | ··· | "9".

Integerliterale Sie haben die Form

Basis_Ziffern

mit *Basis* aus [2..16] und *Ziffern* aus 0 bis 9 und A bis F. Ziffern müssen jeweils kleiner als die Basis sein (mit A für 10, B für 11, $\cdots$ F für 15). Der Wert des Literal ist $\sum_{i=0}^{n-1} Ziffer_i Basis^i$ mit $n \geq 1$ Anzahl der Ziffern. Wird keine Basis angegeben, dann ist sie 10.

Gleitkommaliterale Sie haben die Form

Ziffern.Ziffern Exponent Vorzeichen Ziffern

Exponent gibt den Typ an (siehe Beispiele oben). Entfällt *Exponent*$\cdots$, dann ist das E0. Der Wert des Literals ist die Kommazahl vor *Exponent* multipliziert mit 10 hoch der Zahl nach *Exponent*.

Text- und Zeichenliterale

Im folgenden steht DQUOTE für das doppelte Hochkommazeichen ":

```
CharLiteral91    = " ' " (PrintingChar96 | Escape93 | DQUOTE ) " ' ".
TextLiteral92    = DQUOTE { PrintingChar96 | Escape93 | " ' " } DQUOTE.
Escape93         = "\" "n" | "\" "t" | "\" "r" | "\" "f" | "\" "\" | "\" " ' "
                   | "\" DQUOTE | "\" OctalDigit99 OctalDigit99 OctalDigit99.
PrintingChar96   = Letter100 | Digit98 | OtherChar101.
OtherChar101     = " " | "!" | "#" | "$" | "%" | "&" | "(" | ")" | "*" | "+"
                   | "," | "-" | "." | "/" | ":" | ";" | "<" | "=" | ">" | "?"
                   | "@" | "[" | "]" | "^" | "_" | " ' " | "{" | "|" | "}" | " "
                   | ExtendedChar102.
ExtendedChar102  = jedes Zeichen des Zeichensatzes ISO-Latin-1
                   mit Code in [8_240..8_377].
```

Literale vom Typ TEXT beginnen und enden also mit doppelten Hochkommas und enthalten eine beliebig lange Folge von Zeichen (ausgenommen Zeilenumbruchszeichen). Literale vom Typ CHAR beginnen und enden mit einem einfachen Hochkommazeichen und enthalten genau ein Zeichen. Ein Zeichen kann auch eine der folgenden *Escape-Sequenzen* sein. Escape-Sequenzen beginnen immer mit \. Keine anderen Sequenzen oder das „alleinige" Auftreten von \ sind erlaubt.

\n	*Zeilenvorschub (linefeed)*
\\	*\-Zeichen (backslash)*
\r	*Wagenrücklauf (carriage return)*
\f	*Seitenumbruch (form feed)*
\t	*Tabulator*
\'	*Hochkomma* (Apostroph)
\"	*doppeltes Hochkomma* (Anführungszeichen)
\nnn	drei Oktalziffern, die den Ordinalwert des Zeichens angeben.

Anhang C

Bibliotheksschnittstellen

C.1 Standardschnittstellen

Die Schnittstellen Thread, Word und Text sowie die Gleitkommaschnittstellen Real, LongReal, Extended, Float und FloatMode müssen in jeder Sprachumgebung vorhanden sein, sie gehören zur Sprache Modula-3. Die hier aufgelisteten Schnittstellen geben das Minimum an, das von Modula-3-Sprachumgebungen zur Verfügung gestellt werden muß. Sie können von einer bestimmten Umgebung erweitert werden.

In den Gleitkommaschnittstellen sind Eigenschaften der Gleitkommaarithmetik der jeweiligen Sprachumgebung abrufbar. Die verwendeten Begriffe stammen aus dem ANSI/IEEE-Standard 754-1985 für Gleitkommaarithmetik. Alle anderen Schnittstellen werden im Detail in [Nel91] erläutert, von dort stammen auch die hier abgedruckten, ins Deutsche übersetzten Kommentare.

C.1.1 Text

Ein Variable vom Typ TEXT zeigt auf eine durchnumerierte Sequenz von Zeichen. Das erste Zeichen hat die Position 0. Der Wert NIL repräsentiert *keine* Sequenz von Zeichen und wird von den folgenden Prozeduren nie zurückgegeben – ihnen NIL als Parameter zu übergeben, führt zu einem Laufzeitfehler.

```
INTERFACE Text;                    (*Copyright Digital Equipment Corporation *)

IMPORT Word;

TYPE T = TEXT;

PROCEDURE Cat(t, u: T): T;
(*Gibt einen Text zurück, der aus den Zeichen von t gefolgt von den Zeichen von u
  besteht *)
```

```
PROCEDURE Equal(t, u: T): BOOLEAN;
(*Gibt TRUE zurück, wenn t und u die gleiche Länge und den gleichen Inhalt haben. *)

PROCEDURE GetChar(t: T; i: CARDINAL): CHAR;
(*Gibt das Zeichen an der i-ten Position in t zurück.
  Ist i > Length(t), so führt das zu einem Laufzeitfehler. *)

PROCEDURE Length(t: T): CARDINAL;
(*Gibt die Anzahl der Zeichen in t zurück. *)

PROCEDURE Empty(t: T): BOOLEAN;
(*Äquivalent zu Equal(t, ""). *)

PROCEDURE Sub(t: T; start: CARDINAL; length: CARDINAL := LAST(CARDINAL)): T;
(*Gibt eine Teilsequenz von t zurück: Sie ist leer, wenn start > Length(t) oder length = 0.
  Sonst besteht sie aus den Zeichen der Position start bis zur Position
  MIN(start+length-1, Length(t)-1). *)

PROCEDURE SetChars(VAR a: ARRAY OF CHAR; t: T);
(*Füllt das Array a der Reihe nach mit den Zeichen in t. a muß groß genug sein. *)

PROCEDURE FromChar(ch: CHAR): T;
(*Gibt einen Text bestehend aus dem Zeichen ch zurück. *)

PROCEDURE FromChars(READONLY a: ARRAY OF CHAR): T;
(*Gibt einen Text bestehend aus den Zeichen in a zurück. *)

PROCEDURE Hash(t: T): Word.T;
(*Gibt einen Hash-Index von t zurück. *)

PROCEDURE Compare(t1, t2: T): [-1..1];
(*Gibt -1 zurück, wenn t1 lexikographisch vor t2 liegt;
  +1, wenn es hinter t2 liegt; 0, wenn gilt Equal(t1, t2). *)

PROCEDURE FindChar(t: T; c: CHAR; start := 0): INTEGER;
(*Gibt die kleineste Position zwischen start und Length(t) zurück, an der in t das
  Zeichen c liegt. Gibt es keine solche Position, so wird -1 zurückgegeben. *)

PROCEDURE FindCharR(t: T; c: CHAR; start := LAST(INTEGER)): INTEGER;
(*Gibt die größte Position zwischen 0 und start zurück, an der in t das
  Zeichen c liegt. Gibt es keine solche Position, so wird -1 zurückgegeben. *)

END Text.
```

C.1.2 Thread

Eine Variable vom Typ Thread.T identifiziert einen Thread. Eine *Mutex*-Variable ist entweder nicht gesperrt oder wird von einem Thread gesperrt. Eine Bedingungsvariable ist eine Menge wartender Threads. Eine neu angelegte *Mutex*-Variable ist nicht gesperrt; eine neu angelegte *Condition*-Variable ist leer. NIL ist kein sinnvoller Wert für Variable dieser drei Typen. Es führt zu einem Laufzeitfehler, einer der Prozeduren der Thread-

Schnittstelle NIL-wertige *Mutex-*, *Condition-* oder Thread.T-Variablen als Parameter zu übergeben. Für eine Erläuterung dieser Begriffe, siehe Kapitel 16.

```
INTERFACE Thread;                    (*Copyright Digital Equipment Corporation *)

TYPE
  T <: ROOT;
  Mutex = MUTEX;
  Condition <: ROOT;

TYPE Closure = OBJECT METHODS apply(): REFANY END;

PROCEDURE Fork(cl: Closure): T;
(*Startet einen neuen Thread, der cl.apply ausführt, und gibt eine Variable, die
  den neuen Thread identifiziert, zurück. *)

PROCEDURE Join(t: T): REFANY;
(*Wartet, bis der Thread t terminiert, und gibt dessen Resultat zurück. Es führt zu
  einem Laufzeitfehler, wenn Join für einen Thread mehr als einmal aufgerufen wird.*)

PROCEDURE Wait(m: Mutex; c: Condition);
(*Entsperrt die Mutex-Variable m und stellt den rufenden Thread auf „wartend auf die
  Bedingung c“ – das ist eine atomare Aktion. Ist c erfüllt, wird m wieder gesperrt.
  Ein Thread muß m gesperrt haben, um Wait auszuführen. *)

PROCEDURE Acquire(m: Mutex);
(*Wartet, bis Mutex m entsperrt ist, und sperrt ihn dann. *)

PROCEDURE Release(m: Mutex);
(*Entsperrt m. Ein Thread muß m gesperrt haben, um Release auszuführen. *)

PROCEDURE Broadcast(c: Condition);
(*Alle Threads, die auf die Bedingung c warten, können weiterlaufen (siehe bei Wait).*)

PROCEDURE Signal(c: Condition);
(*Mindestens ein Thread, der auf die Bedingung c wartet, kann weiterlaufen
  (siehe bei Wait).*)

PROCEDURE Pause(n: LONGREAL);
(*Wartet n Sekunden ab.*)

PROCEDURE Self(): T;
(*Gibt die Variable, die den rufenden Thread identifiziert, zurück.*)


(*Unterbrechbares Warten *)

EXCEPTION Alerted;    (*um asynchrone Unterbrechungen (Interrupts) zu simulieren *)

PROCEDURE Alert(t: T);
(*Markiert t als „alarmiert“. *)

PROCEDURE TestAlert(): BOOLEAN;
(*Testet, ob der rufende Thread als „alarmiert“ markiert wurde. Gibt wahr zurück,
  wenn das der Fall ist, und entfernt die Markierung. *)
```

```
PROCEDURE AlertWait(m: Mutex; c: Condition) RAISES {Alerted};
(*Wie Wait, wird jedoch der Thread während des Aufrufes oder Wartens als „alarmiert"
  markiert, so wird m gesperrt und AlertWait mit Ausnahme Alerted beendet. *)

PROCEDURE AlertJoin(t: T): REFANY RAISES {Alerted};
(*Wie Join, wird jedoch der Thread t während des Aufrufes oder Wartens als
  „alarmiert" markiert, so wird AlertJoin mit Ausnahme Alerted beendet. *)

PROCEDURE AlertPause(n: LONGREAL) RAISES {Alerted};
(*Wie Pause, wird jedoch der rufende Thread während des Aufrufes oder Wartens als
  „alarmiert" markiert, so wird AlertPause mit Ausnahme Alerted beendet. *)

END Thread.
```

C.1.3 Word

Der Typ Word.T repräsentiert eine Sequenz von Word.Size Bits, die von 0 bis Word.Size–1 numeriert werden. Ein Wert dieses Typs ist darüber hinaus eine natürliche Zahl, die sich ergibt, wenn man die Bits als Dualziffern auffaßt (das Bit mit Nummer 0 ist die geringwertigste Ziffer).

```
INTERFACE Word;                          (*Copyright Digital Equipment Corporation *)

TYPE
  T = INTEGER;                           (*Kodierung ist sprachumgebungsabhängig *)

CONST
  Size : INTEGER = BITSIZE (T);          (*sprachumgebungsabhängig *)

PROCEDURE Plus (x, y: T): T;             (*(x + y) MOD 2^Size *)
PROCEDURE Times (x, y: T): T;            (*(xy) MOD 2^Size *)
PROCEDURE Minus (x, y: T): T;            (*(x - y) MOD 2^Size *)
PROCEDURE Divide (x, y: T): T;           (*x DIV y *)
PROCEDURE Mod (x, y: T): T;              (*x MOD y *)
PROCEDURE LT (x, y: T): BOOLEAN;         (*x < y *)
PROCEDURE LE (x, y: T): BOOLEAN;         (*x <= y *)
PROCEDURE GT (x, y: T): BOOLEAN;         (*x > y *)
PROCEDURE GE (x, y: T): BOOLEAN;         (*x >= y *)
PROCEDURE And (x, y: T): T;              (*bitweises UND von x und y *)
PROCEDURE Or (x, y: T): T;               (*bitweises ODER von x und y *)
PROCEDURE Xor (x, y: T): T;              (*bitweises XOR von x und y *)
PROCEDURE Not (x: T): T;                 (*bitweise Negation von x *)

PROCEDURE Shift (x: T; n: INTEGER): T;
(*für positive n äquivalent zu Times(x, 2^n), für negative n äquivalent zu Divide(x, 2^n).*)

PROCEDURE Rotate (x: T; n: INTEGER): T;
(*Bit Nummer i des Rückgabewertes ist Bit mit der Nummer (i–n) MOD Size von x. *)

PROCEDURE Extract (x: T; i, n: CARDINAL): T;
(*Interpretiert n Bits von x als Binärzahl mit Bit Nummer i als
```

```
   niederwertigstes Bit, und gibt sie zurück.
   Wenn n + i > Size gilt, so führt das zu einem Laufzeitfehler *)

PROCEDURE Insert (x, y: T; i, n: CARDINAL): T;
(*Gibt x mit n Bits von der Stelle i an ersetzt zurück. Die n ersetzten Bits
   sind die n niederwertigsten Bits von y.
   Wenn n + i > Size gilt, so führt das zu einem Laufzeitfehler *)

END Word.
```

C.1.4 Real

Die Schnittstelle Real definiert Darstellungsart und Breite der Gleitkommazahlen der Sprachumgebung. Analoge Schnittstellen gibt es für LongReal und Extended. Die Werte der Konstanten sind Beispiele und hängen von der Sprachumgebung ab.

```
(*Copyright Digital Equipment Corporation *)
INTERFACE Real;          (*bzw. INTERFACE LongReal; bzw. INTERFACE Extended; *)

TYPE T = REAL;

CONST
   Base: INTEGER = 2;                   (*Basis der Gleitkommadarstellung für T *)
   Precision: INTEGER = 24;  (*Anzahl der signifikanten Ziffern mit Basis Base für T *)

   MaxFinite: T = 3.40282347E+38;               (*Größter darstellbarer Wert in T *)
(*Für Sprachumgebungen, die den IEEE-Standard unterstützen, ist MaxFinite
   nicht notwendigerweise gleich LAST(T) *)

   MinPos: T = 1.40239846E–45;         (*Kleinster darstellbarer positiver Wert in T *)
   MinPosNormal: T = 1.17549435E–38;        (*Kleinster normalisierter positiver Wert *)

END Real.                              (*bzw. END LongReal. bzw. END Extended. *)
```

C.1.5 Float

Die generische Schnittstelle Float stellt Operationen, die im ANSI/IEEE-Standard 754-1985 verlangt oder empfohlen werden, zur Verfügung. Sie wird wie folgt instanziert:

```
INTERFACE RealFloat = Float(Real) END RealFloat.
INTERFACE LongFloat = Float(LongReal) END LongFloat.
INTERFACE ExtendedFloat = Float(Extended) END ExtendedFloat.
```

Die Kommentare der Schnittstelle beschreiben nur, wie die Operationen funktionieren, wenn ihre Argumente normale Zahlen sind und keine Ausnahmen generiert werden. Der IEEE-Standard erklärt genauer, wie die

Operationen auf „nicht-Zahlen"-Werte (sogenannte *NaN's: not a number*) oder „unendliche" Werte (*infinity*) reagieren. Sprachumgebungen, deren Gleitkommaarithmetik nicht dem Standard entsprechen, sollten diese Sonderfälle zusätzlich beschreiben.

```
GENERIC INTERFACE Float(R);          (*Copyright Digital Equipment Corporation *)

IMPORT FloatMode;

TYPE T = R.T;

PROCEDURE Scalb(x: T; n: INTEGER): T;                      (*Gibt x2^n zurück. *)

PROCEDURE Logb(x: T): T;                   (*Gibt den Exponenten von x zurück. *)

PROCEDURE ILogb(x: T): INTEGER;
(*Wie Logb, liefert den Exponenten als Integer zurück. ILogb generiert nie eine
  Ausnahme und liefert den Exponenten auch dann, wenn x keine normale Zahl ist. *)

PROCEDURE NextAfter(x, y: T): T;
(*Liefert den zu x nächsten darstellbaren Wert in Richtung y zurück.
  Ist x = y, dann wird x zurückgegeben. *)

PROCEDURE CopySign(x, y: T): T;
(*Liefert den Wert von x mit dem Vorzeichen von y zurück. *)

PROCEDURE Finite(x: T): BOOLEAN;
(*Liefert wahr zurück, wenn x strikt zwischen Positiv- und Negativ-Unendlich liegt.
  Für nicht dem Standard entsprechende Sprachumgebungen ist der Rückgabewert
  immer wahr. *)

PROCEDURE IsNaN(x: T): BOOLEAN;
(*Liefert falsch zurück, wenn x einen numerischen Wert (möglicherweise einen
  „unendlichen") darstellt, sonst wahr. *)

PROCEDURE Sign(x: T): [0..1];
(*Gibt das Vorzeichenbit von x zurück. *)

PROCEDURE Differs(x, y: T): BOOLEAN;
(*Gibt (x < y OR y < x) zurück. *)

PROCEDURE Unordered(x, y: T): BOOLEAN;
(*Gibt NOT (x <= y OR y <= x) zurück. *)

PROCEDURE Sqrt(x: T): T;
(*Gibt die Quadratwurzel von x zurück. Das Ergebnis muß korrekt gerundet sein, wenn
  FloadMode.IEEE wahr ist (→C.1.6, S. 543). *)

TYPE IEEEClass = {SignalingNaN, QuietNaN, Infinity, Normal, Denormal, Zero};

PROCEDURE Class(x: T): IEEEClass;
(*Gibt die Klasse von x entsprechend dem IEEE-Standard zurück. *)

END Float.
```

C.1.6 FloatMode

Mit Hilfe dieser Schnittstelle können das Verhalten von Rundungen und numerischen Ausnahmen abgefragt werden. In manchen Sprachumgebungen kann dieses Verhalten für einzelne Threads auch geändert werden.

```
INTERFACE FloatMode;                (*Copyright Digital Equipment Corporation *)

CONST IEEE = TRUE;
(*TRUE für dem IEEE-Standard entsprechende Gleitkommaimplementierungen. *)

EXCEPTION Failure;
(*Diese Ausnahme wird generiert, wenn versucht wird, einen Modus einzustellen, den
  die Sprachumgebung nicht unterstützt. *)

TYPE RoundingMode =
  {NearestElseEven, TowardMinusInfinity, TowardPlusInfinity,
   TowardZero, NearestElseAwayFromZero, IBM370, Other};
(*Rundungsmodi. Die ersten vier sind IEEE-Modi. *)

CONST RoundDefault = RoundingMode.NearestElseEven;
(*Sprachumgebungsabhängig: Der Defaultmodus für Rundungsoperationen eines neu
  erzeugten Threads. Der Modus legt auch fest, wie in Grenzfällen von der
  vordefinierten Funktion ROUND (→B.5.10, S. 530) gerundet wird. *)

PROCEDURE SetRounding(md: RoundingMode) RAISES {Failure};
(*Setzt den Rundungsmodus für danach erzeugte Threads. Generiert die Ausnahme,
  wenn das nicht möglich ist. Der Modus beeinflußt nur implizite Rundungen in
  Gleitkommaoperationen, er beeinflußt nicht das Verhalten der vordefinierten
  ROUND-Funktion (→B.5.10, S. 530). *)

PROCEDURE GetRounding(): RoundingMode;
(*Gibt dem rufenden Thread den für ihn geltenden Rundungsmodus zurück. *)

(*Status der Gleitkommaarithmetik eines Threads*)

TYPE
  Flag = {Invalid, Inexact, Overflow, Underflow, DivByZero, IntOverflow, IntDivByZero};
CONST NoFlags = SET OF Flag {};

(*Für jeden Thread gibt es eine Statusmenge vom Typ SET OF Flag. Jedes Element
  dieser Menge repräsentiert die Tatsache, daß eine bestimmte Bedingung aufgetreten
  ist. Die genaue Bedeutung aller Flag-Elemente wird im IEEE-Standard beschrieben.
  Sie bedeuten in etwa:

  Invalid falsches Argument für eine Operation.
  Inexact eine Operation lieferte ein ungenaues Ergebnis.
  Overflow Resultat einer Operation ist größer als darstellbar.
  Underflow Resultat einer Operation ist kleiner als darstellbar.
  DivByZero Gleitkommadivision durch 0.
  IntOverflow eine Integeroperation lieferte ein größeres Ergebnis als darstellbar.
  IntDivByZero Integerdivision durch 0. *)
```

```
PROCEDURE GetFlags(): SET OF Flag;
(*Gibt die Statusmenge des rufenden Threads zurück. *)

PROCEDURE SetFlags(s: SET OF Flag): SET OF Flag RAISES {Failure};
(*Setzt die Statusmenge des rufenden Threads auf s und gibt deren alten
  Wert zurück. *)

PROCEDURE ClearFlag(f: Flag);
(*Entfernt Status f aus der Statusmenge des rufenden Threads. *)

(*Verhalten bei Ausnahmen *)

EXCEPTION Trap(Flag);

TYPE Behavior = {Trap, SetFlag, Ignore};
(*Das Verhalten einer Operation, die eine der Statusmengen-Bedingungen verursacht,
  kann sein:
  Ignore ignorieren (Operation gibt irgendein Ergebnis zurück),
  SetFlag Operation gibt ein Ergebnis zurück und gibt den Status in die Statusmenge
  des Threads (für IEEE-Operationen ist in diesem Fall auch das Ergebnis definiert),
  Trap Operation generiert Ausnahme Trap mit dem entsprechenden Status als
  Parameter.*)

PROCEDURE SetBehavior(f: Flag; b: Behavior) RAISES {Failure};
(*Setzt das Verhalten des rufenden Threads beim Auftreten des Status f auf b.
  Ist das nicht möglich, dann wird Failure generiert. *)

PROCEDURE GetBehavior(f: Flag): Behavior;
(*Gibt das Verhalten des rufenden Threads beim Auftreten des Status f zurück. *)

END FloatMode.
```

C.2 Formatierung

C.2.1 Fmt

Mit Hilfe der Prozeduren der Schnittstelle Fmt können Zahlen und andere Daten in Texte umgewandelt werden.

```
INTERFACE Fmt;                              (*Copyright Digital Equipment Corporation *)

TYPE
  Align = {Left, Right};                        (*Links- oder rechtsbündiges Ergebnis *)
  Base = [2..16];                                   (*Basis der Zahlen im Ergebnis *)
  Style = {Flo, AltFlo, Sci, AltSci, Mix};         (*Stil bei Gleitkommaergebnissen *)

PROCEDURE Bool (b: BOOLEAN): TEXT;                        (*„TRUE“ oder „FALSE“ *)
PROCEDURE Int (n: INTEGER; base : Base := 10): TEXT;            (*Der Wert von n *)
PROCEDURE Char (c: CHAR): TEXT;                                     (*c als Text *)
PROCEDURE Addr (n: ADDRESS; base : Base := 16): TEXT;  (*„NIL“ oder Wert von n *)
PROCEDURE Ref (r: REFANY; base : Base := 16): TEXT;    (*„NIL“ oder Wert von n *)
```

```
PROCEDURE Real      (x: REAL;        prec: CARDINAL:= 6; style := Style.Mix): TEXT;
PROCEDURE LongReal  (x: LONGREAL;    prec: CARDINAL:= 6; style := Style.Mix): TEXT;
PROCEDURE Extended  (x: EXTENDED;    prec: CARDINAL:= 6; style := Style.Mix): TEXT;
```
(**Formatieren* x *als Gleitkommazahl mit* prec *Nachkommastellen. Ist der Stil* AltFlo *oder* AltSci, *dann gibt* prec *die Gesamtanzahl der Ziffern an.*

Der Style-*Parameter beeinflußt das Aussehen der Gleitkommazahlen im Ergebnis:*
Flo *nur dezimale Ziffern, Nachkommastellen können hinten Nullen enthalten,*
AltFlo *wie* Flo *aber ohne die Nullen hinten, enthält keinen Komma-Punkt, wenn unnötig,*
Sci *Darstellung in Modula-3-Literalen ähnlichem Format: Ziffern e Ziffern,*
AltSci *wie* Sci *ohne Nullen vor dem „e“,*
Mix *wie* AltFlo *außer die Darstellung in* AltSci *ist kürzer, dann* AltSci. *)

```
PROCEDURE Pad ( text: TEXT; length: CARDINAL;
                padChar: CHAR := ' '; align : Align := Align.Right): TEXT;
```
(**Gibt* text *zurück, wenn* length < Text.Length(text) *gilt. Wenn nicht, dann wird* text *genau mit der Länge* length *zurückgegeben. Im Ergebnis werden, bis die Länge erreicht wird, dazu links oder rechts (je nach Wert von* align*)* padChar-*Zeichen eingefügt.* *)

```
PROCEDURE F(fmt: TEXT; t1, t2, t3, t4, t5: TEXT := NIL): TEXT;
```
(**Das Ergebnis ist* fmt, *indem Formatiersequenzen von links nach rechts durch aufgefüllte Kopien der Parameter* t1, t2 *usw. ersetzt werden.*

Formatiersequenzen beginnen immer mit dem %-Zeichen und enden mit s, *dazwischen steht ein optionaler* Integer-*Wert, der die Breite der Kopie in Zeichen bestimmt. Die Syntax lautet somit (man beachte, daß kein + beim Breitenwert erlaubt ist):*

%[-]{0-9}s

Fehlt die Breitenzahl, dann wird der entsprechende Parameter kopiert. Wird sie angegeben, so hat sie den gleichen Effekt, wie der Parameter length *der Prozedur* Pad. *Negative Breite bedeutet linksbündiges Ergebnis, positive Breite rechtsbündiges Ergebnis. Eine führende Null im Breitenwert bedeuted, daß mit Nullen aufgefüllt wird, sonst wird mit Leerzeichen aufgefüllt.*

Die Anzahl der t-*Parameter, die nicht* NIL *sind, muß der Anzahl der Formatiersequenzen in* fmt *entsprechen. Nicht-*NIL-*wertige Parameter* t *müssen vor den* NIL-*wertigen stehen. Enthält* fmt *keine Formatiersequenzen und alle* t-*Parameter sind* NIL, *dann ist das Ergebnis* fmt.

Beispiele:

F("%s", "123") *liefert* `"123"`.
F("%2s, "123") *liefert* `"123"`.
F("%3s, "123") *liefert* `"123"`.
F("%4s, "123") *liefert* `" 123"`.
F("%04s, "123") *liefert* `"0123"`.
F("%-4s, "123") *liefert* `"123 "`. *)

```
PROCEDURE FN(fmt: TEXT; READONLY texts: ARRAY OF TEXT): TEXT;
(*Wie F, nur werden hier die t-Parameter als Elemente des Arrays texts übergeben.
  NUMBER(texts) muß der Anzahl der Formatiersequenzen in fmt entsprechen. *)

END Fmt.
```

C.2.2 Scan

Mit Hilfe der Prozeduren der Schnittstelle Scan können Zahlen und andere Daten aus TEXT-Variablen gelesen werden. Die Prozeduren lesen den txt-Parameter und konvertieren dessen Inhalt in Werte des jeweiligen Typs. Dabei werden führende Leerzeichen und bei Zahlen führende Nullen überlesen.

```
INTERFACE Scan;                          (*Copyright Digital Equipment Corporation *)

  IMPORT Word, Lex, FloatMode;

  PROCEDURE Bool     (t: TEXT): BOOLEAN  RAISES {Lex.Error};
  PROCEDURE Int      (t: TEXT): INTEGER  RAISES {Lex.Error, FloatMode.Trap};
  PROCEDURE Unsigned (t: TEXT): Word.T   RAISES {Lex.Error, FloatMode.Trap};
  PROCEDURE Real     (t: TEXT): REAL     RAISES {Lex.Error, FloatMode.Trap};
  PROCEDURE LongReal (t: TEXT): LONGREAL RAISES {Lex.Error, FloatMode.Trap};
  PROCEDURE Extended (t: TEXT): EXTENDED RAISES {Lex.Error, FloatMode.Trap};
  PROCEDURE Char     (t: TEXT): CHAR     RAISES {Lex.Error};
END Scan.
```

C.3 Ein-/Ausgabeströme

Ein-/Ausgabeströme (*readers* und *writers*) werden ausführlich in [Nel91] erläutert. Hier werden nur die Schnittstellen Rd und Wr aufgelistet und kommentiert.

C.3.1 Rd

Eine Variable vom Typ Rd.T identifiziert einen Eingabestrom. Der Strom ist nach der Initialisierung (außerhalb dieser Schnittstelle) *geöffnet* und hat eine aktuelle Position (am Anfang 0). Er kann *geschlossen* werden. Von geschlossenen Strömen kann nicht gelesen werden. Mit der Operation GetChar wird ein Zeichen vom Strom gelesen und die aktuelle Position um eins erhöht. Der Strom kann *positionierbar* oder *unterbrechbar* sein. Eine Erläuterung dieser Begriffe befindet sich im Kapitel 14.

```
INTERFACE Rd;                    (*Copyright Digital Equipment Corporation *)

IMPORT AtomList;
FROM Thread IMPORT Alerted;

TYPE T <: ROOT;

EXCEPTION
  EndOfFile;
  Failure(AtomList.T);

PROCEDURE GetChar(rd: T): CHAR RAISES {EndOfFile, Failure, Alerted};
(*Basisoperation: Lese ein Zeichen vom Eingabestrom rd und erhöhe dessen aktuelle
  Position um 1. *)

PROCEDURE GetText(rd: T; length: CARDINAL): TEXT RAISES {Failure, Alerted};
(*Lies soviele Zeichen von rd, wie verfügbar, aber nicht mehr als length Zeichen. *)

PROCEDURE EOF(rd: T): BOOLEAN RAISES {Failure, Alerted};
(*Gibt wahr zurück, wenn das Ende von rd erreicht wurde. *)

PROCEDURE UnGetChar(rd: T) RAISES {};
(*Legt das zuletzt gelesene Zeichen auf rd zurück. *)

PROCEDURE CharsReady(rd: T): CARDINAL RAISES {Failure};
(*Gibt die Anzahl der an rd aktuell verfügbaren Zeichen zurück. Das ist die Anzahl der
  Zeichen, die ohne Blockierung gelesen werden kann. Das Ende des Stromes zählt
  dabei als Zeichen mit. *)

PROCEDURE GetSub(rd: T; VAR str: ARRAY OF CHAR): CARDINAL
  RAISES {Failure, Alerted};
(*Liest höchstens NUMBER(str) Zeichen von rd und speichert sie der Reihe nach in str.
  Wurde das Ende von rd vorher erreicht, so bricht GetSub ab. Der Rückgabewert ist
  die Anzahl der tatsächlich gelesenen Zeichen. *)

PROCEDURE GetSubLine(rd: T; VAR str: ARRAY OF CHAR): CARDINAL
  RAISES {Failure, Alerted};
(*Liest höchstens NUMBER(str) Zeichen von rd und speichert sie der Reihe nach in str.
  Wurde das Ende von rd vorher erreicht, oder ein Zeilenvorschubszeichen gelesen, so
  bricht GetSubLine ab. Der Rückgabewert ist die Anzahl der tatsächlich gelesenen
  Zeichen. Das Zeilenvorschubszeichen wird (wenn letztes Zeichen) noch in str
  abgelegt. *)

PROCEDURE GetLine(rd: T): TEXT RAISES {EndOfFile, Failure, Alerted};
(*Liest soviele Zeichen von rd, bis das Ende von rd erreicht wurde oder ein
  Zeilenvorschubszeichen gelesen wurde. Die Ausnahme EndOfFile wird generiert,
  wenn das Ende von rd schon vor der Operation erreicht war. Die gelesenen Zeichen
  werden zurückgegeben. Das Zeilenvorschubszeichen wird nicht im Ergebnis
  abgelegt. *)

PROCEDURE Index(rd: T): CARDINAL RAISES {};
(*Gibt aktuelle Position von rd zurück.*)

PROCEDURE Length(rd: T): CARDINAL RAISES {Failure, Alerted};
(*Gibt Gesamtlänge (in Zeichen) von rd zurück.*)
```

```
PROCEDURE Seek(rd: T; n: CARDINAL) RAISES {Failure, Alerted};
(*Setzt die aktuelle Position von rd auf n.*)

PROCEDURE Close(rd: T) RAISES {Failure, Alerted};
(*Schließt rd.*)

PROCEDURE Intermittent(rd: T): BOOLEAN RAISES {};
(*Gibt wahr zurück, wenn rd unterbrechbar ist.*)

PROCEDURE Seekable(rd: T): BOOLEAN RAISES {};
(*Gibt wahr zurück, wenn rd positionierbar ist.*)

PROCEDURE Closed(rd: T): BOOLEAN RAISES {};
(*Gibt wahr zurück, wenn rd geschlossen ist.*)

END Rd.
```

C.3.2 Wr

Eine Variable vom Typ Wr.T identifiziert einen Ausgabestrom. Der Strom ist nach der Initialisierung (außerhalb dieser Schnittstelle) *geöffnet* und hat eine aktuelle Position (am Anfang 0). Er kann *geschlossen* werden. Auf geschlossene Ströme kann nicht geschrieben werden. Mit der Operation PutChar wird ein Zeichen auf den Strom geschrieben und die aktuelle Position um eins erhöht. War die aktuelle Position gleich der Länge des Stomes, dann wird dieser dadurch auch um eins länger. Neue Zeichen überschreiben Zeichen, die eventuell vorher am Strom waren. Der Strom kann *positionierbar* und *gepuffert* sein. Eine Erläuterung dieser Begriffe findet der Leser im Kapitel 14.

```
INTERFACE Wr;                    (*Copyright Digital Equipment Corporation *)

IMPORT AtomList;
FROM Thread IMPORT Alerted;

TYPE T <: ROOT;

EXCEPTION Failure(Atomlist.T);

PROCEDURE PutChar(wr: T; ch: CHAR) RAISES {Failure, Alerted};
(*Basisoperation: Schreibt das Zeichen ch auf den Ausgabestrom wr und erhöht dessen
  aktuelle Position um eins. *)

PROCEDURE PutText(wr: T; t: TEXT) RAISES {Failure, Alerted};
(*Schreibt alle Zeichen von t auf wr. *)

PROCEDURE PutString(wr: T; READONLY a: ARRAY OF CHAR)
  RAISES {Failure,Alerted};
(*Schreibt der Reihe nach alle Zeichen im Array a auf wr. *)
```

```
PROCEDURE Seek(wr: T; n: CARDINAL) RAISES {Failure, Alerted};
(*Setzt die aktuelle Position von wr auf n. *)

PROCEDURE Flush(wr: T) RAISES {Failure, Alerted};
(*Leert den Puffer von wr. *)

PROCEDURE Close(wr: T) RAISES {Failure, Alerted};
(*Schließt wr. *)

PROCEDURE Length(wr: T): CARDINAL RAISES {Failure, Alerted};     (*Länge von wr*)
PROCEDURE Index(wr: T): CARDINAL RAISES {Failure};     (*Aktuelle Position von wr*)
PROCEDURE Seekable(wr: T): BOOLEAN;             (*wahr, wenn wr positionierbar ist.*)
PROCEDURE Closed(wr: T): BOOLEAN;                 (*wahr, wenn wr geschlossen ist.*)
PROCEDURE Buffered(wr: T): BOOLEAN;                  (*wahr, wenn wr gepuffert ist.*)

END Wr.
```

C.3.3 Simple Input/Output (SIO)

Die Schnittstelle SIO bietet eine Reihe von Hilfsprozeduren an. Sie stellen häufig verwendete Kombinationen von Prozeduren der Schnittstellen Rd, Wr, Fmt und Scan dar und sollen die Verwendung von Ein- und Ausgabeströmen erleichtern. Die Prozeduren haben Defaultwerte für den Ein- bzw. Ausgabestrom. Wird NIL als Strom übergeben, dann wird Stdio.stdout als Ausgabestrom und Stdio.stdin als Eingabestrom verwendet (das sind Ströme, die nicht geöffnet werden müssen und die normalerweise auf den Bildschirm schreiben bzw. von der Tastatur lesen). Die Leseprozeduren überlesen alle führende Leerzeichen und lesen nur bis zum nächsten Leerzeichen oder zum ersten Zeichen, das nicht mehr dem Typ entsprechend interpretiert werden kann. Jenes Zeichen wird zunächst immer überlesen, es kann aber mit der Prozedur TermChar abgefragt werden.

```
INTERFACE SIO;                              (*Simple Input / Output 13.04.94. LB*)

IMPORT Rd, Wr;

EXCEPTION Error;

TYPE
  Reader = Rd.T;                                 (*Eingabeströme sind Rd.Ts.*)
  Writer = Wr.T;                                 (*Ausgabeströme sind Wr.Ts.*)

PROCEDURE GetChar(rd: Reader := NIL): CHAR RAISES {Error};
(*Liest das nächste Zeichen vom Strom rd und gibt es zurück. *)

PROCEDURE PutChar(ch: CHAR; wr: Writer := NIL);
(*Schreibt ch auf den Ausgabestrom. *)
```

PROCEDURE GetText(rd: Reader := NIL): TEXT RAISES {Error};
(**Liest eine Sequenz von Zeichen von* rd, *die keine Leerzeichen sind, und gibt sie zurück.* *)

PROCEDURE PutText(t: TEXT; wr: Writer := NIL);
(**Schreibt die Zeichen aus* t *auf den Ausgabestrom* wr. *)

PROCEDURE GetLine(rd: Reader := NIL): TEXT RAISES {Error};
(**Liest vom Eingabestrom* rd *bis zum nächsten Zeilenendezeichen und gibt alle Zeichen (auch Leerzeichen) zurück. Das Zeilenendezeichen selbst wird nicht an das Ergebnis angehängt.**)

PROCEDURE PutLine(t: TEXT; wr: Writer := NIL);
(**Äquivalent zu* PutText(t & "\n", wr) *)

PROCEDURE GetInt(rd: Reader := NIL): INTEGER RAISES {Error};
(**Liest alle zusammenhängenden Ziffern vom Eingabestrom* rd *und gibt das Ergebnis als* Integer *zurück.* *)

PROCEDURE PutInt(i: INTEGER; length := 3; wr: Writer := NIL);
(**Gibt* i *als Sequenz von Ziffern auf den Ausgabestrom* wr *aus.*
Wenn die Anzahl der Ziffern von i *kleiner als* length *ist, dann werden vorher Leerzeichen ausgegeben um auf* length *ausgegebene Zeichen zu kommen.* *)

PROCEDURE GetReal(rd: Reader := NIL): REAL RAISES {Error};
(**Liest alle zusammenhängenden Zeichen vom Eingabestrom* rd, *die als Gleitkommazahl interpretiert werden können, und gibt das Ergebnis als* Real *zurück.* *)

PROCEDURE PutReal(r: REAL; wr: Writer := NIL);
(**Gibt* r *als Text auf den Ausgabestrom* wr *aus.* *)

PROCEDURE GetLongReal(rd: Reader := NIL): LONGREAL RAISES {Error};
(**Wie* GetReal *allerdings mit Ergebnistyp* Longreal. *)

PROCEDURE PutLongReal(r: LONGREAL; wr: Writer := NIL);
(**Gibt* r *als Text auf den Ausgabestrom* wr *aus.* *)

PROCEDURE GetBool(rd: Reader := NIL): BOOLEAN RAISES {Error};
(**Liest „f", „F" oder* FALSE *und gibt* falsch *zurück*
liest „t", „T" oder TRUE *und gibt* wahr *zurück.* *)

PROCEDURE PutBool(b: BOOLEAN; wr: Writer := NIL);
(**Gibt, je nach Wert von* b, *die Zeichen „*TRUE*" bzw. „*FALSE*" auf den Ausgabestrom* wr *aus.* *)

PROCEDURE LookAhead(rd: Reader := NIL): CHAR RAISES {Error};
(**Gibt das nächste Zeichen des Eingabestroms zurück, ohne es von dort zu entfernen.**)

PROCEDURE TermChar(rd: Reader := NIL): CHAR RAISES {Error};
(**Gibt jenes Zeichen zurück, das die letzte* Get-*Prozedur von* rd nicht *mehr gelesen hat.* *)

PROCEDURE Nl(wr: Writer := NIL);
(**Gibt ein Zeilenvorschubszeichen auf* wr *aus.**)

```
PROCEDURE PutUnsigned(i: INTEGER; len := 6; base: [2..16] := 16; wr: Writer := NIL);
(*Gibt i als Zahl mit Basis base am Ausgabestrom wr aus. Wenn notwendig, werden
  vorher Leerzeichen eingefügt, um len Zeichen auszugeben. *)

PROCEDURE End(rd: Reader := NIL): BOOLEAN;
(*Gibt wahr zurück, wenn das Ende des Eingabestroms rd erreicht ist. *)

PROCEDURE Flush(wr: Writer := NIL);
(*Leert den Ausgabepuffer von wr. Für den Default-Ausgabestrom nicht erforderlich. *)

PROCEDURE Available(rd: Reader := NIL): BOOLEAN;
(*Gibt wahr zurück, wenn vom Eingabestrom rd ohne zu blocken noch Zeichen gelesen
  werden können *)

PROCEDURE Length(rd: Reader := NIL): CARDINAL;
(*Gibt die Gesamtlänge des Eingabestroms rd zurück bzw. 0, wenn sie nicht errechnet
  werden kann (z. B. für Default-Eingabestrom). *)

END SIO.
```

C.3.4 Simple Files (SF)

Um die am häufigsten benötigten Dateibehandlungen zu vereinfachen, werden eine Reihe von Prozeduren in der Schnittstelle SF zur Verfügung gestellt.

```
INTERFACE SF;                                           (*SimpleFiles 14.04.94. LB*)

IMPORT SIO;

CONST
  Overwrite = "!";
  Standard = "#";
  PromptStart = "Type file name ";
  PromptEnd = " or NL for standard = ";
  InPrompt = PromptStart & "for input" & PromptEnd;
  OutPrompt = PromptStart & "for output" & PromptEnd;
  AppPrompt = PromptStart & "for append" & PromptEnd;

TYPE
  Reader = SIO.Reader;
  Writer = SIO.Writer;

PROCEDURE OpenRead (dn: TEXT := NIL; prompt:= InPrompt): Reader;
(*Gibt einen geöffneten Eingabestrom zurück. Die Datei namens dn wird geöffnet,
  wenn sie existiert und lesbar ist. Wenn nicht oder wenn dn NIL übergeben wird,
  dann wird der Benutzer nach einem Dateinamen gefragt. Wenn er Return oder den
  Text Standard eingibt, dann wird der Defaultreader zurückgegeben. Für die Abfrage
  wird prompt als Aufforderungstext benutzt. *)
```

```
PROCEDURE OpenWrite (dn: TEXT := NIL; prompt:= OutPrompt;
                              overwrite:= FALSE): Writer;
(*Gibt einen geöffneten Ausgabestrom zurück. Eine Datei namens dn wird geöffnet,
  wenn sie nicht existiert. Existiert so eine Datei schon und ist overwrite falsch,
  dann wird der Benutzer nach einem anderen Dateinamen gefragt. Die Abfrage
  entfällt, wenn overwrite wahr ist. Bei der Abfrage kann der Benutzer den
  Text Overwrite eintippen – dann wird die Datei überschrieben – oder einen
  neuen Dateinamen angeben. Wenn er Return oder den Text Standard eingibt,
  dann wird der Defaultwriter zurückgegeben. Für die Abfrage wird prompt als
  Aufforderungstext benutzt. *)

PROCEDURE OpenAppend (dn: TEXT := NIL; prompt:= AppPrompt): Writer;
(*OpenAppend ist wie OpenWrite, löscht aber die alte Datei nicht. Neu
  geschriebene Zeichen werden an die alte Datei angehängt. *)

PROCEDURE FileExists(dn: TEXT): BOOLEAN;
(*Liefert wahr zurück, wenn es eine lesbare Datei namens dn gibt. *)

PROCEDURE CloseRead(VAR rd: Reader);
PROCEDURE CloseWrite(VAR wr: Writer);
(*Eingabestrom rd bzw. Ausgabestrom wr schließen.
  Die Parameter rd und wr werden auf NIL gesetzt. *)

PROCEDURE GetFileName(prompt:= PromptStart & PromptEnd): TEXT;
(*Interaktiver Dialog, um den Namen einer lesbaren Datei abzufragen. Wird von den
  Open-Prozeduren aufgerufen. *)

END SF.
```

Anhang D

Modula-3-Sprachumgebungen

In diesem Anhang soll ein Überblick über die vorhandenen Sprachumgebungen gegeben werden. An erster Stelle ist natürlich die Umgebung zu nennen, die am Digital Equipment Systems Research Center (DEC/SRC) entwickelt wurde – sie stammt von den Forschern, die Modula-3 entwickelt haben. Um allen Lesern eine Modula-3-Sprachumgebung zur Verfügung zu stellen, haben wir auch eine auf einem DOS-PC lauffähige Version erstellt, die im folgenden kurz beschrieben wird. Mit ihr können auch alle Beispiele des Buches angefordert werden.

D.1 Die DEC/SRC Sprachumgebung

Die „Originalsprachumgebung“ besteht aus einem Übersetzer und einer sehr umfangreichen Bibliothek. Diese Bibliothek umfaßt Module für die Systemprogrammierung, für verteilte Programmierung sowie zur Erstellung von reichhaltigen graphischen Benutzeroberflächen (komplett mit Animationen, Videobildern und Sprachausgabe) und vieles mehr. Sie ist zusammen mit allen Quellprogrammen für praktisch alle Unix-Plattformen (auch Linux) frei verfügbar, mittlerweile gibt es auch eine Version für Windows/NT.

Über das Internet kann die Umgebung via *anonymous-ftp* über die Adresse

`gatekeeper.dec.com`

im Verzeichnis `/pub/DEC/Modula-3` abgeholt werden. Eine ausführliche Beschreibung dieser Umgebung kann über *World Wide Web* auf der Adresse

`http://www.research.digital.com/SRC/modula-3/html/home.html`

abgerufen werden. Dort befindet sich auch eine genaue Installationsanleitung.

D.2 Eine PC-Sprachumgebung

Für die Studenten der Universität Klagenfurt wurde an dieser Universität eine abgespeckte Version der DEC/SRC-Sprachumgebung entwickelt, die auf einem einfachen DOS-PC läuft. Auch diese Version ist frei verfügbar. Sie enthält die meisten Module der Standardbibliothek und eine einfache graphische Benutzeroberfläche sowie einen speziellen Editor zur Entwicklung von Modula-3-Programmen. Dieser Abschnitt gibt einen Überblick über Installation und Bedienung dieser Umgebung.

D.2.1 Installation

Voraussetzung für die PC-Sprachumgebung ist ein PC mit 80386 (oder Nachfolger) Prozessor mit Mathematik-Coprozessor. Der PC sollte mit mindestens 6-8 MByte Hauptspeicher ausgestattet sein, sonst werden die Übersetzungszeiten unerträglich lang.

Die Umgebung kann über das Internet mit *anonymous-ftp* geholt werden. Die *ftp*-Adresse ist `ftp.ifi.uni-klu.ac.at`, die notwendigen Dateien stehen im Verzeichnis `/pub/Modula-3`. Die Beispiele dieses Buches stehen im Verzeichnis `/pub/Modula-3/book`. In diesem Verzeichnis befindet sich auch eine README-Datei, sie enthält für jede Beispielnummer den zugehörigen Dateinamen, unter dem das Beispiel gespeichert ist.

Leser, die über keinen Internetanschluß verfügen, können die Sprachumgebung als Satz von Disketten gegen Unkostenersatz von folgender Adresse anfordern:

Institut für Informatik
Universität Klagenfurt
Universitätsstraße 65-67
A-9020 Klagenfurt/Austria

email m3book@ifi.uni-klu.ac.at

Im *ftp*-Verzeichnis bzw. auf der ersten Diskette gibt es eine Datei `INSTALL` mit genauen Installationsanweisungen. Die Disketten enthalten auch die Beispiele. Nach fertiggestellter Installation ist auch ein Verzeichnis geladen, das die Dokumentation der Sprachumgebung enthält. Zu allen hier beschriebenen Programmen und Funktionen gibt es dort eine Benutzeranleitung.

D.2.2 Der Programmiereditor

Ist alles richtig installiert, dann können wir mit dem Befehl `m3edit` von der DOS-Ebene den Modula-3-Editor starten.

Den größten Teil des Bildschirms nehmen drei Fenster ein, in die die Programmtexte geschrieben werden können. Darüber ist eine Leiste, über die wir mit Hilfe von *Pulldown-Menüs* die Funktionen des Editors abrufen können. Darunter gibt es eine Leiste mit Statusanzeigen und Platz für Fehlermeldungen.

Einen Programmtext erstellen wir, indem wir zuerst eines der Fenster mit der Maus anklicken und dann den Text eintippen. Mit den *Cursor*-Tasten können wir uns im Text bewegen und Tippfehler ausbessern.

Der Text muß gespeichert werden, bevor er übersetzt werden kann. Dazu wählen wir den Menüpunkt *File→SaveAs*[1] an. Eine Box erscheint, in die wir den Dateinamen tippen (das machen wir nur beim erstenmal, später speichern wir mit *File→Save* unter dem aktuellen Namen). Wir hätten den Programmnamen auch in ein anderes Fenster schreiben können: Wenn wir einen Wort in einem der Fenster doppelt anklicken (es wird dadurch hervorgehoben), dann dient es allen Funktionen des Editors, die einen Parameter benötigen, als Eingabe. Das ist besonders praktisch, wenn wir in unserem Programm an einer anderen Stelle nach einer Zeichenkette (etwa einem Variablennamen) suchen wollen, die schon am Bildschirm steht: Wir klicken sie doppelt an und wählen die Funktion *Edit→SearchForward*. Der Editor zeigt dann den nächsten Teil des Programms an, der die Zeichenkette enthält.

Eine genauere Beschreibung der Funktionen des Editors ist im Dokumentationsverzeichnis verfügbar. Eine Kurzbeschreibung der Editierfunktionen kann direkt über das *Help*-Menü abgerufen werden.

Übersetzen von Programmen

Der Editor ist in der Lage, alle für die Übersetzung eines Programms notwendigen Dateien (also alle Schnittstellen und Implementierungsmodule) zusammenzusuchen. Dazu muß zuerst der Name des Hauptmoduls eingegeben werden. Alle von diesem Modul importierten Module (und natürlich die, die von diesen wiederum importiert werden), werden dem Übersetzer übergeben. Das Hauptmodul geben wir mit dem Menüpunkt *Build→MainModule* ein. Ist das erledigt, dann können wir mit dem Menüpunkt *Build→BuildProgram* das Programm übersetzen. Das kann auch auf stärkeren PCs eine ganze Weile dauern.

> Auf einem PC mit 50 MHz 80486 Prozessor dauert eine Übersetzung (als diese Zeilen geschrieben wurden) ein bis zwei Minuten für kleinere Programme. Der Grund für diese Langatmigkeit ist vor allem die Tatsache, daß das Programm zuerst in ein C-Programm übersetzt

[1]Dazu klicken wir die Menüleiste beim Punkt *File* an. Dadurch klappt ein Untermenü auf. Wir ziehen den Mauszeiger mit gedrücktem Mausknopf zum Punkt *SaveAs* und lassen den Mausknopf dann los.

wird, welches dann noch einmal vom C-Übersetzer verarbeitet werden muß. Zukünftige Versionen werden diesen Mangel wohl beheben.

Bei Übersetzungsfehlern erscheint im unteren Fenster eine Liste von Fehlermeldungen. Mit der Funktion *Edit→NextError* können wir den Cursor im Fenster mit dem Programmtext an die nächste Stelle bewegen, die der Übersetzer bemängelt. Das machen wir so lange, bis wir glauben, alle Fehler ausgebessert zu haben. Dann starten wir *Build→BuildProgram* erneut. War die Übersetzung erfolgreich, dann können wir unser Programm mit der Funktion *Build→RunProgram* starten.

D.2.3 Der Browser

Um vor allem dem Anfänger die reichhaltige Bibliothek leichter zugänglich zu machen, ist über den Editor ein sogenannter *Browser* abrufbar. Er dient dazu, Schnittstellen der Bibliothek aufzufinden. Wir können Schnittstellen nach ihrem Namen, nach bestimmten Kategorien (z. B. Dateiverwaltung, Mathematik usw.) oder nach Schlüsselwörtern suchen. Wenn wir den Namen einer Prozedur kennen, aber vergessen haben, welche Schnittstelle sie exportiert, so können wir auch danach suchen. Die aufgefundenen Schnittstellen können sofort in einem Editorfenster angezeigt werden. Ein weiterer Schalter kann gedrückt werden, um die Implementierung der Schnittstelle anzeigen zu lassen.

Unsere eigenen Schnittstellen können wir dem Browser ebenfalls bekanntgeben. Dazu ist freilich etwas Tipparbeit notwendig: In einem speziellen Fenster können wir Namen, Kategorie und Schlüsselwörter aller zusätzlichen Schnittstellen eingeben, die wir ebenfalls über den Browser abrufbar machen wollen. Eine ausführlichere Beschreibung des Browsers befindet sich ebenfalls im Dokumentationsverzeichnis.

D.2.4 Eine graphische Benutzeroberfläche

Die Bibliothek, auf der der Editor basiert, steht für die Entwicklung beliebiger Programme mit ähnlicher Benutzeroberfläche zur Verfügung. Sie ist sehr einfach und funktioniert im wesentlichen so, daß Schalter am Bildschirm mit Prozeduren verbunden werden. Wird der Schalter mit der Maus angeklickt, dann wird die entsprechende Prozedur gestartet. Dialogboxen können am Bildschirm aufgebaut werden, in die der Benutzer Werte eingeben kann. Dazu muß keine Prozedur geschrieben werden. Die Arbeitsprozeduren können diese Wert abfragen, nachdem sie über einen Schalter gestartet wurden. Auf diese Weise können ohne Schwierigkeiten mehrere Funktionen gleichzeitig am Bildschirm installiert werden. Die Kontrolle bleibt immer bei einem Bildschirmmanager, die Arbeitsprozeduren erledigen nur kleine Teilschritte (indem sie beispielsweise weitere Dialogboxen am Bildschirm installieren) und müssen dann sofort (möglichst schnell) terminieren.

Eine Einführung in diese Bibliothek mit einigen Beispielen befindet sich im Dokumentationsverzeichnis.

D.2.5 Einschränkungen

Die PC-Sprachumgebung hinkt notwendigerweise der DEC/SRC-Sprachumgebung immer etwas hinterher. Die Bibliotheken sind deshalb möglicherweise nicht immer auf dem selben Stand wie die „Originale". Network-Objects, das Trestle-Paket und die meisten Module, die Unix-Betriebssystemdienste anbieten, sind am DOS-PC im Moment nicht verfügbar. Der Scheduler für Threads ist am PC nicht *preemptive* (d. h. er kann laufende Threads nicht unterbrechen). Alle im Kapitel 16 abgedruckten Programme laufen aber auch auf dem DOS-PC.

Anhang E

Modula-3-Syntax

Übersetzungseinheiten

1 Compilation$_{1}$ = Interface$_{2}$ | Module$_{3}$ | GInterface$_{4}$
| GModule$_{5}$ | IInterface$_{6}$ | IModule$_{7}$.
2 Interface$_{2}$ = ["UNSAFE"] "INTERFACE" Ident$_{89}$ ";" { Import$_{10}$ }
{ Declaration$_{13}$ } "END" Ident$_{89}$ ".".
3 Module$_{3}$ = ["UNSAFE"] "MODULE" Ident$_{89}$ ["EXPORTS" IDList$_{87}$]
";" { Import$_{10}$ } Block$_{12}$ Ident$_{89}$ ".".
4 GInterface$_{4}$ = "GENERIC" "INTERFACE" Ident$_{89}$ GFmls$_{8}$ ";"
{ Import$_{10}$ } { Declaration$_{13}$ } "END" Ident$_{89}$ ".".
5 GModule$_{5}$ = "GENERIC" "MODULE" Ident$_{89}$ GFmls$_{8}$ ";"
{ Import$_{10}$ } Block$_{12}$ Ident$_{89}$ ".".
6 IInterface$_{6}$ = ["UNSAFE"] "INTERFACE" Ident$_{89}$ "=" Ident$_{89}$ GActls$_{9}$
"END" Ident$_{89}$ ".".
7 IModule$_{7}$ = ["UNSAFE"] "MODULE" Ident$_{89}$
["EXPORTS" IDList$_{87}$] "=" Ident$_{89}$ GActls$_{9}$ "END"
Ident$_{89}$ ".".
8 GFmls$_{8}$ = "(" [IDList$_{87}$] ")".
9 GActls$_{9}$ = "(" [IDList$_{87}$] ")".
10 Import$_{10}$ = "IMPORT" ImportItem$_{11}$ { "," ImportItem$_{11}$ } ";"
| "FROM" Ident$_{89}$ "IMPORT" IDList$_{87}$ ";".
11 ImportItem$_{11}$ = Ident$_{89}$ [AS Ident$_{89}$].
12 Block$_{12}$ = { Declaration$_{13}$ }"BEGIN" Stmts$_{23}$ "END".
13 Declaration$_{13}$ = "CONST" { ConstDecl$_{14}$ ";" } | "TYPE" { TypeDecl$_{15}$ ";" }
| "EXCEPTION" { ExceptionDecl$_{16}$ ";" }
| "VAR" { VariableDecl$_{17}$ ";" }
| ProcedureHead$_{18}$ ["=" Block$_{12}$ Ident$_{89}$] ";".
| "REVEAL" Ident$_{89}$ ("=" | "<:") Type$_{48}$.
14 ConstDecl$_{14}$ = Ident$_{89}$ [":" Type$_{48}$] "=" ConstExpr$_{65}$.
15 TypeDecl$_{15}$ = Ident$_{89}$ ("=" | "<:") Type$_{48}$.
16 ExceptionDecl$_{16}$ = Ident$_{89}$ ["(" Type$_{48}$ ") "].
17 VariableDecl$_{17}$ = IDList$_{87}$ (":" Type$_{48}$ ":=" Expr$_{66}$ | ":" Type$_{48}$ | ":=" Expr$_{66}$).

18 ProcedureHead$_{18}$ = "PROCEDURE" Ident$_{89}$ Signature$_{19}$.
19 Signature$_{19}$ = "(" Formals$_{20}$ ")" [":" Type$_{48}$] ["RAISES" Raises$_{22}$].
20 Formals$_{20}$ = [Formal$_{21}$ { ";" Formal$_{21}$ } [";"]].
21 Formal$_{21}$ = ["VALUE" | "VAR" | "READONLY"] IDList$_{87}$
(":" Type$_{48}$ | ":=" ConstExpr$_{65}$
| ":" Type$_{48}$ ":=" ConstExpr$_{65}$).
22 Raises$_{22}$ = "{" [QualID$_{86}$ { "," QualID$_{86}$ }] "}" | "ANY" .

Anweisungen

23 Stmts$_{23}$ = [Stmt$_{24}$ { ";" Stmt$_{24}$ } [";"]].
24 Stmt$_{24}$ = AssignStmt$_{25}$ | Block$_{12}$ | CallStmt$_{26}$ | CaseStmt$_{27}$
| ExitStmt$_{28}$ | EvalStmt$_{29}$ | ForStmt$_{30}$ | IfStmt$_{31}$
| LockStmt$_{32}$ | LoopStmt$_{33}$ | RaiseStmt$_{34}$ | RepeatStmt$_{35}$
| ReturnStmt$_{36}$ | TryFinStmt$_{39}$ | TryXptStmt$_{38}$
| TCaseStmt$_{37}$ | WhileStmt$_{40}$ | WithStmt$_{41}$.
25 AssignStmt$_{25}$ = Expr$_{66}$ ":=" Expr$_{66}$.
26 CallStmt$_{26}$ = Expr$_{66}$ "(" [Actual$_{47}$ { "," Actual$_{47}$ }] ")".
27 CaseStmt$_{27}$ = "CASE" Expr$_{66}$ "OF" [Case$_{42}$] { "|" Case$_{42}$ }
["ELSE" Stmts$_{23}$] "END".
28 ExitStmt$_{28}$ = "EXIT".
29 EvalStmt$_{29}$ = "EVAL" Expr$_{66}$.
30 ForStmt$_{30}$ = "FOR" Ident$_{89}$ ":=" Expr$_{66}$ "TO" Expr$_{66}$
["BY" Expr$_{66}$] "DO" Stmts$_{23}$ "END".
31 IfStmt$_{31}$ = "IF" Expr$_{66}$ "THEN" Stmts$_{23}$
{ "ELSIF" Expr$_{66}$ "THEN" Stmts$_{23}$ }
["ELSE" Stmts$_{23}$] "END".
32 LockStmt$_{32}$ = "LOCK" Expr$_{66}$ "DO" Stmts$_{23}$ "END".
33 LoopStmt$_{33}$ = "LOOP" Stmts$_{23}$ "END".
34 RaiseStmt$_{34}$ = "RAISE" QualID$_{86}$ ["(" Expr$_{66}$ ")"].
35 RepeatStmt$_{35}$ = "REPEAT" Stmts$_{23}$ "UNTIL" Expr$_{66}$.
36 ReturnStmt$_{36}$ = "RETURN" [Expr$_{66}$].
37 TCaseStmt$_{37}$ = "TYPECASE" Expr$_{66}$ "OF" [Tcase$_{45}$]
{ "|" Tcase$_{45}$ } ["ELSE" Stmts$_{23}$] "END".
38 TryXptStmt$_{38}$ = "TRY" Stmts$_{23}$ "EXCEPT" [Handler$_{44}$] { "|" Handler$_{44}$ }
["ELSE" Stmts$_{23}$] "END".
39 TryFinStmt$_{39}$ = "TRY" Stmts$_{23}$ "FINALLY" Stmts$_{23}$ "END".
40 WhileStmt$_{40}$ = "WHILE" Expr$_{66}$ "DO" Stmts$_{23}$ "END".
41 WithStmt$_{41}$ = "WITH" Binding$_{46}$ { "," Binding$_{46}$ } "DO" Stmts$_{23}$ "END".
42 Case$_{42}$ = Labels$_{43}$ { "," Labels$_{43}$ } "=>" Stmts$_{23}$.
43 Labels$_{43}$ = ConstExpr$_{65}$ [".." ConstExpr$_{65}$].
44 Handler$_{44}$ = QualID$_{86}$ { "," QualID$_{86}$ } ["(" Ident$_{89}$ ")"] "=>" Stmts$_{23}$.
45 Tcase$_{45}$ = Type$_{48}$ { "," Type$_{48}$ } ["(" Ident$_{89}$ ")"] "=>" Stmts$_{23}$.
46 Binding$_{46}$ = Ident$_{89}$ "=" Expr$_{66}$.
47 Actual$_{47}$ = [Ident$_{89}$ ":="] Expr$_{66}$ | Type$_{48}$.

Typen

48 Type$_{48}$ = TypeName$_{85}$ | ArrayType$_{49}$ | PackedType$_{50}$| EnumType$_{51}$
| ObjectType$_{52}$ | ProcedureType$_{53}$ | RecordType$_{54}$
| RefType$_{55}$ | SetType$_{56}$ | SubrangeType$_{57}$ | "(" Type$_{48}$")".

49 ArrayType$_{49}$ = "ARRAY" [Type$_{48}$ { "," Type$_{48}$ }] "OF" Type$_{48}$.

50 PackedType$_{50}$ = "BITS" ConstExpr$_{65}$ "FOR" Type$_{48}$.

51 EnumType$_{51}$ = "{" [IDList$_{87}$] "}".

52 ObjectType$_{52}$ = [TypeName$_{85}$ | ObjectType$_{52}$] [Brand$_{58}$]
"OBJECT" Fields$_{59}$
["METHODS" Methods$_{61}$]
["OVERRIDES" Overrides$_{63}$] "END".

53 ProcedureType$_{53}$ = "PROCEDURE" Signature$_{19}$.

54 RecordType$_{54}$ = "RECORD" Fields$_{59}$ "END".

55 RefType$_{55}$ = ["UNTRACED"] [Brand$_{58}$] "REF" Type$_{48}$.

56 SetType$_{56}$ = "SET" "OF" Type$_{48}$.

57 SubrangeType$_{57}$ = "[" ConstExpr$_{65}$ ".." ConstExpr$_{65}$ "]".

58 Brand$_{58}$ = "BRANDED" [TextLiteral$_{92}$].

59 Fields$_{59}$ = [Field$_{60}$ { ";" Field$_{60}$ } [";"]] .

60 Field$_{60}$ = IDList$_{87}$ (":" Type$_{48}$ | ":=" ConstExpr$_{65}$ |
":" Type$_{48}$ ":=" ConstExpr$_{65}$).

61 Methods$_{61}$ = [Method$_{62}$ { ";" Method$_{62}$ } [";"]].

62 Method$_{62}$ = Ident$_{89}$ Signature$_{19}$ [":=" ConstExpr$_{65}$].

63 Overrides$_{63}$ = [Override$_{64}$ { ";" Override$_{64}$ } [";"]].

64 Override$_{64}$ = Ident$_{89}$ ":=" ConstExpr$_{65}$.

Ausdrücke

65 ConstExpr$_{65}$ = Expr$_{66}$.

66 Expr$_{66}$ = E1$_{67}$ { "OR" E1$_{67}$ }.

67 E1$_{67}$ = E2$_{68}$ { "AND" E2$_{68}$ }.

68 E2$_{68}$ = { "NOT" } E3$_{69}$.

69 E3$_{69}$ = E4$_{70}$ { Relop$_{75}$ E4$_{70}$ }.

70 E4$_{70}$ = E5$_{71}$ { Addop$_{76}$ E5$_{71}$ }.

71 E5$_{71}$ = E6$_{72}$ { Mulop$_{77}$ E6$_{72}$ }.

72 E6$_{72}$ = {"+" | "–"} E7$_{73}$.

73 E7$_{73}$ = E8$_{74}$ { Selector$_{78}$ }.

74 E8$_{74}$ = Ident$_{89}$ | Number$_{94}$ | CharLiteral$_{91}$ | TextLiteral$_{92}$
| Constructor$_{79}$ | "(" Expr$_{66}$ ")".

75 Relop$_{75}$ = "=" | "#" | "<" | "<=" | ">" | ">=" | "IN".

76 Addop$_{76}$ = "+" | "–" | "&".

77 Mulop$_{77}$ = "*" | "/" | "DIV" | "MOD".

78 Selector$_{78}$ = "^" | "." Ident$_{89}$ | "[" Expr$_{66}$ { "," Expr$_{66}$ } "]"
| "(" [Actual$_{47}$ { "," Actual$_{47}$ }] ")".

79 Constructor$_{79}$ = Type$_{48}$ "{" [SetCons$_{80}$ | RecordCons$_{82}$ | ArrayCons$_{84}$] "}".

80 SetCons$_{80}$ = SetElt$_{81}$ { "," SetElt$_{81}$ }.

81 SetElt$_{81}$ = Expr$_{66}$ [".." Expr$_{66}$].

82 RecordCons$_{82}$ = RecordElt$_{83}$ { "," RecordElt$_{83}$ }.

83 RecordElt$_{83}$ = [Ident$_{89}$ ":="] Expr$_{66}$.

84 ArrayCons$_{84}$ = Expr$_{66}$ {"," Expr$_{66}$ } ["," ".."].

Verschiedenes

85 TypeName$_{85}$ = QualID$_{86}$ | "ROOT" | "UNTRACED ROOT"

86 QualID$_{86}$ = Ident$_{89}$ ["." Ident$_{89}$].

87 IDList$_{87}$ = Ident$_{89}$ { "," Ident$_{89}$ }.

Token

Im folgenden steht DQUOTE für das doppelte Anführungszeichen ".

88 Literal$_{88}$ = Number$_{94}$ | CharLiteral$_{91}$ | TextLiteral$_{92}$.

89 Ident$_{89}$ = Letter$_{100}$ { Letter$_{100}$ | Digit$_{98}$ | "_" }.

90 Operator$_{90}$ = "+" | "–" | "*" | "/" | "." | "^" | ":" "=" | "="
| "#" | "<" | "<" "=" | ">" "=" | ">" | "&"
| "<" ":" | "=" ">" | "," | ";" | "|" | ":" | "." "."
| "(" | ")" | "{" | "}" | "[" | "]".

91 CharLiteral$_{91}$ = "'" (PrintingChar$_{96}$ | Escape$_{93}$ | DQUOTE) "'".

92 TextLiteral$_{92}$ = DQUOTE { PrintingChar$_{96}$ | Escape$_{93}$ | "'" } DQUOTE.

93 Escape$_{93}$ $\stackrel{?}{=}$ ' "n" | "\" "t" | "\" "r" | "\" "f" | "\" "\" | "\" "'"
| "\" DQUOTE | "\" OctalDigit$_{99}$ OctalDigit$_{99}$ OctalDigit$_{99}$.

94 Number$_{94}$ = Digit$_{98}$ { Digit$_{98}$ }
| Digit$_{98}$ { Digit$_{98}$ } "_" HexDigit$_{97}${ HexDigit$_{97}$}
| Digit$_{98}$ { Digit$_{98}$ } "." Digit$_{98}$ { Digit$_{98}$ } [Exponent$_{95}$].

95 Exponent$_{95}$ = ("E"|"e"|"D"|"d"|"X"|"x") ["+" | "–"] Digit$_{98}$ { Digit$_{98}$ }.

96 PrintingChar$_{96}$ = Letter$_{100}$| Digit$_{98}$ | OtherChar$_{101}$.

97 HexDigit$_{97}$ = Digit$_{98}$ | "A" | "B" | "C" | "D" | "E" | "F"
| "a" | "b" | "c" | "d" | "e" | "f".

98 Digit$_{98}$ = "0" | "1" | ⋯ | "9".

99 OctalDigit$_{99}$ = "0" | "1" | ⋯ | "7".

100 Letter$_{100}$ = "A" | "B" | ⋯ | "Z" | "a" | "b" | ⋯ | "z".

101 OtherChar$_{101}$ = " " | "!" | "#" | "\" | "%" | "&" | "(" | ")" | "*" | "+"
| "," | "–" | "." | "/" | ":" | ";" | "<" | "=" | ">" | "?"
| "@" | "[" | "]" | "^" | "_" | "'" | "{" | "|" | "}" | " "
| ExtendedChar$_{102}$.

102 ExtendedChar$_{102}$ = *alle Zeichen mit* ISO-*Latin-1-Code in* [8_240..8_377].

Literaturverzeichnis

[And91] Gregory Andrews. *Concurrent Programming*. Benjamin/-Cummings Publishing Compnay, Inc., 1991.

[AU77] A. V. Aho and Jerry Ullman. *Principles of Compiler Design*. Addison-Wesley, 1977.

[Bal90] Henri Bal. *Programming Distributed Systems*. Prentice Hall International, 1990.

[BEW94] L. Böszörmenyi, J. Eder, and C. Weich. PPOST, a parallel database in main memory. In *Proceedings of the Fifth International Conference on Database and Expert Systems Applications*, 1994.

[BNOW94] A. Birell, G. Nelson, S. Owicki, and E. Wobber. Network objects. Research report 115, Digital Systems Research Center, Palo Alto, 1994.

[Bös89] L. Böszörmenyi. Menschlicher Automat und automatischer Mensch. *Informatik Spektrum*, 1989.

[CM81] F. W. Clocksin and C. S. Messish. *Programming in Prolog*. Springer Verlag, 1981.

[Col69] Egmont Colerus. *Von Pythagoras bis Hilbert*. Rowohlt, 1969.

[CW87] L. Cardelli and P. Wegner. On understanding types, data abstraction and polymorphism. *Computing Surveys*, 1987.

[Dat90] C. J. Date. *An Introduction to Datebase Systems*. Addison-Wesley, fifth edition, 1990.

[DDH72] O. Dahl, E. W. Dijkstra, and C. Hoare. *Structured Programming*. Academic Press, 1972.

[DF85] E. W. Dijkstra and W. H. J. Feijen. *Methodik des Programmierens*. Addison-Wesley Deutschland, 1985.

[Dij68a] E. W. Dijkstra. Go to statement considered harmful. *Communications of the ACM*, 11(3), 1968.

[Dij68b] E. W. Dijkstra. The structure of the “the” multiprogramming system. *Comm. ACM*, 11(5):341–346, 1968.

[Dij75] E. W. Dijkstra. Guarded commands, nondeterminacy, and formal derivation of programs. *Communications of the ACM*, 18(8):453–457, 1975.

[DP88] Willibald Dörfler and Werner Peschek. *Einführung in die Mathematik für Informatiker*. Carl Hanser Verlag, 1988.

[FI85] Caxton C. Foster and Thea Iberall. *Computer Architecture*. Van Nostrand Reinhold Company, third edition, 1985.

[Fra94] M. Franz. Technological steps toward a software component industry. *Programming Languages and System Architectures*, 1994.

[GH93] John Guttag and James Horning. *LARCH: Languages and Tools for Formal Specification*. Springer Verlag, 1993.

[GR83] A. Goldberg and D. Robson. *Smalltalk-80, the Language and its Implementation*. Addison-Wesley, 1983.

[Har92] Samuel Harbison. *Modula-3*. Prentice Hall, 1992.

[Heu92] Andreas Heuer. *Objektorientierte Datenbanken*. Addison-Wesley, 1992.

[HKMN94] Jim Horning, Bill Kalsow, Paul McJones, and Greg Nelson. Some useful Modula-3 interfaces. Research report 113, Digital Systems Research Center, Palo Alto, 1994.

[Hoa74] C. A. R. Hoare. Monitors: an operating system structuring concept. *Comm. ACM*, 17(10):549–577, 1974.

[Hoa85] C. A. R. Hoare. *Communicating Sequential Processes*. Prentice-Hall Int., Englewood Cliffs, NJ, 1985.

[HU90] John Hopcroft and Jerry Ullman. *Einführung in die Automatentheorie, formale Sprachen und Komplexitätstheorie*. Addison-Wesley, 1990.

[Kem92] A. Kemper. *Zuverlässigkeit und Leistungsfähigkeit objektorientierter Datenbanken*, volume 298 der Informatik Fachberichte. Springer Verlag, 1992.

[KMP+83] J. Koch, M. Mall, P. Putfarken, M. Reimer, J. W. Schmidt, and C. A. Zehnder. Modula-R report. Technical report, ETH Zürich, 1983.

[Küh90] Georg Kühlewind. *Der sprechende Mensch*. Vittorio Klostermann, 1990.

[M+62] J. McCarthy et al. *The Lisp 1.5 Programmer's Manual*. MIT press, 1962.

[Mey89] Bertrand Meyer. From structured programming to object-oriented design: The road to Eiffel. *Structured Programming*, 10(1):19–39, 1989.

[MMS79] J. G. Mitchel, W. Maybury, and R. Sweet. Mesa language manual. Csl-79-3, Xerox Palo Alto Research Center, 1979.

[Mös93] Hanspeter Mössenböck. *Objektorientierte Programmierung in Oberon-2*. Springer Verlag, 1993.

[Nel81] B. Nelson. Remote procedure call. Csl-81-9, Xerox Palo Alto Research Center, 1981.

[Nel91] Greg Nelson. *Systems Programming with Modula-3*. Prentice Hall, 1991.

[OW92] T. Ottman and P. Widmayer. *Algorithmen und Datenstrukturen*. BI Wissenschaftsverlag, 1992.

[PST91] Ben Potter, Jane Sinclaire, and David Till. *An Introduction to Formal Specification and Z*. Prentice Hall International, 1991.

[RBP+91] J. Rumbaugh, M. Blaha, W. Premerlani, F. Eddy, and W. Lorensen. *Object-Oriented Modeling and Design*. Prentice Hall International, 1991.

[Rec91] Peter Rechenberg. *Was ist Informatik?* Carl Hanser, 1991.

[RM88] P. Rechenberg and H. Mössenböck. *Ein Compiler-Generator für Mikrocomputer*. Carl Hanser Verlag, 1988.

[RW92] Martin Reiser and Niklaus Wirth. *Programming in Oberon*. Addison-Wesley, 1992.

[S+86] J. Schwartz et al. *Programming with Sets, An Introduction to SETL*. Springer Verlag, 1986.

[SB93] J. Stoer and R. Burlisch. *Numerische Mathematik*. Springer Verlag, 6. Auflage, 1993.

[Sch77] Ernst Friedrich Schumacher. *Small is Beatiful, Die Rückkehr zum menschlichen Maß*. Rowohlt, 1977.

[Sch79] Ernst Friedrich Schumacher. *Rat für Ratlose*. Rowohlt, 1979.

[Sed93] R. Sedgewick. *Algorithms in Modula-3*. Addison-Wesley, 1993.

[SM92] J. W. Schmidt and F. Matthes. The database programming language DBPL. Technical report fide/92/46, ESPRIT BRA Project 3070, 1992.

[Som92] I. Sommerville. *Software Engineering*. Addison-Wesley, 1992.

[Tan90] Andrew Tanenbaum. *Structured Computer Organization*. Prentice Hall, 1990.

[Tan92] Andrew Tanenbaum. *Modern Operating Systems*. Prentice Hall, 1992.

[Tur36] Alain Turing. On computable numbers with an application to the entscheidunsproblem. In *London Math. Soc.*, pages 230–265, 1936.

[Ull82] J. Ullman. *Principles of Database Systems*. Computer Science Press, second edition, 1982.

[WG92] Niklaus Wirth and Jörg Gutknecht. *Project Oberon*. Addison-Wesley, 1992.

[WH83] P. Winston and B. Horn. *Lisp*. Addison-Wesley, third edition, 1983.

[Wir71] Niklaus Wirth. The programming language pascal. *Acta Informatica*, 1(1):35–63, 1971.

[Wir72] Niklaus Wirth. *Systematisches Programmieren*. Teubner, 1972.

[Wir75] Niklaus Wirth. *Algorithmen und Datenstrukturen*. Teubner Stuedienbücher, 1975.

[Wir82] Niklaus Wirth. *Programming in Modula-2*. Springer Verlag, 1982.

[Zus92] Konrad Zuse. Computerarchitektur aus damaliger und heutiger Sicht. Berichte des Departements Informatik, ETH Zürich, 1992.

Index